easy Computer

**Unser Online-Tipp
für noch mehr Wissen ...**

... aktuelles Fachwissen rund
um die Uhr – zum Probelesen,
Downloaden oder auch auf Papier.

www.InformIT.de

easy

Computer

Alles rund um den PC

GÜNTER BORN

Markt+Technik

→leicht →klar →sofort

Bibliografische Information Der Deutschen Bibliothek
Die Deutsche Bibliothek verzeichnet diese Publikation in der
Deutschen Nationalbibliografie; detaillierte bibliografische Daten
sind im Internet über http://dnb.ddb.de abrufbar.

Die Informationen in diesem Produkt werden ohne Rücksicht auf einen
eventuellen Patentschutz veröffentlicht.
Warennamen werden ohne Gewährleistung der freien Verwendbarkeit benutzt.
Bei der Zusammenstellung von Texten und Abbildungen wurde mit größter
Sorgfalt vorgegangen.
Trotzdem können Fehler nicht vollständig ausgeschlossen werden.
Verlag, Herausgeber und Autoren können für fehlerhafte Angaben
und deren Folgen weder eine juristische Verantwortung noch
irgendeine Haftung übernehmen.
Für Verbesserungsvorschläge und Hinweise auf Fehler sind Verlag und
Herausgeber dankbar.

Alle Rechte vorbehalten, auch die der fotomechanischen Wiedergabe und der
Speicherung in elektronischen Medien.
Die gewerbliche Nutzung der in diesem Produkt gezeigten Modelle und Arbeiten
ist nicht zulässig.

Fast alle Hardware- und Softwarebezeichnungen, die in diesem Buch erwähnt werden,
sind gleichzeitig auch eingetragene Warenzeichen oder sollten als solche betrachtet werden.

Umwelthinweis:
Dieses Buch wurde auf chlorfrei gebleichtem Papier gedruckt.

10 9 8 7 6 5 4 3 2 1

06 05 04 03

ISBN 3-8272-6558-4

© 2003 by Markt+Technik Verlag,
ein Imprint der Pearson Education Deutschland GmbH,
Martin-Kollar-Straße 10–12, D-81829 München/Germany
Alle Rechte vorbehalten
Coverkonzept: independent Medien-Design, Widenmayerstraße 16, 80538 München
Coverlayout: adesso 21, Thomas Arlt, München
Lektorat: Birgit Ellissen, bellissen@pearson.de
Herstellung: Monika Weiher, mweiher@pearson.de
Satz: Ulrich Borstelmann, Dortmund
Druck und Verarbeitung: Kösel, Kempten (www.KoeselBuch.de)
Printed in Germany

Inhaltsverzeichnis

Liebe Leserin, lieber Leser 9

Tastatur und Maus 10

Schreibmaschinen-Tastenblock 11
Navigationstasten 11
Sondertasten, Funktionstasten,
Kontrollleuchten, Zahlenblock 12
Die Maus 13

1 Computer im Überblick 14

Kleine Gerätekunde 16
Welche Software brauche ich? 29
Ratgeber Computerkauf 33
Inbetriebnahme – ganz einfach 37

2 Windows – der Einstieg 48

Jetzt geht's los 50
Arbeiten mit Fenstern 59
Der Umgang mit Programmen 67
Wo gibt's denn Hilfe? 77
Abmelden und beenden 85

3 Arbeiten mit Ordnern & Dateien   90

Grundwissen über Laufwerke 92
Was sind Ordner und Dateien? 98
Das bieten Ordnerfenster 101
So handhaben Sie Ordner und Dateien 112
Wissen für Fortgeschrittene 121

4 Internet – so geht's   138

Das brauchen Sie fürs Internet 140
Internet – so kommen Sie rein 145
So surfen Sie im WWW 156
Diese Webseiten sollten Sie kennen 169
Browseroptionen einstellen 170

5 Internet für Fortgeschrittene   174

Gesucht und gefunden! 176
Geschäfte im Internet 188
Online-Banking – so geht's 194
Chat, Foren und mehr 199
Ich will 'ne Website! 209
Computersicherheit & Internet 213

Inhaltsverzeichnis

6 E-Mail und mehr — 228

E-Mail – eine Kurzübersicht 230
E-Mail mit Outlook Express 240
Mit dem Adressbuch arbeiten 263
So klappt's mit Newsgroups 267

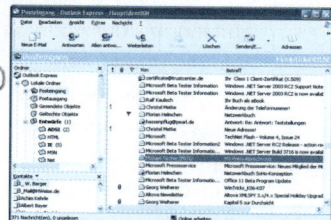

7 Texte am Computer erstellen — 274

Textverarbeitung – der Einstieg 276
Texteingabe leicht gemacht 280
Speichern, laden und drucken 291
Texte formatieren 298
Funktionen für Könner 310
Tolle Sachen zum Selbermachen 318

8 Weitere Büroanwendungen — 326

Basiswissen Tabellenkalkulation 328
Datenbankfunktionen 341
Präsentationsprogramme 346
Was gibt's noch? 352

9 Alles rund ums Bild — 354

Bildverwaltung – ein Überblick 356
Scanner und Digitalkameras 363
Arbeiten mit Paint 369
Foto- und Bildbearbeitung 381

7

10 Spiele, Bildung, Musik und Video — 390

Spielen, bis der Arzt kommt 392
Bildung und Hobby 399
Windows als Musikbox 401
Musikaufzeichnung am Computer 419
Mein Computer als Heimkino 424
Der Computer als Videostudio 428

11 CD-/DVD-Brennwerkstatt — 448

Grundwissen CD/DVD-Recording 450
Brennen von Daten-CDs 455
Musik-CDs erstellen – so geht's 464
Video-CDs und DVDs erstellen 472

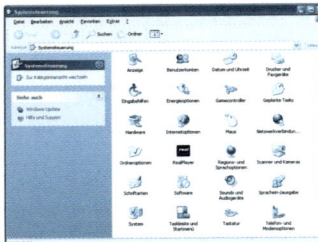

12 Systempflege — 484

Drucker einrichten und nutzen 486
Anzeigeoptionen anpassen 492
Die Systemsteuerung nutzen 497
Softwarepflege – so geht's 502
Verknüpfungen verwalten 509
Netzwerke – gewusst wie 513
PDA, Handy & PC 523

Anhang — 525

Kleine Hilfen bei Problemen 525
Lexikon 533

Liebe Leserin, lieber Leser — 543

Stichwortverzeichnis — 545

Liebe Leserin, lieber Leser

Mit Computern kommen wir heute überall in Berührung. Aber ohne das Wissen zum Umgang mit diesen Geräten bleibt einem vieles in Beruf, Hobby, Bildung etc. verschlossen. Daher macht Ihnen dieses Buch ein Angebot: Eignen Sie sich die fehlenden Computerkenntnisse doch einfach und je nach Bedarf an. Absolute Einsteiger, die sich einen Überblick über die Technik verschaffen oder mit dem Computer starten möchten, werden ebenso fündig wie Fortgeschrittene, die ihre Kenntnisse auf speziellen Gebieten auffrischen oder erweitern möchten.

Von den ersten Schritten über das Arbeiten mit Büroprogrammen, dem gekonnten Umgang mit dem Internet bis hin zum Brennen von CDs/DVDs oder dem Bearbeiten von Fotos, Musik und Videos am Computer und vielem mehr kann dieses Buch Trainer, Ratgeber und Nachschlagewerk für die ganze Familie sein. Profitieren Sie von meinen Erfahrungen im Bereich der Jugend- und Erwachsenenbildung. Also, nur Mut! Mit den nachfolgenden Schritt-für-Schritt-Anleitungen und Hintergrundinformationen ist das alles gar nicht so schwer. Erwerben auch Sie das Wissen, um im Alltag mitreden und mithalten zu können, oder einfach nur, um mit Spaß in die neue Welt einzusteigen und den Computer für Hobby oder Unterhaltung zu nutzen. Es lohnt sich!

G. Born

gborn@mut.de

Tastatur und Maus

Auf den folgenden drei Seiten sehen Sie, wie Ihre Computertastatur aufgebaut ist und wie die Maus funktioniert.
Ein großer Teil der Computertasten funktioniert wie bei der Schreibmaschine. Es gibt aber noch einige zusätzliche Tasten, die auf Besonderheiten der Computerarbeit zugeschnitten sind.
Sehen Sie selbst ...

Schreibmaschinen-Tastenblock

Diese Tasten bedienen Sie genauso wie bei der Schreibmaschine.
Mit der Eingabetaste schicken Sie außerdem Befehle an den Computer ab.

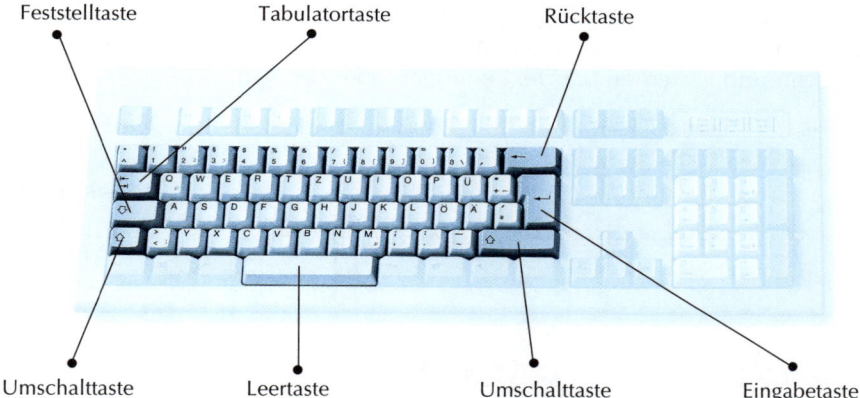

Feststelltaste   Tabulatortaste   Rücktaste

Umschalttaste   Leertaste   Umschalttaste   Eingabetaste

Navigationstasten

Mit diesen Tasten bewegen Sie sich auf dem Bildschirm.

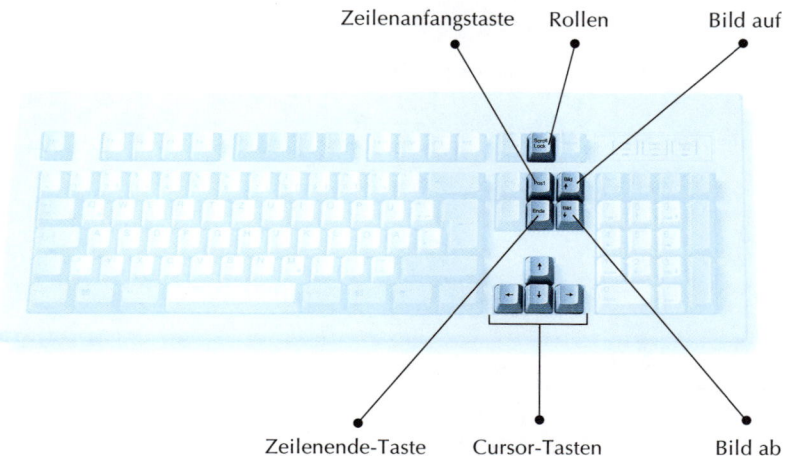

Zeilenanfangstaste   Rollen   Bild auf

Zeilenende-Taste   Cursor-Tasten   Bild ab

Sondertasten, Funktionstasten, Kontrollleuchten, Zahlenblock

Sondertasten und Funktionstasten werden für besondere Aufgaben bei der Computerbedienung eingesetzt. Strg-, Alt- und AltGr-Taste meist in Kombination mit anderen Tasten. Mit der Esc-Taste können Sie Befehle abbrechen, mit Einfügen und Entfernen u.a. Text einfügen oder löschen.

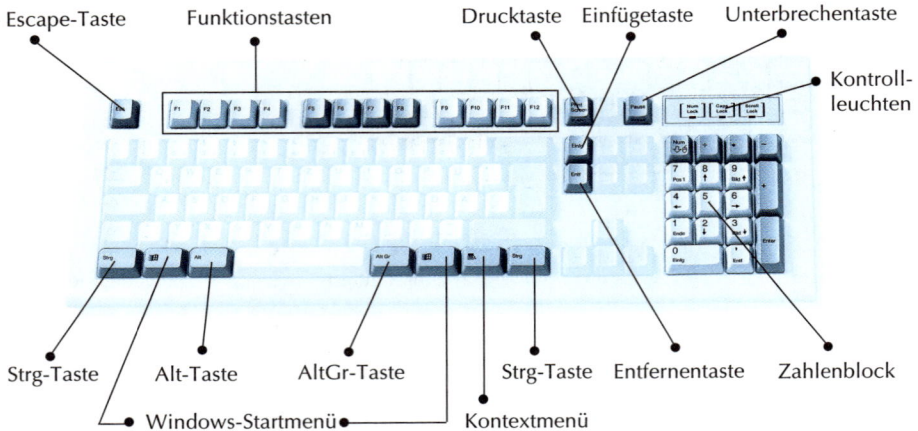

Die Maus

»Klicken Sie ...«

heißt: einmal kurz
auf eine Taste drücken.

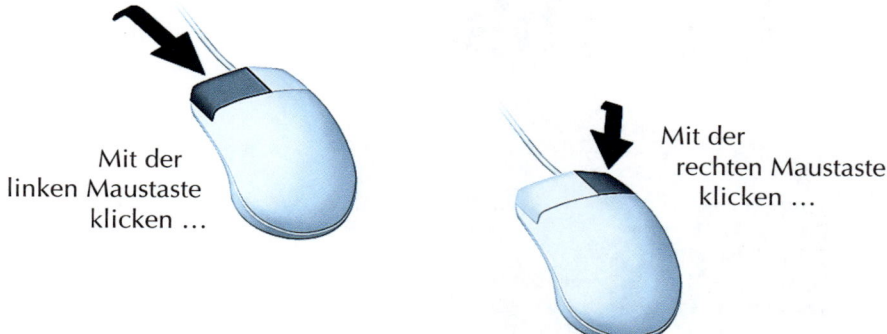

Mit der
linken Maustaste
klicken ...

Mit der
rechten Maustaste
klicken ...

»Doppelklicken Sie ...«

heißt: die linke Taste zweimal
schnell hintereinander
ganz kurz drücken.

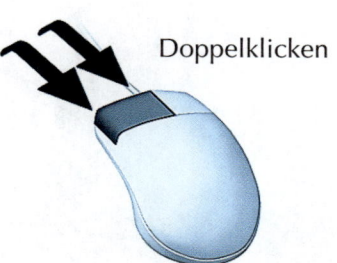

Doppelklicken

»Ziehen Sie ...«

heißt: auf bestimmte Bildschirm-
elemente mit der linken Maustaste klicken, die Taste gedrückt
halten, die Maus bewegen und
dabei das Element auf eine
andere Position ziehen.

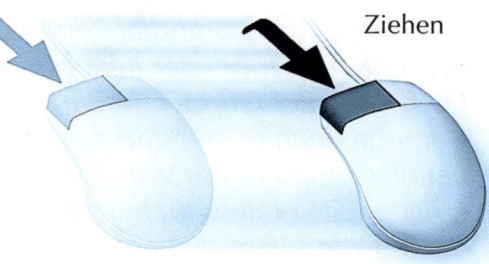

Ziehen

Kapitel 1

Computer im Überblick

> Sie besitzen einen (neuen) Computer oder möchten sich einen Überblick über Computer verschaffen? Brauchen Sie Hilfe beim Kauf oder bei der Inbetriebnahme eines neuen Rechners? Dieses Kapitel führt Sie in die wichtigsten Begriffe der Computertechnik ein und zeigt Ihnen, wie Sie ggf. einen neuen Computer mit Windows in Betrieb nehmen. Außerdem erhalten Sie einiges an Hintergrundwissen über die Technik, die in Computern eingesetzt wird.

Ihr Erfolgsbarometer

Das lernen Sie neu:

Kleine Gerätekunde	16
Welche Software brauche ich?	29
Ratgeber Computerkauf	33
Inbetriebnahme – ganz einfach	37

Kleine Gerätekunde

Mit Computern, auch als **Personal Computer** oder abgekürzt als **PC** bezeichnet, kommt heutzutage eigentlich fast jeder in Berührung. Im Privatbereich nutzt die Familie den Computer für Spiele, zum Surfen im Internet oder zum Schreiben von Briefen. Im Büro bzw. in Firmen werden Computer für viele Aufgaben (Korrespondenz, Rechnungserstellung, Buchhaltung etc.) eingesetzt. Es erweist sich als immer wichtiger, zumindest etwas Grundwissen zum Umgang mit Computern zu haben. Nachfolgend finden Sie eine kleine Übersicht über die Bestandteile (**Hardware**) heutiger Computeranlagen.

> **Was ist das?**
>
> Als **Hardware** bezeichnet man die **sichtbaren** und **anfassbaren Teile** des Computers (Computergehäuse, Tastatur, Monitor, Maus, Drucker usw.). **Software** ist dagegen der Sammelbegriff für Programme (siehe unten).

Computervarianten

Personal Computer werden in verschiedenen Varianten angeboten, die sich in der Gehäuseform und in der Ausstattung unterscheiden.

Im geschäftlichen Bereich erfreuen sich als **Notebooks** (englisch für Notizbuch) bezeichnete Computer großer Beliebtheit. Sie verfügen über eine integrierte Tastatur sowie einen als einklappbaren Deckel gebauten Flachbildschirm.

(Quelle: Hewlett Packard)

Da Notebooks mit Akkus ausgestattet sind, können Sie diese überallhin mitnehmen und nutzen. Im Privatbereich lässt sich so ein Gerät schnell an einem beliebigen Platz aufstellen und zusammengeklappt in einem Schrank oder in einer Ecke verstauen. Von Nachteil sind aber die meist unhandlichere Tastatur, eine geringere Speicherkapazität und Rechenleistung sowie der höhere Preis. Die Alternative sind deshalb als stationäre Geräte ausgeführte Personal Computer, die aus einer Zentraleinheit und getrennter **Peripherie** wie Bildschirm, Tastatur etc. bestehen. Der eigentliche Rechner, bestehend aus Prozessor, Hauptplatine, Speicher, Laufwerken etc., befindet sich in einem Gehäuse (auch als **Zentraleinheit** bezeichnet). An diesen Rechner werden Tastatur, Bildschirm, Maus und weitere Geräte wie Drucker angeschlossen.

Kleine Gerätekunde

Je nach Ausführung der Zentralstation spricht man auch von **Desktop-Computern** (das Gerät steht auf dem Tisch) oder von **Big-**, **Midi-** und **Mini-Towern** (die Zentraleinheit steht hochkant als Turm neben dem Schreibtisch). Welche Ausführung Sie verwenden, ist eher zweitrangig und hängt vom persönlichen Geschmack, vom vorgesehenen Einsatzzweck, von den geforderten Einsatzmöglichkeiten, den räumlichen Verhältnissen und dem Gerätepreis ab.

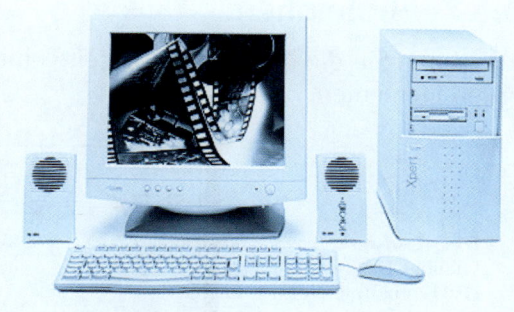

(Quelle: Siemens)

Neben den mit Chips der Firma Intel (oder kompatiblen Prozessoren) und **Microsoft Windows** ausgestatteten Geräten gibt aber auch noch Alternativen. Auf Personal Computern lässt sich zum Beispiel statt Windows das freie Betriebsprogramm **Linux** installieren. Linux kann kostenlos auf dem Computer installiert werden und ist gleich mit einer ganzen Sammlung von freien Programmen ausgestattet.

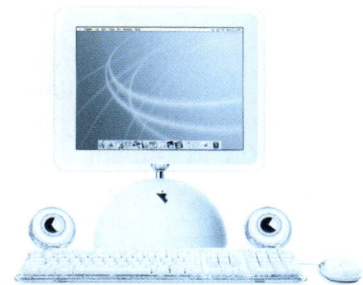

Von der Firma **Apple** gibt es außer Notebooks auch Computer wie den hier gezeigten **iMac**. Neben einem oft pfiffigen Gehäusedesign zur Aufnahme der Komponenten wie Laufwerke und Bildschirm bestechen diese Rechner durch eine einfache Bedienbarkeit.

Die Apple-Computer besitzen ebenfalls ein eigenes Betriebsprogramm, Mac OS X.

(Quelle: Apple)

> **Hinweis**
>
> *Da aber der Großteil der Computer mit Microsoft Windows arbeitet und sich von Linux- oder Apple-Systemen unterscheidet, muss ich mich in diesem Buch (auch aus Platzgründen) auf den Umgang mit Windows-Systemen beschränken.*

Die Zentraleinheit

Hier sehen Sie die typische Vorderseite einer Zentraleinheit mit den wichtigsten Elementen.

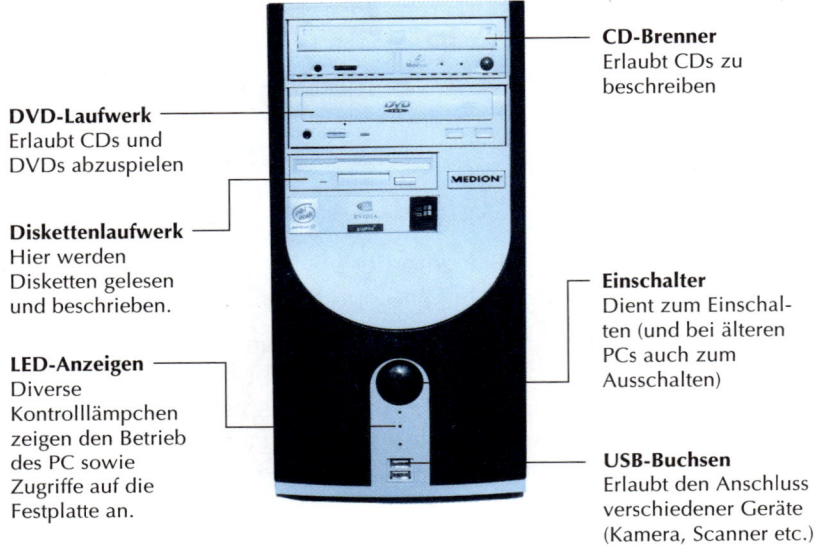

CD-Brenner
Erlaubt CDs zu beschreiben

DVD-Laufwerk
Erlaubt CDs und DVDs abzuspielen

Diskettenlaufwerk
Hier werden Disketten gelesen und beschrieben.

LED-Anzeigen
Diverse Kontrolllämpchen zeigen den Betrieb des PC sowie Zugriffe auf die Festplatte an.

Einschalter
Dient zum Einschalten (und bei älteren PCs auch zum Ausschalten)

USB-Buchsen
Erlaubt den Anschluss verschiedener Geräte (Kamera, Scanner etc.)

Je nach Hersteller kann die Frontseite des Computers unterschiedlich aussehen. Trotzdem sollten Sie Teile wie Laufwerke oder die Einschalttaste leicht finden können. Eine Reihe von Leuchtanzeigen signalisiert, ob das Gerät eingeschaltet ist und ob Daten von der eingebauten Festplatte gelesen werden. Manche Geräte besitzen im Bereich dieser Anzeigen auch noch eine so genannte Reset-Taste, mit der sich der Computer neu starten lässt (z.B. wenn er wegen eines Fehlers nicht mehr reagiert). Detailinformationen zu den einzelnen Komponenten wie Laufwerken, USB-Buchsen, Einschalttaste etc. erhalten Sie auf den folgenden Seiten.

Monitor oder Flachbildschirm?

Zu einem Computer gehören verschiedene Zusatzteile und Erweiterungen wie beispielsweise ein Bildschirm zur Anzeige der Arbeitsergebnisse. Bei Desktop- oder Tower-Computern können Sie zwischen normalen (Röhren-) Bildschirmen (auch als Monitore bezeichnet) und Flachbildschirmen wählen.

Kleine Gerätekunde

Computermonitore gleichen Fernsehgeräten und sind in verschiedenen Größen verfügbar. Die Maße für die Bildschirmdiagonale werden üblicherweise in Zoll und nicht in Zentimeter angegeben (1 Zoll = 2,54 cm). Standard **sind** heute Computermonitore mit **mindestens** 40 cm (**17 Zoll**) Bildschirmdiagonale.

Bei Profigeräten gibt es Ausführungen mit 46 cm (19 Zoll) oder 49,5 cm (21 Zoll).

(Quelle: Hewlett Packard)

Tipp

Bei der Anschaffung eines neuen Computers sollten Sie mindestens einen Monitor mit 40 cm Bildschirmdiagonale (17-Zoll-Bildschirm) wählen. Brauchbare Geräte sind bereits für unter 200 Euro erhältlich. Wichtig ist es, auf die Bildqualität zu achten. Verzerrte Bildschirmränder oder unscharfe Bereiche stören beim Arbeiten und führen schnell zu Ermüdungserscheinungen.

Techtalk

*Ein **Monitor funktioniert** nach dem gleichen Prinzip **wie ein Fernsehgerät**: In der Bildröhre werden einzelne Punkte der auf der Vorderseite des Glaskörpers angebrachten Maske durch drei Elektronenstrahlen angesteuert. Die Zahl der Löcher in der Maske bestimmt dabei die Bildschärfe. Die drei Elektronenstrahlen repräsentieren die Grundfarben Rot, Grün und Blau. Treffen die Elektronenstrahlen auf eine Leuchtschicht aus Phosphor, entsteht ein farbiger Bildpunkt auf der Vorderseite der Bildröhre. Durch punktweises Ansteuern der Lochmaske lässt sich ein Bild auf der Anzeige erzeugen.*

(Quelle: Hewlett Packard)

Flachbildschirme sind noch etwas teurer als Monitore und benutzen die TFT-Technologie. Hier sehen Sie einen solchen **Flachbildschirm**, der neben einem ansprechenden Design sehr wenig Platz auf dem Schreibtisch benötigt. Flachbildschirme kommen mit einer etwas geringeren Bildschirmdiagonale als Monitore aus, da die sichtbare Fläche besser genutzt wird.

Ein Flachbildschirm von 39,35 cm (15 Zoll) Diagonale entspricht in der sichtbaren Fläche in etwa einem Röhrenmonitor mit 40 cm (17 Zoll) Bilddiagonale.

Techtalk

Die in Flachbildschirmen verwendete TFT-Technologie (TFT steht für Thin Film Transistor) arbeitet mit einer Leuchtstofflampe im Hintergrund. Die Lichtquelle wird durch eine als dünne Folie ausgelegte Matrix aus Transistoren verdeckt. Durch Ansteuern der Transistoren können einzelne Punkte der Matrix transparent geschaltet werden. Dadurch ergibt sich auf der Vorderseite des Flachbildschirms ein Bild.

Beim Kauf eines neuen Bildschirms sollten Sie die jeweiligen Vor- und Nachteile von Monitor und Flachbildschirm für Ihren Einsatzzweck gegeneinander abwägen. Die kostengünstigeren Monitore brauchen etwas mehr Platz auf dem Schreibtisch, eignen sich aber sehr gut, wenn Sie viel mit Grafiken, Videos und Spielen umgehen. Das elegante Design eines Flachbildschirms geht mit einem höheren Preis einher. Zudem eignen sich diese Geräte weniger für Videowiedergabe und schnelle Grafikdarstellungen.

Tipp

Lassen Sie sich vor dem Kauf auf jeden Fall die Geräte beim Händler vorführen. Nur so können Sie entscheiden, welcher Bildschirm für Sie optimal ist.

Alles rund um Tastatur und Maus

Die meisten Computer sind beim Kauf bereits komplett mit Tastatur und Maus ausgestattet. Die Tastatur dient zur Eingabe von Texten oder Befehlen an den Rechner.

Es gibt verschiedene Varianten von **Tastaturen** (z.B. die hier gezeigte ergonomische Tastatur mit geteilten Tastenblöcken). Falls Sie viel schreiben, sollten Sie vor dem Kauf prüfen, ob sich die Tastatur gut bedienen lässt. Bei mancher Billigtastatur bekommt man niemals ein angenehmes Tastengefühl. Ich persönlich gebe lieber 20 Euro mehr für eine gut handhabbare Tastatur mit leichtem Anschlag aus und verzichte auf modischen Schnickschnack wie spezielle Tasten zur Bedienung des Computers oder zum Abrufen von Internetseiten.

(Quelle: Microsoft)

Kleine Gerätekunde

> **Tipp**
>
> Klappen Sie beim Aufstellen der Tastatur die an der Unterseite befindlichen Stützen aus, damit die Tastatur leicht nach vorne geneigt wird. Sinnvoll kann auch eine Handballenauflage an der Tastatur sein, um die Handgelenke zu entlasten. Eine Tastaturübersicht mit Hinweisen zur Funktion der einzelnen Tasten finden Sie am Buchanfang.

Neben der Tastatur stellt die Maus das wohl wichtigste Element zur Bedienung des Computers dar. Gerade bei neueren Betriebsprogrammen wie Windows wird vieles mit der Maus gesteuert (wie Sie später noch lernen).

> **Techtalk**
>
> Bei der Maus handelt es sich um ein Kunststoffgehäuse, in dem eine kleine Kugel rollt, wenn man das Gerät bewegt. Diese Bewegungen werden bei mechanischen Mäusen auf Rädchen, die an ihren Enden geschlitzte Scheiben besitzen, übertragen.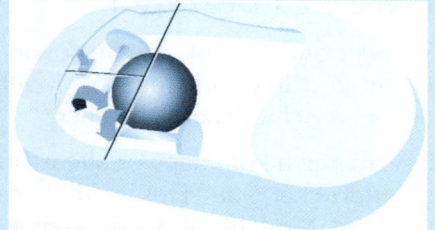
>
> Über eine Lichtschranke wird die Bewegung der geschlitzten Scheiben abgegriffen und in ein Signal umgesetzt. Dieses wird dann (über ein Kabel, über Infrarot oder über Funk) an den Computer übertragen.

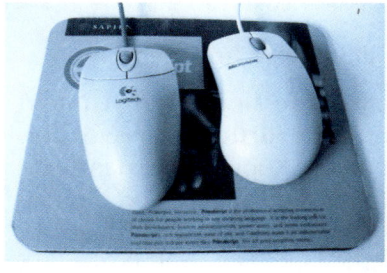

Es gibt Computermäuse mit zwei oder mit drei Tasten, mit oder ohne Rädchen (zum Blättern in Fenstern) etc. Hier sehen Sie Mäuse zweier Hersteller, die auf einer Unterlage aus Schaumstoff liegen.

Diese als **Mauspad** (sprich »Mauspäd«) bezeichnete Gummi- oder Schaumstoffunterlage ist erforderlich, damit die Kugel die Mausbewegungen auf dem Schreibtisch mitmacht. Es gibt aber auch moderne Mäuse, die mit Hilfe eines optischen Verfahrens die Oberfläche der Tischplatte abtasten und so die Mausbewegungen erkennen.

Eine Alternative zur Maus stellt der nebenstehend abgebildete so genannte **Trackball** dar. Hier befindet sich eine Kugel an der Oberseite. Per Daumen lässt sich diese Kugel drehen, die Bewegungen der Maus werden simuliert. Ein Trackball ist von Vorteil, falls kein Platz für die Bewegungen der Maus vorhanden ist oder die Handhabung der Maus Probleme bereitet.

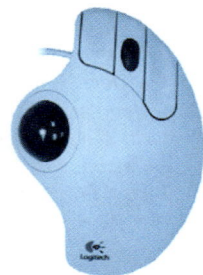

Bei Notebooks ist häufig eine auf Berührung reagierende Fläche (als **Touchpad** bezeichnet) in Tastaturnähe integriert. Bei diesem Mausersatz bewegen Sie den Zeigefinger über die Sensorfläche, um die Mausbewegungen nachzumachen.

(Quelle: Logitech)

Hinweise zu Druckern

Briefe oder andere Dokumente sowie Grafiken und Fotos lassen sich mit Druckern zu Papier bringen. Der Markt bietet eine Unmenge an Druckermodellen verschiedener Hersteller.

Im Privatbereich kommen vor allem **Tintenstrahldrucker** zum Einsatz (hier sehen Sie ein Modell der Firma Hewlett Packard). Hierbei spritzt ein Druckkopf dünne Tintentröpfchen auf das Papier. Diese Geräte sind recht preiswert und erlauben auch Farbdruck.

Falls Sie Papierabzüge von Fotos erstellen möchten, greifen Sie zu so genannten Fotodruckern, die spezielles Fotopapier mit farbiger Tinte bedrucken.

(Quelle: Hewlett Packard)

Im Büro bzw. im professionelleren Umfeld werden dagegen **Laserdrucker** verwendet. Ähnlich wie bei einem Kopierer werden Texte und Bilder mit Toner auf Papier fixiert. Solche Ausdrucke sind bisher aus Kostengründen in der Regel schwarzweiß. Hier sehen Sie ein Gerät des Herstellers Hewlett Packard.

(Quelle: Hewlett Packard)

Drucker unterscheiden sich hinsichtlich Leistungsfähigkeit und Preis. Die Tintenstrahldrucker sind in der Anschaffung recht preiswert. Was ins Geld geht, sind die Tintenpatronen mit integriertem Druckkopf. Gerade bei Farbdruckern müssen häufig zwei Farbpatronen (eine Patrone mit den drei Farben und eine Patrone mit der Farbe Schwarz) gewechselt werden. Bei speziellen Fotodruckern, die Fotopapier benutzen, können die Druckkosten pro Seite bereits einige Euro betragen. Günstiger wird es, wenn das Modell den Austausch einzelner leerer Farbpatronen erlaubt.

Wer keine Farbe im Ausdruck benötigt, auf geringe Druckkosten achtet und einen wischfesten Ausdruck wünscht, ist mit einem Laserdrucker in der Regel besser bedient. Solche Geräte werden bereits für unter 300 Euro angeboten, wobei nach oben preislich aber so gut wie keine Grenzen gesetzt sind. Profigeräte gibt es ab 800 Euro. Hier ist darauf zu achten, was die Tonerkartuschen kosten und wie lange die so genannte Belichtertrommel hält. So mancher »Billigdrucker« schlägt dann bei den Kosten für das Verbrauchsmaterial zu.

Tipp

Beim Kauf eines neuen Druckers muss man darauf achten, dass dieser auf den vorhandenen Computer abgestimmt ist. Es ist beispielsweise wichtig, dass dem Gerät ein Steuerprogramm (Treiber) für die auf Ihrem Computer vorhandene Windows-Version beiliegt. Zudem muss der Drucker auf die Anschlusstechnik (Parallelschnittstelle oder USB-Anschluss) Ihres Computers abgestimmt sein.

Weitere Peripheriegeräte

Neben Tastatur, Maus und Drucker können Sie weitere als **Peripherie** bezeichnete Geräte an den Computer anschließen. Ein Scanner ermöglicht es, Dokumente einzulesen oder Fotos einer Digitalkamera können auf dem Computer weiterverarbeitet werden. Mit einer so genannten Webcam (Web-Kamera) oder einer digitalen Videokamera (Camcorder) lassen sich sogar Videos aufzeichnen und am Computer bearbeiten. Der Zugang zum Internet ist per Modem oder ISDN-Karte möglich. Auf diese Zusatzgeräte komme ich in den folgenden Kapiteln noch zu sprechen.

So sieht's innen im Computer aus

Vielleicht interessiert Sie das Innenleben eines Computers? Hier ganz kurz ein Überblick, den Einsteiger ja überblättern und bei Interesse oder Bedarf später nachlesen können.

Hier sehen Sie das geöffnete Gehäuse meines Computers. Neben einigen Kabeln sind rechts oben die Schächte zur Aufnahme der Laufwerke (Festplatte, DVD-/CD-ROM etc.) zu erkennen. Im Hintergrund befindet sich die Hauptplatine mit dem Prozessor und weiteren Komponenten.

Die im Gehäuse eingebaute **Hauptplatine** (auch **Motherboard** genannt) weist die Kernkomponenten des Computers auf. Hier sehen Sie eine Abbildung einer solchen Hauptplatine (im ausgebauten Zustand).

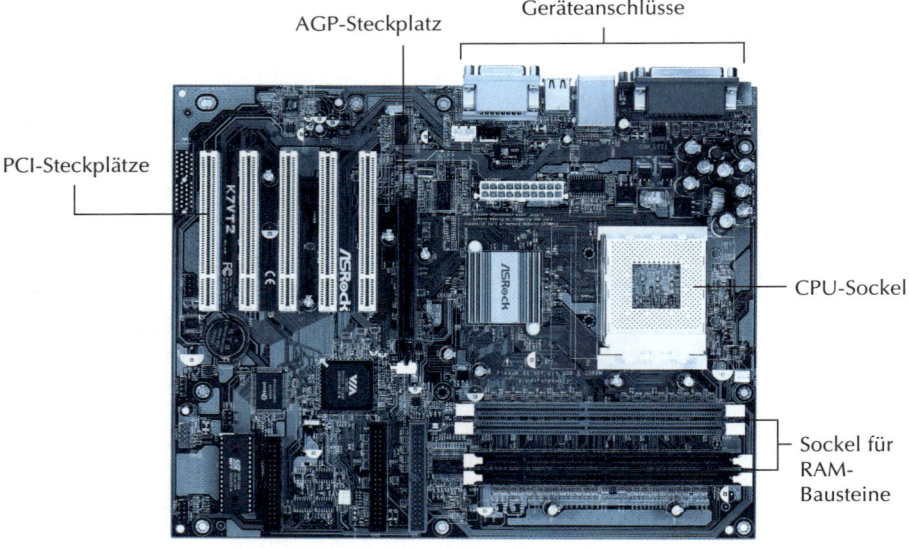

(Quelle: ASRock)

Diese Platine enthält die zum Betrieb des Computers notwendigen Bausteine (auch **Chips** genannt). Rechts sehen Sie einen Sockel, in den der auch als **CPU** (steht für Central Processing Unit) bezeichnete Prozessor eingesetzt wird. Dieser **Prozessor führt** die **Rechenoperationen** bzw. Anweisungen im Computer **aus**. Unterhalb des CPU-Sockels finden sich die Module des **Arbeitsspeichers** (RAM, steht für Random Access Memory), in dem der Prozessor seine Daten

Kleine Gerätekunde

ablegt. Der Inhalt des Arbeitsspeichers geht beim Ausschalten des Computers verloren. Der genaue Aufbau der Hauptplatine sowie die vorhandenen Komponenten unterscheiden sich von Hersteller zu Hersteller.

Techtalk

Computer lassen sich meist auch nachträglich **mit** zusätzlichem **Arbeitsspeicher aufrüsten**.

Sie müssen nur wissen, ob noch freie Sockel für die RAM-Module vorhanden sind und welchen Typ von Arbeitsspeicher der Computer benötigt (Hinweise dazu finden Sie im Handbuch der Hauptplatine).

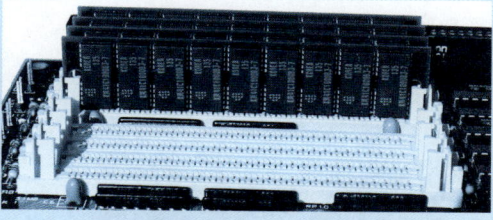

Bei älteren Computern kommen SIMMs (Single Inline Memory Module) oder DIMMs (Dual Inline Memory Module) und bei neueren Geräten DDR-RAMs (DDR steht für Double Data Rate) zum Einsatz. Sie können die Geräte im Fachhandel aufrüsten lassen oder die Speichermodule kaufen und ggf. selbst einbauen. Ziehen Sie vor jedem Öffnen des Gehäuses das Stromkabel vom Computer ab.

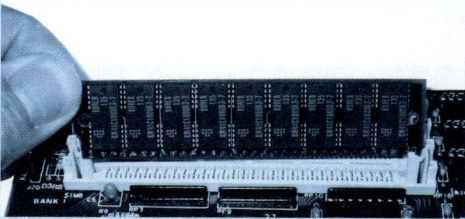

Die Speichermodule lassen sich, wie hier gezeigt, in leicht gekippter Stellung in den Steckplatz auf dem Motherboard einsetzen. Richten Sie das Modul dann so weit auf, bis es in die Halterungen einrastet.

Die Module sind in der vorgeschriebenen Richtung einzubauen und ältere Computer erfordern meist zwei Speichermodule pro Speicherbank (siehe Motherboard-Unterlagen). Vermeiden Sie beim Einbau statische Aufladungen, da diese die Bauteile zerstören können. Daher werden die Speichermodule in speziellen (antistatischen) Verpackungen verschickt. Fassen Sie mit einer Hand an das Metallgehäuse, um eine statische Aufladung abzuleiten. Hat der Einbau geklappt, erkennt der Computer beim nächsten Einschalten automatisch den neu eingebauten Speicher. Piept der Rechner beim Einschalten, wurde ein Fehler im Arbeitsspeicher oder in einem anderen Teil erkannt.

Die üblichen Hauptplatinen enthalten nicht alle im Computer benötigten Bauteile. Um beispielsweise Klänge bzw. Musik wiederzugeben oder Grafiken auf dem Bildschirm anzuzeigen, werden häufig Zusatzkarten (Steckkarten) in den Computer eingebaut.

Hier sehen Sie eine **Grafikkarte**, an die der Bildschirm angeschlossen wird. Links ist das Blech mit der Anschlussbuchse für den Monitor zu erkennen. Solche **Steckkarten** sind auf die passenden Stecker der auf der Hauptplatine vorhandenen **Steckplätze** aufzustecken.

(Quelle: Asus)

Die Zahl der Steckplätze und deren Art hängt von der verwendeten Hauptplatine ab. Moderne Grafikkarten erfordern z.B. einen speziellen AGP-Steckplatz, während andere Steckkarten für PCI-Steckplätze ausgelegt sind. Je mehr Steckplätze vorhanden sind, umso besser lässt sich der Computer später erweitern. Außerdem haben solche Adapterkarten den Vorteil, dass sich ggf. Komponenten austauschen lassen (z.B., wenn Sie eine bessere Grafikkarte für neue Spiele benötigen).

Techtalk

Zum Einbauen einer solchen Karte trennen Sie den Computer vom Stromnetz und öffnen dann das Gehäuse. Suchen Sie einen freien Steckplatz und entfernen Sie das Blindblech, mit dem die Gehäuseaussparung der Karte verdeckt ist. Drücken Sie die Steckkarte in den freien Steckplatz und fixieren Sie diese (entweder mit einer Schraube oder einem Bügel) am Anschlussblech.

Hier sehen Sie, wie eine Steckkarte in einen PCI-Steckplatz eingebaut ist. Die Kontakte der Steckkarte passen genau in die Buchse auf der Hauptplatine. Das Blech mit den Geräteanschlussbuchsen sitzt in einer Aussparung der Gehäuserückseite.

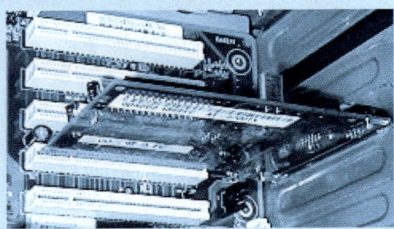

*Ältere Computer sind mit (den etwas längeren schwarzen) so genannten **ISA-Steckplätzen** ausgestattet, während neuere Hauptplatinen nur noch (die kürzeren weißen) **PCI-Steckplätze** aufweisen. Wenn Sie Steckkarten kaufen, achten Sie darauf, dass diese zu den (freien) Steckplätzen Ihres Computers passen. Eine ISA-Steckkarte passt nicht auf einen PCI-Steckplatz, PCI-Steckkarten können nur in PCI-Steckplätze eingesetzt werden. Auf vielen Hauptplatinen ist zudem noch ein spezieller **AGP-Steckplatz** zum Einbau schneller AGP-Grafikkarten vorgesehen. Anschließend müssen Sie noch einen Treiber (Steuerprogramm) für die neu eingebaute Karte installieren (Hinweise hierzu finden Sie in den Unterlagen zur Karte und in Kapitel 11).*

Was sind Festplatten?

Zur Speicherung von Daten verwendet der Computer **Festplatten** (manchmal auch als **Harddisk-Drive** oder abgekürzt **HDD** bezeichnet). Das sind fest im Computer eingebaute Teile, auf denen die zum Betrieb des Computers notwendigen Programme sowie Dokumente (Briefe, Bilder etc.) hinterlegt sind. Die **Kapazität der Festplatte** (also wie viel darauf passt) **wird** mittlerweile in **Gigabyte gemessen**. Heutige Computer sind mit Festplattengrößen von 20 bis 120 Gigabyte und mehr erhältlich. Ältere Systeme mit weniger als 2 Gigabyte Festplattenkapazität sind selbst im privaten Bereich kaum noch brauchbar (da neuere Windows-Versionen selbst bereits um die 1 Gigabyte Speicherplatz benötigen).

So funktioniert eine Festplatte

Hier sehen Sie eine Festplatteneinheit mit geöffnetem Gehäuse. Die Daten werden auf mehreren übereinander angeordneten und mit einem magnetischen Material beschichteten Aluminiumscheiben gespeichert. Durch Rotation werden die magnetisch beschichteten Oberflächen der Metallscheiben an einem Schreib-/Lesekopf vorbeigeführt.

Dieser Schreib-/Lesekopf magnetisiert (ähnlich wie bei Musikkassetten) die Magnetschicht und schreibt dadurch Daten auf die Festplatte. Beim Lesen werden die magnetisierten Bereiche der Oberfläche durch den Lesekopf abgetastet. Um die Daten gezielt speichern und lesen zu können, wird das Speichermedium in bestimmte Bereiche organisiert, die mit besonderen Begriffen belegt sind.

(Quelle: Western Digital Corporation)

Durch die radiale Führung der Schreib-/Leseköpfe und die rotierenden Aluscheiben bewegen sich die Köpfe in konzentrischen Kreisen über der magnetischen Oberfläche.

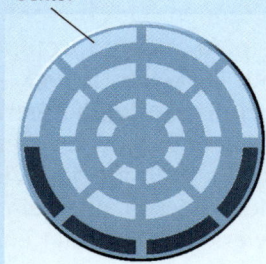

Sektor

Die konzentrisch auf der Oberfläche des Mediums verlaufenden Kreise mit den Daten werden auch als **Spuren** bezeichnet. Eine **Spur** wird zusätzlich (wie bei einer geschnittenen Torte) in **Sektoren** unterteilt. Diese Sektoren enthalten die eigentlichen Daten. Die innen liegenden Sektoren sind dabei etwas kürzer als die Sektoren der äußeren Spuren. Eine auf mehrere übereinander liegende Oberflächen projizierte Spur lässt sich als eine Art **Zylinder** sehen.

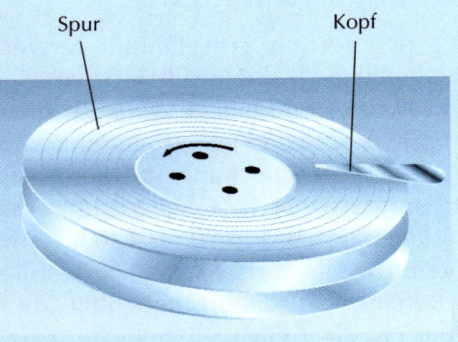

Zur Kapazitätssteigerung werden drei, vier oder mehr beidseitig beschichtete Aluminiumscheiben übereinander montiert. Ein beweglicher Arm nimmt entsprechend sechs, acht und mehr Schreib-/Leseköpfe auf, d.h., mit einer Bewegung können gleichzeitig alle Oberflächen abgetastet werden. Die Speicherkapazität einer Festplatte wird dann durch die Zahl der Zylinder, durch die Zahl der Spuren pro Oberfläche, durch die Zahl der Sektoren pro Spur und durch die Datendichte eines Sektors bestimmt.

*Zur besseren Verwaltung werden häufig mehrere benachbarte Sektoren zu so genannten **Clustern** zusammengefasst. Wenn Ihnen diese Begriffe zukünftig einmal begegnen, wissen Sie, was sich dahinter verbirgt.*

Üblicherweise besitzen Computer nur eine Festplatte. Bei Bedarf lassen sich aber weitere Festplatten einbauen. Diese werden dann im Computer als zusätzliche **Laufwerke** angezeigt (siehe auch folgendes Kapitel). Gelegentlich unterteilt man aber eine Festplatte mit sehr großer Kapazität zur besseren Organisation auch schon mal in mehrere Bereiche. Dies erfordert spezielle Programme und wird von den Experten als **Partitionieren** bezeichnet. Der Computer zeigt Ihnen auch in diesem Fall mehrere Laufwerke an, obwohl nur eine Festplatte eingebaut ist.

Welche Laufwerke gibt's noch?

Neben den direkt im Computer eingebauten Festplatten verfügen die Geräte über weitere **Laufwerke**, die **auswechselbare Speichermedien** aufnehmen können. Um beispielsweise einen Brief gesondert zu speichern oder mit einem anderen Computer auszutauschen, greifen viele Computernutzer auf Disketten zurück – eigentlich alle älteren Computer besitzen deshalb ein **Diskettenlaufwerk** (siehe folgende Kapitel). Leider sparen die Hersteller bei neueren Geräten dieses Laufwerk aus Kostengründen gerne ein. Musik, Programme oder Videos können auf CDs gespeichert sein. Um diese Medien zu lesen, muss ein **CD-ROM-Laufwerk** oder ein so genanntes **DVD-Laufwerk** im Computer eingebaut sein.

Wie funktionieren CD- oder DVD-Laufwerke?

Wenn Sie eine CD oder DVD in ein Laufwerk einlegen, kann dieses die darauf gespeicherten Daten lesen. Die Daten werden bei der Herstellung der CD bzw. DVD spurweise als Muster in Form kleiner Vertiefungen in der verspiegelten Datenträgerschicht aufgebracht.

Die im Laufwerk eingelegte CD wird durch einen Motor in Rotation versetzt. Zum Lesen des Mediums tastet ein Laserstrahl die Datenträgerschicht durch die transparente Kunststoffbeschichtung ab. Der zurückgeworfene Laserstrahl wird durch eine Photodiode ausgewertet. Die Muster der Datenspur bewirken unterschiedliche Intensitäten des empfangenen Signals.

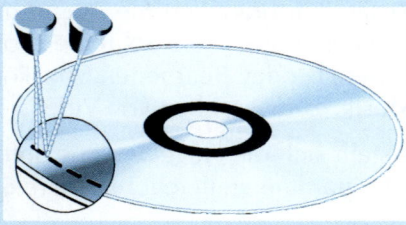

Aus diesen Intensitätsschwankungen kann die Elektronik des Laufwerks die ursprünglichen Daten berechnen. Je schneller die CD im Laufwerk rotiert, umso schneller kann der Computer auch die Daten lesen. Daher werden CD- und DVD-Laufwerke in Geschwindigkeitsklassen (8fach, 16fach, 32fach etc.) unterteilt.

Zusätzlich gibt es noch als **ZIP-Drive** bezeichnete Laufwerke der Firma Iomega. Diese Zusatzlaufwerke funktionieren ähnlich wie Diskettenlaufwerke, verwenden aber spezielle Datenträger. Das Medium für ein ZIP-Drive besitzt die Speicherkapazität von mehreren hundert Disketten und eignet sich zur Sicherung von Programmen und Daten. Solche Laufwerke müssen als Zusatz gekauft werden und sind an die USB- oder FireWire-Anschlüsse des Computers anzuschließen. Seitdem viele Computer so genannte **CD-Brenner** besitzen, also Laufwerke, mit denen sich CDs erstellen lassen (siehe Kapitel 11), verlieren ZIP-Drives an Bedeutung.

Welche Software brauche ich?

Auf den vorhergehenden Seiten wurde nur **Hardware**, also die **sichtbaren** und **anfassbaren Teile** des Computers wie Zentraleinheit, Tastatur, Monitor, Maus, Drucker etc. vorgestellt. Damit sich etwas Sinnvolles mit dem Computer anfangen lässt, benötigen Sie noch **Programme** (enthalten Anweisungen für den Computer), die auch mit dem **Sammelbegriff Software** bezeichnet werden.

Bei Software unterscheidet man zwei Kategorien:

- Der Rechner selbst muss mit einem **Betriebsprogramm**, allgemein als **Betriebssystem** bezeichnet, ausgestattet sein. In der Regel werden neue Computer vom Hersteller mit **Microsoft Windows** ausgeliefert. Alternativ kann Linux als Betriebsprogramm verwendet werden.

- Zusätzlich brauchen Sie noch einige **Anwendungsprogramme**, die Ihnen Funktionen zum Schreiben von Texten, zum Surfen im Internet, zum Ansehen oder Bearbeiten von Fotos und Bildern, zum Abspielen von Musik, zum Ansehen von Videos etc. bieten.

Nun stellt sich die Frage, welche Software Sie wirklich benötigen und welche Programme vielleicht nur teure Spielereien sind.

Windows als Betriebssystem

Das Betriebssystem Microsoft Windows gibt es in verschiedenen Versionen, die entweder über die Jahreszahl (z.B. Windows 95, Windows 98) oder durch ein Kürzel (z.B. Windows Millennium, Windows XP) unterschieden werden. Sofern Sie keine besonderen Anforderungen stellen, spielt die Windows-Version nur eine untergeordnete Rolle. Ältere Rechner enthalten vielleicht noch Windows 95 oder Windows NT. Diese Windows-Versionen kommen mit relativ wenig Festplattenplatz und einem geringen Hauptspeicher aus. Rechner, die neueren Datums sind, enthalten meist **Microsoft Windows 98** beziehungsweise die geringfügig modernisierte Version **Microsoft Windows 98 Zweite Ausgabe** oder **Windows Millennium**. Aktuelle Rechner werden mit Nachfolgeversionen wie **Windows XP** ausgestattet. In Firmen kommt noch Microsoft Windows 2000 bzw. Windows 2003 Server zum Einsatz.

> **Hinweis**
>
> *Die Abbildungen in diesem Buch wurden unter Windows XP erstellt. Falls es bei älteren Windows-Versionen Abweichungen gibt, erhalten Sie an den betreffenden Stellen weitere Hinweise. Sie können das Buch also auch nutzen, falls Sie mit Versionen wie Windows 95, Windows 98 etc. arbeiten. Sehen Sie es wie beim Auto: Die wichtigsten Funktionen wie Bremse, Gas und Kupplung ähneln sich bei allen Modellen. Nach einer kurzen Einweisung, wo die Schalter für Blinker oder Scheibenwischer sind, kann's schon losgehen.*

Das Betriebssystem Windows bietet eine Reihe von Funktionen, um den Inhalt von Festplatten, CDs oder Disketten anzusehen oder zu bearbeiten. Selbst einfache Programme zum Schreiben von Texten oder zum Bearbeiten von Grafiken gibt es. Auch Programme zum Surfen im Internet oder zum Austausch elektronischer Post sind in fast allen Windows-Versionen enthalten (Ausnahmen sind Windows 95 und Windows NT – hier lassen sich die Programme zum Surfen im Internet allerdings kostenlos nachrüsten).

Anwendungsprogramme – ein Überblick

Falls Sie spezielle Anforderungen an den Computer haben, benötigen Sie auf diese Aufgaben zugeschnittene Programme, die Sie in der Regel zusätzlich erwerben müssen. Wenn Sie Geräte wie Scanner, Digitalkamera oder Drucker kaufen, ist häufig eine CD-ROM mit Zusatzprogrammen zur Grafikbearbeitung, zum Faxen, zum Kopieren etc. dabei. Auch die vielen Computerzeitschriften beiliegenden CDs enthalten meist kostenlose Software oder Demoprogramme. Diese Programme verwandeln den Computer in ein universelles Arbeitsgerät.

Im Bürobereich hat die alte Schreibmaschine mittlerweile ausgedient. Der Computer ist als Helfer in die Büros eingezogen und die Geräte lassen sich auch im Privatumfeld für ähnliche Aufgaben einsetzen. Mit den richtigen Programmen lässt sich das Schreiben von Briefen, das Erstellen von Rechnungen, das Verwalten von Terminen, das Vorbereiten von Präsentationen usw. schnell erledigen.

Für die Aufgaben im Bürobereich kommen meist so genannte **Office-Programme** zum Einsatz. Mit dem Produkt **Microsoft Office** erhalten Sie vom gleichen Hersteller, der auch Windows vertreibt, eine Sammlung von Programmen, die fast alles bieten, was das Herz begehrt:

- **Microsoft Word** ist ein **Textverarbeitungsprogramm**, das vom Schreiben eines Briefs über die Gestaltung von Einladungen bis hin zum Verfassen ganzer Broschüren, Bücher oder wissenschaftlicher Arbeiten (fast) alles erlaubt. Das Ihnen vorliegende Buch wurde beispielsweise mit diesem Programm geschrieben.

- Um Berechnungen wie Kassenbuch, Abrechnungen, Umsatzstatistik, Reisekosten, PKW-Kosten und Ähnliches zu automatisieren, kommen **Tabellenkalkulationsprogramme** zum Einsatz. In diesen Programmen werden alle Zahlen und Berechnungsformeln in ein Tabellenblatt eingetragen. Das Programm kann dann automatisch wiederkehrende Berechnungen ausführen. **Microsoft Excel** ist ein solches in Microsoft Office enthaltenes und recht verbreitetes Programm.

■ Weiter enthält Microsoft Office in einigen Paket-Versionen noch das Datenbankprogramm **Access** (zur Verwaltung großer Datenbestände wie Warenmengen, Adressen etc.). In allen Office-Paketen sind das Programm **Outlook** zur Verwaltung von Terminen, Notizen, Kontakten und E-Mails sowie Grafikprogramme bzw. Präsentationsprogramme wie **PowerPoint** dabei.

Auf einige der Funktionen gehe ich in den Kapiteln 7 und 8 ein. Microsoft Office existiert in verschiedenen Versionen (Office 97, 2000, XP etc.) und schlägt mit über 500 Euro zu Buche. Im privaten Umfeld wird man selten so viel Geld ausgeben wollen. Neue Computer sind neben Windows häufig mit Zusatzsoftware ausgestattet, die Office-Funktionalität bietet.

■ Die so genannte **Microsoft Works Suite** von Microsoft kostet einzeln um die 100 Euro. Sie **enthält** neben **Microsoft Word** das Modul **Works**, welches **Tabellenkalkulation**, **Terminverwaltung** und **Datenbank** bereitstellt. Zusätzlich werden in der Works Suite das Grafikprogramm **Picture It!**, der Routenplaner **AutoRoute** und die Enzyklopädie **Encarta** mitgeliefert.

■ Nicht alle Computerhersteller liefern die Microsoft Works Suite mit. Bei einigen Systemen ist das Paket **StarOffice** im Lieferumfang enthalten. Dieses bietet eine **Textverarbeitung** (Writer), eine **Tabellenkalkulationsprogramm** (Calc), **Zeichenprogramme** (Draw, Impress) und mehr. Achten Sie aber darauf, dass Sie die Version 6.0 oder höher und nicht das ältere StarOffice 5.2 erhalten.

Falls Sie einen Computer ohne Office-Programme besitzen, brauchen Sie nicht unbedingt eine teure Zusatzsoftware zu kaufen. Das kostenlose Programmpaket **OpenOffice** 1.x (Download unter *de.openoffice.org*) ist bis auf geringe Einschränkungen funktional mit StarOffice 6.x identisch und die Programme lassen sich ähnlich wie die in Microsoft Office enthaltenen Anwendungen bedienen. Ich gehe in späteren Kapiteln noch auf diese Fragen ein.

> **Hinweis**
>
> *Neben den im Handel angebotenen Programmen lässt sich Software häufig auch direkt aus dem Internet herunterladen und installieren. Die Angebote werden dabei in die beiden Kategorien **Shareware** und **Freeware** unterteilt. Bei Shareware erteilt Ihnen der Programmentwickler die Erlaubnis, das Produkt für eine gewisse Zeit zu testen. Nutzen Sie das Programm weiter, müssen*

*Sie sich für einen meist geringen Betrag registrieren lassen. Freeware ist dagegen kostenlos nutzbar. Gelegentlich hört man auch noch den Begriff **Adware**. Dabei handelt es sich um werbefinanzierte Software, die entweder Werbung einblendet oder Ihre E-Mail-Adresse an Internetanbieter weiterreicht.*

Ratgeber Computerkauf

Falls Sie sich einen neuen Computer zulegen möchten, gilt es, zwischen den verschiedenen Angeboten auszuwählen. Vom Fachhandel über Elektronikketten wie Saturn, Media Markt oder ProMarkt bis hin zu Discountern wie Aldi, Lidl, Norma, Plus werden solche Geräte angeboten. In seinen Anzeigen wirbt der Handel mit allerlei Fachbegriffen und Ausstattungsdetails. Für den Verbraucher gilt es, den Überblick zu behalten und die Angebote zu vergleichen. Das ist, trotz des gelegentlich benutzten »Computer-Chinesisch«, eigentlich nicht so schwer. Schauen Sie sich einmal diese Anzeige der Firma Dell aus dem Jahr 2003 an.

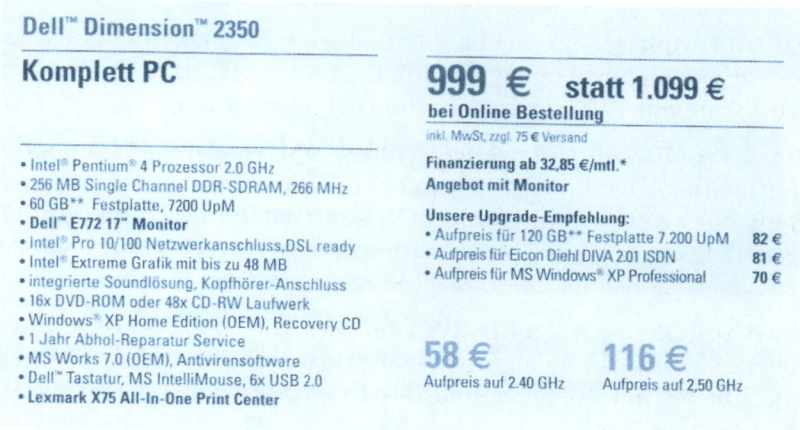

Im linken Teil der Anzeige finden Sie die Ausstattungsdetails des Grundsystems, der rechte Teil listet noch verschiedene »Upgrade-Empfehlungen« für Zusatzkomponenten oder verbesserte Ausstattungsdetails auf. So können Sie beispielsweise eine ISDN-Karte, eine größere Festplatte oder die Professional-Version von Windows XP zukaufen.

Auch wenn die Anzeige auf den ersten Blick stellenweise etwas kryptisch erscheint, sollten Sie gelassen bleiben. Ziehen Sie einfach jene Angaben heraus, die Ihnen etwas bringen oder wichtig sind. Ich habe nachfolgend einmal die betreffenden Angaben aus dem Anzeigentext fett hervorgehoben:

- **Intel Pentium® 4 Prozessor 2.0 GHz**: In jedem Computer muss ein **Prozessor** (der eigentliche Rechenchip, auch als CPU bezeichnet) eingebaut sein. Bei PCs kommen im Wesentlichen die **Pentium**-CPUs des Herstellers Intel oder die **Athlon**-Prozessoren der Firma AMD zum Einsatz. Für Sie ist vor allem die **Angabe 2 GHz** interessant, die etwas über die **Taktrate des Prozessors**, also seine Geschwindigkeit, aussagt. 2 GHz sind für heutige Rechner eigentlich nichts Besonderes mehr. Je höher die Taktrate ist, umso schneller kann der Prozessor arbeiten.

- **256 MB DDR-SDRAM:** Das System ist mit **256 Mbyte Arbeitsspeicher** ausgestattet (wobei die Speicherchips laut Anzeige mit 266 MHz Bustakt arbeiten – alles in allem ein guter Wert). Das Kürzel **DDR-SDRAM** steht für **D**ouble **D**ata **R**ate **S**ynchronous **D**ynamic **RAM**, was Sie aber an dieser Stelle nicht wirklich interessieren muss (diese Information benötigen Sie lediglich, wenn Sie zusätzlichen Speicher selbst nachrüsten möchten).

- **60,0 GB Festplatte:** Der Rechner enthält eine Festplatte mit einer Kapazität von 60 Gigabyte (ausreichend). Laut Anzeige lässt sich eine größere Festplatte mit 120 Gigabyte für rund 80 Euro ordern.

- **Intel ® Pro 10/100 Netzwerkanschluss, DSL ready:** Der Computer ist bereits vorgerüstet, um sich per Kabel mit einem anderen Computer zu einem Netzwerk verbinden zu lassen. Alternativ kann ein DSL-Internetzugang angeschlossen werden. Gegen Aufpreis kann der Computer laut Anzeige mit einer ISDN-Karte ausgerüstet werden.

- **16x DVD-ROM** oder **48x CD-RW-Laufwerk:** Im Computer ist wahlweise ein DVD-Laufwerk oder ein CD-Laufwerk eingebaut. Das DVD-Laufwerk arbeitet mit 16facher und das CD-ROM-Laufwerk mit 48facher Lesegeschwindigkeit.

- 6x **USB** 2.0, integrierte **Soundlösung**, **Intel ® Extreme Grafik** mit bis zu 48 Mbyte: Der Rechner bietet also sechs Anschlussbuchsen für USB-Geräte. Die **Soundausgabe** ist bereits **auf** der **Hauptplatine** vorhanden. Zudem wird etwas über die **Grafikkarte** gesagt, die bis 48 Mbyte Speicher aufweist (ein eher unterdurchschnittlicher Wert). Wenn Sie keine extremen Anforderungen an die Grafikfähigkeiten des Rechners haben (z.B. für spezielle Spiele, zur Filmbearbeitung etc.), reicht eine solche Grafikkarte aber aus.

Es handelt sich bei diesem Computer um ein **Komplettsystem**, zu dem ein 17-Zoll-**Monitor** und ein Lexmark »All-In-One Print Center« (kann drucken, scannen und faxen) gehören. Der Rechner besitzt noch eine Dell-**Tastatur**, eine Microsoft ® IntelliMouse (**Maus** mit Rädchen) und wird mit dem Betriebssystem **Microsoft Windows XP** ausgeliefert. Zusätzlich hat der Hersteller noch das bereits erwähnte **Microsoft Works** (OEM) sowie eine Antivirensoftware beigelegt. Das Kürzel OEM steht für Original Equipment Manufacturer und besagt, dass die Programmpakete nur in Verbindung mit einem Rechner für diesen Preis ausgeliefert werden dürfen (regulär sind die Programme wesentlich teurer). Die Angabe Recovery CD bei Windows XP weist darauf hin, dass sich das System mit Hilfe dieser CD in den Auslieferungszustand zurücksetzen lässt. Das ist hilfreich, falls der Computer wegen defekter Software einmal streikt. Sie sehen, es ist alles gar nicht so schwierig, oder? Wenn Sie zukünftig PC-Anzeigen studieren, ziehen Sie die Ihnen verständlichen Angaben heraus und vergleichen dann die Geräte und Preise. Sie bekommen schnell eine grobe Vorstellung, welche Ausstattung Ihr Computer haben soll. Dann können Sie Geräte, die die Anforderungen erfüllen, preislich vergleichen.

> **Tipp**
>
> *Viele Computerzeitschriften testen regelmäßig aktuell angebotene Systeme und bewerten diese. Kaufen Sie ggf. ein solches Heft (z.B. Computer Bild oder Stiftung Warentest) und lesen Sie die Bewertungen nach.*

Das sollte ein neuer Computer können

Möchten Sie sich einen Computer zulegen? Neben Neugeräten lassen sich im privaten Bereich auch gut Gebrauchtgeräte nutzen. Die Geräteausstattung sollte aber einige Mindestvoraussetzungen erfüllen:

- Wenn Sie einen älteren **Computer kostenlos** bekommen können, sollte dieser mindestens mit einem Intel Pentium® 133-MHz-Prozessor, 16 Mbyte Arbeitsspeicher (RAM), einer Festplatte mit 1 bis 2 Gigabyte Kapazität, einem Diskettenlaufwerk und möglichst einem CD-ROM-Laufwerk ausgestattet sein. Um Musik zu hören, muss im Rechner eine Soundkarte installiert sein; dann benötigen Sie auch noch ein Paar Lautsprecher. Ein solcher Rechner sollte mit Microsoft Windows 95 oder Windows 98 ausgestattet sein.

- Gebrauchtcomputer, die Sie erwerben, sollten einen Prozessor mit mindestens 400 MHz Arbeitstakt, mindestens 64 Mbyte Arbeitsspeicher (RAM) und eine Festplattenkapazität ab 10 Gigabyte aufweisen. Das

Gerät sollte über ein Diskettenlaufwerk, ein CD-ROM-Laufwerk sowie über eine Soundkarte verfügen. Solche Rechner sind meist mit Microsoft Windows 98 (oder Windows 98 Zweite Ausgabe oder Windows Millennium) ausgestattet. Informieren Sie sich ggf. in Kleinanzeigen über das Preisniveau – solche Computer müssen deutlich billiger als Neugeräte sein. Manche Händler geben Gebrauchtsysteme mit Garantie ab.

Sie können natürlich auch unter einem der vielen Komplettangebote für Neugeräte wählen, die vom Fachhandel angeboten werden. Der Preis für ein solches Gerät richtet sich nach der geforderten Ausstattung. Sofern Sie den Computer nur für das Internet oder zum gelegentlichen Schreiben eines Briefs u.Ä. nutzen möchten, reichen schon günstige Geräte im Bereich von 750 Euro. Beim Schreiben dieses Buches bin ich im Internet auf diverse Anbieter gestoßen, die durchaus ordentlich ausgestattete Computer im Preisbereich um die 400 Euro (allerdings ohne Software und Betriebssystem) anbieten. Typischerweise liegen aber Komplettsysteme, die im Fachhandel oder bei Discountern angeboten werden, etwa um 1.000 bis 1.200 Euro. Nach oben sind Ihnen natürlich keine Grenzen gesetzt. Möchten Sie den Rechner beispielsweise dazu nutzen, um DVD-Videos abzuspielen, Bilder von Digitalkameras zu bearbeiten oder CDs bzw. gar DVDs zu erstellen, sollten Sie zu einem Gerät mit entsprechend besserer Ausstattung greifen. Zu dem oben genannten Preis kommen dann noch die Kosten für Drucker, Monitor etc. hinzu. Zur groben Orientierung finden Sie in der folgenden kleinen Tabelle einige Anhaltspunkte für die Ausstattung eines neuen Computers.

Komponente	Minimal	Empfohlen
Prozessor	1 GHz	2 GHz oder mehr
Arbeitsspeicher	128 Mbyte RAM	256 Mbyte RAM oder mehr
Festplatte	40 Gigabyte	80 Gigabyte oder mehr
Diskettenlaufwerk	$3^1/_2$-Zoll-Diskette	$3^1/_2$-Zoll-Diskette
CD-ROM-Laufwerk	DVD-Laufwerk	DVD-ROM, evtl. CD-ROM- oder DVD-Brenner

Bedenken Sie aber, dass sich die Gerätetechnik weiterentwickelt und die obigen Angaben mit der Zeit überholt sein können. Achten Sie beim Gerätekauf darauf, dass der PC mindestens zwei oder besser vier **USB-Anschlüsse** und nach Möglichkeit einen **FireWire-Anschluss** aufweist (siehe unten und Kapitel 10). Häufig werden Komplettsysteme auch mit einer

Netzwerkkarte versehen, um ggf. weitere Computer oder einen DSL-Internetanschluss zu verbinden. Wer Digitalkameras oder digitale Camcorder für Videoaufnahmen benutzt, sollte darauf achten, dass der Rechner Leseeinheiten für Speicherkarten sowie Ein- und Ausgänge für Videosignale (z.B. FireWire-Anschluss) aufweist. Computer der oberen Preisklasse sollten neben dem Betriebssystem Microsoft Windows XP (Home Edition) mindestens ein Büroprogramm (Microsoft Works Suite oder StarOffice ab Version 6.0) aufweisen.

Achtung

Gelegentlich gibt es Angebote, die an den Abschluss eines Vertrages mit Internetanbietern gekoppelt sind. Überlegen Sie sich gut, ob Sie sich wirklich an einen Internetanbieter binden möchten. Die paar gesparten Euro bei der Kaufsumme können schnell durch Online-Gebühren für den Internetzugang aufgefressen werden.

Inbetriebnahme – ganz einfach

Wenn Sie einen neuen Computer gekauft haben, müssen Sie diesen auspacken und in Betrieb nehmen. Sofern es sich nicht um ein Notebook handelt, kommt noch das Anschließen der Einzelgeräte am Rechner hinzu.

Nach dem Auspacken sollten Sie vor dem Installieren alle Teile auf Vollständigkeit kontrollieren. In der Regel liegt den Geräten eine Packliste bei, auf der die Komponenten wie Tastatur, Kabel etc. abgehakt werden können.

> **Tipp**
>
> *Falls Sie den Computer einmal an einem anderen Standort aufstellen müssen, merken oder **notieren** Sie sich die **Zuordnung der Kabel zu** den **Steckbuchsen** am Computer. Ganz wichtig: Verschieben Sie niemals einen eingeschalteten und in Betrieb befindlichen Computer an eine andere Stelle. Die dabei auftretenden Erschütterungen und Stöße können die Festplatte schädigen.*

Verkabelung – (k)ein Buch mit sieben Siegeln

Nach dem Auspacken stellen Sie die Hauptkomponenten (Bildschirm, Zentraleinheit, Drucker etc.) des Systems an der gewünschten Stelle auf. Achten Sie aber darauf, dass die Rückseite des Computers mit den Anschlussbuchsen noch zugänglich bleibt. Anschließend heißt es, den »Kabelsalat« zu entwirren und die richtigen Stecker der Zusatzgeräte mit den zugehörigen Anschlussbuchsen zu verbinden. Aber das Ganze ist eigentlich nicht sonderlich schwer und ziemlich narrensicher.

Die einzelnen Geräte wie Tastatur, Maus, Bildschirm etc. sind mit Datenkabeln und Steckern versehen, die in die entsprechenden Anschlussbuchsen des Computers einzustöpseln sind. Welche Steckbuchsen genau am PC vorhanden sind, hängt vom Modell ab. Hier sehen Sie die Gehäuserückseite eines neueren PCs mit verschiedenen Anschlussbuchsen.

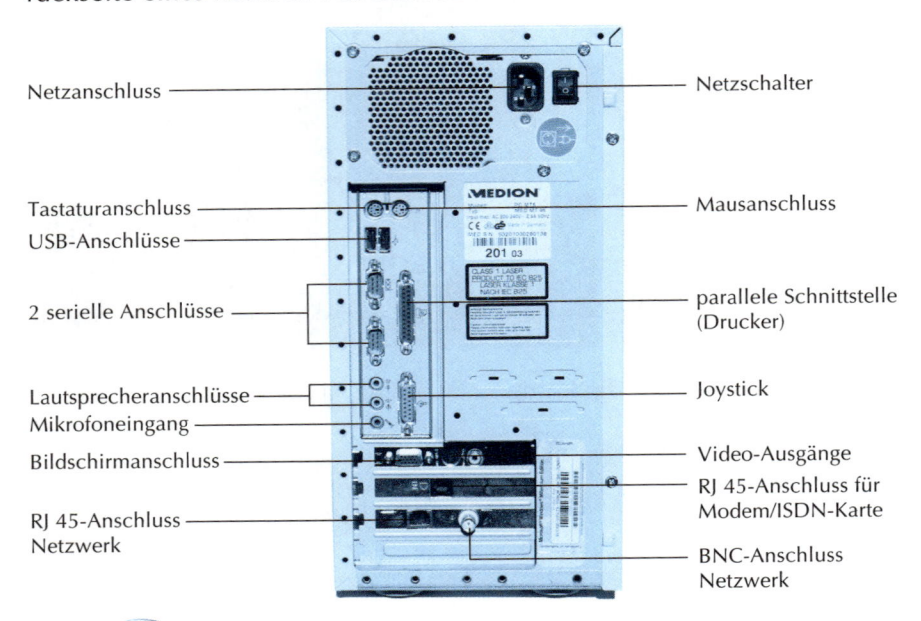

- Netzanschluss
- Netzschalter
- Tastaturanschluss
- USB-Anschlüsse
- 2 serielle Anschlüsse
- Mausanschluss
- parallele Schnittstelle (Drucker)
- Lautsprecheranschlüsse
- Mikrofoneingang
- Joystick
- Bildschirmanschluss
- Video-Ausgänge
- RJ 45-Anschluss Netzwerk
- RJ 45-Anschluss für Modem/ISDN-Karte
- BNC-Anschluss Netzwerk

Inbetriebnahme – ganz einfach

Die Gehäuserückseite enthält eine Platte mit den Buchsen zum Anschluss der wichtigsten Peripheriegeräte wie Maus, Tastatur oder Drucker. Die einzelnen Buchsen sind meist durch Symbole gekennzeichnet. Die zwei runden **PS/2-Buchsen** für den **Anschluss von Tastatur** und **Maus** sind am linken Rand zu erkennen. Oft sind die Buchsen und Stecker farbig markiert (Maus grün, Tastatur violett). Die beiden darunter befindlichen Vierecke sind die **USB-Anschlussbuchsen** des Rechners, an die Geräte (Scanner, Kameras, Drucker etc.) angeschlossen werden können. Die längliche 25-polige Subminiaturbuchse ist für die **Parallelschnittstelle des Druckers** vorgesehen. Links daneben finden Sie bei diesem Rechner noch zwei 9-polige Subminiaturbuchsen mit Stiften, die **serielle Schnittstellen** darstellen. An solche Schnittstellen lassen sich **Analogmodems**, ältere Mäuse mit serieller Schnittstelle oder ähnliche Geräte anschließen. Die drei **runden Buchsen** links unten **gehören zur Soundkarte** und ermöglichen den **Anschluss** von **Lautsprechern** und **Mikrofon**. Die rechts daneben befindliche Buchse erlaubt den Anschluss eines **Joysticks**, also eines Steuerknüppels, mit dem Computerspiele gesteuert werden.

> **Tipp**
>
> *Wie Sie erkennen können, sind die beiden 9-poligen Subminiaturbuchsen mit Stiften, der 25-polige Druckeranschluss aber mit Buchsen versehen. Zusätzlich gibt es unterschiedliche Breiten für die Buchsen. Dadurch ist sichergestellt, das die jeweiligen Verbindungskabel nur zur entsprechenden Anschlussbuchse passen. Sie können also nicht viel falsch machen.*

> **Hinweis**
>
> *Sieht die Geräterückseite bei Ihrem neu erworbenen Computer ganz anders aus? Besitzt Ihre Tastatur oder Maus einen anderen Stecker? Ältere Mäuse haben noch einen Subminiaturstecker, der genau auf die 9-polige Anschlussbuchse einer seriellen Schnittstelle passt. Ältere Tastaturen sind mit 9-poligen DIN-Steckern versehen, die nicht in die PS/2-Buchsen passen. Im Fachhandel gibt es aber Adapterstecker, um ältere Mäuse und Tastaturen direkt an PS/2-Buchsen anzuschließen. Neueren Mäusen und Tastaturen liegen andererseits oft Adapter bei, um diese auch noch an die Steckbuchsen älterer Computer anschließen zu können.*

Neben diesem »Anschlussfeld« besitzen die meisten Computer an der Gehäuserückseite noch einen Bereich mit den Anschlussbuchsen der Erweiterungskarten. In obiger Abbildung sind drei Erweiterungskarten eingebaut. Die Grafikkarte befindet sich im obersten Steckplatz.

Die hier gezeigte Buchse der Grafikkarte weist drei Reihen von Stiften auf. Auf diese Buchse passt daher nur der so genannte **VGA-Stecker** des Bildschirmkabels.

Je nach Grafikkarte kann das Anschlussblech auch noch Buchsen zum Anschluss eines Fernsehgeräts aufweisen (Sie können dann das DVD-Laufwerk des Computers zum Abspielen von DVDs verwenden und den Fernseher zur Anzeige benutzen).

> **Hinweis**
>
> *Wenden Sie auf keinen Fall Gewalt an, wenn ein Stecker nicht leicht in eine Buchse passt. Bei den runden PS/2-Steckern muss eine ganz bestimmte Lage eingehalten werden, damit die im Stecker befindliche Kodierung auf die Buchse passt (notfalls den Stecker vorsichtig im bzw. gegen den Uhrzeigersinn drehen, bis die Kodierung zur Buchse passt). Sie sollten alle Stecker, die Schrauben aufweisen, am Gehäuse fixieren. Das verhindert, dass sich die Stecker beim Bewegen des PCs versehentlich lösen und zu Fehlern führen. Gerade die Stifte des Monitorsteckers sind so dünn, dass sie leicht verbiegen oder abbrechen.*

Der oben gezeigte Rechner besitzt noch jeweils eine Steckkarte mit einem Modem (Internetzugang) sowie eine Netzwerkkarte (um Rechner miteinander zu verbinden). Weitere Zusatzgeräte (beispielsweise ein externes Modem) schließen Sie an die serielle Anschlussbuchse (z.B. mit »Serial« bezeichnet) oder bei USB-Geräten an die USB-Buchse an. Die Verbindungskabel weisen bereits die entsprechenden Stecker auf. Konsultieren Sie ggf. die Handbücher der Geräte hinsichtlich der Frage, was dabei zu beachten ist.

> **Achtung**
>
> *Bei Modem, DSL oder ISDN-Karte müssen Sie zusätzlich eine Verbindung zur Telefonanschlussdose herstellen. Den Geräten liegen entsprechende Kabel mit den passenden Steckern bei. Achten Sie beim Telefonkabel darauf, dass es in die mit Modem oder ISDN beschriftete Buchse eingestöpselt wird, denn dummerweise passt der RJ-45-Stecker (siehe Kapitel 4) auch auf die Buchse einer Netzwerkkarte.*

Die Buchsen zum Anschließen der Lautsprecher an die Soundkarte können Sie eigentlich auch nicht verfehlen. Sie müssen lediglich darauf achten,

Inbetriebnahme – ganz einfach

dass Sie nicht irrtümlich den Lautsprecher an der Mikrofonbuchse anschließen (die Mikrofonbuchse ist meist rot gefärbt). Notfalls müssen Sie ein paarmal probieren.

Druckeranschluss – so geht's

Sofern Sie einen Drucker gekauft haben, muss dieser an einem separaten Standort aufgestellt und mit einem Netzkabel mit einer Steckdose verbunden werden. Tintenstrahldrucker verfügen gelegentlich über einen externen Trafo mit einem Niederspannungskabel. Dieses Kabel ist mit dem entsprechenden Anschluss am Drucker zu verbinden. Näheres finden Sie im Druckerhandbuch.

Um den Drucker mit dem Rechner zu verbinden, benötigen Sie ein eigenes **Druckerkabel**, das in der Regel nicht im Lieferumfang des Druckers enthalten ist und zusätzlich gekauft werden muss. Der Handel bietet Kabel in verschiedenen Längen an.

> **Hinweis**
>
> **Drucker** werden häufig über eine so genannte **Parallelschnittstelle** (auch schon mal als Centronics-Schnittstelle bezeichnet), seltener über eine **serielle Schnittstelle** mit dem Computer verbunden. Nachfolgend wird der Anschluss per Parallelkabel behandelt. Sollte Ihr Drucker dagegen einen **USB-Anschluss** aufweisen, lesen Sie weiter unten nach, wie der Anschluss herzustellen ist.

Ein paralleles Druckerkabel weist zwei unterschiedliche Stecker auf.

Der (Centronics-)Stecker auf der einen Seite des Kabels sieht wie hier abgebildet aus und passt nur auf die entsprechende Buchse am Drucker.

Dieser Stecker lässt sich übrigens mit den am Druckergehäuse befindlichen Drahtbügeln fixieren.

Das andere Ende des Kabels weist einen 25-poligen **Subminiaturstecker** auf, der genau auf die weiter oben bereits gezeigte 25-polige Drucker-Anschlussbuchse des PCs passt. Benutzen Sie die Schrauben zum Fixieren des Steckers.

Der Anschluss von USB-Geräten

Um die Zahl verschiedener Buchsen und Stecker zu reduzieren, sind moderne Computer mit **USB-Anschlussbuchsen** ausgestattet. **USB steht für Universal Serial Bus**, also eine universelle Leitung (Bus), an der sich mehrere Geräte seriell anschließen lassen. USB-Schnittstellen bieten den angeschlossenen Geräten in begrenztem Umfang zusätzlich eine Stromversorgung und erlauben eine schnellere Datenübertragung als serielle Schnittstellen. Verfügen Sie über neuere Geräte, die die USB-Anschlusstechnik unterstützen?

Die Kabel dieser Geräte sind bereits mit **USB-Steckern** versehen, die nur noch in die **USB-Buchsen** einzustöpseln sind. Hier kann eigentlich nicht viel schief gehen, da nur ein Steckertyp für die USB-Buchsen des Computers existiert.

Ein großes Plus der **USB-Technik** gegenüber den anderen Anschlusstechniken: Sie **erlaubt es, Geräte während des laufenden Rechnerbetriebs anzuschließen oder zu entfernen**. Der Computer erkennt das und bindet das Gerät automatisch ein bzw. meldet es wieder ab – nur beim ersten Anschließen eines Geräts fordert Windows zur Installation eines **Gerätetreibers** (das Steuerprogramm für das Gerät) auf. Bei zu kurzen USB-Kabeln können Sie im Handel Verlängerungen bekommen. Sind keine USB-Buchsen mehr frei, können Sie Verteilerstationen (**USB-Hubs**) verwenden.

Dabei führt ein Kabel vom USB-Anschluss des PCs zur Verteilerstation (**USB-Hub**). Die Verteilerstation bietet dann vier neue USB-Buchsen für weitere Geräte.

Durch Verwendung mehrerer USB-Hubs können Sie bis zu 127 Geräte an einen Computer anschließen.

Moderne PCs bieten meist USB-Anschlüsse auf der Vorder- und Rückseite. Sie können also tragbare Geräte wie eine Digitalkamera im laufenden Betrieb sehr leicht anstöpseln, ohne umständlich an der PC-Rückseite herumfummeln zu müssen. Eine USB-Maus oder ein USB-Modem bleibt dagegen dauerhaft mit dem PC verbunden, wird also an der Geräterückseite in eine freie USB-Buchse eingestöpselt.

Inbetriebnahme – ganz einfach

Hinweis

Hier sehen Sie ein Anschlussfeld an der Vorderseite, welches zwei USB-Buchsen (rechts) aufweist.

*Neben den beiden USB-Anschlüssen ist ganz links noch die Buchse einer so genannten **FireWire-Schnittstelle** (auch als IEEE 1394 bzw. bei Apple als iLink bezeichnet) zum Anschluss von digitalen Videokameras (Camcorder) oder externen Laufwerken vorhanden. Die FireWire-Schnittstelle benutzt einen leicht modifizierten Stecker und erlaubt noch höhere Übertragungsraten als USB. Die runden Buchsen der Gruppe »A/V Input« dienen zum Anschluss von Stereo- und TV-Geräten zur Musik- und Bildaufzeichnung (siehe Kapitel 10).*

Das erste Einschalten

Sobald der Computer aufgestellt ist sowie Tastatur, Maus etc. richtig verkabelt sind und alles geprüft ist, kann das System zum ersten Mal eingeschaltet werden. Die weiteren Schritte hängen dann davon ab, ob der Computer bereits einmal in Betrieb genommen wurde oder ob es sich um ein Neugerät handelt. War er bereits zum Arbeiten eingerichtet, erscheint nach kurzer Zeit der Windows-Desktop (siehe Kapitel 2). Sie können dann mit dem Computer arbeiten. Bei einem Neugerät ist folgendes zu beachten:

- Schauen Sie im Handbuch des Computers nach, ob dort Hinweise zur erstmaligen Inbetriebnahme zu finden sind und lesen Sie sich diese Hinweise durch.

- Nehmen Sie die mitgelieferten CDs und Disketten sowie das Handbuch zur Hand. Legen Sie auch einen Stift und Papier bereit, um eventuell einzelne Schritte oder Fehlermeldungen zu notieren.

- Dann schalten Sie den Bildschirm und den Computer ein. Die anderen Geräte wie Drucker oder Scanner benötigen Sie noch nicht, lassen Sie diese ausgeschaltet.

Meist wird dann ein Vorgang gestartet, bei dem der Computer für den ersten Betrieb eingerichtet wird. Dabei fragt der Rechner ggf. einige Einstellungen ab, die Sie per Tastatur eingeben müssen. Leider kann ich an dieser Stelle den genauen Ablauf der Installation nicht beschreiben, da dieser von Hersteller zu Hersteller unterschiedlich ist und mit der Geräteausstattung variiert. Meist steckt aber nicht allzu viel hinter diesem Vorgang. Lesen Sie sich die Fragen des Installationsprogramms durch und wählen Sie die betreffenden Optionen. Wenn Sie unsicher sind, ob eine Funktion benötigt wird, wählen Sie eher die Option »Nein« – solche Funktionen lassen sich notfalls auch nachträglich einrichten. Treten Fehler bei der Installation auf, notieren Sie auf einem Blatt Papier, was Sie getan hatten und welche Fehlermeldungen auftraten. Dann kann der Händler, eventuell die als **Hotline** bezeichnete Beratungsstelle des Herstellers oder ein Experte aus Ihrem Bekanntenkreis das Problem beheben. Weitere Details zur ersten Inbetriebnahme finden Sie in den Unterlagen des jeweiligen Herstellers.

Hinweis

Windows benötigt für den Drucker, das Modem, die Maus, die Grafikkarte und für viele andere Geräte als **Treiber** *bezeichnete Steuerprogramme, die zu installieren sind (siehe Kapitel 12). Einige Treiber stellt Windows automatisch bereit, andere sind dem Gerät auf Diskette oder CD beigelegt. Wenn Sie externe Geräte wie Scanner, Drucker etc. bei der ersten Inbetriebnahme nicht anschließen, wird Windows auch nicht nach den Treibern fragen. Diese Geräte lassen sich auch später noch in Betrieb nehmen.*

Tipp

Bitte schalten Sie niemals den Computer während der Installation einfach aus – das kann unvorhersehbare Folgen haben. Manche Hersteller legen ihren Systemen auch Anmeldeprogramme für das Internet bei. Seien Sie vorsichtig damit, eine solche Anmeldung zu akzeptieren. Schnell ist ein Vertrag geschlossen, den Sie eigentlich so nicht eingehen möchten. Sie können sich davor schützen, indem Sie ein eventuell beiliegendes ISDN- oder Modemkabel (dient zur Verbindung des Computers mit der Telefondose) nicht einstöpseln. Die Internetverbindung lässt sich auch später einrichten – wenn Sie sich bereits mit den Grundlagen auskennen und entscheiden können, ob und mit welchem Anbieter Sie ins Internet gehen möchten. Eventuell bitten Sie auch einen Bekannten, der über mehr Erfahrung verfügt, Ihnen bei der Installation zu helfen.

Ergonomie und Pflegetipps

Stellen Sie den Computer an einem trockenen, sauberen und nicht zu warmen Ort auf. Hitze, Sonneneinstrahlung, Feuchtigkeit und Staub sind den Geräten nicht besonders zuträglich. Insbesondere das Druckerpapier wellt bei feuchtem Raumklima, Störungen durch Papierstaus sind dann beim Ausdrucken vorprogrammiert. Starke Sonneneinstrahlung kann zum Hitzekollaps des Geräts führen. Auch die Lüftungsschlitze des Bildschirms oder des Gehäuses dürfen nicht durch Papier oder andere Gegenstände verdeckt werden, um eine Überhitzung des Geräts zu verhindern.

Der **Bildschirm** sollte so aufgestellt sein, dass Sie ihn gut einsehen können – ideal ist es, wenn der Bildschirm sich etwa 15 Grad unterhalb der Augenhöhe in 45 bis 70 cm Abstand befindet. Dabei ist sicherzustellen, dass Sie **nicht** mit dem Rücken **zum Fenster oder zu Lampen** sitzen, da dies zu Reflexionen auf dem Glas des Bildschirms führt. Regeln Sie Helligkeit und Kontrast so, dass sich die Anzeige gut und ohne Anstrengung lesen lässt.

Verwenden Sie einen in der **Sitzhöhe** verstellbaren Stuhl, den Sie so **einstellen**, dass die Knie bei gerade auf dem Boden stehenden Füßen geringfügig tiefer als die Hüfte sind. Ändern Sie regelmäßig Ihre Haltung, um Muskelverspannungen vorzubeugen. Stellen Sie die **Tastatur** in der Höhe so ein, dass die Unterarme rechtwinklig gehalten werden und **auf** der **Tischplatte** aufliegen. Mit einer Handballenauflage können Sie ein Abknicken der Handgelenke verhindern.

Bezüglich der Pflege ist nicht allzu viel zu sagen. Eigentlich sind die Geräte wartungsfrei. Mechanische Teile in Laufwerken halten ein »Computerleben«, ist etwas defekt, muss das gesamte Laufwerk ausgetauscht werden. Sicherlich achten Sie darauf, die einzelnen Geräte pfleglich zu behandeln und keine Flüssigkeiten darüber zu verschütten. Sind sie verschmutzt, schalten Sie den Computer ab und ziehen die Netzstecker. Dann können Sie Tastatur oder Gehäuse mit einem feuchten (fusselfreien) Lappen (z.B. einem Fenstertuch) abwischen und Schmutz und Staub entfernen. Schalten Sie die feucht abgewischten Geräte erst nach einigen Minuten wieder ein, damit die Restfeuchtigkeit noch abtrocknen kann.

Falls die Maus nicht mehr richtig funktioniert, kann Schmutz im Inneren die Ursache sein. An der Unterseite der Computermaus, dort wo die Rollkugel bewegt wird, lässt sich in der Regel eine kleine Platte abnehmen (Platte um 90 Grad gegen den Uhrzeigersinn drehen, bis sie sich löst). Entfernen Sie die Kugel und kontrollieren Sie, ob die Rädchen zur Aufnahme der Mausbewegungen verschmutzt sind. Diesen Schmutz entfernen Sie mit einem Wattestäbchen und setzen dann die Rollkugel und die Halteplatte wieder ein.

Zu Ihrem Drucker finden Sie im Handbuch meist Pflegetipps. Bei Tintenstrahldruckern neigen die Druckköpfe zum Eintrocknen. Wickeln Sie den Kopf dann eine Zeit lang in ein feuchtes Papiertuch und warten Sie, bis die Tinte flüssig wird. Bei einigen Druckermodellen lässt sich dieser Druckkopf herausnehmen und in einem besonderen Behälter aufbewahren. Vor dem nächsten Drucken ist der Druckkopf dann wieder einzusetzen. Das Handbuch erläutert die entsprechenden Schritte.

> **Tipp**
>
> *Ein Tipp zur Energieeinsparung: Besorgen Sie sich im Baumarkt eine abschaltbare Steckdosenleiste (möglichst mit Überlastschutz), an die alle Geräte angeschlossen werden. Achten Sie aus Brandschutzgründen darauf, dass die angeschlossenen Geräte die zulässige Leistung der Steckdosenleiste nicht überschreiten. Nach dem Herunterfahren des Computers wird die Steckdosenleiste ausgeschaltet. Dann sind alle Geräte spannungsfrei und verbrauchen keinen Strom im Stand-by-Betrieb.*

Zusammenfassung

Sie verfügen nun bereits über eine ganze Menge an allgemeineren Informationen rund um den Computer und können ein neu gekauftes Gerät aufstellen und in Betrieb nehmen. Im nächsten Kapitel zeige ich Ihnen, wie Sie mit Tastatur und Maus umgehen und den Computer bedienen.

Inbetriebnahme – ganz einfach

Testen Sie Ihr Wissen

Zur Überprüfung Ihrer Kenntnisse können Sie die folgenden Fragen beantworten.

- **Nennen Sie Vor- und Nachteile eines Notebooks.**

    Vorteile: kompakte Größe, tragbar, Nachteile: höherer Preis, geringere Leistungsfähigkeit als normale Computer.

- **Welche zwei Bildschirmtechnologien gibt es?**

    Monitore und Flachbildschirme.

- **Welche Software benötigt der Computer?**

    Es muss mindestens ein Betriebssystem wie Microsoft Windows vorhanden sein. Zusätzlich werden Anwendungsprogramme für die mit dem Computer zu bewältigenden Aufgaben benötigt.

- **Was steht hinter USB?**

    Das ist die Abkürzung für Universal Serial Bus, eine Technik zum Anschluss von Geräten an Computer.

47

Kapitel 2

Windows – der Einstieg

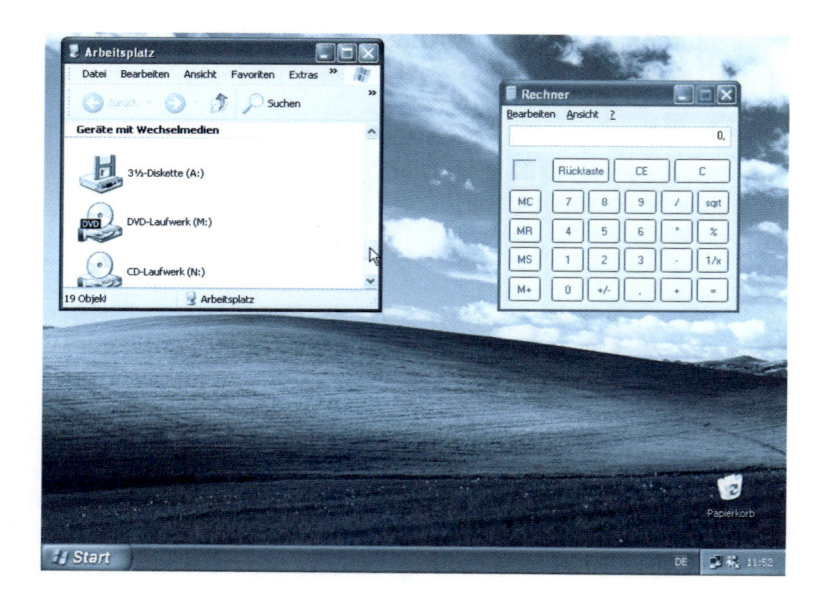

Dieses Kapitel begleitet Sie beim Einstieg in Windows. Sie erfahren, wie man sich unter Windows anmeldet und das System später korrekt beendet. Außerdem unternehmen Sie erste Schritte, um Programme zu starten und mit Fenstern zu arbeiten. Zusätzlich beherrschen Sie nach der Lektüre des Kapitels die Techniken, um über die Windows-Hilfe weitere Informationen abzurufen. Mit diesem Wissen ist der Umgang mit dem Computer kein Problem mehr.

Ihr Erfolgsbarometer

Das können Sie schon:

Die Teile des Computers unterscheiden　　　　　16

Den Computer in Betrieb nehmen　　　　　　　37

Das lernen Sie neu:

Jetzt geht's los　　　　　　　　　　　　　　　50

Arbeiten mit Fenstern　　　　　　　　　　　　59

Der Umgang mit Programmen　　　　　　　　67

Wo gibt's denn Hilfe?　　　　　　　　　　　　77

Abmelden und beenden　　　　　　　　　　　85

Jetzt geht's los

Ist alles bereit? Dann kann es mit den ersten Schritten losgehen. Sie müssen den Rechner einschalten und darauf warten, dass dieser das Windows-Betriebssystem lädt. Das so genannte »Hochfahren« des Rechners, bei dem auch Windows geladen wird, dauert einige Zeit. Während des Rechnerstarts können einige Meldungen auf dem Bildschirm erscheinen. Wenn alles geklappt hat, sollte die Anmeldung oder der Startbildschirm von Windows zu sehen sein. Schauen wir uns die Sache Schritt für Schritt an.

Wenn Windows eine Anmeldung möchte

Windows lässt sich so einrichten, dass sich ein Benutzer erst mit einem bestimmten Namen und Kennwort anmelden muss. In diesem Fall sehen Sie unter Windows XP einen Anmeldebildschirm, der in etwa dem hier gezeigten entspricht.

Für jeden unter Windows eingerichteten Benutzer erscheinen ein kleines Symbol und der Benutzername (hier zum Beispiel Benni, Born, Günter, Kati). Windows möchte nun, dass Sie sich **anmelden**, d.h., **Sie teilen** Windows **Ihren Benutzernamen mit**. Dadurch kann Ihnen Windows unter Ihrem so genannten **Benutzerkonto** eine **persönliche Arbeitsumgebung** bereitstellen. Für diese Anmeldung brauchen Sie die Maus.

1 Nehmen Sie jetzt die Computermaus so in die (rechte) Hand, dass der Zeigefinger auf der linken Taste und der Mittelfinger auf der rechten Taste liegt. Daumen und Ringfinger halten dabei die Maus, der Handballen liegt auf der Mausoberseite.

> **Tipp**
>
> *Für Linkshänder gibt es spezielle Mäuse und die Maus lässt sich unter Windows wahlweise für Links- oder Rechtshänder einstellen (siehe Kapitel 12). Falls Sie Linkshänder sind, müssen Sie natürlich die in diesem Buch gegebenen Anweisungen (z.B. »klicken Sie mit der linken Maustaste«) entsprechend umsetzen (z.B. mit der rechten Maustaste klicken).*

2 Bewegen Sie die Maus auf der Unterlage.

Auf dem Bildschirm ist ein kleiner, auch als **Mauszeiger** bezeichneter Pfeil zu sehen, der sich beim Verschieben der Maus auf dem Bildschirm mitbewegt.

3 Verschieben Sie die Maus so lange, bis der Mauszeiger auf ein Symbol zeigt.

Man sagt dazu auch »**Zeigen** Sie **mit der Maus** auf ein Symbol«. Das ist sprachlich zwar etwas ungenau, Sie verwenden ja den Mauszeiger – der Ausdruck ist aber allgemein üblich. Sie können mit der Maus in Windows auf verschiedene Elemente zeigen.

Vielleicht ist Ihnen beim Zeigen auf das Bild noch etwas aufgefallen? Der **Mauszeiger ändert** hier seine **Form** und wird zu einer stilisierten Hand. Diese Veränderung des Mauszeigers beim Zeigen auf ein Element kommt in Windows häufiger vor. Damit signalisiert das Betriebssystem, dass Sie etwas tun können. Außerdem hebt Windows das Symbol, auf das Sie gerade zeigen, optisch etwas hervor. Sie erkennen also besser, welches Element sich unter dem Mauszeiger befindet.

4 Drücken Sie jetzt einmal kurz die linke Maustaste und lassen sie wieder los.

Das wird auch als **Klicken mit der Maus** bezeichnet. Was genau bei der anschließenden Anmeldung passiert, hängt von den jeweiligen Windows-Einstellungen ab. Manchmal ist das Betriebssystem so eingerichtet, dass von Ihnen die Eingabe eines Kennworts gefordert wird – dadurch lässt sich der Computer vor unbefugter Benutzung schützen.

In diesem Fall erscheint ein Textfeld zur Kennwortabfrage.

In dem weißen **Textfeld** bleibt jetzt ein blinkender senkrechter Strich (die **Textmarke**) stehen, egal ob Sie die Maus bewegen oder nicht.

5 Geben Sie per Tastatur das zu Ihrem Namen gehörende Kennwort ein und drücken Sie dann die ⏎-Taste.

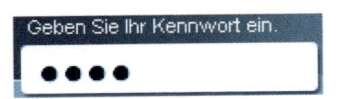

Für jedes eingetippte Zeichen erscheint im Kennwortfeld ein Sternchen * oder ein Punkt. So wird verhindert, dass Dritte das Kennwort mitlesen. Das Kennwort sollte Ihnen vom Betreuer des Systems mitgeteilt worden sein oder Sie haben es selbst festgelegt.

> **Hinweis**
>
> Haben Sie das **Kennwort vergessen**, zeigen Sie per Maus auf die Schaltfläche mit dem Fragezeichen. Windows blendet dann eine so genannte **QuickInfo** mit einem Kennworthinweis ein. Der Hinweistext (z.B. Name eines Haustiers etc.) lässt sich dabei vom Systembetreuer festlegen.

Windows übernimmt Ihre Eingaben und gibt bei korrektem Kennwort das System zum Arbeiten frei.

> **Was ist das?**
>
> Die kleinen Vierecke (z.B. mit Symbolen wie Fragezeichen, Pfeil oder mit Texten wie OK, Abbrechen etc.) nennt man **Schaltflächen**. Durch Klicken mit der Maus lässt sich eine Funktion einschalten. Schaltflächen begegnen Ihnen unter Windows an vielen Stellen. Die weißen Rechtecke (z.B. zur Kennworteingabe) werden als **Eingabefelder** oder **Textfelder** bezeichnet. Die als senkrecht blinkender Strich ausgeführte **Textmarke** erscheint überall dort, wo Sie einen Text eingeben können. Die Marke zeigt an, wo das nächste eingetippte Zeichen auf dem Bildschirm erscheint. Eine **QuickInfo** ist ein Fenster mit Hinweisen, das beim Zeigen auf ein Element eingeblendet wird. **Dialogfelder** sind kleine rechteckige Fenster, die von Windows auf dem Bildschirm eingeblendet werden.

> **Hinweis**
>
> Benutzen Sie eine ältere Windows-Version, erscheint ein **Dialogfeld**, ähnlich wie hier gezeigt, **zur Kennwortabfrage**.
>
> Klicken Sie ggf. auf das Textfeld Benutzername und tippen Sie Ihren Benutzernamen ein. Einen bereits vorhandenen Namen löschen Sie durch Drücken der Tasten ⬅ oder Entf.
>
> Anschließend klicken Sie in das Textfeld Kennwort, tippen dann Ihr Benutzerkennwort ein und bestätigen das Ganze, indem Sie auf die OK-Schaltfläche in der rechten oberen Ecke des Dialogfelds klicken. Falls bei Ihnen das Dialogfeld von der hier gezeigten Variante abweicht, sollte das kein Problem darstellen. Geben Sie den Benutzernamen ein oder wählen Sie diesen aus einer Liste und ergänzen Sie ggf. das Kennwort.

> **Achtung**
>
> Bei Windows NT, Windows 2000 und Windows XP müssen Sie bei der Eingabe des Benutzernamens bzw. des Kennworts die Groß-/Kleinschreibung so berücksichtigen, wie Sie diese bei der ersten Festlegung vorgegeben haben.

Was ist ein Desktop?

Nach einer erfolgreichen Anmeldung präsentiert Windows Ihnen den Arbeitsbereich, auch als **Benutzeroberfläche** oder als **Desktop** bezeichnet. Desktop ist der englische Name für Schreibtisch.

> **Hinweis**
>
> Das genaue Aussehen des Desktops hängt von der Windows-Version ab. Enthält der Desktop bei Ihnen mehr, weniger oder andere Symbole, Fenster oder einen anderen Hintergrund? Das ist nicht weiter tragisch. Jeder Benutzer kann Windows bzw. den Desktop seinen persönlichen Bedürfnissen anpassen und bei der Installation von Programmen wird der Desktop ebenfalls häufig verändert. In nachstehender Abbildung wurde die Ausgangskonfiguration von Windows XP bereits durch einige zusätzliche Symbole erweitert. Auf den folgenden Seiten wird eine Konfiguration mit weißem Hintergrund benutzt, damit die Bildausschnitte besser erkennbar sind.

Der Desktop zeigt in allen Windows-Versionen mindestens das Symbol eines Papierkorbs und eine Art »Balken« am unteren Bildrand. Je nach System kommen noch Symbole für den Drucker, den Arbeitsplatz, den Ordner *Eigene Dateien* und so weiter hinzu. Dies ist die Umgebung, unter der Sie zukünftig arbeiten. In den verschiedenen Kapiteln dieses Buches lernen Sie die Elemente dieser Umgebung und ihre Funktionen kennen.

Der »Balken« am unteren Rand des Bildschirms wird als **Taskleiste** bezeichnet.

Auch die Taskleiste kann je nach Windows-Version geringfügig anders aussehen. Bei älteren Windows-Versionen ist der Balken rechteckig, Windows XP benutzt Schaltflächen mit abgerundetne Ecken.

Rechts in der Taskleiste befindet sich der so genannte **Infobereich**. Dort werden die **Uhrzeit** und der Zustand verschiedener Geräte über Symbole angezeigt.

Das Element mit der Bezeichnung »Start« in der linken Ecke der Taskleiste ist die so genannte *Start*-Schaltfläche. Diese Schaltfläche wird benutzt, um Programme aufzurufen.

Zusätzlich kann die Taskleiste rechts neben der *Start*-Schaltfläche noch die so genannte *Schnellstart*-Symbolleiste mit einigen Schaltflächen aufweisen.

Die Funktionen der Taskleiste lernen Sie auf den folgenden Seiten kennen.

Ein paar Lockerungsübungen gefällig?

Auf den vorhergehenden Seiten habe ich Ihnen den Windows-Desktop vorgestellt. Ältere Windows-Versionen enthalten automatisch die Desktop-Symbole *Arbeitsplatz*, *Eigene Dateien*, *Papierkorb* und mehr. Ist auf Ihrem Computer **Windows XP** installiert, ist der Desktop vermutlich bis auf das Symbol für den Papierkorb leer. Die folgenden Übungen setzen aber auch unter Windows XP voraus, dass bestimmte Symbole auf dem Desktop vorhanden sind. Daher sollten Sie die nachfolgenden Schritte zum **Einblenden der** später noch benötigten **Desktopsymbole** *Arbeitsplatz* und *Eigene Dateien* ausführen. Benutzen Sie eine ältere Windows-Version, lesen Sie die folgenden Anweisungen lediglich durch.

1 **Klicken** Sie mit der **linken Maustaste** auf die Schaltfläche *Start*.

Es öffnet sich ein kleines, als **Startmenü** bezeichnetes Fenster.

2 **Klicken** Sie mit der **rechten Maustaste** auf das Symbol *Arbeitsplatz*.

Es erscheint wiederum ein Fenster, das in diesem Fall (Aufruf durch rechte Maustaste) als Kontextmenü bezeichnet wird.

3 **Klicken** Sie mit der **linken Maustaste** auf den Menübefehl *Auf dem Desktop anzeigen*.

4 Wiederholen Sie die obigen Schritte, wählen Sie jedoch im Startmenü das Symbol *Eigene Dateien* anstelle von *Arbeitsplatz*.

Wenn alles geklappt hat, sollten die beiden Symbole *Arbeitsplatz* und *Eigene Dateien* auf dem Desktop zu sehen sein. Sofern Sie die obigen Schritte nochmals für die Startmenüeinträge *Arbeitsplatz* und *Eigene Dateien* durchführen, verschwinden die beiden Symbole wieder vom Desktop.

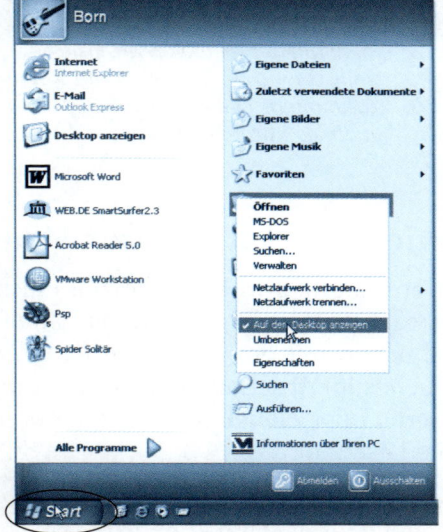

Ein Menü wird bei der Anwahl eines Befehls durch einen Mausklick automatisch geschlossen.

Tipp

Zu Beginn passiert es Ihnen vielleicht häufiger, dass Sie Menüs unbeabsichtigt öffnen. Sie können das Menü ohne Anwahl eines Befehls schließen, indem Sie auf eine Stelle außerhalb des geöffneten Menüs klicken. Erfahrungsgemäß ist es aber einfacher, wenn Sie die Esc-Taste in der oberen linken Ecke der Tastatur drücken, um das Menü zu schließen.

Was ist das?

*Der Begriff **Menü** wird Ihnen in Windows häufig begegnen. Es handelt sich um kleine Fenster, in denen verschiedene Begriffe aufgelistet sind. Ähnlich wie bei einer Speisekarte können Sie dann einen der Begriffe per Mausklick auswählen und damit den zugehörigen Befehl ausführen. Klicken Sie ein Element mit der rechten Maustaste an, erscheint auch ein Menü. In diesem Menü stellt Windows die gerade im Kontext (Zusammenhang) verfügbaren Befehle zusammen. Daher wird das mit der rechten Maustaste eingeblendete Menü auch als **Kontextmenü** bezeichnet.*

Wie wär's mit ein paar Mausübungen?

Wenn Sie neu in die Thematik einsteigen, ist der Umgang mit der Maus zunächst etwas ungewohnt. Für alle Einsteiger kommen jetzt noch ein paar Übungen mit der Maus. Sie lernen bzw. vertiefen die am Anfang dieses Buches im Abschnitt »Die Maus« aufgeführten **Arbeitstechniken** wie **Markieren** oder **Ziehen** (klicken mit der linken oder rechten Maustaste können Sie ja schon).

Gelegentlich hat man vielleicht vergessen, wozu ein bestimmtes Element benutzt wird. Dann können Sie sich von Windows mittels **QuickInfos** unter die Arme greifen lassen. Weiter oben haben Sie das bereits bei der Anmeldung unter Windows XP kennen gelernt, wo eine QuickInfo mit einem Hinweis auf ein vergessenes Kennwort eingeblendet wurde. Führen Sie folgende Versuche aus.

1 Zeigen Sie mit der **Maus** in der **Taskleiste** auf die Schaltfläche *Start*.

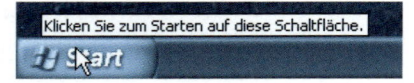

Auch hier blendet Windows beim Zeigen auf das Element eine **QuickInfo** mit Hinweisen zur Funktion dieser Schaltfläche ein.

2 **Zeigen** Sie jetzt mit der **Maus** im **Infobereich** der **Taskleiste** auf die **Uhrzeit**.

Windows blendet den **Wochentag** und das **Datum** als QuickInfo ein. Sobald die Maus nicht mehr auf das Element zeigt, schließt Windows automatisch das QuickInfo-Fenster. Dieser Trick klappt bei allen Windows-Versionen. Sie müssen nur lange genug mit der Maus auf das betreffende Element zeigen. Auf die gleiche Weise können Sie auch einmal versuchsweise auf weitere Desktop-Symbole wie *Arbeitsplatz* oder *Papierkorb* zeigen.

Falls Sie Windows XP verwenden, haben Sie auf den vorherigen Seiten gelernt, wie Sie die Symbole *Arbeitsplatz* oder *Eigene Dateien* auf dem Desktop einblenden. Bei älteren Versionen wie Windows 98 oder Windows Millennium sind diese Symbole auf jeden Fall auf dem Desktop zu finden. Zudem legen viele Programme bei der Installation auf dem Desktop Symbole an. Über diese Symbole lassen sich Fenster öffnen oder Programme starten. Bevor Sie sich mit dieser Frage befassen, sollten Sie noch wissen, wie sich die Desktop-Symbole »aufräumen« bzw. verschieben lassen. Persönlich bevorzuge ich es zum Beispiel, wenn sich der Papierkorb in der rechten unteren Ecke des Desktops befindet.

1 Klicken Sie mit der linken Maustaste auf das Symbol *Papierkorb*.

Das Symbol, das Sie gerade angeklickt haben, wird farbig hervorgehoben. Wenn Sie ein Element farbig hervorheben, nennt man das auch **Markieren**.

2 Klicken Sie mit der Maus auf eine freie Stelle des Desktops.

Windows hebt jetzt die farbige Markierung des Symbols auf, das Symbol sieht dann wie vorher aus.

3 Zeigen Sie mit dem Mauszeiger auf das Symbol des Papierkorbs.

4 Drücken Sie die linke Maustaste halten diese aber weiterhin gedrückt, und **ziehen** Sie jetzt das Symbol des Papierkorbs **mit der Maus** über den Bildschirm.

Unter dem Mauszeiger wird ein zweites Symbol des Papierkorbs angezeigt, welches mit dem Mauszeiger mitwandert.

5 Sobald Sie das Symbol des Papierkorbs auf dem Desktop ein Stück verschoben haben, lassen Sie die linke Maustaste wieder los.

Windows setzt jetzt das Symbol des Papierkorbs an jene Stelle, an der Sie die linke Maustaste losgelassen haben. Das **Verschieben** der Maus **bei gedrückter linker** (oder manchmal auch rechter) **Maustaste** nennt man **Ziehen**. Nach dem Ziehen eines Symbols oder Fensters ist dieses noch markiert. Um die Markierung des Symbols nach dem Ziehen aufzuheben, klicken Sie mit der Maus auf eine freie Stelle des Desktops.

Tipp

Springt das gezogene Element nach dem Loslassen der linken Maustaste wieder in die alte Position zurück? Dann sollten Sie die Desktop-Einstellungen anpassen, indem Sie eine freie Stelle des Desktops mit der rechten Maustaste anwählen. In dem sich öffnenden Kontextmenü wählen Sie den Befehl Symbole anordnen (nach) *mit der linken Maustaste an. Bei älteren Windows-Versionen heißt der erste Befehl übrigens nur* Symbole anordnen. *Deshalb habe ich das Wörtchen* (nach) *in Klammern gesetzt.*

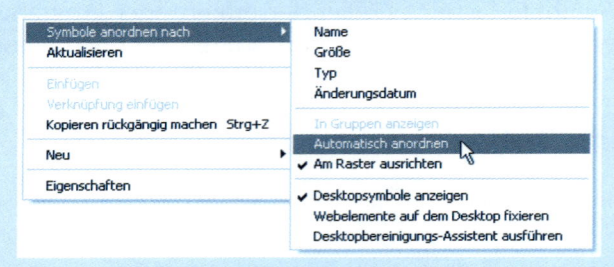

Symbole anordnen nach ▶	Name
Aktualisieren	Größe
	Typ
Einfügen	Änderungsdatum
Verknüpfung einfügen	
Kopieren rückgängig machen Strg+Z	In Gruppen anzeigen
	Automatisch anordnen
Neu ▶	✓ Am Raster ausrichten
Eigenschaften	
	✓ Desktopsymbole anzeigen
	Webelemente auf dem Desktop fixieren
	Desktopbereinigungs-Assistent ausführen

Windows öffnet ein weiteres Untermenü. Vor dem Befehl Automatisch anordnen *befindet sich ein Häkchen. Dieses Häkchen begegnet Ihnen häufiger in Menüs und signalisiert, dass die Option eingeschaltet ist. Durch Anklicken des Befehls lässt sich die betreffende Option ein- und auch wieder ausschalten. Klicken Sie daher mit der linken Maustaste auf den Befehl* Automatisch anordnen, *um das Häkchen zu entfernen und die Option auszuschalten.*

Bei diesen Übungen möchte ich es bewenden lassen. Sie haben nun bereits die meisten Arbeitstechniken mit der Maus genutzt. Sie können **Zeigen**, **Klicken** und sogar **Ziehen**. Durch Ziehen mit der linken Maustaste können Sie die Desktop-Symbole verschieben und das Ganze nach Ihren Vorstellungen »aufräumen«. Sie haben auch gesehen, dass das Klicken mit der Maus durchaus unterschiedliche Reaktionen auslösen kann. Beim Klicken auf eine Schaltfläche (z.B. *Start*, *OK*) oder einen Menübefehl wird eine Funktion ausgeführt. Klicken Sie dagegen auf ein Desktop-Symbol, markiert Windows dieses. Benutzen Sie die **rechte Maustaste** zum Klicken, **öffnet** sich dagegen **ein Kontextmenü** mit den gerade aktuell nutzbaren Befehlen. Im nächsten Abschnitt kommt dann noch der Doppelklick hinzu.

Arbeiten mit Fenstern

In Windows benutzen Programme und Funktionen Fenster (engl. »windows«), um darin Informationen anzuzeigen. Um sich schnell zurechtzufinden, sollten Sie die wichtigsten Elemente eines Windows-Fensters kennen. Außerdem müssen Sie wissen, wie sich solche Fenster öffnen, in der Größe verändern und auch wieder schließen lassen.

Es gibt verschiedene Möglichkeiten, um unter Windows Fenster zu öffnen. Da der Umgang mit Fenstern aber immer gleich ist, soll für die folgenden Übungen einfach das Fenster *Arbeitsplatz* exemplarisch über das zugehörige Desktop-Symbol geöffnet werden. Dieses Symbol finden Sie in allen Windows-Versionen – falls das Symbol *Arbeitsplatz* bei Ihrem Windows-XP-System fehlt, führen Sie die weiter oben beschriebenen Schritte aus.

1 Zeigen Sie auf das Desktop-Symbol *Arbeitsplatz*.

2 Drücken Sie **kurz** hintereinander **zweimal** die **linke Maustaste**.

Dieses als **Doppelklicken** bezeichnete zweimalige Drücken der linken Maustaste muss ganz schnell erfolgen.

> **Tipp**
>
> *Zu Anfang klappt das Doppelklicken erfahrungsgemäß noch nicht so gut. Entweder dauert es zwischen dem ersten und dem zweiten Tastendruck zu lange. Oder die Maus wird beim Drücken der linken Maustaste bewegt, wodurch Windows den Doppelklick nicht erkennt. Wenn es mit dem Doppelklick überhaupt nicht klappen will, markieren Sie das gewünschte Symbol mit einem Mausklick. Wenn Sie anschließend die ⏎-Taste drücken, wirkt dies wie ein Doppelklick.*

Hat der Doppelklick auf das Desktop-Symbol *Arbeitsplatz* geklappt? Dann sollte Windows ein gleichnamiges Fenster geöffnet haben.

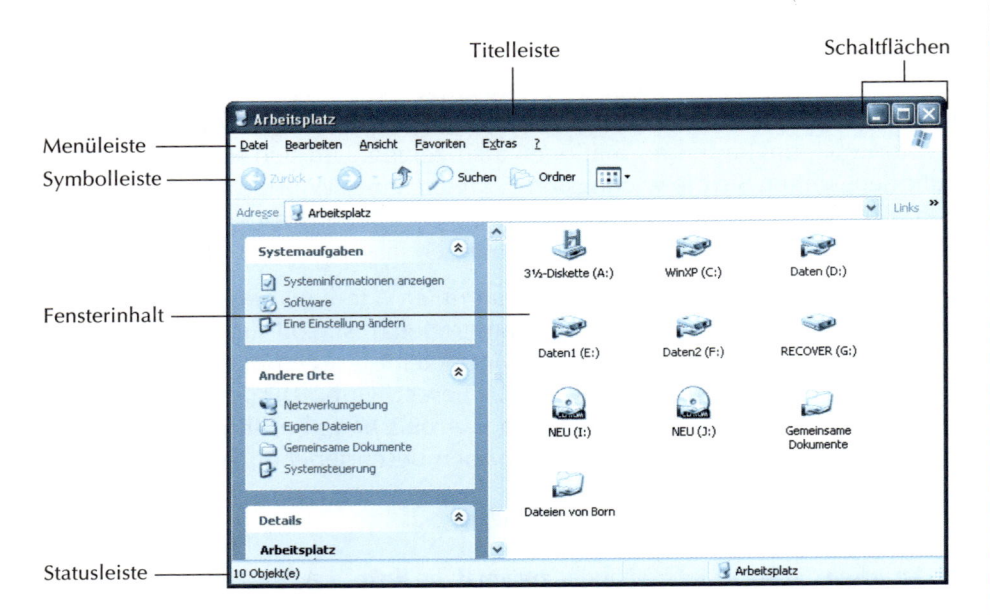

Fensterbestandteile (Arbeitsplatz-Fenster mit Beschriftungen):
- Titelleiste
- Schaltflächen
- Menüleiste
- Symbolleiste
- Fensterinhalt
- Statusleiste

Da der grundlegende Aufbau der Fenster bei allen Windows-Programmen und -Funktionen gleich ist, sollten Sie die wichtigsten Teile eines Fensters kennen. Da das Fenster *Arbeitsplatz* typisch für viele Windows-Fenster ist, können Sie es quasi als Stellvertreter für (fast) alle Windows-Fenster betrachten, an dem sich die Grundlagen studieren lassen:

- Am oberen Fensterrand finden Sie die so genannte **Titelleiste**, in der Windows Ihnen den Namen des Fensters anzeigt. Das in der linken oberen Ecke des Fensters befindliche Symbol des so genannten Systemmenüs sowie die Schaltflächen in der rechten oberen Fensterecke dienen zum Abrufen bestimmter Fensterfunktionen (z.B. Schließen).

- Unterhalb der Titelleiste ist bei vielen Fenstern eine **Menüleiste** mit Namen wie *Datei*, *Bearbeiten*, *Ansicht* etc. zu sehen. Klicken Sie auf die Namen, öffnet sich ein Menü, über dessen Befehle Sie bestimmte Funktionen aufrufen können.

- Manche Fenster besitzen zusätzlich eine (oder mehrere) **Symbolleiste(n)**. Die angezeigten Symbole gehören zu Schaltflächen. Durch Anklicken dieser Schaltflächen können Sie häufig benutzte Funktionen direkt aufrufen, ohne mühsam den Weg über die Menüs gehen zu müssen.

- Am unteren Rand besitzen viele Fenster noch eine (ein-/ausblendbare) **Statusleiste**, in der zusätzliche Informationen angezeigt werden. Die

Arbeiten mit Fenstern

Statusleiste lässt sich häufig über den gleichnamigen Befehl im Menü *Ansicht* ein- oder ausblenden.

In dem Fenster wird dann sein Inhalt dargestellt. Dieser so genannte Dokumentbereich unterscheidet sich von Programm zu Programm. Das Fenster *Arbeitsplatz* wird sicherlich andere Informationen zeigen als ein Programmfenster zur Bearbeitung eines Fotos oder eines Briefes.

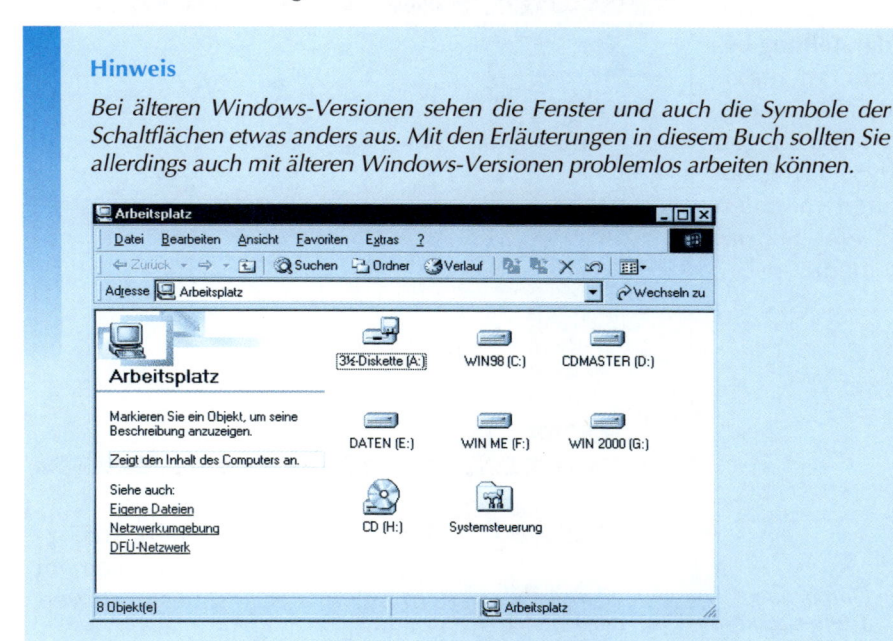

> **Hinweis**
>
> *Bei älteren Windows-Versionen sehen die Fenster und auch die Symbole der Schaltflächen etwas anders aus. Mit den Erläuterungen in diesem Buch sollten Sie allerdings auch mit älteren Windows-Versionen problemlos arbeiten können.*

Maximieren, minimieren und wiederherstellen

Die meisten Fenster lassen sich in Windows über die drei kleinen Schaltflächen rechts in der Titelleiste in der Größe verändern bzw. wieder schließen.

1 Zeigen Sie versuchsweise im geöffneten Fenster *Arbeitsplatz* auf die mittlere Schaltfläche.

Windows blendet bei den meisten Versionen bereits beim Zeigen auf die Schaltfläche einen Hinweis auf ihre Funktion in einem QuickInfo-Fenster ein.

2 Klicken Sie anschließend auf die mittlere Schaltfläche **Maximieren**.

Windows vergrößert das Fenster auf die Größe des gesamten Bildschirmbereichs, das Fenster ist **maximiert**. Beachten Sie, dass sich das Symbol für die mittlere Schaltfläche verändert hat.

3 Zum Wiederherstellen der alten Fenstergröße klicken Sie wieder auf die mittlere, jetzt mit **Verkleinern** (bzw. mit **Wiederherstellen**) bezeichnete Schaltfläche.

Die auch als **Vollbilddarstellung** bezeichneten maximierten Fenster eignen sich sehr gut, wenn Sie etwas bearbeiten möchten (z.B. einen Brief schreiben).

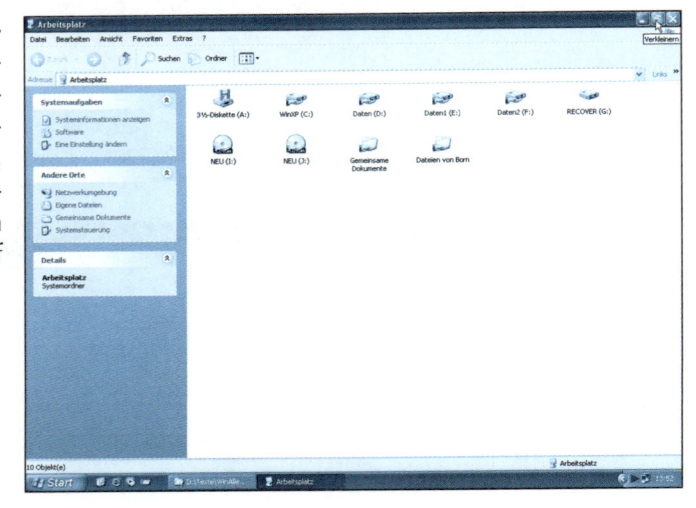

Tipp

Durch einen Doppelklick auf die Titelleiste können Sie ein Fenster ebenfalls maximieren und anschließend wiederherstellen.

Windows erlaubt Ihnen zusätzlich, die meisten Fenster zu einem Symbol in der Taskleiste zu verkleinern.

1 Klicken Sie jetzt einmal in der rechten oberen Ecke des Fensters auf die linke Schaltfläche **Minimieren**.

Das Fenster verschwindet vom Desktop. Wenn Sie aber genau hinschauen, erkennen Sie, dass es lediglich zum Symbol verkleinert wurde.

Sie finden das Symbol als Schaltfläche in der Taskleiste.

2 Um das Fenster wieder zu öffnen, klicken Sie in der Taskleiste auf die Schaltfläche des Fensters (hier *Arbeitsplatz*).

> **Hinweis**
>
> *Windows zeigt in der Taskleiste die Symbole der meisten geöffneten Fenster und Programme an. Klicken Sie auf eine solche Schaltfläche, erscheint das zugehörige Fenster auf dem Desktop im Vordergrund. Klicken Sie in der Taskleiste erneut auf die Schaltfläche dieses Fensters, wird es minimiert.*

Fenster und Programme schließen

Nach den obigen Schritten bleibt nur noch die Aufgabe, ein geöffnetes Fenster endgültig zu schließen.

1 Wählen Sie das gewünschte Fenster (z.B. über dessen Schaltfläche in der Taskleiste).

2 Klicken Sie in der rechten oberen Ecke des Fensters auf die Schaltfläche **Schließen**.

> **Hinweis**
>
> *Die meisten Fenster und auch Dialogfelder weisen die Schaltfläche **Schließen** auf. Möchten Sie also ein Programm beenden oder ein Fenster schließen, genügt ein Mausklick auf diese Schaltfläche.*

Über diese Schaltfläche wird das Fenster komplett geschlossen und das zugehörige Programm beendet. Sie erkennen dies daran, dass das Symbol aus der Taskleiste verschwindet.

Fenster stufenlos in der Größe verändern

Möchten Sie ein Fenster nur etwas vergrößern oder verkleinern? In Windows lassen sich die meisten Fenster stufenlos in der Größe anpassen.

1 Öffnen Sie erneut das Fenster *Arbeitsplatz* durch einen Doppelklick auf das gleichnamige Desktop-Symbol.

2 Zeigen Sie mit der Maus versuchsweise auf die Fensterränder und in die Fensterecken.

Sobald Sie auf die richtige Stelle am Fensterrand zeigen, nimmt der Mauszeiger die Form eines Doppelpfeils an. Der Doppelpfeil gibt dabei die Richtung an, in der sich das Fenster in der Größe verändern lässt. Notfalls müssen Sie die Maus etwas verschieben, bis dieser Doppelpfeil erscheint. Durch Ziehen des linken/rechten Fensterrands verändern Sie die Fensterbreite, der obere/untere Rand verändert die Höhe und die Ecken verändern Breite und Höhe gleichzeitig.

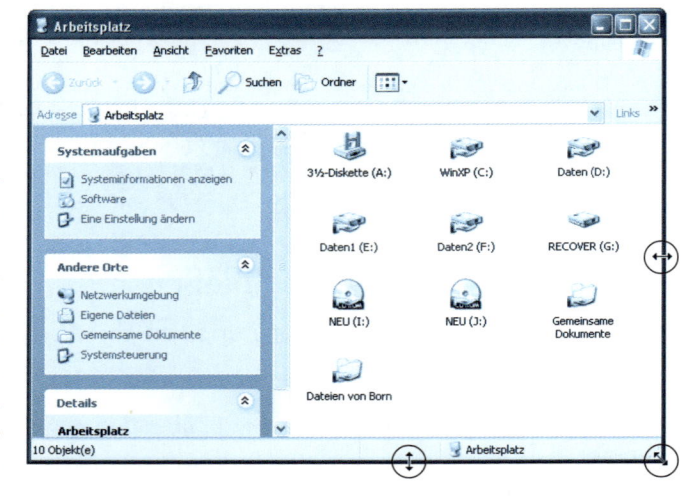

3 Zeigen Sie erneut auf den Rand des Fensters und ziehen Sie, sobald der Doppelpfeil sichtbar wird, den Fensterrand bei gedrückter linker Maustaste in die gewünschte Richtung.

Je nach Windows-Einstellung wird beim Ziehen die neue Fenstergröße oder nur eine gestrichelte Linie angezeigt.

4 Lassen Sie die linke Maustaste los, sobald das Fenster die gewünschte Größe aufweist.

Windows fixiert dann das Fensters auf die entsprechende Größe. Durch einfaches Ziehen des Fensterrands können Sie also die Größe der Fenster nach Ihren Wünschen anpassen.

> **Achtung**
>
> *Bei vielen Dialogfeldern oder einigen Fenstern (z.B. dem Windows-Rechner) ist die Größe allerdings fest vorgegeben. Sie erkennen diese Fenster an der fehlenden Schaltfläche* Maximieren.

Arbeiten mit Fenstern

So lassen sich Fenster verschieben

Windows erlaubt Ihnen, mehrere Programme bzw. deren Fenster gleichzeitig zu nutzen. Sie können beispielsweise in einem Fenster einen Brieftext schreiben und bestimmte hierzu benötigte Informationen aus einem anderen Fenster ablesen (siehe auch die folgenden Seiten). Störend ist es aber, wenn ein Fenster die dahinter liegenden Desktop-Elemente oder andere Fenster verdeckt. Sie müssen dann die Größe der Fenster etwas reduzieren oder das Fenster verschieben. Das Verschieben soll jetzt mit dem Fenster *Arbeitsplatz* versucht werden.

1 Öffnen Sie, falls erforderlich, das Fenster *Arbeitplatz* (z.B. durch einen Doppelklick auf das Desktop-Symbol).

2 Passen Sie notfalls die Größe des Fensters an, sodass dieses nur einen Teil des Desktops einnimmt.

3 Zeigen Sie mit der Maus auf die **Titelleiste** des **Fensters**.

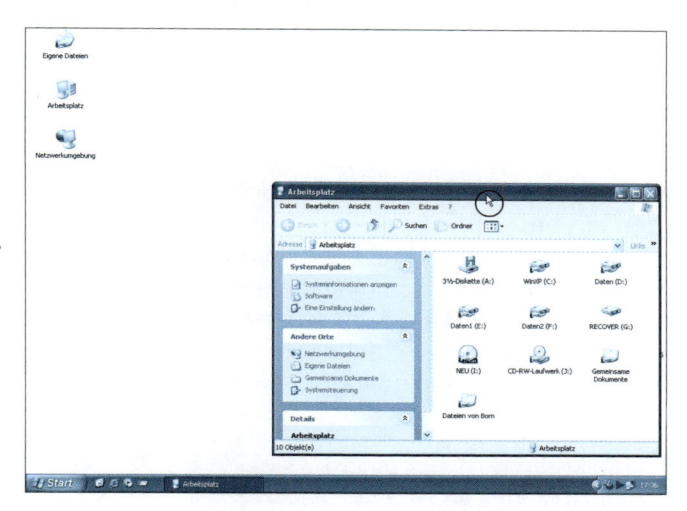

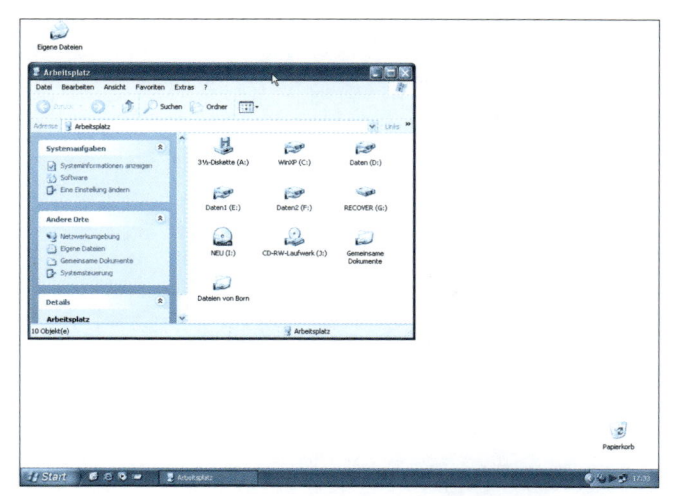

4 Ziehen Sie anschließend das **Fenster** bei gedrückter linker Maustaste an die gewünschte Stelle.

5 Sobald sich das Fenster an der gewünschten Stelle befindet, lassen Sie die Maustaste wieder los.

Windows verschiebt das Fenster an die neue Stelle. Auf diese Weise können Sie jedes Fenster durch Ziehen der Titelleiste zur gewünschten Position auf dem Desktop schieben.

Tipp

»Fassen« Sie zum Ziehen eines Fensters die Titelleiste des Fensters oder Dialogfelds immer in der Mitte an. Wenn Sie zu weit links oder rechts auf die Titelleiste zeigen, besteht die Gefahr, dass Sie das Systemmenü oder die Schaltflächen zum Minimieren, Maximieren oder Schließen erwischen.

Blättern, wenn nicht alles ins Fenster passt

Gelegentlich kommt es vor, dass der anzuzeigende Inhalt höher oder breiter als der darstellbare Fensterbereich ist (denken Sie an einen mehrseitigen Brief, ein besonders breites Bild etc.). Windows blendet in solchen Fällen am rechten und manchmal auch am unteren Fensterrand eine so genannte **Bildlaufleiste** ein. Das ist ein rechteckiger Bereich, auf dem ein als **Bildlauffeld** bezeichnetes Viereck zu sehen ist. Über die Bildlaufleiste lässt sich der Inhalt des Fensters verschieben. Bei einem mehrseitigen Textdokument entspricht dies dem Blättern zwischen den Seiten. Sehen Sie sich diesen Vorgang einmal an.

1 Öffnen Sie, falls noch nicht geschehen, das Fenster *Arbeitsplatz* und verkleinern Sie das Fenster, bis nicht mehr alles in die Anzeige passt und die Bildlaufleiste erscheint.

Hier sehen Sie das Fenster mit der **Bildlaufleiste** und dem **Bildlauffeld** am rechten Rand.

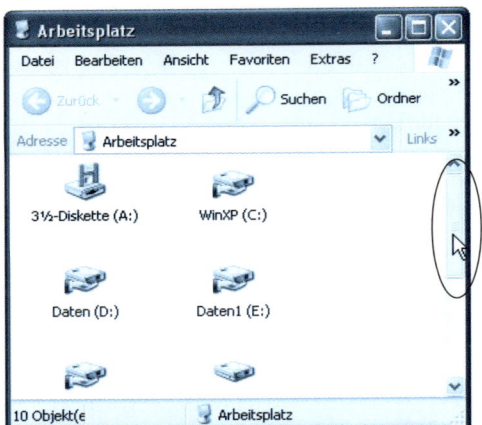

2 Ziehen Sie die als **Bildlauffeld** bezeichnete rechteckige Fläche innerhalb der Bildlaufleiste mit der Maus nach unten.

Im Fenster erscheint dann ein anderer Ausschnitt.

In den beiden obigen Abbildungen ist nur eine vertikale Bildlaufleiste zu sehen. Fenster können jedoch auch eine horizontale Bildlaufleiste besitzen. Dann lässt sich der Fensterinhalt nach rechts oder links verschieben.

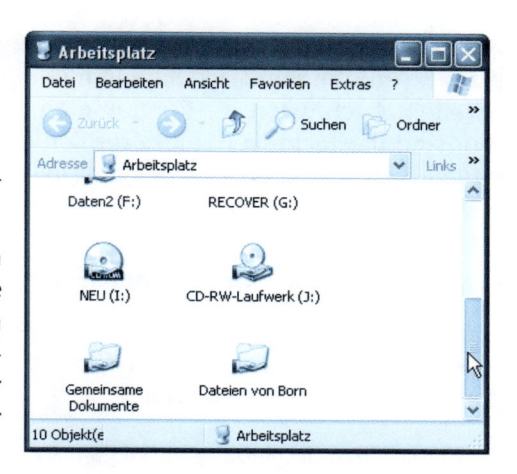

Hinweis

*An den Enden der Bildlaufleiste sehen Sie die zwei als **Bildlaufpfeile** bezeichneten Schaltflächen ⌃ und ⌄. Ist Ihnen das Blättern mit dem Bildlauffeld zu grob, klicken Sie auf die Bildlaufpfeile, um »schrittweise« zu blättern. Die Spitze des jeweiligen Pfeils zeigt die Richtung an, in die geblättert wird. Außerdem können Sie zum Blättern auf die »Laufflächen« (der Bereich ober- und unterhalb des Bildlauffelds) klicken.*

Tipp

Reduzieren Sie die Fensterbreite, wird unter Umständen ein Teil der Symbolleiste abgeschnitten. In den meisten Windows-Versionen können Sie am rechten Rand die Schaltfläche mit den Zeichen >> anklicken. Es erscheint dann ein Menü mit den fehlenden Teilen.

Der Umgang mit Programmen

Im vorhergehenden Abschnitt haben Sie den Umgang mit Fenstern am Beispiel des Arbeitsplatzes gelernt. Hinter Fenstern stehen aber Programme. Wenn Sie mit Windows arbeiten, einen Brief schreiben, ein Foto anzeigen etc., werden die betreffenden Funktionen durch Programme bereitgestellt. Diese Programme können im Lieferumfang von Windows enthalten sein oder zusätzlich erworben werden.

Als nächsten Schritt möchte ich Ihnen nun zeigen, wie Sie beliebige Programme aufrufen und wie Sie mit mehreren Programmfenstern gleichzeitig arbeiten. Auch wenn die Programme unterschiedliche Funktionen aufweisen, sind die Techniken zum Aufrufen und Arbeiten mit Programmen weitestgehend identisch. Da sich vieles in der Bedienung von Windows ähnelt, werden Sie bereits Bekanntes wiederfinden.

Das Startmenü im Überblick

Das **Startmenü** haben Sie bereits kennen gelernt. Es ist so etwas wie die Programmzentrale von Windows, die Ihnen den Aufruf verschiedener Programme und Funktionen erlaubt.

1 Zum Öffnen des Startmenüs klicken Sie in der linken Ecke der Taskleiste auf die Schaltfläche *Start*.

In allen Windows-Versionen wird dann das **Startmenü** geöffnet. Hier sehen Sie das Startmenü aus Windows XP mit verschiedenen Einträgen.

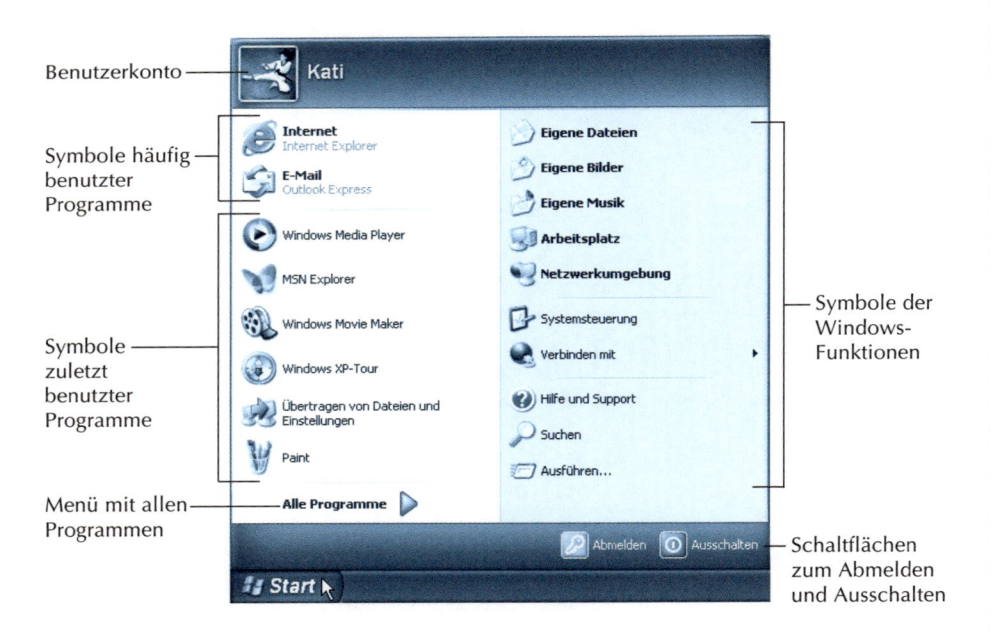

Benutzerkonto

Symbole häufig benutzter Programme

Symbole zuletzt benutzter Programme

Menü mit allen Programmen

Symbole der Windows-Funktionen

Schaltflächen zum Abmelden und Ausschalten

Der Umgang mit Programmen

- Am oberen Rand des Startmenüs wird das Symbol des so genannten Benutzerkontos mit dem Namen des aktuellen Benutzers angezeigt.

- In der linken Spalte sehen Sie die Symbole häufig benutzter Programme wie Internet Explorer, E-Mail etc. Die unteren Symbole der linken Spalte werden dabei automatisch durch Windows verwaltet und verweisen auf die zuletzt von Ihnen benutzten Programme.

- In der rechten Spalte finden Sie noch eine Liste mit häufig benötigten Windows-Funktionen. Über die Einträge *Eigene Musik*, *Eigene Bilder* und *Eigene Dokumente* lässt sich jeweils ein Fenster öffnen, in dem gespeicherte Musikstücke, Bilder oder weitere Dokumente wie Briefe etc. angezeigt werden. Das Symbol **Arbeitsplatz** öffnet das Ihnen bereits bekannte gleichnamige Fenster, in dem alle Laufwerke des Computers angezeigt werden.

- Ist der Computer über ein Kabel mit einem weiteren Computer verbunden, wird auch das Symbol **Netzwerkumgebung** angezeigt. Sie können über dieses Symbol auf Funktionen zugreifen, um Daten mit den anderen Computern eines Netzwerks auszutauschen. Näheres zum Umgang mit *Arbeitsplatz*, *Eigene Dateien* etc. erfahren Sie in den folgenden Kapiteln.

- Die weiteren Symbole bieten die Möglichkeit, zusätzliche Windows-Funktionen wie die Hilfe usw. anzuwählen.

- Der Eintrag *Alle Programme* ist besonders wichtig, ermöglicht er Ihnen doch, die meisten der unter Windows installierten Programme aufzurufen. Auf diese Funktion kommen wir gleich zu sprechen.

- Die unterste Zeile enthält Schaltflächen, mit denen Sie sich von Windows abmelden können oder mit denen Sie das Betriebssystem beenden. Dies wird am Kapitelende erläutert.

Klicken Sie auf einen dieser Einträge, wird die zugehörige Funktion aufgerufen oder ein Untermenü geöffnet. Wie Sie mit den einzelnen Einträgen des Startmenüs umgehen, erfahren Sie im Verlauf der folgenden Seiten noch detaillierter. An dieser Stelle reicht es, wenn Sie die grundlegenden Techniken kennen.

Hinweis

In älteren Windows-Versionen, oder falls Windows XP darauf umgestellt wurde, sieht das Startmenü wie hier gezeigt aus. Alle Einträge befinden sich in einer einzigen Spalte und statt des Befehls Alle Programme *wird nur der Eintrag* Programme *angezeigt. Einige Einträge wie* Arbeitsplatz, Eigene Dateien *etc. fehlen, da Windows diese als Desktop-Symbole anzeigt. Trotz dieser Unterschiede können Sie das vorliegende Buch für die verschiedenen Windows-Versionen verwenden.*

Ich stelle die Unterschiede ggf. heraus oder benutze eine allgemeine Schreibweise wie (Alle) Programme. *Damit verweise ich darauf, dass in Windows XP der Befehl* Alle Programme *und in älteren Versionen der Befehl* Programme *gemeint ist.*

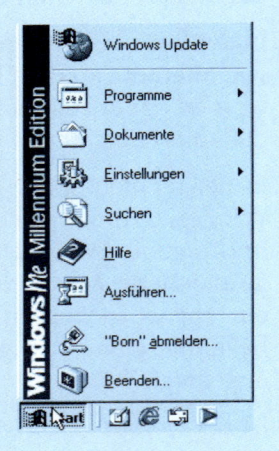

Tipp

Einige Programme und Windows-Versionen benutzen an das jeweilige Anwenderverhalten angepasste Menüs, d.h., selten verwendete Befehle werden beim Öffnen des Startmenüs oder des Programmmenüs ausgeblendet. Sie sehen dann aber am unteren Menürand das Symbol ✽ . *Klicken Sie das Symbol an, werden alle Menübefehle eingeblendet.*

So können Sie Programme starten

Möchten Sie einen Brief schreiben, ein Bild bearbeiten, eine Tabelle berechnen oder was auch immer mit einem Computer möglich ist, benötigen Sie dazu ein Windows-Programm. Die meisten dieser Programme können über ein Symbol im Startmenü aufgerufen werden. Das lässt sich zum Beispiel am Windows-Rechner ausprobieren. Die folgenden Schritte können Sie in allen Windows-Versionen durchführen. Sie müssen lediglich die unterschiedliche Darstellung im Startmenü berücksichtigen.

1 Öffnen Sie das Startmenü, indem Sie in der Taskleiste auf die Schaltfläche *Start* klicken.

Der Umgang mit Programmen

2 Klicken Sie dann im Startmenü auf den Eintrag *(Alle) Programme*.

3 Sobald sich das Programmmenü öffnet, klicken Sie auf den Eintrag *Zubehör*.

4 Warten Sie, bis das zugehörige Untermenü angezeigt wird, und klicken Sie dann auf den Eintrag *Rechner*.

Bereits beim Zeigen auf einen Menüeintrag wird dieser farbig unterlegt. Hier sehen Sie die geöffneten Untermenüs mit dem Eintrag *Rechner*, auf den die Maus gerade zeigt.

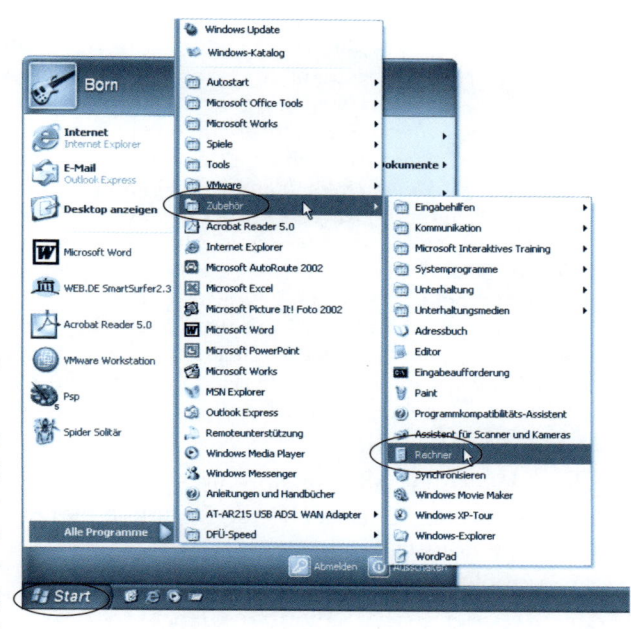

Windows schließt beim Anklicken eines Programmeintrags das Startmenü. Gleichzeitig wird das betreffende Anwendungsprogramm gestartet.

Das Programm meldet sich mit dem entsprechenden Programmfenster. Hier sehen Sie das Fenster des Windows-Rechners.

Sie können anschließend mit dem Programm arbeiten. Berechnungen wie 17 + 14 lassen sich einfach durchführen, indem Sie per Maus auf die betreffenden als Schaltflächen ausgeführten »Tasten« klicken. Alternativ können Sie die Rechenvorschrift auch über die Tastatur eintippen. Das Gleichheitszeichen = führt zur Anzeige des Ergebnisses. Eine Multiplikation wird mit dem Zeichen *, eine Division mit dem Zeichen / eingeleitet.

Falls Sie das Programm nicht mehr benötigen, beenden Sie es über die Schaltfläche *Schließen* des Fensters. Das haben Sie bereits auf den vorhergehenden Seiten gelernt – Sie sehen also, vieles ist in Windows gleich und wiederholt sich.

> **Hinweis**
>
> *Das Menü (Alle) Programme des Startmenüs enthält in allen Windows-Versionen Symbole für Programme wie Internet Explorer oder Outlook Express etc., je nachdem, welche Programme auf Ihrem Computer installiert sind. Zusätzlich finden Sie im Untermenü noch Einträge mit dem Symbol* ▣. *Dieses Symbol (und das kleine Dreieck am rechten Rand eines Eintrags) steht für so genannte* **Programmgruppen** *(z.B. Autostart, Zubehör etc.), die mehrere Programmsymbole (oder weitere Gruppen) zu einem* **Untermenü** *zusammenfassen. Zeigen Sie auf das Symbol einer Programmgruppe, öffnet sich erneut ein* **Untermenü***, das Symbole für weitere Programmgruppen oder Programme aufweisen kann. Welche Menüs und Untermenüs bei Ihnen im Startmenü zu sehen sind, hängt von den installierten Programmen ab. Beim Zeigen auf einen Programmeintrag blendet Windows vielfach bereits eine QuickInfo mit Hinweisen zur Programmfunktion ein.*

Auf diese Weise lassen sich alle als Symbol im Startmenü eingetragenen Programme starten. Entsprechende Beispiele hierzu finden Sie auf den folgenden Seiten dieses Buches.

Alternativen zum Starten von Programmen

Das Startmenü stellt quasi die »offizielle« Zentrale zum Aufruf von Programmen dar. Die wichtigsten Programme hinterlegen bei der Installation auf den Rechner einen Eintrag im Startmenü. Allerdings gibt es alternative Möglichkeiten, mit denen sich Programme aufrufen lassen:

- Ist das Symbol des Programms auf dem Desktop zu sehen? Dann genügt ein Doppelklick auf dieses Symbol, um die gewünschte Funktion abzurufen. Das kennen Sie bereits vom Symbol *Arbeitsplatz*. Viele Programme bieten die Möglichkeit, Symbole auf dem Desktop abzulegen. Zudem können Sie auch selbst solche Symbole als so genannte Verknüpfungen anlegen.

- Im nächsten Kapitel lernen Sie den Umgang mit Dateien über das Fenster *Arbeitsplatz* kennen. Wissen Sie, wo sich eine Programmdatei befindet, können Sie deren Symbol im Ordnerfenster per Doppelklick anwählen. Bei den meisten Programmen wird das funktionieren und das zugehörige Fenster auf dem Desktop erscheinen.

- Weiter können Sie im Startmenü über den Befehl *Ausführen* das gleichnamige Dialogfeld aufrufen. Tippen Sie im Kombinationsfeld *Öffnen* den Namen des Programms ein. Sobald Sie das Dialogfeld über die *OK*-Schaltfläche schließen, wird das Programm aufgerufen. In der hier ge-

Der Umgang mit Programmen

zeigten Darstellung wird der Windows-Editor (ein Programm zum Bearbeiten einfacher Texte) aufgerufen. Beim Aufruf über das Dialogfeld *Ausführen* müssen Sie allerdings den genauen Befehl zum Programmaufruf kennen. Mit etwas Wissen ist das aber nicht sonderlich schwierig und häufig findet man Anleitungen, wie ein bestimmtes Programm über das Dialogfeld *Ausführen* aufzurufen ist.

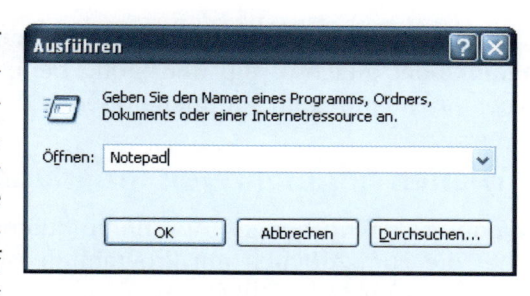

Was ist das?

Ein **Kombinationsfeld** *erlaubt Ihnen eine Texteingabe. Zusätzlich können Sie am rechten Rand des Kombinationsfelds über die Schaltfläche mit dem nach unten zeigenden Dreieck eine Liste mit vorgegebenen Werten öffnen. Klicken Sie auf einen Listeneintrag, wird dieser Wert übernommen. Lässt das Element keine Benutzereingaben zu, sondern nur die Auswahl vorgegebener Werte aus einer Liste, wird es dagegen als* **Listenfeld** *bezeichnet.*

Tipp

Viele Dialogfelder enthalten eine mit OK *oder ähnlich beschriftete Schaltfläche, mit der Sie das Dialogfeld schließen und die Eingaben bestätigen. Klicken Sie dagegen auf die Schaltfläche* Abbrechen *oder drücken Sie die* Esc*-Taste, wird der aktuelle Vorgang abgebrochen. Das bedeutet, Windows schließt das Dialogfeld und verwirft die von Ihnen durchgeführten Eingaben. Findet sich eine Schaltfläche* Durchsuchen *im Dialogfeld, können Sie über diese ein Fenster zur »Dateiauswahl« öffnen. Beim Dialogfeld* Ausführen *öffnet die Schaltfläche* Durchsuchen *ein Fenster, in dem Sie die gewünschte Programmdatei durch Anklicken auswählen können. Was Sie über Dateien und das Navigieren in Ordnern wissen müssen, können Sie im nächsten Kapitel nachlesen.*

- In vielen Windows-Versionen enthält die so genannte *Schnellstart*-Symbolleiste (in der Taskleiste rechts von der Schaltfläche *Start*) Schaltflächen, um den Internet Explorer (Programm zur Anzeige von Internetseiten) oder weitere Programme abzurufen.

Die hier beschriebenen Methoden zum Starten eines Programms sind untereinander gleichwertig. Bei häufig benutzten Programmen werden Sie aber einen Eintrag im Startmenü oder ein Desktop-Symbol verwenden.

Arbeiten mit mehreren Programmfenstern

Wenn Sie die vorherigen Abschnitte durchgearbeitet haben, verfügen Sie über die zum Arbeiten mit Programmfenstern erforderlichen Kenntnisse. Allerdings kann es nicht schaden, noch ein wenig Zusatzwissen zu erwerben, das Ihnen das Arbeiten erleichtert.

Weiter oben wurde bereits erwähnt, dass Sie unter Windows gleichzeitig mehrere Programmfenster öffnen können. Das ist ganz praktisch, wenn man gerade in einem bestimmten Programmfenster arbeitet und hierzu eine Information aus einem anderen Fenster benötigt. Alles, was Sie tun müssen, ist, die betreffenden Programme mit den weiter oben beschriebenen Schritten aufzurufen. Jetzt müssen Sie noch wissen, wie sich mit zwei oder mehr Fenstern arbeiten lässt. Auch das ist nicht schwierig – im Grunde kennen Sie bereits die Techniken – und soll an einem kleinen Beispiel ausprobiert werden.

1 Starten Sie, sofern das Fenster nicht bereits geöffnet ist, den Windows-Rechner gemäß den obigen Anweisungen über den Startmenüeintrag *(Alle) Programme/Zubehör/Rechner*.

2 Öffnen Sie in einem zweiten Schritt das Fenster *Arbeitsplatz* (z.B. durch einen Doppelklick auf das Desktop-Symbol oder indem Sie in Windows XP im Startmenü auf den Befehl *Arbeitsplatz* klicken).

Wenn Sie diese beiden Schritte ausgeführt haben, sollte der Desktop die zwei sich überlappenden Fenster *Arbeitsplatz* und *Rechner* enthalten. Eines dieser Fenster ist dabei im Vordergrund zu sehen.

Wie Sie sehen, wird die Titelleiste dieses Fensters farbig (z.B. blau) hervorgehoben, während die Titelleiste des verdeckten Fensters grau abgeblendet erscheint. An der farbig **hervorgehobenen Titelleiste** lässt sich das **aktive Fenster erkennen**. Sie können immer nur im aktiven Fenster arbeiten, d.h., Tastatureingaben werden diesem Fenster zugeordnet.

Der Umgang mit Programmen

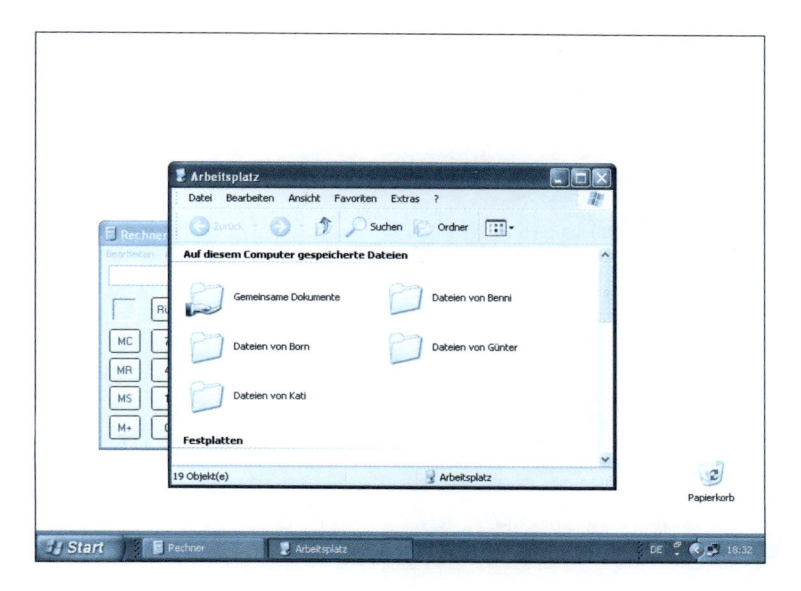

Sie sehen auch, dass jedes dieser Fenster eine Schaltfläche in der Taskleiste besitzt. Die zum aktiven Fenster gehörende Schaltfläche wird optisch als »eingedrückt« oder als »abgesenkt« dargestellt.

Sie können anschließend mit dem Windows-Rechner arbeiten oder den Inhalt des Fensters *Arbeitsplatz* ansehen, ohne vorher das jeweils zuletzt benutzte Programm zu beenden.

- Um beispielsweise mit dem Rechner zu arbeiten, klicken Sie auf die Titelleiste oder den sichtbaren Rand des betreffenden Fensters. Nutzen Sie diese Möglichkeit, wenn Teile des im Hintergrund befindlichen Fensters gut sichtbar sind.

- Alternativ können Sie auch die Schaltfläche des Rechners in der Taskleiste anklicken. Das ist hilfreich, falls das betreffende Programmfenster ganz durch das im Vordergrund befindliche Fenster verdeckt wird.

Das Fenster des Rechners erscheint im **Vordergrund** und das Fenster *Arbeitsplatz* befindet sich entsprechend im **Hintergrund**. Wenn Sie genau hinsehen, bemerken Sie, dass Windows die Titelleiste des Rechnerfensters farbig hervorhebt und auch die zugehörige Schaltfläche in der Taskleiste wird »eingedrückt« dargestellt.

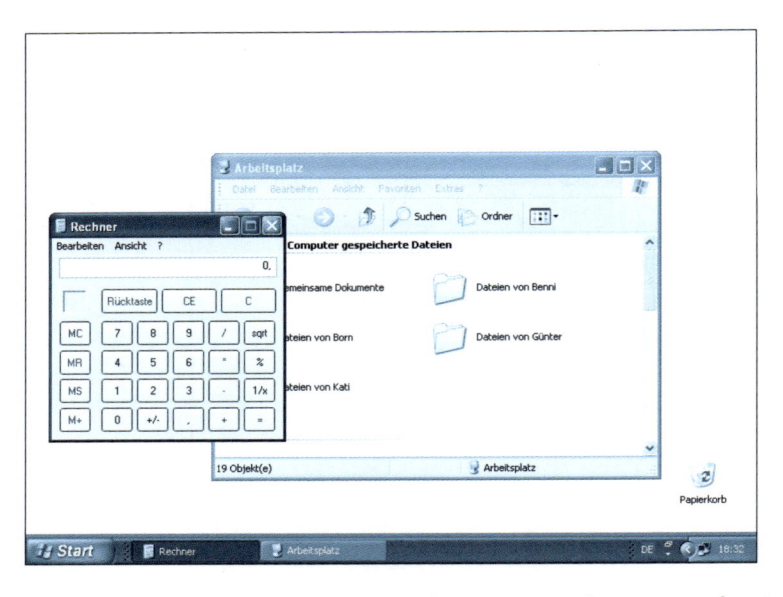

Sie können nun mit dem Programm arbeiten. Für das Beispiel mit dem Rechner bedeutet das, dass Sie eine Rechenformel per Tastatur eingeben können. Ein Mausklick auf das Fenster *Arbeitsplatz* oder auf die zugehörige Schaltfläche der Taskleiste bringt den Arbeitsplatz wieder in den Vordergrund. Ein weiterer Mausklick auf die gleiche Schaltfläche lässt das Fenster erneut verschwinden. Im Grunde genommen haben Sie diese Technik bereits beim Minimieren/Wiederherstellen von Fenstern kennen gelernt.

Tipp

Zeigen Sie per Maus auf die Schaltfläche in der Taskleiste, blendet Windows eine QuickInfo mit dem kompletten Fenstertitel ein.

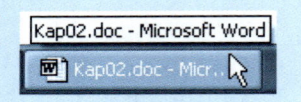

Windows XP fasst übrigens mehrere Programmfenster einer Kategorie (z.B. Textfenster, Ordnerfenster etc.) automatisch zu einer gemeinsamen Schaltfläche in der Taskleiste zusammen.

Klicken Sie auf diese Schaltfläche, öffnet sich ein Menü mit den Namen der Programmfenster. Wählen Sie dann einen Menüeintrag, um das zugehörige Fenster in den Vordergrund zu holen.

Tipp

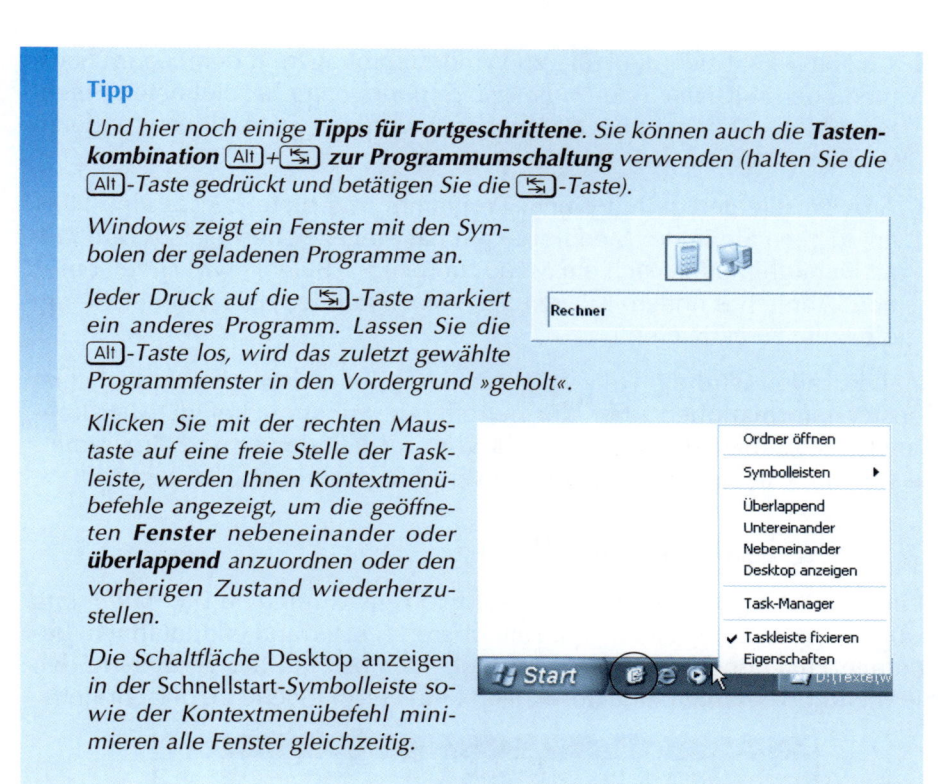

Und hier noch einige **Tipps für Fortgeschrittene**. Sie können auch die **Tastenkombination** [Alt]+[⇆] **zur Programmumschaltung** verwenden (halten Sie die [Alt]-Taste gedrückt und betätigen Sie die [⇆]-Taste).

Windows zeigt ein Fenster mit den Symbolen der geladenen Programme an.

Jeder Druck auf die [⇆]-Taste markiert ein anderes Programm. Lassen Sie die [Alt]-Taste los, wird das zuletzt gewählte Programmfenster in den Vordergrund »geholt«.

Klicken Sie mit der rechten Maustaste auf eine freie Stelle der Taskleiste, werden Ihnen Kontextmenübefehle angezeigt, um die geöffneten **Fenster** nebeneinander oder **überlappend** anzuordnen oder den vorherigen Zustand wiederherzustellen.

Die Schaltfläche Desktop anzeigen in der Schnellstart-*Symbolleiste* sowie der Kontextmenübefehl minimieren alle Fenster gleichzeitig.

Wo gibt's denn Hilfe?

Dieses Buch kann nicht alle Windows- oder Programmfunktionen erklären, d.h., nach der Lektüre bleiben sicherlich noch Fragen offen. Sie haben aber die Möglichkeit, zusätzliche Anleitungen zu Windows oder zu Programmfunktionen abzurufen.

So rufen Sie die Hilfe auf

Die so genannte **Hilfe** zu Windows oder zu einem Programm ist nur einen Tastendruck oder wenige Mausklicks entfernt:

- Drücken Sie die Funktionstaste [F1], zeigt Windows automatisch die Hilfe für die gerade genutzte Programmfunktion an. Das kann die allgemeine Hilfe zu Windows oder die Hilfe zum gerade geöffneten Programm sein.

77

- Gezielter lässt sich die Hilfe zu Windows abfragen, indem Sie im Startmenü den mit *Hilfe* oder *Hilfe und Supportcenter* bezeichneten Befehl anwählen. Der genaue Name hängt von der jeweils verwendeten Windows-Version ab.

- Arbeiten Sie gerade mit einem Programm und bietet dieses eine Hilfe an, klicken Sie in der Menüleiste auf das Fragezeichen ? bzw. auf *Hilfe*. Daraufhin öffnet sich ein Menü, in dem Sie Befehle wie *Hilfethemen* oder Ähnliches finden. Klicken Sie einfach auf den obersten Befehl, um die Hilfe zu aktivieren.

In allen Fällen wird die Hilfe aufgerufen, die Ihnen in einem zusätzlichen Fenster Informationen über die betreffende Funktion liefert. Allerdings hängt der Aufbau des Hilfefensters von der Windows- und Programmversion ab. Nachfolgend werden die verschiedenen Varianten skizziert.

Die Hilfe in Windows XP

Windows XP organisiert die Hilfe in einem Fenster mit dem Titel *Hilfe- und Supportcenter*. Eine Symbolleiste am oberen Fensterrand erlaubt Ihnen, bestimmte Funktionen abzurufen. Im Dokumentbereich des Fensters finden Sie die Rubrik »Hilfethema auswählen« mit verschiedenen Überschriften.

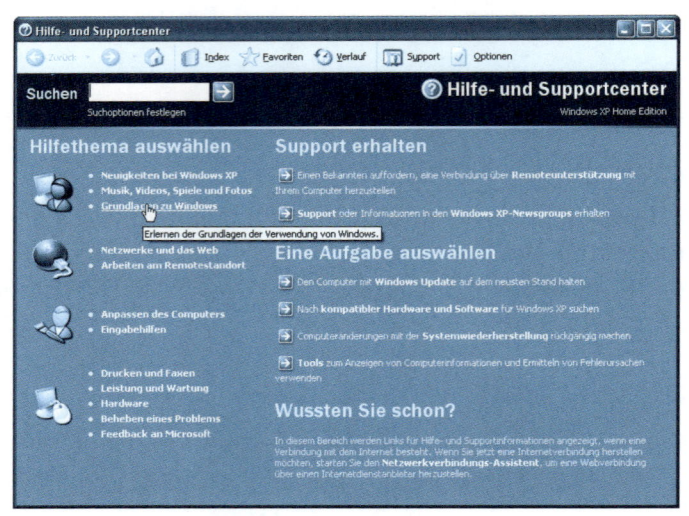

- Zeigen Sie per Maus auf eine solche Rubrik, nimmt der Mauszeiger die Form einer stilisierten Hand an. Gleichzeitig wird der Text unterstrichen dargestellt. Das bedeutet, dass die Überschrift als so genannter **Hyperlink** ausgeführt ist.

Wo gibt's denn Hilfe?

- Klicken Sie auf eines der unterstrichen dargestellten Themen, ruft Windows diese Hilfeseite ab. Dort finden Sie ggf. eine neue Liste mit Hyperlinks, in diesem Fall klicken Sie erneut auf den Hyperlink zum gewünschten Thema.

Wiederholen Sie diese Schritte so lange, bis die gewünschte Information im rechten Teil des Hilfefensters angezeigt wird. Im Grunde funktioniert die Bedienung der Hilfe wie das Arbeiten mit dem Inhaltsverzeichnis eines Buchs, nur wesentlich einfacher. Sie müssen nur die »Überschriften« (hier in Form der Hyperlinks) anzuklicken, um zur gesuchten »Buchseite« zu gelangen.

> **Was ist das?**
>
> Ein **Hyperlink** definiert einen Verweis auf eine andere Dokumentstelle. Hyperlinks werden oft in blauer Schrift und unterstrichen dargestellt. Sobald Sie auf einen Hyperlink zeigen, wechselt die Form des Mauszeigers in eine stilisierte Hand. Ein Mausklick auf einen Hyperlink ruft die betreffende Dokumentstelle ab und zeigt diese im Fenster an. Diese Technik wird auch beim Surfen in Internetseiten genutzt.

Und hier noch einige Tipps, wie Sie mit der Hilfe arbeiten:

Möchten Sie zum Inhaltsverzeichnis zurückkehren, genügt ein Mausklick auf das Symbol dieser Schaltfläche.

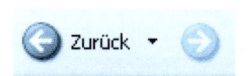

Über Mausklicks auf diese Schaltflächen mit den beiden Pfeilen lässt sich zwischen einzelnen bereits aufgerufenen Hilfethemen zurück und vorwärts blättern.

Die Schaltfläche *Verlauf* zeigt Ihnen sogar eine Liste aller bereits besuchten Hilfethemen an.

> **Tipp**
>
> Benötigen Sie eine Information häufiger, rufen Sie in Windows XP die Hilfeseite auf und klicken anschließend auf die oberhalb des Hilfetexts angezeigte Schaltfläche Zu Favoriten hinzufügen. Wenn Sie anschließend in der Symbolleiste des Hilfe- und Supportcenters auf die Schaltfläche Favoriten klicken, erscheint eine Liste mit allen so definierten Favoriten. Dann genügt ein Mausklick auf einen Eintrag, um die Information abzurufen.

Möchten Sie im Hilfe- und Supportcenter **nach** einzelnen **Begriffen suchen**?

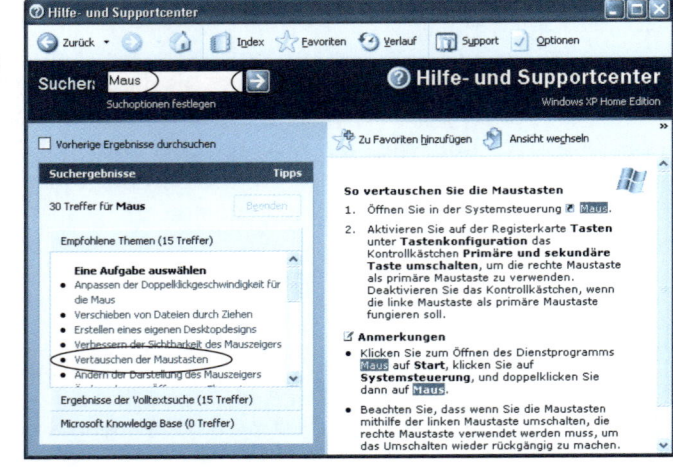

1 Klicken Sie im Fenster *Hilfe- und Supportcenter* in das Textfeld *Suchen*.

2 Tippen Sie den Suchbegriff ein und klicken Sie auf die Schaltfläche mit dem Pfeil.

3 Sobald die gefundenen Suchergebnisse in der linken Spalte erscheinen, klicken Sie auf den Hyperlink mit dem gewünschten Thema.

Die Hilfeseite erscheint im rechten Teil des Fensters, die Fundstellen des Suchbegriffs werden dabei innerhalb der Seite farbig hervorgehoben.

Zudem erlaubt Ihnen die Hilfe, gezielt **über den Index** bestimmte Begriffe (Stichwörter) **nachzuschlagen**.

1 Klicken Sie in der Symbolleiste des Hilfefensters auf die Schaltfläche *Index*.

Windows zeigt daraufhin in der linken Spalte des Fensters eine Stichwortliste an.

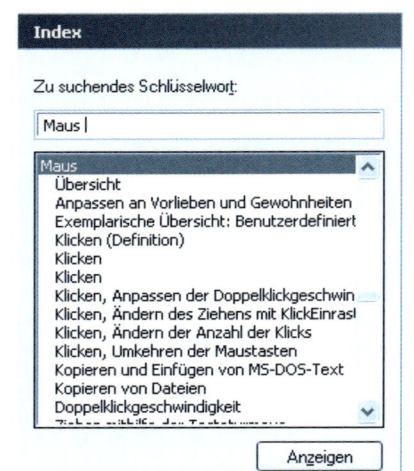

2 Tippen Sie im Textfeld *Zu suchendes Schlüsselwort* das Stichwort ein.

Bereits während der Eingabe zeigt Windows die mit dem Begriff übereinstimmenden Stichwörter in der Liste an.

3 Klicken Sie in der Liste auf den gefundenen Begriff und anschließend auf die Schaltfläche *Anzeigen*.

Wo gibt's denn Hilfe?

4 Wurden mehrere Themen gefunden, wählen Sie den gewünschten Eintrag in der angezeigten Themenliste aus und klicken dann auf *Anzeigen*. Anschließend erscheint das Thema in der rechten Spalte des Hilfefensters.

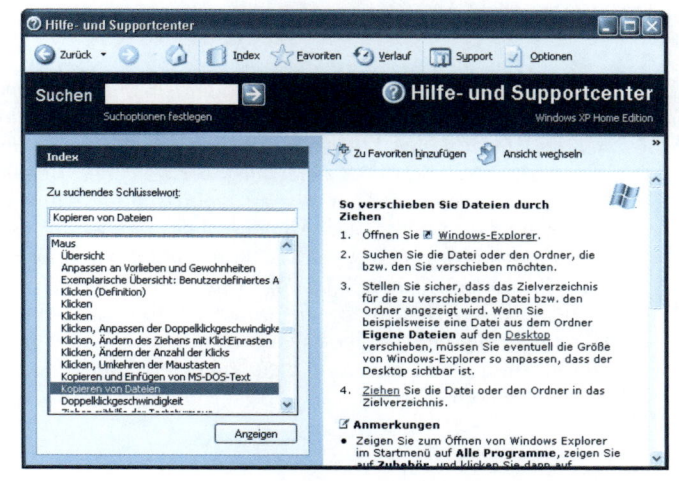

Bei längeren Texten lässt sich im rechten Teil mittels der Bildlaufleiste blättern. Finden Sie im Text weitere Hyperlinks (unterstrichene Textstellen etc.), können Sie die zugehörigen Dokumentteile per Mausklick abrufen.

Tipp

Um eine Seite zu drucken, genügt ein Mausklick auf die Schaltfläche mit dem Symbol Drucken. *Die Schaltfläche* Ansicht wechseln *blendet wahlweise die linke Spalte des Fensters ein oder aus.*

Hinweis

Bei Windows Millennium öffnet der Startmenüeintrag Hilfe *ebenfalls ein als Webseite gestaltetes Fenster* Hilfe und Support, *in dem Sie – ähnlich wie oben gezeigt – über Hyperlinks Informationen abrufen oder nach Themen suchen können. Auch ein Zugriff über Stichwörter ist möglich.*

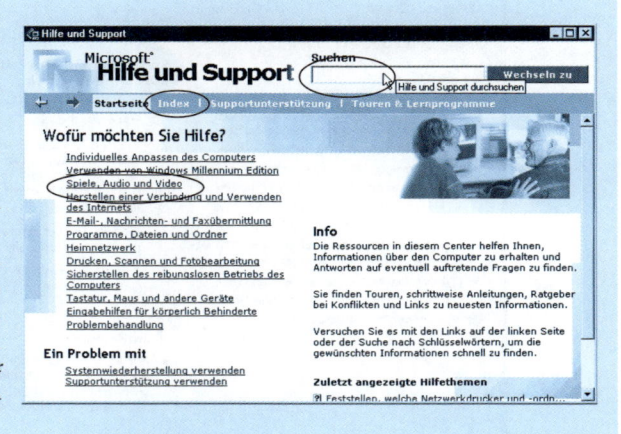

Tipp

Die meisten Windows-Versionen sind zudem mit Lernprogrammen ausgestattet, die Sie bei den ersten Schritten mit dem Betriebssystem an die »Hand« nehmen. In Windows XP lassen sich die Lernprogramme über den Punkt Neuigkeiten bei Windows XP *der Hilfe oder über den Befehl* Alle Programme/Zubehör/Windows XP-Tour *des Startmenüs aufrufen. In Windows Millennium finden Sie die Lernprogramme im Hilfefenster in der Rubrik* Touren & Lernprogramme anzeigen. *Bei Windows 98 erscheint nach der Installation automatisch bei jedem Start das Dialogfenster* Willkommen bei Windows 98 *mit Hyperlinks zu Beiträgen, die Ihnen beispielsweise die Neuerungen zu Windows 98 erläutern. Fehlt dieser Dialog, wählen Sie im Startmenü den Befehl* Ausführen *und tippen im gleichnamigen Dialogfeld den auszuführenden Befehl* Welcome.exe *ein.*

Meine Programmhilfe sieht aber anders aus!

Arbeiten Sie mit Microsoft Windows 95/98 oder haben Sie die Hilfe zu einem Programm aufgerufen? Dann sieht das Hilfefenster vermutlich etwas anders als auf den vorhergehenden Seiten gezeigt aus. Sie können ja probeweise den Windows-Rechner über den Startmenüeintrag *(Alle) Programme/Zubehör/Rechner* starten und dann die Hilfe über den Befehl *?/Hilfethemen* der Menüleiste aufrufen. Hier sehen Sie das im älteren Stil gehaltene Hilfefenster.

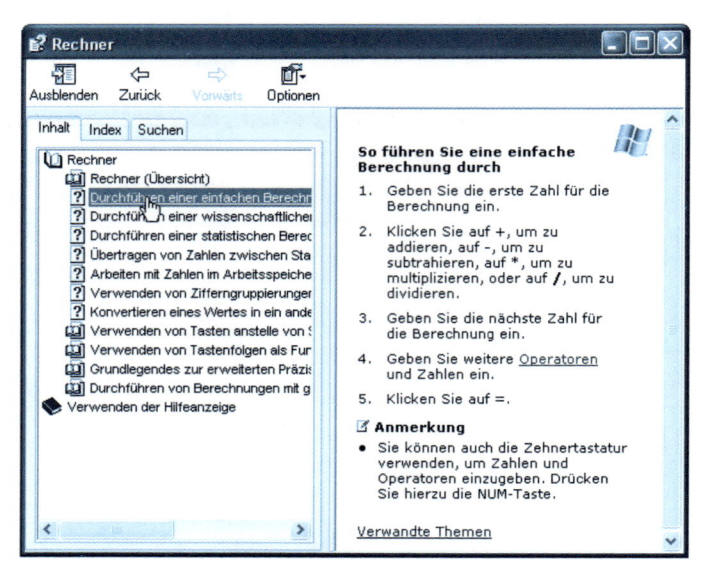

Das Fenster ist zweigeteilt und weist in der linken Spalte die **Registerkarten** *Inhalt, Index, Suchen* und, je nach Programm, zusätzlich *Favoriten* auf. Durch Anklicken der **Registerreiter** können Sie die zugehörige Registerkarte in den Vordergrund holen.

> **Was ist das?**
>
> *In vielen Fenstern reicht der Platz nicht zur Darstellung aller Informationen aus. Windows benutzt daher so genannte* **Registerkarten** *zur Anzeige.*

Auf der Registerkarte *Inhalt* sind die Überschriften als Hyperlinks aufgeführt. Klicken Sie auf das Symbol eines geschlossenen Buches, blendet Windows die Überschriften untergeordneter Themen ein. Erscheint statt eines Buches eine stilisierte »Seite«, ruft Windows bei Anwahl des Hyperlinks die Hilfeseite auf und zeigt diese in der rechten Spalte an.

> **Hinweis**
>
> *Ein Zugriff über Stichwörter ist mittels der Registerkarte* Index *möglich. Wie bereits auf den vorhergehenden Seiten beim Hilfe- und Supportcenter beschrieben, können Sie auf dieser Registerkarte ein Stichwort eintippen und die daraufhin gefundenen Hilfethemen abrufen. Die Registerkarte* Suchen *bietet ein Textfeld zur Eingabe eines Suchbegriffs. Betätigen Sie anschließend die Schaltfläche* Themenliste, *um die Suche zu beginnen. Gefundene Artikel werden als Hyperlinks angezeigt und lassen sich per Mausklick markieren und dann über die Schaltfläche* Anzeigen *im rechten Teilfenster ansehen. Sie sehen also, auch wenn das Hilfefenster bei Programmen oder älteren Windows-Versionen vielleicht etwas anders aussieht, die Abläufe zur Bedienung stimmen mit den oben beschriebenen Schritten überein.*

Direktinfos zu Dialogfeldern abrufen

Beim Arbeiten mit Windows kommen häufiger Dialogfelder und Eigenschaftenfenster zum Einsatz. Dialogfelder besitzen keine Menüleiste, Zusatzinformationen müssen über die *Hilfe*-Schaltfläche abgerufen werden.

> **Was ist das?**
>
> **Eigenschaftenfenster** *sind Dialogfelder, auf denen verschiedene Eigenschaften über Registerkarten angezeigt werden. Häufig werden Eigenschaftenfenster auch benutzt, um Programmoptionen einzustellen.*

Manchmal ist eine mit dem Text *Hilfe* versehene Schaltfläche im Dialogfeld vorhanden. Klicken Sie auf die Schaltfläche, erscheint ein Hilfefenster mit Zusatzinformationen.

Bei vielen Dialogfeldern finden Sie die Hilfeschaltfläche jedoch als kleines Fragezeichen in der Titelleiste links neben der *Schließen*-Schaltfläche. Sie können das beispielsweise am Dialogfeld zum Einstellen der Uhrzeit ausprobieren.

1 Doppelklicken Sie auf die Uhrzeitanzeige in der Taskleiste. Oder klicken Sie die Uhrzeitanzeige mit der rechten Maustaste an und wählen Sie im Kontextmenü den Befehl *Eigenschaften*.

Windows öffnet das **Eigenschaftenfenster** mit den Optionen zum Einstellen des Datums und der Uhrzeit. Sie benötigen die Registerkarte *Datum und Uhrzeit*.

2 Klicken Sie auf die Schaltfläche *Hilfe* in der Titelleiste.

3 Sobald der Mauszeiger die Form eines Fragezeichens annimmt, klicken Sie mit der linken Maustaste auf ein Element im Fenster (z.B. auf das Feld mit der Jahreszahl).

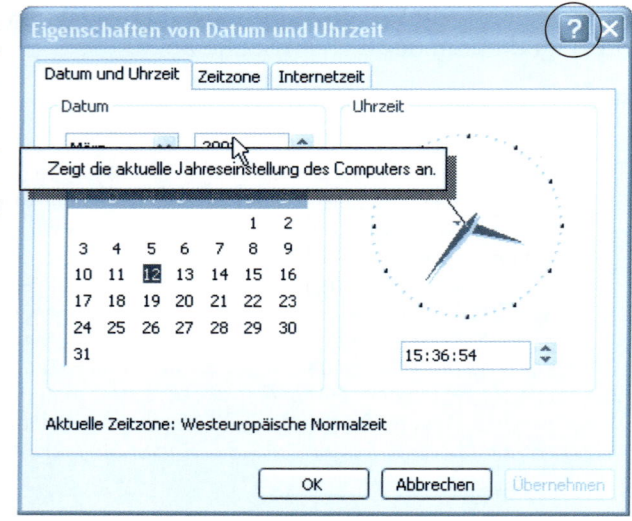

Windows blendet dann das Fenster der Direkthilfe (als QuickInfo) mit Informationen zum betreffenden Element in der Anzeige ein. Zum Schließen der QuickInfo klicken Sie auf eine beliebige andere Stelle des Fensters oder drücken die Esc-Taste.

Tipp

Den aktuellen Tag legen Sie durch einen Mausklick auf das entsprechende Datum in dem angezeigten Kalender fest. Der Monat lässt sich über ein Listenfeld bestimmen (auf die Schaltfläche klicken und einen Eintrag wählen). Die Jahreszahl stellen Sie über die kleinen Schaltflächen am rechten Rand des Drehfelds ein oder indem Sie die Zahl direkt in das Feld eingeben. Für die Uhrzeit gilt Ähnliches, hier müssen Sie lediglich vor dem Einstellen der Stunden, Minuten oder Sekunden auf den gewünschten Wert klicken.

Hinweis

Ein Dialogfeld wird über die OK-Schaltfläche geschlossen, wobei eventuelle Änderungen übernommen werden. Die Schaltfläche Übernehmen *wird nur nach Änderungen freigegeben (andernfalls ist sie grau abgeblendet). Klicken Sie auf die Schaltfläche, werden die Änderungen übernommen, das Dialogfeld bleibt aber geöffnet. Mit der Schaltfläche* Abbrechen *(bzw. mit der* Esc*-Taste) schließen Sie das Dialogfeld, ohne die Änderungen zu übernehmen.*

Abmelden und beenden

Wichtig ist auch, dass Sie wissen, wie Sie sich unter Windows abmelden und wie Sie den Computer korrekt ausschalten, da es sonst zu Funktionsstörungen kommen kann.

Vom Computer abmelden

Kennt der Computer mehrere Benutzerkonten, müssen Sie sich vor dem Arbeiten anmelden (siehe Kapitelanfang). Wenn Sie Ihre Arbeit am Computer unterbrechen wollen oder falls jemand anderes am Computer arbeiten möchte, sollten Sie sich abmelden.

1 Klicken Sie in der Taskleiste auf die Schaltfläche *Start*.

2 In Windows XP klicken Sie dann auf die Schaltfläche *Abmelden*.

3 Im nächsten Dialogfeld *Windows-Abmeldung* klicken Sie auf eine der Schaltflächen.

- Wählen Sie die Schaltfläche *Abmelden*, werden alle Programme geschlossen.

- Wenn Sie die Schaltfläche *Benutzer wechseln* wählen, bleiben die Programmfenster der aktuellen Sitzung geöffnet. Sie können sich später unter dem betreffenden Benutzerkonto erneut anmelden und mit den Programmen weiterarbeiten.

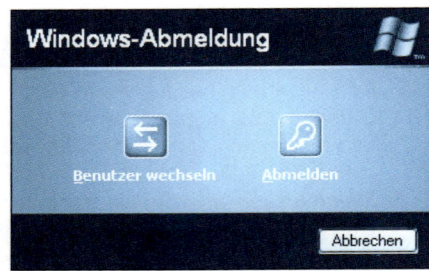

> **Tipp**
>
> *Haben Sie den Dialog irrtümlich aufgerufen, lässt sich das Dialogfeld über die Schaltfläche* Abbrechen *schließen. Sie können dann mit Windows weiterarbeiten.*

Nach Anwahl einer der beiden Schaltflächen gelangen Sie auf jeden Fall zum Windows-Anmeldedialog. Der nächste Benutzer kann sich nun anmelden.

Bei älteren Windows-Versionen finden Sie im Startmenü nur den Befehl *»Name« abmelden*. *Name* steht hier für den Benutzernamen. Klicken Sie auf den Befehl, werden alle Programme beendet und Sie gelangen ebenfalls zum Windows-Anmeldedialog.

Windows korrekt beenden

Wenn Sie mit der Arbeit am Computer fertig sind, dürfen Sie nicht einfach das Gerät samt Bildschirm ausschalten. Tun Sie das trotzdem, besteht die Gefahr, dass Daten verloren gehen. Windows bietet eine eigene Funktion zum Herunterfahren des Computers.

1 Klicken Sie in der Taskleiste auf die Schaltfläche *Start*.

2 In **Windows XP** klicken Sie im Startmenü auf die Schaltfläche *Ausschalten*.

Abmelden und Beenden

3 Im Dialogfeld *Computer ausschalten* klicken Sie auf eine der Schaltflächen.

- Die Schaltfläche *Abbrechen* schließt das Dialogfeld und Sie können mit Windows weiterarbeiten.

- Die Schaltfläche *Ausschalten* fährt Windows herunter und schaltet den Computer automatisch aus.

- Über die Schaltfläche *Neu starten* wird Windows zwar beendet, anschließend aber erneut gestartet. Sie können sich dann anmelden und weiterarbeiten.

- Die Schaltfläche *Standby* versetzt Windows in einen speziellen »Schlafmodus«, aus dem sich Windows sehr schnell reaktivieren lässt.

- Halten Sie die ⇧-Taste gedrückt, erscheint statt *Standby* die Schaltfläche *Ruhezustand*, bei dem Windows den aktuellen Zustand auf der Festplatte sichern und später wieder laden kann.

In allen Fällen beginnt Windows nach Anwahl der Schaltfläche mit dem »Aufräumen«. Hierbei werden Daten auf der Festplatte gespeichert, eventuell noch laufende Programme nach Rückfrage beendet und die Einstellungen für den nächsten Windows-Start gesichert. Dann wird Windows beendet. Bei modernen Computern schaltet Windows den Rechner nach dem Herunterfahren automatisch aus und der Bildschirm wird dunkel. Den Monitor müssen Sie in der Regel aber selbst ausschalten.

> **Achtung**
>
> *Einsteiger sind oft versucht, den Computer nach dem Herunterfahren zusätzlich mit der Einschalttaste der Zentraleinheit »abzuschalten«. Bei modernen Computern übernimmt Windows das Ausschalten. Drücken Sie die Einschalttaste, fährt der Computer mit Windows wieder hoch!*

Bei älteren Windows-Versionen funktioniert das Herunterfahren des Computers ähnlich.

1 Klicken Sie in der Taskleiste auf die Schaltfläche *Start*.

2 Wählen Sie im Startmenü den Befehl *Beenden*.

3 Im Dialogfeld *Windows beenden* wählen Sie die gewünschte Option aus und klicken auf die *OK*-Schaltfläche.

Anschließend wird der Computer ebenfalls heruntergefahren oder ggf. neu gestartet.

In **Windows 98** sieht das Dialogfeld *Windows beenden* so aus. Wählen Sie hier das gewünschte Optionsfeld per Mausklick.

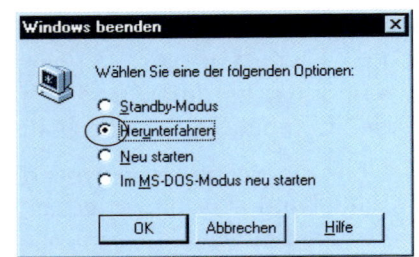

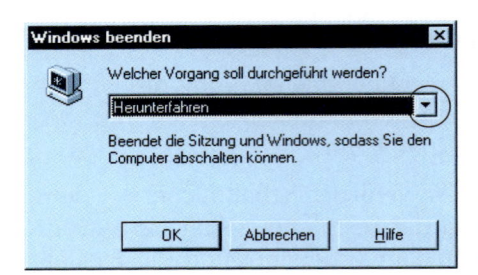

Manche Versionen wie **Windows Millennium** besitzen ein Listenfeld zur Auswahl der Option. Klicken Sie auf die Schaltfläche mit dem kleinen Dreieck rechts neben dem Listenfeld, um die Liste anzuzeigen. Dann klicken Sie den gewünschten Listeneintrag an und bestätigen mit *OK*.

Was ist das?

Optionsfelder sind die kleinen runden Elemente ⦿ Herunterfahren , über die sich Optionen wählen lassen. Der mit einem Punkt markierte Kreis signalisiert die aktuell gewählt Option. Optionsfelder treten immer in Gruppen auf, wobei durch Anklicken immer nur eine Option der Gruppe markiert werden kann (d.h., der Punkt springt zur zuletzt angewählten Option). Bei einem **Listenfeld** öffnet sich bei Anwahl der Schaltfläche ▼ eine Liste mit vorgegebenen Optionen. Durch Anklicken eines Listeneintrags wird die Option ausgewählt.

Testen Sie Ihr Wissen

Jetzt beherrschen Sie die wichtigsten Windows-Arbeitstechniken. Zur Überprüfung Ihrer Kenntnisse können Sie die folgenden Fragen beantworten .

- **Wie erreichen Sie, dass ein Fenster den gesamten Bildschirm einnimmt?**

    In der rechten oberen Ecke auf die Schaltfläche *Maximieren* klicken.

- **Wie wird ein Fenster geschlossen oder ein Programm beendet?**

    In der rechten oberen Ecke auf die Schaltfläche *Schließen* klicken.

- **Wie lassen sich Programme starten?**

    Zum Beispiel über das Startmenü, über Desktop-Symbole oder über den Befehl *Ausführen* im Startmenü.

- **Wie lässt sich ein Fenster verschieben?**

    Durch Ziehen der Titelleiste.

- **Wie wechseln Sie zwischen Fenstern?**

    Das Fenster oder dessen Schaltfläche in der Taskleiste anklicken.

Wenn es an einigen Stellen mit der Beantwortung der Fragen noch etwas hapert, ist das nicht sonderlich tragisch. Lesen Sie einfach bei Bedarf die entsprechenden Seiten nochmals. Viele Abläufe sind in Windows ähnlich, d.h., Sie lernen vieles nebenbei, wenn Sie die nächsten Kapitel bearbeiten.

Kapitel 3

Arbeiten mit Ordnern & Dateien

In den vorherigen Kapiteln haben Sie die Handhabung von Fenstern und Programmen kennen gelernt. Jetzt eignen Sie sich das Wissen zum Umgang mit Laufwerken, Ordnern und Dateien an. Denn Sie wollen sicherlich Ihre am Computer erstellten Briefe, Bilder und so weiter für eine spätere Verwendung speichern. Gelegentlich muss auch einmal etwas auf Diskette kopiert werden. Vielleicht möchten Sie auch den Inhalt einer CD/DVD am Computer ansehen. Oder Sie verwenden den Papierkorb, um nicht mehr benötigte Briefe oder anderes zu löschen. Mit dem Wissen, das Sie in diesem Kapitel erwerben, ist das kein Problem.

Das können Sie schon:

Den Computer in Betrieb nehmen	37
Windows starten und beenden	50/85
Mit Fenstern arbeiten	59
Programme starten und beenden	67
Die Hilfe abrufen	77

Das lernen Sie neu:

Grundwissen über Laufwerke	92
Was sind Ordner und Dateien?	98
Das bieten Ordnerfenster	101
So handhaben Sie Ordner und Dateien	112
Wissen für Fortgeschrittene	121

Grundwissen über Laufwerke

Zum Speichern von Programmen oder Briefen, Bildern, Fotos etc. benötigt der Computer Speichermedien. In Kapitel 1 haben Sie bereits erfahren, dass im Computer eine Festplatte zur Speicherung »seiner Daten« eingebaut ist und wie diese funktioniert. Auf der im Computer eingebauten Festplatte ist das Betriebssystem Windows gespeichert (sonst könnte der Computer nach dem Einschalten nichts tun). Zusätzlich werden die auf dem Computer vorhandenen Programme sowie weitere Daten (z.B. von Ihnen erstellte Dokumente wie Briefe, Bilder, Fotos etc.) auf der Festplatte gespeichert. In Kapitel 1 wurde aber auch erwähnt, dass es neben Festplatten weitere Speichermedien wie CDs und Disketten gibt. Zum Arbeiten mit diesen austauschbaren Medien stellt der Computer so genannte Laufwerke bereit. Sie können dann eine Diskette oder eine CD in das Laufwerk einlegen, die Daten lesen und später das Medium wieder entfernen. Nachfolgend wird das Grundwissen zum Umgang mit Laufwerken unter Windows vermittelt.

Der Umgang mit Disketten

Zum einfachen Speichern von Dokumenten wie Briefe, Texte oder kleinere Bilder werden bei den meisten Computern Disketten verwendet. Disketten sind klein, preiswert und lassen sich mehrfach benutzen. Sie können zum Beispiel Daten von der Festplatte auf Disketten kopieren und diese Disketten in einem Archiv aufbewahren. Das ist zur Sicherung wichtiger Dokumente ganz hilfreich. Um Dokumente vor fremden Augen zu schützen, können Sie diese ausschließlich auf Diskette speichern. Wird die Diskette aus dem Computer entfernt und weggeschlossen, kommen Dritte nicht mehr an die Daten heran. Disketten werden auch gerne benutzt, um ein Dokument von einem Computer auf einen zweiten Computer zu übertragen. Sie kopieren die Daten auf die Diskette, entnehmen diese dem Laufwerk, gehen zum zweiten Computer, stecken die Diskette ins Laufwerk und kopieren die Daten auf dessen Festplatte.

Falls Sie noch gänzlich neu am Computer sind, sollten Sie einige Dinge wissen, die es beim Arbeiten mit Disketten zu beachten gilt.

Disketten sind Speichermedien, die sich (ähnlich wie Tonbandkassetten) mehrfach mit Daten beschreiben lassen. Die meisten Computer besitzen nur noch Laufwerke für Disketten mit einer Größe von 3,5 Zoll (9 x 9,3 cm).

Grundwissen über Laufwerke

Bei der hier gezeigten 3,5-Zoll-Diskette ist die Magnetschicht-Scheibe zur Speicherung der Daten in einer stabilen Plastikhülle untergebracht. Ein Papieraufkleber (auch als **Label** bezeichnet) dient zur Beschriftung der Diskette. Der Metallschieber am unteren Rand schützt die Magnetschicht der in der Plastikhülle befindlichen Kunststoffscheibe vor Staub, Schmutz und Fingerabdrücken.

Heutige Disketten haben meist eine Speicherkapazität von 1,44 Mbyte, was durch eine kleine Öffnung auf der linken Seite der Diskette angezeigt wird. Bei den älteren, kaum noch gebräuchlichen 720-Kbyte-Disketten fehlt diese Öffnung.

Tipp

*Die von der Vorderseite aus gesehen in der rechten oberen Ecke befindliche Öffnung erlaubt es, die **Diskette vor Überschreiben** zu **schützen**. Nur wenn diese Öffnung durch den auf der Rückseite befindlichen Schieber versperrt ist, lässt sich der Inhalt der Diskette ändern.*

Haben Sie bisher noch niemals mit Disketten gearbeitet? Das Einlegen der Diskette in das Laufwerk ist nicht sonderlich schwierig.

1 Verschaffen Sie sich einen Überblick, wo sich die Öffnung des Diskettenlaufwerks an der Vorderseite des Computers befindet.

2 Zum Einlegen der Diskette fassen Sie diese am Papieraufkleber an und schieben sie gemäß nebenstehender Darstellung (Metallschieber vorne, Papieraufkleber oben) bis zum Einrasten in das Laufwerk.

3 Zum Herausnehmen der Diskette drücken Sie die Auswurftaste, die sich am Diskettenlaufwerk befindet.

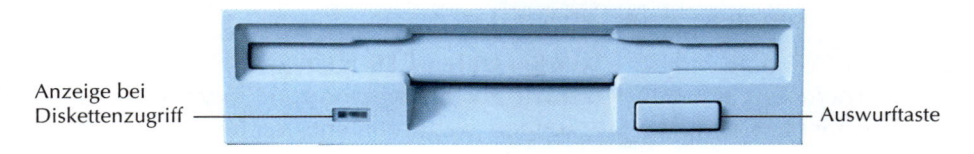

Anzeige bei Diskettenzugriff ── Auswurftaste

Die Disketten sollten Sie nach dem Gebrauch aus dem Laufwerk herausnehmen und in einer Diskettenbox aufbewahren. Disketten dürfen weder Staub, Feuchtigkeit und Hitze noch Magnetfeldern (direkt neben Telefon, Monitor oder Lautsprecher) ausgesetzt werden, da dies zu Datenverlusten führen kann.

> **Achtung**
>
> Wenn der Computer von der Diskette liest oder etwas auf die Diskette speichert, leuchtet eine kleine Anzeige an der Vorderseite des Laufwerks. Drücken Sie niemals die Auswurftaste, solange die Anzeige leuchtet – andernfalls kann es zum Verlust von Daten kommen.

Was Sie über CDs und DVDs wissen sollten

Festplatten können eine Menge Daten speichern, sind aber fest in den Computer eingebaut. Disketten sind zwar aus dem Laufwerk herausnehmbar, die Speicherkapazität ist aber z.B. für heutige Programme oder für Fotos meist zu gering. Gebräuchliche Speichermedien zur Weitergabe großer Datenmengen (Musik, Fotos, Videos, Programme) sind CD-ROMs (auch kurz **CDs** genannt) und **DVDs** dar.

- Die Musikindustrie verwendet **Audio-CDs** zur Speicherung von Musikstücken. Diese CDs lassen sich sowohl auf dem CD-Player einer Stereoanlage als auch auf dem Computer abspielen. Allerdings versehen die Hersteller ihre Musik-CDs immer häufiger mit einem Kopierschutz, damit sich die CD nicht mehr auf dem Computer abspielen lässt.

- Beim Entwickeln von Filmen können Sie die Bilder statt als Papierabzüge direkt in digitaler Form auf **Foto-CDs** liefern lassen. Dieser von der Firma Kodak und vielen anderen Fotolabors angebotene Service erlaubt Ihnen, die Bilder direkt in den Computer zu übernehmen.

- Es gibt zudem **Video-CDs** zur Speicherung von Videos, die sich dann am Computer und auf **DVD-Playern** wiedergeben lassen. Zur Speicherung mehrstündiger Spielfilme setzt die Filmindustrie aber bereits seit einigen Jahren auf die so genannten **DVDs** (Digital Versatile Disc). DVDs gleichen in ihren Abmessungen normalen CDs, besitzen jedoch eine höhere Datenkapazität (siehe Kapitel 11).

- In der Computerindustrie werden **Daten-CDs** (gelegentlich auch DVDs) zur Speicherung von Daten sowie zur Weitergabe von Programmen oder Dokumenten genutzt. Sie kennen bestimmt entsprechende Beispiele

(Telefonbuch-CD, Reiseplaner auf CD, CDs für den Internetzugang, CDs mit Softwareproben in Zeitschriften etc.).

Alle oben aufgeführten **Varianten** verwenden den gleichen **CD-ROM-Typ**, der über eine Speicherkapazität von mindestens 650 Mbyte verfügt, was dem Inhalt von ca. 445 Disketten oder 74 Minuten Musik entspricht. DVDs können 4,7 Gigabyte und mehr Daten oder bis zu vier Stunden Film aufnehmen. Mittlerweile sind eigentlich alle Computer mit einem CD-ROM-Laufwerk ausgestattet, das die obigen CD-Varianten lesen kann. Um DVDs im Computer zu lesen, muss dieser mit einem **DVD-Laufwerk** ausgestattet sein. Diese Laufwerke können sowohl DVDs als auch normale CDs (für Daten, Musik etc.) lesen. Details zur DVD-Wiedergabe finden Sie in Kapitel 10. **Eigene CDs** oder **DVDs** lassen sich unter Verwendung spezieller Rohlinge (beschreibbare Medien) mit **CD-** oder **DVD-Brennern** herstellen (siehe Kapitel 11).

> **Hinweis**
>
> Die Angabe 12x, 48x bzw. 12fach, 48fach etc. auf den Laufwerken gibt die Geschwindigkeit an, mit der die eingelegten Medien gelesen werden.

CDs und DVDs richtig handhaben

Um die Daten einer CD anzusehen, Musik abzuspielen oder ein Video anzusehen, müssen Sie das Medium in das Laufwerk legen. Hierzu führen Sie folgende Schritte aus.

1 Drücken Sie die an der Frontseite des eingebauten CD-ROM- oder DVD-Laufwerks befindliche Taste zum Ausfahren der Schublade.

Ein-/Ausfahren

2 Fassen Sie die CD/DVD am Rand an, um Abdrücke auf der Unterseite zu vermeiden und legen Sie das Medium mit der spiegelnden Seite nach unten in die Aussparung der Schublade. Die bedruckte Seite der CD/DVD muss oben sein.

3 Drücken Sie erneut auf die an der Frontseite befindliche Taste, um die Schublade einzufahren.

Möchten Sie die CD oder DVD entnehmen, drücken Sie erneut auf die Taste, um die Schublade auszufahren. Fassen Sie das Medium am Rand an, nehmen Sie es aus der Schublade und legen Sie das nicht mehr benutzte Medium in die Schutzhülle aus Karton oder Kunststoff zurück. Auf diese Weise vermeiden Sie Schmutz, Fettflecke oder Kratzer auf der Unterseite der CD/DVD.

> **Tipp**
>
> *Nach dem Einfahren einer CD/DVD versucht Windows sofort, deren Inhalt zu lesen (erkennbar am Blinken der Anzeige an der Frontseite des Laufwerks). Manchmal wird dann automatisch ein Programm gestartet. Den Programmstart können Sie verhindern, indem Sie nach dem Einfahren der CD die ⇧-Taste auf der Tastatur für einige Sekunden gedrückt halten. Bei Windows XP erscheint ggf. ein Dialogfeld zur Auswahl des zu startenden Programms. Generell gilt: Solange die Anzeige des Laufwerks blinkt, lässt sich die Schublade nicht mehr ausfahren (drücken Sie die Auswurftaste mehrfach, wird die Schublade sofort nach dem Ausfahren wieder eingezogen). Warten Sie deshalb, bis der Computer nicht mehr auf das Laufwerk zugreift, und drücken Sie dann einmal kurz die Auswurftaste.*
>
> *Gelegentlich kommt es auch vor, dass sich eine CD oder DVD nicht mehr lesen lässt. Bei besonders schnellen Laufwerken (48fach) kann eine Unwucht des Mediums (z.B. bei ungleicher Masseverteilung oder Aufklebern) die Ursache sein. Eine andere Ursache ist Schmutz auf der Oberfläche oder die CD liegt nicht richtig im Laufwerk. Manchmal hilft es, das Medium aus dem Laufwerk zu nehmen und neu einzulegen.*

Welche Laufwerke hat mein Computer?

Um die Zahl der Laufwerke und deren Typ bei einem Computer festzustellen, benutzen Sie das Fenster *Arbeitsplatz*.

1 Öffnen Sie das Fenster *Arbeitsplatz* (z.B. über das Startmenü oder über einen Doppelklick auf das Desktop-Symbol *Arbeitsplatz*).

Das Fenster *Arbeitsplatz* listet alle gefundenen Laufwerke mit ihrem Symbol und dem zugehörigen Namen auf. Die Symbole sind in allen Windows-Versionen ähnlich gestaltet.

Grundwissen über Laufwerke

Am jeweiligen Symbol lässt sich der Laufwerkstyp (Festplatte, Diskette, CD) erkennen. Hier sehen Sie die Symbole für mehrere Festplatten, für eine Diskette (3½-Zoll-Diskette) und für zwei CD-Laufwerke.

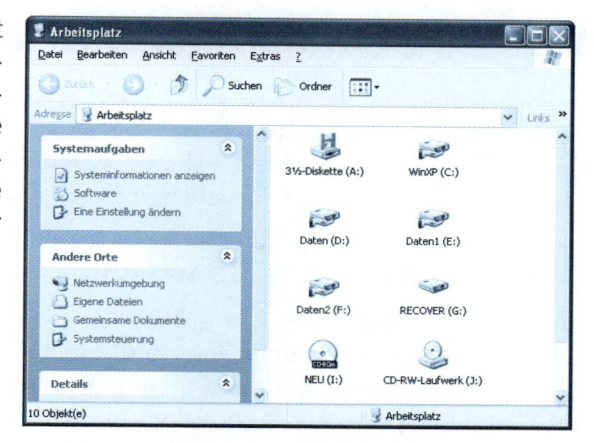

> **Hinweis**
>
> *Eine stilisierte Hand in der linken unteren Ecke des Laufwerkssymbols zeigt an, dass das Laufwerk in einem Netzwerk freigegeben ist. Dadurch können andere Benutzer im Netzwerk dieses Laufwerk mitbenutzen.*

Wenn Sie sich die Symbole im Fenster *Arbeitsplatz* ansehen, fällt Ihnen vielleicht auf, dass die Laufwerke nach einem bestimmten Schema benannt sind. Jedes Laufwerk besitzt einen frei festzulegenden Namen und in Klammern einen Buchstaben, gefolgt von einem Doppelpunkt.

- Das **Diskettenlaufwerk** wird meist als erstes Laufwerk erkannt und folglich mit dem Buchstaben **A:** benannt. Ein eventuell vorhandenes **zweites Diskettenlaufwerk** erhält den Buchstaben **B:**.

- Die **erste Festplatte** wird mit dem Buchstaben **C:** versehen, weitere Festplatten erhalten die Folgebuchstaben zugewiesen.

- Sobald alle vorhandenen Festplatten durchnummeriert sind, werden die **CD-ROM**- und **DVD**-Laufwerke, CD-Brenner und andere Laufwerke für Wechselmedien mit Buchstaben des Alphabets belegt.

Auf diese Weise kann Windows die Buchstaben von A bis Z zur Nummerierung verwenden. Es sind also theoretisch maximal 26 Laufwerke in einem Computer möglich. In der Praxis wird man aber weniger Laufwerke vorfinden. Auch wenn eine große Festplatte in mehrere logische Laufwerke unterteilt (partitioniert) wird oder selbst bei angeschlossenen Kartenlesern und ZIP-Wechsellaufwerken kommt man selten über 10 bis 15 Laufwerke.

Was sind Ordner und Dateien?

Beim Arbeiten mit dem Computer werden Sie schnell mit den Begriffen Ordner und Dateien konfrontiert. Hier einige Informationen, was Sie zu diesem Thema wissen sollten. Falls Sie sich bereits auskennen, blättern Sie zum nächsten Lernschritt »Das bieten Ordnerfenster« weiter.

Dateien, das sollten Sie wissen

Wenn Sie ein Dokument wie einen Brief, eine Einladung, ein Bild unter Windows erstellen und dann speichern möchten, muss dieses auf dem betreffenden Medium (z.B. der Festplatte) abgelegt werden. Damit Windows die Daten des Dokuments verwalten und später wiederfinden kann, müssen diese quasi wie in einem Container oder in einer Schachtel zusammengehalten werden. Genau hier kommen **Dateien** ins Spiel. Eine Datei besitzt einen Namen und enthält Daten. Bei einem Brief bestehen die Daten beispielsweise aus dem Brieftext. Aber auch die Anweisungen eines Programms werden in Dateien gespeichert. Der Dateiname erlaubt dem Computer und letztlich auch Ihnen, die betreffende Datei wiederzufinden.

> **Hinweis**
>
> Die **Namen für Dateien müssen** in Windows **bestimmten Regeln entsprechen**. Sie dürfen die Buchstaben A bis Z, a bis z, die Ziffern 0 bis 9, das Leerzeichen und verschiedene andere Zeichen wie einen Punkt . oder runde Klammern () verwenden. Auf keinen Fall zulässig sind die Zeichen " / \ | < > : ? * im Dateinamen – diese haben für den Computer eine besondere Bedeutung. Zwischen Groß- und Kleinschreibung wird nicht unterschieden.

Ein gültiger Name wäre *Brief an Müller*. Der Name kann zwar bis zu 250 Zeichen lang sein. Um sich unnötige Tipparbeit zu ersparen, sollten Sie Dateinamen aber auf ca. 20 Zeichen begrenzen.

Die meisten Dateien besitzen zusätzlich einen **Dateityp**, der beim Erstellen der Datei automatisch festgelegt wird. Der Dateityp signalisiert Windows, mit welchem Programm eine Datei bearbeitet werden kann und welches Symbol die Datei in der Darstellung erhält.

Was sind Ordner und Dateien?

> **Hinweis**
>
> Der **Dateityp** einer Datei wird über die so genannte **Dateinamenerweiterung** festgelegt. Diese Erweiterung des Dateinamens besteht aus einem Punkt, gefolgt von meist drei Buchstaben (z.B. .txt, .bmp, .exe, .bat, .doc). Wenn Sie einen Brief speichern, sorgt das betreffende Programm in der Regel selbst dafür, dass die korrekte Dateinamenerweiterung an den Namen angehängt wird. Sie dürfen den Dateinamen und die Erweiterung übrigens mit Groß- und Kleinbuchstaben schreiben. Windows macht hier keinen Unterschied, d.h., die Namen »Brief an Müller.doc« und »brief an müller.doc« werden in Windows gleich behandelt.
>
> Standardmäßig stellt Windows die Dateinamenerweiterungen in der Ordneranzeige nicht dar. Weiter unten lernen Sie aber, wie Sie die betreffende Darstellung einrichten können. Ob Sie diese Möglichkeit nutzen, hängt von Ihren persönlichen Vorlieben ab. Meine Systeme sind so eingestellt, dass die Dateinamenerweiterung angezeigt wird. Sie werden diese Erweiterungen daher auch in Abbildungen in diesem Buches finden.

Die Dateitypen sind ganz praktisch. Windows verwaltet damit die Programme zum Öffnen von Dokumenten.

An der Dateinamenerweiterung sowie an dem von Windows eingeblendeten Symbol lässt sich meist erkennen, ob eine Datei Text, Grafik oder etwas anderes enthält. Eine Datei mit der Dateinamenerweiterung *.bmp* enthält meist Grafiken.

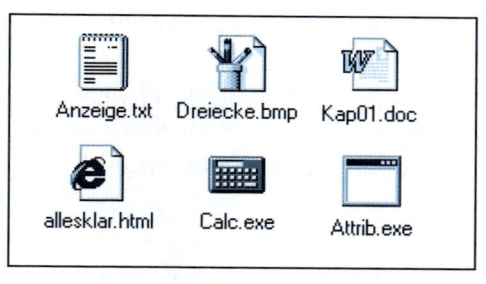

Solche Dateien lassen sich mit dem Windows-Programm *Paint* erstellen und bearbeiten. Das Symbol eines stilisierten Schreibblocks und die Erweiterung *.txt* stehen für Dateien, die einfache Texte enthalten. Solche Dateien können Sie zum Beispiel mit dem Windows-Programm *Editor* erstellen. Schreiben Sie Texte mit Word (siehe Kapitel 7), erhalten die Dateien die Erweiterung *.doc* sowie das hier abgebildete Symbol. Die hier gezeigte *.html*-Datei gehört zu einer Webseite und in *.exe*-Dateien sind Programme hinterlegt. Windows-Programmdateien besitzen dabei eigene Symbole (wie der hier gezeigte Rechner), während ältere MS-DOS-Programme nur ein stilisiertes Fenster als Symbol aufweisen. Es gibt noch viele andere Symbole für Dateien, die allerdings von den Dateierweiterungen und den unter Windows installierten Programmen abhängen. Wenn Sie demnächst mit Ordnerfenstern arbeiten, werden Ihnen sicherlich diese Symbole begegnen.

Wozu braucht man Ordner?

Wer mit Dateien arbeitet, wird auch an Ordnern nicht vorbeikommen. Spätestens wenn Sie mehrere hundert Dateien auf der Festplatte abgelegt haben, gestaltet sich das Auffinden einer bestimmten Datei meist als recht schwierig. Im Bürobereich verwendet man Ordner, um Einzelblätter oder Dokumente nach Kategorien (z.B. Rechnungen des laufenden Jahres) zu sammeln und abzulegen. Genau dem gleichen Zweck dienen Ordner unter Windows. Ein Ordner nimmt alle Dateien auf, die irgendwie zusammengehören. In Windows darf ein Ordner aber auch weitere Unterordner enthalten.

Sie könnten also einen Ordner *Briefe* anlegen, der wiederum die Unterordner *Privat*, *Geschäftlich*, *Rechnungen* etc. enthält. Dateien, die thematisch zusammengehören, werden dann in den betreffenden **Ordnern** bzw. Unterordnern abgelegt.

Welche Kriterien Sie zur Aufteilung der Dateien in Ordner anwenden, bleibt Ihnen überlassen. Sie können die Ablage für Dateien nach bestimmten Gesichtspunkten organisieren (z.B. kommen alle Briefe in einen Ordner *Briefe*, alle Rechnungen in einen zweiten Ordner *Rechnungen* und so weiter).

Sie erkennen Ordner (z.B. *Eigene Dateien*, *Eigene Bilder* etc.) an einem stilisierten Ordnersymbol (Hängeregister). Jeder Ordner besitzt einen Namen.

> **Hinweis**
>
> **Ordner** werden ähnlich wie Dateien mit einem **Namen** (und einem festen Ordnersymbol) versehen. Für die Vergabe des Ordnernamens gelten die gleichen Regeln wie für die Dateinamen. Allerdings entfällt bei Ordnern in der Regel die bei Dateien benutzte Dateinamenerweiterung. Manchmal werden Ordner auch als **Verzeichnisse** bezeichnet.

> **Achtung**
>
> Dateien und Ordner müssen mit einem eindeutigen Namen versehen werden. Sie können in einem Ordner keine zwei Unterordner oder Dateien mit identischen Namen ablegen. Eine Datei darf jedoch unter dem gleichen Namen in verschiedenen Ordnern gespeichert werden.

In Windows werden Ihnen Ordner auf Schritt und Tritt begegnen. Fast auf jedem Speichermedium (Festplatte, Diskette, CD) finden sich Ordner.

Den Ordner *Eigene Dateien* gibt es ab Windows 98 und er hat eine besondere Bedeutung. In diesem Ordner können Sie selbst erzeugte Dateien (z.B. Briefe) ablegen. Je nach Windows-Version enthält der Ordner *Eigene Dateien* weitere Unterordner wie *Eigene Bilder, Eigene Musik, Eigene Videos*. Diese Unterordner werden von bestimmten Programmen benutzt, um dort Fotos, Musikstücke oder Videos abzulegen. In den meisten Windows-Versionen gelangen Sie über ein eigenes Desktop-Symbol zum Ordner *Eigene Dateien*. Bei Windows XP lässt sich das Ordnerfenster *Eigene Dateien* auch direkt über den betreffenden Startmenüeintrag öffnen.

> **Was ist das?**
>
> *Wenn Sie mit Ordnern und Unterordnern arbeiten, müssen Sie die genaue Lage eines bestimmten Ordners innerhalb der Hierarchie angeben können. Diese als* **Pfad** *bezeichnete Angabe beginnt in der Regel mit dem Laufwerksbuchstaben, gefolgt von den einzelnen Ordnernamen. Jeder Ordnername wird dabei durch einen umgekehrten Schrägstrich \ (auch als Backslash bezeichnet – sprich »Bäcksläsch«) getrennt. Die Angabe D:\Briefe\Privat bezeichnet also den Unterordner* Privat *im Ordner* Briefe *auf Laufwerk* D: *des Computers.*

Das bieten Ordnerfenster

Den Inhalt eines Laufwerks oder eines Ordners können Sie in Windows in so genannten **Ordnerfenstern** ansehen. Sie kennen bereits das Ordnerfenster *Arbeitsplatz*. Jetzt erfahren Sie, wie Sie weitere Informationen in Ordnerfenstern abrufen können

Informationen zu Laufwerken abfragen

Gelegentlich interessiert es Sie sicherlich, wie viel ein Laufwerk überhaupt speichern kann und wie viel Platz eigentlich noch frei ist.

1 Öffnen Sie das Ordnerfenster *Arbeitsplatz* (z.B. durch einen Doppelklick auf das betreffende Desktop-Symbol oder über das Symbol im Windows XP-Startmenü).

Windows öffnet das Ordnerfenster *Arbeitsplatz*. Dieses Ordnerfenster ist meist in zwei Spalten unterteilt. In der linken Spalte finden Sie zusätzliche Informationen. In der rechten Spalte zeigt das Ordnerfenster dagegen den Inhalt der Umgebung *Arbeitsplatz* an.

2 Zeigen Sie im Ordnerfenster auf ein Laufwerkssymbol.

Daraufhin blendet Windows dessen Größe (als **Kapazität** bezeichnet) sowie den noch freien Speicher in einem QuickInfo-Fenster ein.

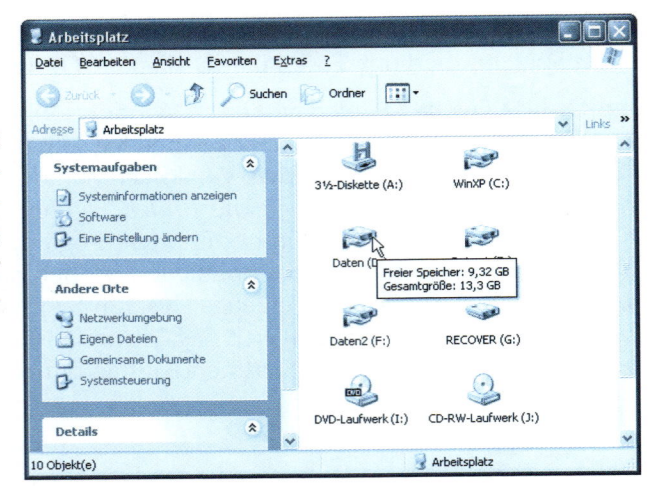

Hinweis

Der Aufbau der Ordnerfenster weicht bei den einzelnen Windows-Versionen geringfügig voneinander ab. In Windows XP haben Ordnerfenster in der linken Spalte die so genannte »Aufgabenleiste«. Klicken Sie z.B. auf ein Element in der rechten Spalte des Ordnerfensters, werden Detailinformationen in der linken unteren Ecke der Aufgabenleiste (in der Rubrik »Details«) angezeigt. Weiter können Sie die in der Aufgabenleiste angezeigten Befehle durch Anklicken abrufen. Die Aufgabenleiste verschwindet übrigens, sobald Sie das Ordnerfenster genügend verkleinern.

In früheren Windows-Versionen fehlt die Aufgabenleiste. Sie finden aber meistens auch hier eine Spalte mit Zusatzinformationen am linken Fensterrand. Hier sehen Sie z.B. das Ordnerfenster Arbeitsplatz aus Windows Millennium.

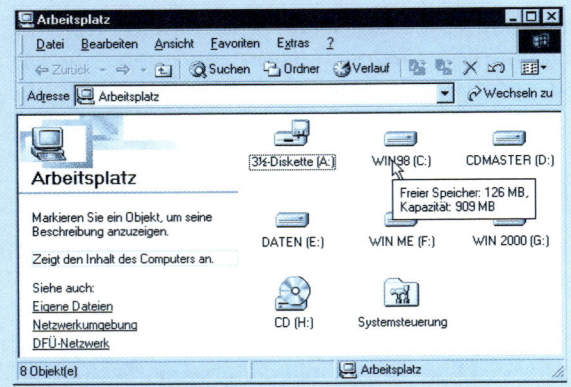

Lassen Sie sich von diesen Unterschieden nicht beirren. Die Erläuterungen in diesem Kapitel sind so gehalten, dass die Handhabung in allen Windows-Versionen klappt.

So sehen Sie Laufwerks- und Ordnerinhalte

Möchten Sie wissen, was auf einem Laufwerk alles so an Daten gespeichert ist? Interessiert Sie der Inhalt eines Ordners? In Windows kommen Sie ganz einfach an die entsprechenden Informationen heran.

1 Öffnen Sie das Ordnerfenster *Arbeitsplatz*.

2 Doppelklicken Sie auf das Symbol eines Laufwerks.

Windows zeigt dann den Inhalt dieses Laufwerks im Ordnerfenster an. Hier sehen Sie den Inhalt des Laufwerks C: in einem Windows XP-Ordnerfenster. Auf die gleiche Weise können Sie in allen Windows-Versionen beliebige Laufwerksinhalte abfragen.

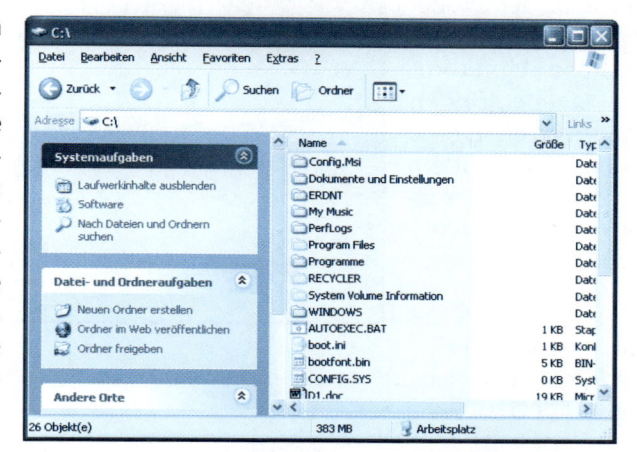

Hinweis

Wenn Sie den Inhalt eines Disketten- oder CD-Laufwerks abfragen möchten, muss vorher ein Medium eingelegt werden. Andernfalls bekommen Sie einen Fehlerdialog angezeigt, der Sie auf das leere Laufwerk hinweist.

Der Versuch, den Inhalt der Ordner Programme *und* Windows *auf dem Windows-Laufwerk (meist C:) anzusehen, wird von einigen Windows-Versionen mit einem Hinweistext abgelehnt, dass der Laufwerksinhalt geschützt sei. Klicken Sie in der Seite mit dem Hinweistext auf einen mit* Ordnerinhalte anzeigen *oder ähnlich bezeichneten Hyperlink, um den Inhalt trotzdem anzeigen zu lassen.*

Um den Inhalt eines Ordners anzusehen, müssen Sie dessen Symbol im Ordnerfenster per Doppelklick anwählen. Das soll am Ordner *Eigene Dateien* (oder an einem anderen Ordnersymbol) ausprobiert werden.

103

1 Doppelklicken Sie auf das Ordnersymbol (z.B. auf das Desktop-Symbol *Eigene Dateien*).

Windows zeigt daraufhin den Inhalt dieses Ordners an. Je nach Windows-Version enthält der Ordner *Eigene Dateien* zusätzliche Unterordner *Eigene Bilder*, *Eigene Musik*, *Eigene Videos* etc. Zudem sehen Sie vom Benutzer angelegte Unterordner und Dateien.

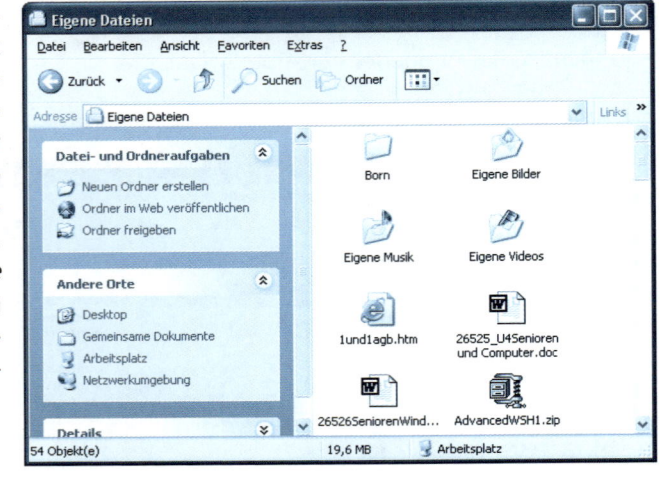

2 Um den Inhalt eines Unterordners wie *Eigene Bilder* anzusehen, doppelklicken Sie im Ordnerfenster auf das betreffende Ordnersymbol.

Passt nicht alles in das Ordnerfenster, lässt sich über die Bildlaufleisten blättern (siehe Kapitel 2). Zusammenfassend ist also zu sagen, dass der Inhalt eines Ordners oder eines Laufwerks durch einen Doppelklick auf ein Ordnersymbol im Ordnerfenster angezeigt werden kann.

Falls Sie auf diese Weise mehrere Unterordner geöffnet haben, stellt sich die Frage, wie Sie zum übergeordneten Ordner zurückkommen. Oder Sie möchten gezielt zwischen den Ordnerfenstern *Arbeitsplatz* und *Eigene Dateien* wechseln.

3 Klicken Sie in der Symbolleiste des Ordnerfensters auf die Schaltfläche *Aufwärts*.

Windows wechselt jeweils eine Ordnerebene höher. Haben Sie im Ordnerfenster *Eigene Dateien* einen Unterordner per Doppelklick geöffnet, führt die Schaltfläche *Aufwärts* zum Ordner *Eigene Dateien* zurück. Sind Sie über ein Laufwerk zu Ordnern gegangen, kommen Sie irgendwann zur Laufwerksansicht und später zum *Arbeitsplatz* zurück. Durch mehrfaches Anklicken der Schaltfläche *Aufwärts* können Sie also schrittweise zum nächsthöheren Ordner zurückkehren.

Das bieten Ordnerfenster

> **Hinweis**
>
> *Die oberste Ebene in der Ordnerhierarchie ist der* Desktop. *Sobald der Desktop im Ordnerfenster erscheint, sperrt Windows die Schaltfläche* Aufwärts. *Alternativ können Sie die Taste* ⇐ *anstelle der Schaltfläche* Aufwärts *drücken, um in der Ordnerhierarchie aufwärts zu gehen.*

Windows bietet aber noch mehr Komfort. Was ist, wenn Sie direkt aus dem Ordner *Eigene Dateien* zum *Arbeitsplatz* wechseln möchten? Auch das ist möglich.

1 Klicken Sie in der Symbolleiste *Adresse* auf die Schaltfläche zum Öffnen des Listenfelds.

2 In dem dann erscheinenden Listenfeld wählen Sie das gewünschte Laufwerk oder den gewünschten Ordner aus.

Windows wechselt zum gewählten Speicherort und zeigt dessen Inhalt an.

Die obigen Schritte lassen sich in allen Windows-Versionen durchführen.

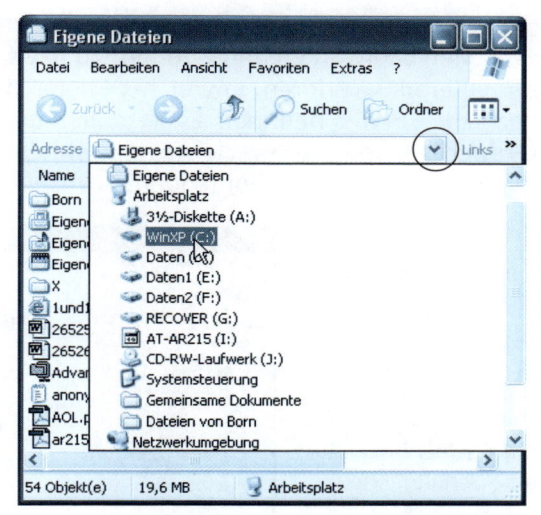

> **Hinweis**
>
> *Bei Windows XP enthält die Kategorie »Andere Orte« der Aufgabenleiste die Symbole weiterer Speicherorte. Klicken Sie auf ein solches Symbol, zeigt Windows den Inhalt des betreffenden Speicherorts an.*

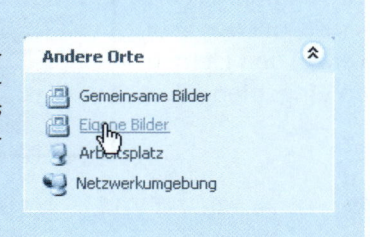

Haben Sie bereits mehrere Ordner im Ordnerfenster abgerufen? Windows merkt sich das und ermöglicht Ihnen über die Schaltflächen *Zurück* und *Vorwärts* des Ordnerfensters, zwischen diesen Ordnern zu »blättern«.

105

Klicken Sie auf den Pfeil neben der jeweiligen Schaltfläche, öffnet sich ein Menü mit den Namen der besuchten Ordner. Klicken Sie einen Namen an, bringt Sie Windows ebenfalls direkt zu dem betreffenden Ordner.

Mit der Ordnerliste behalten Sie den Überblick

Die auf den vorhergehenden Seiten erläuterten Techniken erlauben Ihnen, zwischen Laufwerken und Ordnern zu navigieren. Leider geht ganz schnell der Überblick verloren, in welcher Hierarchieebene sich denn nun der angezeigte Ordner befindet. Es ist daher übersichtlicher, wenn Sie die als **Ordnerliste** oder **Explorerleiste** bezeichnete Darstellung in der linken Spalte des Ordnerfensters einblenden.

1 Öffnen Sie hierzu ein Ordnerfenster (zum Beispiel *Arbeitsplatz*).

2 Klicken Sie in der Symbolleiste auf die mit *Ordner* bezeichnete Schaltfläche.

In der linken Spalte wird nun eine Ordnerliste mit den Laufwerken und Elementen eingeblendet.

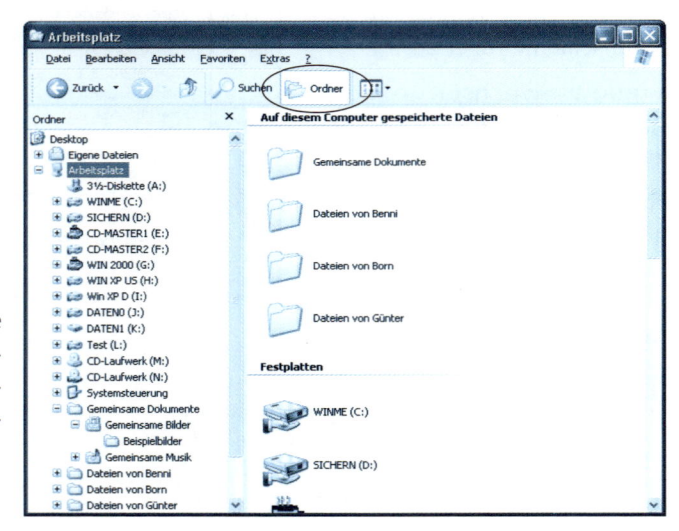

Hinweis

Fehlt die Schaltfläche Ordner *in der Symbolleiste Ihrer Windows-Ordnerfenster? Wählen Sie in diesem Fall im Menü* Ansicht *den Befehl* Explorerleiste *und klicken Sie im Untermenü auf den Befehl* Ordner. *In Windows 95 gehen Sie über den Startmenüeintrag* Programme/Zubehör *und wählen* Windows-Explorer.

106

Das bieten Ordnerfenster

Die Zahl der angezeigten Ordner und Laufwerke hängt von Ihrer Systemumgebung ab. Der Vorteil dieser Ordnerliste besteht darin, dass Sie sehr schnell auf alle Laufwerke und Ordner des Rechners zugreifen können und dass Sie außerdem sofort die Hierarchie einer Ordnerliste sehen.

1 Legen Sie eine Diskette in das Diskettenlaufwerk A: ein.

2 Blättern Sie ggf. in der Bildlaufleiste der Ordnerliste, bis das Diskettenlaufwerk zu sehen ist, und klicken Sie auf das betreffende Symbol.

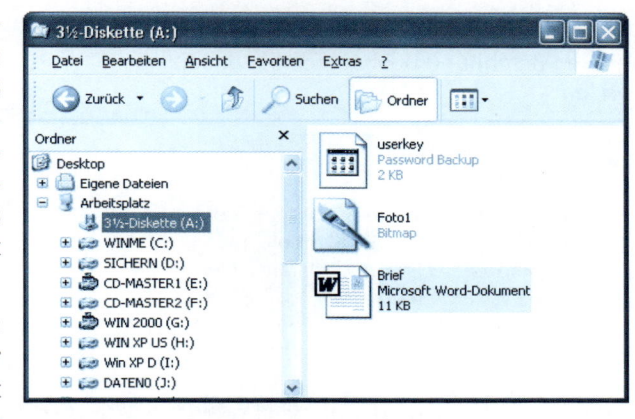

Windows zeigt anschließend direkt den Inhalt dieses Laufwerks im rechten Teil des Fensters an. Im Beispiel werden die Dateinamenerweiterungen übrigens durch Windows nicht dargestellt.

Da die Ordnerliste in der linken Spalte immer sichtbar bleibt, genügt ein Mausklick auf das gewünschte Symbol, um sehr schnell zwischen den Ordnern und Laufwerken wechseln.

> **Hinweis**
>
> Vor einigen der Symbole ist ein Kästchen mit einem Pluszeichen zu sehen. Daran lässt sich erkennen, dass weitere Unterordner enthalten sind. Klicken Sie auf das Pluszeichen, wird die Darstellung erweitert und die Unterordner werden angezeigt. 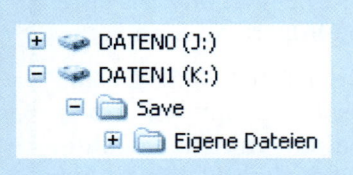
>
> Über das Kästchen mit dem Minuszeichen können Sie den gesamten Zweig mit seinen Unterordnern wieder ausblenden.

Anpassen der Symbolgröße

Ist Ihnen aufgefallen, dass die Symbolgröße innerhalb der Ordnerfenster variiert? Manchmal werden große Symbole angezeigt und dann erscheint wiederum eine Darstellung mit kleinen Symbolen in Listenform. Sie können festlegen, wie Windows den Inhalt eines Ordners im Ordnerfenster darstellen sollen. Die nachfolgenden Schritte funktionieren bei allen Windows-Versionen.

1 Öffnen Sie das Menü *Ansicht* im Ordnerfenster.

2 Wählen Sie im Menü *Ansicht* einen der angezeigten Befehle wie *Kacheln*, *Symbole*, *Liste* oder *Details*.

3 Wiederholen Sie die obigen Schritte mit einem anderen Befehl und beobachten Sie dabei, was passiert.

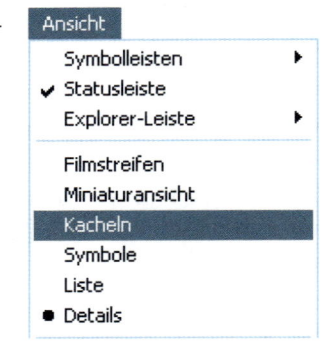

> **Hinweis**
>
> *In älteren Windows-Versionen heißen die Befehle* Große Symbole, Kleine Symbole, Liste *und* Details. *Der Punkt vor einem der Befehle zeigt die gerade eingestellte Option an.*

Je nach gewähltem Befehl zeigt Windows alle Laufwerke, Ordner und Dateien mit großen Symbolen, mit verkleinerten Symbolen (wie hier) oder als Liste im Ordnerfenster an.

In der Darstellung *Details* werden zusätzlich noch Spalten mit der Dateigröße, dem Dateityp und dem letzten Änderungsdatum eingeblendet.

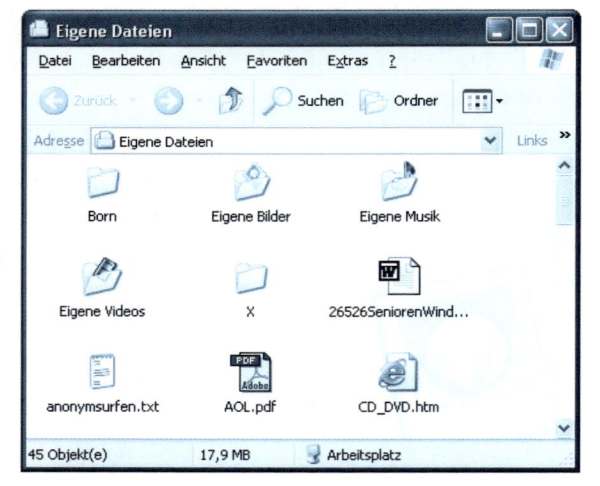

Existiert der Befehl *Miniaturansicht* im Ordnerfenster? Bei Anwahl dieses Darstellungsmodus erscheint um jedes Element ein kleiner Rahmen und je nach Dateityp ein Symbol oder eine verkleinerte Vorschau auf den Dateiinhalt. Bei Fotos und Bildern ist das ganz hilfreich, um die gewünschte Datei schnell zu identifizieren (siehe Kapitel 9).

Tipp

Im Anzeigemodus Details können Sie auf einen der Spaltenköpfe klicken, um die Dateiliste nach Name, Größe, Typ oder Datum zu sortieren.

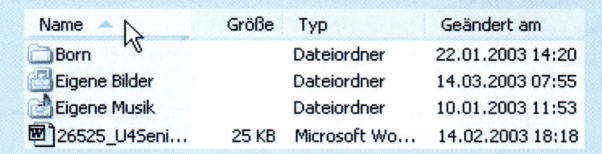

Oder Sie wählen im Menü Ansicht den Befehl Symbole anordnen (nach) und klicken dann im Untermenü auf einen der Befehle zum Sortieren nach Name, Typ etc. Je nach Windows-Version gibt es in der Symbolleiste eine Schaltfläche Ansichten zum Abrufen der Darstellung.

Da der Desktop intern als Ordner verwaltet wird, lassen sich die Desktop-Symbole nach Kriterien wie Namen anordnen. Klicken Sie mit der rechten Maustaste auf eine freie Stelle des Desktop, wählen im Kontextmenü Symbole anordnen (nach) und danach im Untermenü den Befehl zum Anordnen.

Die Ordneranzeige anpassen

Windows ist hinsichtlich der Fensterdarstellung recht flexibel. Bei vielen Programmen, also auch bei Ordnerfenstern, können Sie Symbolleisten oder andere Elemente ein- und ausblenden bzw. weitere Optionen zur Darstellung wählen.

1 Öffnen Sie ein Ordnerfenster (z.B. *Eigene Dateien*).

2 Wählen Sie einen Befehl im Menü *Ansicht*.

■ Über den Befehl *Statusleiste* im Menü *Ansicht* blendet Windows jeweils die Statusleiste am unteren Rand des Fensters ein oder aus.

■ Der Befehl *Symbolleisten* öffnet ein Untermenü mit verschiedenen Einträgen. Der Befehl *Standardschaltflächen* blendet die Symbolleiste mit den Schaltflächen ein oder aus. Über den Befehl *Adressleiste* können Sie die Symbolleiste mit dem Feld *Adresse* wahlweise im Fenster ein- oder ausblenden.

Ein Häkchen vor einem Befehl zeigt übrigens an, dass die Option aktiv ist und beispielsweise die Statusleiste angezeigt wird.

Hinweis

Wenn Sie sich bereits etwas mit Windows auskennen, können Sie den neben den Schaltflächen angezeigten Text ausblenden. Oder Sie entfernen nie oder selten benutzte Schaltflächen aus der Symbolleiste. Die Vorgehensweise hängt dabei von der Windows-Version ab. In Windows 98 können Sie im Menü Ansicht/Symbolleisten *den Befehl* Symboltitel *wählen, um den Text der Schaltflächen ein- oder auszublenden. In neueren Windows-Versionen wie bei Windows XP wählen Sie im Menü* Ansicht/Symbolleisten *den Befehl* Anpassen. *Windows öffnet das Dialogfeld* Symbolleiste anpassen.

Wählen Sie im Listenfeld Textoptionen *den Eintrag »Keine Symboltitel«. Außerdem lassen sich in den beiden Listen* Verfügbare Schaltflächen *und* Aktuelle Schaltflächen *jeweils Symbole per Mausklick markieren.*

Die Schaltfläche Hinzufügen *verschiebt das markierte Symbol in die rechte Liste* Aktuelle Schaltflächen, *die Schaltfläche* Entfernen *löscht dagegen die gewählte Schaltfläche aus der rechten Liste. Der Inhalt der Liste* Aktuelle Schaltflächen *wird dann in der Symbolleiste angezeigt. Die Symbolgröße wird über das Listenfeld* Symboloptionen *eingestellt.*

Standardmäßig zeigt Windows leider keine **Dateinamenerweiterungen** im Ordnerfenster an. Zudem kennt Windows so genannte »versteckte Dateien«, die ebenfalls nicht in der Anzeige erscheinen. Das lässt sich aber sehr schnell ändern.

1 Wählen Sie im Menü *Extras* (bzw. bei älteren Windows-Versionen im Menü *Ansicht*) den Befehl *Ordneroptionen*.

2 Aktivieren Sie im Eigenschaftenfenster die Registerkarte *Ansicht*, indem Sie auf den betreffenden Registerreiter klicken.

Das bieten Ordnerfenster

Auf der Registerkarte *Ansicht* finden Sie verschiedene **Kontrollkästchen** und **Optionsfelder**, mit denen Sie die Anzeige verändern können.

3 Wählen Sie die gewünschten Optionen aus und schließen Sie die Registerkarte über die *OK*-Schaltfläche.

> **Was ist das?**
>
> **Kontrollkästchen** sind die kleinen Kästchen, über die sich Optionen durch Anklicken setzen lassen. Bei Kontrollkästchen zeigt ein Häkchen, ob die Option aktiviert ist.

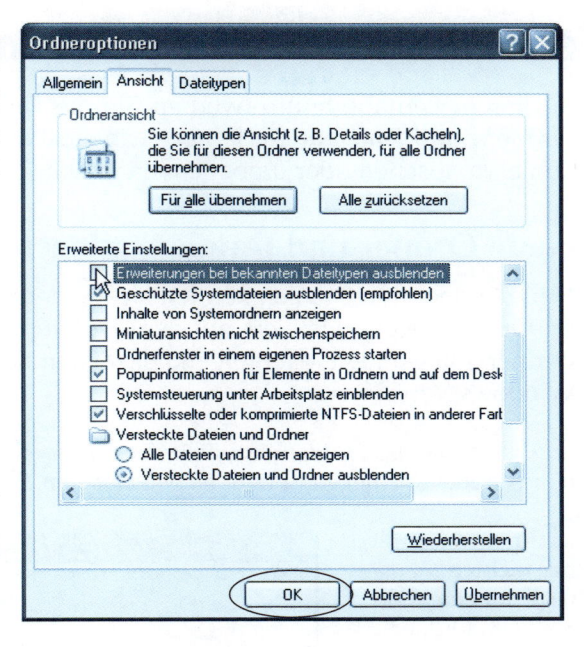

- Sie müssen sicherstellen, dass das Kontrollkästchen *Erweiterungen bei bekannten Dateitypen ausblenden* nicht markiert ist (notfalls per Maus anklicken), damit die Dateinamenerweiterungen immer angezeigt werden. Bei älteren Windows-Versionen ist das Kontrollkästchen als *Dateinamenerweiterung bei bekannten Dateitypen ausblenden* benannt.

- Markieren Sie (z.B. per Mausklick) im Abschnitt »Versteckte Dateien und Ordner« das Optionsfeld *Alle Dateien (und Ordner) anzeigen*, um auch versteckte Dateien im Ordnerfenster anzeigen zu lassen.

Details zu den einzelnen Optionen der Registerkarte liefert Ihnen die Direkthilfe, die Sie über die in der linken oberen Ecke befindliche Schaltfläche mit dem Fragezeichen abrufen können (siehe auch Kapitel 2).

So handhaben Sie Ordner und Dateien

In diesem Lernabschnitt erwerben Sie die Fertigkeiten zum Umgang mit Ordnern und Dateien. Sie lernen, wie sich Ordner und Dateien anlegen, kopieren, löschen oder umbenennen lassen.

Neue Ordner und Dateien anlegen

Neue Ordner und Dateien können Sie auf der Festplatte, auf einer Diskette, im Ordner *Eigene Dateien*, auf dem Desktop oder in einem bestehenden Ordner anlegen. Die nachfolgend gezeigten Schritte funktionieren in allen Windows-Versionen.

1 Öffnen Sie das Ordnerfenster mit dem Laufwerk oder dem Ordner, in dem der neue Ordner anzulegen ist (z.B. *Eigene Dateien*).

2 Klicken Sie mit der **rechten** Maustaste auf eine freie Stelle im Ordnerfenster.

3 Zeigen Sie im **Kontextmenü** auf den Befehl *Neu* und klicken Sie dann im Untermenü auf *Ordner*.

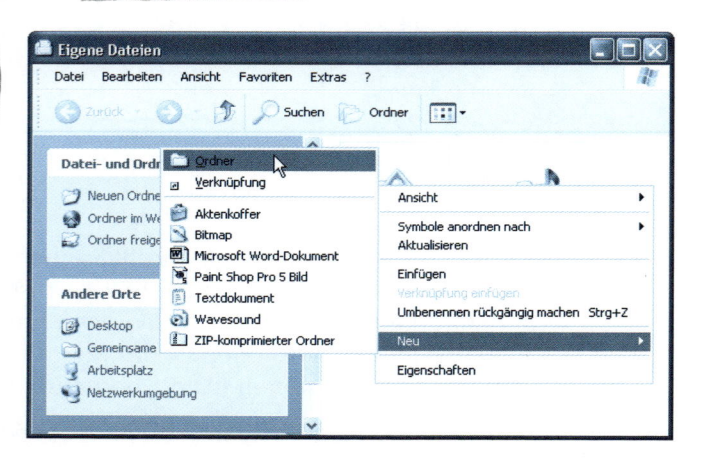

Hinweis

In Windows XP können Sie alternativ den Befehl Neuen Ordner erstellen *in der Aufgabenleiste anklicken.*

Windows legt im Fenster einen neuen Ordner mit dem Namen *Neuer Ordner* an. Der Name des neuen Ordners ist dabei farbig markiert, d.h., Sie können diesen Namen noch ändern.

So handhaben Sie Ordner und Dateien

4 Geben Sie den neuen Namen für den Ordner per Tastatur ein.

Im nebenstehenden Fenster wurde als Name *Briefe* gewählt. Sie können aber jeden gültigen Ordnernamen verwenden.

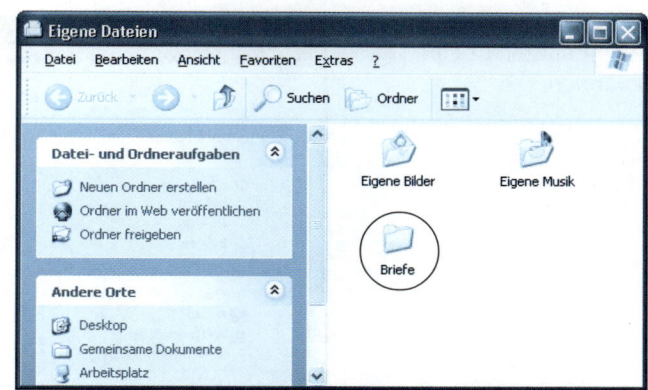

5 Klicken Sie anschließend auf eine freie Stelle im Fenster oder drücken Sie die ⏎-Taste.

Windows hebt die Markierung auf und weist dem neuen Ordner den eingetippten Namen zu.

Hinweis

Neue Dateien werden Sie in den meisten Fällen mit Textprogrammen, Zeichenprogrammen etc. erzeugen (siehe folgende Kapitel). Alternativ können Sie den obigen Schritten folgen, um leere Dateien bestimmter Dateitypen direkt in Windows anzulegen. Statt des Kontextmenübefehls Ordner *wählen Sie eine der angezeigten Vorlagen wie* Bitmap, Textdokument, Microsoft Word Dokument *etc. Achten Sie lediglich beim Eintippen des gewünschten Dateinamens darauf, dass eine eventuell angezeigte Dateinamenerweiterung (.doc, .bmp, .txt etc.) erhalten bleibt. Andernfalls warnt Windows, dass es den korrekten Dateityp nicht mehr erkennen kann und möglicherweise ein falsches Programm zur Bearbeitung aufruft.*

Ordner und Dateien umbenennen

Wurde beim Anlegen einer neuen Datei oder eines Ordners unbeabsichtigt neben das Symbol geklickt oder hat sich ein Schreibfehler im Namen eingeschlichen? Sie können die Namen von Dateien oder Ordnern auch nachträglich mit wenigen Schritten ändern. Der folgende Weg funktioniert in allen Windows-Versionen.

1 Klicken Sie mit der rechten Maustaste auf das Symbol des umzubenennenden Ordners oder der umzubenennenden Datei.

113

2 Wählen Sie im Kontextmenü den Befehl *Umbenennen*.

> **Tipp**
>
> *Drücken Sie bei einer markieren Datei oder bei einem markierten Ordner die Funktionstaste* [F2], *lässt sich der Name ebenfalls ändern. Der Befehl* Umbenennen *steht in Windows XP zusätzlich in der Aufgabenleiste des Ordnerfensters zur Verfügung.*

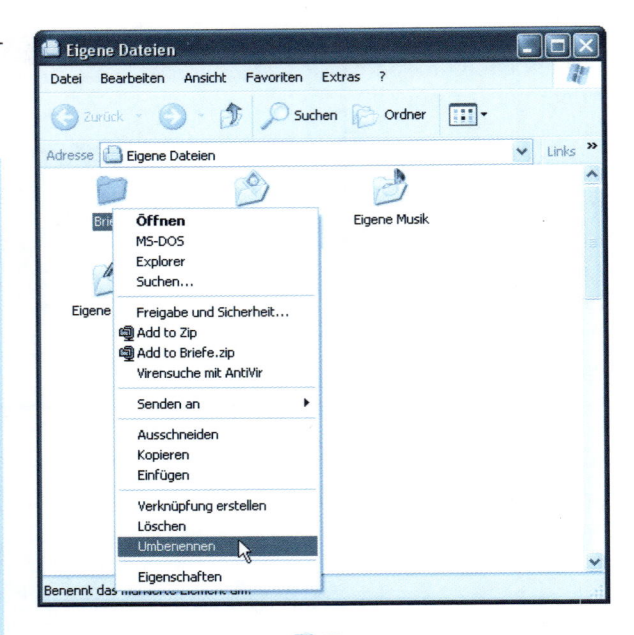

Windows markiert den Namen des Elements.

3 Klicken Sie bei Bedarf auf eine Stelle im Namen, um die Markierung aufzuheben und die **Einfügemarke** an der betreffenden Stelle zu positionieren.

4 Tippen Sie den neuen Namen ein und bestätigen Sie diesen durch Drücken der ⏎-Taste (oder indem Sie auf eine freie Stelle im Fenster klicken).

Windows ändert anschließend den Namen des Ordners (bzw. der Datei) und hebt die Markierung auf.

> **Achtung**
>
> *Beim Umbenennen von Dateinamen müssen Sie darauf achten, dass eine eventuell eingeblendete Dateinamenerweiterung wie .bmp, .txt etc. erhalten bleibt. Andernfalls kann Windows den Dateityp nicht mehr erkennen und ruft beim nächsten Öffnen der Datei kein oder das falsche Programm auf.*

> **Tipp**
>
> Der Befehl Umbenennen *markiert automatisch den kompletten Namen. Der markierte Text wird durch den ersten eingetippten Buchstaben ersetzt. Durch Anklicken einer Stelle im markierten Bereich heben Sie die Markierung auf und positionieren die Textmarke an der betreffenden Stelle. Alternativ können Sie die Tasten* ← *und* → *zum* **Positionieren der Einfügemarke** *verwenden.* **Überflüssige Zeichen**, *die rechts von der Einfügemarke stehen, können Sie mit der* Entf*-Taste löschen. Zeichen links von der Einfügemarke entfernen Sie mit der* ⇐*-Taste.* **Markieren** *lässt sich ein (Teil-)Text, indem Sie auf das erste Zeichen klicken und dann die Maus bei gedrückter linker Maustaste über den Text ziehen. Auf diese Weise können Sie auch Teiltexte korrigieren. Diese Tasten sollten Sie sich merken, da sie bei allen Texteingaben äußerst nützlich sind.*

Kopieren und verschieben

Unterordner oder Dateien lassen sich zwischen Festplatten, zwischen Ordnern oder zwischen Festplatte und Diskette kopieren bzw. verschieben. Beim Kopieren erzeugen Sie ein genaues Abbild des Originals auf dem Zieldatenträger, beim Verschieben wird die Datei oder der Ordner samt Inhalt an die neue Stelle verschoben und an der bisherigen gelöscht.

Windows bietet Ihnen sehr viele Möglichkeiten, um Dateien oder komplette Ordner mitsamt den darin enthaltenen Dateien zu kopieren bzw. zu verschieben. Aber eigentlich müssen Sie nur einen Weg kennen, der möglichst in allen Windows-Versionen funktioniert.

1 Öffnen Sie das Ordnerfenster (z.B. *Eigene Dateien*) mit den zu kopierenden Elementen.

2 Öffnen Sie ein zweites Ordnerfenster, das die zu kopierenden/verschiebenden Elemente aufnehmen soll.

Im Beispiel können Sie eine Diskette in das Laufwerk einlegen, das Desktop-Symbol *Arbeitsplatz* per Doppelklick anwählen und dann das Diskettenlaufwerk im Ordnerfenster öffnen.

3 Positionieren Sie die beiden geöffneten Ordnerfenster nebeneinander.

4 Ziehen Sie das Objekt (Datei oder Ordner) **bei** gleichzeitig **gedrückter rechter Maustaste** vom **Ursprungsfenster** (Quelle) **in** das zweite **Ordnerfenster** (Ziel).

5 Lassen Sie die rechte Maustaste los, sobald sich das Objektsymbol über dem Zielfenster befindet.

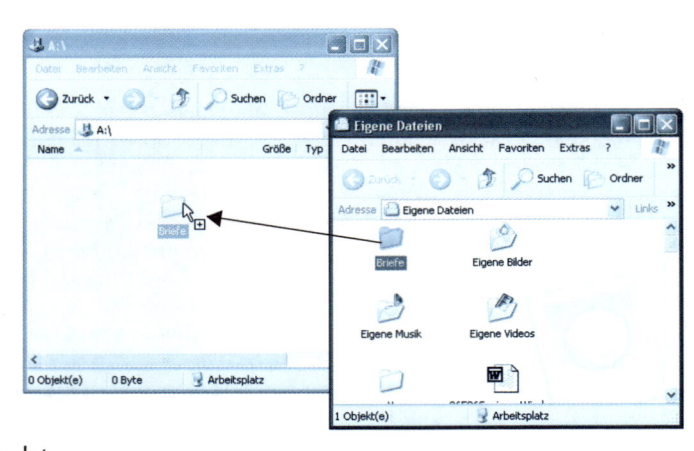

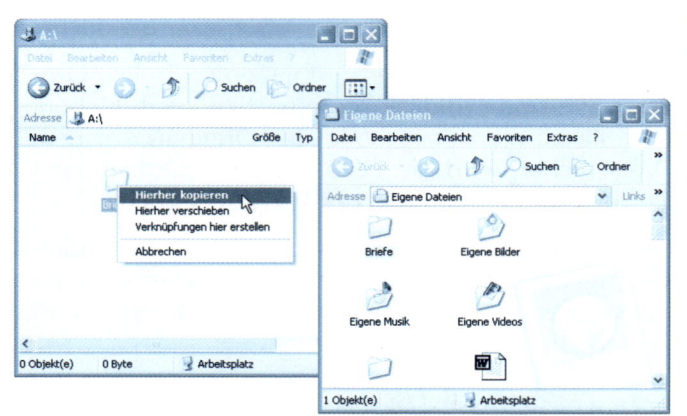

Windows öffnet ein Kontextmenü mit verschiedenen Befehlen.

6 Wählen Sie im Kontextmenü den Befehl *Hierher kopieren* (bzw. *Hierher verschieben*).

Je nach gewähltem Befehl wird das gewählte Element in das Zielfenster kopiert oder verschoben. Beim Verschieben verschwindet das Objekt aus dem Quellfenster. Beim Kopieren finden Sie das Element anschließend in beiden Ordnerfenstern vor.

Bei sehr großen Dateien oder umfangreichen Ordnern informiert Windows Sie während des Vorgangs durch ein kleines Fenster über den Fortschritt.

So handhaben Sie Ordner und Dateien

Gibt es am Zielort die Datei oder den Ordner bereits unter dem betreffenden Namen, erfolgt eine Warnung. Über die Schaltflächen *Ja* oder *Nein* entscheiden Sie, ob das Element trotzdem kopiert bzw. verschoben werden soll.

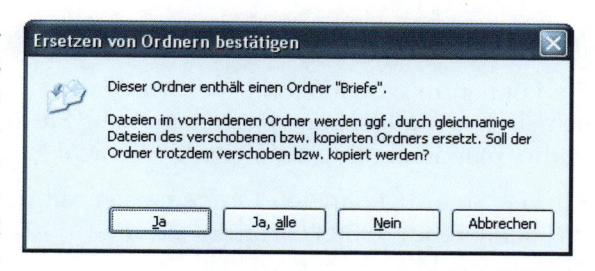

Ist auf dem Zieldatenträger kein Speicherplatz mehr vorhanden, erscheint eine Fehlermeldung und der Vorgang wird abgebrochen.

Was ist das?

Dieses Kopieren durch Ziehen per Maus wird auch als **Drag&Drop** *bezeichnet, da Sie etwas mit der Maus zu einem Fenster oder Symbol ziehen und dann das Element durch Loslassen der Maustaste quasi »abwerfen«.*

Tipp

Haben Sie eine Datei oder einen Ordner irrtümlich verschoben oder kopiert? Fast alle Dateioperationen lassen sich sofort nach der Ausführung rückgängig machen.

Klicken Sie mit der rechten Maustaste auf eines der Ordnerfenster und wählen Sie im Kontextmenü den Befehl xxx *rückgängig machen, wobei* xxx *für den Befehl steht (z.B.* Kopieren*). Es funktioniert auch, wenn Sie die Tastenkombination* Strg+Z *drücken.*

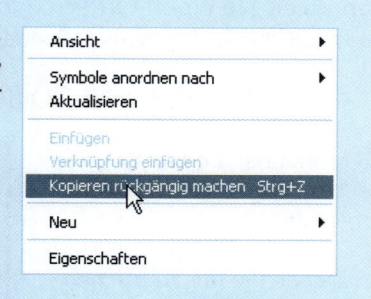

Der Befehl Rückgängig *findet sich übrigens bei allen Windows-Programmfenstern zusätzlich im Menü* Bearbeiten*. Je nach Windows-Version enthält das Ordnerfenster auch eine Schaltfläche* Rückgängig *mit der gleichen Funktion. Bei Windows XP muss diese Schaltfläche aber erst zur Leiste hinzugefügt werden (im Menü* Ansicht *die Befehle* Symbolleisten/Anpassen *wählen, siehe den Abschnitt »Die Ordneranzeige anpassen« in diesem Kapitel).*

Mehrere Elemente gleichzeitig markieren

Sie können in einem Schritt mehrere Dateien oder Ordner kopieren, verschieben oder löschen. Hierzu müssen Sie die betreffenden Elemente vorher markieren. Es gibt folgende Möglichkeiten:

Klicken Sie im geöffneten Ordnerfenster auf das erste zu markierende Objekt. Halten Sie die ⇧-Taste gedrückt und klicken Sie auf das letzte zu kopierende Objekt. Dadurch werden alle dazwischen liegenden Symbole ebenfalls markiert.

Halten Sie die [Strg]-Taste gedrückt und klicken Sie auf die zu markierenden Dateien oder Ordner. Dann werden nur die angeklickten Symbole markiert.

Anschließend können Sie die markierten Objekte wie oben gezeigt kopieren oder verschieben (oder wie nachfolgend beschrieben löschen).

Ordner und Dateien löschen

Benötigen Sie einen Ordner oder eine Datei nicht mehr? Dann können Sie diese auf einfache Weise löschen.

1 Öffnen Sie das Fenster des Ordners, das die Datei oder den Ordner enthält.

2 Markieren Sie die zu löschende(n) Datei(en) oder den Ordner.

3 Ziehen Sie die zu löschenden Elemente zum Desktop-Symbol *Papierkorb*.

Tipp

Ist der Papierkorb verdeckt, können Sie die markierten Elemente mit der rechten Maustaste anklicken und im Kontextmenü den Befehl Löschen *wählen.*

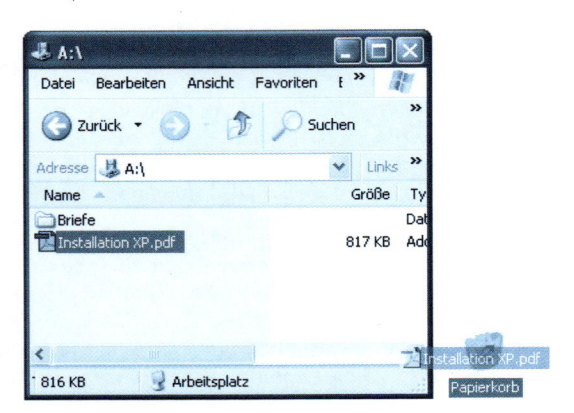

So handhaben Sie Ordner und Dateien

Windows fragt sicherheitshalber noch einmal nach, ob die Elemente wirklich gelöscht werden sollen.

4 Klicken Sie auf die Schaltfläche *Ja*.

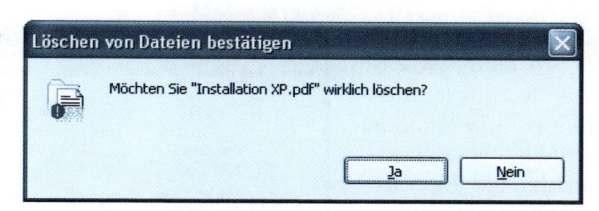

Windows verschiebt jetzt die markierte(n) Datei(en) bzw. den/die markierte(n) Ordner in den Papierkorb.

Gelöschtes zurückholen – so geht's

Gelegentlich passiert es, dass noch benötigte Dateien oder sogar komplette Ordner irrtümlich gelöscht werden. Solange sich die gelöschten Elemente noch im Papierkorb befinden, lassen sie sich zurückholen.

1 Bemerken Sie den Fehler sofort nach dem Löschen, klicken Sie mit der rechten Maustaste auf eine freie Stelle im Ordnerfenster.

2 Anschließend wählen Sie im Kontextmenü den Befehl *Löschen rückgängig machen*.

Windows nimmt, ähnlich wie beim Kopieren oder Verschieben, den letzten Befehl zurück. Die Elemente werden aus dem Papierkorb zurückgeholt.

> **Hinweis**
>
> *Auch beim Zurücknehmen der gelöschten Elemente gilt das weiter oben beim Kopieren Gesagte. Sie können das Löschen auch über die Tastenkombination* [Strg]+[Z] *und ggf. über eine Schaltfläche* Rückgängig zurücknehmen*. In Windows sind viele Vorgänge gleich.*

Haben Sie nach dem Löschen weitergearbeitet und bemerken den Fehler erst später, gehen Sie folgendermaßen vor:

1 Doppelklicken Sie auf das Symbol des Papierkorbs.

2 Markieren Sie im Fenster des Papierkorbs die gelöschte(n) Datei(en) bzw. Ordner.

3 Klicken Sie mit der rechten Maustaste auf die zu restaurierenden (bzw. markierten) Elemente und wählen Sie im Kontextmenü den Befehl *Wiederherstellen*.

Windows wird das betreffende Element an den Ursprungsort zurückschieben, die Datei oder der Ordner ist wiederhergestellt.

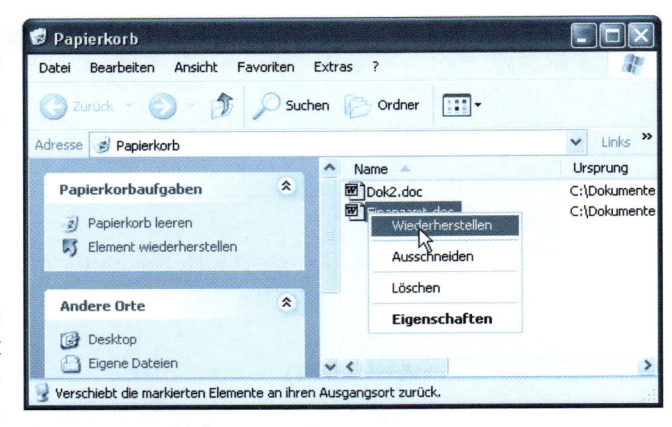

> **Hinweis**
>
> *Die obigen Schritte funktionieren in allen Windows-Versionen. In neueren Windows-Versionen enthält das Fenster* Papierkorb *zusätzlich die Schaltfläche* Wiederherstellen *(bzw. den Befehl in der Aufgabenleiste), mit der Sie markierte Einträge in den Ursprungsordner zurückschieben können.*

> **Achtung**
>
> *Beim Löschen von einer Diskette oder einem ähnlichen Wechselmedium werden Dateien und Ordner sofort entfernt. Diese Elemente lassen sich nicht über den Papierkorb wiederherstellen. Die Wiederherstellung scheitert auch, wenn der Papierkorb zwischenzeitlich geleert wurde. Löschen Sie Elemente, die mehr Speicherplatz belegen, als der Papierkorb fasst, zeigt Windows zuerst eine Warnung an. Bestätigen Sie den Löschvorgang, werden die Elemente direkt entfernt. Sobald der Papierkorb voll ist, entfernt Windows beim Löschen automatisch die ältesten Inhalte.*

Papierkorb leeren spart Speicherplatz

Alle im Papierkorb abgelegten Dateien beanspruchen weiterhin Speicherplatz auf dem betreffenden Datenträger (maximal bis zur Kapazität des für den Papierkorb reservierten Speicherplatzes). Daher ist es sinnvoll, den Papierkorb von Zeit zu Zeit manuell zu leeren. Außerdem verhindert dies, dass Dritte auf einfache Weise alte Dokumente restaurieren und darin herumschnüffeln.

1 Den **Papierkorb leeren** Sie, indem Sie dessen Desktop-Symbol mit der rechten Maustaste anklicken und anschließend im Kontextmenü den Befehl *Papierkorb leeren* wählen.

2 Die daraufhin angezeigte Sicherheitsabfrage, ob Sie den Papierkorb wirklich leeren möchten, bestätigen Sie über die *Ja*-Schaltfläche.

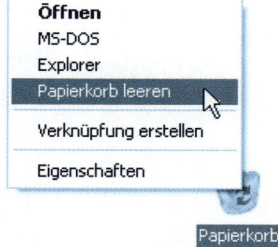

Anschließend wird der durch den Papierkorb belegte Speicherplatz freigegeben, die Dateien sind endgültig weg. Am Symbol des Papierkorbs können Sie übrigens erkennen, ob dieser leer oder gefüllt ist.

Wissen für Fortgeschrittene

Das auf den vorhergehenden Seiten vermittelte Wissen reicht zum täglichen Umgang mit Windows sowie mit Dateien und Ordnern problemlos aus. Mehr brauchen Sie zu Beginn eigentlich nicht. Wer Windows bereits etwas besser beherrscht und mehr wissen möchte, kann sich nachfolgend über speziellere Fragestellungen wie das Suchen nach Dateien informieren.

Formatieren von Datenträgern

Neue Medien wie Disketten, Speicherkarten oder auch Festplatten müssen vor der ersten Benutzung formatiert werden. Das Betriebssystem legt beim Formatieren ein leeres Inhaltsverzeichnis an und unterteilt den Datenträger in Spuren und Cluster. Auch wenn neu gekaufte Disketten meistens bereits ab Werk vorformatiert sind, muss man gelegentlich Datenträger formatieren. So können Sie beispielsweise gebrauchte Disketten durch Formatieren komplett löschen.

1 Legen Sie die zu formatierende Diskette in das Diskettenlaufwerk ein. Achten Sie darauf, dass der Schreibschutz nicht aktiviert ist.

2 Öffnen Sie das Fenster *Arbeitsplatz*.

3 Klicken Sie mit der rechten Maustaste auf das Symbol des Diskettenlaufwerks und wählen Sie im Kontextmenü den Befehl *Formatieren*.

Es erscheint ein Formatdialog, der je nach Windows-Version geringfügig unterschiedliche bzw. abweichend benannte Optionen aufweist.

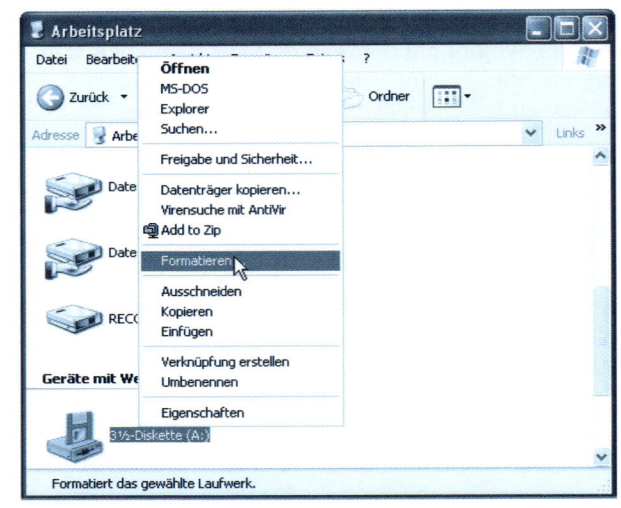

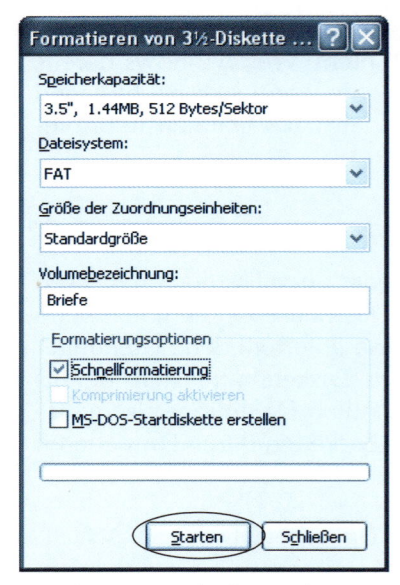

4 Legen Sie im Formatdialog die Speicherkapazität und falls möglich das Dateisystem sowie die Größe der Zuordnungseinheiten und die weiteren Formatierungsoptionen fest.

5 Tippen Sie ggf. auch die (Volume-)Bezeichnung ein. Diese Bezeichnung wird auf dem Datenträger hinterlegt und lässt sich über dessen Eigenschaften abfragen (kann zur Identifizierung von Medien dienen).

6 Klicken Sie auf die Schaltfläche *Starten* und bestätigen Sie anschließend die Sicherheitsabfrage über die *OK*-Schaltfläche.

7 Ist die Formatierung abgeschlossen, schließen Sie die geöffneten Dialogfelder.

Da die Formatfunktion für verschiedene Medien bereitgestellt wird, erlaubt das Dialogfeld die Auswahl einiger Formatierungsoptionen. Die Speicherkapazität ist bei den meisten Medien fest vorgegeben. Lediglich Disketten lassen sich meist mit hoher oder niedriger Kapazität formatieren. Das Dateisystem und die Größe der Zuordnungseinheiten (Cluster) kann nur bei bestimmten Medien (Festplatten) und Windows-Versionen angegeben werden. Übernehmen Sie im Zweifelsfall einfach die eingestellten Standardoptionen.

Wissen für Fortgeschrittene

Bei zuvor bereits formatierten Medien können Sie die Option *Schnellformatierung* (bzw. *QuickFormat* in älteren Windows-Versionen) wählen. Dann entfallen einige Schritte zur Prüfung des Mediums und die Formatierung wird schneller durchgeführt.

> **Was ist das?**
>
> Das **Dateisystem** legt die Organisation der Dateien auf dem Datenträger fest. Windows kennt, je nach Version, verschiedene Dateisysteme. Disketten sowie Festplatten bis zu einer Größe von 512 Mbyte werden mit dem FAT-Dateisystem (File Allocation Table) formatiert. Windows 98 und neuere Versionen können bei größeren Festplatten das modernere FAT32-Dateisystem verwenden. Bei Windows NT, 2000 und XP lässt sich das NTFS (New Technology File System) benutzen, das eine Reihe erweiterter Möglichkeiten wie Komprimierung und Verschlüsselung von Dateien, Zugriffsrechte auf Dateiebene etc. bietet.

Geben Sie auf jeden Fall eine Bezeichnung für den Datenträger ein, da dieser im Eigenschaftenfenster (und bei Festplatten auch im Arbeitsplatz) angezeigt wird.

Suchen nach Dateien und Ordnern

Haben Sie vergessen, in welchem Ordner sich eine Datei oder ein Unterordner befindet? Windows unterstützt Sie bei der Suche nach einer Datei oder einem Ordner. Allerdings sind Aufruf und Ablauf des Suchvorgangs von der jeweils verwendeten Windows-Version abhängig.

1 Enthält das Ordnerfenster in der Symbolleiste eine Schaltfläche mit der Bezeichnung *Suchen*, klicken Sie diese an. Andernfalls wählen Sie im Startmenü den Befehl *Suchen* und dann im Untermenü den Eintrag *Dateien/Ordner*.

2 In Windows XP müssen Sie in der linken Spalte des Ordnerfensters im Formular des Suchassistenten auf den Hyperlink *Dateien und Ordner* klicken.

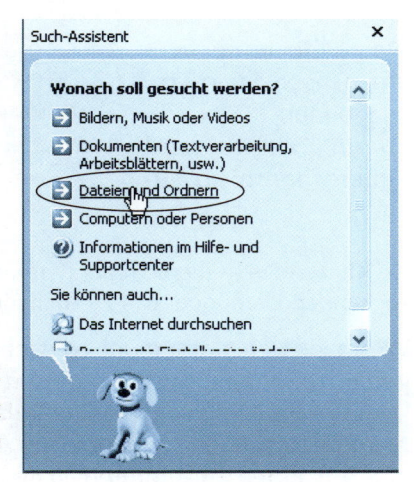

Anschließend erscheint, je nach Windows-Version, ein geteiltes Ordnerfenster mit einem Suchformular in der linken Spalte oder ein Suchen-Dialogfeld. Hier sehen Sie die Suchformulare aus Windows Millennium (links) und Windows XP (rechts).

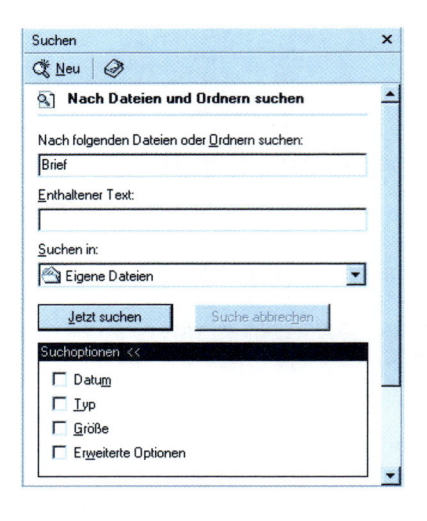

In Windows 95 oder Windows 98 sieht der Suchen-Dialog dagegen wie hier gezeigt aus. Die Registerkarte *Name/Ort* ermöglicht Ihnen, nach einem vorgegebenen Namen in einem Ordner samt Unterordnern zu suchen.

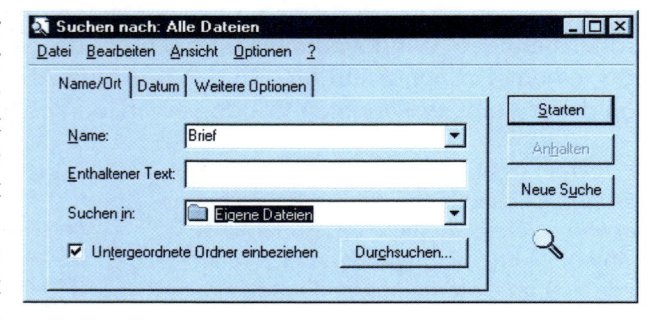

3 Klicken Sie in die betreffenden Textfelder und tippen Sie den Namen der zu suchenden Datei oder des zu suchenden Ordners ein.

Wenn Sie den Namen der zu suchenden Datei oder des gesuchten Ordners genau kennen, können Sie diesen vollständig im Eingabefeld eintragen. Sie können aber auch nur einen Teilausdruck wie »*Brief*« angeben, um nach Namen zu suchen, in denen der Ausdruck vorkommt. Möchten Sie die Suche auf einen bestimmten Dateityp begrenzen, können Sie einen Suchbegriff in der Form *Brief*.txt* verwenden. Bei dem Sternchen handelt es sich um ein so genanntes **Wildcard**-Zeichen, d.h., das Zeichen * ist ein Stellvertreter für beliebige und beliebig viele Buchstaben im Namen. Dann würden Dateien mit Namen wie *Brief.txt*, *Brief3.txt*, *Brief an Müller.txt*, *Briefe.txt* etc. gefunden.

4 Wählen Sie im Kombinationsfeld *Suchen in* das gewünschte Laufwerk oder den gewünschten Ordner aus, ab dem die Suche beginnt.

Das Kombinationsfeld *Suchen in* bietet Ihnen die Suche über alle Laufwerke, über einzelne Laufwerke und mittels der Option *Durchsuchen* in wählbaren Ordnern an. Bei Bedarf können Sie den Suchpfad (z.B. *D:\Text*) auch direkt eintippen. Bei Textdateien können Sie auch im Feld *Enthaltener Text* einen Begriff eintragen, der in der Datei vorkommt.

5 Klicken Sie auf die mit *Starten*, *Jetzt suchen* oder *Suchen* bezeichnete Schaltfläche, um die Suche zu starten.

Windows durchsucht die angegebenen Ordner und Medien und listet alle gefundenen Einträge im Fenster auf. Durch einen Doppelklick auf ein Symbol können Sie Dokumentdateien oder Ordner öffnen. Möchten Sie den Ordner öffnen, der ein gefundenes Element enthält?

Klicken Sie mit der rechten Maustaste auf das Element und wählen Sie im Kontextmenü den Befehl *Übergeordneten Ordner öffnen*.

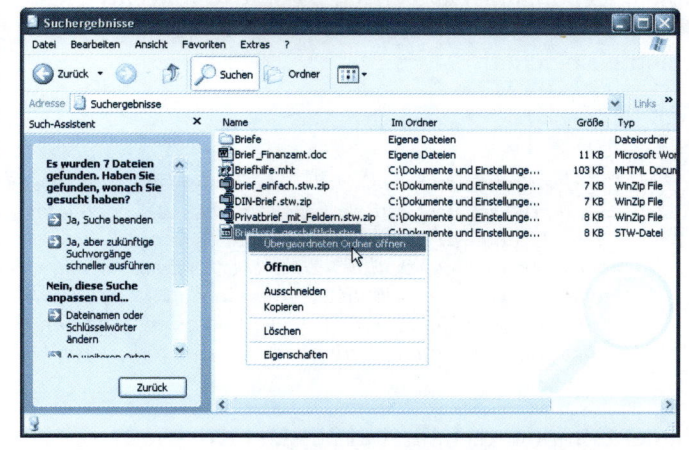

In älteren Windows-Versionen müssen Sie das Element markieren und im Menü *Datei* den Befehl *Enthaltenden Ordner öffnen* wählen.

> **Hinweis**
>
> *Die Suche lässt sich über verschiedene Optionen steuern. Über ein Kontrollkästchen können Sie z.B. festlegen, dass auch Unterordner zu durchsuchen sind. Diese Optionen finden sich entweder auf den Registerkarten (Windows 95/98) oder im Suchformular (ab Windows Millennium). Im Windows-XP-Suchassistenten sehen Sie diese Optionen erst, wenn Sie im Suchformular auf den Hyperlink* Weitere Optionen *klicken.*
>
> *Ist ein Ordnerfenster geöffnet, lässt sich die Suchfunktion auch direkt über die Funktionstaste* [F3] *aufrufen. Weiter steht im Startmenü der Befehl* Suchen *zur Verfügung. Die Funktion ermöglicht Ihnen, nach Rechnern oder Personennamen zu suchen. Details hierzu finden Sie in der Windows-Hilfe unter Stichwörtern wie »Suchen, Personen« und »Suchen, Computer«.*

Komprimierte Ordner/ZIP-Archive nutzen

Dateien können ziemlich groß werden. Dies gilt insbesondere für Bilder und Grafiken. Häufig wird dadurch der Platz auf dem Speichermedium (Diskette, Festplatte) knapp oder die Dateien passen nicht mehr auf eine Diskette. Auch beim Versenden von elektronischen Nachrichten (E-Mail) mit angehängten Dateien ist es sinnvoll, wenn diese Dateien möglichst kompakt sind. Zur Reduzierung der Dateigröße werden die Daten komprimiert gespeichert.

> **Was ist das?**
>
> *Bei der **Komprimierung** wird der Umstand genutzt, dass sich Daten häufig wiederholen. Ein Textstück, bestehend aus 20 Leerzeichen, belegt beim Speichern 20 oder 40 Byte (ein oder zwei Byte pro Leerzeichen). Denkbar wäre aber auch die Information »20 x Leerzeichen« kodiert speichern, wodurch vielleicht nur 3 oder 4 Byte erforderlich sind. In der Praxis werden ausgefeilte mathematische Verfahren zur Datenkomprimierung benutzt, die Dateien auf ein Hundertstel ihrer ursprünglichen Größe reduzieren können.*

In der Computertechnik sind ZIP-Archivdateien (*.zip*) zur Speicherung komprimierter Dateien äußerst populär. Zur Verwaltung dieser ZIP-Archive gibt es zwei Möglichkeiten:

- Windows selbst bietet die Funktion »Komprimierte Ordner«. Bei Windows 95 oder 98 wird diese Funktion durch das zusätzlich von Microsoft angebotene Plus Pack bereitgestellt.

Wissen für Fortgeschrittene

- Es gibt Packprogramme, um ZIP-Archivdateien zu entpacken oder Dateien in solchen Archiven abzulegen.

Welche Variante Sie verwenden, ist eher zweitrangig. Das Anlegen eines komprimierten Ordners unter Windows gleicht den Schritten zum Anlegen eines normalen Ordners.

1 Klicken Sie mit der rechten Maustaste auf eine freie Stelle im Ordnerfenster und wählen Sie im Kontextmenü den Befehl *Neu* und im Untermenü den Eintrag *Zip-komprimierter Ordner*.

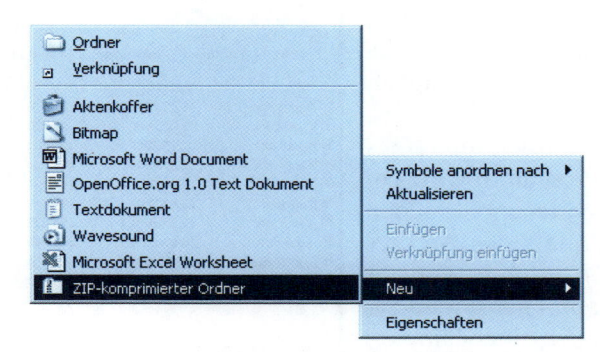

2 Anschließend legen Sie den Dateinamen für den komprimierten Ordner fest.

Der Ordner wird mit dem nebenstehenden Symbol dargestellt. Sie können das Symbol per Doppelklick anwählen, um das Ordnerfenster zu öffnen.

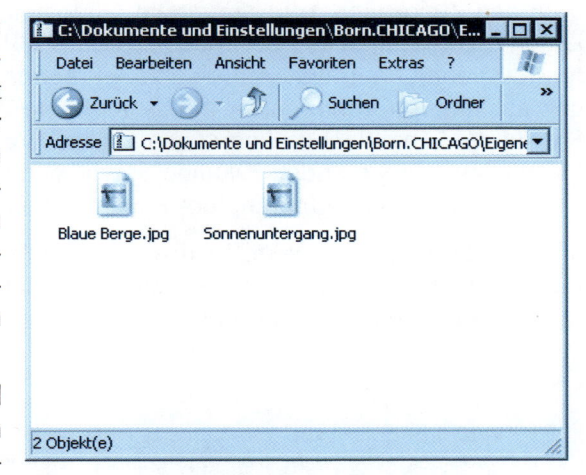

Anschließend lassen sich **Dateien** in das Ordnerfenster ziehen und damit **komprimiert ablegen**. Oder Sie ziehen Dateien aus dem ZIP-Archiv zu anderen Ordnern, um die **Dateien** zu **entpacken**. Die betreffenden Vorgänge unterscheiden sich nicht vom Arbeiten mit anderen Ordnern.

Der einzige Unterschied besteht darin, dass es sich beim komprimierten Ordner eigentlich um eine Archivdatei mit der Dateinamenerweiterung *.zip* handelt.

Die meisten Benutzer greifen lieber zu ZIP-Programmen, da diese flexibler und schneller als die Windows-Funktion »Komprimierte Ordner« arbeiten.

127

Ein bekanntes Programm ist WinZip. Ist dieses Programm installiert, werden die ZIP-Archive mit diesem Symbol dargestellt.

Buch.zip

Um den Inhalt eines ZIP-Archivs mit WinZip anzusehen, brauchen Sie die *.zip*-Datei lediglich per Doppelklick anzuwählen. Das Programm wird gestartet und listet den Inhalt des Archivs in einem Fenster auf. Hier finden Sie auch einen Hinweis darauf, um wie viel Prozent die Originaldatei geschrumpft wurde.

Name	Datum	Größe	Komprimierung	Komp...	Pfad
Kap01.doc	11.07.2002 1...	101.376	73%	27.231	
Kap02.doc	11.07.2002 1...	94.720	76%	22.590	
Kap03.doc	11.07.2002 2...	220.160	71%	63.196	
Kap04.doc	12.07.2002 0...	203.776	76%	48.031	
Kap05.doc	12.07.2002 0...	119.296	76%	28.543	
Kap06.doc	12.07.2002 1...	194.560	74%	50.349	
Kap07.doc	12.07.2002 1...	133.632	74%	34.852	
Kap08.doc	12.07.2002 1...	215.040	76%	52.297	
Kap09.doc	13.07.2002 0...	166.400	76%	39.367	
Kap10.doc	13.07.2002 0...	214.528	71%	61.233	
Kap11.doc	13.07.2002 1...	180.224	72%	49.955	

0 Dateien (0 Byte) ausgewählt — 11 Dateien (1.801KB) insgesamt

Über die Schaltfläche *Extrahieren* der Symbolleiste lassen sich markierte Dateien oder das komplette Archiv in einen Zielordner entpacken. WinZip fragt den Zielordner vorher in einem Dialogfeld ab. Alternativ können Sie Dateien zum Entpacken per Maus aus dem ZIP-Fenster zu einem Ordnerfenster ziehen. Neu ins Archiv aufzunehmende Dateien lassen sich dagegen aus einem Ordnerfenster in das geöffnete ZIP-Fenster ziehen. Klicken Sie auf die Schaltfläche *Hinzufügen*, öffnet WinZip ein Dialogfeld, in dem Sie die aufzunehmenden Dateien sowie weitere Packoptionen (z.B. ein Kennwort oder die Aufnahme des Pfads ins Archiv) einstellen können.

Sind Programme wie WinZip installiert, finden Sie zudem Befehle im Kontextmenü von Dateien und Ordnern, um neue ZIP-Archivdateien anzulegen oder Dateien in ein Archiv aufzunehmen.

Tipp

WinZip *ist Shareware und kann zu Testzwecken unter* www.winzip.de *kostenlos aus dem Internet heruntergeladen werden. Wenn Sie das Programm ständig nutzen, müssen Sie sich für einen geringen Betrag registrieren lassen. Ein anderes vergleichbares Packprogramm* **WinRar** *lässt sich unter der Webadresse* www.winrar.de *zum Testen herunterladen. Eine interessante Alternative ist das Freeware-Programm* **UltimateZip**, *welches sich unter* www.ultimatezip.de *kostenlos herunterladen und einsetzen lässt.*

Weitere Hintergrundinformationen zur Komprimierung

In Windows 95/98 kann die Kapazität ganzer Laufwerke durch Komprimierung erhöht werden. Hierzu wählen Sie im Startmenü im Zweig Programme/Zubehör/Systemprogramme *den Eintrag* DriveSpace. *In einem Programmfenster finden Sie verschiedene Optionen, um ein komprimiertes Laufwerk anzulegen. Windows 2000 und Windows XP können einzelne Dateien komprimiert speichern, wenn das Laufwerk im NTFS-Dateisystem formatiert ist. Klicken Sie mit der rechten Maustaste auf ein Ordnersymbol und wählen Sie dann im Kontextmenü den Befehl* Eigenschaften. *Im Eigenschaftenfenster holen Sie die Registerkarte* Allgemein *in den Vordergrund und klicken auf die Schaltfläche* Erweitert. *Im daraufhin angezeigten Dialogfeld* Erweiterte Attribute *markieren Sie das Kontrollkästchen* Inhalt komprimieren, *um Speicherplatz zu sparen. Sobald Sie die Dialogfelder über* OK *schließen, wird die Komprimierung aktiv. Anschließend packt/entpackt Windows die in den Dateien des Ordners gespeicherten Dateien automatisch bei jedem Schreib-/Lesezugriff. Kopieren Sie eine solche Datei aber auf eine Diskette, werden die Daten unkomprimiert gespeichert. Sie müssen dann notfalls auf die oben beschriebenen ZIP-Archive ausweichen.*

Zum Komprimieren sind vor allem Grafikdateien (.bmp, .tif) sowie Textdateien (.txt, .doc) geeignet. Einige Grafikformate wie GIF oder PCX benutzen intern bereits eigene Komprimierverfahren. Ähnliches gilt für im JPEG-Format gespeicherte Fotos, deren Dateien mit ausgeklügelten Komprimierverfahren reduziert werden. Die Aufnahme solcher bereits komprimierter Dateien in ein ZIP-Archiv spart keinen Platz. Das ZIP-Archiv hat dort lediglich den Vorteil, dass nur eine .zip-Datei per Diskette oder E-Mail weitergegeben werden muss. Neben der ZIP-Komprimierung gibt es noch weitere Formate wie .lhz, .arc oder die von Windows verwendeten .cab-Archive, deren Bedeutung mittlerweile aber abnimmt.

Details zu Ordnerelementen abfragen

Benötigen Sie detaillierte Informationen zu einem Laufwerk, zu einem Ordner oder zu einer Datei? Diese Informationen sind in den Eigenschaften des jeweiligen Elements hinterlegt. Bei Laufwerken lässt sich die Speicherkapazität, die freie Kapazität oder der Laufwerksname abrufen. Bei Dateien oder Ordnern können Sie deren Speicherplatzbedarf auf dem Medium oder deren Attribute anfordern.

1 Um die Eigenschaften eines Laufwerks, Ordners oder einer Datei anzusehen, klicken Sie das betreffende Symbol mit der rechten Maustaste an.

2 Anschließend wählen Sie im Kontextmenü den Befehl *Eigenschaften* mit der linken Maustaste an.

Windows öffnet daraufhin das Eigenschaftenfenster des betreffenden Elements. Je nach gewähltem Element enthält das Eigenschaftenfenster verschiedene Registerkarten. Hier sehen Sie jeweils die Eigenschaftenfenster eines Laufwerks (Datenträger) und eines Ordners aus Windows XP.

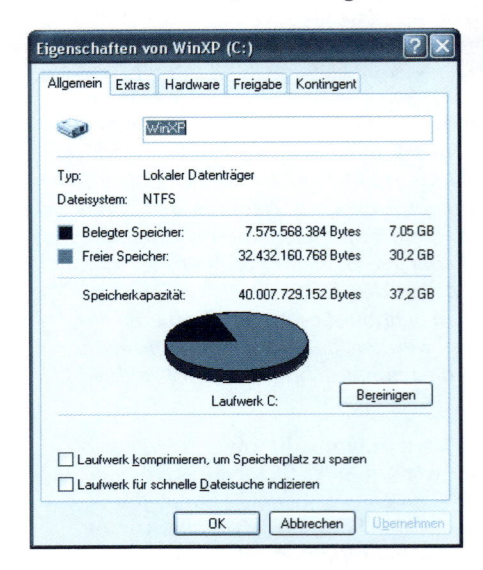

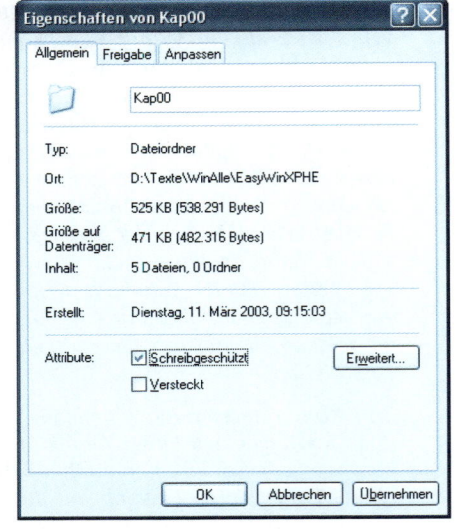

Auf der Registerkarte *Allgemein* des Ordners sind die Eigenschaften zur **Speichergröße** sowie die **Attribute** hinterlegt. Im Eigenschaftenfenster eines Laufwerks finden Sie übrigens die Laufwerksbezeichnung (Volume). Klicken Sie auf das Textfeld, können Sie diese Bezeichnung (z.B. »WinXP«) ändern und dann über die Schaltfläche *OK* übernehmen.

Zugriff auf die Attribute

Dateien und Ordner besitzen verschiedene Attribute, die den Schreibzugriff, die Archivierung und mehr regeln. Das Ansehen oder Verändern von Attributen ist im Eigenschaftenfenster mit wenigen Mausklicks möglich.

1 Klicken Sie mit der rechten Maustaste auf das Symbol einer Datei oder eines Ordners und wählen Sie im Kontextmenü den Befehl *Eigenschaften*.

Wissen für Fortgeschrittene

2 Aktivieren Sie – falls erforderlich – die Registerkarte *Allgemein*, um die Attribute anzusehen.

3 Durch Anklicken der Kontrollkästchen lassen sich die jeweiligen Attribute ändern.

Die Zahl der angezeigten Attribute hängt teilweise von der Windows-Version und dem verwendeten Dateisystem ab. Bei Windows XP werden nur die Attribute *Schreibgeschützt* und *Versteckt* auf der Registerkarte *Allgemein* angezeigt. Über die Schaltfläche *Erweitert* lässt sich ein zusätzliches Dialogfeld öffnen, in dem das Archivattribut sowie das Attribut zum Komprimieren gesetzt werden kann (siehe oben).

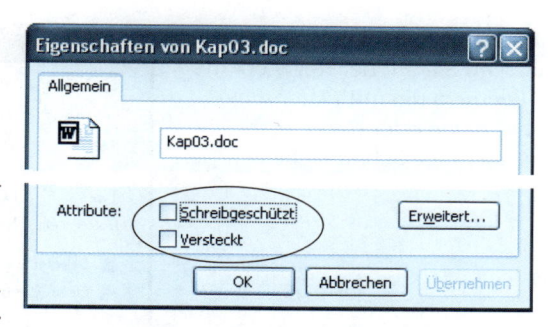

> **Hinweis**
>
> *Bei einigen Dateien enthält das Eigenschaftenfenster noch die Registerkarte* Dateiinfo, *auf der Sie zusätzliche Informationen zur Datei ansehen, aber nicht ändern können.*

> **Tipp**
>
> *Kopieren Sie Dateien von einer CD auf die Festplatte, ist deren Attribut* Schreibgeschützt *gesetzt (nur Windows XP hebt den Schreibschutz automatisch auf). Zum Bearbeiten der Dateien müssen Sie die Markierung im Kontrollkästchen* Schreibgeschützt *löschen.*

Funktionen zur Laufwerkspflege

Windows bietet einige Pflegefunktionen, die Sie auf den Inhalt von Laufwerken anwenden können. So sammelt sich beim Arbeiten mit Windows eine ganze Menge Datenmüll im Papierkorb und in so genannten temporären Ordnern an. Ab Windows 98 lässt sich dieser **Datenmüll durch** die Funktion zur **Datenträgerbereinigung entfernen**.

1 Klicken Sie im Ordnerfenster *Arbeitsplatz* das gewünschte Laufwerk mit der rechten Maustaste an und wählen Sie dann im Kontextmenü den Befehl *Eigenschaften*.

2 Im Eigenschaftenfenster wählen Sie auf der Registerkarte *Allgemein* die mit *Datenträger bereinigen* oder *Bereinigen* bezeichnete Schaltfläche.

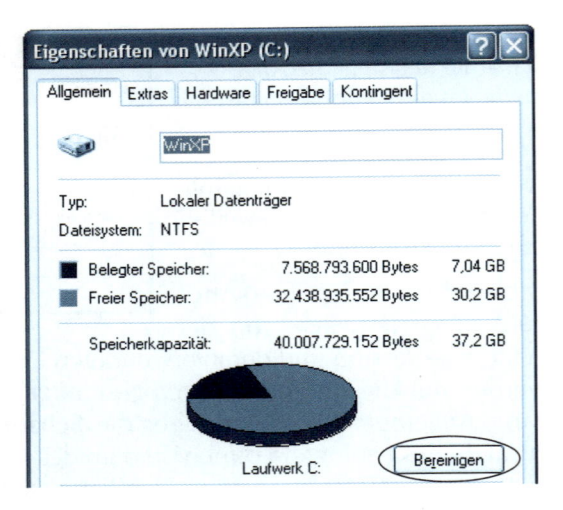

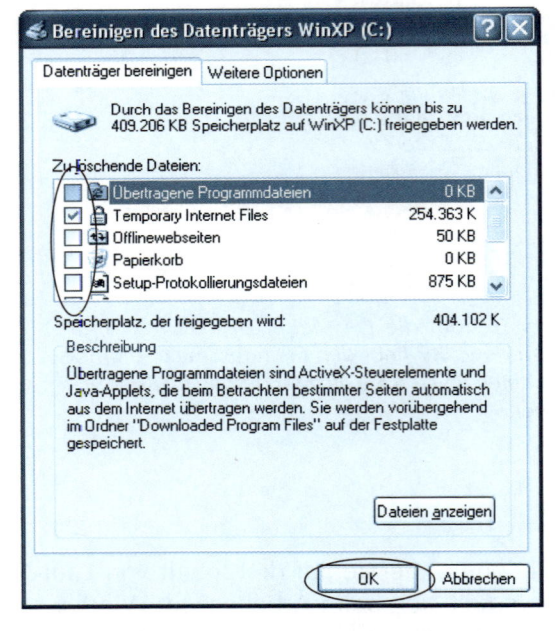

3 Sobald das Dialogfeld mit der Registerkarte *Datenträger bereinigen* erscheint, markieren Sie, wie hier bei Windows XP gezeigt, die Kontrollkästchen der Gruppen, in denen Dateien gelöscht werden sollen.

4 Schließen Sie die Registerkarte über die *OK*-Schaltfläche.

Die Laufwerksbereinigung entfernt alle Dateien der markierten Kategorien.

Wissen für Fortgeschrittene

> **Hinweis**
>
> *Auf die angebotenen weiteren Optionen (z.B. Deinstallation von Programmen) wird hier nicht eingegangen, da dieser Aspekt in Kapitel 12 besprochen wird. Geht die freie Speicherkapazität eines Festplattenlaufwerks zur Neige, wird bei den meisten Windows-Versionen die Datenträgerbereinigung automatisch aktiv. Dann erscheint ein Dialogfeld, über das Sie die Funktion aktivieren können.*

Ein anderes Problem stellen beschädigte oder fehlerhafte Dateien auf Festplatten dar. Wenn Sie den Computer einfach abschalten, ohne Windows vorher zu beenden, können Dateien beschädigt werden. Oder ein Programmabsturz bewirkt, dass die Daten nicht richtig in die zugehörige Datei geschrieben werden. Stellt das Betriebssystem beim Start fest, dass die vorherige Windows-Sitzung nicht korrekt beendet wurde, führt es automatisch eine **Datenträgerprüfung** durch. Haben Sie den Verdacht, dass das Speichermedium eventuell beschädigt ist, können Sie diese Prüfung auch manuell durchführen.

1 Klicken Sie im Ordnerfenster *Arbeitsplatz* das gewünschte Laufwerk mit der rechten Maustaste an und wählen Sie dann im Kontextmenü den Befehl *Eigenschaften*.

2 Im Eigenschaftenfenster wählen Sie auf der Registerkarte *Extras* und klicken dann auf die Schaltfläche *Jetzt prüfen*.

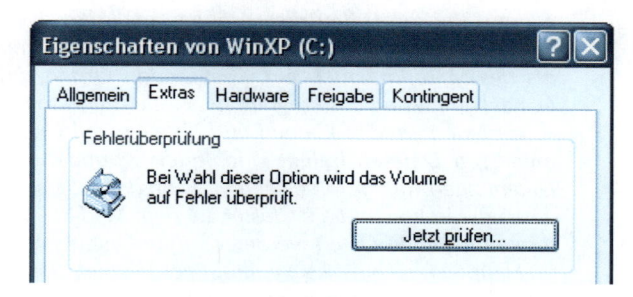

> **Hinweis**
>
> *Die angezeigten Optionen (z.B. Fehlerüberprüfung oder Status der Fehlerüberprüfung) der Registerkarte Extras hängen von der Windows-Version ab. Die Schaltfläche Jetzt prüfen gibt es aber bereits ab Windows 95.*

In Windows 95/98 und Millennium erscheint anschließend ein mit *ScanDisk* bezeichnetes Dialogfeld, in dem das betreffende Laufwerk bereits ausgewählt ist. In Windows 2000 oder XP wird nur ein Dialogfeld *Überprü-*

133

fung des Datenträgers xxx angezeigt. Je nach Windows-Version weisen die Dialogfelder leicht unterschiedliche Optionen auf.

3 Setzen Sie bei Bedarf die gewünschten Optionen (z.B. zum automatischen Korrigieren von Dateifehlern oder zur intensiveren Prüfung).

4 Klicken Sie auf die Schaltfläche *Starten*, um die Prüfung zu beginnen.

Über die Fortschrittsanzeige werden Sie über die einzelnen Schritte informiert. Am Ende des Prüfvorgangs erscheint ggf. ein Dialogfeld mit einem Statusbericht über die gefundenen Fehler. Über die einzelnen Optionen der Datenträgerprüfung informiert Sie die Direkthilfe des Dialogfelds bzw. die Windows-Hilfe.

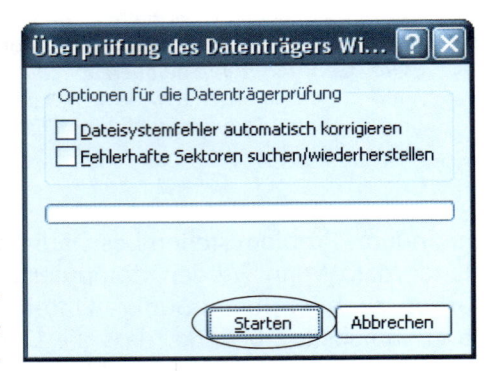

> **Techtalk**
>
> Dateien werden in Windows in so genannten **Clustern** (siehe Kapitel 1) hinterlegt. Im Inhaltsverzeichnis des Mediums gibt es für jede Datei einen Verweis auf den ersten Cluster und innerhalb der Cluster wird auf die Folgecluster verwiesen. Bei der **Datenträgerprüfung** analysiert das Programm die Integrität des Datenträgers. Es wird z.B. geprüft, ob belegte Einträge im Inhaltsverzeichnis des Mediums auch auf existierende Ordner oder Dateien verweisen. Danach analysiert das Programm, ob alle Cluster einer Datei über die Verweise gefunden werden können und ob eventuell Cluster fälschlicherweise von mehreren Dateien belegt sind (querverbundene Dateifehler). Findet die Datenträgerprüfung solche Fehler, kann das Programm die fehlerhaften Dateieinträge löschen und die Cluster auf dem Medium freigeben. Die in den Clustern enthaltenen Daten werden dann in Dateien mit Namen wie Filexxx.chk im Hauptverzeichnis des Mediums gespeichert. Bei einfachen Textdateien lassen sich so unter Umständen verlorene Daten mit Programmen wie dem Windows Editor lesen und retten.

Die dritte Funktion zur Pflege von Festplatten ist für eine **Defragmentierung des Datenträgers** zuständig. Diese ist von Zeit zu Zeit erforderlich, um die Zugriffsgeschwindigkeit auf die Festplatte zu optimieren.

1 Rufen Sie (wie oben bei der Datenträgerprüfung gezeigt) das Eigenschaftenfenster auf.

Wissen für Fortgeschrittene

2 Klicken Sie auf der Registerkarte *Extras* auf die Schaltfläche *Jetzt defragmentieren* (bzw. *Jetzt optimieren*).

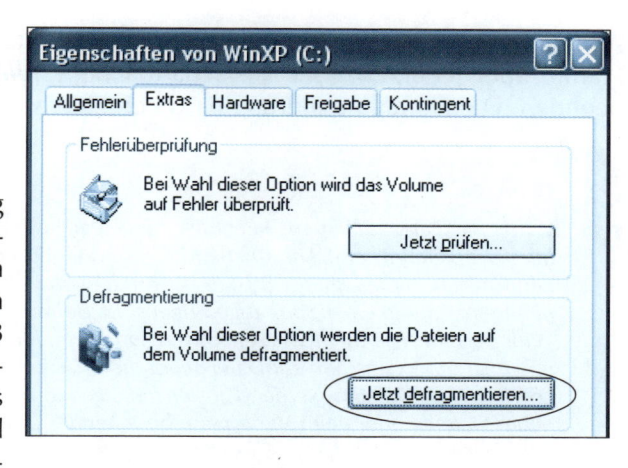

Die weitere Darstellung des Defragmentierungsprogramms hängt von der Windows-Version ab. In Windows 95/98 und Millennium analysiert das Programm das Speichermedium und zeigt dann ein Dialogfeld mit der Frage an, ob das Medium defragmentiert werden soll. Bei Windows 2000 und XP müssen Sie dagegen die Schaltfläche *Überprüfen* im Programmfenster anklicken. Ist die Überprüfung abgeschlossen, können Sie in einem Dialogfeld wählen, ob das Medium defragmentiert werden soll.

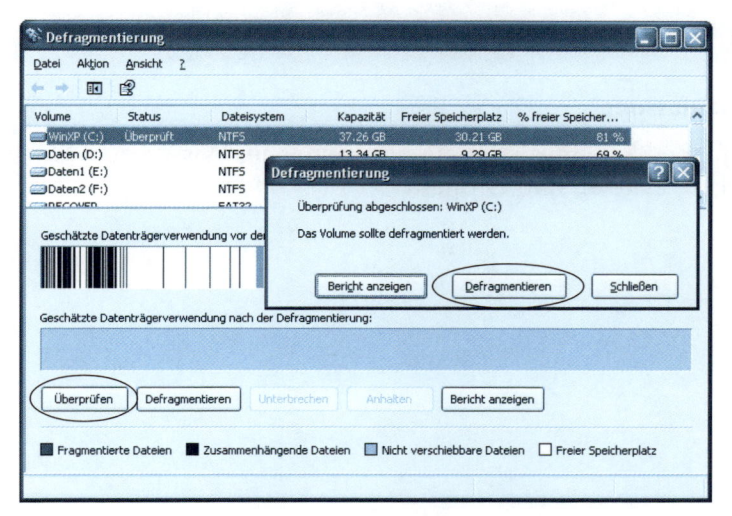

3 Muss das Laufwerk defragmentiert werden, klicken Sie im angezeigten Dialogfeld auf die mit *Defragmentieren* (bzw. *Starten*) beschriftete Schaltfläche.

Das Programm führt die Defragmentierung im Hintergrund aus und informiert Sie mittels einer Fortschrittsanzeige über den Ablauf. Dieser Vorgang kann bei großen Laufwerken einige Stunden dauern. Während dieser Zeit sollten Sie möglichst nicht mit dem System arbeiten. Sie können das Programm aber jederzeit über die Schaltfläche *Schließen* (in der Titelleiste) beenden. Die Defragmentierung wird beim nächsten Aufruf fortgesetzt.

> **Techtalk**
>
> *Wird eine Datei auf einem Datenträger angelegt, trägt Windows den Namen im Inhaltsverzeichnis ein. Anschließend werden die Daten dieser Datei in einzelnen Clustern hinterlegt. Ideal ist es, wenn die von einer Datei belegten Cluster hintereinander in einer Spur angeordnet sind. Beim Lesen oder Schreiben greift Windows auf das Inhaltsverzeichnis zu und ermittelt den ersten Datencluster und bearbeitet dann alle zur Datei gehörenden verketteten Datencluster. Durch Löschen von Dateien werden Cluster freigegeben und können beim Anlegen neuer Dateien oder beim Vergrößern bestehender Dateien erneut benutzt werden. Dadurch tritt aber der Effekt der* **Fragmentierung** *auf, d.h., die zu Dateien gehörenden Cluster sind über viele Spuren der Festplatte verstreut. Beim Lesen oder Schreiben von Daten müssen die Schreib-/Leseköpfe des Laufwerks daher viele Positionen auf der Festplatte ansteuern. Je stärker eine Festplatte fragmentiert ist, umso langsamer wird der Datentransfer beim Lesen und Schreiben von Dateien. Beim Defragmentieren sortiert das Programm die Daten so um, dass Dateien möglichst benachbarte Cluster belegen.*

Zusammenfassung

Jetzt verfügen Sie bereits über ein umfangreiches Wissen zum Umgang mit Laufwerken, Dateien und Ordnern.

Wissen für Fortgeschrittene

Testen Sie Ihr Wissen

Zur Überprüfung Ihrer Kenntnisse können Sie die folgenden Fragen beantworten.

■ **Wie lässt sich ein neuer Ordner anlegen?**

Mit der rechten Maustaste auf eine freie Stelle im Ordnerfenster klicken und im Kontextmenü die Befehle *Neu/Ordner* wählen. Dann den gewünschten Namen zuweisen.

■ **Wie wird eine Datei oder ein Ordner kopiert oder verschoben?**

Das Element markieren und mit der rechten Maustaste vom Fenster des Quellordners in das Fenster des Zielordners ziehen. Anschließend im Kontextmenü den Befehl *Hierher kopieren* oder *Hierher verschieben* wählen.

■ **Wie werden Dateinamen festgelegt?**

Die Regeln für Dateinamen sind am Kapitelanfang aufgeführt.

■ **Wie lässt sich ein Ordner bzw. eine Datei umbenennen?**

Datei oder Ordner im Ordnerfenster mit der rechten Maustaste anklicken, im Kontextmenü *Umbenennen* wählen und dann den neuen Namen eintippen. Bei Dateien darauf achten, dass die Dateinamenerweiterung erhalten bleibt.

■ **Wie wird eine Datei gelöscht?**

Die Datei zum Beispiel zum Papierkorb ziehen oder die Datei markieren und die Taste [Entf] drücken.

137

Kapitel 4

Internet – so geht's

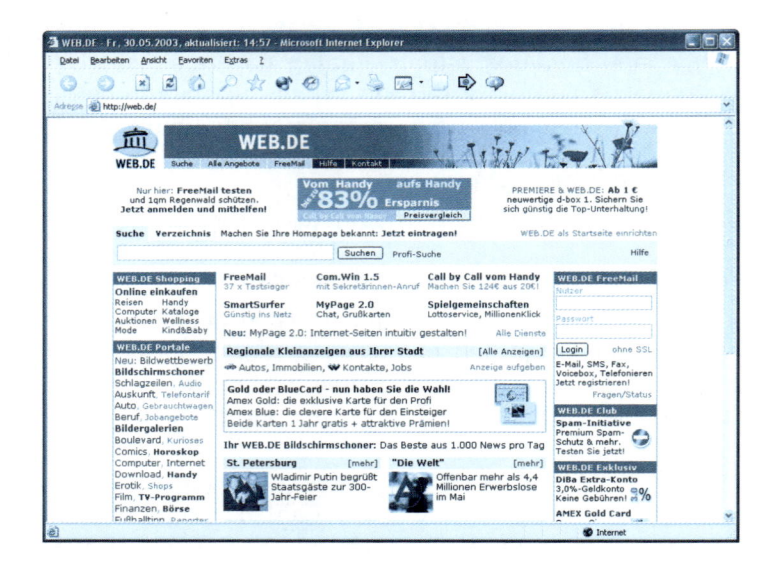

Das Internet ist mittlerweile sehr populär und mehrere Millionen Menschen »sind schon drin«. In diesem Kapitel wird Ihnen gezeigt, was Sie alles brauchen, um ins Internet zu gehen und wie sich ein Internetzugang Schritt für Schritt einrichten lässt. Weiter erfahren Sie, wie Sie online gehen, wie sich »Internetseiten« abrufen lassen, wie man an Bilder oder Programme aus dem Internet herankommt und wo es interessante Webseiten gibt. Mit diesem Wissen können Sie selbst auf die »Pirsch« gehen und im Internet »surfen«.

Ihr Erfolgsbarometer

Das können Sie schon:

Den Computer in Betrieb nehmen	37
Windows starten und beenden	50/85
Mit Fenstern arbeiten	59
Programme starten und beenden	67
Mit Laufwerken, Ordnern und Dateien umgehen	90

Das lernen Sie neu:

Das brauchen Sie fürs Internet	140
Internet – so kommen Sie rein	145
So surfen Sie im WWW	156
Diese Webseiten sollten Sie kennen	169
Browseroptionen einstellen	170

Das brauchen Sie fürs Internet

Viele Menschen wollen das Internet nutzen. Nachfolgend erhalten Sie eine grobe Übersicht, was das Internet ist und wie ein Zugang zum Internet eingerichtet wird.

Internet im Überblick

Das **Internet** ist ein länderübergreifender Zusammenschluss vieler tausend Rechner von Instituten, Behörden und Firmen mit Telefonleitungen, Glasfaserkabeln oder Satelliten.

Ein Internetanschluss am PC erlaubt es, die unterschiedlichen **Internetdienste** wie **Surfen** im Web, **E-Mail** etc. zu nutzen. Viele Computer sind bereits mit der erforderlichen Hardware und Software für den Internetzugang ausgestattet.

Hardware – das wird gebraucht

Meist wird der Computer über eine Telefonleitung (seltener über Kabel, Funk oder Satellit) mit dem Rechner eines Internet-Zugangsanbieters verbunden. Besitzen Sie einen normalen **analogen Telefonanschluss**, **kommt** ein so genanntes **Modem** (steht für Modulator/Demodulator) **zum Einsatz**.

Dieses als externes Gerät (wie hier gezeigt) oder als Steckkarte ausgeführte Teil ermöglicht dem Computer, die Telefonleitung zur Datenübertragung zu nutzen.

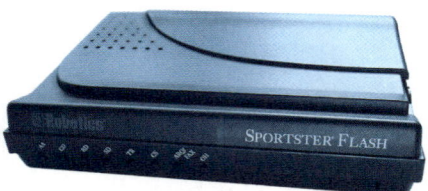

Externe Modems werden über ein serielles Kabel oder einen USB-Anschluss mit dem Rechner verbunden.

Ein mit dem Modem geliefertes Telefonkabel besitzt an einem Ende einen RJ-45-Stecker, der in die entsprechende Buchse des Modems passt.

Das brauchen Sie fürs Internet

Telefondosen besitzen meist drei Anschlussbuchsen, die mit N-F-N beschriftet sind. Am anderen Ende des Modemkabels befindet sich ein auf die *N*-Buchse der Telefondose passender Stecker. Sie können also Modem und Telefon gleichzeitig in die Telefondose stöpseln. Wenn Sie ins Internet gehen, ist die Telefonleitung belegt und es lässt sich nicht gleichzeitig telefonieren.

Hinweis

*Die Buchstaben auf den Buchsen der **TAE**-Anschlussdose (TAE ist die Abkürzung für **T**elefon**a**nschluss**e**inheit) stehen für Gerätetypen (F= Fernsprecheinheit, d.h. Telefon, N = Nebengeräte wie Modem, Fax, Anrufbeantworter). Modems sollten den V.90-Standard unterstützen, der eine Datenübertragungsgeschwindigkeit bis 56 Kbit pro Sekunde erlaubt.*

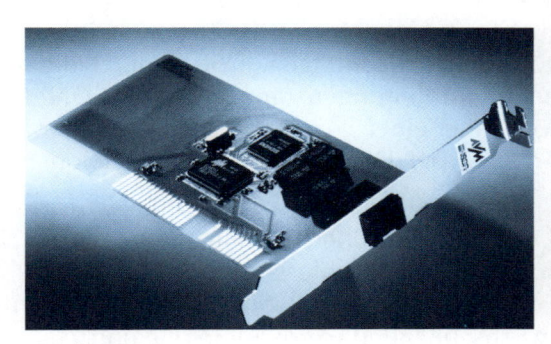

Sofern Sie über einen ISDN-Telefonanschluss verfügen, kann eine so genannte ISDN-Karte in den Computer eingebaut werden. Hier sehen Sie eine Fritz!-ISDN-Karte der Firma AVM. Das Blech auf der Rückseite enthält die ISDN-Anschlussbuchse.

(Quelle: AVM)

Alternativ lässt sich, wie hier gezeigt, ein externes ISDN-Modem benutzen. Externe ISDN-Modems werden aus Gründen der Übertragungsgeschwindigkeit meist über USB-Kabel an den Rechner angeschlossen.

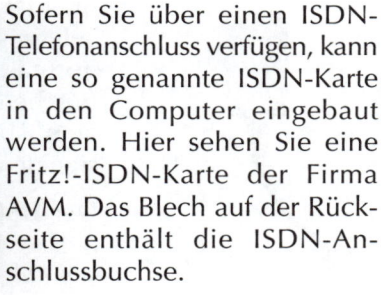

(Quelle: AVM)

141

Dem ISDN-Gerät liegt in der Regel ein mit RJ-45-Steckern versehendes Telefonkabel bei. Ein Stecker wird mit der Buchse des Modems bzw. der ISDN-Karte verbunden, der RJ-45-Stecker am anderen Kabelende passt in die RJ-45-Buchse der ISDN-Anschlussdose.

Hinweis
Ein ISDN-Anschluss hat den Vorteil, dass gleichzeitig zwei Leitungen und drei Rufnummern zur Verfügung stehen. Sie können also gleichzeitig ins Internet gehen und telefonieren. Weiter ermöglicht ISDN immer eine Datenübertragung mit 64 Kbit pro Sekunde.

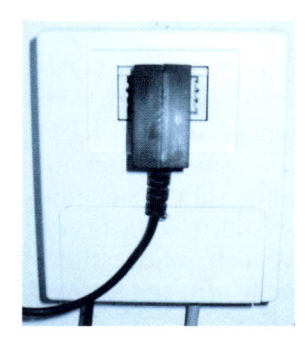

Wer eine noch schnellere Datenübertragung zum Internet benötigt, kann einen **DSL-Zugang** bei der Telefongesellschaft beantragen. DSL benutzt die normalen Telefonleitungen (analog oder ISDN) mit, benötigt aber einen so genannten DSL-Splitter zum Abtrennen der DSL-Daten von den Telefonsignalen.

Der **DSL-Splitter** wird über ein mitgeliefertes Kabel zwischen Telefonanschluss und Endgeräte geschaltet. Hierzu ist das Kabel des DSL-Splitters in die Haupt-Telefondose zu stecken. Anschließend werden Telefone und Zusatzgeräte (Fax etc.) an den entsprechenden Buchsen des DSL-Splitters angeschlossen. Ein separater DSL-Ausgang am Splitter wird per Kabel mit einem so genannten DSL-Modem verbunden.

Das **DSL-Modem** kann als Steckkarte oder als externes Gerät ausgeführt sein. Je nach Variante wird das Modem noch über ein mitgeliefertes Kabel mit dem Netzwerkanschluss (der kompatibel mit DSL ist) oder einer USB-Buchse des Rechners verbunden.

> **Hinweis**
>
> *DSL erlaubt eine Datenübertragungsgeschwindigkeit von 768 oder 1.500 Kbyte, ist also wesentlich schneller als ISDN oder Modem. Man spricht auch von einem Breitband-Internetzugang.*
>
> *Wenn Sie mehrere Rechner mit so genannten Twisted-Pair-Kabeln zu einem Netzwerk verbinden, benötigen Sie eine Art Verteiler (Netzwerkhub), der als so genannter **Switch** oder als **Router** ausgeführt ist. Beide Gerätevarianten gibt es im Handel. Dann schließen Sie das Kabel des DSL-Modems an den Switch oder Router an, damit alle Rechner Zugriff zum Internet haben.*

Alle diese **Geräte benötigen** noch **einen Treiber**, den Sie nach dem Einbau der Hardware installieren müssen. Die Treiber werden in der Regel mit Windows oder mit den Geräten auf CD mitgeliefert. Detaillierte Hinweise zur Treiberinstallation sollten Sie in den Geräteunterlagen finden. Eine allgemeine Beschreibung, wie Treiber installiert werden, finden Sie im letzten Kapitel dieses Buches.

Diese Software brauchen Sie

Um ins Internet zu gelangen, brauchen Sie neben der oben erwähnten Hardware noch Software. Welche Programme dies genau sind, hängt davon ab, welche Internetdienste Sie nutzen möchten.

- Webseiten werden mit einem so genannten **Browser** (kommt von Blättern oder »sich umschauen«) abgerufen. Windows enthält bereits den **Internet Explorer**, ein Grund für die weite Verbreitung dieses Browsers. Alternativ gibt es aber z.B. den **Netscape Navigator** (bzw. Mozilla) oder **Opera**, die Sie zusätzlich installieren müssen.

- Um elektronische Post (E-Mails) zu bearbeiten, werden so genannte **E-Mail-Clients** eingesetzt. Diese Programme bieten alle Funktionen zum Schreiben, Empfangen, Versenden und Lesen der Post. Windows enthält bereit das Programm **Outlook Express**, das mehr als ausreichend ist und sich sogar zur Teilnahme an so genannten Nachrichtengruppen (auch als Newsgroups bezeichnet) eignet. Wer das Büroprogramm Microsoft Office installiert, findet auch die Anwendung **Microsoft Outlook**. Sie ist quasi der große Bruder von Outlook Express und erlaubt neben der Postbearbeitung die Verwaltung von Terminen, Notizen und mehr. Im Netscape Navigator sowie in Opera finden Sie ebenfalls Module zur Postbearbeitung und von Drittherstellern gibt es weitere Angebote (z.B. Pegasus Mail).

Zur Nutzung weiterer **Internetdienste wie Chat**, **Foren**, **Dateitransfer** etc. gibt es spezielle Programme oder die Funktionen sind über Internetseiten verfügbar. Viele Chats können beispielsweise über Webseiten erreicht werden. Selbst E-Mails lassen sich mit bestimmten Webseiten handhaben. Der **Dateitransfer zu** so genannten **FTP-Servern erfordert** spezielle **FTP-Programme**. **Messenger**-Programme zeigen, wenn Bekannte (auch als Buddies = Freunde bezeichnet) gerade online sind. Dann lassen sich Texte und Dateien und sogar Videobilder als Nachrichten zwischen den Teilnehmern austauschen. Einige dieser Punkte werden auf den folgenden Seiten behandelt.

Was ist das?

*Das Kürzel **FTP** steht dabei für **File Transfer Program**. Mit dieser Funktion lassen sich Dateien zwischen dem lokalen PC und einem so genannten FTP-Server übertragen. **Chat** ist eine Funktion, mit der sich Leute online unterhalten können (unterhalten heißt, Texte per Tastatur einzugeben, die dann den Teilnehmern am Monitor angezeigt werden). **Foren** (Nachrichtengruppen) sind so etwas wie schwarze Bretter zu bestimmten Themen und erlauben den Benutzern, Textnachrichten zu hinterlegen, die von Besuchern gelesen werden können.*

Hinweis

*Bei älteren Rechnern mit Windows 95 oder Windows NT lässt sich der Internet Explorer kostenlos nachrüsten. Sie finden die benötigten Dateien auf der Webseite www.microsoft.com/windows/ie_intl/de. Über die gleiche Quelle können Sie auch den Browser anderer Windows-Versionen aktualisieren (auch als **Update** bezeichnet). Aus Sicherheitsgründen empfiehlt sich die Aktualisierung des Internet Explorer auf die Version 5.5 oder 6.0. Den Netscape Navigator finden Sie unter www.netscape.de/netscapeprodukte und Details zu Opera gibt's unter www.opera.com. Die neuesten Versionen dieser Browser finden sich auch auf vielen CDs, die Computerzeitschriften oder Büchern beiliegen.*

Ohne Provider geht nichts

Neben der oben beschriebenen Hard- und Software benötigen Sie noch einen als **Provider** bezeichneten Anbieter, der Ihnen den in der Regel kostenpflichtigen Internetzugang bereitstellt. Dabei gibt es mehrere Varianten:

- **Festvertrag mit Anmeldung:** Sie schließen einen über eine gewisse Zeit laufenden Vertrag mit Anbietern wie T-Online, America Online (AOL),

Freenet etc. ab. Manchmal wird dieser Vertrag schriftlich abgeschlossen. Häufig kommt der Vertrag jedoch zustande, wenn Sie den Internetzugang über ein Installationsprogramm des betreffenden Herstellern einrichten. Erst nach der Anmeldung wird der Internetzugang für Sie freigeschaltet. Die Kosten für einen solchen Zugang bestehen dann meist aus einer monatlichen Grundgebühr sowie einem zeitabhängigen Verbindungsentgelt.

■ **Internet-by-Call:** Diese Variante ist am bequemsten und funktioniert ähnlich wie das Telefonieren mit einer Sparvorwahl (Call-by-Call). Sie verwenden zur Verbindungsaufnahme mit dem Internet die Nummer spezieller Anbieter wie Arcor oder MSN und lassen die für die Dauer der Internetsitzungen anfallenden Gebühren einfach direkt über die Telefonrechnung der Telekom einziehen. Das ermöglicht Ihnen, den Anbieter ohne Kündigung zu wechseln und verursacht nur Gebühren, wenn Sie tatsächlich online sind.

Nutzen Sie das Modell, das für Sie am günstigsten und bequemsten ist. Um zu Beginn nur mal ins Internet reinzuschnuppern, wird Internet-by-Call sicherlich am günstigsten sein. Schon nach wenigen Minuten sind Sie im Internet und können loslegen.

> **Hinweis**
>
> *Verschiedene Anbieter offerieren als* **Flatrate** *bezeichnete Pauschaltarife. Meist setzt dies aber einen DSL-Anschluss voraus. Solche Tarife rechnen sich nur für Vielsurfer. Erkunden Sie sich im Fachhandel, bei Ihrer Telefongesellschaft oder bei Bekannten, welche Möglichkeiten des Internetzugangs es gibt.*

Internet – so kommen Sie rein

Sofern die oben beschriebene Technik eingerichtet, die Software installiert und ein Provider gefunden wurde, müssen Sie noch den Internetzugang unter Windows einrichten. Bei diesem Schritt werden die Verbindungsdaten für den Zugang eingetragen.

Die DFÜ-Verbindung manuell einrichten

Die DFÜ-Verbindung bzw. das DFÜ-Netzwerk (DFÜ steht für Datenfernübertragung) ist die Funktion unter Windows, die Anwahl und Datenübertragung zum Internetrechner des Providers per Modem, ISDN-Leitung oder

DSL-Anschluss abwickelt. Besitzen Sie eine Zugangssoftware, die Ihnen ein Provider bzw. Online-Dienst wie T-Online, America Online (AOL), CompuServe etc. bereitstellt, müssen Sie nicht allzu viel über das DFÜ-Netzwerk wissen.

1 Starten Sie einfach das Installationsprogramm der Zugangssoftware.

2 Geben Sie die erforderlichen Daten (z.B. Benutzername und Kennwort) ein, sobald diese durch das Installationsprogramm abgefragt werden.

Bei der Installation werden alle Verbindungseinstellungen automatisch gesetzt. Um anschließend ins Internet zu gehen, verwenden Sie die Zugangssoftware des Providers.

> **Hinweis**
> *Bei America Online ist der Internetzugang übrigens nur über die AOL-Software möglich. Bei anderen Providern wie T-Online, CompuServe etc. lässt sich der Zugang auch manuell gemäß den unten stehenden Schritten konfigurieren (die Verbindungsdaten erfahren Sie meistens auf den Webseiten des Providers). Dieser Ansatz ist hilfreich, falls Sie die Zugangssoftware des Providers nicht benutzen können oder wollen.*

Steht kein Zugangsprogramm eines Providers zur Verfügung, können Sie die DFÜ-Verbindung manuell konfigurieren. Das ist z.B. hilfreich, um einen Internet-by-Call-Anbieter zum Testen einzurichten, um erstmals ins Internet zu kommen. Sind Sie online, können Sie bei Bedarf Zugangsprogramme wie den weiter unten erwähnten SmartSurfer von Web.de auf den lokalen Computer herunterladen und nutzen. Die folgende Tabelle enthält die Zugangsdaten mehrerer Internet-by-Call-Anbieter, die Sie bei nachfolgenden Schritten verwenden können.

Anbieter	Tel.-Nr.	Name	Kennwort
Arcor (*www.arcor.de*)	0192-077	arcor-basis	internet
MSN-Easysurfer (*www.msn.de*)	0192-658	MSN	MSN
Freenet	0192-31760	beliebig	beliebig

Internet – so kommen Sie rein

Falls die obigen Angaben wegen Änderungen in der Anbieterstruktur ungültig werden, informieren Sie sich in der Presse (z.B. Anzeigen) über entsprechende Angebote. Um den Internetzugang manuell einzurichten, führen Sie die nachfolgend beschriebenen Schritte durch:

1 Öffnen Sie das, je nach Windows-Version mit *DFÜ-Netzwerk* bzw. *Netzwerkverbindungen* bezeichnete Ordnerfenster zum Einrichten der betreffenden Verbindung.

Das Ordnerfenster lässt sich in den jeweiligen Windows-Versionen mit folgenden Methoden öffnen:

- In **Windows XP** klicken Sie im Startmenü auf *Verbinden mit* und im Untermenü auf den Befehl *Alle Verbindungen anzeigen*. Oder Sie klicken im Startmenü auf den Befehl *Systemsteuerung* und wählen im Ordnerfenster der Systemsteuerung *Netzwerk- und Internetverbindungen* und dann den Befehl *Netzwerkverbindungen*.

- In **Windows 2000** öffnen Sie über das Startmenü das Ordnerfenster der Systemsteuerung und wählen dann das Symbol *Netzwerk- und DFÜ-Verbindungen* per Doppelklick an.

- In **Windows Millennium** wählen Sie im Startmenü den Eintrag *Einstellungen/DFÜ-Netzwerk*, um das Ordnerfenster *DFÜ-Netzwerk* zu öffnen.

- Bei **Windows 95/98** öffnen Sie in einem beliebigen Ordnerfenster (z.B. *Arbeitsplatz*) das Kombinationsfeld *Adresse* und wählen den Eintrag *DFÜ-Netzwerk* in der angezeigten Liste aus.

Hinweis

Bei Windows 95/98 oder Millennium ist das DFÜ-Netzwerk eine optionale Windows-Komponente. Fehlt der Eintrag DFÜ-Netzwerk *im Kombinationsfeld* Adresse *eines Ordnerfensters, müssen Sie die Komponente nachträglich installieren (siehe Kapitel 12).*

Das Ordnerfenster enthält in allen Windows-Versionen die Symbole der vorhandenen Verbindungen.

2 Wählen Sie das Symbol *Neue Verbindung erstellen* per Doppelklick an. In Windows XP ist das Symbol ganz klein in der linken Spalte *Netzwerkaufgaben* zu sehen.

Windows startet dann einen Assistenten, der Sie durch die Schritte zum Einrichten der neuen Verbindung führt und in Dialogfeldern die benötigten Angaben abfragt. Der genaue Aufbau der Dialoge hängt von der Windows-Version ab. Die Dialogfelder des Assistenten weisen aber in allen Windows-Versionen die Schaltflächen *Weiter* und *Zurück* auf. Verwenden Sie die Schaltfläche *Weiter*, um zum jeweils nächsten Dialogschritt zu wechseln. Mit *Zurück* lässt sich der vorherige Dialogschritt erneut anwählen. Bei **Windows XP** führen Sie die folgenden Schritte aus:

1 Übergehen Sie den Willkommensdialog des Assistenten mit der Schaltfläche *Weiter*.

2 Markieren Sie im Folgedialog *Internetverbindungstyp* das Optionsfeld *Verbindung mit dem Internet herstellen*.

3 Im Dialog *Vorbereitung* wählen Sie die Option *Verbindung manuell einrichten*.

4 Wählen Sie im Dialogschritt *Internetverbindung* die Option *Verbindung mit einem DFÜ-Modem herstellen* (sofern Sie ein Modem oder eine ISDN-Karte besitzen).

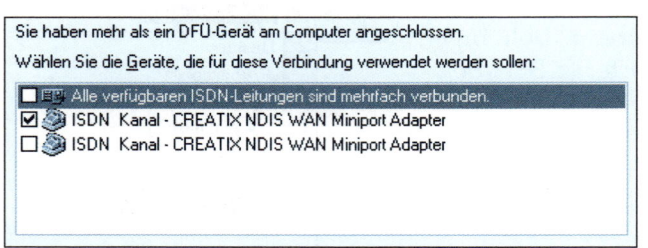

5 Im Dialogschritt *Gerät auswählen* markieren Sie in der Liste der verfügbaren Geräte das Kontrollkästchen des zu benutzenden Modems oder der ISDN-Verbindung (es muss ein Häkchen zu sehen sein).

Achtung

Beim ISDN-Zugang können Sie bei vielen Anbietern eine parallele Verbindung über beide Kanäle herstellen. Dies bedeutet zwar doppelte Datenrate (128 Kbyte), aber auch doppelte Kosten. Falls Sie das nicht wollen, achten Sie darauf, dass nur ein ISDN-Kanal als DFÜ-Gerät zur Verbindungsaufnahme markiert ist.

Internet – so kommen Sie rein

6 Tragen Sie im Textfeld des Dialogs *Verbindungsname* einen Namen (z.B. *Internet*) für die Verbindung ein.

7 Geben Sie im Folgedialog *Zu wählende Rufnummer* die Rufnummer zur Verbindungsaufnahme mit dem Provider ein.

8 Im Dialog *Internetkontoinformationen* geben Sie den Benutzernamen und das Kennwort ein und aktivieren die Kontrollkästchen wie hier gezeigt.

9 Markieren Sie im letzten Dialogschritt das Kontrollkästchen *Verknüpfung auf dem Desktop hinzufügen* und betätigen Sie die Schaltfläche *Fertig stellen*.

Wenn alles geklappt hat, sollte ein neues Verbindungssymbol im Ordnerfenster *Netzwerkverbindungen* und auf dem Desktop vorhanden sein.

> **Hinweis**
>
> Falls Sie einen DSL-Zugang verwenden und manuell einrichten wollen, wählen Sie in Schritt 4 die Option Verbindung über eine Breitbandverbindung herstellen, die Benutzername und Kennwort erfordert. Im Folgedialog ist ein Name für die Verbindung anzugeben. Danach geht es direkt zum Dialogschritt 8, bei dem Sie den Benutzernamen und das Kennwort eintragen. Beide Angaben und ggf. weitere Details werden Ihnen vom DSL-Anbieter mitgeteilt.
>
> Bei **Windows 2000** sind ähnliche Schritte vorgesehen. Im Startdialog klicken Sie auf Weiter und wählen im Folgedialog In das Internet einwählen als Internetverbindungstyp. Dann ist im Folgeschritt die Option Manuelle Einrichtung der Internetverbindung oder Verbindung über ein lokales Netzwerk (LAN) herstellen zu wählen. Markieren Sie im nächsten Dialogschritt Verbindung über Telefonleitung und Modem. Der Assistent fragt dann in weiteren Dialogen die Telefonnummer, den Benutzernamen und das Kennwort sowie den Verbindungsnamen ab. Die Frage, ob ein Internet-E-Mail-Konto einzurichten ist, beantworten Sie über das Optionsfeld Nein.

Arbeiten Sie mit **Windows 95/98** oder **Millennium**, sieht das Dialogfeld des Assistenten etwas anders aus.

1 Blättern Sie über die Schaltfläche *Weiter* bis zum ersten Dialog, in dem Eingaben gefordert werden.

2 Klicken Sie auf das Textfeld mit dem Eintrag *Benutzerdefinierte Verbindung* und tippen Sie den gewünschten Namen für die Verbindung ein.

3 Anschließend wählen Sie im Listenfeld *Wählen Sie ein Gerät* des gleichen Dialogs das Modem oder die ISDN-Verbindung aus.

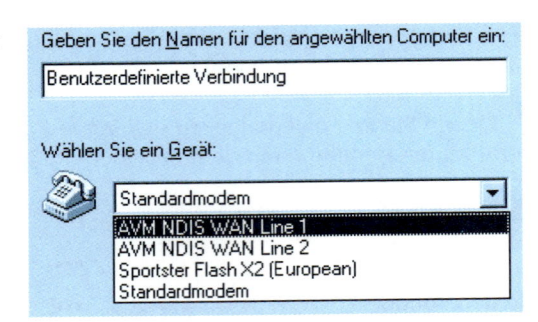

4 Tragen Sie im Folgedialog die Telefonnummer des Anbieters ein.

5 Betätigen Sie im letzten Dialog die Schaltfläche *Fertig stellen*.

Der Assistent legt dann den neuen Eintrag für die Verbindung unter dem angegebenen Namen im Ordner *DFÜ-Netzwerk* an. Über diesen Eintrag können Sie später die Verbindung zum Internet aufbauen und auch wieder beenden.

Beim ersten Aufruf müssen Sie Ihren **Benutzernamen** und Ihr **Kennwort** im Dialogfeld zur Herstellung der Internetverbindung **eingeben** (siehe unten). Wenn Sie Internetzugänge für verschiedene Anbieter einrichten wollen, wiederholen Sie einfach die genannten Schritte und benennen Sie diese mit unterschiedlichen Namen. Dann haben Sie die Möglichkeit, bei jeder Sitzung gezielt einen Internetanbieter zu wählen (z.B. weil andere Zugänge überlastet sind oder andere Anbieter zu bestimmten Tageszeiten günstiger sind).

Tipp

Bei mehreren Verbindungen lässt sich eine davon als Standardzugang festlegen (Symbol mit der rechten Maustaste anklicken und Als Standardverbindung set- zen *im Kontextmenü wählen). Die Verbindung wird mit einem Häkchen markiert.*

Zum bequemen Aufruf einer **Internetverbindung** *sollten Sie ein* **Verknüpfungssymbol auf** *dem* **Desktop einrichten**. *Falls der Assistent diese Verknüpfung nicht automatisch anlegt, ziehen Sie das Symbol des gewünschten Internetzugangs bei gedrückter rechter Maustaste aus dem Ordnerfenster zum Desktop. Lassen Sie die rechte Maustaste los und wählen Sie mit der linken Maustaste den Kontextmenübefehl* Verknüpfung(en) hier erstellen.

Internet – so kommen Sie rein

Verbindungseinstellungen kontrollieren

Gelegentlich kommt es vor, dass Sie die Verbindungseinstellungen kontrollieren müssen. Ein Zugangsanbieter hat Ihnen vielleicht mitgeteilt, dass spezielle Einstellungen erforderlich sind.

1 Klicken Sie im Ordnerfenster *Netzwerkverbindungen* bzw. *DFÜ-Netzwerk* mit der rechten Maustaste auf den neuen Eintrag für die Internetverbindung und wählen Sie im Kontextmenü den Befehl *Eigenschaften*.

2 Windows öffnet ein Eigenschaftenfenster mit verschiedenen Registerkarten, auf denen Sie die Optionen nach den Vorgaben des Anbieters setzen können.

Beachten Sie aber, dass Anzahl, Benennung und Aufbau der Registerkarten von der benutzten Windows-Version abhängen. Möchten Sie beispielsweise eine vergessene Online-**Verbindung automatisch** nach einer gewissen Zeit durch Windows **beenden** lassen? In **Windows Millennium** lässt sich auf der Registerkarte *Wählen* die Option *Trennen bei Leerlauf aktivieren* markieren und die Leerlaufzeit bis zur Trennung angeben. Bei **Windows XP** legen Sie die Leerlaufzeit dagegen über das Listenfeld *Leerlaufzeit, bei der aufgelegt wird* auf der Registerkarte *Optionen* fest. In **Windows 98** klicken Sie die Schaltfläche *Konfigurieren* der Gruppe *Verbinden über* auf der Registerkarte *Allgemein* an. Im Eigenschaftenfenster des Modems ist dann die Leerlaufzeit auf der Registerkarte *Einstellungen* über die Option *Trennen nach Leerlaufzeit von xxx Minuten* zu setzen.

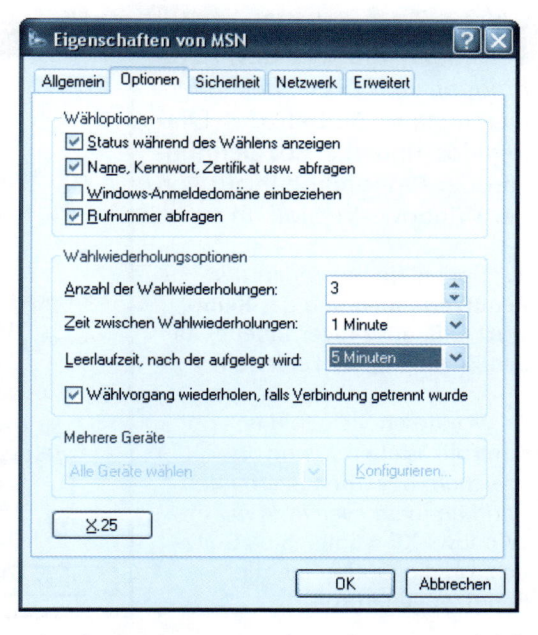

> **Tipp**
>
> *Benötigen Sie Informationen zu einer Option auf einer Registerkarte? Dann klicken Sie zuerst in der rechten oberen Ecke auf die Schaltfläche mit dem Fragezeichen und anschließend auf die betreffende Option. Windows blendet eine QuickInfo mit Erläuterungen zur gewählten Option ein.*

Internetverbindung aufbauen und beenden

Sobald Sie einen Eintrag im Ordnerfenster *DFÜ-Netzwerk* bzw. *Netzwerkverbindungen* eingerichtet haben, lässt sich eine Online-Verbindung aufbauen und auch wieder beenden. Gehen Sie dann folgendermaßen vor.

1 Doppelklicken Sie auf das betreffende Desktop-Symbol (oder ggf. auf das Symbol im Ordnerfenster *DFÜ-Netzwerk* bzw. *Netzwerkverbindungen*).

Windows öffnet das Dialogfeld *Verbinden mit xxx* bzw. *Verbindung mit »xxx« herstellen*. Der genaue Aufbau des Dialogfelds und die Bezeichnungen der Optionen hängen von der Windows-Version ab.

2 Tippen Sie bei Bedarf den **Benutzernamen** und das **Kennwort** (z.B. aus obiger Tabelle) für den Zugang in die Felder ein.

3 Markieren Sie ggf. das Kontrollkästchen *Kennwort speichern* bzw. *Benutzernamen und Kennwort speichern für*. In Windows XP wählen Sie zusätzlich, ob die Option für alle Benutzer gelten soll.

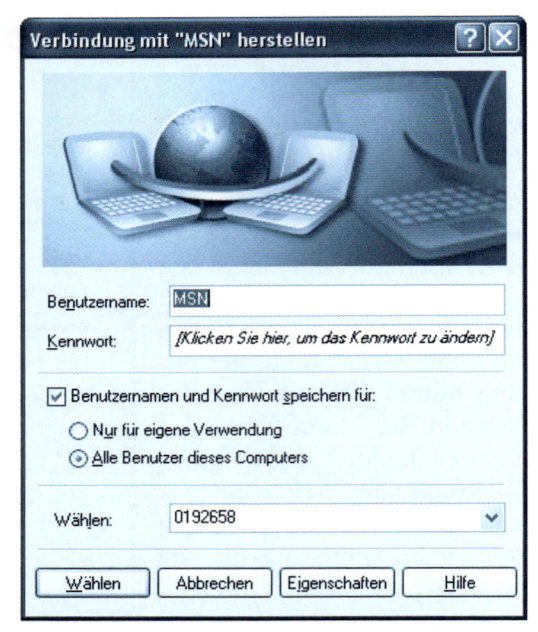

> **Achtung**
>
> *Bei vielen Internet-by-Call-Anbietern ist die Abrechnung an Ihren Telefonanschluss gekoppelt. Dann werden allgemein gültige Namen und Kennwörter benutzt (siehe obige Tabelle), die Sie beim ersten Aufruf des Dialogfelds in den betreffenden Feldern eintippen müssen. Hat Ihnen Ihr Internetanbieter (z.B. T-Online) ein* **persönliches Kennwort** *mitgeteilt,* **schützen** *Sie dieses wie die Geheimzahl Ihrer EC-Karte. Verraten Sie es niemandem und lassen Sie das Kontrollkästchen zum Speichern des Kennworts unmarkiert. Dann müssen Sie allerdings das Kennwort vor jeder Verbindungsaufnahme erneut eintippen. Die bei einigen Windows-Versionen gezeigte Option* Automatisch verbinden *sollten Sie nicht markieren, um zu verhindern, dass eine Internetverbindung unbemerkt aufgebaut wird (siehe auch die folgenden Abschnitte zum Dialerschutz).*

Internet – so kommen Sie rein

4 Klicken Sie auf die mit *Verbinden* oder *Wählen* bezeichnete Schaltfläche.

Windows versucht jetzt eine Verbindung per Modem mit der angegebenen Rufnummer aufzunehmen.

Sie werden über ein Dialogfeld *Verbinden mit »xxx«* über die benutzte Verbindung und den Status der Verbindungsaufnahme informiert.

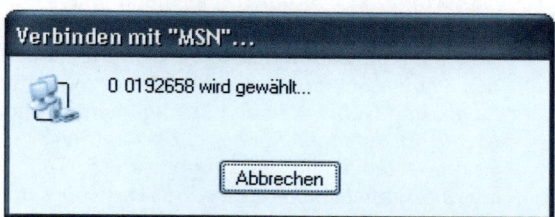

Geht alles glatt, wird die Verbindung mit dem Internetrechner des Providers aufgebaut.

Dann verschwindet das Dialogfeld und im Statusbereich der Taskleiste erscheint neben der Uhrzeit ein kleines Symbol mit zwei stilisierten Computern.

Das hier im Statusbereich rechts zu sehende zweite Symbol der stilisierten Computer bezieht sich auf den Netzwerkanschluss meines Rechners. Einige Windows-Versionen blenden zusätzlich eine QuickInfo mit Verbindungsinformationen ein. Sie erkennen also, welches Symbol zum Internetzugang gehört. Zeigen Sie später per Maus auf dieses Symbol, blendet Windows in einer QuickInfo die Zahl der gesendeten und empfangenen Zeichen ein.

Solange das **Symbol der** beiden **Computer** für die Internetverbindung im Statusbereich der Taskleiste **sichtbar** ist, sind Sie online, d.h., es **fallen** in der Regel auch **Telefongebühren an**. Um die Internetverbindung zu beenden, gehen Sie folgendermaßen vor:

1 Doppelklicken Sie auf das Verbindungssymbol . Fehlt das Symbol im Statusbereich der Taskleiste, wählen Sie das Desktop-Symbol zur Verbindungsaufnahme per Doppelklick an.

2 Klicken Sie dann im Dialogfeld (*Verbunden mit xxx* oder *Status von xxx*) zur Anzeige der Verbindungsdaten auf die Schaltfläche *Trennen*.

Der genaue Aufbau des Dialogfelds hängt von der Windows-Version ab. Sobald das Dialogfeld verschwindet, wird die Internetverbindung beendet.

> **Tipp**
>
> *In den Windows-Standardeinstellungen kann es passieren, dass ein Programm ungewollt und von Ihnen unbemerkt eine Verbindung zum Internet aufbaut. Um dies aus Sicherheits- (Dialerschutz) und Kostengründen zu verhindern, sollten Sie die **automatische Verbindungsaufnahme** durch Windows **abschalten**. Öffnen Sie das Ordnerfenster der Systemsteuerung (z.B. über das Startmenü) und wählen Sie den Eintrag Internetoptionen per Doppelklick an. Holen Sie im Eigenschaftenfenster die Registerkarte Verbindungen in den Vordergrund, setzen Sie die Markierung auf das Optionsfeld Keine Verbindung wählen und schließen Sie die Registerkarte über die OK-Schaltfläche. Dann lässt sich die Internetverbindung nur noch manuell aufbauen und wieder beenden.*

Interneteinwahl per Tarifmanager

Die Tarife der Internet-by-Call-Anbieter ändern sich häufig und manchmal sind die Anschlüsse überlastet. Mehr Übersicht und Flexibilität bieten als **Tarifmanager** bezeichnete Programme, **die** Ihnen jeweils **die aktuellen Tarife anzeigen und** vor jeder Verbindungsaufnahme die **Wahl eines Providers ermöglichen**. Ein recht populärer Tarifmanager ist der kostenlos erhältliche **SmartSurfer** von WEB.DE. Das Herunterladen (Download) des Programms von der Webseite *smartsurfer.web.de* dauert nur wenige Minuten. Wie ein Download funktioniert, wird weiter unten gezeigt.

Der SmartSurfer installiert sich automatisch, sobald Sie die aus dem Internet in einen Ordner heruntergeladene .exe-Datei per Doppelklick anwählen. Dabei wird auch ein Symbol auf dem Desktop eingerichtet. Ist das Programm installiert, können Sie es zur Verbindungsaufnahme ins Internet nutzen.

1 Wählen Sie auf dem Desktop das SmartSurfer-Symbol per Doppelklick an.

WEB.DE
SmartSurfer

2 Wählen Sie im Dialogfeld *WEB.DE SmartSurfer* den gewünschten Anbieter über das Listenfeld mit den Anbieterinformationen aus.

Internet – so kommen Sie rein

Über das Programm erfahren Sie den Verbindungspreis, den Takt sowie den einzugebenden Benutzernamen und das Kennwort. Über die Schaltfläche *Details* können Sie ein Fenster mit weiteren Details öffnen.

3 Klicken Sie auf die Schaltfläche *Verbinden*, um die Internetsitzung zu starten.

Das Programm aktiviert eine DFÜ-Verbindung und Sie sehen nach der Verbindungsaufnahme im Statusbereich der Taskleiste neben dem WEB.DE-SmartSurfer-Symbol auch das Symbol der DFÜ-Verbindung.

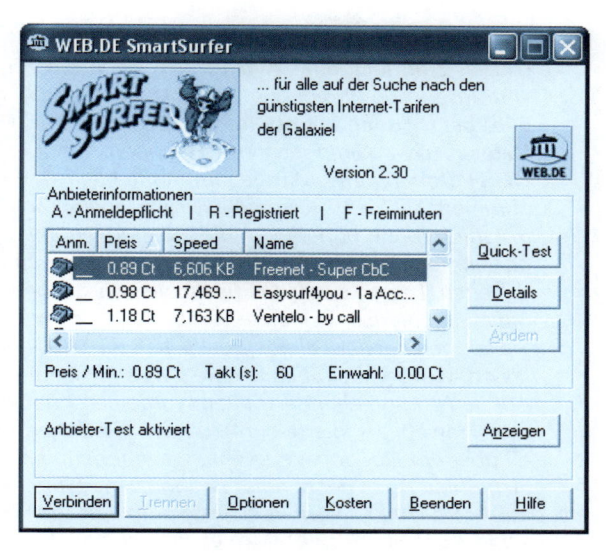

4 Die Verbindung beenden Sie, indem Sie auf das WEB.DE-SmartSurfer-Symbol doppelklicken und im Dialogfeld *WEB.DE SmartSurfer* auf die Schaltfläche *Trennen* klicken.

WEB.DE SmartSurfer bietet weitere Funktionen wie eine Kostenübersicht oder eine Verbindungsprüfung, die Sie über Schaltflächen wie *Kosten* oder *Optionen* abrufen können. Konsultieren Sie ggf. die Programmhilfe, um Näheres zu erfahren.

> **Achtung**
>
> *Solche als **Dialer** bezeichnete Programme wie der SmartSurfer richten Ihnen eine Standard-DFÜ-Verbindung zu einem (Internet-by-Call-)Anbieter ein und sind recht komfortabel. Dialer lassen sich aus dem Internet herunterladen oder von CDs mit Zugangssoftware für das Internet installieren. Bevor Sie die Zugangssoftware eines bestimmten Providers (z.B. AOL, T-Online, Tiscali, CompuServe, Freenet etc.) installieren, sollten Sie sich über Tarife, die Vertragskonditionen und das Kleingedruckte im Klaren sein. Sobald Sie das erste Mal online gehen, kommt u.U. ein Vertrag zustande, der sich im schlechtesten Fall nur nach längerer Zeit wieder kündigen lässt.*

Und es gibt noch eine zweite Falle, denn die Technik der Dialer lässt sich von unseriösen Firmen zur Abzocke missbrauchen. An E-Mails angehängte oder beim Surfen auf obskuren Webseiten zum Herunterladen angebotene Dateien bzw. Komponenten entpuppen sich häufig als so genannte **0190-Dialer** *(Programme, die gebührenpflichtige 0190er- oder 0900er-Telefonnummern wählen). Kriminell wird es, wenn solche Dialer sich ungewollt installieren und unbemerkt alle zukünftigen Internetverbindungen über den oft sehr teuren Anbieter (ca. 30 Euro pro Einwahl oder 2,– Euro pro Minute) umleiten. Lassen Sie daher die Finger von solchen obskuren (Sex-)Seiten und öffnen Sie niemals Anhänge von E-Mails, wenn Sie die Quelle nicht kennen. Sie können bei der Telefongesellschaft die 0190er/0900er-Nummern sperren lassen, wovon aber auch andere Dienste wie Internet-by-Call betroffen sind. Auf den vorhergehenden Seiten wurde beschrieben, wie sich eine automatische Einwahl ins Internet unterbinden lässt. Wenn Sie die Verbindung manuell über ein Desktop-Verknüpfungssymbol aufbauen, bietet dies zusätzliche Sicherheit. Auch der bereits erwähnte SmartSurfer erlaubt eine Überwachung auf 0190-Dialer. Wer über feste Anbieter wie T-Online ins Internet geht, sollte sich einen 0190-Warner installieren. Hat sich ein Dialer installiert, finden Sie dessen Eintrag meist im Ordner des DFÜ-Netzwerks und können ihn löschen. Seit August 2003 müssen die Anbieter solcher Dialer in Deutschland bestimmte Anforderungen erfüllen. Ist eine Verbindung missbräuchlich hergestellt worden, bei der Kosten entstanden sind, sichern Sie vor dem Löschen des Dialers Beweise, um sich gegen die Inkassoforderungen des Anbieters wehren zu können. Viele Informationen zu diesem Themenkomplex sowie Links zu 0190-Warnern finden Sie auch auf den Webseiten* www.dialerschutz.de *und* www.dialerhilfe.de.

So surfen Sie im WWW

Die bei weitem populärste Funktion des Internets ist das World Wide Web (abgekürzt WWW oder Web). Es handelt sich dabei um Milliarden von einzelnen Seiten, die im Internet auf so genannten Webservern gespeichert sind und sich mit einem Browser abrufen lassen. Sie können also vom Wohnzimmer aus Börsenkurse, Nachrichten zum Weltgeschehen, das Fernsehprogramm, Reiseinformationen, Warenangebote und vieles mehr ansehen. Nachfolgend lernen Sie die Grundtechniken zum Abrufen von Webseiten kennen.

So surfen Sie im WWW

> **Hinweis**
>
> *Um Webseiten abzurufen, müssen Sie online sein. Wurde der Rechner gemäß den auf den vorherigen Seiten aufgeführten Vorgaben konfiguriert, ist eine automatische Verbindungsaufnahme aus Sicherheitsgründen blockiert. Sie müssen daher vor jeder Internetsitzung die Online-Verbindung manuell aufbauen und anschließend auch wieder beenden (siehe den Abschnitt »Internetverbindung aufbauen und beenden« weiter oben in diesem Kapitel). Falls Sie America Online als Provider nutzen, starten Sie die AOL-Software, melden sich an und minimieren dann das Programmfenster. Mit der T-Online-Software lässt sich ähnlich verfahren. Dann können Sie die nachfolgenden Schritte ebenfalls ausführen.*

Die erste Webseite abrufen

Das **Abrufen von Webseiten** ist eigentlich ein Kinderspiel. Sie müssen online sein und einen Browser wie den **Internet Explorer starten**.

Browser wie der Internet Explorer sind als Symbol im Startmenü und bei vielen Windows-Versionen meist auch auf dem Desktop oder als Schaltfläche in der *Schnellstart*-Symbolleiste zu finden.

Internet Explorer

> **Hinweis**
>
> *Erscheint beim ersten Aufruf des Internet Explorer der Assistent zum Einrichten des Internetzugangs? Schließen Sie das Dialogfeld über die Schaltfläche Abbrechen, den Zugang haben Sie ja bereits eingerichtet.*

1 Starten Sie den Internet Explorer oder einen anderen Browser.

2 Klicken Sie im Browserfenster auf das Textfeld *Adresse*, tippen Sie dann die gewünschte Webadresse (z.B. *www.spiegel.de*) ein und drücken Sie anschließend die ⏎-Taste.

157

> **Tipp**
>
> *Bei bereits besuchten Seiten genügt es, die ersten Zeichen der Adresse einzutippen. Dann werden automatisch ähnliche Adressen in einem Listenfeld eingeblendet und Sie können Einträge der Liste per Mausklick übernehmen.*

> **Hinweis**
>
> *Sieht das Browserfenster bei Ihnen etwas anders als hier gezeigt aus? Es gibt verschiedene Browserversionen und -hersteller. Sind bei Ihnen die Symbole in der Symbolleiste des Internet Explorer kleiner oder enthalten sie keinen Text? Das ist über die Befehle* Symbolleisten/Anpassen *des Menüs* Ansicht *sowie über den Befehl* Internetoptionen *(im Menü* Extras *oder* Ansicht*) einstellbar. Lassen Sie sich von diesen kleinen Abweichungen nicht stören. Die nachfolgenden Ausführungen beziehen sich auf die Grundfunktionen, die in allen Browsern gleich oder sehr ähnlich sind.*

> **Techtalk**
>
> **Webadressen** *(auch als Uniform Resource Locator oder kurz* **URL** *bezeichnet) werden in der Form www.name.de angegeben. Die drei Buchstaben www zeigen an, dass es sich um eine Hauptseite im Web handelt. An den letzten Buchstaben hinter dem zweiten Punkt lässt sich manchmal erkennen, wo die Webseite geführt wird (.de = Deutschland, .at = Österreich, .ch = Schweiz, .com = kommerzielle Webseiten, .org = Organisationen, .edu Schulen, Universitäten etc.). Der* Name *in der Mitte der Adresse ist der so genannte Domänenname der Webseite. Der weltweit eindeutige Domänenname muss vom Besitzer bzw. dem Provider der Webseite bei der Organisation DeNIC (Deutsches Network Information Center) registriert werden. Mit www. spiegel.de geht es zur Webseite eines Nachrichtenmagazins, www.mut.de verweist beispielsweise auf die Markt+Technik-Startseite, www.aldi.de führt zum Angebot eines Discounters und mit www.borncity.de erreichen Sie meine Homepage. Das bei manchen URL-Angaben vorangestellte Kürzel* http:// *gibt dem Browser einen Hinweis, mit welchem Protokoll er die Seite abrufen soll. Sie können das Kürzel weglassen, es wird dann automatisch vom Browser ergänzt.*

Bei einer gültigen Webadresse fordert der Browser die Seite aus dem World Wide Web an und stellt deren Inhalt im Fenster des Browsers dar. Hier wurde die Adresse *www.spiegel.de* des Spiegel-Online wegen der übersichtlichen und klaren Seitenstruktur zur Demonstration verwendet. Neben einigen Werbeeinblendungen besitzt die Seite eine Art Inhaltsverzeichnis mit Rub-

So surfen Sie im WWW

riken am linken Rand. Im Hauptteil der Seite finden Sie ausgesuchte Meldungen zu aktuellen Themen. Über die Bildlaufleisten können Sie in der Seite blättern.

3 Zeigen Sie versuchsweise mit der Maus auf die Überschriften der einzelnen Artikel sowie auf die Rubrik »Reise« in der linken Spalte und beobachten Sie, was passiert.

4 Klicken Sie in der linken Spalte der Seite auf die Rubrik »Reise«.

5 Klicken Sie in der angezeigten Folgeseite auf die Überschrift eines Beitrags und beobachten Sie, was passiert.

Webseiten enthalten häufig als **Hyperlinks** bezeichnete **Verweise auf andere Dokumente**. In vielen Webseiten werden Hyperlinks als blau unterstrichener Text dargestellt. Aber dies muss nicht unbedingt so sein, denn der Autor solcher Seiten legt fest, wo diese Hyperlinks auftreten, wohin verwiesen wird und wie die Links aussehen. Auch Überschriften oder Bilder können deshalb als Hyperlinks ausgeführt sein. Sicher erkennen lässt sich ein Hyperlink, indem Sie mit der Maus darüber fahren. Über dem Hyperlink erscheint statt des Mauszeigers eine stilisierte Hand. Ein Mausklick auf ei-

159

nen Hyperlink ruft die Folgeseite auf – also der gleiche Vorgang wie bei der Ihnen bereits bekannten Windows-Hilfe.

Die Hyperlinks erlauben Ihnen also auf recht bequeme Weise, ein Dokument samt den darin angegebenen Verweisseiten anzusehen. Sie müssen nur einmal die Adresse der Startseite in der *Adresse*-Symbolleiste eintippen. Dies funktioniert bei allen Browsern auf die gleiche Art. Weil das so einfach ist und Spaß macht, hat sich dafür der Begriff des »Surfens im Web« eingebürgert.

> **Tipp**
> *Der Gebührenzähler läuft bei Internetverbindungen mit Zeittakt auch beim Ansehen einer Webseite weiter. Um Geld zu sparen, können Sie mehrere Seiten in getrennten Fenstern abrufen, dann die Online-Verbindung trennen und die Seiteninhalte anschließend in Ruhe lesen. Hierzu klicken Sie mit der rechten Maustaste auf den gewünschten Hyperlink, wählen im Kontextmenü den Befehl* In neuem Fenster öffnen *und minimieren dann das Fenster. Die neue Seite wird im Hintergrund geladen, während Sie im ersten Fenster erneut die vorherige Seite sehen.*

Hier werden Sie geholfen!

Wenn Sie ausgehend von einer Hauptseite mehrere Folgedokumente über Hyperlinks aufrufen, stellt sich die Frage, wie es zur Hauptseite zurückgeht. Oder Sie möchten zwischen bereits besuchten Seiten hin und her wechseln. Jedes Mal die Startadresse (z.B. *www.spiegel.de*) einzutippen und dann zu den Seiten zu wechseln ist zu aufwändig. Glücklicherweise werden Sie durch Browser wie den Internet Explorer beim Surfen im Web kräftig unterstützt. Der Browser merkt sich die besuchten Seiten.

- Über die Schaltfläche *Zurück* ruft der Browser die vorherige besuchte Seite erneut auf. Durch mehrfache Anwahl dieser Schaltfläche können Sie auch mehrere Seiten zurückgehen. Klicken Sie auf das kleine Dreieck neben der Schaltfläche, öffnet sich ein Menü zur Auswahl der Seite über den Seitentitel.

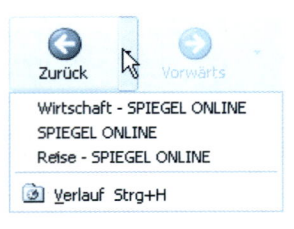

- Mittels der Schaltfläche *Vorwärts* bzw. des zugehörigen Menüs blättern Sie zu einer bereits besuchten Seite weiter.

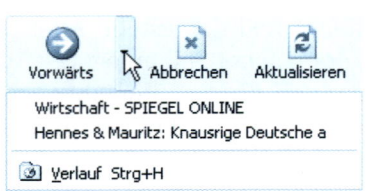

So surfen Sie im WWW

Die beiden Schaltflächen sind also recht praktisch, wenn Sie mehrere Seiten angesehen haben und nochmals einen Schritt zurück und wieder vor gehen möchten. Sind Sie am Anfang oder am Ende der Liste der von Ihnen besuchten Webseiten angelangt, sperrt der Browser die betreffende Schaltfläche.

> **Hinweis**
>
> *Rechts neben der Schaltfläche* Vorwärts *finden Sie noch die Symbole der Schaltflächen* Abbrechen *und* Aktualisieren.
>
> *Gelegentlich kommt es vor, dass der Seitenaufbau recht lange dauert (z.B. weil der betreffende Webserver überlastet oder ausgefallen ist). Oder die Seite wird nicht vollständig aufgebaut, weil ein Datenstau auf dem »Datenhighway« herrscht. Dann verwenden Sie die beiden Schaltflächen, um das* **Laden** *einer Seite* **abzubrechen** *oder die* **Seite neu anzufordern**

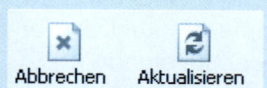

Wenn Sie den Internet Explorer (oder andere Browser) beenden, vergisst dieser die Liste der gerade besuchten Seiten und die Schaltflächen *Vorwärts/ Zurück* sind beim nächsten Start erst einmal gesperrt. Irgendwann tritt aber mit Sicherheit der Fall ein, dass Sie **nach einigen Tagen eine** ganz tolle **Webseite erneut ansurfen** möchten, aber deren Adresse vergessen haben.

1 Klicken Sie in der Symbolleiste des Browsers auf die mit *Verlauf* oder einer ähnlichen Bezeichnung beschriftete Schaltfläche.

2 In der linken Spalte des Fensters klicken Sie eine Zeitangabe (Vorige Woche, Montag, Dienstag, Heute etc.) oder das Symbol des zugehörigen Kalenderblatts an, um die Detailliste der in diesem Zeitraum besuchten Seiten anzuzeigen.

3 Sobald die Struktur um die Adressen der Startseiten (z.B. *www.microsoft.com*) erweitert wird, klicken Sie die URL oder das Ordnersymbol der gewünschten Seite an.

4 Zum Abrufen der gewünschten Einzelseite klicken Sie auf den als Hyperlink dargestellten Eintrag der Liste oder auf das zugehörige Symbol mit dem stilisierten Blatt und dem Buchstaben »e«.

Die Seite wird dann im rechten Teil des Browserfensters angezeigt. Durch erneutes Anklicken der Schaltfläche *Verlauf* lässt sich die Verlaufsspalte wieder ausblenden.

> **Tipp**
>
> *Der Browser hält die Seiteninhalte in einem als Cache bezeichneten temporären Zwischenspeicher vor. Ist der Cache voll, werden die ältesten Einträge durch die Inhalte neu besuchter Seiten überschrieben. Daher lassen sich manche* **Webseiten** *aus der Verlaufsliste* **abrufen***, auch* **wenn** *der* **Computer offline ist***. Sie müssen lediglich vorher im Menü Datei des Internet Explorer den Befehl Offlinebetrieb markieren (der Befehl muss mit einem Häkchen versehen sein). Ist ein Seiteninhalt nicht mehr vorhanden, wird dies durch eine verblasste Darstellung des Listeneintrags angezeigt. Klicken Sie einen solchen Eintrag an, erscheint ein Dialog mit der Aufforderung, online zu gehen. Sie müssen dann die Online-Verbindung herstellen, um die Seite erneut anzuzeigen.*

Lesezeichen für Webseiten

Besuchen Sie Webseiten öfters oder stoßen Sie auf ein besonders ausgefallenes Angebot, das Sie später erneut aufrufen möchten? Dann sollten Sie die Webseite mit einem Lesezeichen versehen. Konkret bedeutet das, dass Sie den Browser anweisen, sich die Webadresse (URL) der Seite zu merken. Diese auch als **Bookmarking** bezeichnete Funktion (Sie legen quasi eine »symbolische« Buchmarke zwischen die »Seiten« im WWW) heißt beim Microsoft Internet Explorer *Favoriten* (bzw. *Bookmark* beim Netscape Navigator).

1 Rufen Sie die gewünschte Webseite im Internet Explorer auf.

2 Klicken Sie im Menü *Favoriten* auf den Befehl *Zu Favoriten hinzufügen*.

3 Korrigieren Sie im Dialogfeld *Favoriten hinzufügen* ggf. den Text im Feld *Name*, setzen Sie bei Bedarf die gewünschten Optionen und schließen Sie das Dialogfeld über die *OK*-Schaltfläche.

Der Internet Explorer fügt den angegebenen Namen und die Seitenadresse in die Liste der Favoriten ein.

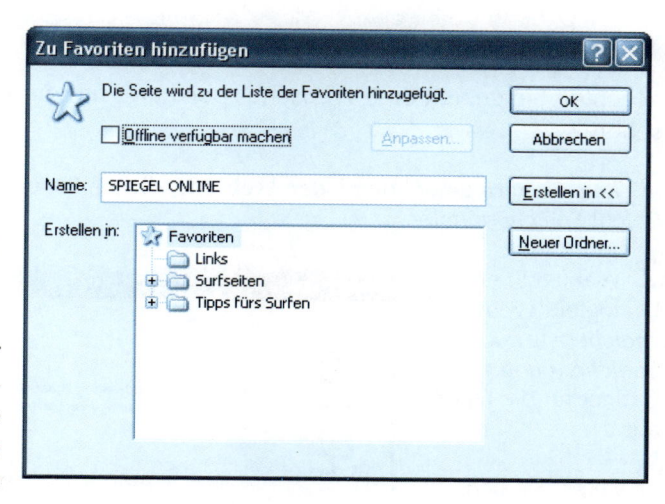

Tipp

Möchten Sie viele Favoriten definieren, sollten Sie diese in Gruppen (Ordner) aufteilen. Klicken Sie auf die Schaltfläche Erstellen in *des Dialogfelds, wird dieses um die angelegte Ordnerstruktur erweitert. Die Ordner tauchen später im Menü* Favoriten *als Befehle mit Untermenüs auf. Markieren Sie ein Ordnersymbol im Dialogfeld* Zu Favoriten hinzufügen, *um den neuen Eintrag dem zugehörigen Untermenü zuzuordnen. Mittels der Schaltfläche* Neuer Ordner *können Sie bei Bedarf zusätzliche Gruppen anlegen und mit einem eigenen Namen versehen. Über den Befehl* Favoriten verwalten *des Menüs* Favoriten *lässt sich ein Dialogfeld öffnen, über das Sie Einträge in der Favoritenliste löschen, umbenennen oder neu anordnen können.*

1 Um die Seite über diese Adresse erneut abzurufen, öffnen Sie das Menü *Favoriten*.

2 Dann suchen Sie den gewünschten Eintrag und klicken diesen im Menü an.

Alternativ können Sie in der Symbolleiste auf die Schaltfläche *Favoriten* klicken. Dann werden die Favoriteneinträge als Liste in der linken Spalte eingeblendet. Haben Sie beim Anlegen des Eintrags das Kontrollkästchen *Offline verfügbar machen* markiert, lassen sich die Webseiten auch ohne aktive Internetverbindung ansehen.

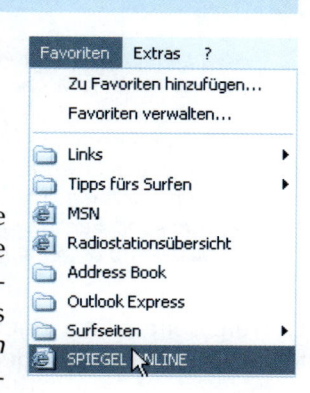

Webinhalte speichern

Möchten Sie gezielt eine Webseite speichern, um diese später erneut anzusehen?

1 Zum **Sichern einer** kompletten **Webseite** klicken Sie im Menü *Datei* auf den Befehl *Speichern unter*.

2 Wählen Sie im Dialogfeld *Webseite speichern* (bzw. *Speichern unter*) den Ordner für die Datei aus.

3 Legen Sie den Dateityp im gleichnamigen Feld fest.

4 Korrigieren Sie ggf. den Dateinamen im Feld *Dateiname*.

5 Klicken Sie auf die Schaltfläche *Speichern*.

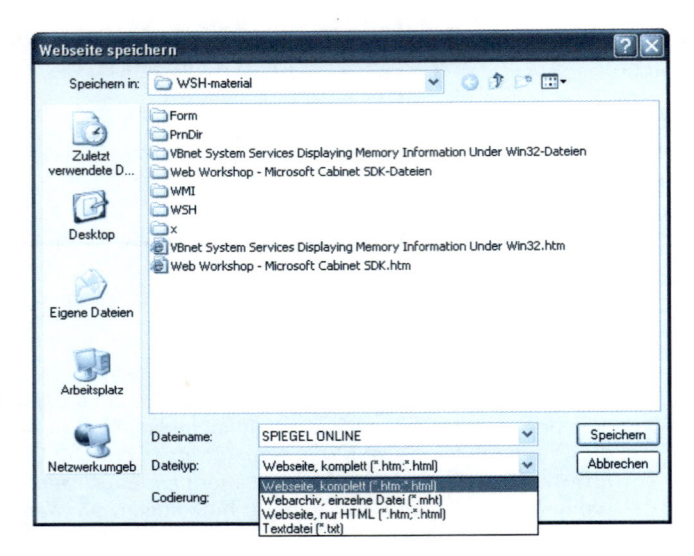

Der Text der Seite wird vom Internet Explorer als Datei mit dem vorgegebenen Namen gespeichert.

> **Tipp**
>
> *Beim Dateityp »Webseite« legt das Programm den Seiteninhalt in einer Datei (Erweiterung .htm oder .html) ab, wobei in der Seite enthaltene Bilder in getrennten Ordnern gespeichert werden. Am kompaktesten ist der Dateityp »Webarchiv«, der alle Texte und Bilder in einer .mht-Datei ablegt. Das erleichtert den Überblick über gespeicherte Seiten. Allerdings unterstützen ältere Versionen des Internet Explorer diesen Dateityp nicht. Weiter können Sie bei neueren Versionen des Internet Explorer über den Dateityp den Text der Webseite im so genannten HTML-Format oder als reinen Text speichern.*

Um die Seite später nochmals anzusehen, doppelklicken Sie im Ordnerfenster auf die gespeicherte *.txt*-, *.mht*-, *.htm*- bzw. *.html*-Datei. Windows startet den Internet Explorer und zeigt die gespeicherten Inhalte automatisch an.

So surfen Sie im WWW

Vielleicht haben Sie ein schönes Motiv gefunden, das sich auch in Briefen oder Einladungsschreiben oder als Hintergrund für den Windows-Desktop gut macht. Möchten Sie das **Bild** oder **Foto aus einer Webseite** auf Ihren Computer **speichern**? Dazu sind folgende Schritte erforderlich:

1 Klicken Sie das Bild mit der rechten Maustaste an.

2 Wählen Sie im Kontextmenü den Befehl *Bild speichern unter*.

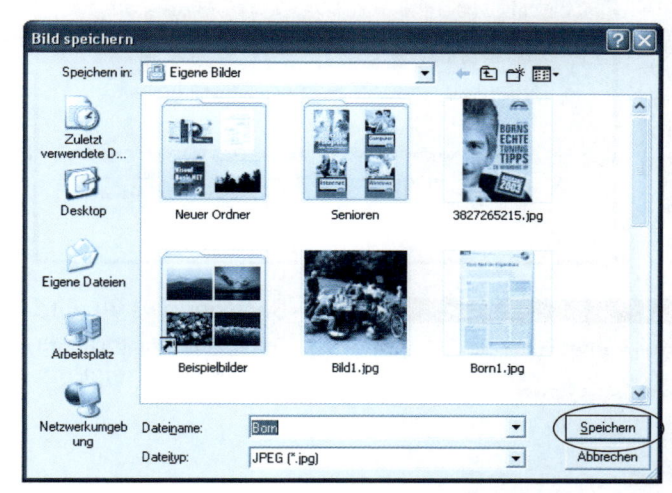

3 Im angezeigten Dialogfeld *Bild speichern* wählen Sie den Ordner für das Bild und passen ggf. den Dateinamen an. Dann klicken auf die Schaltfläche *Speichern*.

Es wird eine Kopie des Bildes aus dem Internet geladen und auf dem Computer unter dem angegebenen Dateityp (*.bmp*, *.gif*, *.jpeg*) gespeichert. Standardmäßig gibt Windows dabei den Unterordner *Eigene Bilder* im Ordner *Eigene Dateien* als Speicherziel vor. Beachten Sie aber, dass diese Bilder meist dem Copyright unterliegen; eine Verwendung im privaten Umfeld ist allerdings meistens gestattet.

> **Hinweis**
>
> *Wählen Sie im Kontextmenü den Befehl* Als Hintergrundbild, *richtet der Internet Explorer das Motiv im Hintergrund des Desktop ein.*

Download von Dateien

Webseiten können Dateien zum Herunterladen – auch als Download bezeichnet – anbieten. Der Download solcher über Hyperlinks angebotener Dateien ist recht einfach.

1 Rufen Sie die Webseite im Browser auf und klicken Sie auf den Hyperlink zum Download.

Hier wurde die Download-Seite des bereits erwähnten Tarifmanagers SmartSurfer unter *smartsurfer.web.de* angewählt. Direkt nach dem Anklicken des betreffenden Hyperlink öffnet der Internet Explorer ein Dialogfeld *Dateidownload*, dessen Aussehen je nach Browserversion etwas variiert.

In Windows XP erscheint dieses Dialogfeld – welches, je nach Aktualisierungsstand Ihres Systems, zusätzliche Informationen (z.B. Warnungen) enthalten kann.

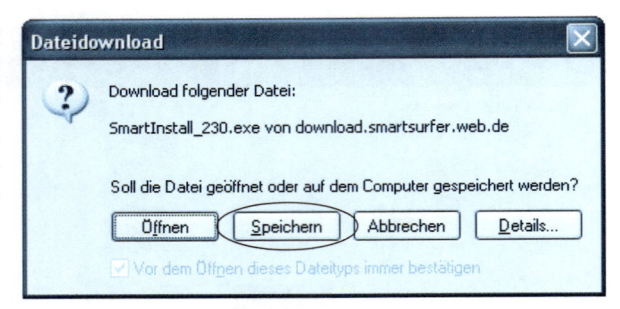

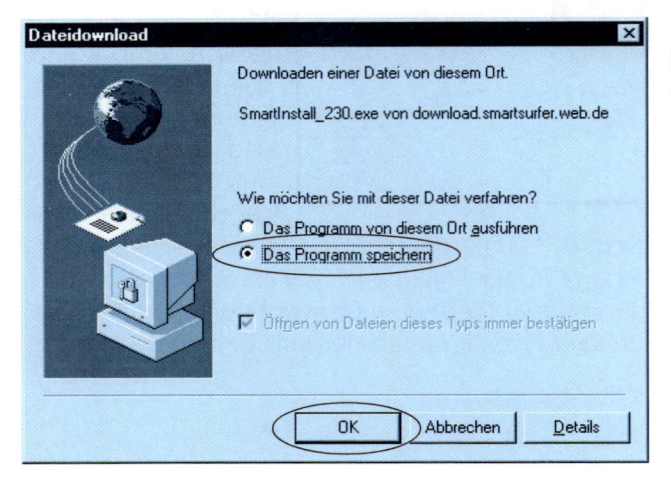

Bei Windows 98 wird beispielsweise dieser Dialog angezeigt.

2 Wählen Sie dann die Option zum Speichern. In Windows XP ist das die Schaltfläche *Speichern*. Beim Windows-98-Dialog ist die Option zum Speichern der Datei oder des Programms zu wählen und über die *OK*-Schaltfläche zu bestätigen.

So surfen Sie im WWW

Achtung

Verwenden Sie beim Download **niemals** die Option zum **Öffnen**, **da** die **Datei** ein **Virus enthalten kann**. Beim Öffnen werden Programme oder so genannte Makros bzw. Skripte ausgeführt und das Virus kann dadurch wirksam werden. Eine gespeicherte Datei lässt sich dagegen vor der ersten Nutzung, d.h. vor dem Öffnen, mit einem im Handel erhältlichen Virenschutzprogramm überprüfen.

3 Der Browser öffnet das Dialogfeld *Speichern unter*, in dem Sie den Zielordner wählen und ggf. den Dateinamen korrigieren können.

4 Klicken Sie anschließend auf die *Speichern*-Schaltfläche.

Der Internet Explorer beginnt jetzt mit dem Herunterladen der betreffenden Datei. Das kann – je nach Dateigröße – durchaus längere Zeit dauern. Während des Ladens werden Sie in einem Statusfenster über den Fortgang informiert. Sie können während dieser Zeit weiterarbeiten und andere Webseiten abrufen oder auch einer anderen Beschäftigung nachgehen.

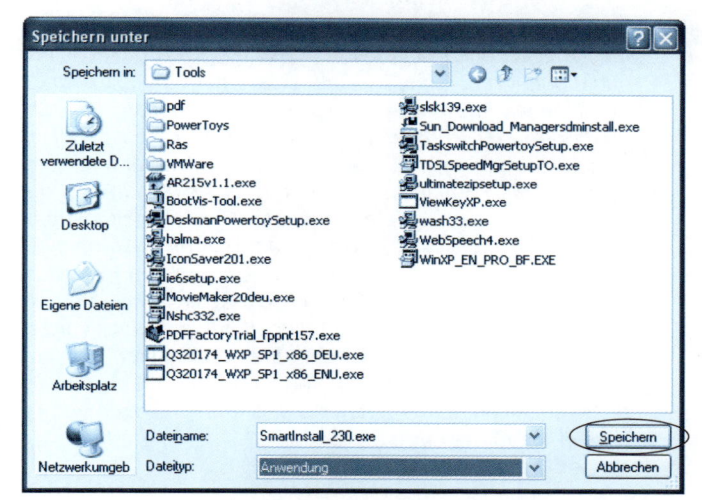

Tipp

Sehr große Dateien benötigen zum Download schon mal mehrere Stunden. Besonders ärgerlich wird es, wenn solche Downloads wegen eines Fehlers oder Überlastung des Servers usw. abgebrochen werden. Abhilfe bieten so genannte **Download-Manager***, die einen schrittweisen Download erlauben. Lassen Sie den Download z.B. beim Surfen gleichzeitig im Hintergrund mitlaufen. Bei Bedarf kann dieser Download aber jederzeit unterbrochen und später (auch bei Fehlerabbrüchen) fortgesetzt werden. Das spart Zeit, Nerven und Kosten! Unter www.getright.com finden Sie den (kostenlosen) Download-Manager GetRight. Es gibt noch weitere solche Programme, die jedoch über als Adware oder Spyware bezeichnete Funktionen Informationen über Ihren PC an Werbefirmen senden – was mit Vorsicht zu genießen ist.*

Techtalk

*An dieser Stelle noch einige Bemerkungen zu heruntergeladenen Dateien. Bei der Dateinamenerweiterung .exe handelt es sich um **Programmdateien**, die sich (nach einer Überprüfung auf Viren) **per Doppelklick ausführen** lassen. Um Dateien beim Download möglichst schnell zu übertragen, werden diese häufig als **ZIP-Archiv** komprimiert. Sie benötigen dann ein ZIP-Programm oder die Windows-Funktion »Komprimierte Ordner« (siehe in Kapitel 3 den Abschnitt »Wissen für Fortgeschrittene«). Ein Doppelklick auf **Grafik**- (.bmp, .gif, .jpeg) oder **Dokumentdateien** (.txt, .doc, .html etc.) öffnet diese im zugehörigen Programm (vorausgesetzt, dieses ist auf dem Rechner installiert). Für die hier angegebenen Dateinamenerweiterungen bietet Windows meist interne Funktionen zur Anzeige. Viele Dokumente mit Text und Grafik werden als .pdf-Dateien im **Adobe-Acrobat**-Format weitergegeben. Das Kürzel **PDF** steht für **P**ortable **D**ocument **F**ormat. Es handelt sich dabei um ein universelles Anzeigeformat, welches im Gegensatz zu dem für Internetdokumente verwendeten HTML-Format die Darstellung eines Dokuments mit Seitenzahlen etc. entsprechend dem Original erlaubt. Um ein .pdf-Dokument anzuzeigen, benötigen Sie das kostenlose Programm Adobe Acrobat Reader. Dieses Programm ist auf vielen Büchern und Zeitschriften beigelegten CDs enthalten, lässt sich aber auch von der Webseite www.adobe.de herunterladen. Sobald Sie die Installationsdatei per Doppelklick aufrufen, wird der Acrobat Reader installiert. Anschließend können Sie .pdf-Dateien per Doppelklick ansehen. Zudem kann der Internet Explorer im WWW gespeicherte .pdf-Dokumente direkt anzeigen. Ein Programmzusatz zum Erzeugen von PDF-Dateien wird in Kapitel 12 vorgestellt.*

Webseiten ausdrucken

Auch das **Ausdrucken** geladener **HTML-Dokumente** geht recht einfach. Allerdings gibt es zwei Möglichkeiten.

1 Klicken Sie in der Symbolleiste des Internet Explorer auf die Schaltfläche *Drucken*.

Die Schaltfläche *Drucken* ermöglicht den sofortigen Ausdruck der aktuellen Seite ohne weitere Nachfragen.

Möchten Sie kontrollieren, welche Teile einer Webseite ausgedruckt werden?

1 Dann wählen Sie im Menü *Datei* den Befehl *Drucken* oder drücken Sie die Tastenkombination [Strg]+[P].

Es erscheint (ähnlich wie bei anderen Programmen) ein Dialogfeld, in dem Sie die Druckoptionen wählen können. Der genaue Aufbau des Dialogfelds *Drucken* hängt von der jeweils verwendeten Windows-Version ab. In Windows XP finden sich beispielsweise zwei Registerkarten, während bei anderen Versionen alles auf einer einzigen Seite untergebracht ist. Das sollte Ihnen aber keine Probleme bereiten, da die wichtigsten Optionen gleich oder zumindest ähnlich benannt werden.

2 Legen Sie im Dialogfeld *Drucken* die gewünschten Optionen fest.

3 Klicken Sie auf die mit *OK* oder *Drucken* beschriftete Schaltfläche.

Der Browser druckt jetzt den Inhalt der aktuell angezeigten Dokumentseite(n) samt Grafiken aus. Dieser Ausdruck umfasst auch die nicht sichtbaren Dokumentteile, falls das Anzeigefenster kleiner als das eigentliche Dokument ist.

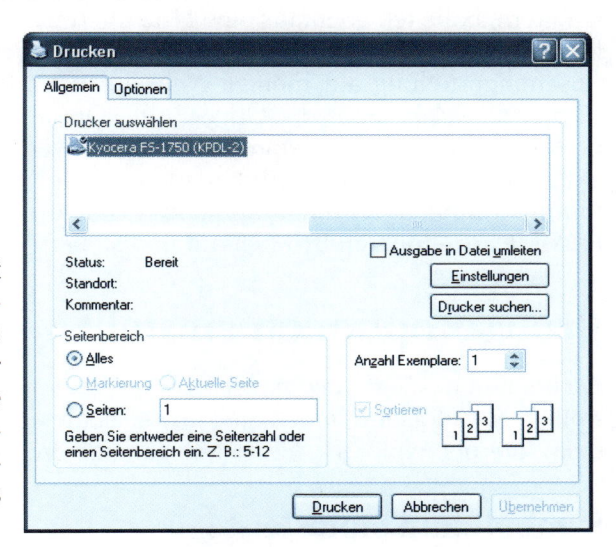

Hinweis

Manche Webseiten sind in mehrere Teile, auch als **Frames** *(Rahmen) bezeichnet, unterteilt. Dann werden die Optionsfelder der Gruppe* Drucken von Frames *(Registerkarte* Optionen *in Windows XP) freigegeben und Sie können festlegen, wie die Inhalte der Frames auszugeben sind. Markieren Sie das Kontrollkästchen* Liste der Links drucken *im Dialogfeld, dann druckt der Browser am Ende der Dokumentseite eine Liste mit den Adressen aller im Dokument enthaltenen Hyperlinks aus. Sie können auf diese Weise interessante Webadressen herausfinden.*

Diese Webseiten sollten Sie kennen

Haben Sie Feuer gefangen und möchten das Internet künftig öfter nutzen? Bei Ausflügen ins Web können Sie die in Kapitel 5 beschriebenen Webkataloge und Suchmaschinen zum Stöbern verwenden. Hilfreicher ist es, für erste Ausflüge kommentierte Internet-Wegweiser zu nutzen. Auf der Webseite der Zeitschrift Computer Bild (*www.computerbild.de*) finden Sie alphabetisch geordnete, **kommentierte Verweise auf** interessante **Webseiten**. Die Zeitschrift Tomorrow (*www.tomorrow.de*) leitet Sie zum MSN-Angebot weiter. In der Rubrik »Top-1000 Die besten Webadressen« finden Sie viele kommentierte Angebote (allerdings ist die eingeblendete Zwangswerbung etwas nervig). Um Ihnen die ersten Ausflüge ins Internet zu erleichtern, habe ich ebenfalls eine Liste interessanter Webseiten erstellt. Aus Platzgründen muss der Abdruck in diesem Buch entfallen. Sie finden diese Zusammenstellung auf meiner Webseite *www.borncity.de* in der Rubrik »Tipps & Tricks« unter der Überschrift »Diese Webseiten sollten Sie kennen«. Sie können die Zusammenstellung entweder als Adobe-Acrobat-PDF-Datei aus dem Internet herunterladen und im Adobe Acrobat Reader auf Ihrem Computer ansehen, speichern und drucken. Oder Sie rufen die HTML-Darstellung im Browser auf und stöbern im aufgeführten Angebot.

Browseroptionen einstellen

Sie können das Verhalten eines Browsers über verschiedene Optionen einstellen. Nachfolgend finden Sie Hinweise auf die wichtigsten Einstellungen beim Internet Explorer – für andere gängige Browser gilt Ähnliches.

Symbol- und Statusleiste

Die Symbol- und Statusleisten lassen sich über die Einträge des Menüs *Ansicht* ein-/ausblenden. Über den Befehl *Symbolleisten* öffnen Sie ein Untermenü, um verschiedene Symbolleisten anzuzeigen.

Wählen Sie im Untermenü den Befehl *Anpassen*, öffnet sich ein Dialogfeld, in dem Sie wie bei Ordnerfenstern (siehe Kapitel 3) die Schaltflächen der *Standard*-Symbolleiste verändern können.

Über den Befehl *Internetoptionen* des Menüs *Extras* (bzw. *Ansicht* bei älteren Browserversionen) öffnen Sie das Eigenschaftenfenster mit verschiedenen Registerkarten. Auf diesen Registerkarten können Sie alle Optionen des Browsers ansehen und anpassen. Die Direkthilfe liefert Informationen zu den einzelnen Optionen.

Anpassen der Startseite

Beim Starten des Internet Explorer lädt dieser automatisch eine eigene Startseite (oft auch als **Homepage** bezeichnet). Diese Startseite wird auch bei Anwahl der mit *Startseite* oder *Home* bezeichneten Schaltfläche in der Symbolleiste des Browserfensters abgerufen. Standardmäßig ist die Startseite von Microsoft oder eines Webanbieters als Homepage eingetragen. Möchten Sie lieber eine andere Seite oder eine leere Seite eintragen?

1 Starten Sie den Internet Explorer. Falls Sie eine Webseite als Homepage verwenden wollen, laden Sie die gewünschte Webseite.

2 Klicken Sie im Menü *Extras* (oder bei älteren Programmversionen im Menü *Ansicht*) auf den Befehl *Internetoptionen*.

Der Explorer zeigt jetzt das Eigenschaftenfenster *Internetoptionen* an.

3 Wählen Sie auf der Registerkarte *Allgemein* eine der Schaltflächen in der Gruppe *Startseite* und schließen Sie das Fenster über die *OK*-Schaltfläche.

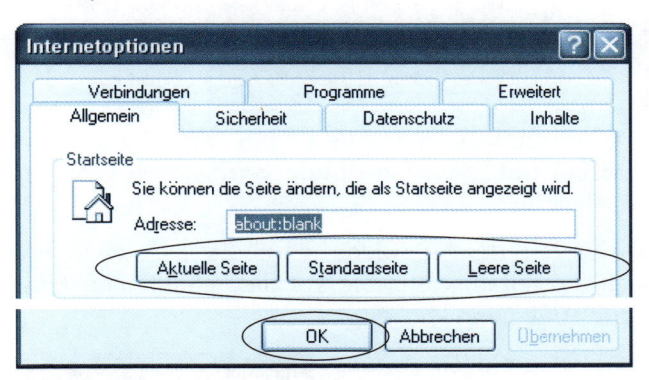

Mit der Schaltfläche *Leere Seite* wird eine Leerseite (about:blank) als Startseite eingestellt. Mit *Aktuelle Seite* erklären Sie das aktuell geladene Webdokument zur Startseite (die URL dieser Seite steht im Feld *Adresse*). Wählen Sie die Schaltfläche *Standardseite*, wird die Adresse der Microsoft-Homepage vorgegeben.

Spurentilgung im Browser

Wenn Sie im Internet surfen, hinterlassen Sie Spuren. Dritte brauchen nur die Funktion »Verlauf« abzurufen, um zu sehen, welche Seiten Sie aufgerufen haben. Die bereits oben gezeigte Registerkarte *Allgemein* erlaubt Ihnen, solche Informationen zu löschen oder einfach nur »Hausputz« zu halten.

Den Inhalt des Ordners *Verlauf* können Sie über die Schaltfläche *Ordner »Verlauf« leeren* auf der Registerkarte *Allgemein* löschen (Aufruf siehe oben).

171

In der Gruppe *Verlauf* legen Sie übrigens über das Drehfeld fest, wie viele Tage der Internet Explorer die Seiten im Ordner *Verlauf* zwischenspeichert.

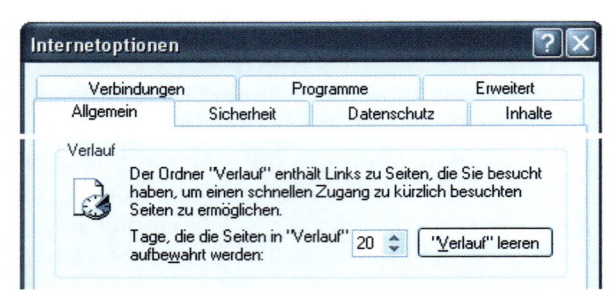

Beim Surfen im Internet sammeln sich mit der Zeit einige Dateien (z.B. zwischengespeicherte Webseiten) in den vom Browser benutzten Ordnern an.

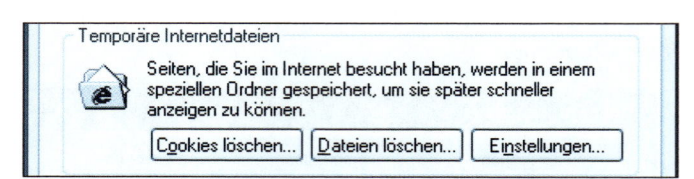

Über die Schaltfläche *Dateien löschen* können Sie diese Dateien entfernen.

Das Kontrollkästchen *Alle Offlineinhalte löschen* im angezeigten Dialogfeld bewirkt, dass die offline verfügbaren Webdateien ebenfalls entfernt werden.

Die Größe des für solche temporären Dateien reservierten Bereichs lässt sich einstellen, wenn Sie auf die Schaltfläche *Einstellungen* der Registerkarte *Allgemein* klicken.

Im Dialogfeld *Einstellungen* setzen Sie dann den Schieberegler oder das Drehfeld auf den gewünschten Wert. Gerade bei großen Festplatten ist der Zwischenspeicher standardmäßig viel zu groß eingestellt (100 bis 300 Mbyte reichen eigentlich).

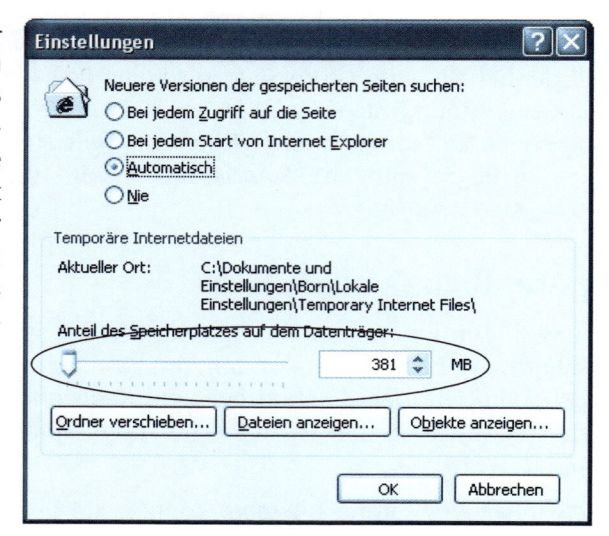

Browseroptionen einstellen

Tipp
Achten Sie darauf, dass die Option Automatisch *im Dialogfeld* Einstellungen *markiert ist. Das stellt sicher, dass beim Abruf einer Webseite immer der aktuelle Inhalt und nicht der Zwischenspeicher angezeigt wird. Können Sie die Texte einer Webseite nur sehr schlecht lesen, weil die Buchstaben zu klein sind? Wählen Sie im Menü* Ansicht *den Befehl* Schriftgrad *und klicken Sie im Untermenü dann auf einen der Befehle wie* Sehr groß. *Das Programm schaltet dann auf größere Schriften um. Allerdings hilft das bei manchen Webseiten nicht, da diese feste Schriftgrößen vorgeben. Sie können aber versuchsweise die Registerkarte* Allgemein *aufrufen (Menü* Extras/Internetoptionen*), auf die Schaltfläche* Eingabehilfen *klicken und im dann angezeigten Dialogfeld alle Optionen der Gruppe* Formatierung *zum Ignorieren der Webseitenvorgaben markieren.*

Zusammenfassung

In diesem Kapitel wurde Ihnen gezeigt, was Sie für den Zugang zum Internet benötigen. Außerdem kennen Sie die Schritte, um einen Internetzugang im DFÜ-Netzwerk selbst einzurichten. Außerdem wissen Sie, wie sich Internetverbindungen aufbauen und später wieder beenden lassen. Und Sie verfügen über die zum Surfen im Web erforderlichen Grundkenntnisse. Für den Einstieg reichen diese Grundkenntnisse allemal. Das nächste Kapitel geht auf spezielle Fragen im Hinblick auf die Nutzung des Internets ein.

Testen Sie Ihr Wissen

Zur Überprüfung Ihrer Kenntnisse können Sie die nachfolgenden Fragen beantworten.

- **Wie rufen Sie eine Webseite im Browser ab?**

  Browser starten und die URL-Adresse der Seite im Feld *Adresse* eintippen.

- **Wie lässt sich die vorherige Seite im Browser abrufen?**

  Verwenden Sie die mit *Zurück* bezeichnete Schaltfläche.

- **Wie laden Sie eine Datei aus dem Internet?**

  Den Hyperlink zum Download in der Webseite anklicken, die Option zum Speichern wählen, den Speicherort und Dateinamen angeben und das Dialogfeld über *OK* oder *Speichern* schließen.

173

Kapitel 5

Internet für Fortgeschrittene

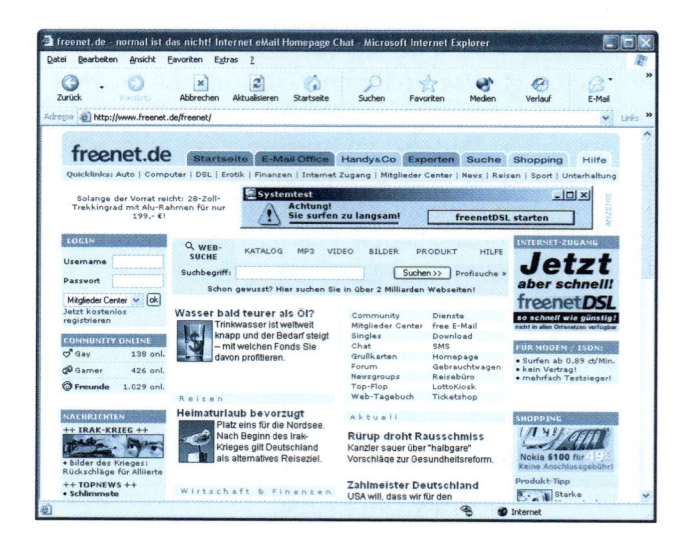

Dieses Kapitel befasst sich mit den Angeboten rund ums Internet. Sie lernen interessante Webseiten kennen und erfahren, wie Sie gezielt im Internet nach Informationen suchen können. Zudem werden spezielle Fragen zur Sicherheit, zum Homebanking, zum Einkaufen und mehr behandelt. Weiter lernen Sie Internetdienste wie Chat oder Foren kennen. Nach der Lektüre haben Sie einen allgemeinen Eindruck, was sich alles im Internet tun lässt.

Ihr Erfolgsbarometer

Das können Sie schon:

Den Computer in Betrieb nehmen	37
Mit Windows arbeiten	48
Mit Fenstern und Programmen umgehen	59/67
Einen Internetzugang einrichten	140/145
Webseiten aufrufen, speichern und drucken	156

Das lernen Sie neu:

Gesucht und gefunden!	176
Geschäfte im Internet	188
Online-Banking – so geht's	194
Chat, Foren und mehr	199
Ich will 'ne Website!	209
Computersicherheit & Internet	213

Gesucht und gefunden!

Sobald Sie die Hürde zum Einstieg ins Internet genommen haben, steht für Sie ein riesiges Angebot an Webseiten zum Abruf bereit. Einziges Problem, Sie müssen die Startadressen (URLs) der gewünschten Webseiten kennen. Natürlich können Sie interessante Webadressen aus Zeitschriften oder Prospekten sammeln und die zugehörigen Seiten ausprobieren. Fast jedes Kaufhaus, jede Supermarktkette und jeder Versandhandel ist mit einer Adresse im Web vertreten. Manchmal lässt sich die URL einer Firma oder eines Angebots erraten, indem Sie den Firmennamen durch *www* und die Kennung *.de*, *.at*, *.ch* oder *.com* ergänzen. Mit Adressen wie *www.aldi.de*, *www.minimal.de*, *www.quelle.de*, *www.otto.de*, *www.neckermann.de*, *www.aral.de*, *www.shell.de*, *www.tui.de* etc. kommen Sie sicherlich weiter. Auch allgemeine Begriffe wie »Wetter« (*www.wetter.de*), »Reisen« (*www.reisen.de*), »Sport« (*www.sport.de*), »Lotto« (*www.lotto.de*), »Geld« (*www.geld.de*), »Gesundheit« (*www.gesundheit.de*) etc. leiten Sie meist zu einer Seite, die sich dem betreffenden Thema widmet. Aber dieser Ansatz ähnelt dem »Fischen im Trüben«. Nachfolgend finden Sie daher eine Übersicht, wie Sie beim Stöbern im Web planvoller vorgehen und gezielt nach Webseiten suchen.

Portale leiten Sie weiter

Imposante Eingänge zu Gebäuden werden auch als Portale bezeichnet. Im Internet versteht man unter einem **Portal** ein Angebot, das sich als Einstiegs- oder Navigationsseite nutzen lässt. Solche **Portale bieten** meist die Funktionen einer **Suchmaschine**, **Webkataloge**, E-Mail, aktuelle Informationen zu Tagesthemen, Börse, Wetter und vieles mehr. Die folgende Tabelle enthält die Internetadressen einiger Portale, die von Online-Diensten oder Dienstleistern betrieben werden.

URL	Bemerkung
www.t-online.de	T-Online-Startseite, für Kunden des Anbieters und sonstige Besucher
www.msn.de www.msn.at www.msn.ch	Startseite des Microsoft-Network-Angebots, enthält viele Angebote zu Microsoft-Diensten

Gesucht und gefunden!

URL	Bemerkung
www.aol.de	Startseite des Online-Diensts America Online, stark auf die AOL-Benutzer ausgerichtet
www.freenet.de	Portal des Anbieters Freenet mit aktuellen Nachrichten, Suchfunktion, E-Mail-Zugang etc.

Diese Portale werden meist durch Werbeeinblendungen finanziert. Hier sehen Sie die Portalseite von MSN (*www.msn.de*).

Auf der deutschen MSN-Seite leiten Sie die in der linken Spalte (am Seitenende) aufgeführten Rubriken »Entdecken« und »Finden« zu verschiedenen Themen mit interessanten Angeboten weiter. Die Rubrik »MSN Channels« (rechter Rand der Seite) bietet ebenfalls, getrennt nach Interessengruppen, Zugang zu interessanten (allerdings vom Portalbetreiber erstellten) Seiten über Gesundheit, Sport, Reisen, Beruf und mehr.

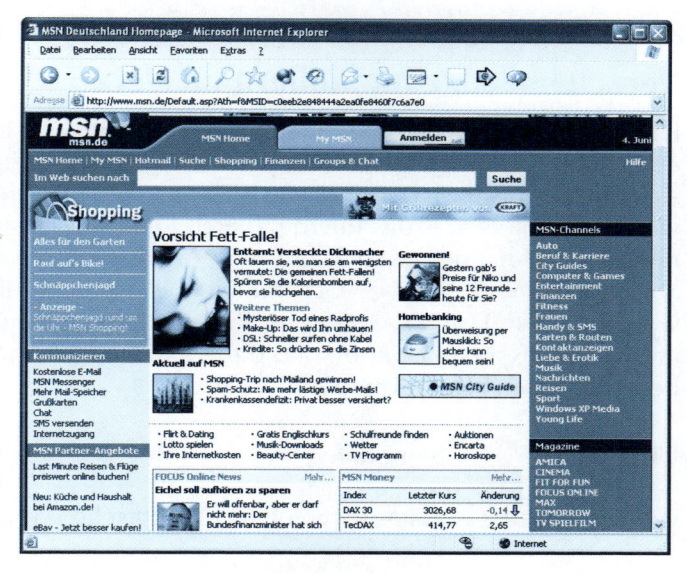

> **Was ist das?**
>
> **Channels** *sind Webseiten mit ständig aktualisiertem Inhalt. Solche Channels werden häufig von Nachrichten- oder Informationsdiensten unterhalten und bieten allgemeine oder spezielle Informationen.*

Gemeinsam ist diesen Portalen ist in der Regel, dass die (bisher kostenlosen) Inhalte der Webseiten durch den jeweiligen Portalbetreiber erstellt werden. Das ist ganz angenehm, wenn man im Internet stöbern und Informationen zu interessanten Themen lesen will. Ein Portal lässt sich quasi mit einem Magazin vergleichen, in dem ein Sammelsurium an Infor-

177

mationen, allerdings von einer Redaktion, zusammengestellt wird. Bei MSN finden Sie entsprechend auch Links zu solchen Magazinen wie Tomorrow (*tomorrow.msn.de*), Max und so weiter.

> **Hinweis**
>
> *Ziemlich nervig sind aber die ständig eingeblendeten Werbefenster, mit denen das Angebot des Portals finanziert wird. Mit geeigneten Programmen wie Webwasher oder durch Abschalten von JavaScript können Sie diese Fenster ausfiltern (siehe weiter unten).*

Verzeichnisse, zum Stöbern im Netz

Das WWW wird zu fast allen Themen etwas bieten. Die Kunst besteht darin, aus vielen Millionen Webseiten die richtigen herauszufinden. Wenn Sie sich noch etwas unsicher sind, was Sie eigentlich benötigen, oder wenn Sie wissen möchten, was das Internet bietet, lohnt der Einstieg über **Verzeichnisse**. Dabei handelt es sich um eine Art Katalog, in dem Themen nach Stichwörtern wie »Sport«, »Gesundheit«, »Wetter«, »Reisen« etc. geordnet werden. Diese Listen werden von Redakteuren gepflegt, die täglich viele tausend Webseiten bewerten und diese handverlesen nach den angegebenen Kategorien katalogisieren.

URL	Bemerkung
www.yahoo.de	Gutes Verzeichnis für deutsche Webseiten
dir.web.de	Führt direkt zum deutschen Internetkatalog von WEB.DE
www.lycos.de	Wählen Sie die Registerkarte *Suche & Themen*.
www.allesklar.de	Umfangreiches Verzeichnis mit teilweiser regionaler Ausrichtung

> **Hinweis**
>
> *Die englischsprachigen Katalogangebote erreichen Sie in der Regel, wenn Sie statt .de die Kennung .com verwenden (z.B. www.yahoo.com).*

Gesucht und gefunden!

Am Beispiel des Stichworts »Gesundheit« sollen jetzt Webseiten aus dem Katalog »allesklar« herausgesucht werden.

1 Rufen Sie im Browser die Startseite des Katalogs (hier *www.allesklar.de*) auf.

2 Warten Sie, bis die Katalogseite angezeigt wird, und klicken Sie dann in der Rubrik »*Gesundheit* & Medizin« auf den Hyperlink.

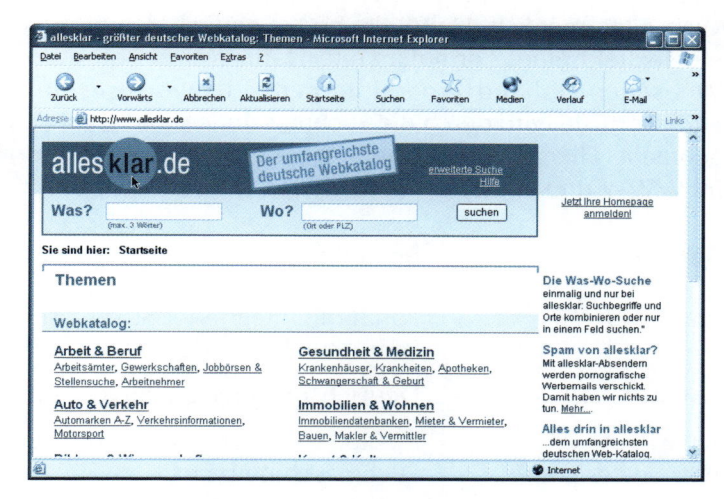

Der Browser ruft jetzt die Verzeichnisseite mit Details zu Gesundheitsthemen auf.

3 Suchen Sie ein interessantes Unterthema aus und klicken Sie erneut auf den Hyperlink des Katalogeintrags.

Wiederholen Sie den letzten Schritt so lange, bis Sie die Liste mit den Hyperlinks zu den verfügbaren Webseiten sehen. Dann genügt ein Mausklick, um die Seite anzuzeigen. Dieses Ansatz hat den Vorteil, dass Sie eine schnelle Übersicht über das Themengebiet erhalten. Häufig findet man dort Inhalte, an die man zuerst gar nicht gedacht hat. Wer sich informieren will oder einen ersten Überblick benötigt, ist mit Verzeichnissen sehr gut bedient.

> ### Hinweis
> In der Praxis finden Sie bei den meisten Anbietern eine Mischung aus Suchmaschine und Verzeichnis auf der Startseite. Eine gute Übersicht über Suchmaschinen und Verzeichnisse finden Sie auf der Webseite www.at-web.de. Gelegentlich schließen sich die Betreiber von Webseiten mit anderen Seiten zum gleichen Thema zu einem so genannten **Webring** zusammen. Folgen Sie den Links des Webrings, gelangen Sie irgendwann erneut zur Ausgangsseite zurück. Einen Einstieg bietet Ihnen www.webring.de.

Gezielt recherchieren mit Google & Co.

Die gezielte Recherche im Web ist über als **Suchmaschinen** bezeichnete Webseiten möglich. Dabei tippen Sie einfach den zu suchenden Begriff in ein Textfeld eines Formulars ein. Dann werden die Adressen gefundener Webseiten anhand einer internen Stichwortliste ausgegeben. Diese Stichwortliste wird durch die Suchmaschine ständig auf den neuesten Stand gebracht. Hierzu durchforstet ein Programm (Suchroboter) alle Webseiten im WWW und erfasst die Textbeiträge über Stichwörter.

Adresse	Bemerkung
www.web.de	Portal mit integrierter Suchmaschine, vorzugsweise für deutschsprachige Suchseiten
www.fireball.de	Deutschsprachige Suchmaschine und Katalog
www.lycos.de *www.lycos.com*	Deutsche und englische Adressen der Suchmaschine Lycos
www.altavista.de *www.altavista.com*	Deutsche und internationale Webadressen der (sehr guten) Suchmaschine Altavista
www.sear.ch	Suchmaschine, die sich auf die Schweiz bezieht
www.austronaut.at	Portal, Verzeichnis und Suchmaschine für Webseiten in Österreich
www.google.de *www.google.com*	Sehr leistungsfähige und populäre Suchmaschine

Eine sehr populäre Suchmaschine ist Google. Diese soll im folgenden Beispiel benutzt werden.

1 Rufen Sie die Webseite *www.google.de* im Browser auf.

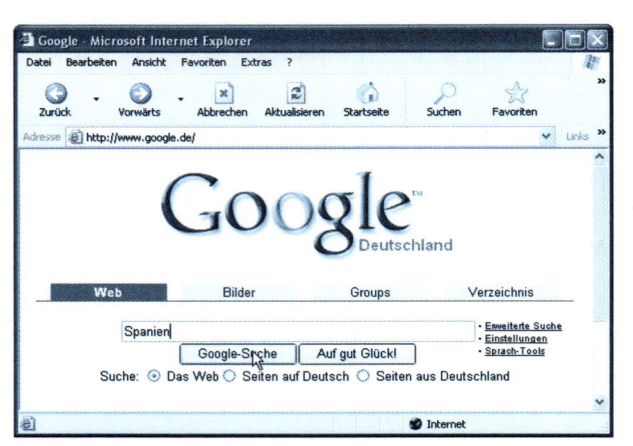

Gesucht und gefunden!

2 Geben Sie im Feld *Suche* den gewünschten Begriff (z.B. »Spanien«) ein und klicken Sie anschließend auf die Schaltfläche *Google Suche*.

> **Tipp**
>
> *Unterhalb des Textfelds mit dem Suchbegriff enthält das Formular noch Optionsfelder, in denen Sie die Suche auf deutsche Webseiten beschränken können. Die Schaltfläche* Auf gut Glück! *bringt Sie direkt zur Webseite mit der höchsten Übereinstimmung.*

Der Browser zeigt Ihnen nach einigen Sekunden die Ergebnisseite mit den gefundenen Treffern an.

Die Trefferliste enthält jeweils eine als Hyperlink ausgeführte Titelzeile, eine Kurzbeschreibung sowie die Angabe zur URL. Die Seiten mit der größten Trefferwahrscheinlichkeit werden zuerst aufgelistet. Über die Hyperlinks lassen sich die Webseiten abrufen. Umfasst die Trefferliste viele Einträge, wird die Liste in mehrere Seiten unterteilt. Dann findet sich am Ende der Seite eine Zeile mit Verweisen auf die Folgeseiten.

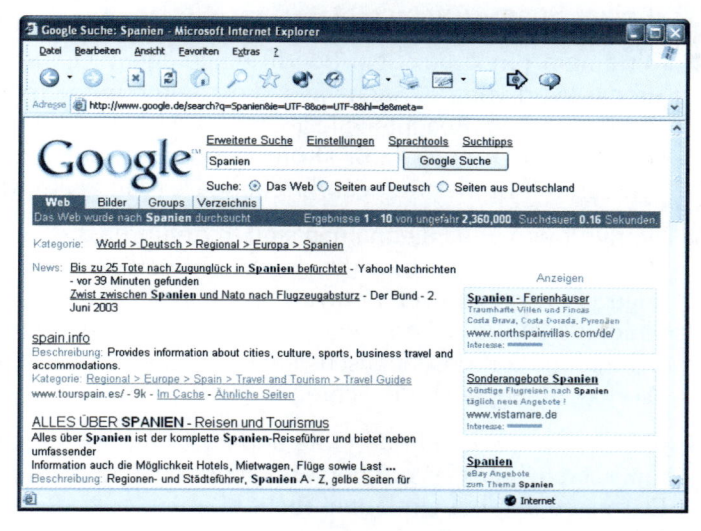

> **Tipp**
>
> *Je nach Stichwort werden manchmal sehr viele Treffer angezeigt, die aber nicht unbedingt alle relevant sind. Um die Treffer schneller auswerten zu können, hilft ein Trick: Mit einem Rechtsklick auf den Hyperlink und dem Kontextmenübefehl* In neuem Fenster öffnen *erscheint das Dokument in einem gesonderten Fenster. Ist die Seite nicht relevant, lässt sich das Fenster schließen, Sie sehen sofort die Trefferseite. Klicken Sie stattdessen auf einen Hyperlink und verwenden anschließend die Schaltfläche* Zurück, *wird die Trefferseite neu aufgebaut – was doch ein etwas mühsames Unterfangen ist.*

Bei der Suche über Suchmaschinen kommen Sie häufiger in die Situation, dass entweder keine relevanten Seiten gefunden oder Hunderte oder Tausende Webseiten als Treffer angezeigt werden. Sie müssen dann die **Suche gezielter angehen**, indem Sie mit mehreren Stichwörtern arbeiten und einige Tricks anwenden.

- Geben Sie mehrere durch Leerzeichen getrennte Stichwörter (z.B. »Köln Bonn Zimmer«) bei der Suche an, verknüpft die Suchmaschine diese, d.h., in der Trefferseite kommen alle Begriffe vor. Die Stichwörter werden in manchen Suchmaschinen auch durch Pluszeichen getrennt (z.B. »Köln + Bonn + Zimmer«).

- Mit einem direkt vor dem Begriff eingefügten Minuszeichen schließen Sie das Wort von der Suche aus, d.h., Seiten mit dem Stichwort werden nicht angezeigt. Beachten Sie aber, dass vor dem Minuszeichen ein Leerzeichen stehen muss (z.B. »Köln + Bonn –Zimmer«). Andernfalls werden ggf. mit Bindestrich geschriebene Begriffe als Treffer aufgelistet.

- Wortgruppen und Eigennamen sind in Anführungszeichen zu setzen (z.B. „Günter Born"). Das bewirkt, dass die Trefferliste nach dem Begriff in der angegebenen Form gefiltert wird. Denken Sie dabei ggf. auch an Schreibfehler in den Webseiten. Bei meinem Vornamen verwende ich – aus Rücksichtnahme auf den englischsprachigen Bereich des Web – neben dem Wort »Günter« auch die Schreibweisen »Gunter« und »Guenter«.

- Möchten Sie Seiten finden, die den einen oder anderen Begriff beinhalten, setzen Sie das Wörtchen OR dazwischen (z.B. »Köln OR Cologne«). Das ist gerade bei Umlauten recht hilfreich (z.B. die Suche nach Meier, Mayer oder Maier).

Beachten Sie auch, dass in der deutschen Sprache eine Vielzahl von Wörtern existiert, die zwar identisch geschrieben werden, aber eine jeweils andere Bedeutung haben. Eine gezielte Suche wird dadurch oft ziemlich problematisch. Der Begriff »Tor« kann sich auf ein Eingangstor, einen einfältigen Menschen oder ein Fußballtor beziehen. Die Groß-/Kleinschreibweise ist dagegen bei Suchmaschinen nicht relevant.

> **Hinweis**
>
> *Kennen Sie die genaue Schreibweise eines Wortes nicht, können Sie es bei manchen Suchmaschinen (Altavista, Fireball) auch mit Ersetzungszeichen (englisch Wildcards) wie * versuchen. Für jedes zu ersetzende Zeichen verwenden Sie einen Stern. Mit dem Suchbegriff »Haus*****« werden dann Seiten wie »Hauskatze« oder »Hausschuh« gefunden.*

Hinweise zur Gestaltung der Suchmuster finden Sie meist in der Hilfeseite der betreffenden Suchmaschine, die Sie über einen mit »Suchtipps«, »Hilfe« o.Ä. bezeichneten Hyperlink abrufen können. Bei Google und anderen Suchmaschinen finden Sie außerdem den Hyperlink *Erweiterte Suche*, mit dem sich eine Formularseite öffnen lässt, in der Sie die verschiedenen Suchkriterien und Suchoptionen eingeben können.

Ich kann mir Suchmaschinen nie merken

Falls Sie sich die Adressen von Suchmaschinen nur schwer merken können, lassen Sie sich vom Browser helfen. Klicken Sie in der Symbolleiste des Browsers auf die mit *Suchen* bezeichnete Schaltfläche.

Der Browser teilt das Dokumentfenster und blendet **in der Explorer-Leiste am linken Rand** ein **Suchformular** ein. Sie müssen jetzt nur den Suchbegriff eintippen und auf die Schaltfläche *Suchen* klicken. Der Browser richtet dann die Anfrage an die Suchmaschine und zeigt die Seite mit den Treffern im gleichen Fenster an. Klicken Sie auf einen Hyperlink, wird die zugehörige Webseite im rechten Dokumentfenster geöffnet. Welche Suchmaschine benutzt wird, hängt von der Browserversion und Ihren Einstellungen ab.

Kann ich auch in Webseiten suchen?

Gelegentlich sind Webseiten recht umfangreich. Dann kann es recht aufwändig werden, den Text mit dem Suchbegriff zu finden. Suchmaschinen analysieren Webseiten zudem nur in größeren zeitlichen Intervallen. Es kann daher sein, dass der gesuchte Begriff nach einer zwischenzeitlich erfolgten Überarbeitung der Seite nicht mehr vorkommt. Um schneller ans Ziel zu gelangen, lassen Sie den Browser innerhalb der aktuell geladenen Webseite nach dem Begriff suchen.

1 Öffnen Sie den *Suchen*-Dialog über die Tastenkombination [Strg]+[F] oder über den Befehl *Suchen* im Menü *Bearbeiten*.

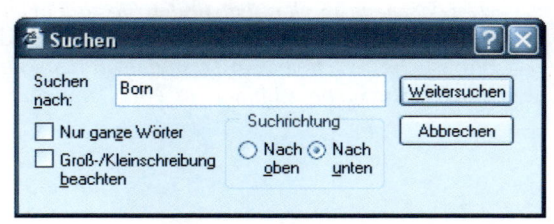

2 Tippen Sie den Suchbegriff im Feld *Suchen nach* ein, legen Sie die Suchrichtung sowie ggf. die Suchoptionen fest und klicken Sie auf *Weitersuchen*.

Wird der Begriff gefunden, hebt der Browser die Textstelle farbig hervor.

Wenn eine Suchseite Sie nicht weiterbringt

Manchmal ist es so, dass Sie auf einer Suchseite überhaupt keine oder keine brauchbaren Treffer erhalten. Sie können dann mehrere Portale bzw. Suchmaschinen konsultieren (siehe obige Tabelle). Oder Sie greifen auf so genannte **Metasuchmaschinen** zurück, die intern andere Suchmaschinen benutzen.

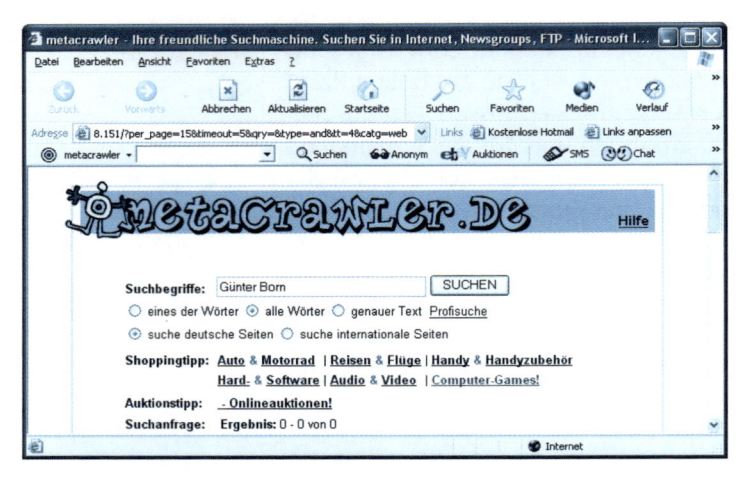

Wenn Sie beispielsweise die Webseite *www.metacrawler.de* aufrufen, erscheint ein ähnliches Formular wie bei Google. Geben Sie einen Suchbegriff ein und klicken auf die Schaltfläche *Suchen*, wird der Suchbegriff automatisch in mehrere Suchmaschinen eingespeist. Die Metasuchmaschine liefert dann die Ergebnisse aller Suchmaschinen in einer Liste.

> **Hinweis**
>
> *Auf der MetaCrawler-Seite finden Sie zudem Links für eine Spezialsuche (Auktionen, Nachrichten, Erotik etc.). Klicken Sie im MetaCrawler auf den Link Profisuche, erscheint ein Formular, in dem Sie gezielt die zur Recherche zu nutzenden Suchmaschinen angeben können.*

Spezialsuche nach Bildern und mehr

Mit den obigen Vorgehensweisen lässt sich nach Webseiten mit den betreffenden Begriffen suchen. Möchten Sie gezielt nach Bildern suchen, die dem Begriff entsprechen? Einige Suchmaschinen unterstützen die Suche nach speziellen Inhalten.

1 Rufen Sie die Suchmaschine auf und wählen Sie die Kategorie (z.B. Bilder).
Bei Google ist die Kategorie »Bilder« als Registerreiter und bei Fireball als Optionsfeld vorhanden.

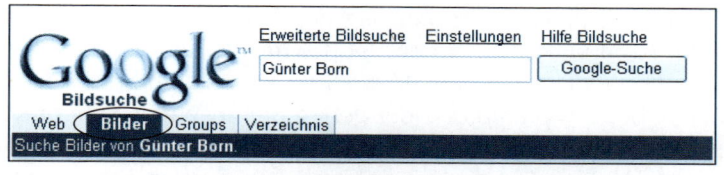

2 Tippen Sie den Suchbegriff ein und starten Sie die Suche über die betreffende Schaltfläche.

Die Suchmaschine wird Ihnen nur Bilder als Treffer anzeigen.

Hinweis

Bei Google können Sie übrigens in allen Kategorien den Hyperlink für die erweiterte Suche wählen. Das angezeigte Formular erlaubt nicht nur die Eingabe der Suchbegriffe, sondern auch die Auswahl des Dokumentformats. Bei Bildern können Sie beispielsweise nur Dateien mit einem bestimmten Grafikformat (z.B. Dateinamenerweiterung .jpeg) anzeigen lassen. Bei allgemeinen Recherchen im Web lässt sich das Dokumentformat der Ergebnisse z.B. auf Adobe-Acrobat-Dokumente (.pdf), auf Word-Dokumente (.doc) usw. reduzieren.

Interessiert Sie eher der **Inhalt von Nachrichtengruppen** (Newsgroups) zu einem bestimmten Thema? Diese Inhalte werden bei der Suche im Web in der Regel nicht gefunden. Die Kategorie »News« (Fireball) oder »Groups« (Google) erlaubt, gezielt in Nachrichtengruppen nach dem Stichwort zu recherchieren.

Tipp

Wenn Sie sich unter www.google.com/account registrieren lassen, können Sie auch ohne einen Newsreader (wie Outlook Express, siehe Kapitel 6) aktiv Nachrichtenbeiträge verfassen.

185

Hier gibt es Programme zum Download

Benötigen Sie Zusatzsoftware für Ihren Rechner, können Sie häufig zu **Shareware** und **Freeware** greifen. Die vielen Computerzeitschriften oder Büchern beiliegenden CDs enthalten häufig eine Zusammenstellung populärer Programme. Ist gerade keine solche CD zur Hand oder benötigen Sie Spezialprogramme? Im Internet finden Sie eine riesige Menge an Software zum Download. Einen guten Einstieg erhalten Sie über die Download-Bereiche vieler Computerzeitschriften. Dort wird geprüfte Free- und Shareware zum Herunterladen angeboten. Versuchen Sie es einmal mit der Rubrik »Downloads« bei *www.chip.de* oder gehen Sie zu *www.computerbild.de*, wählen im Internet-Wegweiser »Computer Bild« und dann die Unterkategorie »Software«. Werden Sie dort nicht fündig, versuchen Sie es mit anderen Webseiten (z.B. *www.freeware.de*, *www.shareware.de*), die Angebote an Shareware und/oder Freeware zusammenstellen. Sofern Sie in einer Suchmaschine die beiden Stichwörter »Freeware« und »Shareware« eingeben, werden Ihnen die relevanten Webseiten angezeigt. Gelegentlich hilft auch eine Suche nach Begriffskombinationen wie »CD Brennen Freeware«.

> **Achtung**
>
> *Webseiten mit Freeware- und Shareware-Angeboten werden häufig durch Werbung finanziert. Die beim Aufruf der Seiten zusätzlich eingeblendeten Werbefenster (Pop-up-Fenster) sind noch harmlos. Auf jeden Fall sollten Sie aber darauf achten, dass Ihnen beim Anklicken eines Links nicht die Installation eines 0190-Dialer-Programms untergeschoben wird (siehe Kapitel 4). Einen Hinweis liefert Ihnen der zum Download angebotene Dateiname (z.B. weist* Dialer.exe *auf einen Dialer hin). Außerdem sollten Sie einen guten Virenscanner installieren, der Sie vor Viren und ähnlichen Schädlingen in den heruntergeladenen Dateien schützt (siehe weiter unten in diesem Kapitel im Abschnitt »Sicherheit im Internet«).*

Wie komme ich an Musik aus dem Internet?

Benötigen Sie Informationen rund um das Thema **Musik**? Suchen Sie **Informationen zu Musikstücken** oder **Interpreten**? Möchten Sie wissen, welche Titel vor 20, 30 oder mehr Jahren in den Top 10 waren? Sind Sie auf der Suche nach bestimmten Alben oder Titeln oder benötigen Sie ein Instrumentalstück im MIDI-Format? Das Internet ist eine riesige Fundgrube für Fanseiten, Chart-Listen, Homepages von Interpreten und mehr. Und per Internet lassen sich **Musik** und **Musikinfos herunterladen**.

- Auf den Webseiten vieler Musikfirmen und Interpreten werden oft auch kostenlose Musiktitel oder Probetracks zum Anhören angeboten. Geben Sie die betreffenden Stichwörter (Titel, Interpret etc.) in eine Suchmaschine ein, werden mit Sicherheit einige Treffer für Webseiten angezeigt. Die Webseiten *www.oldiesmusic.com*, *www.oldies.com* oder *www.warr.org* liefern Informationen über Oldies und deren Interpreten.

- Es gibt zudem spezielle Musik-Suchmaschinen wie *www.mp3.de* oder *www.musichits.de*, *www.musicsuche.de* etc., um nach Musiktiteln zu suchen. Wenn Sie in Google z.B. die Stichwörter »Musik Suchmaschine« eingeben, wird Ihnen eine entsprechende Liste solcher Suchmaschinen angezeigt.

- Auf der Webseite *de.mp3.com* (bzw. *www.mp3.com*) finden Sie ein umfangreiches Angebot (z.B. Informationen zu Tophits, Konzerttermine oder Infos zu Internetradiostationen). Sie können probeweise in Musikstücke hineinhören und auch Musiktitel käuflich erwerben. Zum Download müssen Sie sich aber einmalig auf der Webseite mit Ihrer E-Mail-Adresse registrieren lassen.

Über Suchmaschinen können Sie auch Musikportale zum Bezug kostenpflichtiger Musikinhalte finden. Der Austausch von Musikdateien im MP3-Format (oder anderen Formaten) erfolgt meist über **Musiktauschbörsen**, die mit **Filesharing-Diensten** arbeiten. Filesharing-Programme (wie Kazaa, E-Mule etc.) lassen sich kostenlos aus dem Internet herunterladen. Unter der Webadresse *www.at-web.de* finden Sie im Abschnitt *p2p-Filesharing* die Download-Adressen verschiedener Programme.

Was ist das?

Filesharing heißt übersetzt »Teilen von Dateien«, was praktisch den Zugriff auf Dateien in einem gemeinsamen Netzwerk bedeutet. Solche Zugriffe lassen sich in lokalen Netzen zwischen Computern oder über Internetverbindungen realisieren. Sobald ein Benutzer online geht, nimmt die Software mit anderen Computern, die gerade online sind, Kontakt auf. Jeder Nutzer kann dann Dateien für den Zugriff und Download durch Dritte freigeben. Die Filesharing-Programme erlauben damit eine bequeme Suche nach den gewünschten Musikstücken.

> **Achtung**
>
> *So populär Tauschbörsen wie Kazaa sind, aus rechtlicher Sicht ist der Ansatz bedenklich. Musik oder andere Inhalte unterliegen dem Copyright des jeweiligen Rechteinhabers und dürfen nicht ohne weiteres frei genutzt werden. Sie haften für den Download, für die (illegale) Verbreitung und für die Benutzung der so erworbenen Inhalte. Für einen Provider ist es mit etwas Aufwand möglich festzustellen, welche Angebote Sie genutzt haben. Informieren Sie sich vor der Nutzung solcher Dienste per Internet über die aktuelle Rechtslage.*

Geschäfte im Internet

Geschäfte lassen sich per Internet abwickeln. Stichwörter sind Versteigerungen, Bestellungen und deren Bezahlung. Für den Benutzer stellt sich die Frage, wie sich so etwas sicher und rechtlich abgesichert bewerkstelligen lässt.

Bestellung und Bezahlung per Internet

Im Internet tauchen immer mehr virtuelle Einkaufsläden (**Webshops**), Aktionshäuser und Dienstleistungsangebote auf. Vom Buch über CDs oder Reisen bis hin zu Lebensmitteln können Sie fast alles per Internet bestellen und ins Haus liefern lassen. Damit es später keinen Ärger gibt und Sie die Risiken auf ein Minimum begrenzen, sollten Sie einige Grundregeln beherzigen.

- Wickeln Sie **Internetbestellungen mit größeren Auftragswerten nur mit seriösen Unternehmen** ab. Wer für zighundert Euro Waren auf Vorkasse bei einem Unbekannten bestellt, darf sich nicht wundern, wenn er um das Geld geprellt wird und die Ware nie erhält. Eine Buchbestellung beim Anbieter Amazon (*www.amazon.de*) oder eine Order bei einem renommierten Katalogversand sollte normalerweise kein Problem sein.

- **Sind Internetbestellungen rechtskräftig?** Diese Frage wird von den meisten Juristen mit Ja beantwortet. Wenn Sie etwas im Internet bestellen, kommt zwischen Ihnen und dem Verkäufer ein rechtsgültiger Vertrag zustande. Dem Verkäufer obliegt aber im Zweifelsfall der Nachweis, dass die Bestellung von Ihnen wirklich aufgegeben wurde.

- Achten Sie auch darauf, dass Sie die **Adresse des Anbieters** auf der Webseite finden, um ggf. Reklamationen erheben zu können. Nach dem **Fernabsatzgesetz** und der EU-Gesetzgebung haben Sie ein 14-tägiges

Geschäfte im Internet

Rückgaberecht für bestellte Waren. Bestellungen im Ausland sind teilweise wegen ungeklärter Zoll- und Mehrwertsteuerfragen mit Vorsicht zu genießen. Achten Sie bei allen Bestellungen darauf, was Sie an persönlichen Daten preisgeben.

- **Bezahlung, wie geht das?** Ein heikles Thema ist die Bezahlung von Internetkäufen. Am sichersten ist es für Sie, wenn der Anbieter auf **Rechnung** liefert – aber nicht jeder Anbieter lässt sich auf so etwas ein. Eine weniger gute Lösung ist Vorauskasse per **Überweisung** oder **Nachnahme**, da Sie die Ware nicht vorab prüfen können. Besser ist die Erteilung einer **Abbuchungserlaubnis**, da Sie der Lastschrift innerhalb einer bestimmten Frist bei Ihrer Bank widersprechen können. Dies hilft, falls die Lieferung nicht eintrifft oder nicht den Erwartungen entspricht. Teuer wird es aber, wenn der Einzug wegen eines im Minus befindlichen Kontos von der Bank abgelehnt wird oder der Widerspruch samt Rückbuchung unberechtigt erfolgt. Viele Anbieter verlangen **Kreditkarten** zur Begleichung der Warenwerte, allerdings gibt es hier auch Missbrauch.

- Eine recht pfiffige Lösung zum Geldtransfer per Internet bietet der Dienst **Paypal**. Als Privatperson kann man sich kostenlos unter *www.paypal.com* registrieren lassen. Dabei kann man seine Kreditkartennummer oder Bankverbindung angeben. Um etwas zu bezahlen, teilt man Paypal die E-Mail-Adresse des Empfängers und den Betrag mit. Paypal schickt dem Empfänger die Information über die Zahlung per E-Mail. Akzeptiert der Empfänger, wird der Betrag auf dessen Paypal-Konto gutgeschrieben. Der Empfänger kann das Guthaben zur Bezahlung Dritter verwenden oder auf sein Konto transferieren. Eine ausführlichere Anleitung findet sich z.B. unter *www.ich-surfe-gratis.de/gratis/surfen/paypal.htm*.

Lassen Sie **Vorsicht bei** der **Weitergabe** von **Kreditkartendaten** oder **Kontendaten** per Internet walten. Achten Sie bei **Angaben** zu **Kontonummer** oder **Kreditkartennummer** für die Abbuchungen darauf, dass der Anbieter eine **sichere Verbindung** über *https* (Secure HTTP) mit SSL (Secure Socket Layer) bereitstellt. Machen Sie sich bewusst, das Sie nie kontrollieren können, was mit Ihren Kreditkartendaten passiert und dass Sie auf die Seriosität des Anbieters angewiesen sind. Rechner können von Hackern geknackt werden und dem Missbrauch ist Tür und Tor geöffnet. Einige Unternehmen reichen deshalb die verschlüsselten Kreditkartendaten direkt zur Zahlungsstelle weiter, kommen also gar nicht in den Besitz der Kreditkartennummer. Wenn es sich um seriöse Anbieter handelt, die entsprechende Sicherheitsmaßnahmen ergreifen, ist das Missbrauchsrisiko bei Bezahlung per Kreditkarte aber als gering zu betrachten.

> **Techtalk**
>
> *Normalerweise werden die Daten unverschlüsselt zwischen Browser und Server ausgetauscht. Damit lassen sich kritische Daten wie Kreditkartennummern etc. im Datenstrom ausspähen. Um vertrauliche Daten auszutauschen, gibt es **sichere Verbindungen**, bei denen der Browser die Daten vor dem Versenden an den Server verschlüsselt. Solche verschlüsselten Datensätze sind nicht oder nur mit riesigem Aufwand zu knacken.*
>
> *Eine **sichere Verbindung** zu einem HTTPS-Webserver **erkennen** Sie daran, dass in der Adressleiste der Text https:// anstelle von http:// angezeigt wird. Noch wichtiger ist aber, dass der Internet Explorer Ihnen beim Zugriff auf eine solche Webseite die sichere Verbindung bestätigt.*
>
> *Beim Wechsel zu einer sicheren Seite wird ein Dialogfeld angezeigt, das Sie über die OK-Schaltfläche schließen. Beim Verlassen der sicheren Seiten erscheint ein ähnlicher Sicherheitshinweis.*
>
> *Die Anzeige des Dialogs Sicherheitshinweis lässt sich leider über das Kontrollkästchen abschalten. Aber solange die **sichere Verbindung** besteht, **wird** das **zuverlässig in** der **Statusleiste des Browsers durch** ein stilisiertes **Schloss** (oder einen Schlüssel bei älteren Browsern) **angezeigt**. Der Anbieter wird auf der sicheren Internetseite zudem Links anbieten, mit denen Sie das Sicherheitszertifikat dieses Anbieters überprüfen können.*

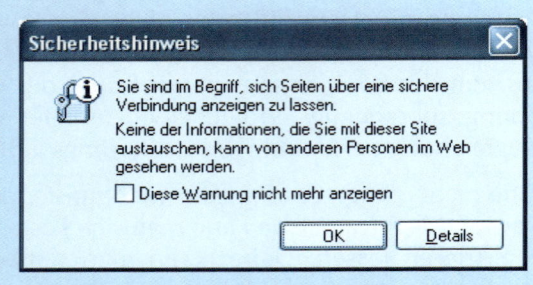

eBay – die größte Auktionsbörse Deutschlands

Der größte und populärste Online-Anbieter für Versteigerungen ist **eBay** (*www.ebay.de*). Dort können Sie gebrauchte oder gar neue Sachen zum Verkauf anbieten sowie Waren ersteigern. Professionelle Anbieter stellen oft auch neue Warenangebote gegen Festpreis in den betreffenden Seiten ein. Finanziert wird diese von eBay erbrachte Leistung durch eine geringe Angebots- und eine kleine Versteigerungsgebühr, die der Verkäufer zu leisten hat.

- **Verkäufer** haben bei eBay den **Vorteil**, dass das Angebot einen riesigen Interessentenkreis erreicht.

- **Käufer** können sich umfassend über das Angebot neuer und gebrauchter Waren informieren.

Geschäfte im Internet

Sie können ja bei Interesse einmal die Webseite *www.ebay.de* besuchen. Auf der Startseite dieses Anbieters finden Sie in einer Spalte die Angebote des Auktionshauses nach Kategorien wie »Auto & Motorrad«, »Briefmarken« etc. geordnet. Ein Klick auf den betreffenden Hyperlink bringt Sie zu den jeweiligen Angeboten. Sind Sie bezüglich der Kategorie unsicher, finden Sie zudem ein Textfeld »Was suchen Sie?«, in dem Sie einen Suchbegriff eintippen können. Über die Schaltfläche *Los* neben dem Textfeld lässt sich das eBay-Angebot nach diesem Stichwort durchsuchen.

Wenn Ihnen ein Hyperlink zusagt, lassen sich die Folgeseite durch Anklicken abrufen. Das funktioniert so einfach wie das Surfen in Webseiten und bleibt folgenlos, da Sie beim ersten Besuch ohne vorherige Anmeldung nichts ersteigern können. Über die beiden Schaltflächen *So kaufen Sie* und *So verkaufen Sie* können Sie sich in Ruhe über die Details des Handelns bei eBay informieren.

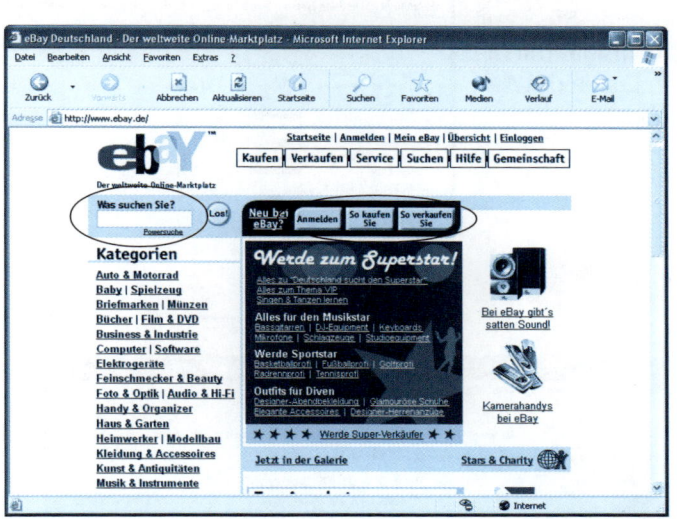

Hinweis

Bevor Sie bei eBay in Auktionen mitbieten bzw. etwas **kaufen oder verkaufen** können, **müssen Sie sich** einmalig **anmelden**. *Die betreffende Schaltfläche* Anmelden *finden Sie direkt auf der Startseite. Von dort gelangen Sie zu einem Anmeldeformular, in dem Sie Ihre Adresse und einen Benutzernamen (z.B. ein Pseudonym) zur Teilnahme an Auktionen eintragen müssen. Der Benutzername wird durch ein von Ihnen vorgegebenes Kennwort abgesichert. Solange dieses Kennwort geheim bleibt, kann niemand unter Ihrem Benutzernamen bieten und Waren unter Ihrem Namen kaufen. Achten Sie aber darauf, dass das Kennwort nicht einfach zu erraten ist. Meldungen über den Missbrauch von eBay-Kundenkonten durch Dritte gibt es immer wieder.*

Bei eBay kann der Verkäufer ein Festpreisangebot (sofort zu kaufen) oder eine Auktion (läuft über eine festgesetzte Zeit) einrichten. Über die Registerreiter *Alle Artikel*, *Nur Auktionen* und *Nur Sofort-Kaufen* der Angebotsseiten können Sie die Angebote nach diesen Kriterien anzeigen lassen.

Hier wurde eine Angebotsseite mit allen Angeboten gewählt. Durch Anklicken eines Produktlinks gelangen Sie zur Detailseite mit allen Daten des Angebots.

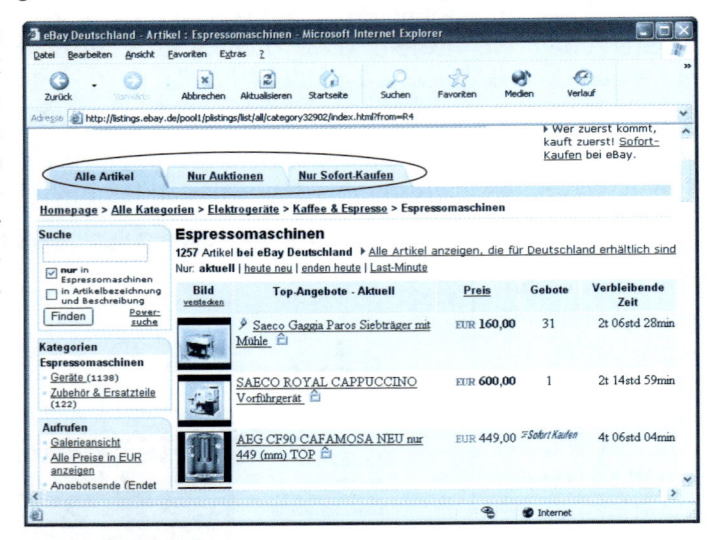

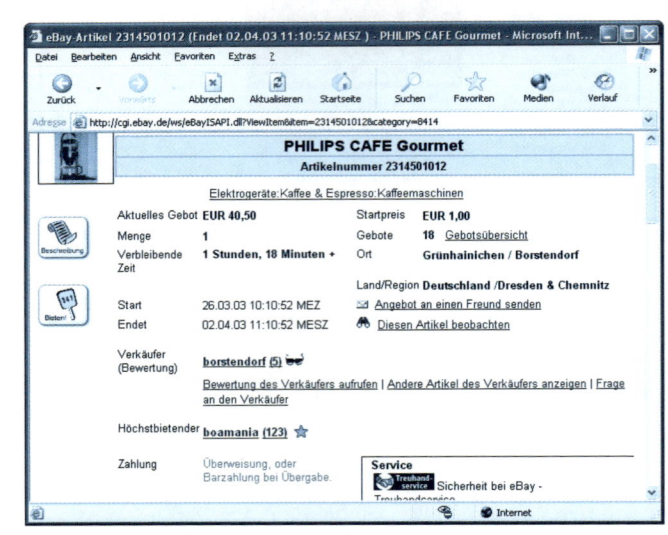

Die Detailseite informiert Sie über das **aktuelle Gebot**, die bei Auktionen **verbleibende Zeit**, den Verkäufer und den Höchstbietenden. Der Verkäufer kann auf der Angebotsseite neben einer Textbeschreibung auch Fotos hinterlegen.

Blättern Sie in der betreffenden Seite nach unten, um diese Details zum betreffenden Angebot abzurufen. Sehen Sie sich diese Angaben genau an, um herauszufinden, ob Ihnen das Angebot auch wirklich zusagt. Das letzte Gebot, das bei Ablauf der Auktion eingegangen ist, erhält

Geschäfte im Internet

dann bei eBay den Zuschlag. Wenn Sie also mitbieten und den Zuschlag erhalten, ist ein Vertrag mit der Verpflichtung zur Abnahme der Ware zustande gekommen.

Im Kopf der Angebotsseite können Sie sich über den Hyperlink *Gebotsübersicht* darüber informieren, wie viele Leute mitbieten und wie die Auktion läuft. In der Angebotsseite erfahren Sie auch etwas über Zahlungsmodalitäten und Übergabe der Ware.

Da es bei Auktionen mitunter um beträchtliche Beträge geht, stellt sich die **Frage der Sicherheit**. Wie zuverlässig ist der Käufer und bekomme ich als Verkäufer auch mein Geld? Zahle ich als Käufer und sehe niemals die Ware? Auch eBay ist vor Betrügern nicht sicher und Fälle geprellter Kunden bzw. Anbieter gab und gibt es durchaus. Aber auch auf Floh- oder Gebrauchtwarenmärkten besteht die Gefahr, hereingelegt zu werden. Käufer und Verkäufer können sich aber bei eBay gegenseitig bewerten. eBay zeigt diese Bewertung der Käufer und Verkäufer auf den Auktionsseiten an, um »schwarze Schafe« herauszufinden und zu sperren. Die **Bewertung** wird durch Zahlen und kleine Sternchen neben dem Hyperlink *Verkäufer (Bewertung)* und *Höchstbietender* dargestellt. Klicken Sie auf die in Klammern stehende Zahl, um die Bewertungsseite abzurufen. Solange diese Bewertungen nicht durch Anbieter oder Käufer gefälscht werden, ergibt sich ein gewisser Eindruck bezüglich der Seriosität.

Für die finanziellen Transaktionen stellt eBay verschiedene Zahlungsmodi bereit. Werden Waren zwischen Käufer und Verkäufer direkt übergeben, bietet sich Barzahlung an. Beim Versand von Waren bestehen viele Käufer auf Vorkasse, was für den Käufer ein Risiko bedeutet, dass das Geld dann eventuell verloren ist. eBay bietet daher einen **Treuhänderservice** an, bei dem die Zahlung auf ein Treuhandkonto geht. Nach Zahlungseingang erhält der Verkäufer eine Benachrichtigung. Geht die Ware beim Käufer ein, gibt dieser die Zahlung an den Verkäufer frei.

> **Hinweis**
>
> *Auf eine Diskussion der Details wird an dieser Stelle verzichtet. Auf der eBay-Startseite finden Sie den Hyperlink* Neu bei eBay? *(neben der Schaltfläche* Anmelden*). Dieser führt Sie zu umfangreichen Hilfeseiten, die Informationen und detaillierte Anleitungen enthalten. Zudem finden Sie auf den eBay-Seiten Hyperlinks zu Tipps, Foren und Chats, in denen sich alles um das Thema Online-Auktionen dreht. Falls Sie sich zu Beginn noch unsicher sind, beobachten Sie, wie das Bieten läuft. Zur Probe können Sie ja Waren mit geringem Wert ersteigern, bevor Sie sich an »größere Brocken« heranwagen.*

Online-Banking – so geht's

Online-Banking (auch als Internet-Banking oder Homebanking bezeichnet) wird unter Bankkunden immer beliebter. Der folgende Abschnitt vermittelt Ihnen das erforderliche Wissen rund um diese Themen.

Online-Banking – das wird gebraucht

Für **Online-Banking** benötigen Sie einen **Computer**, einen **Online-Zugang** und eine **Online-Banking-Software** (auf Online-Banking per Telefon, Fax oder Handy gehe ich hier nicht ein). Da die meisten Banken Online-Banking direkt über sichere Webseiten unterstützen, reicht ein Browser wie der Internet Explorer als Online-Banking-Software aus. Wer also im Internet surft, ist für Online-Banking vorbereitet.

Es gibt spezielle **Homebanking-Programme** wie **Microsoft Money**, **StarMoney** oder **Intuit Quicken**. Diese Programme ermöglichen die Verwaltung Ihrer Finanzen auf dem Computer und bieten Online-Banking quasi als Zusatzfunktion. Wegen der Vielzahl der Programme werden deren Funktionen hier aber nicht behandelt.

Online-Banking – was bringt's?

Die Banken möchten personalintensive Leistungen wie den Schalterdienst aus ihrem Angebot heraushalten. Daher wurden in vielen Filialen Kontoauszugsdrucker, Geldautomaten und Überweisungsterminals aufgestellt. Wenn Sie Bargeld benötigen, kommen Sie am Geldautomaten nicht vorbei. Aber der Kontostand oder Kontenbewegungen lassen sich direkt am heimischen Computer abrufen. Weiter können Überweisungen, terminierte Überweisungen (zu einem bestimmten Datum auszuführen), Sammelüberweisungen und Abbuchungsaufträge bequem von zu Hause ausgeführt werden. Sie sparen sich nicht nur den Weg zur Bankfiliale, die Bankgeschäfte lassen sich rund um die Uhr tätigen – notfalls führt der Computer der Bank die Transaktion am nächsten Geschäftstag aus.

Die Banken sorgen zudem über ihre Gebührenstruktur dafür, dass Online-Banking attraktiv ist. Auch das Verwalten von Aktiendepots per Internet kann einiges an Kosten sparen.

Wie steht's mit der Sicherheit?

Wer sich für Online-Banking interessiert, sollte sich über die Anforderungen, Möglichkeiten und auch die Risiken klar sein. Sicherlich möchten Sie nicht, dass Unbefugte Zugriff auf Ihre Kontendaten erhalten oder gar Ihr Konto abräumen können.

Glücklicherweise tun die Banken einiges, und mit dem notwendigen Wissen lässt sich das Missbrauchsrisiko weitestgehend minimieren. Beim Online-Banking per Browser brauchen Sie nur die Internetseite der Bank aufzurufen. Dort finden Sie einen Hyperlink, der Sie zur Online-Banking-Seite weiterleitet. Das muss eine sichere Webseite sein, deren Datenverkehr über *https* und SSL verschlüsselt wird (siehe oben). Da berechtigte Benutzer die Konten einsehen und auch finanzielle Transaktionen wie Überweisungen ausführen können, kommen **zusätzliche Sicherheitsmechanismen** zur Autorisierungsprüfung zum Einsatz.

- **PIN/TAN:** Dieses Verfahren teilt dem Kunden eine **PIN** (**P**ersonal **I**dentification **N**umber = Persönliche Identifikationsnummer) zu. Das ist so etwas wie die Geheimnummer der Scheckkarte, mit der Sie an Ihre Kontostände etc. herankommen. Um Geldtransfers durchzuführen, benötigen Sie dann noch so genannte **TAN**s (**T**ransaktions-**N**ummern). Listen mit TAN-Nummern erhalten Sie von Ihrer Bank. Jede Buchung (z.B. eine Überweisung) erfordert eine eigene TAN, die im Überweisungsformular eingetragen wird und anschließend verbraucht ist. Solange diese TAN-Liste nicht in fremde Hände gelangt, können keine Transaktionen wie Überweisungen etc. ausgeführt werden.

- **HBCI:** Das **H**ome**b**anking **C**omputer **I**nterface ist ein von den Banken entwickelter sehr sicherer Standard zur Übertragung der Daten im Internet, der eigentlich flächendeckend eingeführt werden sollte. Die Zugangskennung zum Konto erfolgt per PIN, die Transaktionen werden über »Schlüssel« autorisiert, die auf einer Chipkarte oder einer Diskette gespeichert sind. Nur wer die Chipkarte oder HBCI-Diskette hat, kann Geldtransfers veranlassen.

Das PIN/TAN-Verfahren erfordert keinen zusätzlichen technischen Aufwand für Lesegeräte und Chipkarten, verlangt aber vom Benutzer eine sorgfältige Pflege der TAN-Listen. Haben Sie nur wenige Überweisungen und mehrere Konten, ist das eine tolle Sache.

Müssen Sie täglich oder wöchentlich viele Transaktionen durchführen, ist das HBCI-Verfahren bequemer. Sie stecken die Karte in das Lesegerät, melden sich per PIN-Nummer auf der Bankingseite Ihres Kontos an und können loslegen. Bei mehreren Konten tritt aber u.U. das Problem auf, dass jede Bank eine getrennte Chipkarte zur Authentifizierung verlangt. Eine theoretische Lösung besteht in der Verwendung einer HBCI-Diskette. Praktisch scheitert dies aber daran, dass nicht alle Banken HBCI per Diskette unterstützen.

> **Achtung**
>
> *Die für das Online-Konto zugeteilte **PIN** sollten Sie **zyklisch** (z.B. alle drei Monate) **wechseln und niemals** auf dem Computer **speichern**. **Teilen Sie niemandem** diese **Geheimnummern mit**! Bankmitarbeiter werden Sie nie nach der PIN für Online-Banking fragen (etwas anderes ist es natürlich, wenn Sie Telefonbanking betreiben und sich gegenüber dem Mitarbeiter identifizieren müssen – selbst dann werden aber nur einzelne Ziffern der Geheimzahl abgefragt, niemals die gesamte PIN). Speichern Sie niemals PINs oder TANs auf dem Computer. Schützen Sie TAN-Listen oder HBCI-Disketten bzw. -Chipkarten vor dem Zugriff durch Dritte. **Kennwörter** für Banking-Zugänge sollten Sie **keinesfalls in Internetcafés** oder in anderen öffentlichen Systemen **benutzen**. Die Gefahr des Ausspionierens ist einfach zu groß. Weitere Informationen zu Sicherheitsfragen finden Sie übrigens auf der Webseite www.computerbetrug.de. Achten Sie zudem auf einen guten Virenschutz (siehe auch die folgenden Seiten).*
>
> ***Bei Überweisungen** per Online-Banking **haften Sie für Fehler** in den Anweisungen (z.B. Kontonummer und Empfänger passen nicht zueinander, Betrag falsch eingegeben etc.). Bei manuell ausgestellten Überweisungen müssen die Banken dagegen zumindest die Plausibilität der Empfängerdaten prüfen.*

Viele Banken bieten als zusätzliche Sicherheit die Einrichtung von Limits für Einzelüberweisungen und für das tägliche Überweisungsvolumen an. Die genauen Modalitäten und Geschäftsbedingungen für Online-Banking klären Sie mit Ihrer Bank.

Online-Banking kostenlos testen

Möchten Sie **Online-Banking** einmal kostenlos und ohne Risiko **testen**? Viele Bankinstitute bieten Probekonten mit vorgegebenen PIN/TAN-Daten zum Üben an. Auf der Webseite *www.sparkasse.de* der Sparkassen können Sie den Hyperlink *Internetbanking* anklicken und dann in einem Fenster über Bankleitzahl oder Postleitzahl nach einer lokalen Bank suchen lassen. Oder

Online-Banking – so geht's

versuchen Sie in einer Suchmaschine die Stichwörter »Homebanking + Demokonto« einzugeben. Zur ersten Orientierung möchte ich nachfolgend eine Überweisung per Homebanking skizzieren. Ich habe für diesen Zweck ein Demokonto der Sparkassen unter der Webadresse *osgv.tzv.de* benutzt.

1 Rufen Sie die Webseite des Homebanking-Kontos (hier *osgv.tzv.de*) im Browser auf.

2 Geben Sie auf der Webseite des Homebanking-Kontos die Kontonummer und die PIN ein (diese werden auf der Demoseite angezeigt) und klicken Sie auf die Schaltfläche zum Starten der Demo.

3 Übergehen Sie nach erfolgreicher Anmeldung den Begrüßungs-dialog, um zur hier gezeigten Kontenübersicht zu gelangen.

4 Rufen Sie die gewünschte Funktion über die angezeigten Schaltflächen ab.

Dann werden Sie mittels Formularen durch die jeweiligen Schritte geführt. Das soll nachfolgend am Beispiel einer Überweisung gezeigt werden.

1 Wählen Sie die Funktion *Überweisung* in der Kontenübersicht an.

197

2 Ergänzen Sie im Überweisungsformular die Zahlungsangaben und klicken Sie dann auf *Überweisung tätigen*.

3 Kontrollieren Sie im Folgeformular nochmals die Angaben. Bei Abweichungen können Sie die Schaltfläche *Korrektur* wählen.

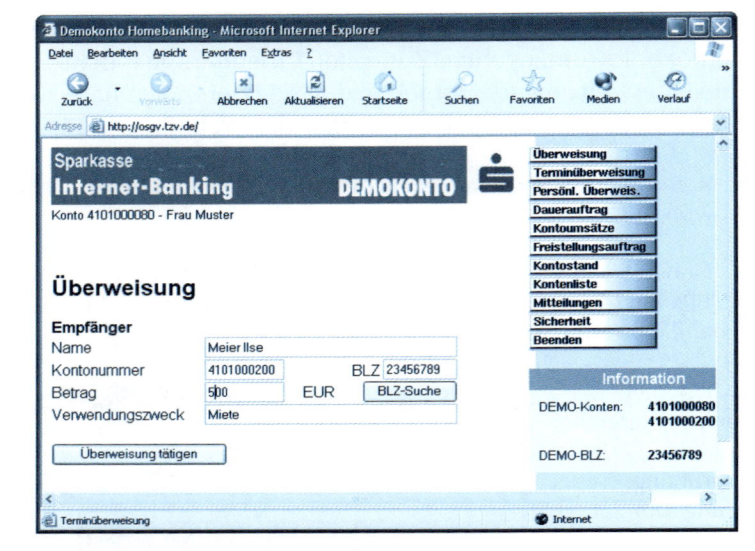

4 Stimmen die Eingaben, tippen Sie eine unverbrauchte TAN aus der Liste im betreffenden Formularfeld ein und klicken erneut auf die Schaltfläche *Überweisung tätigen*.

Beim Testkonto wird die TAN angezeigt. Aus der von Ihrer Bank zugesandten TAN-Liste sollten Sie verbrauchte TANs streichen. Der Browser schickt die Daten an den Computer der Bank. Dort wird geprüft, ob die TAN gültig ist und ob das bei der Bank vorgegebene Limit für Transaktionen noch nicht überschritten wurde. Stimmt alles, wird die Überweisung ausgeführt und es erscheint ein Hinweis auf die Ausführung oder Ablehnung der Überweisung. Sie können dann die betreffende Seite zur Kontrolle des jeweiligen Überweisungsvorgangs ausdrucken und abheften. Werden die Transaktionen während der üblichen Banköffnungszeiten durchgeführt, sind sie (bei realen Konten) bereits wenige Sekunden nach dem Absenden im Kontoumsatz bzw. Kontostand berücksichtigt.

Online-Brokerage

Neben **Online-Banking** lassen sich auch Wertpapierdepots per Internet führen (Direktbrokerage). Mit den richtigen Anbietern reduzieren Sie die Depot- und Transaktionskosten und können Wertpapiere flexibel kaufen und verkaufen. Besonders interessant ist auch, dass die meisten Anbieter auf ihren Brokerage-Seiten aktuelle Informationen über die Kurse der Wertpapiere aufführen. Zudem lassen sich Orderlimits, Losslimits etc. recht einfach ändern. Die Deutsche Bank *www.deutsche-bank.de* bietet Ihnen ein virtuelles Depot zum Üben an, das nach einer Registrierung kostenlos geführt wird. In diesem Depot können Sie virtuelle Transaktionen (also ohne dass Geld fließt) durchführen.

Um sich über laufende Entwicklungen oder Börsenkurse zu informieren, finden Sie im Web massenhaft Informationen. Jede gute Suchmaschine bzw. jedes Internetverzeichnis wird Ihnen Rubriken zu Börse, Geld oder Wirtschaft anbieten. Börsenkurse werden auch von fast allen im Netz vertretenen Banken bereitgestellt. Die folgende Tabelle enthält einige Startadressen rund um dieses Thema.

Adresse	Bemerkungen
www.ftd.de	Financial Times Deutschland mit Wirtschaftsnachrichten sowie Fonds- bzw. Aktien-Tools
money.msn.de	Seite des MSN-Portals von Microsoft mit Wirtschaftsdaten, Versicherungsvergleichen und Zugriffen auf Börsenkurse
www.entrium.de www.comdirect.de www.diba.de www.diraba.de	Direktbanken
www.consors.de	Direktbroker

Im Portal von WEB.DE (*www.web.de*) finden Sie ebenfalls Rubriken wie »Wirtschaft« und »Börse«, die zu Aktienclubs, Analyseseiten, Börsenkursen etc. führen. Es bleibt Ihnen also die Qual der Wahl.

Chat, Foren und mehr

Neben Webseiten bietet das Internet weitere Funktionen wie Chat oder Foren. Was sich dahinter verbirgt, wird nachfolgend skizziert. Außerdem erfahren Sie, wie Sie zu einem eigenen Auftritt im Web gelangen.

Chat – Smalltalk im Internet

Vor allem bei Jüngeren ist »chatten« (das ist der englische Ausdruck für plaudern oder schwatzen) per Computer sehr beliebt. Hierzu trifft man sich in einem so genannten (virtuellen) **Chatraum**, um sich mit anderen Teilnehmern zu »unterhalten«. Zum Chatten brauchen Sie heutzutage nur einen Internetzugang sowie einen Browser wie den Internet Explorer, mit dem Sie die Chaträume im Web besuchen können.

Techtalk

*Die benötigten Chatfunktionen (der **Chat-Client**) werden bei Bedarf (als Java-Modul) im Browser installiert. Meist weist ein Sicherheitsdialog auf die erforderliche Installation hin. Sie müssen dann diese Installation explizit bestätigen.*

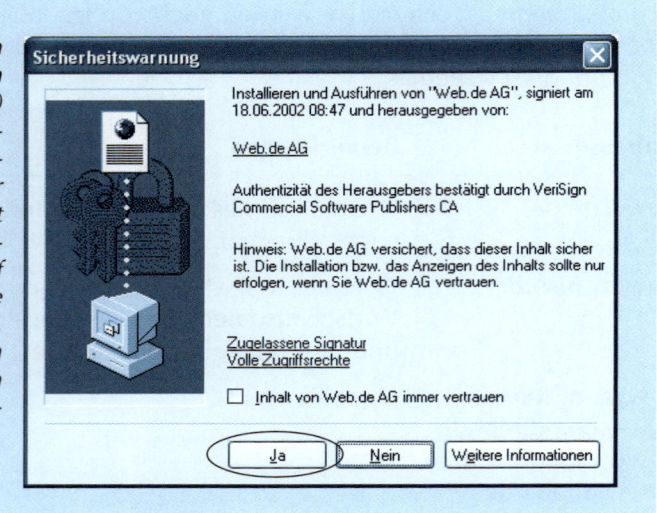

Was ist das?

*Ein **Client** ist ein Rechner oder ein Programm, das eine bestimmte Funktionalität bereitstellt, aber Daten von einem übergeordneten **Server** bezieht. **Java** ist eine im Web häufig benutzte Programmiersprache. Die Programme werden in so genannten **Applets** (kleine Progrämmchen) verpackt und lassen sich direkt in eine Webseite einbauen. Surft ein Benutzer die Seite erstmalig an, wird das Applet automatisch auf den lokalen Computer geladen und später bei Bedarf ausgeführt. Das Kürzel **IRC** steht für **I**nternet **R**elay Chat, eine Funktion zum Chatten. Statt eines Java-Applets können Sie einen **IRC-Client** aus dem Internet herunterladen und installieren (z.B. mIRC von www.mirc.co.uk). Dieses Programm wird hier aber nicht behandelt.*

Chat, Foren und mehr

Chats werden von verschiedenen Anbietern angeboten und sind über Internetseiten wie *webchat.freenet.de, chat.web.de, chat.msn.de* etc. im Browser erreichbar. **In der Regel ist** zur Nutzung der (meist kostenfreien) Chaträume **eine Registrierung erforderlich**. Beim nachfolgend gezeigten WEB.DE-Chatbeispiel klicken Sie im Anmeldeformular auf die Schaltfläche *Jetzt registrieren*. Anschließend erscheint ein für den Chatanbieter spezifisches Registrierungsformular zum Ausfüllen. Dabei werden Benutzername und Kennwort sowie ein Spitzname (Nickname) vergeben. Benutzername und Kennwort dienen später zur Anmeldung am Chat. Im Chatraum tauchen Sie aber unter Ihrem Nicknamen (z.B. Katze24) auf.

> **Hinweis**
>
> *Auch wenn der Nickname Sie im Chatraum anonym bleiben lässt, gelten bestimmte Regeln (Netiquette) zur Teilnahme. Der Chatverwalter kann Ihren Zugang sperren und bei strafbaren Handlungen lässt sich Ihre Identität auch ermitteln. In der Anmeldeseite bzw. in der Startseite des Chatanbieters finden Sie die entsprechenden Geschäftsbedingungen, Benimmregeln und Nutzungsanleitungen.*

Um an einem Chat z.B. bei WEB.DE teilzunehmen, sind nur wenige Schritte erforderlich.

1 Rufen Sie die Webseite mit dem Zugang zum gewünschten Chatraum auf (z.B. *chat.web.de*).

2 Registrierte Benutzer klicken auf die Felder für Benutzernamen und Passwort und geben die Daten ein.

3 Klicken Sie dann auf die Schaltfläche *Login*, um sich anzumelden.

Um ein heilloses Durcheinander zu verhindern (wenn sich weltweit plötzlich Tausende Chatter treffen), erfolgt eine Strukturierung über so genannte **Chaträume**. Diese sind nach Themengebieten geordnet, um Leute mit gleichen Interessen zusammenzubringen.

201

Hier sehen Sie die Varianten bei WEB.DE.

4 Klicken Sie das Symbol der gewünschten Themengruppe (z.B. Chatcafé) und danach das Symbol der Untergruppe (z.B. Chatcafé 55) an. Anschließend wählen Sie den Chatraum.

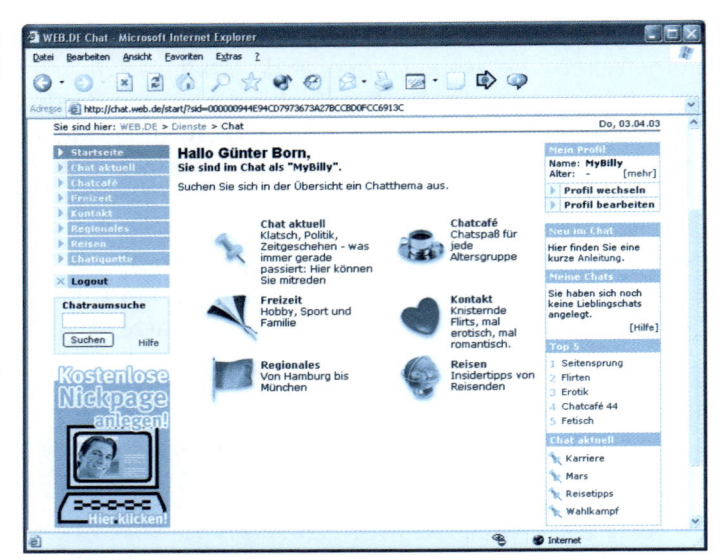

Tipp

Damit Sie in einem Chatraum nicht allein auf weiter Flur sind, sollten Sie ihn zu bestimmten Uhrzeiten besuchen. Tagsüber ist meist nichts oder wenig los. So ab 18.00 Uhr werden die Telefontarife günstiger und ab 20.00 Uhr kann es dann ziemlich voll werden.

Der Browser versucht eine Verbindung zum Chatraum herzustellen und zeigt bei Erfolg das Fenster mit dem Chatraum. Der Anzeige ist bei fast allen Chats so ähnlich wie nachfolgend gezeigt. **Chatten** erfolgt in Echtzeit, d.h., die Teilnehmer müssen zur gleichen Zeit an ihrem Computer sitzen und online sein.

■ Das Unterhalten im Chat beschränkt sich auf den Austausch kurzer Textnachrichten, die bei allen Teilnehmern auf dem Bildschirm erscheinen. Die im Raum anwesenden Teilnehmer werden in einer Liste neben den Chatnachrichten aufgeführt.

■ Möchte ein Teilnehmer einen Beitrag im Chatraum absetzen, klickt er auf das Eingabefeld, tippt den Text per Tastatur ein, formatiert ihn und schickt ihn über die *Senden*-Schaltfläche ab. Der Beitrag taucht dann unter dem Nicknamen im Nachrichtenbereich auf.

Je nach Chatanbieter enthält das Programmfenster noch zusätzliche Funktionen. Bei WEB.DE finden Sie drei runde Schaltflächen unterhalb der

Chat, Foren und mehr

Teilnehmerliste. Klicken Sie auf einen Eintrag in der Teilnehmerliste, können Sie beispielsweise dessen Profil (Geschlecht, Alter, Interessen) abrufen.

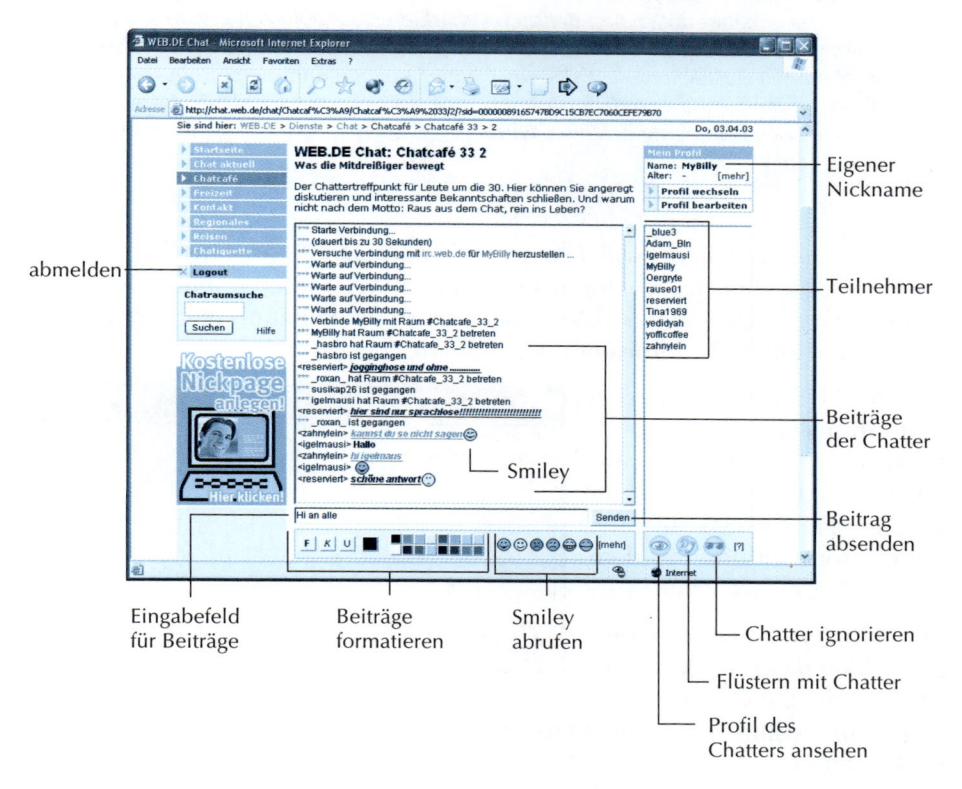

Screenshot-Beschriftungen:
- Eigener Nickname
- Teilnehmer
- Beiträge der Chatter
- Beitrag absenden
- Chatter ignorieren
- Flüstern mit Chatter
- Profil des Chatters ansehen
- Smiley abrufen
- Beiträge formatieren
- Eingabefeld für Beiträge
- abmelden
- Smiley

Haben Sie noch nie gechattet? Sorge, dass es nicht klappt? Brauchen Sie nicht zu haben. Betreten Sie einfach, wie oben beschrieben, einen Chatraum, begrüßen die Teilnehmer (z.B. »Hallo an alle«) und verfolgen ggf. die Beiträge der anderen Teilnehmer. Wenn Sie sicherer geworden sind, können Sie ja aktiv am Chat teilnehmen.

> **Hinweis**
>
> Chatten lebt von den einzelnen Menschen, die den Chatraum betreten. Im **Chat wird** zwar **geduzt, aber** es gilt die **Chatiquette**, die einige Grundregeln – eigentlich Selbstverständlichkeiten – beschreibt. Höfliches und freundliches Benehmen wird vom Gegenüber erwartet, Beleidigungen, Verletzungen religiöser, weltanschaulicher oder ethischer Art, rassistische Äußerungen etc. sind tabu!

203

Tipp

Nervt ein Chatter mit seinen Beiträgen, markieren Sie bei WEB.DE dessen Namen und klicken auf die Schaltfläche Chatter ignorieren. Dann werden dessen Meldungen ausgeblendet. Falls ein Chatter beleidigend oder grob anstößig wird, finden Sie außerdem am unteren Ende der Seite den Link Chatalarm zum Melden des Teilnehmers. Dieser wird bei Verstoß gegen die Regeln vom Chat ausgeschlossen.

Gelegentlich möchten zwei Chatter **privatere Dinge austauschen**, ohne dass alle Besucher des Chatraums die Mitteilungen lesen können. Für diesen Zweck gibt es in den meisten Chaträumen die Funktion des »Flüsterns« (manchmal auch als »Whisper« bezeichnet).

Bei WEB.DE klicken Sie den Teilnehmer in der Liste an und wählen dann die Schaltfläche zum Flüstern. Im angezeigten Fenster lassen sich dann Informationen mit dem Gegenüber austauschen.

Das Flüstern wird beendet, sobald Sie das Fenster schließen. Auch das Verlassen des Chatraums sollte mit einer netten Geste angekündigt werden (z.B. »ich muss jetzt gehen – bis bald«). Warten Sie dann noch eine Minute, um die Antworten der anderen Chatter zu lesen.

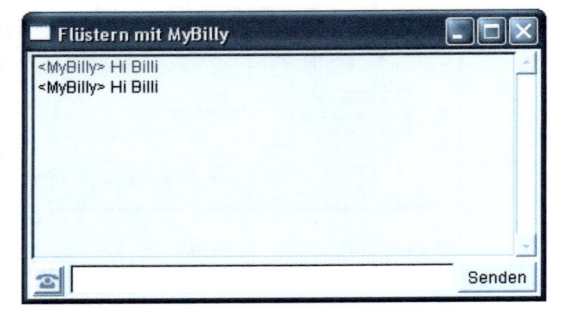

Zum **Verlassen des Chatraums** schließen Sie nicht einfach das Browserfenster. Vielmehr benutzen Sie das entsprechende Symbol oder die dafür vorgesehene Schaltfläche. Im hier gezeigten Chatraum klicken Sie auf den Befehl *Logout* in der linken Spalte.

Ähnlich wie bei E-Mails kursieren auch in Chaträumen einige Abkürzungen. Am Anfang ist es sicherlich ungewohnt, die vielen Abkürzungen richtig zu deuten. Die folgende Tabelle zeigt Ihnen einige der am häufigsten verwendeten Kürzel.

:-)	Lächeln, Freude	:-(	Traurigkeit
;-)	Augenzwinkern	:-o	Erstaunen
.-*	Küsschen	:-V	Flüstern

bbb	Bye–bye, Baby	g *gg*	Grinsen
cu	See you (Tschüss)	cul	See you later (Bis bald)
hand	Have a nice day (Schönen Tag noch)		
hant	Have a nice time (Viel Spaß)		
lol	Laughing out loud (lautes Lachen)		
thx	Thanks (Danke)		

Häufig werden Abkürzungen durch zwei Sternchen *cu* vom restlichen Text abgesetzt. Je nach Chat-Client können Sie Smileys auch als grafische Symbole abrufen und anzeigen lassen. Die meisten Chatseiten bieten im Eingangsbereich Links an, über die Sie Informationen zur Handhabung des Chats, zur Chatiquette und auch zu den Smileys und den Abkürzungen abrufen können.

> **Tipp**
>
> Mein persönlicher Tipp: Gehen Sie sparsam mit Smileys um, Missverständnisse passieren leicht (viele Smileys sind mit unterschiedlicher Bedeutung in Gebrauch). Mit :-), :-(, ;-), *g*, *lol* und *cu* kommen Sie eigentlich ganz schön weit.

An dieser Stelle möchte ich die Einführung zum Chatten beenden. Sie haben den grundsätzlichen Ablauf kennen gelernt. Suchen Sie sich einen Chatbereich aus, in dem Sie sich registrieren lassen. Zunächst können Sie ja nur mal beobachten — mit Sicherheit werden Sie aber schnell aktiv mitmachen, nette Leute kennen lernen und viel Spaß haben!

Freunde finden in der Community

Communities sind Gemeinschaften Gleichgesinnter, die sich um ein bestimmtes Thema (Hobby, Produkte, Regionales etc.) gebildet haben. Bei Anbietern wie AOL (*www.aol.de*) oder Freenet (*www.freenet.de*) finden Sie auf den betreffenden Seiten einen Link *Community*. Je nach Anbieter verstecken sich aber unterschiedliche Inhalte unter der Rubrik. Bei Freenet können Sie sich mit einem Profil (Geschlecht, Alter, Interessen etc.) und einem Nicknamen registrieren lassen. Nach der Anmeldung werden Sie in einer Liste mit dem angegebenen Profil aufgeführt.

Teilnehmer(innen) können das Profil abrufen und dem Besitzer über die angezeigten Registerkarten E-Mails, Nachrichten, Grußkarten und mehr zukommen lassen.

Details über die Community erhalten Sie beim jeweiligen Anbieter.

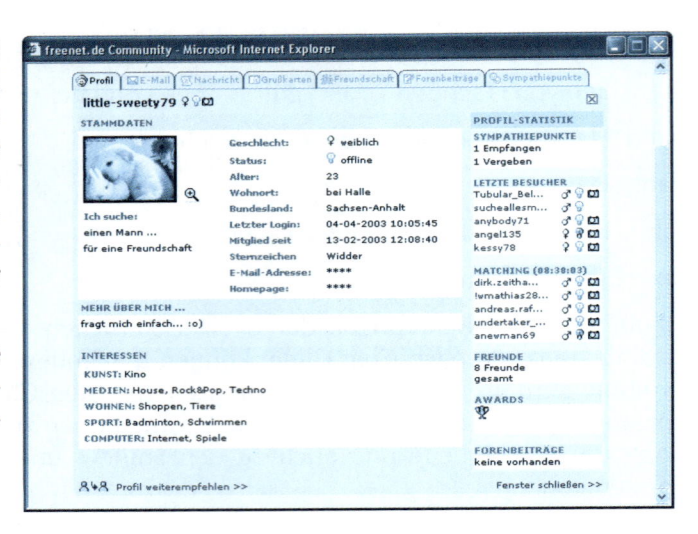

Diskussion in Foren

Ein Forum (auch als Board bezeichnet) ist so etwas wie ein »schwarzes Brett«, auf dem Teilnehmer Beiträge veröffentlichen und ggf. beantworten können. Die Funktion eines Forums wird direkt auf Internetseiten bereitgestellt.

> **Hinweis**
>
> *Der Vorteil der Foren besteht darin, dass ein veröffentlichter Textbeitrag (Posting) über längere Zeit erhalten bleibt, während beim Chatten alle Teilnehmer online sein müssen und der E-Mail-Versand einen Empfänger der Nachricht voraussetzt. Textbeiträge in Foren lassen sich meist auch ohne Registrierung lesen. Um eigene Beiträge zu schreiben oder andere Texte zu beantworten, müssen Sie sich im Allgemeinen im Forum registrieren lassen. Meistens findet sich für diesen Zweck ein Link oder eine Schaltfläche auf der betreffenden Webseite.*

Foren gibt es auf vielen Webseiten und deren Besuch ist recht einfach: Sie rufen lediglich die betreffende Webseite auf und schon können Sie die Forumsbeiträge lesen. Hier wurde der Forumsbereich von Freenet (*forum.freenet.de*) gewählt. Auf der Übersichtsseite mit den einzelnen Foren klicken Sie auf eine Forumskategorie und auf den Folgeseiten dann auf die gewünschten Unterkategorien. Wählen Sie einen Forumsnamen aus, erscheint die Seite mit den Beiträgen.

Chat, Foren und mehr

Die Forumseinträge sind als Liste mit einem Titeltext, dem Pseudonym des Verfassers bzw. der Verfasserin, der Zahl der Antworten zum Beitrag etc. aufgeführt. Dieser Aufbau ist bei fast allen Foren ähnlich.

1 Klicken Sie auf einen Forumseintrag, wird dieser im Browserfenster eingeblendet und lässt sich auch von unregistrierten Benutzern lesen.

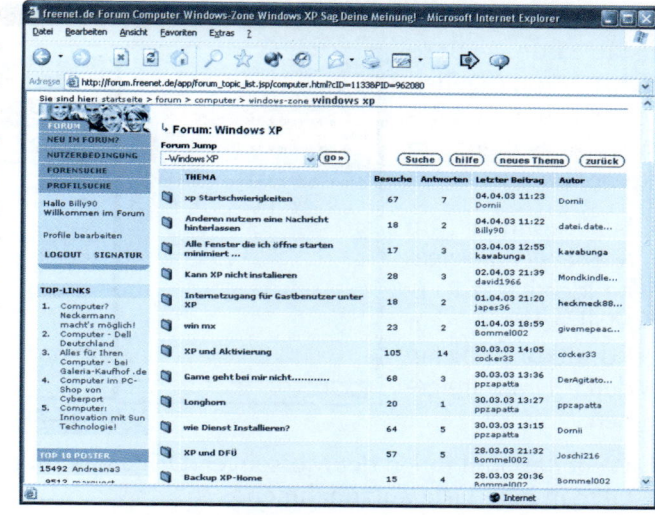

2 Zur Beantwortung eines Beitrags wählen Sie eine mit »Antwort« oder ähnlich bezeichnete Schaltfläche in der Seite mit dem Forumsbeitrag.

3 Sind Sie registriert, öffnet sich ein Formularfenster, in dem Sie die Antwort eintragen und dann abschicken können.

Näheres zum Umgang mit dem Forum finden Sie auf der betreffenden Forumsseite. Beachten Sie beim Einstellen von Beiträgen in ein Forum die **Netiquette**, d.h., bleiben Sie freundlich und sachlich. Verletzende oder beleidigende Äußerungen sind tabu. Um sich über das Angebot an Foren zu informieren, geben Sie in einer Suchmaschine das Stichwort »Foren« und ggf. noch einen Unterbegriff für das Sie interessierende Thema ein.

Hinweis

Neben den auf Webseiten realisierten Foren gibt es noch Nachrichtengruppen (Newsgroups), die auf eigenen Servern lagern. Das Programm Microsoft Outlook Express (siehe Kapitel 6) sowie der Anbieter Google (groups.google.com) erlauben Ihnen, solche Newsgroups zu abonnieren.

Instant Messenger – was ist das?

Wäre es nicht schön, wenn Sie erkennen könnten, ob Bekannte oder Freunde gerade online sind? Sie könnten dann ggf. Kontakt mit diesen aufnehmen und Nachrichten austauschen. Diese Dienstleistung stellen die so genannten Instant Messenger im Internet bereit.

- Sie können im Messenger die eigene Identität (z.B. E-Mail-Adresse) zur Kontaktaufnahme durch Dritte freigeben.

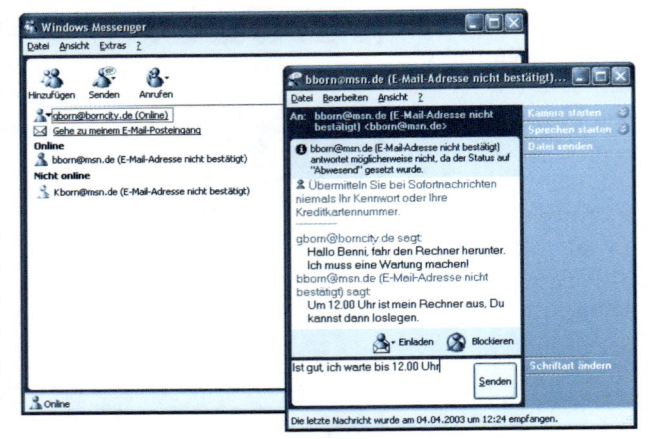

- Weiter erlaubt Ihnen der Messenger, Dritte (Freunde, Bekannte) als Kontakte in eine Liste aufzunehmen.

Haben Sie Ihre Identität zur Verwendung durch Dritte freigegeben, erhalten Sie eine Nachricht, wenn jemand Sie in seine Kontaktliste aufnehmen möchte. Sie können das dann gestatten oder ablehnen. Gehen Sie später online, teilt der Messenger dies einem Server im Internet mit. Gleichzeitig fragt er den Online-Status der von Ihnen in der Liste aufgeführten Kontakte ab und zeigt diesen an. Sie können einen Online-Kontakt anwählen und die Schaltfläche *Senden* betätigen. Dann erscheint auf beiden Systemen ein Fenster, über das sich (ähnlich wie beim Chat) Nachrichten verschicken und sogar Dateien austauschen lassen. Der Microsoft Messenger erlaubt darüber hinaus noch die Übertragung von Bildern, die durch Webcams am betreffenden System aufgezeichnet werden.

Hinweis

Es gibt mehrere Messenger-Varianten. America Online (AOL) verwendet in der eigenen Software einen Messenger, der eine so genannte Buddy-Liste (Buddy = Freund) anzeigt. Microsoft (www.microsoft.com) bietet dagegen den Windows-Messenger (die benötigte Version 6.0 ist kostenlos herunterladbar). Der Messenger in Windows XP erlaubt einem Teilnehmer, seinen Desktop zur Anzeige oder Nutzung durch Dritte freizugeben. Dies ist bei der Ferndiagnose oder bei der gemeinsamen Bearbeitung von Dokumenten in Arbeitsgruppen hilfreich. Details zu den einzelnen Messengern entnehmen Sie bitte der Programmdokumentation.

Ich will 'ne Website!

Immer mehr Menschen richten sich eine eigene **Homepage** (auch als **Website** bezeichnet) im World Wide Web für private oder geschäftliche Zwecke ein und stellen Informationen im Internet bereit. Eine **Website** ist dabei eine **Ansammlung von Webseiten**, die auf einem Webserver gespeichert sind. Werden dort Waren angeboten und können diese online bestellt werden, spricht man von einem **Webshop**. Nachfolgend wird skizziert, wie man zur eigenen Website kommt.

Webseiten – so werden sie entworfen

Webseiten sind nichts anderes als Dokumentdateien, die im **HTML-Format** (**HTML** steht für **H**ypertext **M**arkup **L**anguage) gestaltet wurden. Es handelt sich dabei um ein Textformat, in dem als Tags bezeichnete HTML-Befehle zur Formatierung von Überschriften, für Fett- oder Kursivschrift, zum Einbinden von Bildern, zur Auszeichnung von Hyperlinks etc. eingebettet sind. Im einfachsten Fall können Sie den Windows-Editor (aufrufbar im Startmenü unter *(Alle) Programme/Zubehör*) benutzen, um eine HTML-Seite zu entwerfen. Ein Browser kann das HTML-Format lesen und setzt dann die Inhalte der HTML-Tags in die gewünschte Anzeige um. Das Ganze ist nicht sonderlich schwer, die HTML-Tags stehen in spitzen Klammern und werden meist paarweise benutzt. Ein -Tag schaltet beispielsweise Fettschrift ein, mit wird dieses Format wieder ausgeschaltet.

> **Hinweis**
> *HTML-Seiten werden mit der Dateinamenerweiterung .htm oder .html gespeichert. HTML-Dateien lassen sich zusammen mit Bildern etc.* **lokal auf** *einer* **Festplatte** *speichern und per Doppelklick im Browser laden. Für eine Website müssen die Dateien jedoch auf einen* **Webserver** *hochgeladen werden. Die Startseiten auf dem Server werden dann meist mit* index.htm, default.htm *oder* welcome.htm *benannt. Gibt ein Benutzer die URL in der Art* www.name.de *an, schickt der Server automatisch die eingetragene Startseite zum Browser.*

Wer häufiger Webseiten entwirft, greift allerdings zu speziellen HTML-Editoren oder Programmen wie Microsoft FrontPage oder NetObjects Fusion. Auf der Seite *www.meybohm.de* finden Sie z.B. das recht leistungsfähige Freeware-Programm »HTML-Editor«. Manche Programme wie Microsoft Word oder der Writer aus StarOffice/OpenOffice können die Dokumente ebenfalls im HTML-Format speichern.

Einige Anbieter von Speicherplatz im Web (z.B. Puretec oder BeepWorld) stellen Programme bereit, mit denen sich einfache Webseiten ohne HTML-Kenntnisse interaktiv entwerfen lassen. Sobald Sie sich mit Benutzernamen und Kennwort auf der Webseite zum Erstellen der Webpräsenz angemeldet haben, werden Sie über Formulare durch den Entwurf der Webseiten geführt. Dann brauchen Sie sich um das weiter unten beschriebene Hochladen nicht zu kümmern. Hier sehen Sie eine Entwurfseite für eine einfache Homepage beim Anbieter BeepWorld (*www.beepworld.de*).

> **Tipp**
>
> *Eine kostenlose Einführung in HTML finden Sie unter* www.borncity.de *in der Rubrik* Web/HTML/XML. *Dort gibt es sowohl ein HTML-Tutorial als auch eine Referenz aller HTML-Tags. Der von mir verfasste Markt+Technik-Titel »HTML/XHTML« enthält ebenfalls eine gute Einführung in die Webseitenerstellung mit HTML-Editoren und FrontPage Express. Das kostenlose Programm FrontPage Express ist im Internet Explorer (bis Version 5.01) enthalten. Falls Sie nicht mehr an den Internet Explorer 5 herankommen, geben Sie in einer Suchmaschine versuchsweise die Begriffe »FrontPage Express Download« ein, um Webseiten mit Informationen bzw. zum Download des Programms zu finden.*

Wie komme ich an einen Webserver?

Die **HTML-Dateien müssen auf** einem so genannten **Webserver gespeichert werden**, damit die Homepage im Web erreichbar ist. Der Betrieb eines eigenen Webservers ist recht teuer und aufwändig. Einfacher ist es, sich Speicherplatz auf einem Webserver eines so genannten **Webspace-Anbieters** (Provider) zu beschaffen. Anbieter wie FortuneCity (*www.fortunecity.de*) oder BeepWorld (*www.beepworld.de*) bieten diesen Speicherplatz kostenlos auf ihren Servern an. Das Ganze wird über Werbung finanziert, die beim Aufruf der Webseiten eingeblendet wird. Sie müssen sich lediglich auf den Webseiten des betreffenden Anbieters registrieren lassen. Den Kunden von AOL, T-Online, CompuServe, Freenet etc. stehen in der Regel ebenfalls einige Megabyte an Speicherplatz kostenlos auf einem Webserver zur Verfügung.

Der Nachteil dieses Ansatzes besteht darin, dass der Provider Ihnen nur einen Ordner mit vorgegebener Kapazität auf dem Server bereitstellt. Die Startseite muss mit *www.beepworld.de/members49/gborn* oder ähnlich langen URLs aufgerufen werden. Wer eine Webadresse der Art *www.IhrName.de* bereitstellen möchte, ist auf die kostenpflichtigen Angebote von Firmen wie 1&1/Puretec (*www.puretec.de*) oder Strato (*www.strato.de*) angewiesen. Dort können Sie verschiedene Pakete mit unterschiedlichen Speicherkapazitäten, E-Mail-Funktionen und Zuteilung eigener *.de-* oder *.com-* **Domain**-Adressen samt Registrierung bei der Institution DeNIC buchen. Details finden Sie auf den Internetseiten der Anbieter. Von beiden Anbietern gibt es sehr preiswerte Visitenkarten mit 1 Mbyte Speicherplatz auf dem Server und eigener *www.IhrName.de*-Domäne. Verfügen Sie über Speicher bei einem kostenlosen Anbieter, lässt sich die Visitenkarten-Domäne so einrichten, dass ein Besucher automatisch zu dieser URL umgeleitet wird.

So kommt die Homepage ins Web

Haben Sie lokal die Seiten Ihrer Homepage entworfen und getestet, müssen Sie diese noch im Web veröffentlichen. Das bedeutet, alle Dateien sind auf den Webserver hochzuladen. Bei manchen Anbietern wie FortuneCity ist ein entsprechender Datei-Manager zum Upload bereits in der Webseite eingebaut. Viele Anbieter erlauben aber das **Hochladen** der lokal gespeicherten Webseiten auf den Webserver per **FTP-Transfer**. Das Kürzel **FTP** steht dabei für **File Transfer Protocol**.

> **Hinweis**
>
> *Alle Windows-Versionen besitzen ein sehr einfaches FTP-Programm, das sich aus der Eingabeaufforderung mit* ftp ⏎ *aufrufen lässt (die Eingabeaufforderung können Sie per Startmenü über* Alle Programme/Zubehör/Eingabeaufforderung *bzw.* Programme/MS-DOS-Eingabeaufforderung *aufrufen). Der FTP-Befehl* help *ruft die Liste der zulässigen Befehle auf. Wegen der umständlichen Bedienung sollten Sie jedoch auf Alternativen (siehe unten) zurückgreifen.*

Windows Millennium, Windows 2000 und Windows XP stellen im Ordner *Netzwerkumgebung* einen recht praktischen FTP-Client bereit.

1 Öffnen Sie das Ordnerfenster der Netzwerkumgebung und wählen Sie die Option *Netzwerkressource hinzufügen*.

2 Sobald der Assistent erscheint, übergehen Sie alle Dialoge bis zur Abfrage der Netzwerkressource. Im betreffenden Feld ist die Adresse des FTP-Servers (z. B. *ftp://ftp.microsoft.com*) anzugeben.

3 Im Folgedialog geht es um die Modalitäten der Serveranmeldung. Manche FTP-Server wie *ftp.microsoft.com* erlauben eine anonyme Anmeldung mit dem Benutzernamen *anonymous* und einem leeren Kennwort. Belassen Sie dann die Markierung des Kontrollkästchens *Anonym anmelden*. Andernfalls heben Sie die Markierung auf und tragen den Benutzernamen in das entsprechende Feld ein.

4 Geben Sie im Folgedialog noch einen Namen für die Verknüpfung zum FTP-Server (z.B. »Meine Webseite«) ein. Danach können Sie den Assistenten abschließen, indem Sie auf *Weiter* und dann *Fertig stellen* klicken.

Rufen Sie später die Verbindung (z.B. durch einen Doppelklick auf die FTP-Verknüpfung in der Netzwerkumgebung) auf, erscheint ggf. ein Dialog zur Eingabe der Benutzerkennung. Sobald Sie diese Angaben machen, nimmt der FTP-Client Verbindung zum Internet auf und zeigt anschließend den Inhalt Ihrer Webpräsenz auf dem FTP-Server.

Sie können in diesem Ordnerfenster wie bei anderen lokalen Ordnern Unterordner anlegen sowie Ordner und Dateien umbenennen oder löschen. Zum Hochladen neuer Dateien ziehen Sie diese einfach per Maus aus dem Ordnerfenster des lokalen Quellordners in das geöffnete Ordnerfenster des FTP-Client (also wie beim Kopieren lokaler Dateien, siehe Kapitel 3).

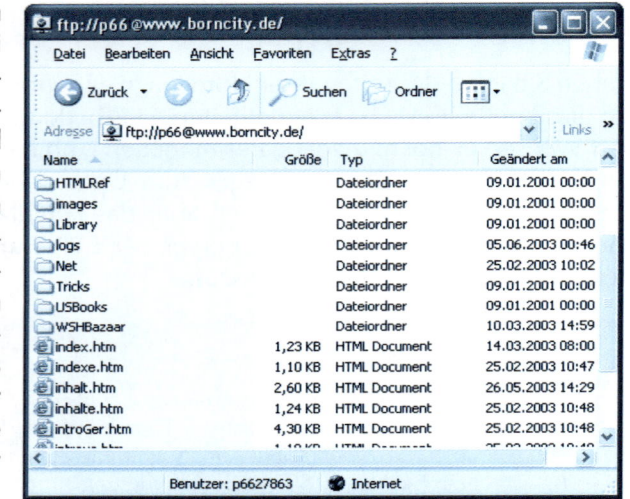

> **Hinweis**
>
> *Unterstützt Ihre Windows-Version keinen FTP-Transfer im Ordner* Netzwerkumgebung, *können Sie andere FTP-Programme einsetzen, z. B. das für private Zwecke kostenlos nutzbare FTP-Programm AceFTP 3 Pro (Download unter www.visicommedia.com oder in Google nach »free FTP client« suchen lassen).*
>
> *In der Hilfe des FTP-Programms finden Sie Hinweise, wie FTP-Adresse, Benutzerkennung und -kennwort einzutragen sind oder wie Sie die einzelnen Funktionen nutzen.*

Computersicherheit & Internet

So toll die Möglichkeiten des Internets sind, man sollte das Thema Sicherheit nicht gänzlich verdrängen. Es gibt Risiken und negative Begleiterscheinungen des Internets, über die sich jeder im Klaren sein sollte. Das reicht vom Schutz gegen Ausspionieren des Computers über die Abwehr von Computerviren bis hin zur Beseitigung der Spuren, die man beim Surfen hinterlässt.

Achtung: Viren und Trojaner!

Viren sind Computerprogramme, die Schäden an Ihrem Computer anrichten können. Das reicht vom Löschen oder Umbenennen von Dateien bis zum Formatieren ganzer Festplatten. Manchmal lässt sich ein Virenbefall an Fehlfunktionen des Computers oder einzelner Programme erkennen (dann ist es meist aber zu spät, um noch etwas zu unternehmen). Je nach Funktion werden verschiedene Virenarten unterschieden:

- **Programmviren** können in Programmdateien (*.exe*, *.com*) sowie in Dateien mit Erweiterungen wie *.pif* (Konfigurationsdatei für DOS-Anwendungen) oder *.scr* (Bildschirmschoner) enthalten sein bzw. über diese aktiviert werden.

- Office-Dokumente (Word *.doc*-Dateien, Excel *.xls*-Dateien etc.) können **Makroviren** enthalten.

- **Skriptviren** benutzen Skriptprogramme (*.vbs*, *.vbe*, *.js*, *.jse*, *.wsf,*), Stapelverarbeitungsprogramme (*.bat*, *.cmd*) oder simple HTML-Dokumente (*.hta*, *.htm*, *.html*), um den Computer anzugreifen.

> **Techtalk**
>
> *Viren verbreiten sich, indem Sie sich an Programmdateien anhängen. Wird das infizierte Programm ausgeführt, startet auch der Virus im Hintergrund. Während das Programm seine normalen Funktionen ausführt, versucht das Virus sich im Hintergrund zu verbreiten, indem es seinen Code in nicht befallene Dateien kopiert. Manche Viren versuchen auch verseuchte Dateien per E-Mail-Anhang an im Adressbuch oder im Postfach des Benutzers aufgeführte Empfänger zu verschicken.*

Das Tückische an Viren ist, dass sie sich hinter anderen Funktionen (z.B. in sinnvollen Programmen, in Dokumenten, Webseiten etc.) verstecken und die schädigenden Funktionen eventuell erst an einem ganz bestimmten Datum wirksam werden.

Daneben gibt es noch so genannte **Trojanische Pferde** (**Trojaner**), die sich unbemerkt auf dem Rechner einnisten und den Inhalt der Festplatte, Ihre Surfgewohnheiten, Kennworteingaben etc. ausspionieren und per Internet an ihre Urheber melden. Die Seite *www.trojaner-info.de* enthält eine gute Übersicht über das Thema.

- **Viren** und **Trojaner** können Sie sich z.B. **per Internet einfangen**, wenn Sie Programme herunterladen und dann auf dem Rechner ausführen.
- Die **zweite Quelle** für solche »Schädlinge« sind **E-Mails mit angehängten Dateien** und **Programmen**. Öffnet der Benutzer einen solchen Anhang, wird das Programm samt Virus ausgeführt.

Das Gleiche gilt bei der Übernahme ungeprüfter Dateien von Disketten/Datenträgern Dritter. Allerdings ist die Virengefahr begrenzt, Schäden werden in der Regel durch allzu große Sorglosigkeit der Benutzer verursacht. Mit ein paar Verhaltensregeln lässt sich die Gefahr reduzieren:

- Installieren Sie ein **Virenschutzprogramm** auf dem Computer und halten Sie dieses **auf dem aktuellen Stand** (siehe folgende Seiten). Lassen Sie sporadisch eine Virenprüfung durchführen und testen Sie neu auf den Computer übertragene Programme auf Virenbefall.
- Beziehen Sie **Programmdateien nur aus vertrauenswürdigen Quellen** (z.B. Webseiten renommierter Anbieter, CDs aus Büchern oder Zeitschriften). Wer sich illegale Programme aus obskuren Quellen beschafft, darf sich über Virenbefall nicht wundern.
- **E-Mail-Anhänge** sollten Sie zunächst **speichern** und vor dem Öffnen **auf** einen eventuellen **Virenbefall testen**. Stammt die E-Mail von unbekannten Personen, sollten Sie die Nachricht ungelesen löschen. Seien Sie auf der Hut, wenn eine freundliche Mail von Microsoft oder anderen mit einem angeblichen Windows-Update oder einem Virenscanner im Anhang eintrifft. So wurden bereits einige Viren verbreitet. Auch als E-Mail-Anhänge verschickte Grußkarten (*.exe*-Dateien) oder Bildschirmschoner (*.scr*-Dateien) sind Virenverstecke. Selbst in E-Mail-Anhängen von Bekannten könnte ein Virus enthalten sein (falls deren PC befallen ist oder ein Virus deren System zur Verbreitung benutzt hat). Bearbeiten Sie Ihre E-Mails offline, um die automatische Verbreitung von Viren zu verhindern (dann lässt sich der Postausgang vor der nächsten Online-Sitzung auf obskure Mails kontrollieren).
- Schalten Sie die Anzeige der Dateinamenerweiterung über *Extras/Ordneroptionen* auf der Registerkarte *Ansicht* ein (siehe Kapitel 3), um bei heruntergeladenen Dateien oder E-Mail-Anhängen den Dateityp zu erkennen.

- Setzen Sie die Sicherheitsstufe für Office-Dokumente (z. B. in Word) über *Extras/Makros/Sicherheit* auf »Hoch«. Dann werden Sie beim Laden solcher Dokumente vor der Ausführung von Makros gewarnt. Verwenden Sie auch die in diesem Buch erwähnten Sicherheitseinstellungen für Internet Explorer und Outlook Express.

Es gilt das Sprichwort »Vorsicht ist die Mutter der Porzellankiste«. Einige Viren konnten sich nur verbreiten, weil unvorsichtige Benutzer entsprechende E-Mail-Anhänge sofort per Doppelklick geöffnet haben. Speichern Sie niemals wichtige Informationen (z.B. Kennwörter) auf dem Computer und fertigen Sie Sicherheitskopien von wichtigen Dateien an.

Was ist das?

*Zu allem Überfluss gibt es noch **Hoaxes**, die von wohlmeinenden Zeitgenossen breit gestreut werden und beim Anwender hektische Aktivität auslösen. Ein **Hoax** ist eine Falschmeldung über einen angeblichen Virus. Die Seite www.hoax-info.de enthält eine sehr gute Übersicht über **Hoax**-Meldungen.*

Virenschutzprogramme können Dateien vor dem Öffnen auf Viren prüfen. Legen Sie sich eines der im Handel angebotenen Virenschutzprogramme zu. Sehr populär sind Norton Antivirus (*www.symantec.de*) oder die Produkte des Herstellers McAfee (*www.mcafee.de*). Deren Produkte lassen sich als zeitlich begrenzte Testversionen kostenlos aus dem Internet herunterladen.

Die Firma H+BEDV stellt privaten Anwendern das Programm »AntiVir Personal Edition« zur Verfügung, das Sie aus dem Internet (*www.free-av.de*) laden und kostenlos nutzen können. Doppelklicken Sie auf die heruntergeladene .*exe*-Datei, installiert sich das Programm automatisch und wird bei jedem Windows-Start geladen. Der Virenwächter überwacht die Aktionen beim Öffnen von Dateien und schlägt ggf. Alarm. Weitere Details zur Bedienung entnehmen Sie bitte der Programmhilfe.

Achtung

Wichtig ist, dass Sie die Virenschutzprogramme auf dem aktuellen Stand halten. Hierzu bieten die Hersteller aktualisierte Fassungen der Programme und der Signaturdateien zum Erkennen von Viren zum Download im Internet an. Die Modalitäten sind anbieterspezifisch. Bei AntiVir verwenden Sie den Befehl Internet Update starten *(Menü* Datei *im Hauptfenster). Gerade bei kritischen Funktionen wie Internetbanking oder Zugriffen auf kennwortgeschützte Bereiche ist es wichtig, dass der Computer frei von Trojanern und Viren ist. Speichern Sie daher keine Kennwörter, um deren Übertragung zu verhindern.*

Keine Chance den 0190/0900-Dialern

In Kapitel 4 wurde bereits erwähnt, dass es Webseiten gibt, die dem Benutzer so genannte Dialer unterschieben. Die Einwahl ins Internet über diese Dialer wird dann sehr teuer. Sofern Sie die Tipps in Kapitel 4 beherzigen und z.B. das Programm SmartSurfer zur Einwahl verwenden, sind Sie durch den Dialer-Warner schon ganz gut geschützt. Wer sich über feste Anbieter wie T-Online etc. ins Internet einwählt, sollte ggf. einen Dialer-Warner zur Überwachung installieren. Die Seite *www.dialerschutz.de* enthält eine gute Übersicht über aktuelle Versionen solcher Programme. Die nachfolgenden Sicherheitseinstellungen reduzieren ebenfalls das Risiko, solchen Programmen aufzusitzen.

Schutz vor Java, ActiveX und Skripten

Die bereits erwähnten Dialer, Skripte und andere »Schädlinge« nutzen häufig ungenügende Sicherheitseinstellungen oder Fehler des Browsers zur automatischen Installation. Webseiten lassen sich beispielsweise durch **ActiveX**-Steuerelemente, **Java**-Applets oder **Skripte** (JavaScript- bzw. VBScript-Programme) mit Zusatzfunktionen ausstatten. Eigentlich ist das eine gute Sache und bei Webdesignern sehr beliebt.

> **Was ist das?**
>
> *ActiveX ist eine von Microsoft eingeführte Technologie, um Webseiten mit zusätzlichen Funktionen versehen zu können. Dabei wird ein ActiveX-Modul (das ist ein Programm) einmalig von der Internetseite geladen und auf dem Computer installiert. Java-Applets sind ebenfalls Programmmodule, die Zusatzfunktionalität bereitstellen und einmalig installiert werden. Skripte sind im HTML-Dokument hinterlegte Programme, die bei der Anzeige der Seite ausgeführt werden.*

Diese Erweiterungen stellen potentielle Einfallstore für Schadprogramme dar. Über ein ActiveX-Modul oder Java-Applet können Viren, Würmer, Dialer oder Trojaner auf dem Computer eingeschleppt werden. Es genügt der Abruf einer HTML-Seite (entweder beim Surfen oder beim Ansehen einer E-Mail mit HTML-Inhalt), um ein Skript auszuführen oder um ein ActiveX-Element oder ein Java-Applet zu installieren. Skripte erlauben zwielichtigen Zeitgenossen auch, den **Computer auszuspionieren** oder zu **schädigen**.

Sie können den Browser aber so einstellen, dass ActiveX-Module, Java-Applets oder Skripte nicht angenommen werden oder dass der Browser Sie vor dem Ausführen der Aktion warnt. Erscheint ein Dialogfeld mit der Frage, ob eine so genannte **ActiveX-Komponente** installiert werden soll, versucht die gerade angesurfte Webseite eine solche Komponente auf Ihrem Compu-

Computersicherheit & Internet

ter zu installieren. Lassen Sie diesen Schritt zu, wird die ActiveX-Komponente später ohne weitere Nachfragen ausgeführt. Daher ist es wichtig, nur ActiveX-Komponenten, die nachweislich aus vertrauenswürdigen Quellen (z.B. Microsoft) stammen, zuzulassen. Bei Skriptprogrammen hilft ggf. nur das komplette Abschalten der betreffenden Funktion. Beim Microsoft Internet Explorer passen Sie die Sicherheitseinstellungen folgendermaßen an:

1 Wählen Sie im Browserfenster den Befehl *Internetoptionen* im Menü *Extras* (oder *Ansicht* bei der Version 4).

2 Auf der Registerkarte *Sicherheit* wählen Sie die Zone »Internet« und legen dann die gewünschte Sicherheitsstufe fest. Beim Schließen der Registerkarte über die *OK*-Schaltfläche wird die Sicherheitsstufe aktiv.

Beim Internet Explorer 5/6 ist der Wert der Zone standardmäßig auf »Mittel« gesetzt. Stellen Sie den Wert dagegen auf »Hoch«, wird die Ausführung von Skripten sowie die Installation von ActiveX-Modulen und Java-Applets gesperrt.

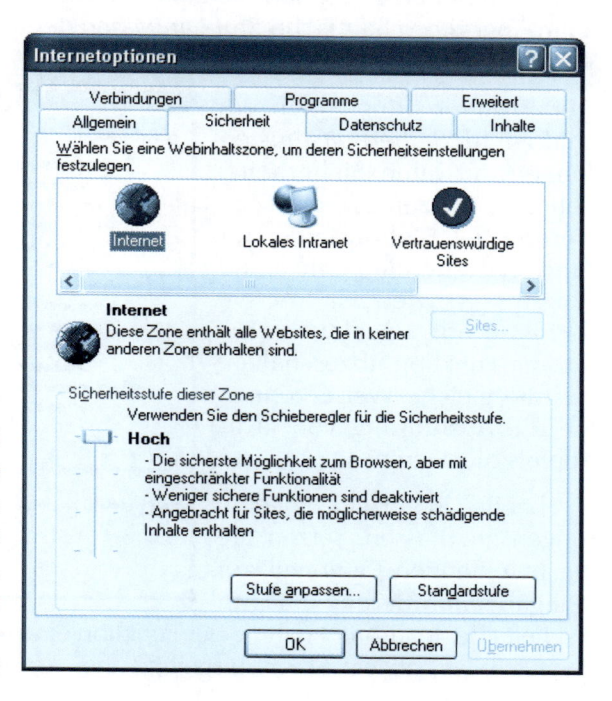

Hinweis

Das Einstellen der Sicherheitsstufe erfolgt je nach Browserversion mit unterschiedlichen Elementen. Beim Internet Explorer 4.0 wird die Zone über ein Listenfeld und die Sicherheitsstufe über ein Optionsfeld angegeben. Ab dem Internet Explorer 5.0 zeigt die Registerkarte Sicherheit *dagegen die Zonen über Symbole an und die Einstellung der Sicherheitsstufe erfolgt über einen Schieberegler.*

Je höher die Sicherheitsstufe für die Zone »Internet« gesetzt wird, umso mehr wird die Funktionalität des Browsers eingeschränkt. Es kann dann passieren, dass sich verschiedene Webseiten nicht mehr anzeigen lassen und das hier gezeigte Dialogfeld erscheint.

217

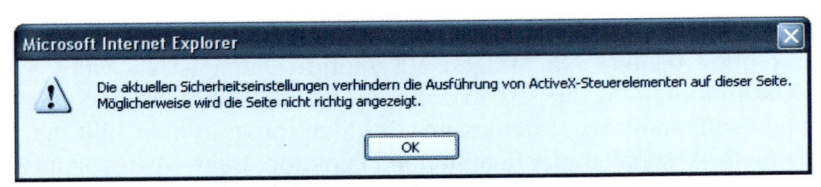

Erfahrene Benutzer können die Sicherheitsstufe auf »Mittel« belassen und dann über die Schaltfläche *Stufe anpassen* der Registerkarte *Sicherheit* die Vorgaben individuell setzen.

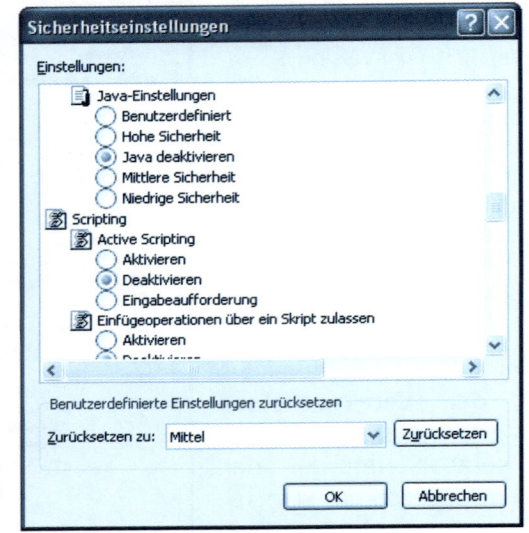

Der Browser öffnet dann ein Dialogfeld *Sicherheitseinstellungen* mit allen Sicherheitsoptionen. Setzen Sie die Markierung der Optionsfelder für ActiveX-Steuerelemente und Plug-Ins sowie für Active Scripting auf »Deaktivieren«, um die Funktion abzuschalten. Auf die gleiche Weise können Sie die Ausführung von Java-Applets blockieren.

Um bei Bedarf einzelne Erweiterungen zuzulassen, setzen Sie die betreffenden Optionen auf »Eingabeaufforderung«. Dann erscheint bei Inanspruchnahme der Funktion ein Dialogfeld, in dem Sie bestätigen müssen, ob ein Skript ausgeführt, ein ActiveX-Element oder ein Java-Applet installiert werden darf. Das erlaubt Ihnen, bei vertrauenswürdigen Websites ein Skript oder eine ActiveX-Komponente zu akzeptieren. Erfordert eine unbekannte Website ActiveX-, Java- oder Skripterweiterungen, können Sie sich entscheiden, ob Sie das Risiko eingehen oder lieber auf den Besuch der betreffenden Seite verzichten.

> **Hinweis**
>
> *Besonders verwunderlich ist die Situation beim Internetbanking. Die Infoseiten vieler Banken empfehlen, die Annahme von ActiveX-Komponenten sowie das Ausführen von Skripten und Java aus Sicherheitsgründen zu unterbinden – was auch sehr sinnvoll ist. Gleichzeitig sind aber die Seiten für das Online-Banking so programmiert, dass JavaScript und/oder Java zwingende Voraussetzung sind.*

Computersicherheit & Internet

> **Achtung**
>
> Virenprogrammierer benutzen gerne Schwachstellen in Internetprogrammen, um die Sicherheitseinstellungen zu umgehen. Stellen Sie daher sicher, dass Sie aktuelle Browserversionen sowie die jeweiligen Sicherheitsupdates installiert haben. Details finden Sie auf den Internetseiten der Browserhersteller (siehe Kapitel 4).

Cookies – was ist dagegen zu tun?

Der Begriff **Cookies** ist das englische Wort für Plätzchen und beschreibt einen Mechanismus, bei dem eine Webseite eine kleine Textdatei auf Ihrem Rechner hinterlegt. Einige Webseiten verwenden solche Cookies, um Einstellungen, die der Benutzer bei der Anpassung der Seite gewählt hat, zu speichern. Oder es wird die Identifizierung des Benutzers über diese Cookies vorgenommen. An sich sind Cookies eine gute Sache, die sich aber auch (z.B. zum Auskundschaften der Surfgewohnheiten) missbrauchen lässt. Daher sollten Sie die automatische Annahme der Cookies abschalten.

> **Hinweis**
>
> Im Internet Explorer 4.0 wählen Sie die Registerkarte Erweitert *(Menü* Ansicht/Internetoptionen*)*. Wählen Sie die Kategorie »Sicherheit« und dann »Cookies« und markieren Sie das Optionsfeld Vor Annahme von Cookies fragen.

Beim Internet Explorer in der Version 5 wird die Cookie-Annahme mit folgenden Schritten abgeschaltet:

1 Wählen Sie hierzu den Befehl *Internetoptionen* im Menü *Extras*.

2 Auf der Registerkarte *Sicherheit* wählen Sie als Zone »Internet«.

3 In der Gruppe *Sicherheitsstufe dieser Zone* klicken Sie auf die Schaltfläche *Stufe anpassen*.

4 Im dann angezeigten Dialogfeld *Sicherheitseinstellungen* suchen Sie den Eintrag *Cookies*.

5 Markieren Sie im Zweig *Cookies pro Sitzung annehmen (nicht gespeichert)* das Optionsfeld *Eingabeaufforderung*.

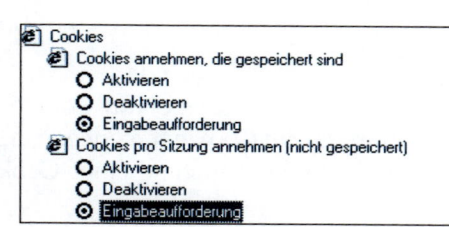

Sobald Sie die Dialogfelder und Registerkarten über die *OK*-Schaltfläche schließen (das gilt für alle Versionen), wird die neue Einstellung übernommen. In der Version 6 des Internet Explorer wurde eine gute Cookies-Verwaltung integriert:

1 Rufen Sie das Eigenschaftenfenster über den Befehl *Internetoptionen* im Menü *Extras* auf.

2 Auf der Registerkarte *Allgemein* können Sie die Schaltfläche *Cookies löschen* wählen, um die gespeicherten Inhalte zu löschen.

3 Wechseln Sie zur Registerkarte *Datenschutz* und stellen Sie den Schieberegler auf eine Datenschutzeinstellung für die Internetzone ein. Über die Schaltfläche *Erweitert* lässt sich die automatische Cookie-Behandlung abschalten und anschließend im Dialogfeld *Erweiterte Datenschutzeinstellungen* individuell konfigurieren.

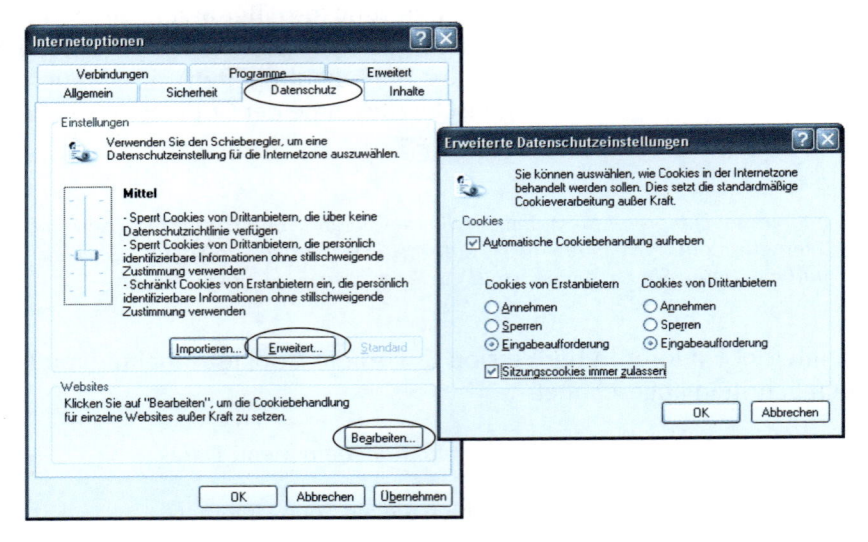

Gelegentlich passiert es aber, dass eine Website ungewollt in der Cookie-Sperrliste landet. Klicken Sie dann auf der Registerkarte *Datenschutz* auf die Schaltfläche *Bearbeiten*. Es erscheint ein weiteres Dialogfeld mit den bereits vorhandenen Cookie-Listen. Markieren Sie den Eintrag der Website und löschen Sie ihn.

Ist die generelle Annahme von Cookies gesperrt und möchte eine Webseite beim Aufrufen ein Cookie hinterlegen, fragt der Browser in einem Dialog nach. Nur wenn Sie die Annahme eines Cookies akzeptieren, wird dieses auf dem

Computer hinterlegt. Die Webseiten fragen oft mehrfach nach, d.h., Sie müssen auch mehrfach die Schaltfläche zur Annahme oder zum Ablehnen wählen.

> **Tipp**
>
> *Beim Internet Explorer 6 können Sie das Kontrollkästchen* Festlegung auf alle Cookies dieser Webseite anwenden *markieren.*
>
> *Wählen Sie dann die Schaltfläche* Zulassen *oder* Ablehnen. *Der Browser trägt die Webseite dann mit dem betreffenden Modus in die Sperrliste ein.*

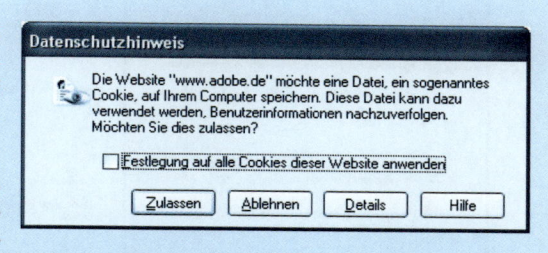

Kindersicherung für Webzugriffe

Sicherlich möchten Sie als Eltern, dass Ihre Kids im Internet surfen. Allerdings findet es sicher nicht Ihre Billigung, wenn die cleveren Kerlchen sich über die neuesten Entwicklungen im Sexbusiness, über brutale Filme etc. informieren. Sie könnten ständig neben dem Computer sitzen und die Kids überwachen. Oder Sie aktivieren eine Kindersicherung für Ihre Sprösslinge. Das Ganze läuft unter dem Stichwort »Inhaltsratgeber«.

1 Wählen Sie im Internet Explorer den Befehl *Internetoptionen* im Menü *Extras*.

2 Klicken Sie auf der Registerkarte *Inhalt* auf die Schaltfläche *Einstellungen* der Gruppe *Inhaltsratgeber*.

Jetzt erscheint ein zweites Eigenschaftenfenster, in dem Sie die Filter zum Sperren von Webseiten festlegen. Die Sperre bezieht sich dabei auf den aktuellen Benutzer (d.h., Sie müssen sich ggf. vorher unter dem Benutzerkonto Ihrer Kinder angemeldet haben).

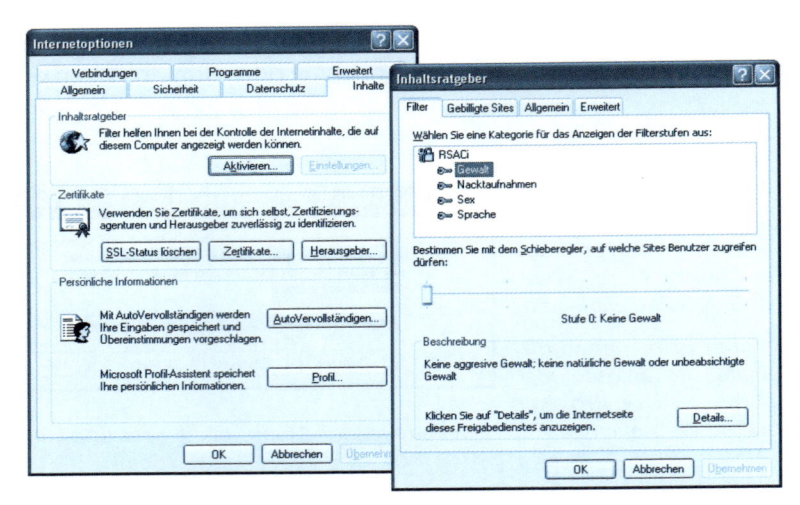

3 Klicken Sie auf der Registerkarte *Filter* auf die gewünschte Kategorie (z.B. »Gewalt«, »Sex« etc.) und bestimmen Sie anschließend die gewünschte Stufe über den Schieberegler auf der Registerkarte.

4 Damit Ihre pfiffigen Sprösslinge die Einstellungen nicht zurücksetzen, sollten Sie noch ein Kennwort vereinbaren (im Internet Explorer 6 finden Sie die betreffende Option auf der Registerkarte *Allgemein*).

5 Sobald Sie das Eigenschaftenfenster über *OK* schließen und auf der Registerkarte *Inhalte* auf die Schaltfläche *Aktivieren* klicken, wird der Filter aktiv.

Werden Webseiten mit unzulässigem Inhalt angesurft, erhält der Benutzer eine Nachricht, dass diese vom Inhaltsratgeber gesperrt wurden.

Hinweis

Das gesamte Filtersystem setzt voraus, dass sich die betreffenden Webseiten selbst gemäß den Kriterien der RSAC-Organisation klassifizieren. Ist das Kontrollkästchen Zugang auf ungefilterte Sites zulassen *auf der Registerkarte* Allgemein *nicht markiert, werden alle Webseiten ohne Klassifikation zur Anzeige gesperrt. Sie können Ihren Kids aber eine Liste gebilligter Webseiten über die Registerkarte* Gebilligte Sites *zusammenstellen. Achten Sie bei der Vergabe eines Supervisor-Kennworts darauf, dass Sie dieses nicht vergessen. Ohne Kennwort kommen Sie nicht mehr an die Einstellungen heran und müssen ggf. das Benutzerkonto löschen und neu anlegen, um Filtereinstellungen zurückzusetzen. Beim Internet Explorer 5.0 erfolgt die Handhabung des Inhaltsratgebers ähnlich.*

Anonym surfen

Nach der Lektüre der vorhergehenden Seiten wissen Sie, dass Arbeitgeber, Kollegen oder interessierte Dritte über das Listenfeld des *Adresse*-Feldes oder im Ordner *Verlauf* herausfinden können, wo Sie sich im Web überall herumtreiben (siehe Kapitel 4). Um möglichst wenig Informationen über sich zu liefern, **verzichten** Sie auf das **Ausfüllen von Formularen** in Webseiten. E-Mail-Adressen lassen sich für Werbemüll missbrauchen, über die URL der eigenen Homepage lässt sich ggf. sogar Ihre postalische Adresse ermitteln. Erfordert der Zugang zu einem Angebot die Anmeldung mit Angabe einer E-Mail-Adresse, verwenden Sie ein eigens zu diesem Zweck bei einem Freemail-Anbieter angelegtes kostenloses E-Mail-Postfach. Sperren Sie die Annahme von Cookies und leeren Sie häufiger den Ordner *Verlauf*. Aber selbst wenn Sie das alles beherzigen, hinterlassen Sie beim Surfen im Internet ungewollt weitere Spuren, die eine Rekonstruktion des Surfverhalten ermöglichen.

> **Achtung**
>
> *Bei der Verbindungsaufnahme weist der Provider Ihrem Computer eine eindeutige Identifikationsnummer (**IP-Adresse**) zu und protokolliert das intern. Der Betreiber einer Website kann über diese IP-Adresse Ihren Provider herausfinden. Bei strafbaren Handlungen lässt sich von der Staatsanwaltschaft über diese IP-Adressen und die beim Provider protokollierten Verbindungsdaten der Benutzer ermitteln. Bei hinreichendem Verdacht kommt es dann zur Beweissicherung ggf. zu Hausdurchsuchungen mit Beschlagnahme des Computers.*

Neben der IP-Adresse kann ein Webseitenbetreiber die Art des Browsers, das benutzte Betriebssystem, die besuchten Webseiten, ggf. die E-Mail-Adresse und weitere Informationen ermitteln und zu Benutzerprofilen kombinieren. Um diese Art des Ausspionierens zu verhindern, lässt sich auf **Anonymisierer** zurückgreifen. Das sind Programme oder Kommunikationsstrukturen, die die Identität des Surfers gegenüber Webservern verschleiern.

> **Techtalk**
>
> *Die Anonymisierung erfolgt über **Proxy-Server**. Ein **Proxy-Server** fungiert als Zwischenstation im Internet. Um den Datenverkehr im Internet zu reduzieren, betreiben Provider häufig Proxy-Server, die regelmäßig angeforderte Webseiten in einem Cache zwischenspeichern. Fordert ein Surfer eine solche Seite an, wird diese aus dem Cache und nicht aus dem Internet geholt. Dieser Technik bedienen sich die Anonymisierer, indem Sie die Anfrage an den Proxy richten. Der Webserver der angeforderten Seite bekommt dann nur die Daten des Proxy zu sehen, erfährt also nichts über den PC des Benutzers.*

Es besteht die Möglichkeit der **Anonymisierung** über **Webseiten**. Sie rufen die betreffende Webseite mit dem Anonymisierer (z.B. *www.rewebber.de* oder *www.anonymizer.com*) auf, tippen in einem Formular die URL der Zielseite ein und warten, bis die Zielseite im Fenster des Anonymisierers angezeigt wird.

> **Hinweis**
>
> *Die obigen Anonymisierer sind kostenpflichtige Angebote. Sie können diese aber in gewissem Umfang kostenlos testen. Beachten Sie jedoch, dass durch die Zwischenschaltung des Anonymisierers die Leistung abnimmt – das Anfordern von Seiten dauert recht lang. Viele Anonymisierer unterdrücken daher den Transfer von Programmen oder Bildern.*

Ganz flott, recht komfortabel und bisher kostenlos arbeitet der **Anonymisierer der** bereits erwähnten **Suchmaschine MetaCrawler** (*www.metacrawler.de*). Klicken Sie in der Ergebnisliste einer Suchanfrage auf den Hyperlink *Öffne anonym* unterhalb des jeweiligen Eintrags, wird die Seite anonymisiert abgerufen.

Um **Webseiten anonym durch Eingabe einer URL abzurufen**, benötigten Sie die Metacrawler-Toolbar. Diese lässt sich auf der Hauptseite *www.metacrawler.de* über einen Hyperlink abrufen und installieren. Bei eingeblendeter Symbolleiste (Menü *Ansicht/Symbolleiste/Metacrawler*) lässt sich eine beliebige URL in einem Textfeld eingeben und die zugehörige Webseite über die Schaltfläche *Anonym* abrufen.

In den Hilfeseiten zur MetaCrawler-Toolbar finden Sie eine Reihe zusätzlicher Hinweise zum Thema anonym surfen. Ausgiebig wird das Thema auch auf der (etwas unübersichtlichen) Webseite *www.gurusheaven.de* abgehandelt. Dort werden Ihnen auch die im Internet hinterlassenen Spuren angezeigt.

Werbefilter und Firewalls

Nervt es Sie, wenn bei der Anwahl einer Webseite sofort mehrere Werbefenster (Werbebanner) im Vordergrund geöffnet werden? Sie könnten zwar die Skriptbearbeitung im Browser abschalten, um Abhilfe zu schaffen. Häufig klappt dann aber die Anzeige so mancher Webseite nicht mehr. Der unerwünschte Informationsaustausch zwischen Ihrem Browser und Websites lässt sich über Filterprogramme (Werbeblocker) unterbinden. Das Programm **Webwasher Classic** kann man aus dem Internet herunterladen (unter *www.webwasher.de* schauen oder in einer Suchmaschine »Webwasher« eingeben) und im Privatumfeld kostenlos nutzen. Nach der Installation blockiert das Programm selbstständig unerwünschte Werbefenster. Auch die Annahme von Cookies, die Anzeige von Animationen und mehr lässt sich sperren. Ähnlich arbeitet das Programm Naviscope (*www.naviscope.com*), mit dem sich Anzeigen, Cookies, JavaScript, blinkender Text und weitere Inhalte filtern lassen.

Das Übel nimmt kein Ende. Sobald der Computer online ist, kann aus dem Internet darauf zugegriffen werden, um Dateien auszuspionieren und andere Schäden anzurichten. Weiter können auf dem Computer installierte Trojaner und andere Programme (Adware, siehe unten) heimlich Informationen ins Internet übertragen.

Tauchen bei Ihren Online-Sitzungen sporadisch solche Fenster auf? Dann sind Sie einer weiteren Plage des Internets begegnet. Windows stellt einen so genannten Nachrichtendienst bereit.

Dieser Nachrichtendienst wird beispielsweise von dem oben erwähnten Messenger zum Austausch von Botschaften benutzt. Leider lässt sich dieser Nachrichtendienst auch aus dem Internet ansprechen und missbrauchen. Programme senden einfach Werbetexte an ganze Blöcke von IP-Adressen. Sind Sie online und benutzt Ihr PC gerade eine solche IP-Adresse, wird die Meldung auf dem Desktop angezeigt.

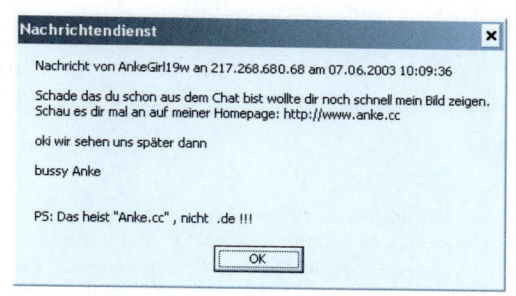

> **Hinweis**
>
> *Falls Sie keine Firewall installieren möchten, deaktivieren Sie den Nachrichtendienst. Anleitungen finden Sie, indem Sie in einer Suchmaschine die Begriffe »Nachrichtendienst Windows deaktivieren« eintippen.*

Gegen solche unerwünschten Aktivitäten hilft eine so genannte **Firewall**. Dabei handelt es sich um ein Programm auf dem lokalen Computer, über das alle Daten der Internetverbindung laufen. Die Firewall blockiert bei entsprechender Konfiguration alle unberechtigten Versuche, über die Internetverbindung auf den Computer und ein ggf. angeschlossenes lokales Rechnernetzwerk zuzugreifen. Je nach Firewall kann auch der unautorisierte Versand von Daten ins Internet unterbunden werden. In Windows XP ist eine solche Firewall enthalten.

1 Klicken Sie im Ordnerfenster *Netzwerkverbindungen* mit der rechten Maustaste auf das Symbol der Internetverbindung. Wählen Sie im Kontextmenü den Eintrag *Eigenschaften*.

2 Holen Sie im Eigenschaftenfenster der Internetverbindung die Registerkarte *Erweitert* in den Vordergrund.

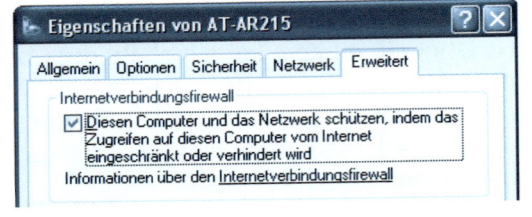

3 Markieren Sie das mit *Diesen Computer und das Netzwerk schützen ...* beschriftete Kontrollkästchen.

Sobald Sie das Eigenschaftenfenster über die *OK*-Schaltfläche schließen, wird die Firewall aktiviert. Ihr Computer und weitere über Netzwerk angeschlossene Rechner sind nun vor Zugriffen aus dem Internet geschützt.

> **Hinweis**
>
> *Für andere Windows-Versionen oder bei weiter gehenden Ansprüchen bietet der Markt alternative Produkte. Das Programm **ZoneAlarm** (www.zonelabs.com) überwacht die Ein- und Ausgänge des Computers auf unautorisierten Datenverkehr und schlägt ggf. Alarm. Unter www.zonealarm.de finden Sie eine deutschsprachige Anleitung und es gibt eine kostenlos nutzbare Version, die sich aus dem Internet laden lässt. Mit einer Firewall wie ZoneAlarm lassen sich sowohl die Pop-up-Fenster des Nachrichtendiensts als auch Trojaner blockieren. Allerdings führen Firewalls auch zu Funktionseinschränkungen für Programme wie den Messenger, da dessen Daten ebenfalls abgefangen werden. Details finden Sie in der Hilfe der jeweiligen Firewall.*

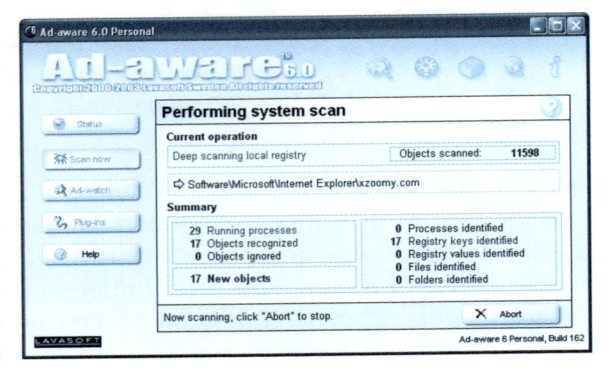

Abschließend noch einige Bemerkungen zu so genannter **Adware** oder **Spyware**. Es gibt eine Reihe (kostenloser) Programme, die beim Betrieb Daten sammeln und während einer Internetsitzung an den Hersteller melden. Die Palette reicht von Microsoft-Windows-Funktionen bis hin zu werbefinanzierten Hilfsprogrammen, die Ihre E-Mail-Adresse und weitere interessante Informationen weitergeben. Wenn Sie also mit Werbemails bombardiert werden, kann ein solches Adware-Programm die Ursache sein. Das Programm Ad-aware spürt solche Spyware auf neutralisiert diese auf Wunsch.

> **Hinweis**
>
> Sie können eine kostenlose Version von Ad-aware für den privaten Gebrauch über die Webseite www.lavasoft.de herunterladen oder die professionelle Version mit Zusatzfunktionen erwerben. Details zur Handhabung entnehmen Sie bitte der Programmhilfe sowie den Anleitungen im Internet.

Zusammenfassung

In diesem Kapitel haben Sie einen Einblick in die Möglichkeiten und Risiken des Internets erhalten. Aber auch Sicherheitsfragen im Umfeld von Homebanking, Virenschutz etc. wurden angesprochen. Das kann Ihnen helfen, Fehler zu vermeiden und Risiken einzuschätzen oder zu minimieren.

Testen Sie Ihr Wissen

Zur Überprüfung Ihrer Kenntnisse können Sie die folgenden Fragen beantworten.

■ **Wie finden Sie Seiten zu bestimmten Themen im Internet?**

Indem Sie über ein Webverzeichnis oder über eine Suchmaschine nach dem Thema suchen lassen – siehe Kapitelanfang.

■ **Was ist der Unterschied zwischen einer Suchmaschine und einem Internetverzeichnis?**

Eine Suchmaschine erlaubt die Eingabe eines Suchbegriffs und greift auf interne, maschinell erstellte Stichwortlisten zurück. Webverzeichnisse entsprechen Katalogen oder Inhaltsverzeichnissen und werden von Redakteuren zusammengestellt und gepflegt.

■ **Was ist beim Thema Geld und Internet zu beachten?**

Die Sicherheit bei der Abwicklung von Geldgeschäften sollte immer durch geeignete Maßnahmen gewährleistet sein, um Missbrauch zu verhindern.

■ **Nennen Sie Möglichkeiten zum Schutz Ihres Computers.**

Antiviren-Programme zum Schutz gegen Viren, Dialer-Schutzprogramme gegen Einwahlprogramme ins Internet, Firewalls zur Überwachung des ein-/ausgehenden Datenverkehrs, etc.

Kapitel 6

E-Mail und mehr

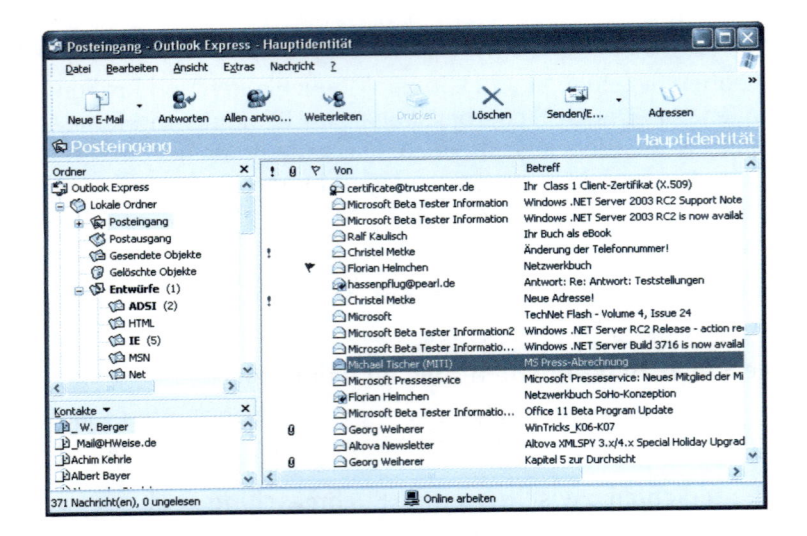

> In diesem Kapitel lernen Sie alles, was es zum Thema E-Mail zu wissen gibt. Sie erfahren, wie Sie an ein Postfach gelangen, wie E-Mails erstellt, empfangen, beantwortet und verschickt werden. Weitere Abschnitte zeigen, wie sich ein E-Mail-Konto zur Fax- und SMS-Zentrale aufwerten lässt, wie Sie ein Adressbuch pflegen oder mit Outlook Express Nachrichtengruppen (Newsgroups) besuchen. Das eröffnet ganz neue Möglichkeiten zur Nutzung des Computers.

Das können Sie schon:

Den Computer in Betrieb nehmen	37
Mit Windows arbeiten	48
Mit Fenstern und Programmen umgehen	59/67
Einen Internetzugang einrichten	140/145
Webseiten abrufen	156
Chatten, Online-Banking und mehr	194/199

Das lernen Sie neu:

E-Mail – eine Kurzübersicht	230
E-Mail mit Outlook Express	240
Mit dem Adressbuch arbeiten	263
So klappt's mit Newsgroups	267

E-Mail – eine Kurzübersicht

Haben Sie noch kein E-Mail-Postfach oder interessieren Sie sich für die Grundlagen? Möchten oder müssen Sie Ihren Computer noch für den E-Mail-Versand und -Empfang einrichten? In diesem und dem folgenden Abschnitt gehe ich mit Ihnen alle Schritte durch, mit denen Sie den Computer für E-Mails »fit« machen. Weiter lernen Sie, wie Sie an ein kostenloses E-Mail-Konto kommen und wie dieses auf dem Computer eingerichtet wird.

E-Mail – das brauchen Sie!

E-Mail ist der Fachbegriff für elektronische Post, die über Computer und das Internet abgewickelt wird. Dieses moderne Kommunikationsmedium ist schnell, preiswert und in vielen Bereich nicht mehr wegzudenken. Auch im privaten Bereich setzen sich elektronische Postfächer immer mehr durch. Mit einem Internetzugang braucht niemand auf E-Mails zu verzichten.

- Sie benötigen lediglich ein **E-Mail-Konto**, welches unter einer **E-Mail-Adresse** einen Briefkasten für ausgehende und ein Postfach für eingehende Post bereitstellt.

- Die **Funktionen zur Postbearbeitung werden von** speziellen **Programmen** (E-Mail-Clients) **bereitgestellt**.

Wie kommen Sie nun aber an ein E-Mail-Konto und an die Software? Wer einen Vertrag bei einem Provider wie T-Online, America Online etc. abschließt, bekommt automatisch ein **E-Mail-Konto** (oder mehrere) zugeteilt. Die Zugangssoftware dieser Provider enthält Funktionen zur Postbearbeitung.

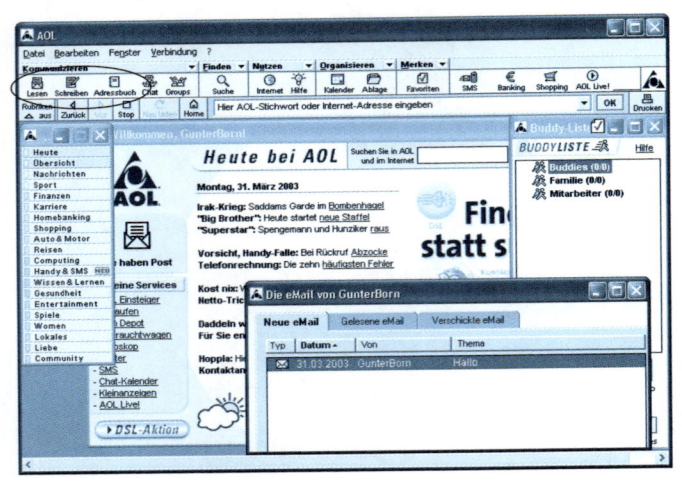

E-Mail – eine Kurzübersicht

Nutzen Sie Internet-by-Call, können Sie sich ein (kostenloses) E-Mail-Konto bei so genannten Freemail-Anbietern wie WEB.DE, MSN, GMX etc. einrichten.

> **Tipp**
>
> *Ein zweites (kostenloses) E-Mail-Konto bei einem dieser Freemail-Anbieter ist ganz hilfreich zum Schutz gegen Werbemüll. Hinterlassen Sie diese E-Mail-Adresse, wenn Sie im Internet danach gefragt werden.*

Die Bearbeitung solcher Postfächer ist auch kein Problem. Praktisch alle Freemail-Anbieter und viele andere Provider unterstützen **Webmail**. Das Postfach wird über Internetseiten verwaltet, die sich über jeden Browser abrufen lassen. Mittels Formularseiten können Sie eingegangene Post abrufen, neue Post erstellen und auch versenden. Webmail ist recht komfortabel, da außer dem Browser keine zusätzliche Software auf dem Computer notwendig ist. Sie können das Postfach weltweit, ggf. sogar aus einem Internetcafé, abrufen. Von Nachteil ist, dass Sie zur Postbearbeitung die ganze Zeit online sein müssen und die Speicherkapazität solcher Postfächer ziemlich gering ist.

Die so genannten **Mail-Server** übernehmen die Verteilung der Post und stellen einen **Postausgang** zum Versenden von Nachrichten sowie einen der E-Mail-Adresse zugeordneten **Posteingang** für eintreffende E-Mails bereit. Falls der Mail-Server die Funktionen **POP3** (Post Office Protocol 3) und **SMTP** (Simple Mail Transport Procotol) oder **IMAP** (Internet Mail Access Protocol) bzw. **HTTP** (Hypertext Transfer Protocol) unterstützt, können Sie ein auf Ihrem Computer installiertes **E-Mail-Programm** (E-Mail-Client) **zur Postbearbeitung** nutzen. Die Nachrichten lassen sich offline erstellen, lesen oder bearbeiten. Nur zum Versenden neuer Mails sowie zum Abrufen des Posteingangs müssen Sie online gehen.

Ab Windows 98 enthält das Betriebssystem das Programm **Outlook Express** als **E-Mail-Client**. In Windows 95/NT lässt sich der Internet Explorer samt E-Mail-Programm kostenlos nachrüsten. Sofern Sie andere Browser wie den Netscape Navigator installieren, wird ebenfalls ein E-Mail-Client bereitgestellt. Im Büropaket Microsoft Office ist zudem **Microsoft Outlook** zur E-Mail-Bearbeitung enthalten.

> **Hinweis**
>
> *Die Vielzahl der Programmvarianten macht deren umfassende Behandlung in diesem Buch unmöglich. Daher wird nachfolgend kurz ein Webmail-Postfach und dann die Handhabung von Outlook Express vorgestellt. Details zu anderen Programmen finden Sie in den Unterlagen der Hersteller.*

Ein Postfach bei Freemailern beantragen

Besitzen Sie noch kein Postfach oder benötigen Sie ein zweites E-Mail-Konto, können Sie dieses bei den (noch) kostenlosen Freemail-Anbietern einrichten. Das funktioniert ganz formlos und ist in wenigen Minuten erledigt.

1 Rufen Sie im Browser die Webseite des betreffenden Anbieters (z.B. *freemail.web.de*) auf.

2 Suchen Sie den Hyperlink zum Registrieren des Postfachs beim betreffenden Anbieter (z.B. *Jetzt registrieren* bei WEB.DE).

3 Füllen Sie das Formular oder die Formulare zum Beantragen des Postfachs aus.

Abhängig vom Anbieter sind die Antragsformulare für ein Postfach unterschiedlich aufgebaut. In der Regel müssen Sie Namen und Adresse hinterlassen. Außerdem werden bei der Anmeldung ein Benutzername, ein Kennwort für das Postfach sowie die neue E-Mail-Adresse vereinbart. Merken Sie sich neben Ihrer E-Mail-Adresse unbedingt den Benutzernamen und das vereinbarte Kennwort, da diese zur Teilnahme am Nachrichtenaustausch erforderlich sind.

> **Techtalk**
>
> *Eine E-Mail-Adresse ist weltweit eindeutig und wird beispielsweise in der Form gborn@msn.com angegeben. Das auch »at« genannte @-Zeichen trennt die Adresse in zwei Teile. Der Teil hinter dem @ (z.B. @msn.com) gibt die Adresse des Mail-Servers im Internet an und ist vom Provider vorgegeben. Der vordere Teil der E-Mail-Adresse ist dem Posteingang des Empfängers auf dem E-Mail-Server zugeordnet. Dieser Teil kann beim Einrichten des Postfachs individuell festgelegt werden. Der Provider muss nur sicherstellen, dass keine zwei Benutzer den gleichen Namen verwenden. Der Name darf aus den Buchstaben a bis z, den Ziffern 0 bis 9, dem Punkt, dem Minuszeichen (-) und dem Unterstrich (_) gebildet werden. Beim Einrichten des E-Mail-Kontos erhalten Sie in der Regel Hinweise zu den erlaubten Zeichen sowie einen Vorschlag für den Namen.*

E-Mail – eine Kurzübersicht

> **Tipp**
>
> Wählen Sie den Namen in der E-Mail-Adresse möglichst so, dass er sich leicht merken und schreiben lässt. Zu lange und umständliche Angaben wie Ilse.Maria.Born-Herdt@msn.com führen leicht zu Tippfehlern und damit zu Frust beim Korrespondenzpartner, wenn er die E-Mails als unzustellbar zurückbekommt. Zu einfache Namen sind auch nicht hilfreich, da diese von Werbemail-Versendern ggf. über wahrscheinliche Namenskombinationen (z.B. Born@msn.com) erraten werden können. Verwenden Sie den Unterstrich oder den Punkt, um Namensteile optisch zu trennen (z.B. G_Born@msn.com). Ob Sie die E-Mail-Adresse groß oder klein schreiben, ist übrigens egal.

Die folgende Tabelle enthält Informationen zu verschiedenen Freemail-Anbietern. Neben einem meist kostenlosen E-Mail-Postfach gibt es kostenpflichtige Zusatzangebote wie mehr Speicherplatz für das Postfach, Virenschutz, Fax- und SMS-Versand usw.

Anbieter	Bemerkung
WEB.DE	Zugriff über *freemail.web.de*, kostenloses Basispaket mit Webmail und UMS-Unterstützung, E-Mail-Adressen als *xxx@web.de*, POP3/SMTP-Zugriffe sind bei den kostenlosen Postfächern nur alle 15 Minuten möglich
GMX	Zugriff über *www.gmx.de*, kostenloses Basispaket, UMS-Unterstützung, E-Mail-Adressen als *xxx@gmx.de*, POP3/SMTP/IMAP-Zugriffe möglich
Freenet	Zugriff über *office.freenet.de*, kostenloses Basispaket mit Webmail und UMS-Unterstützung, E-Mail-Adressen als *xxx@freenet.de*, POP3/SMTP/IMAP-Zugriff möglich

Beispiel: Webmail per Internet nutzen

Die Verwaltung eines Postfachs per Webmail ist denkbar einfach. Sie müssen sich lediglich bei der betreffenden Webseite anmelden. Anschließend lassen sich die benötigten Funktionen über Formulare im Browser abrufen. Dies soll am Beispiel eines WEB.DE-Postfachs demonstriert werden.

1 Rufen Sie die Internetseite *freemail.web.de* im Browser auf.

2 Tippen Sie im Anmeldeformular Ihren Benutzernamen und Ihr Passwort ein und klicken Sie auf die Schaltfläche *Login*.

Im Internet Explorer erscheint dann die Eingangsseite Ihres E-Mail-Kontos.

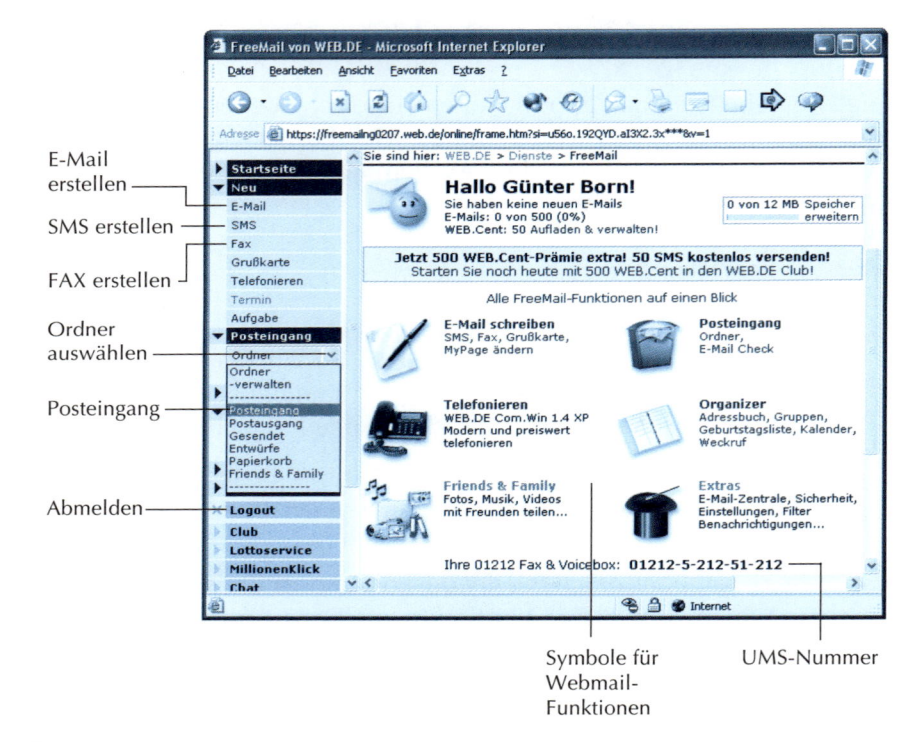

Beschriftungen zur Abbildung:
- E-Mail erstellen
- SMS erstellen
- FAX erstellen
- Ordner auswählen
- Posteingang
- Abmelden
- Symbole für Webmail-Funktionen
- UMS-Nummer

Über Symbole innerhalb der Startseite sowie eine Befehlsleiste am linken Rand des Fensters können Sie die einzelnen Funktionen abrufen.

- Mit der Schaltfläche *E-Mail* in der Rubrik »*Neu*« öffnen Sie die Seite zum Erstellen neuer E-Mails. Sobald das Formular erscheint, tippen Sie die Empfängeradresse, den Betreff sowie den Text der Nachricht in die betreffenden Felder ein und schicken die E-Mail über die Schaltfläche *Senden* ab. Das funktioniert ähnlich wie unten am Beispiel des Programms Outlook Express beschrieben.

E-Mail – eine Kurzübersicht

- Einige Webmailer unterstützen den **Unified Messaging Service** (UMS). Über die Schaltflächen *SMS* und *Fax* können Sie Formulare zum Erstellen einer SMS oder eines Fax öffnen. Geben Sie die Telefonnummer des Empfängers ein und ergänzen Sie den Text. Nach dem Versenden speist der Anbieter die Nachricht in das Telefon- oder Mobilfunknetz ein.

- Die Rubrik »Posteingang« enthält bei WEB.DE das Listenfeld *Ordner*. Wählen Sie im geöffneten Listenfeld den Eintrag *Posteingang*, erscheint der Inhalt des Ordners mit dem Posteingang, in dem alle eingegangen Nachrichten als Liste anzeigt werden. Über Schaltflächen wie *Lesen* oder *Löschen* der Seite lassen sich per Maus markierte Nachrichten abrufen und auch entfernen.

Das Versenden von Fax- und SMS-Nachrichten ist bei WEB.DE kostenpflichtig (zahlbar per Abbuchung vom eigenen Girokonto). Freenet gewährt ein monatliches Limit für (zz. drei) kostenfreie Fax- und SMS-Nachrichten. Die angebotenen Zusatzfunktionen wie Adressbuch oder Kalender, Filter für eingehende Nachrichten, Virenprüfung, E-Mail-Weiterleitung oder Sammeldienst zum Abholen von Nachrichten aus anderen Postfächern sind abhängig vom jeweiligen Anbieter. Details finden Sie auf den Hilfeseiten des Anbieters.

Was ist das?

Eine ganz geniale Sache ist die Unterstützung für **Unified Messaging Service** *UMS. Damit lassen sich Dienste wie E-Mail, Fax, SMS und Anrufbeantworter/ Sprachbox unter einem Benutzerkonto zusammenfassen. Beim Einrichten des E-Mail-Kontos wird dann eine spezielle Telefonnummer für Fax- und Sprachnachrichten festgelegt. Eingehende Fax- und Sprachnachrichten werden als E-Mail zugestellt. Sie können eine angehängte Fax-Grafikdatei (TIFF-Format) auf dem Computer anzeigen bzw. drucken (siehe Kapitel 9). Sprachnachrichten sind der E-Mail als Audiodatei (Dateierweiterung .wav) beigefügt und lassen sich mittels einer Soundkarte auf dem Computer abhören (siehe Kapitel 10).*

Achtung

Wenn Sie Ihr E-Mail-Postfach über die Webseiten besuchen, achten Sie darauf, die Seite über die Schaltfläche Abmelden *zu verlassen. Erst dann sollten Sie die Verbindung zum Internet beenden.*

Outlook Express für E-Mail einrichten

Um Nachrichten ohne Online-Verbindung auf Ihrem Computer erstellen und bearbeiten zu können, lässt sich das in Windows enthaltene Programm Outlook Express als E-Mail-Client verwenden. Vor der Benutzung müssen Sie aber die Daten des E-Mail-Kontos eintragen, damit Outlook Express weiß, wo es Ihre E-Mails abholen kann und wo neue E-Mails ggf. in einem »Internet-Briefkasten einzuwerfen« sind. Die erforderlichen Daten für den POP3-, SMTP- oder IMAP-Zugang erhalten Sie in der Regel vom Anbieter des Postfachs (also T-Online, WEB.DE, CompuServe etc.). Die folgende Tabelle enthält einige Adressen verschiedener Anbieter.

Anbieter	Posteingang	Postausgang
AOL (IMAP 4)	imap.de.aol.com	smtp.de.aol.com
WEB.DE	pop3.web.de	smtp.web.de
GMX	pop.gmx.de	mail.gmx.de
Freenet	pop3.freenet.de	mx.freenet.de
T-Online	pop.t-online.de	mailto.t-online.de

Wenn Sie die E-Mail-Adresse (z.B. BHuber@web.de), das Kennwort sowie die Namen der POP3- und SMTP-Server kennen, lässt sich das E-Mail-Konto in Outlook Express (ab Version 5) folgendermaßen konfigurieren:

1 Wählen Sie in Outlook Express den Befehl *Extras/Konten*.

2 Im Eigenschaftenfenster *Internetkonten* wählen Sie die Schaltfläche *Hinzufügen*.

3 Klicken Sie im dann angezeigten Menü auf *E-Mail*.

Outlook Express startet einen Assistenten, der Sie durch die Konfigurationsschritte führt.

4 Tippen Sie im ersten Dialogschritt des Assistenten Ihren Namen im Klartext ein und klicken Sie auf die Schaltfläche *Weiter*.

5 Markieren Sie im nächsten Dialogfeld (sofern angezeigt) das Optionsfeld *Ich habe bereits eine E-Mail-Adresse*. Tippen Sie Ihre E-Mail-Adresse im betreffenden Feld ein und klicken Sie auf die Schaltfläche *Weiter*.

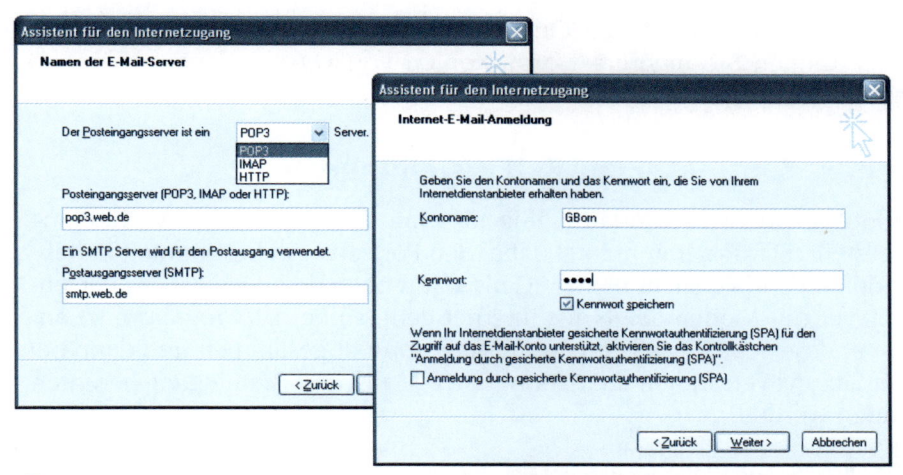

E-Mail – eine Kurzübersicht

6 Wählen Sie im Dialogfeld *Namen der E-Mail-Server* den Typ des Posteingangsservers (POP3, IMAP oder HTTP) aus und geben Sie die Adressen für Posteingangsserver sowie Postausgangsserver in den betreffenden Feldern ein. Klicken Sie auf die Schaltfläche *Weiter*.

7 Ergänzen Sie im Dialogfeld *Internet E-Mail-Anmeldung* Ihren Benutzernamen und Ihr Kennwort (diese Angaben benötigt der Client zum Abholen der Nachrichten). Markieren Sie ggf. die Kontrollkästchen *Kennwort speichern* (ohne Markierung wird das Kennwort bei jedem Zugriff auf das Postfach abgefragt) und *Anmeldung durch gesicherte Kennwortauthentifizierung* (nur wenn vom Anbieter gefordert). Klicken Sie auf die Schaltfläche *Weiter*.

8 Klicken Sie im letzten Dialogschritt auf die Schaltfläche *Fertig stellen.*

Outlook Express schließt den Assistenten und zeigt das neue Konto auf der Registerkarte *E-Mails* an.

Hinweis

Bei einigen E-Mail-Konten müssen Sie die Konteneinstellungen noch modifizieren. Hierzu wählen Sie im Menü Extras *den Befehl* Konten *und doppelklicken auf der Registerkarte* E-Mail *auf das betreffende Konto. Im Eigenschaftenfenster mit den Kontendaten markieren Sie das Kontrollkästchen* Dieser Server verwendet eine sichere Verbindung (SSL) *auf der Registerkarte* Erweitert. *Erlaubt der Postausgangsserver eine Authentifizierung, markieren Sie das Kontrollkästchen* Server erfordert Authentifizierung *auf der Registerkarte* Server. *Ob das erforderlich ist, erfahren Sie auf den Webseiten des Anbieters.*

Nach diesen Schritten kennt Outlook Express Ihr E-Mail-Konto. Auf diese Weise können Sie mehrere E-Mail-Konten von verschiedenen Anbietern eintragen und mit Outlook Express verwalten.

Weitere Outlook-Express-Einstellungen

Outlook Express ist standardmäßig für eine ständige Online-Verbindung eingestellt. Das Programm fragt dabei den Postserver in bestimmten Zeitabständen ab und versucht neue E-Mails sofort nach dem Erstellen zu versenden. Wer mit Modem/ISDN ins Internet geht, sollte das Programm so anpassen, dass neue E-Mails im Postausgangsordner gesammelt und dann bei einer Sitzung versandt und eingetroffene E-Mails vom Posteingang heruntergeladen werden.

1 Wählen Sie im Outlook- Express-Fenster im Menü *Extras* den Befehl *Optionen*.

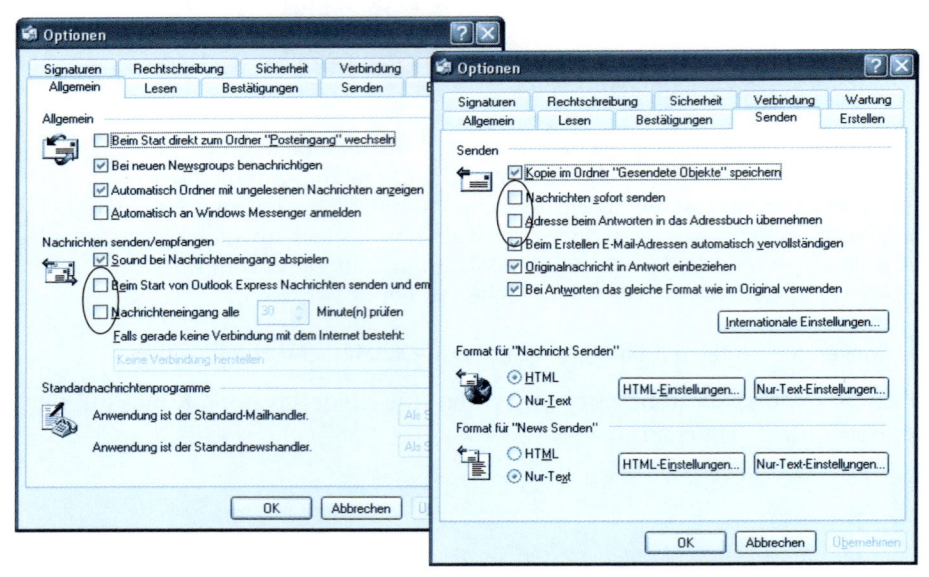

2 Löschen Sie auf der Registerkarte *Senden* die Markierung des Kontrollkästchens *Nachricht sofort senden*. Das Kontrollkästchen *Adresse beim Antworten in das Adressbuch übernehmen* sollte ebenfalls nicht markiert sein, um Datenmüll im Adressbuch zu vermeiden.

3 Löschen Sie auf der Registerkarte *Allgemein* die Markierung der Kontrollkästchen *Beim Start von Outlook Express Nachrichten senden und empfangen* sowie *Nachrichteneingang alle 30 Minute(n) prüfen*.

4 Schließen Sie die Registerkarte mit der *OK*-Schaltfläche.

Outlook Express sammelt zukünftig alle neu erstellen Nachrichten lokal im Postausgangsordner. Sie können diese dann gezielt versenden und auch neue Post abholen.

> **Achtung**
>
> Sie sollten zudem in Outlook Express noch einige zusätzliche **Sicherheitseinstellungen** vornehmen. Öffnen Sie in Outlook Express 6 das Eigenschaftenfenster über das Menü Extras/Optionen.
>
> Legen Sie auf der Registerkarte Sicherheit *die hier gezeigten Optionen fest. Das Markieren der Option* Zone für eingeschränkte Sites *verhindert beispielsweise die Ausführung von Skripten.*
>
> *Das Kontrollkästchen* Warnung anzeigen, wenn andere Anwendungen versuchen, E-Mail unter meinem Namen zu versenden *sollten Sie ebenfalls markieren. Falls das Kontrollkästchen* Speichern oder Öffnen von Anlagen, die möglicherweise einen Virus enthalten können, nicht zulassen *markiert ist, können Sie keine Anhänge mit Programm- oder Skriptdateien speichern. Installieren Sie einen Virenscanner und löschen Sie die Markierung des Kontrollkästchens, falls Sie solche Anhänge per Mail bekommen und verarbeiten müssen. Zur Sicherheit sollten Sie die Anzeige der Dateinamenerweiterungen aktivieren (siehe Kapitel 3). Weiter sollten Sie in Outlook Express 5.x unbedingt im Menü* Ansicht *den Befehl* Layout *wählen und die Markierung des Kontrollkästchens* Vorschaufenster anzeigen *löschen. Das verhindert, dass Nachrichten mit schädigenden Inhalten unbeabsichtigt in der Vorschau angezeigt werden.*

> **Hinweis**
>
> *Je nach Outlook-Express-Version können die Registerkarten etwas anders aussehen. Und der Befehl* Optionen *findet sich im Menü* Ansicht. *Die Optionen der Registerkarten sind aber zumindest ähnlich benannt. Zudem empfiehlt es sich aus Sicherheitsgründen, den Internet Explorer sowie Outlook Express auf die neueste Version (5.5 oder 6.0 bzw. höher) zu aktualisieren.*

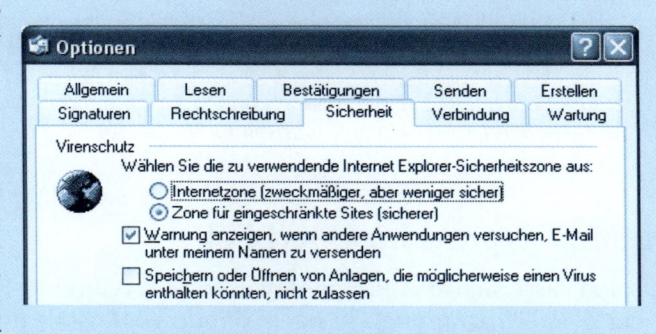

E-Mail mit Outlook Express

In diesem Abschnitt lernen Sie die Funktionen von Outlook Express zur Bearbeitung Ihrer E-Mails kennen. Dieses Programm ist ab Windows 98 Bestandteil aller Windows-Versionen und lässt sich zudem kostenlos nachrüsten.

> **Hinweis**
>
> *Fehlt Outlook Express oder das Adressbuch bei Ihrer Windows-Installation, müssen Sie das Programm ggf. als optionale Komponente nachträglich über das Symbol* Software *der Windows-Systemsteuerung installieren. Die verschiedenen Optionen finden Sie auf der Registerkarte* Windows Setup *(Windows 98, Millennium) oder im Dialogfeld* Software *unter* Windows-Komponenten hinzufügen/entfernen *(siehe Kapitel 12). Viele der nachfolgend beschriebenen Funktionen finden sich auch in dem Microsoft-Office-Programm* Outlook. *Details zur Bedienung können Sie in den bei Markt + Technik erschienenen Easy-Titeln zu Microsoft Office nachschlagen.*

Outlook Express im Überblick

Aufrufen lässt sich das Programm über das Windows-Startmenü (z.B. im Zweig *(Alle) Programme*). Je nach Windows-Version findet sich auch ein Eintrag in der *Schnellstart*-Symbolleiste oder Sie richten eine Verknüpfung auf dem Desktop ein. Sobald Sie das Symbol mit einem Mausklick (bzw. Doppelklick) anwählen, wird das Programm gestartet.

> **Hinweis**
>
> *Meldet sich beim ersten Aufruf ein Assistent, der ein E-Mail-Konto einrichten will, brechen Sie den Vorgang ab. Die Konfiguration wurde weiter oben besprochen.*

Das Programmfenster enthält die wichtigsten Elemente zur Postbearbeitung. Das Programm besitzt im Anwendungsfenster die von anderen Windows-Anwendungen bekannten Symbol- und Menüleisten. In der Symbolleiste finden Sie Schaltflächen, um neue Nachrichten anzulegen (*Neue E-Mail*) und eingetroffene Nachrichten zu beantworten (*Antworten, Allen antworten, Weiterleiten*). Je nach Programmversion kann die Darstellung einzelner Elemente aber leicht abweichen.

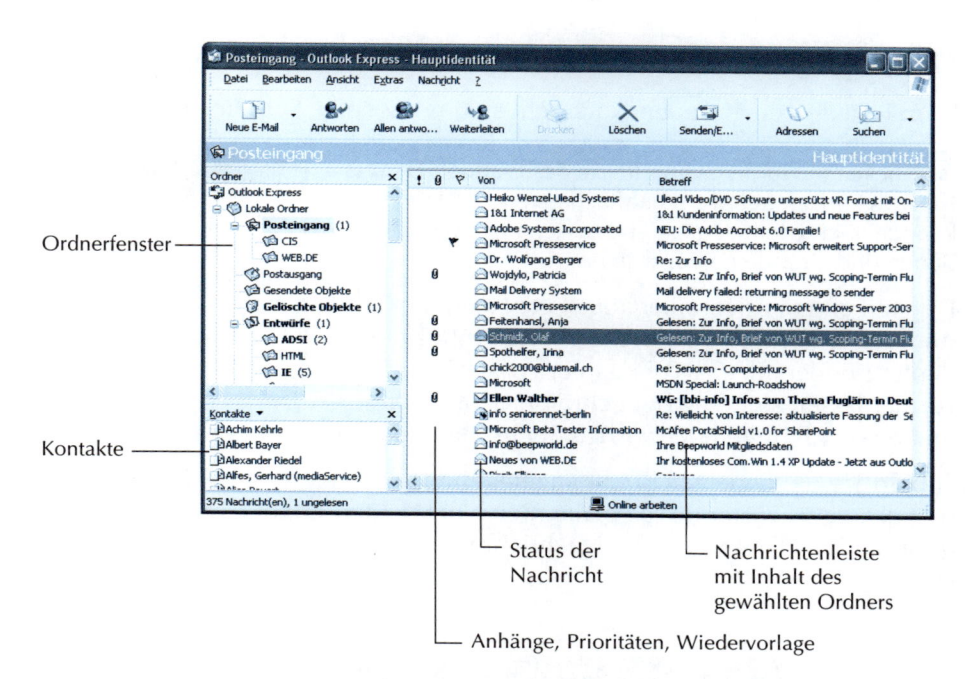

E-Mail mit Outlook Express

Ordnerfenster —

Kontakte —

Status der Nachricht

Nachrichtenleiste mit Inhalt des gewählten Ordners

Anhänge, Prioritäten, Wiedervorlage

■ In der linken Spalte blendet Outlook Express die **Ordnerleiste** mit der angelegten Ordnerstruktur ein. Im Zweig *Lokale Ordner* finden Sie die Ordner *Posteingang*, *Postausgang*, *Gesendete Objekte*, *Gelöschte Objekte* sowie *Entwürfe*, in denen Outlook Express die Nachrichten und Entwürfe hinterlegt. Die in Klammern hinter dem Ordner angegebenen Zahlen stehen für ungelesene Nachrichten.

■ Beim Start zeigt Outlook Express in der rechten Spalte eine Webseite zum Abrufen von E-Mails etc. Bei Anwahl eines Ordners in der Ordnerleiste wird dessen Inhalt in der als **Nachrichtenleiste** bezeichneten rechten Spalte angezeigt. Alle Nachrichten im Posteingang oder im Ausgang werden als Liste mit Absenderangabe, Betreff und Datum dargestellt. Stilisierte Symbole eines geöffneten oder geschlossenen Briefumschlags weisen darauf hin, ob die Nachricht bereits gelesen wurde. In den Spalten vor der Absenderangabe weist eine stilisierte Büroklammer auf einen Anhang hin.

■ Unterhalb der Ordnerliste zeigt Outlook Express ggf. noch die Liste der definierten Kontakte (mit Adressen) an.

Die Statusleiste enthält allgemeine Informationen zum angewählten Ordner. Beachten Sie aber, dass die Anordnung der Fenster vom Benutzer einstellbar ist.

Das Verfassen einer neuen Nachricht

Zum Erstellen einer neuen Nachricht sind nur wenige Schritte erforderlich.

1 Klicken Sie in der Symbolleiste des Outlook-Express-Fensters einfach auf die Schaltfläche *Neue E-Mail*. Sie können auch wie hier gezeigt das Menü der Schaltfläche öffnen und ein Briefpapier wählen.

Eine mit einem Briefpapier angelegte Nachricht wird im HTML-Format gespeichert und enthält eine Hintergrundgrafik (das Briefpapier). Mails im HTML-Format lassen sich wie bei Schreibprogrammen formatieren (z.B. fette oder farbige Buchstaben, eingebaute Bilder etc.).

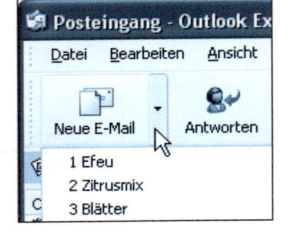

Sobald Sie die neue Nachricht angelegt haben, öffnet Outlook Express das hier gezeigte Fenster des so genannten Nachrichten-Editors. In den Feldern dieses Editors lassen sich der Nachrichtentext und die Empfängerdaten eingeben.

2 Haben Sie mehrere E-Mail-Konten in Outlook Express eingerichtet, wählen Sie im Listenfeld *Von:* das Konto, über das die Nachricht zu versenden ist. Bei nur einem eingerichteten E-Mail-Konto ist das betreffende Feld nicht sichtbar.

3 Klicken Sie auf das Feld *An:* und geben Sie die E-Mail-Adresse des Empfängers ein. Achten Sie darauf, eine gültige E-Mail-Adresse einzutragen, da die Nachricht andernfalls als unzustellbar zurückkommt. Das @-Zeichen geben Sie über die Tastenkombination [AltGr]+[Q] ein. Bei Bedarf können Sie weitere Empfänger unter *Cc:* aufnehmen (siehe auch folgende Seiten). Solche Adressen werden durch Semikolons (;) getrennt.

4 Wählen Sie das Feld *Betreff* an und geben Sie einen kurzen Hinweistext ein. Dieser sagt dem Empfänger, um was es in der Nachricht geht.

5 Abschließend klicken Sie in das untere Fenster und geben den Nachrichtentext ein. Bei Bedarf lässt sich dieser Text noch formatieren.

Wurde ein Briefpapier als Vorlage für die Nachricht gewählt (d.h. liegt das HTML-Format vor), bestimmt das Briefpapier die verwendete **Schriftgröße** (auch als Schriftgrad bezeichnet), die **Schrift** (Schriftart) sowie die **Schriftfarbe**. Weiter können Sie **Textabschnitte markieren** (per Maus auf den Anfang des Texts klicken und dann bei gedrückter linker Maustaste den Mauszeiger zum Ende des Markierungsbereichs ziehen – der markierte Bereich wird dann farbig hervorgehoben). Markierte Bereiche oder das aktuelle Wort lassen sich über die Schaltflächen der *Format*-Symbolleiste sowie über die Befehle im Menü *Format* anpassen. Die Listenfelder dieser Leiste erlauben auch, die Schriftgröße und die Art der Schrift zu verändern. Außerdem lassen sich Absätze linksbündig, rechtsbündig oder zentriert ausrichten, einziehen oder mit Schmuckpunkten versehen. Man bezeichnet das auch als **Formatieren**. Über weitere Schaltflächen lassen sich Hyperlinks, Bilder oder horizontale Linien einfügen. Schlagen Sie ggf. in Kapitel 7 den Abschnitt zum Schreiben von Texten mit Word nach, um sich über die Eingabe und Gestaltung von Texten zu informieren. Zeigen Sie per Maus auf eine Schaltfläche der Symbolleiste, wird deren Funktion in einer QuickInfo eingeblendet.

> **Tipp**
>
> *Sie sollten den Modus* Nur Text *wegen der kompakteren Form bevorzugen. Sie können über die Befehle* Nur Text *oder* Rich-Text (HTML) *des Menüs* Format *die gewünschte Variante festlegen. Im Modus* Nur Text *ist die* Format*-Symbolleiste gesperrt. Sie können Outlook Express notfalls auch zur Gestaltung von Webseiten verwenden. Legen Sie eine Nachricht im HTML-Format an und speichern Sie das Dokument über den Befehl* Speichern unter *des Menüs* Datei *im Dateityp* .html.

6 Ist die Nachricht fertig gestellt, klicken Sie auf die Schaltfläche *Senden* im Fenster des Nachrichten-Editors, um sie abzuschicken.

Sofern Sie die von mir weiter oben vorgeschlagenen Einstellungen verwenden, wird die mit der Schaltfläche *Senden* abgeschickte Nachricht lokal im Outlook-Express-Postausgang gesammelt. Je nach Programmeinstellung werden Sie beim Versenden über diesen Vorgang informiert. Die Zahl der neu erstellten Nachrichten wird in der Ordnerliste des Outlook-Express-Fensters hinter dem Symbol des Postausgangsordners aufgeführt. Sie erkennen also an den in Klammern angezeigten Zahlen im Postausgang, wie viele neue Nachrichten jeweils im Fach vorliegen.

> **Hinweis**
>
> *Halten Sie sich beim Formulieren der E-Mails an einige Regeln (**Netiquette**). Zweck der E-Mail ist die schnelle Informationsübermittlung zu einem Sachverhalt. Fassen Sie sich also kurz. Verzichten Sie aber auf englische Abkürzungen wie BTW (by the way), FYI (for your information), CU (see you), 4u (for you) und so weiter. Diese werden nicht von jedem Empfänger verstanden. **Smileys** wie ;-) für ein Augenzwinkern können Sie gelegentlich einsetzen. Durchgängige Großschreibung gilt als Schreien und ist verpönt. Bleiben Sie beim Schreiben höflich, ein unfreundlicher Text ist schnell verschickt, kann aber viel Porzellan zerschlagen.*

Adressen automatisch übernehmen

Das Eintippen von E-Mail-Adressen in eine neue Nachricht ist sehr fehleranfällig. Windows bietet Ihnen ein Adressbuch, in dem Sie Kontaktdaten (Namen samt Telefonnummer und E-Mail-Adresse) eintragen und verwalten können.

Beim Schreiben einer neuen E-Mail können Sie die Empfängerdaten direkt aus dem Adressbuch übernehmen.

> **Hinweis**
>
> *Sie können bei empfangenen Nachrichten die E-Mail-Adresse des Absenders ins Adressbuch übertragen. Klicken Sie in der Nachrichtenleiste des Posteingangs die betreffende E-Mail mit der rechten Maustaste an und wählen Sie dann im Kontextmenü den Befehl* Absender zum Adressbuch hinzufügen*. Bei Bedarf lassen sich die Daten des Absenders im Adressbuch ergänzen (siehe unten).*

1 Öffnen Sie wie oben beschrieben das Fenster zum Erstellen der neuen E-Mail.

2 Klicken Sie auf die Schaltfläche des Feldes *An*. An:

E-Mail mit Outlook Express

3 Wählen Sie im Dialogfeld *Empfänger auswählen* des Adressbuchs einen Namen mit gültiger E-Mail-Adresse in der Liste *Name* aus. Bei umfangreichen Adresslisten können Sie den Namen auch suchen (im Feld *Namen eingeben oder auswählen* den Namen eintippen und auf die Schaltfläche *Suchen* klicken). Wurde das Adressbuch über Ordner strukturiert, wählen Sie den Ordner über das Listenfeld (enthält hier den Eintrag »Mut«).

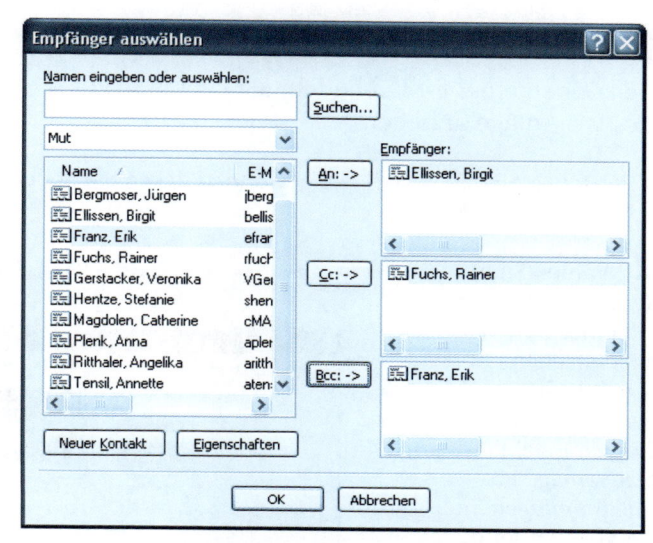

4 Klicken Sie auf eine der Schaltflächen *An: ->*, *Cc: ->* oder *Bcc: ->*, um den markierten Namen aus der linken Adressliste in die Empfängerfelder des Dialogfelds zu übertragen.

5 Diesen Vorgang können Sie mehrfach wiederholen, um mehrere Empfänger auszuwählen.

6 Schließen Sie das Dialogfeld über die *OK*-Schaltfläche.

Outlook Express übernimmt die Adressangaben im Nachrichtenfenster. Vielleicht fragen Sie sich noch, welche Bedeutung die Felder *Cc:* und *Bcc:* haben? Über die Schaltfläche *Cc* (steht für Carbon Copy, also Kohlepapierdurchschlag) tragen Sie Empfänger für Kopien im gleichnamigen Feld *Cc* ein. Die in den Feldern *An* und *Cc* aufgenommenen E-Mail-Adressen werden beim Empfänger der Nachricht mit angezeigt. Das ist aber nicht immer erwünscht. Auf diese Weise sind schon ganze Kundenlisten zur Konkurrenz gewandert bzw. wurden beim Empfänger freudig missbraucht. Möchten Sie das verhindern und Ihre Kontakte schützen? Dann tragen Sie im Feld *An* die eigene E-Mail-Adresse ein. Die Empfänger werden dagegen über die Schaltfläche *Bcc* (steht für »Blind Copy«) in das gleichnamige Feld übertragen. E-Mail-Adressen im Feld *Bcc* erscheinen nicht in der beim Empfänger angezeigten Nachricht.

Nachrichten mit Anlagen versehen

Sie können einer E-Mail beliebige Dateien (Fotos, Dokumente, Programme etc.) als Anlage anheften.

1 Erstellen Sie die E-Mail wie gewohnt, klicken Sie aber noch nicht auf die Schaltfläche *Senden*.

2 Wählen Sie in der Symbolleiste die mit einer Büroklammer versehene Schaltfläche *Einfügen* oder verwenden Sie den Befehl *Dateianlage* im Menü *Einfügen* im Entwurfsfenster der Nachricht.

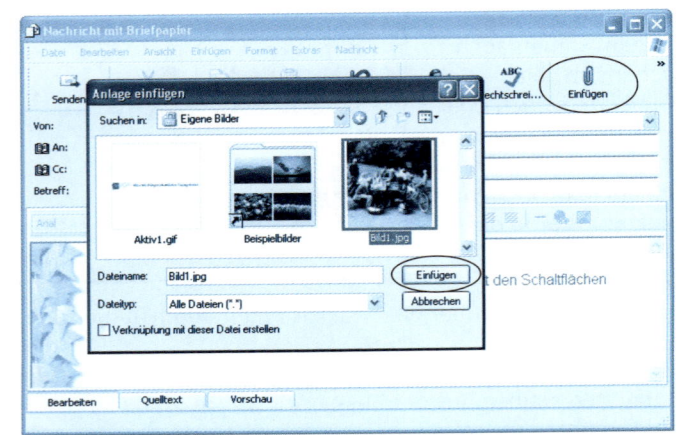

3 Wählen Sie im Dialogfeld *Anlage einfügen* den Ordner (über das Listenfeld *Suchen in*) aus, markieren Sie dann die als Anlage zu versendende Datei und schließen das Dialogfeld über die Schaltfläche *Einfügen*.

> **Tipp**
>
> *Noch einfacher geht das Einfügen, wenn Sie die gewünschte Anlage (bei gedrückter linker Maustaste) aus einem Ordnerfenster in das Fenster mit der neuen Nachricht ziehen (dann die linke Maustaste loslassen).*

Die Anlage wird mit dem Dateinamen im Feld *Einfügen* des Nachrichtenfensters angezeigt.

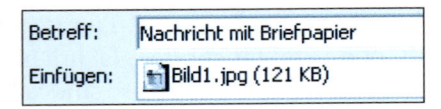

Auf diese Weise lassen sich auch mehrere Dateien als Anlage verschicken. Sind alle Anlagen eingetragen, können Sie die Nachricht über die Schaltfläche *Senden* im Postausgang speichern bzw. direkt verschicken.

Achtung

Denken Sie beim Versenden von Anlagen daran, dass diese per Modem/ISDN-Karte zum Internet übertragen werden müssen. Der Empfänger wird sicherlich fluchen, wenn das Abrufen seiner E-Mails eine halbe Stunde dauert und er dann unerwartet eine Grafikdatei einer kaum bekannten Person erhält. Schicken Sie daher niemandem eine Anlage zu, wenn Sie sich nicht sicher sind, dass es erwünscht ist! Reduzieren Sie Bilder in der Größe, sodass diese eine vernünftige Dateigröße aufweisen. Dokumente oder Programme lassen sich mit einem Komprimierprogramm in einem ZIP-Archiv speichern, wodurch sich die Dateigröße um den Faktor 10 bis 100 reduziert. Außerdem sollten Sie sicherstellen, dass der Empfänger Ihre Dokumentdateien überhaupt öffnen kann. Nicht jeder hat das von Ihnen zum Erstellen der Datei benutzte Programm. Das Adobe-Acrobat-PDF-Format eignet sich z.B. sehr gut zur Weitergabe von Dokumenten.

So senden und empfangen Sie Nachrichten

Sobald Sie neue Nachrichten erstellt haben, können Sie diese an den Postausgang des Mail-Servers zur weiteren Beförderung senden. Im gleichen Schritt lassen sich neu eingetroffene Nachrichten aus dem Posteingangsfach des Mail-Servers abholen.

1 Gehen Sie (sofern noch nicht geschehen) online und starten Sie Outlook Express.

2 Klicken Sie im Outlook-Express-Fenster in der Symbolleiste auf die Schaltfläche *Senden/Empfangen*. Haben Sie mehrere Konten eingerichtet, können Sie, wie hier gezeigt, über die Schaltfläche ein Menü öffnen und einen der Befehle zur Auswahl eines Kontos oder zum Senden bzw. Empfangen wählen.

3 Warten Sie, bis Outlook Express die Post ausgetauscht hat und trennen Sie anschließend die Online-Verbindung wieder.

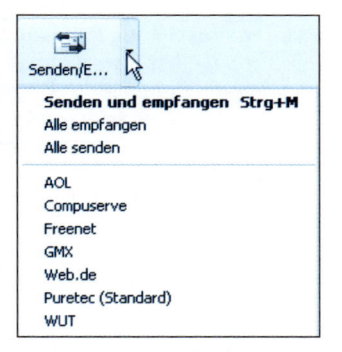

Outlook Express nimmt bei Anwahl der *Senden/Empfangen*-Schaltfläche über das Internet Verbindung mit den angegebenen Mail-Servern auf. Zur Autorisierung wird der für das jeweilige E-Mail-Konto gültige Benutzername und das Kennwort genutzt. Falls Sie die Option zur Speicherung des Kennworts abgeschaltet haben, wird das Kennwort bei jeder Sitzung neu in einem Dialogfeld abgefragt.

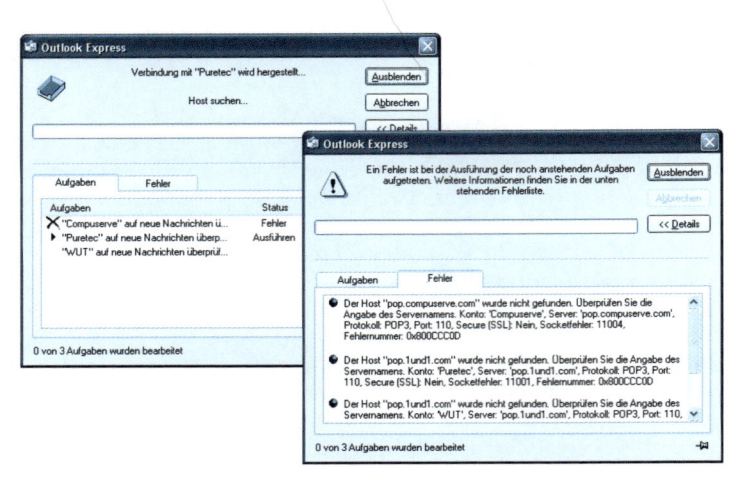

Während der Übertragung zeigt Outlook Express die einzelnen Schritte in einem Dialogfeld. Über die Schaltfläche *Details* lässt sich der untere Fensterteil mit den Registerkarten *Aufgaben* und *Fehler* ein- oder ausblenden. Treten Fehler auf, werden diese im unteren Teil der Registerkarte *Aufgaben* durch ein rotes X vor der betreffenden Zeile angezeigt. Details werden auf der Registerkarte *Fehler* angezeigt.

> **Hinweis**
>
> *Je nach Version besitzt das Dialogfeld zusätzlich das Kontrollkästchen Verbindung beim Beenden trennen. Sie sollten dieses Kontrollkästchen nicht markieren, um ggf. auf Fehler reagieren zu können. Solche Fehler können bei einigen Freemail-Anbietern häufiger auftreten. Manche Mail-Server (z.B. GMX) benutzen die Kennwortabfrage des Posteingangsfachs, um auch den Posteingang für diesen Benutzer für kurze Zeit freizuschalten. Da Outlook Express aber zuerst die Post versenden möchte, tritt ein Autorisierungsfehler auf. Da dann die eingetroffene Post abgeholt wird, ist der Postausgang anschließend freigeschaltet. Wählen Sie einfach erneut die Schaltfläche Senden/Empfangen an, werden auch die E-Mails verschickt. Oder das kostenlose Postfach ist nur in Intervallen von x Minuten für die POP3-Abfrage freigegeben (z.B. bei WEB.DE). Die Fehlerursache entnehmen Sie der Registerkarte Fehler.*

Empfangene Nachrichten lesen

Haben Sie Post vom Mail-Server abgeholt, wird diese im Outlook-Express-Posteingang hinterlegt. Die im Ordnerfenster hinter dem Posteingang in Klammern angezeigte Zahl gibt Ihnen die Anzahl der ungelesenen Nachrichten an. Zum Bearbeiten der neu eingetroffenen Nachrichten sind nur wenige Schritte erforderlich.

E-Mail mit Outlook Express

1 Klicken Sie im (linken) Fenster *Ordner* auf das Symbol *Posteingang*, um dessen Inhalt in der (rechten) **Nachrichtenleiste** einzublenden.

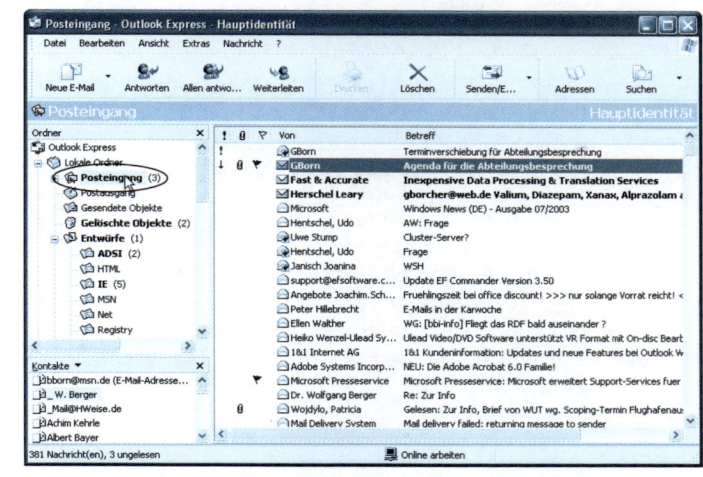

2 Die Nachrichtenleiste enthält für jede Nachricht eine Zeile mit der Absenderangabe, dem Betreff und dem Eingangsdatum. Öffnen Sie die Nachricht, indem Sie auf die betreffende Zeile doppelklicken.

Hier sehen Sie das Outlook-Express-Fenster einer auf diese Weise geöffneten Nachricht. Der Kopfbereich enthält die Angaben über den Absender, den oder die Empfänger, das Datum der Nachricht, den Betreff etc. Über die Schaltfläche *Schließen* in der rechten oberen Ecke des Fensters können Sie das Fenster schließen.

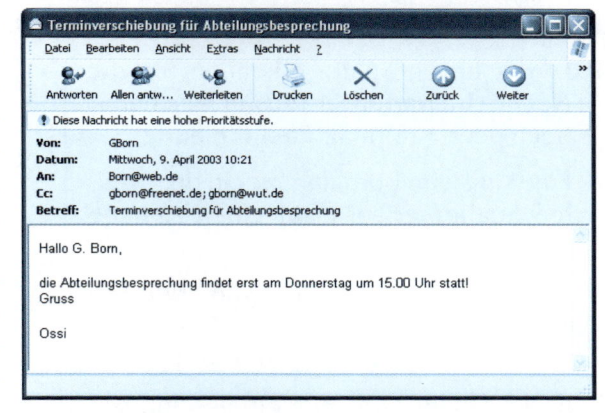

> **Achtung**
>
> Stellen Sie vor dem Lesen der Nachrichten sicher, dass der Rechner offline ist. Das verhindert, dass der Absender über als Webbugs bezeichnete unsichtbare Nachrichteninhalte abfragen kann, ob die Nachricht gelesen wurde. Manchmal fordert der Absender eine Bestätigung an, dass die Nachricht empfangen wurde. Sie können das Dialogfeld bei unbekannten Absendern aber über die Nein-Schaltfläche schließen. Die Bestätigungsfunktion lässt sich auf der Registerkarte Bestätigungen (Menü Extras, Befehl Optionen) komplett abschalten.

249

> *Sofern Sie Outlook Express 6 mit den weiter oben beschriebenen Sicherheitseinstellungen verwenden, werden in Nachrichten enthaltene schädigende Inhalte wie Skripte, Java-Applets oder ActiveX-Komponenten nicht ausgeführt. Schauen Sie sich zur Sicherheit trotzdem den Absender und den Betreff einer Nachricht vor dem Öffnen an. Nachrichten von unbekannten Absendern oder mit obskuren Betreffzeilen sollten Sie ungelesen löschen. Klicken Sie eine Nachricht mit der rechten Maustaste an und wählen Sie im Kontextmenü den Eintrag* Eigenschaften, *lässt sich auf der dann angezeigten Registerkarte* Details *der Nachrichtenkopf samt Absenderkennung ablesen. Über die Schaltfläche* Quelltext *dieser Registerkarte können Sie den Nachrichtentext auch in Outlook Express 4/5 ansehen, ohne dass Viren oder Skripte ausgeführt werden. Kommt Ihnen die Nachricht »spanisch« vor, löschen Sie sie ungelesen.*

Symbole der Nachrichtenleiste

Die Nachrichtenleiste des Posteingangs enthält neben der Absenderangabe und dem Betreff in den ersten Spalten weitere hilfreiche Informationen.

- In der ersten Spalte erkennen Sie die **Nachrichtenpriorität** (Ausrufezeichen = hoch, leer = normal, Pfeil = niedrig).

- Eine stilisierte Büroklammer in der zweiten Spalte verweist auf einen Anhang zur Nachricht.

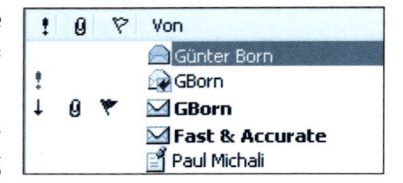

- Durch einen Mausklick in die dritte Spalte lässt sich eine stilisierte Fahne ein-/ausblenden. Mit der Fahne kennzeichnen Sie Nachrichten, die z.B. noch eine Klärung erfordern.

- In der Spalte *Von* zeigt ein geschlossener oder ein geöffneter Briefumschlag an, ob die Nachricht ungelesen oder gelesen ist. Ein kleiner Pfeil in der Ecke deutet an, dass die Nachricht beantwortet oder weitergeleitet wurde. Wird ein stilisierter »Notizzettel« statt eines Umschlags angezeigt, stammt die Nachricht aus einer Newsgroup.

Sie können also auf einen Blick den Status der Nachricht erkennen. Sobald Sie eine Nachricht per Doppelklick öffnen, wird deren Symbol auf gelesen umgesetzt (es wird ein geöffnetes Kuvert gezeigt). Klicken Sie eine gelesene Nachricht in der Leiste mit der rechten Maustaste an, lässt sich der Status über den Kontextmenübefehl *Als ungelesen markieren* zurücksetzen.

Tipp

Eine detaillierte Auflistung aller Symbole samt den zugehörigen Beschreibungen finden Sie in der Outlook-Express-Hilfe unter dem Stichpunkt »Symbole der Nachrichtenliste«.

Eine Nachricht beantworten oder weiterleiten

Haben Sie eine Nachricht empfangen, die Sie beantworten möchten?

1 Markieren Sie die Nachricht in der Nachrichtenleiste oder öffnen Sie die E-Mail per Doppelklick.

2 Klicken Sie im Nachrichtenfenster oder im Outlook-Express-Fenster auf die Schaltfläche *Antworten*.

3 Ergänzen Sie die im neuen Fenster angezeigte Nachricht und klicken Sie auf die Schaltfläche *Senden*, um das Fenster zu schließen und die fertige Nachricht im Postausgang abzulegen.

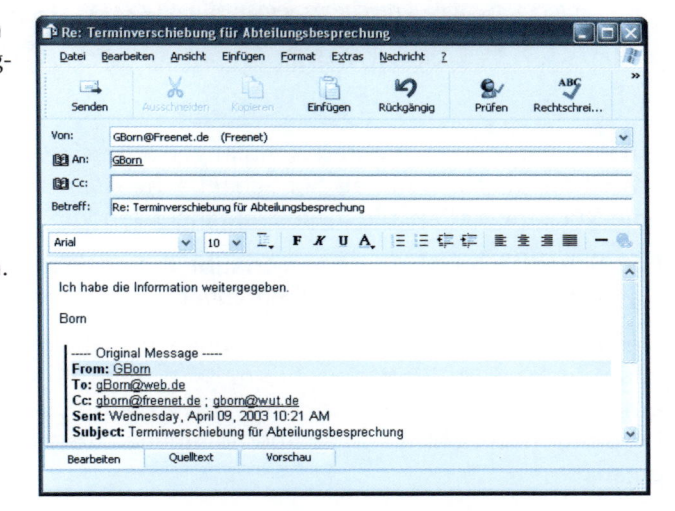

Hinweis

Über das Menü Nachricht *und den Befehl* Priorität festlegen *können Sie die Priorität höher oder tiefer setzen. Nutzen Sie das aber sparsam. Wünschen Sie eine Empfangsbestätigung für die Nachricht, wählen Sie im Menü* Extras *den Befehl* Lesebestätigung anfordern.

Der *Betreff*-Text wird beim Beantworten mit dem vorangestellten Kürzel »Re:« (Abkürzung für Reply) versehen und Outlook Express übernimmt den

Ursprungstext als Zitat im neuen Nachrichtenfenster. Im obigen Beispiel finden Sie den zitierten (bzw. an die Antwort angehängten) Text der empfangenen Nachricht am Ende der neuen E-Mail. Sie brauchen den Antworttext lediglich am Nachrichtenanfang einzufügen.

> **Tipp**
>
> *Wenn eine Nachricht mehrfach zwischen zwei Personen pendelt, wird der zitierte Teil der vorhergehenden Nachrichten immer länger. Im Hinblick auf die* **Netiquette** *sollten Sie nicht mehr relevante Teile im Anhang vor dem Versenden löschen (Text per Maus markieren und die Taste* Entf *drücken).*
>
> *Sie können auch Textausschnitte als Zitate in die Antwort übernehmen und mit einer anderen Schriftfarbe oder durch am Zeilenanfang vorangestellte Zeichen (z.B. >) hervorheben.*
>
> | |
> |---|
> | vielen Dank für die Informationen. |
> | >ja, Ihre Dateien von gestern sind nun auch online. |
> | Sorry, aber ich kann die Dateien nicht finden |
> | >Ich wünsche Ihnen ein schönes Wochenende |
>
> *Solche Passagen erleichtern jemandem, der täglich einen »Berg« E-Mails erhält, die Arbeit ungemein, da der Bezug auf seine Nachricht gleich mitgeliefert wird.*

Erhalten Sie ein an mehrere Empfänger adressiertes Rundschreiben, lässt sich mittels der Schaltfläche *Allen antworten* eine Rückantwort an alle diese Empfänger senden.

Die Schaltfläche *Weiterleiten* erlaubt Ihnen dagegen, die Nachricht an einen weiteren Empfänger zu schicken.

Der *Betreff*-Text wird beim Weiterleiten mit »Fw:« (Abkürzung für Forward) versehen. Sie müssen beim Weiterleiten eine Empfängeradresse im Feld *An* vorgeben und ggf. den aus der Ursprungsnachricht als Zitat übernommenen Text mit einem Kommentar ergänzen.

Anlagen zur Nachricht auspacken

Wurden der Nachricht eine oder mehrere Dateien als Anlage mitgegeben, erkennen Sie das bereits an einer in der Nachrichtenleiste eingeblendeten stilisierten Büroklammer. Um die Anlage anzusehen oder weiter zu bearbeiten, müssen Sie diese speichern.

1 Zum Speichern der Anlage öffnen Sie die Nachricht durch Doppelklicken auf die betreffende Zeile in der Nachrichtenleiste des Outlook-Express-Fensters.

E-Mail mit Outlook Express

2 Wählen Sie im Nachrichtenfenster den Befehl *Anlagen speichern* im Menü *Datei*.

3 Wählen Sie im Dialogfeld *Anlagen speichern* den Zielordner über die Schaltfläche *Durchsuchen* und klicken Sie dann auf die Schaltfläche *Speichern*.

Enthält die Nachricht mehrere Anlagen, müssen Sie ggf. die zu speichernden Anhänge im Dialogfeld *Anlagen speichern* per Mausklick markieren.

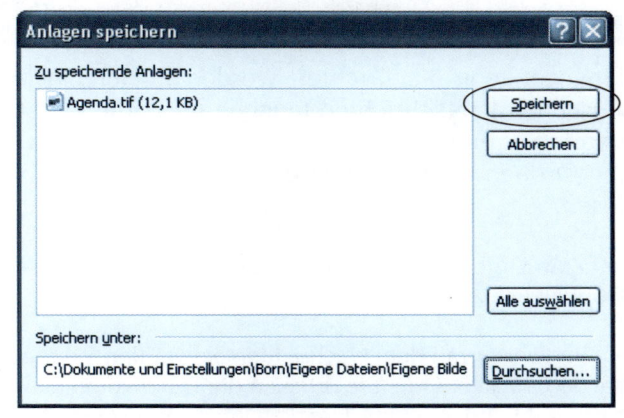

> **Achtung**
>
> *Lassen Sie wegen der Virengefahr beim Umgang mit Anlagen die notwendige Vorsicht walten. Schalten Sie zur Sicherheit die Anzeige der Dateinamenerweiterungen ein (siehe Kapitel 3), um potentiell gefährliche Dateitypen zu erkennen. Anhänge mit Dateinamenerweiterungen wie .exe, .com, .bat, .pif, .scr, .vbs, .vbe, .js, .jse,.wsf, .htm, .html und .hta können mit einem Virus behaftet sein. Löschen Sie E-Mails von unbekannten Absendern, die mit Anhängen versehen sind und deren Nachrichtentext Ihnen nicht plausibel vorkommt. Microsoft oder andere Firmen schicken Ihnen keinesfalls ungefragt Updates oder Virentester. Speichern Sie alle Dateianhänge und lassen Sie diese vor dem Öffnen durch ein Antivirus-Programm überprüfen. Wenn Sie mit der nötigen Vorsicht vorgehen, können Sie die Gefahr, sich einen Virus einzufangen, auf ein Minimum reduzieren.*

> **Hinweis**
>
> *Manche Nachrichtenanhänge sind auch als ZIP-Archiv gespeichert. Dann müssen Sie den Inhalt mit einem so genannten Packprogramm (siehe auch Kapitel 3) entpacken. Lassen sich die Anlagen in Outlook Express nicht speichern, lesen Sie weiter oben im Abschnitt »Weitere-Outlook Express-Einstellungen« nach, was dann zu tun ist.*

Nachrichten drucken und verwalten

Eingegangene Nachrichten werden in der Nachrichtenleiste aufgeführt. Ausgehende Nachrichten tauchen im Ordner *Postausgang* auf. Sie können den Inhalt einer E-Mail ausdrucken oder wichtige Nachrichten in getrennten Ordnern ablegen. Diese Aufgaben lassen sich auf verschiedene Weise lösen.

1 Zum Drucken einer Nachricht wählen Sie diese in der Nachrichtenleiste per Doppelklick an.

2 Im Fenster mit dem Nachrichtentext wählen Sie die Schaltfläche *Drucken*. Oder Sie drücken die Tastenkombination [Strg]+[P] bzw. wählen den Befehl *Drucken* im Menü *Datei*.

3 In einem Dialogfeld *Drucken* können Sie die verfügbaren Druckoptionen wählen und dann den Ausdruck über die mit *OK* oder *Drucken* beschriftete Schaltfläche starten.

Standardmäßig stellt Outlook Express Ordner für den Posteingang, den Postausgang und für Entwürfe bereit. Zusätzlich finden Sie noch Ordner, die gelöschte Objekte sowie Kopien der gesendeten Nachrichten enthalten. Eingehende **Nachrichten** lassen sich **über** zusätzliche **Ordner verwalten** (z.B. nach Konten oder geschäftlich/privat), die Sie selbst anlegen.

1 Klicken Sie mit der rechten Maustaste auf das Symbol eines bestehenden Ordners und wählen Sie im Kontextmenü *Neuen Ordner*.

2 Tippen Sie den neuen Ordnernamen ein und betätigen Sie die [↵]-Taste.

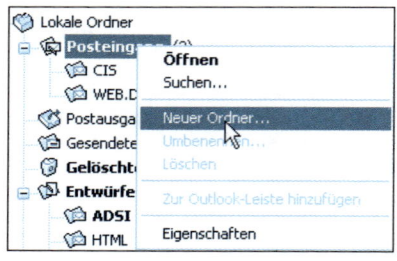

Anschließend können Sie **Nachrichten** in diese Ordner **kopieren** oder **verschieben**. Möchten Sie eine neue Nachricht nicht sofort versenden, sondern erst einmal zur Überarbeitung als Entwurf aufheben? Oder soll eine eingetroffene Nachricht in einen der neu angelegten Ordner verschoben werden?

1 Markieren Sie die gewünschte Nachricht in der Nachrichtenleiste.

2 Klicken Sie mit der rechten Maustaste auf die markierte Nachricht und wählen Sie im Kontextmenü den Befehl *In Ordner verschieben* oder *In Ordner kopieren*.

E-Mail mit Outlook Express

3 Anschließend wählen Sie im Dialogfeld *Verschieben* bzw. *Kopieren* den Zielordner und klicken auf die *OK*-Schaltfläche.

Das Programm verschiebt bzw. kopiert die Nachricht in den gewählten Ordner.

> **Tipp**
>
> Das Verschieben geht in den meisten Fällen sogar noch einfacher, indem Sie die gewünschte Nachricht bei gedrückter linker Maustaste aus der Nachrichtenleiste zum Ordner in der Ordnerliste ziehen und dann die Maustaste loslassen.

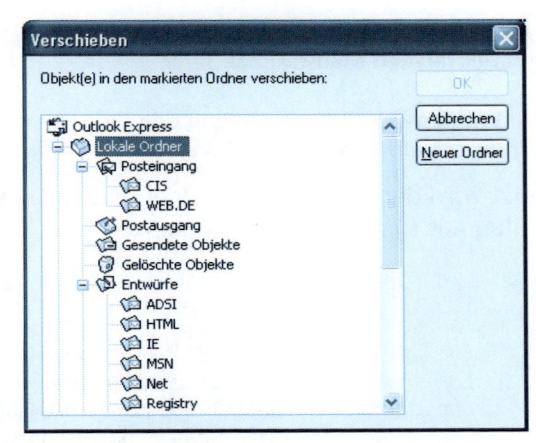

Gesendete Nachrichten werden in der Outlook-Express-Grundeinstellung als Kopie im Ordner *Gesendete Nachrichten* abgelegt. Somit können Sie jederzeit nachsehen, ob und welche E-Mails Sie verschickt haben. Wenn dieser Ordner aber zu voll und daher unübersichtlich wird, löschen Sie einfach die Kopien (wie nachfolgend beschrieben), die Sie nicht mehr brauchen.

Nachrichten löschen

Um nicht mehr benötigte **Nachrichten** zu **entfernen**, müssen diese noch nicht einmal in einem Nachrichtenfenster geöffnet werden.

1 Markieren Sie die zu löschende Nachricht in der Nachrichtenleiste des Outlook-Express-Fensters.

2 Klicken Sie in der Symbolleiste des Outlook-Express-Fensters auf die Schaltfläche *Löschen* (oder wählen Sie im Kontextmenü den gleichnamigen Befehl).

Alternativ können Sie die Schaltfläche *Löschen* im Fenster einer geöffneten Nachricht verwenden. Das Löschen funktioniert übrigens für alle Ordner der Ordnerleiste, nicht nur für den Posteingang. Outlook Express speichert die gelöschten Nachrichten aber lediglich im Ordner *Gelöschte Objekte*. Sie können also eine irrtümlich gelöschte Nachricht aus diesem Ordner zurückholen. Sie sollten aber den Ordner *Gelöschte Objekte* gelegentlich leeren. Nur dann wird der von der Nachricht belegte Speicherplatz auf der Festplatte beim Komprimieren (siehe Tipp) freigegeben.

1 Klicken Sie den Ordner *Gelöschte Objekte* mit der rechten Maustaste an.

2 Wählen Sie im Kontextmenü den Befehl *Ordner „Gelöschte Objekte" leeren*.

Jetzt wird der betreffende Ordner geleert und die Nachrichten werden endgültig aus Outlook Express entfernt.

> **Tipp**
>
> *Die im Ordner „Gelöschte Objekte" gespeicherten Nachrichten werden beim Leeren des Ordners zwar ausgetragen, belegen aber weiterhin Platz auf der Festplatte. Über den Befehl* Ordner *des Menüs* Datei *des Outlook-Express-Fensters können Sie aber Befehle aufrufen, um die intern zur Speicherung genutzten Ordner zu komprimieren. Beim Komprimieren gibt Outlook Express den durch den Ordner „Gelöschte Objekte" intern blockierten Speicherplatz endgültig frei.*

Plagegeister des E-Mail-Zeitalters

Es wurde bereits erwähnt, dass beim Öffnen von Anlagen Viren oder Dialer als E-Mail-Anhänge auf Ihren Rechner gelangen können. Auch im HTML-Format verfasste E-Mails mit schädigendem Inhalt (Skriptviren, Webbugs) wurden als Sicherheitsrisiko erwähnt. Leider vermiesen Ihnen weitere Plagegeister den Umgang mit E-Mails. Wer ein E-Mail-Postfach längere Zeit besitzt, erhält immer häufiger ungebetene E-Mails mit Werbung, Kettenbriefen oder Viren-Hoaxes. Spam-Mail kostet Ihr Geld, schließlich zahlen Sie für die Online-Zeit, und kann äußerst nervend sein. Sie sollten daher die folgenden Regeln beim Umgang mit elektronischer Post beherzigen:

- Unterziehen Sie E-Mail-Anlagen vor dem Öffnen einer Virenprüfung.

- Nachrichten von unbekannten Absendern oder mit obskurem Inhalt sollten Sie ungelesen löschen.

- Löschen Sie Kettenbriefe und Hoaxes mit angeblichen Virenwarnungen und leiten Sie diese – wie häufig gefordert – nicht an andere E-Mail-Empfänger weiter.

- Geben Sie Ihre E-Mail-Adresse nur an Bekannte und Geschäftspartner weiter. Legen Sie sich eine zweite (kostenlose) E-Mail-Adresse zu, die Sie ggf. bei einer erforderlichen Registrierung im Web angeben.

- Öffnen Sie Nachrichten nur, wenn Sie offline sind, und antworten Sie keinesfalls auf Spam-Mail, da dann der Absender erkennt, dass das Postfach gültig ist.

Informationen über Viren und Hoaxes finden Sie im Internet (siehe Kapitel 5 im Abschnitt zur Sicherheit). Befolgen Sie die in diesem Buch gegebenen Hinweise zu Sicherheitseinstellungen und installieren Sie die aktuellen Versionen und Sicherheitsupdates von Internet Explorer und Outlook Express oder weichen Sie auf Produkte wie Opera bzw. Netscape Navigator aus.

So filtern Sie Werbemüll (Spam)

Ist Ihre E-Mail-Adresse in die Hände von Spam-Versendern gelangt, können Sie ggf. deren **Nachrichten** durch Spam-Filter **blockieren**. Das Gleiche gilt, falls ein penetranter Zeitgenosse Ihnen immer wieder unerwünschte E-Mails schickt.

1 Um einen einzelnen Absender zu blockieren, öffnen Sie die Nachricht (indem Sie beispielsweise in der Nachrichtenleiste auf die Nachricht doppelklicken).

2 Im Nachrichtenfenster wählen Sie im Menü *Nachricht* den Befehl *Absender blockieren*.

3 Den Bestätigungsdialog zum Blockieren des Absenders schließen Sie über die *OK*-Schaltfläche.

Zukünftig werden alle E-Mails dieses Absenders nach dem Herunterladen vom Server automatisch in den Ordner *Gelöschte Objekte* verschoben. Sie können den blockierten Absender später wieder freigeben:

1 Wählen Sie im Outlook-Express-Fenster im Menü *Extras* die Befehle *Nachrichtenregeln/ Liste der blockierten Absender*.

2 Suchen Sie auf der Registerkarte *Blockierte Absender* den betreffenden Eintrag und löschen Sie die Markierung des Kontrollkästchens *E-Mail*, um die Blockade vorübergehend aufzuheben. Über die Schaltfläche *Entfernen* lässt sich ein Eintrag komplett aus der Liste löschen und so der E-Mail-Empfang wieder zulassen.

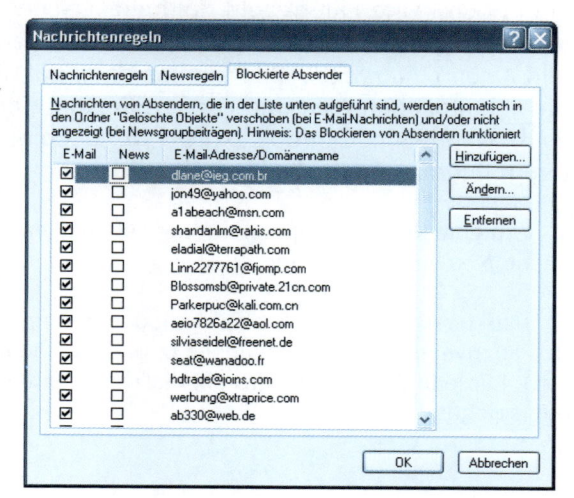

Das Blockieren von Absendern hilft nichts, wenn diese Nachrichten mit großen Anhängen schicken – das Zeug wird ja vor dem Verschieben vom Mail-Server heruntergeladen. Leider hilft das Sperren einzelner Absenderadressen bei hartnäckigen Spam-Versendern ebenfalls nichts. Diese wechseln täglich die Absenderkennung. Sie müssen daher **Filterregeln definieren**, mit denen Spam erkannt und gar nicht erst vom Server heruntergeladen wird:

1 Öffnen Sie im Outlook-Express-Fenster das Menü *Extras*, klicken Sie auf den Befehl *Nachrichtenregeln* bzw. *Regeln* und wählen dann *E-Mail*.

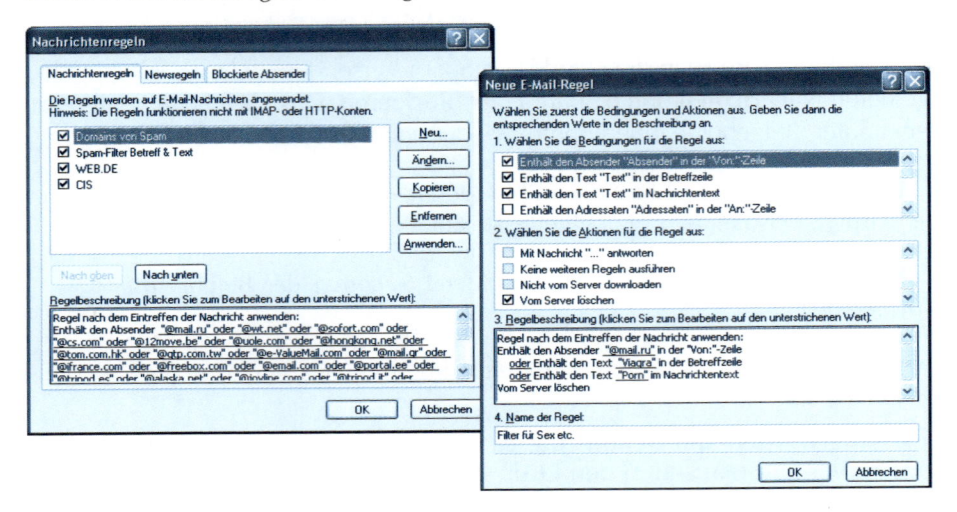

Sind noch keine Filterregeln definiert, erscheint das hier gezeigte Dialogfeld *Neue E-Mail-Regel*. Bei angegebenen Filterregeln erscheint das Dialogfeld *Nachrichtenregeln*. Sie können dann auf der Registerkarte *E-Mail* über die Schaltflächen *Neu* und *Ändern* Regeln zum Filtern von E-Mail aufstellen bzw. pflegen. Outlook Express wendet diese Regeln an, sobald Post aus Ihrem Internet-Postfach abgeholt wird.

2 Um eine Regel zu definieren oder anzupassen, klicken Sie auf die Schaltfläche *Neu* bzw. *Bearbeiten*.

3 Markieren Sie unter »1.« (Feld mit den Bedingungen) die Kontrollkästchen mit den anzuwendenden Bedingungen (z.B. Absenderadresse, Text im Feld Betreff etc.). Für jede Bedingung wird ein Platzhalter unter 3. (*Regelbeschreibung*) eingeblendet.

E-Mail mit Outlook Express

4 Markieren Sie unter »2.« (Feld mit den Aktionen) das Kontrollkästchen mit der auszuführenden Aktion (bevorzugt »Vom Server löschen«, um die Nachricht gar nicht erst herunterzuladen).

5 Klicken Sie unter »3.« (Feld mit der Regelbeschreibung) auf die dort angezeigten Hyperlinks.

6 Tippen Sie die Bedingungen in dem dann angezeigten Dialogfeld ein und bestätigen Sie dies über die Schaltfläche *Hinzufügen*.

7 Wiederholen Sie die Schritte 4 und 5, um ggf. mehrere Kriterien festzulegen.

8 Klicken Sie bei Bedarf unter »3.« (Feld mit den Regelbeschreibungen) auf die mit »und« bzw. »oder« beschrifteten Hyperlinks und setzen Sie die Verknüpfungsbedingungen im angezeigten Dialogfeld um. Mit »und« legen Sie fest, dass alle Bedingungen erfüllt sein müssen, bei »oder« reicht eine erfüllte Bedingung zur Anwendung des Filters.

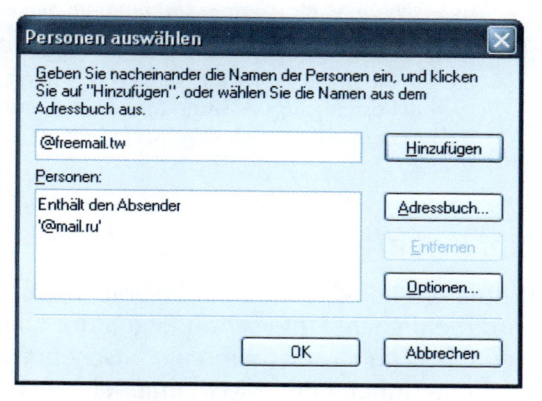

9 Tragen Sie unter »4.« (Feld mit dem Namen) eine Bezeichnung für die Filterregel ein und schließen Sie das Dialogfeld über die *OK*-Schaltfläche.

Bei Bedarf können Sie diese Schritte wiederholen und mehrere Filter definieren. Die Regeln werden beim nächsten Abholen der Post angewandt.

> **Tipp**
>
> *Legen Sie die Regeln der Filter so an, dass diese zuerst den Domain-Teil (z.B. @mail.ru) von Spam-Versendern prüfen. Dieser Teil lässt sich in bereits empfangenen Spam-Mails identifizieren. Verwenden Sie dann Filter, um Schlüsselwörter wie »Sex, Porno, Viagra« etc. im Betreff zu erkennen und zu löschen. In weiteren Regeln können Sie den Nachrichteninhalt nach Begriffen von Spam-Mails durchsuchen lassen. Besitzen Sie mehrere E-Mail-Konten, können Sie ggf. auch eine Regel für die Felder* An *bzw.* Cc *aufstellen, um Mails vorzusortieren und in bestimmte Ordner im Posteingang abzulegen.*

> **Hinweis**
>
> *Viele Anbieter von E-Mail-Konten pflegen bereits automatisch Spam-Filter, in denen Adressen bekannter unerwünschter Versender enthalten sind. Bei manchen E-Mail-Konten (z.B. WEB.DE, Freenet) können Sie auch auf der Webseite des Kontos die Liste mit dem Spam-Filter anpassen. Dann werden die unerwünschten Nachrichten sofort auf dem Server gelöscht.*
>
> *Die obigen Ausführungen gelten für die Outlook-Express-Versionen 5 und 6. Sofern Sie noch Outlook Express 4 benutzen, wählen Sie im Menü* Extras *den Befehl* Posteingangs-Assistent*. Im dann angezeigten Dialogfeld lassen sich die Filterregeln auf ähnliche Weise definieren.*

Nachrichten signieren und verschlüsseln

Besonders bei der Kommunikation mit Behörden und offiziellen Stellen wird die digitale Unterschrift (Signatur) zukünftig wichtiger werden – auch wenn das Thema seit Jahren ein Nischendasein führt. Zum Übertragen vertraulicher Inhalte per E-Mail empfiehlt sich die vorherige Verschlüsselung. Das Programm Outlook Express unterstützt wie viele andere E-Mail-Programme sowohl das Signieren als auch das Verschlüsseln von Nachrichten.

Sie benötigen jedoch **ein Zertifikat** zum Verschlüsseln oder Signieren der Nachricht. Diese **Zertifikate werden von** besonderen als **Trust-Center** bezeichneten Stellen **erteilt**, die Ihre Identität bestätigen. Hierbei lassen sich zurzeit zwei Varianten unterscheiden:

- Vom Trust-Center erhalten Sie per E-Mail eine Zertifikatdatei, die anschließend auf Ihrem Computer installiert und für E-Mails verwendet wird.

- Das Trust-Center gibt eine Chipkarte zur Identifizierung sowie ein entsprechendes Lesegerät aus. Das Lesegerät muss an den PC angeschlossen werden.

Zur Zeit stellen Anbieter wie TC TrustCenter (*www.trustcenter.de*), Telekom Trust Center (*www.telesec.de*) oder VeriSign (*www.verisign.com*) kostenpflichtige Zertifikate aus. Mittelfristig ist in Deutschland und Österreich geplant, auch EC-Karten mit einem Identitätschip auszustatten. Im Moment bleibt Ihnen nur, sich im Internet über verfügbare Trust-Center zu informieren (z.B. den Begriff »Trust Center« in einer Suchmaschine eingeben).

Hinweis

Wenn Sie das WEB.DE-Postfach über Webmail nutzen, ist ein Zertifikat zum Signieren und Verschlüsseln vorhanden. Dieses Zertifikat lässt sich auch unter Windows in Outlook Express importieren. Über trust.web.de können registrierte Nutzer zurzeit außerdem bis zu zwei kostenlose Zertifikate für beliebige E-Mail-Adressen beantragen. Das Zertifikat wird sofort (zunächst für 30 Tage und nach Adressverifikation für ein Jahr) ausgestellt. Die Benachrichtigung erfolgt an die angegebene E-Mail-Adresse. Ein Hyperlink in dieser E-Mail leitet Sie zur Webseite mit dem Zertifikat. Auf der Seite finden Sie Hinweise zu den weiteren Installationsschritten. Nach der Installation wählen Sie in Outlook Express im Menü Extras *den Befehl* Konten, *doppelklicken im Eigenschaftenfenster* Internetkonten *auf das betreffende E-Mail-Konto und klicken auf die Registerkarte* Sicherheit. *Auf dieser Registerkarte lässt sich über die Schaltfläche* Auswählen *jeweils das Zertifikat für digitale Signaturen und für Verschlüsselungen einstellen.*

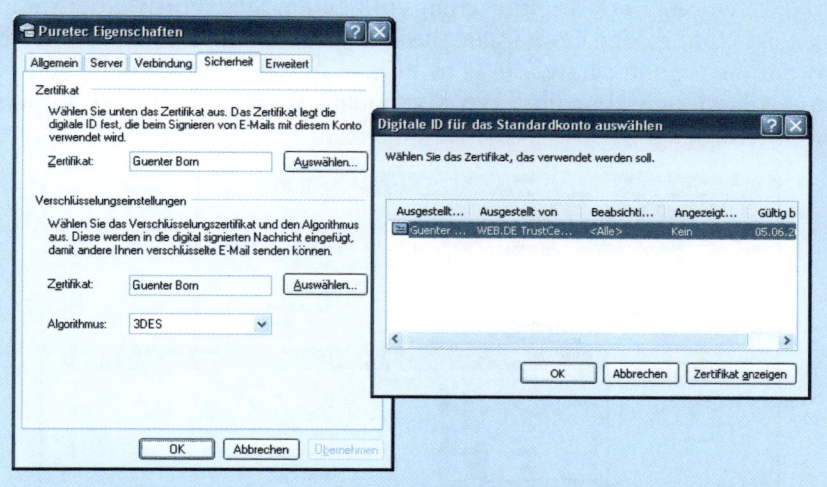

Sollte es Probleme bei der automatischen Installation gemäß der WEB.DE-Anleitung geben (ist z.B. bei Windows XP der Fall), zeigt die Schaltfläche Auswählen *ein leeres Zertifikatfenster. Dann hilft ein Trick: Wiederholen Sie die Installation, aber wählen Sie im Download-Dialog des Zertifikats entgegen den WEB.DE-Anweisungen die Schaltfläche* Speichern. *Klicken Sie die so gespeicherte Zertifikatdatei anschließend im Ordnerfenster mit der rechten Maustaste an und wählen Sie im Kontextmenü den Befehl* Zertifikat installieren.

Haben Sie ein solches Zertifikat erworben und der E-Mail-Adresse zugeordnet, können Sie vor dem Versenden einer neuen Nachricht die Befehle *Digital signieren* und ggf. *Verschlüsseln* im Menü *Extras* wählen.

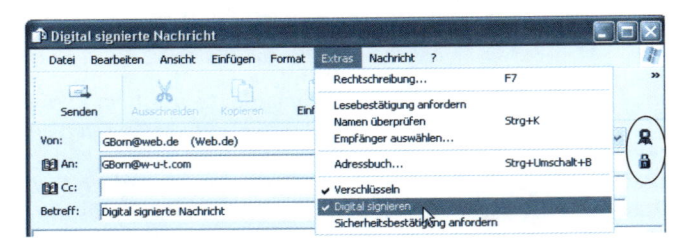

Im Fenster des Nachrichten-Editors wird das Symbol eines Siegels (bei digitaler Signatur) und eines Schlosses (beim Verschlüsseln) eingeblendet. Eine solche Nachricht wird sich aber nur absenden lassen, wenn dem Konto eine digitale Identifikation (ID) mittels eines Zertifikats zugeordnet wurde.

Der Empfänger einer solchen Nachricht erkennt an den in der Nachrichtenleiste angezeigten Symbolen signierte und verschlüsselte Nachrichten. Es wird das Symbol eines Briefumschlags mit einem Siegel oder einem Schloss angezeigt. Öffnet der Empfänger die Nachricht, erhält er ggf. einen Hinweis auf die Signatur bzw. die Verschlüsselung (hier im Vordergrund – der Hinweis lässt sich aber über ein Kontrollkästchen am Seitenende permanent unterdrücken).

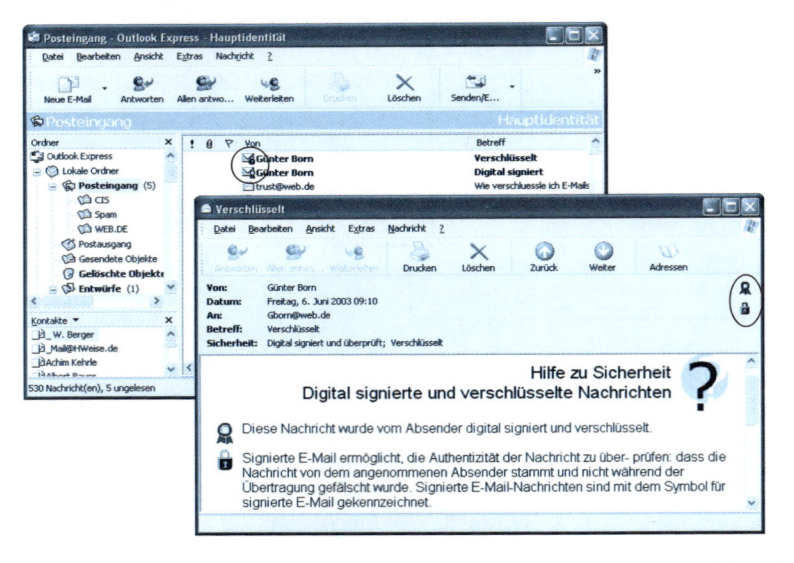

Der Empfänger kann dann über die im Nachrichtenfenster eingeblendete(n) Schaltfläche(n) prüfen lassen, ob die Nachricht bei der Übermittlung verfälscht wurde. In Outlook Express können Sie die Nachricht in der Nachrichtenleiste zudem mit der rechten Maustaste anklicken und im Kontextmenü den Befehl *Eigenschaften* wählen – die Registerkarte *Sicherheit* enthält

Informationen zum Absender und zur Nachricht. Zur Prüfung signierter Nachrichten muss das Programm aber online sein. Um den Inhalt der Nachricht anzuzeigen, wählen Sie die am Ende des Hinweistexts eingeblendete Schaltfläche *Weiter*.

> **Hinweis**
>
> *Outlook Express kann aus Ihrem Zertifikat einen privaten Schlüssel und einen öffentlichen Schlüssel erzeugen. Das Versenden verschlüsselter Nachrichten erfordert, dass die Teilnehmer untereinander die aus den Zertifikaten generierten öffentlichen Schlüssel austauschen. Hierzu senden Sie den betreffenden Teilnehmern eine signierte Nachricht. Der Teilnehmer kann Ihre Adresse samt der digitalen Identifikation ins Adressbuch übernehmen (im Menü* Datei *den Befehl* Eigenschaften *wählen, auf der Registerkarte* Sicherheit *ist die Schaltfläche* Zertifikate anzeigen *anzuklicken, im betreffenden Dialogfeld lässt sich der Schlüssel über die Schaltfläche* Zum Adressbuch hinzufügen *manuell aufnehmen). Anschließend kann der Teilnehmer Nachrichten an Sie vor dem Versenden verschlüsseln. Outlook Express übernimmt auf Ihrem System die Entschlüsselung anhand Ihrer Zertifikatsdaten. Zertifikate können auch ungültig werden oder zurückgezogen werden. Im Online-Betrieb kann das E-Mail-Programm das für jede empfangene Nachricht überprüfen. Weitere Details zu diesen Themenbereichen entnehmen Sie bitte den Webseiten der Trust-Center.*

Mit dem Adressbuch arbeiten

Outlook Express besitzt eine eigene Funktion zur **Verwaltung von Adressen** (auch **als Kontakte bezeichnet**). Sie können nicht nur Adressen mit Anschrift und Telefonnummer hinterlegen, sondern auch Ihre **E-Mail-Adressen** verwalten.

Wie kann ich das Adressbuch öffnen?

Die Kontakte werden in der linken unteren Ecke des Outlook-Express-Fensters (ab Version 5) angezeigt und E-Mail-Adressen lassen sich über die Schaltflächen *An* und *Cc* des Fensters zum Erstellen bzw. Beantworten der E-Mail übernehmen. Zur Pflege des Adressbestandes sollten Sie das Adressbuch aber öffnen.

- Klicken Sie im Outlook-Express-Fenster auf die Schaltfläche *Adressen*.
- Alternativ können Sie das Adressbuch auch über das Windows-Startmenü (Zweig *(Alle) Programme/Zubehör*) aufrufen.

Das Adressbuch zeigt Ihnen eine Liste der bereits definierten Kontakte an. Dabei lassen sich die Kontakte in Ordnern strukturieren (privat, geschäftlich) und zu Gruppen zusammenfassen.

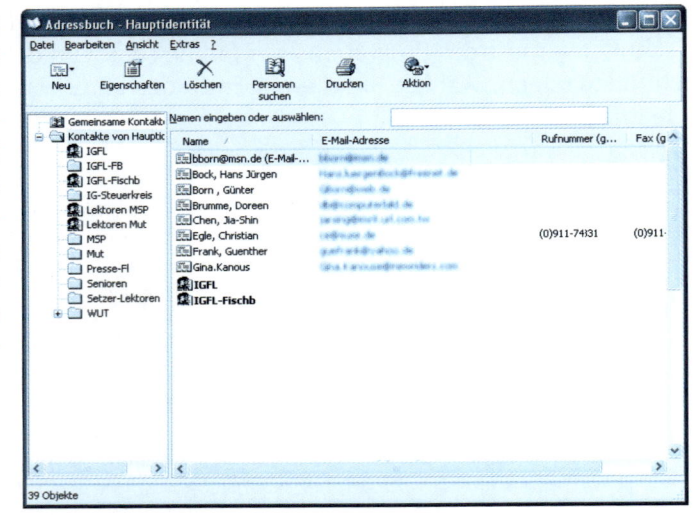

So wird eine neue Adresse eingetragen

Zum Eintragen einer neuen Adresse im Adressbuch sind nur wenige Schritte notwendig. Ist das Adressbuch geöffnet, gehen Sie folgendermaßen vor:

1 Klicken Sie im Fenster des Adressbuchs auf die Schaltfläche *Neu* und wählen Sie dann im angezeigten Menü den Befehl *Neuer Kontakt*.

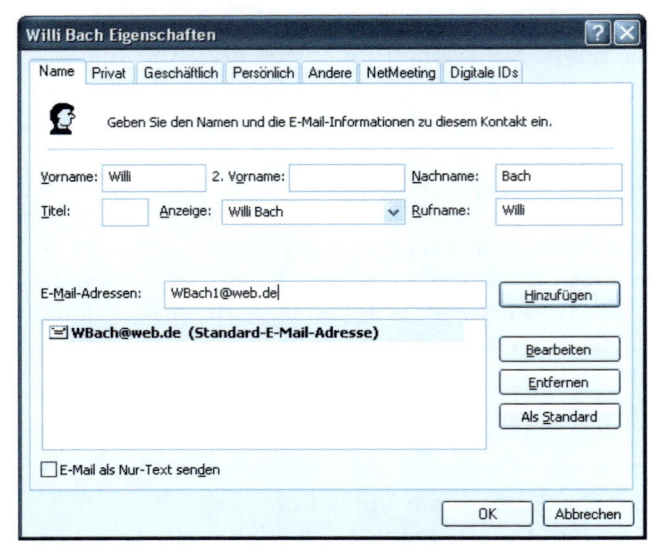

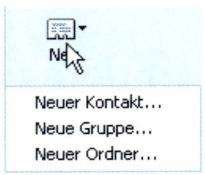

2 Tragen Sie auf den Registerkarten des Eigenschaftenfensters die Daten des Kontakts ein.

3 Zum Speichern des Kontakts und gleichzeitigen Schließen des Fensters verwenden Sie die *OK*-Schaltfläche.

Mit dem Adressbuch arbeiten

Auf der Registerkarte *Name* sind der Name und Vorname des Kontakts sowie dessen E-Mail-Adresse(n) einzutragen. Im Feld *E-Mail-Adresse* erfolgte Angaben werden mittels der Schaltfläche *Hinzufügen* in das Adressbuch aufgenommen. Hat die betreffende Person mehrere E-Mail-Adressen, wiederholen Sie den Schritt.

> **Hinweis**
>
> *Bei mehreren E-Mail-Adressen enthält ein Eintrag den Zusatz »(Standard-E-Mail-Adresse)«. Diese Adresse wird standardmäßig beim Versenden von Nachrichten im Empfängerfeld (An, Cc, Bcc) benutzt. Sie können aber eine andere Adresse der Liste als Standard anklicken und dann die Schaltfläche* Als Standard *wählen.*

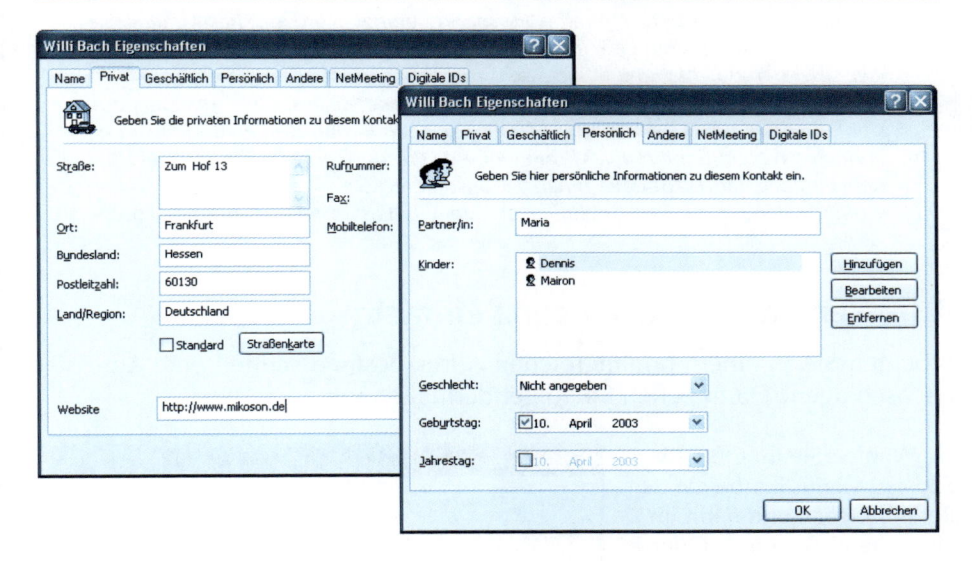

Das Adressbuch kann neben der E-Mail-Adresse weitere Informationen (z.B. Adresse, Telefonnummer etc. auf der Registerkarte *Privat*) aufnehmen. Um diese Informationen anzusehen, abzurufen oder einzutragen, klicken Sie einfach auf die betreffenden Registerkarten des Eigenschaftenfensters. Auf der Registerkarte *Persönlich* können Sie den Geburtstag des Kontakts, dessen Geschlecht sowie Angaben zu Partner/in und Kindern eintragen. Um Kinder einzutragen, klicken Sie auf die Schaltfläche *Hinzufügen* und tippen dann den Namen ein.

Hinweis

*Die Befehle der Schaltfläche Neu des Adressbuchs ermöglichen das **Anlegen von Ordnern** und **Gruppen**. Mit Hilfe von Ordnern können Sie **Adressen strukturieren** (z.B. privat und geschäftlich). Bestehende Adressbucheinträge im Hauptordner lassen sich mittels der Maus zu einem Unterordner ziehen und dort einsortieren. Mehrere **Kontakte** lassen sich **Gruppen** zuordnen (z.B. die Mitglieder eines Vereins). Haben Sie eine neue Gruppe über den Befehl Neu/ Gruppe angelegt und dieser einen Namen zugewiesen, wählen Sie den Gruppeneintrag per Doppelklick an. In dem dann geöffneten Dialogfeld können Sie die Schaltfläche Mitglieder auswählen anklicken. In einem zweiten Dialogfeld lassen sich dann beliebige Einträge aus dem Adressbuch der Gruppe zuordnen (die Gruppe enthält quasi einen Verweis auf die Adressbucheinträge). Weisen Sie einer neuen Nachricht den Gruppennamen als Empfänger zu, schickt Outlook Express allen Personen dieser Gruppe eine Kopie der E-Mail. Outlook Express kann auch von mehreren Personen genutzt werden. Diese tragen Sie über den Befehl Identitäten im Outlook-Express-Menü Datei ein. Dann lässt sich über den Befehl Identität wechseln des gleichen Menüs ein Name auswählen. Outlook Express wird beendet und sofort wieder gestartet. Anschließend sieht die betreffende Person nur noch ihre eigenen E-Mail-Konten und die an sie gerichteten Nachrichten. Diese und weitere »Profifunktionen« führen aber über den Umfang dieses Buches hinaus. Konsultieren Sie – falls Sie mehr wissen wollen – den bei Markt + Technik erschienenen Easy-Titel zu Outlook Express.*

Adressen nachschlagen ganz einfach

Möchten Sie in einem umfangreichen Adressbestand schnell eine Adresse nachschlagen? Dann gehen Sie folgendermaßen vor:

1 Wählen Sie im Outlook-Express-Menü *Bearbeiten* den Befehl *Suchen* und dann im Untermenü *Personen*. Oder drücken Sie die Tastenkombination [Strg]+[E].

2 Geben Sie im Fenster *Personen suchen* den Namen ein. Prüfen Sie, ob *Suchen in* auf »Adressbuch« steht.

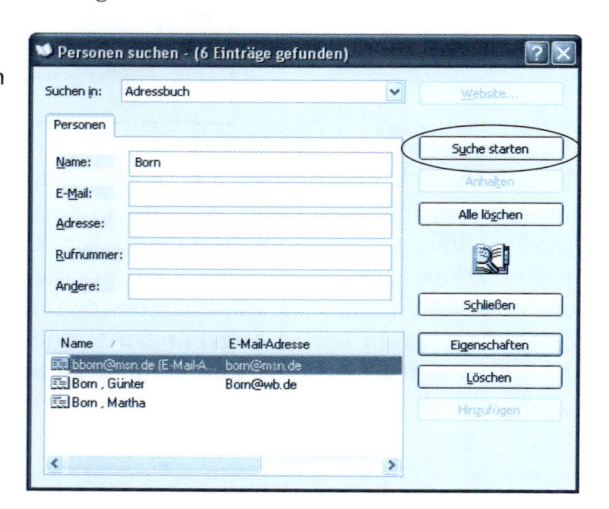

3 Klicken Sie auf die mit *Suchen* bzw. *Suche starten* bezeichnete Schaltfläche. Wird ein Name im Adressbuch gefunden, erscheint dieser im unteren Teil des Fensters.

Über die Schaltfläche *Eigenschaften* können Sie für einen markierten Eintrag die Registerkarte mit den Daten der Person aus dem Adressbuch anzeigen lassen.

So klappt's mit Newsgroups

Nachrichtengruppen, auch als Foren oder Newsgroups bezeichnet, dienen dem Austausch von Informationen zu bestimmten Themen. Neben Diskussionsforen, die über Webseiten im Browser erreichbar sind (siehe Kapitel 5) wird eine Reihe von Newsgroups über so genannte **Newsserver** verwaltet. Dann benötigen Sie einen **News-Client** wie Outlook Express, um diese so genannten **Usenet**-Beiträge zu lesen oder selbst an der Diskussion teilzunehmen.

> **Hinweis**
>
> *Die Browser-Pakete von Netscape und Opera enthalten neben einem E-Mail-Client auch einen Newsreader. Die Behandlung dieser Browser würde an dieser Stelle aber zu weit führen und muss daher entfallen.*

Zuerst den Newsreader einrichten

Um auf die Newsgroup-Beiträge zugreifen zu können, muss der Newsreader entsprechend eingerichtet sein (Adresse des Newsservers samt Authentifizierungsdaten, eine E-Mail-Adresse für Antworten sind einzutragen). In Outlook Express lassen sich diese Daten ähnlich wie die Konfigurierung eines E-Mail-Kontos in den Dialogfeldern eines Assistenten eingeben. Über die Schaltflächen *Weiter*, *Zurück* und *Fertig stellen* werden diese Dialogfelder bedient.

1 Wählen Sie im Outlook-Express-Fenster im Menü *Extras* den Befehl *Konten*.

2 Im Eigenschaftenfenster *Internetkonten* klicken Sie auf die Schaltfläche *Hinzufügen* und wählen dann im eingeblendeten Menü den Befehl *News*.

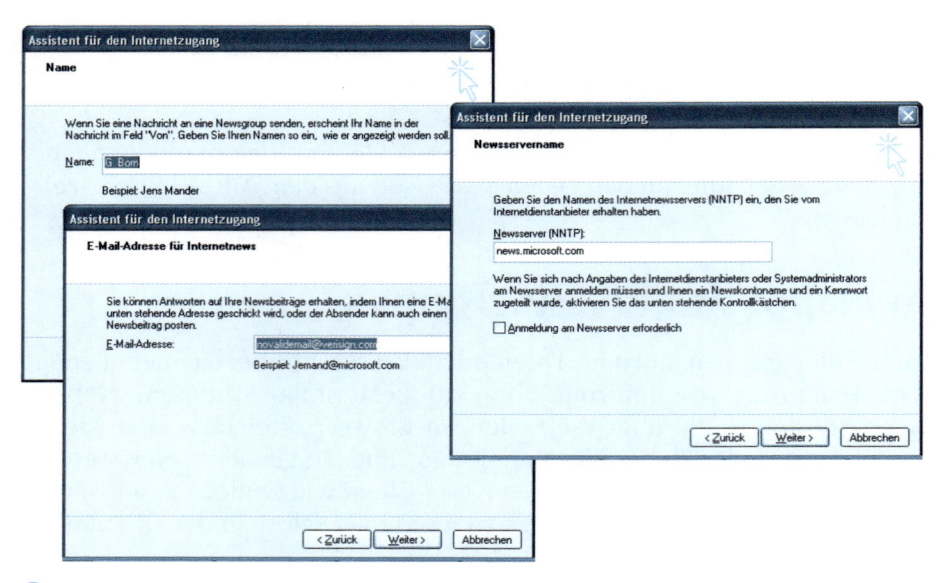

3 Geben Sie im Dialogschritt *Name* den Benutzernamen ein. Verwenden Sie möglichst einen realen Namen, da Beiträge von »Mickey Mouse« oder »Popeye« in technischen Newsgroups nicht sonderlich gut ankommen. Sie können ja Ihren Namen mit Initialen verwenden (z.B. *K.Bach*).

4 Im Folgedialog *E-Mail-Adresse für Internetnews* ist Ihre E-Mail-Adresse einzutragen. Diese wird benötigt, damit Leser Ihnen ggf. direkt auf einen News-Beitrag antworten können. Wegen des Missbrauchs durch Spam-Versender (diese durchsuchen Newsgroup-Beiträge nach E-Mail-Adressen), sollten Sie eine für diese Zwecke angelegte E-Mail-Adresse verwenden. Zusätzlich können Sie die E-Mail-Adresse etwas verändern (z.B. statt *K.Bach@web.de* beispielsweise *_nospam_ K.Bach@web.de*). Der Hinweis »bitte *_nospam_* in der E-Mail-Adresse entfernen« am Ende eines News-Beitrags sagt dem Leser., wie er Sie erreichen kann.

5 Im Dialogschritt *Newsservername* geben Sie die Adresse eines Newsservers an. Benötigt dieser Server eine Anmeldung, markieren Sie das Kontrollkästchen *Anmeldung am Newsserver erforderlich* und tragen im Folgedialog die Anmeldedaten (Benutzername und Kennwort) ein.

Sobald Sie über die Schaltfläche *Weiter* zum Abschlussdialog blättern und dann die Schaltfläche *Fertig stellen* betätigen, wird das Konto angelegt. Die Konfigurationsdaten können Sie auf der Registerkarte *News* des Eigenschaftenfensters *Internetkonten* per Doppelklick auf den betreffenden Eintrag abrufen. Auf verschiedenen Registerkarten werden Server- oder Benutzerdaten angezeigt.

So klappt's mit Newsgroups

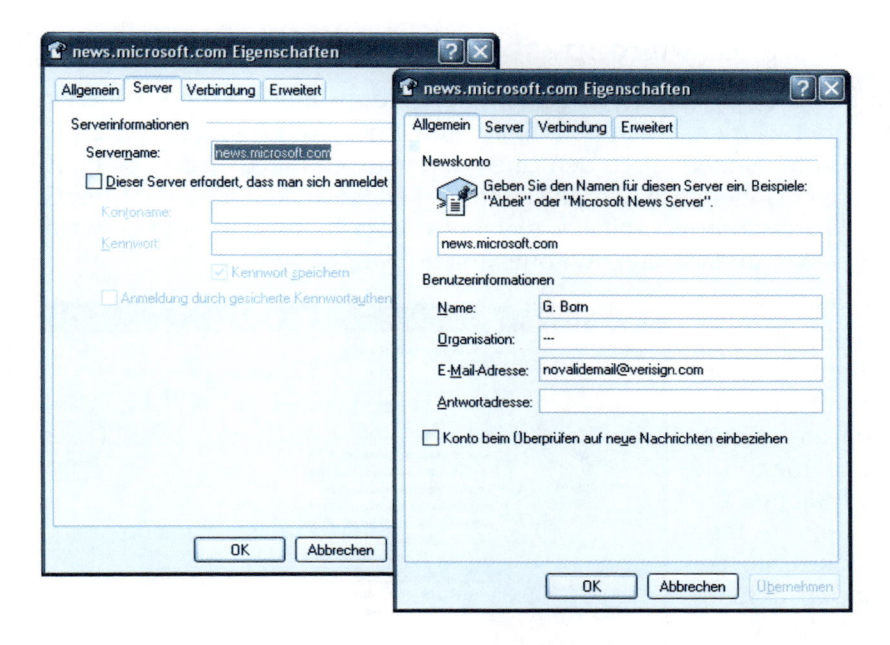

An dieser Stelle bleibt noch die Frage, welcher Newsserver im Konto einzutragen ist. Provider wie CompuServe (*news.compuserve.com*), T-Online (*news.t-online.de*) stellen Newsserver für registrierte Benutzer bereit. Die Authentifizierung erfolgt über den Benutzernamen und das Benutzerkennwort. Allerdings muss meist auch der Internetzugang über diesen Provider erfolgen. Die Firma Microsoft stellt unter *news.microsoft.com* einen Newsserver bereit, der keine Zugangsberechtigung erfordert. Auf diesem Server finden Sie Nachrichtengruppen, die sich mit Themen rund um Microsoft-Produkte befassen.

Tipp

Im Internet gibt es zudem eine Reihe freier Newsserver, die Sie über Suchmaschinen ermitteln können. Geben Sie in Google einfach Stichwörter wie »Newsserver frei« ein. Eine gute Übersicht zu Newsservern und mehr finden Sie unter www.newsserverguide.de.

Dann die Newsgroups abonnieren

Vor dem Zugriff auf die einzelnen Newsgroups müssen diese vom Server abonniert werden. Nach dem Einrichten eines Kontos synchronisiert Outlook Express automatisch den Client (Sie müssen hierzu online sein). Zum späteren manuellen Synchronisieren klicken Sie in der Ordnerliste des Outlook-Express-Fensters mit der rechten Maustaste auf den Eintrag mit dem Newsserver und wählen im Kontextmenü *Newsgroups*.

In beiden Fällen erscheint das hier gezeigte Dialogfeld mit den verfügbaren Gruppen. Über die Schaltfläche *Zurücksetzen* lässt sich die Liste der Gruppen aktualisieren. Markieren Sie die gewünschte Gruppe in der Liste und betätigen Sie die Schaltfläche *Abonnieren*. Das können Sie bei beliebig vielen Gruppen tun. Abonnierte Gruppen werden mit einem stilisierten Blatt vor dem Namen markiert. Sobald Sie das Dialogfeld über die *OK*-Schaltfläche schließen, werden die Gruppen im News-Client eingefügt.

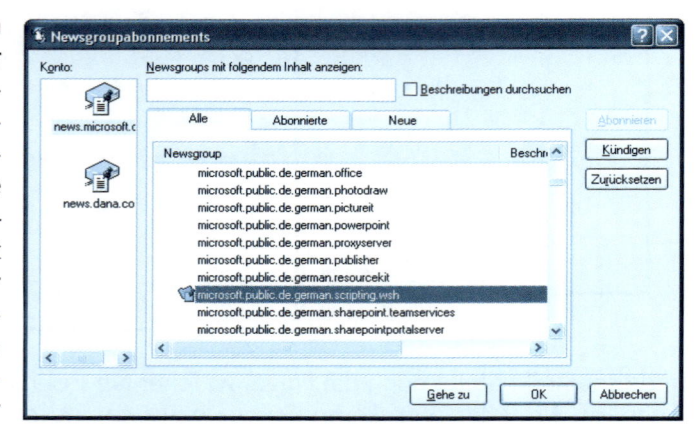

Jetzt können Sie teilnehmen

Sobald Sie den Newsserver eingerichtet und Newsgroups abonniert haben, können Sie deren Beiträge abrufen oder kommentieren sowie eigene Beiträge publizieren.

1 Gehen Sie online und rufen Sie Outlook Express auf.

2 Klicken Sie in der Ordnerleiste auf das Symbol der gewünschten Newsgroup.

So klappt's mit Newsgroups

Erstellen und Beantworten von Beiträgen

Newsserver

Abonnierte Newsgroup

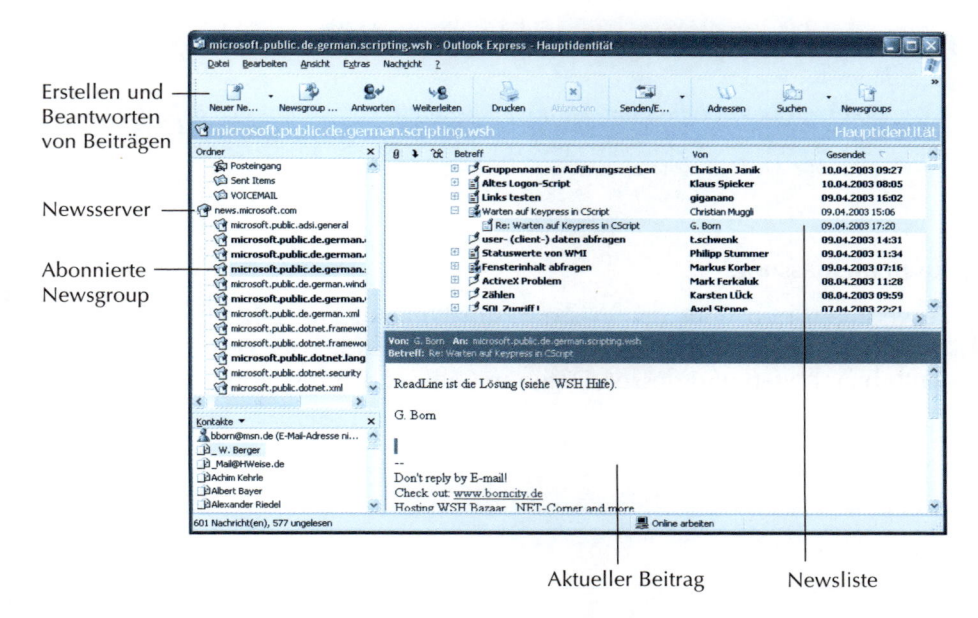

Aktueller Beitrag   Newsliste

Outlook Express ruft dann die neuesten Beiträge der Gruppe ab und zeigt deren Kopfzeilen (Betreff, Absender, Datum) in der Newsliste an.

3 Klicken Sie auf einen Eintrag in der Newsliste, um den Beitrag in der Vorschau anzuzeigen. Ein Doppelklick öffnet den Beitrag in einem getrennten Fenster.

Über die Schaltfläche *Neuer News-Beitrag* können Sie einen neuen Beitrag erstellen. Im dann geöffneten Fenster sind ein Betreff sowie der Text einzutragen. Die Schaltfläche *Newsgroup antworten* öffnet ein Fenster, in dem Sie eine Antwort auf einen markierten Newsgroup-Beitrag formulieren können. Der ursprüngliche Beitrag wird im Fenster automatisch zitiert. Mit der Schaltfläche *Antworten* können Sie eine E-Mail direkt an den betreffenden Verfasser eines Beitrags schicken. Die Handhabung zum Erstellen und Beantworten von Beiträgen gleicht der Bearbeitung von E-Mails, wobei keine E-Mail-Adresse, sondern der Newsgroup-Name im Nachrichtenkopf hinterlegt wird. Informieren Sie sich ggf. auf den vorherigen Seiten über die Optionen zum Verfassen von E-Mails und wenden Sie dieses Wissen auch bei Newsgroup-Beiträgen an.

> **Hinweis**
>
> *Unter* groups.google.com *können Sie auch ohne Outlook Express in Newsgroups recherchieren. Um eigene Beiträge einzubringen, müssen Sie sich unter* www.google.com/accounts *anmelden.*

Zusammenfassung

Sie verfügen nun über das Wissen zum Umgang mit E-Mails, Adressbüchern und Newsgroups. Sie haben zudem gelernt, wie Sie ein Freemail-Konto beantragen und dessen Daten in Outlook Express eintragen.

Testen Sie Ihr Wissen

Zur Überprüfung Ihrer Kenntnisse können Sie die folgenden Fragen beantworten.

- **Wie erstellen Sie eine E-Mail?**

   Auf die Schaltfläche *Neue E-Mail* klicken, die Empfängeradresse sowie den Betreff hinzufügen und den Text verfassen.

- **Wie kommen Sie an einen E-Mail-Anhang heran?**

   Nachricht öffnen und im Menü *Datei* den Befehl *Anlagen speichern* wählen.

- **Wie verschicken Sie eine Datei als Anhang zu einer E-Mail?**

   Ziehen Sie die zu versendende Datei aus einem Ordnerfenster in den Dokumentbereich der gerade geschriebenen Nachricht.

- **Wie hole ich E-Mails im Internet ab?**

   Ist Outlook Express entsprechend vorbereitet, stellen Sie eine Online-Verbindung her. Dann klicken Sie im Outlook-Express-Fenster auf die Schaltfläche *Senden/Empfangen*. Sobald alle Nachrichten ausgetauscht sind, beenden Sie die Verbindung zum Internet wieder.

- **Wie können Sie Ihrem Adressbuch eine neue Adresse hinzufügen?**

   Öffnen Sie das Adressbuch. Klicken Sie auf die Schaltfläche *Neu* und im Menü auf den Befehl *Neuer Kontakt*.

Kapitel 7

Texte am Computer erstellen

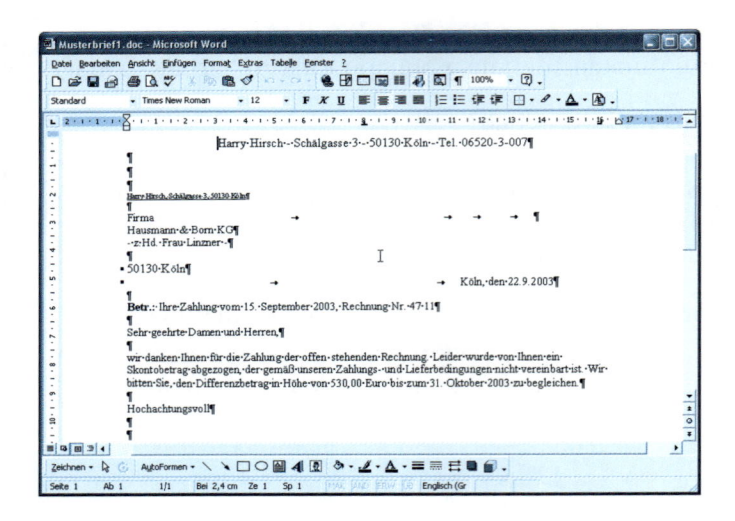

In diesem Kapitel erwerben Sie das notwendige Wissen, um Texte mit Programmen wie WordPad, Microsoft Word oder dem Writer aus StarOffice/OpenOffice einzugeben, zu korrigieren und zu speichern. Zudem erfahren Sie, wie sich Textdokumente formatieren, d.h. gestalten lassen. Nach der Lektüre des Kapitels sollte das Schreiben eines Briefs oder einer Einladung kein Problem mehr darstellen. Auch der Umgang mit Tabulatoren zur Pflege von Listen, das Einbinden von Grafiken oder die Pflege von Tabellen bleiben kein Buch mit sieben Siegeln.

Ihr Erfolgsbarometer

Das können Sie schon:

Den Computer in Betrieb nehmen	37
Mit Windows-Fenstern und -Programmen arbeiten	59/67
Webseiten abrufen und verschiedene Internetdienste nutzen	156
E-Mails empfangen und versenden	228

Das lernen Sie neu:

Textverarbeitung – der Einstieg	276
Texteingabe leicht gemacht	280
Speichern, laden und drucken	291
Texte formatieren	298
Funktionen für Könner	310
Tolle Sachen zum Selbermachen	318

Textverarbeitung – der Einstieg

Statt der alten Schreibmaschine sind Computer in den Büros eingezogen. Mit Hilfe so genannter Textverarbeitungsprogramme lassen sich Briefe, Rechnungen, Einladungen und vieles mehr direkt am Computer erstellen, speichern, korrigieren und drucken. Nachfolgend erhalten Sie einen Überblick über verschiedene Textprogramme und lernen die Eingabe einfacher Texte.

Word, WordPad und Writer im Überblick

Der Markt bietet eine große Zahl an Textverarbeitungsprogrammen. Nachfolgend finden Sie eine Übersicht über die häufig unter Windows verfügbaren Programme Word, WordPad und Writer. Sie können mit allen Programmen Texte erfassen, speichern, bearbeiten und auch drucken.

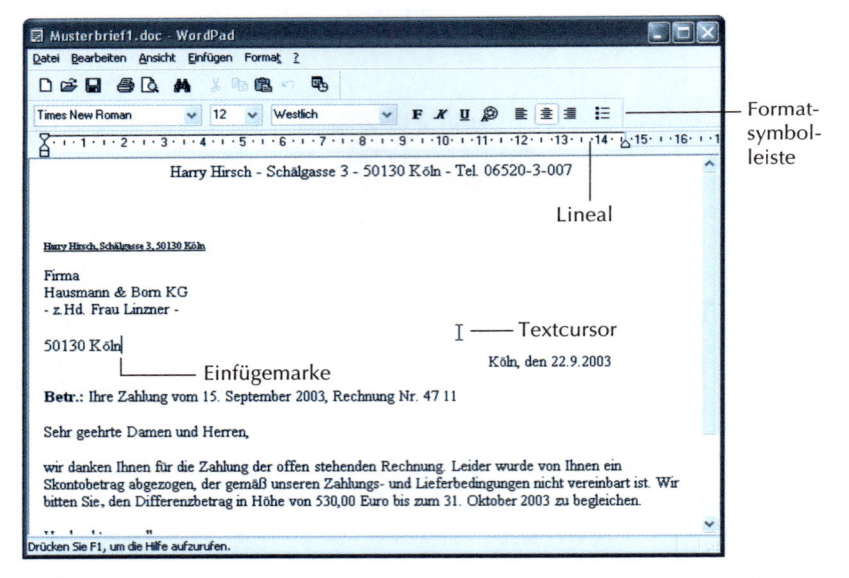

Ab Windows 95 ist automatisch ein Programm mit dem Namen WordPad im Betriebssystem enthalten. Sie finden es im Startmenü in der Gruppe *(Alle) Programme/Zubehör*. Fehlt der Eintrag, müssen Sie das Programm ggf. als optionale Windows-Komponente nachträglich installieren (siehe Kapitel 12). **WordPad stellt** die wichtigsten Funktionen zur **Textbearbeitung bereit**. Die *Format*-Symbolleiste im Programmfenster erlaubt Ihnen, den Text mit den wichtigsten Formaten wie Fett, Kursiv, Aufzählungen etc. zu versehen. Die Schaltflächen der *Format*-Symbolleiste entsprechen in der Symbolik und in der Funktionalität denen des Programms Microsoft Word.

Mit dem Programm WordPad erstellte Texte lassen sich in Dateien mit den Dokumentformaten *.doc* (nur ältere WordPad-Versionen), *.txt* (reine Textdokumente) und *.rtf* (Austauschformat für Textverarbeitung) speichern.

> **Tipp**
>
> *Einsteigern empfehle ich, mit WordPad zu beginnen. Das verhindert, dass Sie durch die vielen Funktionen von Programmen wie Word oder Writer »erschlagen« werden. Beherrschen Sie die Grundlagen zur Texteingabe und Formatierung, können Sie problemlos auf Word oder den Writer umsteigen. Selbst die mit WordPad erstellten Texte lassen sich übernehmen.*

Das am häufigsten benutzte Textverarbeitungsprogramm ist **Microsoft Word**. Es ist Bestandteil der Microsoft-Office-Pakete (siehe Kapitel 1) und wird auch bei dem Produkt Microsoft Works Suite mitgeliefert. Sofern also eines dieser Pakete auf Ihrem Rechner installiert ist, finden Sie Microsoft Word als Eintrag im Startmenü (meist unter *(Alle) Programme*).

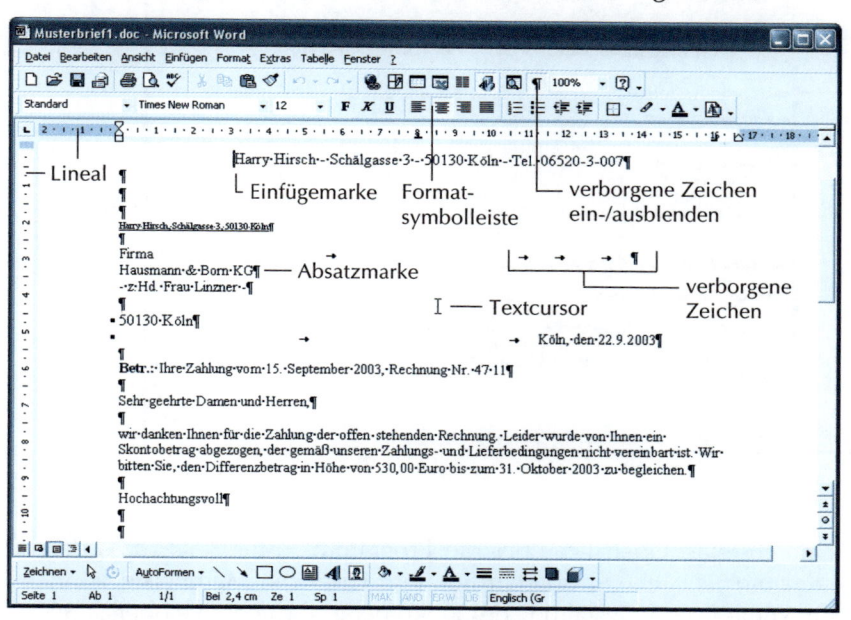

In der *Format*-Symbolleiste finden sich die Schaltflächen und Elemente, um dem Text bestimmte Formate (fett, kursiv etc.) zuzuweisen. Da Microsoft Word wesentlich mehr Funktionen als WordPad unterstützt, enthält die *Format*-Symbolleiste zusätzliche Schaltflächen. Ein Vergleich mit dem WordPad-Fenster zeigt aber, dass viele Schaltflächen identisch sind.

> **Hinweis**
>
> *Der Funktionsumfang und die Bedienung sind in den Versionen Word 97 bis Word 2003 weitgehend gleich. Haben Sie einmal mit einer Word-Version gearbeitet, finden Sie sich leicht in den anderen Versionen zurecht, auch wenn bei diesen die Symbolleisten und Menüs etwas anders aussehen. In den Abbildungen der nachfolgenden Abschnitte wurde Word 2000 benutzt.*

Von der Firma Sun wird das Programmpaket **StarOffice** 6.x angeboten. Zudem existiert eine kostenlose Version unter der Bezeichnung **OpenOffice** 1.x. Aus Preisgründen werden viele neue Computer mit diesen Programmpaketen ausgestattet. Das in StarOffice/OpenOffice enthaltene Programm **Writer** eignet sich ebenfalls zur Gestaltung von Textdokumenten.

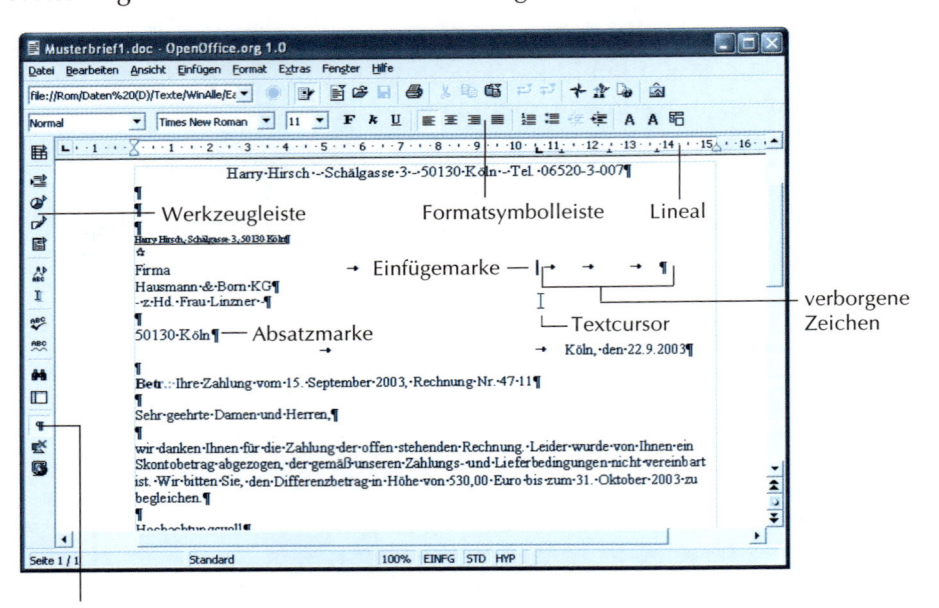

Die hier dargestellte Übersicht über die Programmfenster zeigt, dass deren Bedienelemente weitgehend übereinstimmen. Über die **Menüleiste** können Sie einzelne Befehle zur Gestaltung des Dokuments abrufen. Die oberste *Standard*-**Symbolleiste** enthält Schaltflächen und Elemente, um ein neues leeres Dokument zu holen, eine Dokumentdatei zu laden, den eingegebenen Text zu speichern, zu drucken oder zu bearbeiten. Die zusätzliche *Format*-**Symbolleiste** weist Schaltflächen und Elemente auf, um den Text mit Auszeichnungen (d.h. Formatierungen wie Schriftarten und -größen) zu versehen.

Im **Dokumentbereich** zeigt die **Einfügemarke** (ein senkrechter blinkender schwarzer Strich) an, wo das nächste eingegebene Zeichen auf dem Bildschirm eingefügt wird. Einfügemarken werden in Windows überall verwendet, wo Texte einzugeben sind. Sie brauchen lediglich auf eine Stelle im Text zu klicken, um die Einfügemarke an der betreffenden Stelle zu positionieren. Sobald Sie mit der Maus auf den Dokumentbereich zeigen, nimmt der Mauszeiger zudem die Form des **Textcursors** an. Dieser lässt sich genauso wie der Mauszeiger handhaben. Sie können mit dem Textcursor auf ein Wort zeigen, etwas markieren oder klicken.

Ein horizontales **Lineal** zeigt die Abstände vom linken Rand an und legt auch den linken und rechten Zeilenrand fest. Die **Statusleiste** dient zur Anzeige verschiedener Informationen wie Zeilenzahl, Überschreibmodus etc.

> **Tipp**
>
> *Fehlen bei Ihnen Symbolleisten, die Statusleiste oder das Lineal? Die fehlenden Elemente lassen sich in der Regel über die Befehle des Menüs* Ansicht *einblenden. Ein Häkchen vor dem jeweiligen Befehl signalisiert, dass das Element angezeigt wird.*
>
> *Microsoft Word und Writer können zudem verborgene (Steuer-)Zeichen (Absatzmarken, Leerzeichen zwischen Wörtern, Tabulatorzeichen etc.) anzeigen. Die zur Anzeige dieser Zeichen benutzte Schaltfläche findet sich bei Microsoft Word in der* Standard-*Symbolleiste. Beim Writer ist die Schaltfläche* Steuerzeichen ein/aus *in der am linken Fensterrand eingeblendeten Werkzeugleiste zu finden. Bei der Texteingabe sollten Sie die Anzeige dieser Steuerzeichen eingeschaltet lassen. Sie sehen dann besser, wo ein Absatz endet und wie viele Leerzeichen zwischen Wörtern eingetippt wurden. Beim Drucken eines Textdokuments werden diese Steuerzeichen nicht mit ausgegeben.*

Assistenten als Helfer

Microsoft Office besitzt ab der Version 97 so genannte Assistenten, die Ihnen bei der Arbeit unter die Arme greifen. Ein **Assistent** ist eine Programmfunktion, die Ihnen Hilfestellung bei irgendeiner durchzuführenden Aufgabe gibt.

Das benutzte Office-Programm blendet dann das Symbol des Assistenten (hier eine stilisierte Büroklammer) im Dokumentbereich ein. Erkennt der Assistent, dass Sie nicht genau wissen, wie etwas zu tun ist, erscheint eine Art Sprechblase, in der Sie Fragen eintippen und über die Schaltfläche *Suchen* Hilfeinformationen abrufen können.

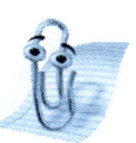

Beim Einstieg in ein Programm ist der Assistent hilfreich, später stört das eingeblendete Symbol eher. Dann klicken Sie einfach mit der rechten Maustaste auf das Symbol des Assistenten und wählen im Kontextmenü den Befehl *Ausblenden*. StarOffice und OpenOffice besitzen übrigens ähnliche Assistenten.

Texteingabe leicht gemacht

Bevor Sie sich mit der Gestaltung eines Dokuments befassen, sollten Sie die nachfolgend beschriebenen Grundfunktionen zur Texteingabe und -korrektur kennen.

Ein neues Dokument anfordern

Beim Start des Textverarbeitungsprogramms stellt dieses automatisch ein neues Dokument im Anwendungsfenster bereit. Sie können aber jederzeit ein neues Dokument öffnen.

1 Klicken Sie auf die mit *Neu*, *Neues leeres Dokument* oder ähnlich bezeichnete Schaltfläche.

2 Bei WordPad müssen Sie das Dokumentformat (z.B. *RTF-Dokument*) in einem zusätzlichen Dialogfeld wählen.

Anschließend erscheint das neue Dokument im Programmfenster. Während Word und Writer mehrere Dokumente gleichzeitig bearbeiten können, verwirft WordPad bei Anwahl der Schaltfläche *Neu* ein aktuell bearbeitetes Textdokument (wobei Änderungen am aktuellen Dokument vorher noch gespeichert werden können – siehe den Abschnitt über das Speichern von Dokumenten).

Neue Dokumente aus Vorlagen erstellen

In Word und Writer können so genannte **Vorlagen** (z.B. mit einem Briefkopf) für neue Dokumente verwendet werden.

1 In Microsoft Word wählen Sie hierzu im Menü *Datei* den Befehl *Neu* (oder Sie drücken die Tastenkombination [Strg]+[N]).

> **Hinweis**
>
> *Ist Microsoft Works installiert, zeigt der Befehl* Neu *im Menü* Datei *bei einigen Word-Versionen ein Untermenü, in dem Sie den Befehl* Weitere Word-Vorlagen *wählen können.*

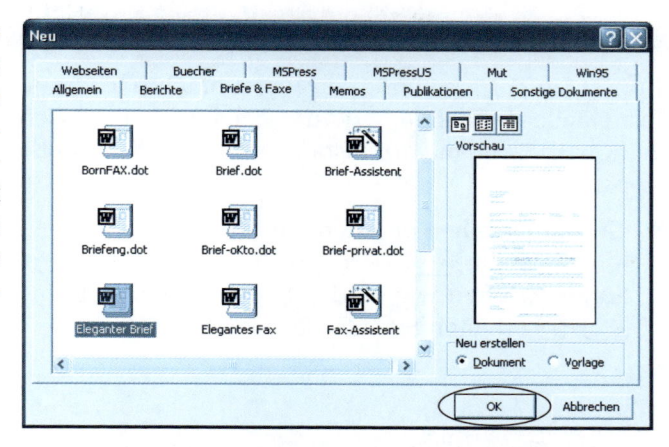

Texteingabe leicht gemacht

Word öffnet das Dialogfeld *Neu*, in dem die verfügbaren Vorlagen über verschiedene Registerkarten, geordnet nach Kategorien wie »Allgemein«, »Briefe & Faxe« etc., aufgeführt werden.

2 Wählen Sie eine Registerkarte aus, markieren Sie die gewünschte Vorlage und bestätigen Sie die Auswahl über die *OK*-Schaltfläche.

Im Dokumentfenster erscheint dann ein neues Dokument mit dem Inhalt der gewählten Vorlage.

Hinweis

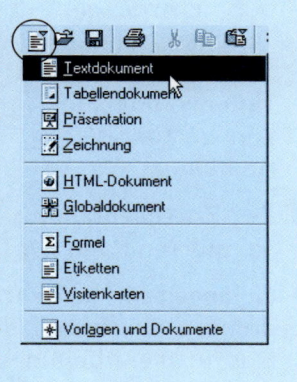

Klicken Sie im **Writer** *auf die nebenstehend gezeigte Schaltfläche, wird ebenfalls ein neues leeres Dokument angelegt. Klicken Sie auf die Schaltfläche, halten aber die linke Maustaste gedrückt, blendet der Writer ein Menü ein. Über den Befehl* Textdokument *wird ebenfalls eine leere Seite angelegt. Der Befehl* Vorlagen und Dokumente *öffnet dagegen ein Dialogfeld zur Auswahl verfügbarer Vorlagen und Dokumente. Wählen Sie eine (Vorlage-) Datei und klicken Sie auf die Schaltfläche* Öffnen.

Alternativ können Sie im Writer wie bei Word über den Befehl Neu/Vorlagen und Dokumente *im Menü* Datei *eine Vorlage abrufen.*

Tipp

Die Umschaltung zwischen verschiedenen Textdokumenten erfolgt in Word und Writer über die Schaltflächen in der Windows-Taskleiste oder über das Menü Fenster.

Text eingeben – so geht's

Tippen Sie den gewünschten Text einfach per Tastatur ein. Wenn Sie eine Taste länger festhalten, wird das Zeichen automatisch bei der Eingabe wiederholt. Falls Sie mit der Tastatur noch auf »Kriegsfuß« stehen, einige kleine Tipps:

- **Großbuchstaben** erhalten Sie, wenn Sie gleichzeitig mit der gewünschten Taste die ⇧-Taste drücken. Auf diese Weise können Sie auch **Sonderzeichen** wie § oder % über die oberste Tastenreihe abrufen. Mit ⇧+4 erhalten Sie z.B. das Dollar-Zeichen.

> **Tipp**
>
> Liefern plötzlich alle Tasten Großbuchstaben, haben Sie eventuell versehentlich die ⇩-Taste gedrückt und die Tastatur auf Großschreibung umgestellt. Um den Modus aufzuheben, tippen Sie kurz die ⇩-Taste an.

- Ist auf einer Taste ein drittes Zeichen zu sehen, rufen Sie dieses durch gleichzeitiges Drücken der Taste AltGr ab. Die Tilde (~) wird also beispielsweise mit der Tastenkombination AltGr+「+」 eingegeben. Die Tastenkombination AltGr+E erzeugt dagegen das Euro-Währungszeichen. Das bei E-Mail-Adressen benutzte At-Zeichen wird über die Tastenkombination AltGr+Q abgerufen. Tipp: Bei älteren Tastaturen können Sie die AltGr-Taste auch über die Tastenkombination Strg+Alt simulieren.

- Der **Zwischenraum** zwischen den Wörtern wird durch die ⎵-Taste am unteren Rand der Tastatur eingefügt.

- Gelangen Sie beim **Schreiben einer Zeile** an den rechten Zeilenrand, drücken Sie keinesfalls die ↵-Taste, sondern tippen einfach weiter. Das Textverarbeitungsprogramm bricht den Text automatisch in die nächste Zeile um (d.h., der eingetippte Text erscheint einfach in der Folgezeile). Nur wenn Sie den nächsten Absatz beginnen möchten (z.B. bei Einzelzeilen, Adressangaben oder Listen), drücken Sie die ↵-Taste.

Am Anfang des Buches finden Sie übrigens eine Übersicht über die Tastatur mit den wichtigsten Tasten. Mit etwas Übung werden Sie schnell sicherer und bringen auch längere Texte flott zu »Papier«.

Tipp

*Wer häufiger Texte schreiben muss, sollte sich die Fähigkeit zur Texteingabe mit dem »Zehnfinger-Schreibsystem« aneignen. Zum Training sind die kostenlosen Programme **Tipp-Trainer** von H. J. Stoffels (www.mbild.de/tipptrainer) oder **Tipsy** (me.in-berlin.de/~scorpio) ggf. recht hilfreich.*

Textkorrektur ganz einfach

Bei der Texterfassung wird es selten ohne Fehler abgehen. Schnell wird ein Wort vergessen, ein Buchstabe ist doppelt oder es sind Ergänzungen erforderlich. Und beim späteren Lesen eigener Texte fallen Ihnen vermutlich weitere Fehler auf. Das ist aber kein Beinbruch, da Textverarbeitungsprogramme recht praktische Korrekturfunktionen bieten. Sie können mit wenigen Tasteneingaben Text löschen oder ergänzen.

Hier ist ein Beispieltext mit einigen Tippfehlern zu sehen. Die mit einer geschlängelten Linie unterstrichenen Wörter wurden durch die Word- bzw. Writer-Rechtschreibprüfung als Fehler markiert. Es finden sich aber zusätzliche Fehler (z.B. in den Wörter »Wirr« und »zeit«). Die Korrektur dieser falsch geschriebenen Wörter ist kein Kunststück:

> Einlatung zur Sommerpartie¶
>
> Wirr möchten Euch zu unserers diesjährigen Sommerparty einladen. Für das leibliche Wohl ist gesorgt. Mitzubringen sind lediglich gute Stimmung und etwas zeit.¶
>
> Ort: Garten bei uns¶
> Datum: 18.7. um 19:30¶
>
> Wir würden uns über Eure Teilnahme freuen. Bitte gebt uns Bescheitd, ob wir mit Eurer Teilnahme rechnen können.¶

1 Geben Sie den obigen Beispieltext mit den Fehlern im Textverarbeitungsprogramm (Word, WordPad oder Writer) ein.

2 Um eine Textstelle zu korrigieren, klicken Sie diese per Maus an. Das Textverarbeitungsprogramm markiert die betreffende Stelle mit der **Textmarke**.

3 Anschließend führen Sie die Korrektur aus, indem Sie fehlende Zeichen eintippen oder falsche Buchstaben entfernen.

Tipp

Manchmal ist die genaue Positionierung der Textmarke per Maus etwas schwierig. Klicken Sie dann auf das betreffende Wort und führen Sie die Feinpositionierung über die Cursortasten ← und → durch.

Zur Korrektur des Texts sollten Sie Folgendes wissen:

- Wenn Sie neue **Zeichen** auf der Tastatur eintippen, **werden** diese an der Textmarke **im Text eingefügt**. Rechts neben der Textmarke befindliche Buchstaben rutschen in Richtung Zeilenende.

- Zum **Überschreiben einer Textstelle** müssen Sie einmalig die Taste [Einfg] drücken. Das Programm wechselt in den Überschreibmodus. Eingetippte Zeichen überschreiben anschließend die Buchstaben rechts von der Textmarke. Ein zweites Drücken der Taste [Einfg] schaltet den Modus wieder auf »Einfügen« zurück.

> **Hinweis**
>
> In Microsoft Word können Sie am Feld [ÜB] der Statusleiste **erkennen**, **ob** der **Überschreibmodus aktiv ist**. Bei aktivem Modus wird der Text »ÜB« in schwarzer Farbe angezeigt, im Einfügemodus ist der Schriftzug dagegen grau. Beim StarOffice/OpenOffice Writer findet sich ein ähnliches Feld in der Statusleiste, welches die Anzeige »EINFG« oder »ÜBER« enthält. WordPad zeigt den Modus dagegen nicht an.

Müssen Sie zur Korrektur Zeichen entfernen, verwenden Sie die folgenden Tasten:

- **Zeichen**, die **rechts von** der **Textmarke** stehen, können Sie **über** die [Entf]-Taste **löschen**.

- **Zeichen links von** der **Textmarke entfernen** Sie durch Drücken der [⌫]-Taste.

Sie sollten sich die beiden Tasten merken, da diese in Windows an vielen Stellen zur Textkorrektur (z.B. auch beim Umbenennen von Dateien oder beim Arbeiten mit Texten in anderen Programmen) benutzt werden. Auf diese Weise können Sie ganz leicht Tippfehler im Text korrigieren.

> **Tipp**
>
> Löschen Sie eine Absatzmarke über die betreffende Taste, zieht das Textverarbeitungsprogramm die beiden Absätze zusammen. Wenn Sie dagegen an einer Textstelle die [↵]-Taste drücken, wird ein Absatzwechsel eingeleitet. Sie können also jederzeit einen Text an der gewünschten Stelle in zwei Absätze unterteilen.

AutoKorrektur und Rechtschreibprüfung

Eine als **AutoKorrektur** bezeichnete Funktion überwacht in Word und Writer Ihre Eingaben und setzt Tippfehler automatisch in eine korrekte Schreibweise um (aus »dei« wird dann z.B. »die«). Führt die Autokorrektur bei der Eingabe zu einer falschen Schreibweise, drücken Sie sofort die Tastenkombination [Strg]+[Z], um die Änderung wieder aufzuheben.

Hinweis

Die AutoKorrektur-Einstellungen lassen sich in einem Eigenschaftenfenster, das Sie über den Befehl AutoKorrektur *im Menü* Extras *aufrufen, anpassen.*

In Microsoft Word und im Writer steht Ihnen zudem eine **Rechtschreibprüfung** zur Verfügung, um Tippfehler auszumerzen.

1 Klicken Sie auf die Schaltfläche *Rechtschreibung und Grammatik*, um die Prüfung manuell zu starten.

In einem Dialogfeld werden dann falsch geschriebene Wörter und ggf. Korrekturvorschläge angezeigt.

2 Sie können den Schreibfehler im Dialogfeld korrigieren oder auf einen Vorschlag klicken und über eine der Schaltflächen korrigieren lassen.

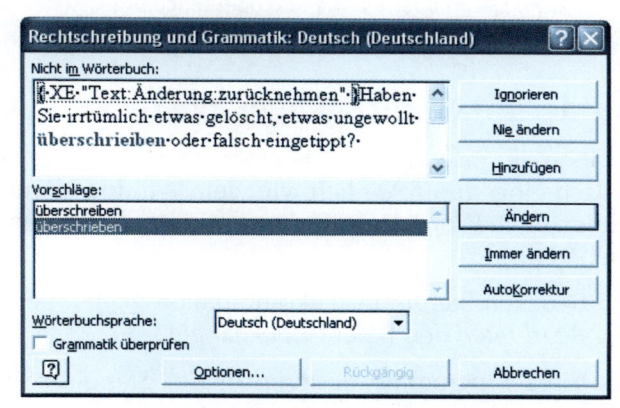

Die mit *Ändern* (bzw. *Ersetzen* im Writer) beschriftete Schaltfläche nimmt die Korrektur im Dokument vor. Die Schaltfläche *Immer ändern* bzw. *Immer ersetzen* weist die Rechtschreibprüfung an, alle entsprechenden Fehler im Dokument automatisch zu korrigieren. Über die Schaltfläche *Ignorieren* bleibt die als falsch bemängelte Schreibweise erhalten. *AutoKorrektur* trägt den falsch geschriebenen Begriff samt korrekter Schreibweise in die AutoKorrektur-Liste ein. Unbekannte, aber richtig geschriebene Begriffe lassen sich über die Schaltfläche *Hinzufügen* bzw. *Aufnehmen* in ein Wörterbuch übertragen.

Die Rechtschreibprüfung von Word bzw. dem Writer erkennt bereits bei der Eingabe falsch geschriebene Wörter und unterstreicht diese mit einer roten geschlängelten Linie.

Klicken Sie mit der rechten Maustaste auf ein solches Wort, zeigt das Kontextmenü Vorschläge für eine korrekte Schreibweise an. Sie können den Korrekturvorschlag durch Anklicken der richtigen Schreibweise im Kontextmenü übernehmen oder den Fehler manuell im Text korrigieren.

> **Hinweis**
>
> *Fehlt die **Rechtschreibprüfung während der Eingabe**, müssen Sie diese Option über den Menübefehl* Extras/Optionen, *einschalten. In Word ist das Kontrollkästchen* Rechtschreibung während der Eingabe prüfen *auf der Registerkarte* Rechtschreibung und Grammatik *zu markieren. Beim Writer markieren Sie das Kontrollkästchen* Automatisch prüfen *im Zweig* Spracheinstellungen/Linguistik. *Zudem müssen Sie in OpenOffice die richtigen Wörterbücher für die deutsche Rechtschreibung installiert haben. Details dazu finden Sie im Internet unter* de.openoffice.org.

Änderungen rückgängig machen

Haben Sie irrtümlich etwas gelöscht, etwas ungewollt überschrieben oder falsch eingetippt? Ähnlich wie viele Windows-Anwendungen ermöglichen Ihnen auch Word, WordPad und Writer, die letzten Änderungen zurückzunehmen:

- Drücken Sie die Tastenkombination (Strg)+(Z) oder wählen Sie im Menü *Bearbeiten* den Befehl *Rückgängig*.
- Viele Programme besitzen in der *Standard*-Symbolleiste auch eine mit *Rückgängig* bezeichnete Schaltfläche.

Wählen Sie die Schaltfläche oder den Befehl an bzw. drücken Sie die Tastenkombination, wird die **letzte Änderung rückgängig** gemacht. Je nach Programm lässt sich diese Funktion sogar mehrfach anwenden, um Korrekturen schrittweise zurückzunehmen.

> **Hinweis**
>
> *Der Writer besitzt die beiden hier gezeigten Schaltflächen* Rückgängig *und* Wiederherstellen, *um Änderungen zurückzunehmen und wiederherzustellen.*

Texteingabe leicht gemacht

> *In Microsoft Word finden Sie diese Schaltflächen in der Standard-Symbolleiste. Bei diesen Schaltflächen lässt sich sogar ein Menü öffnen, über dessen Befehle sich gezielt einzelne Änderungen zurücknehmen oder wiederherstellen lassen.*

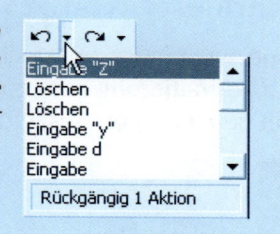

Positionieren im Text

Klicken Sie per Maus auf eine Stelle im Text, wird die Einfügemarke dort positioniert. Zur schnellen Auswahl einer Textstelle ist diese Vorgehensweise sehr gut geeignet. Oft ist es aber schwierig, die Textmarke genau vor oder hinter einen Buchstaben zu setzen. Zudem stört der ständige Wechsel zwischen Tastatur und Maus den Arbeitsfluss. Sie sollten daher die Möglichkeit zur Positionierung per Tastatur kennen. Die Position der Textmarke lässt sich direkt mittels der genannten **Cursortasten** sowie weiterer Tasten verändern. Die folgende Tabelle enthält eine Auflistung der wichtigsten Tasten und Tastenkombinationen zur Positionierung der Einfügemarke im Text.

Tasten	Bemerkung
↑	Verschiebt die Einfügemarke im Text eine Zeile nach oben
↓	Verschiebt die Einfügemarke im Text eine Zeile nach unten
←	Verschiebt die Einfügemarke im Text ein Zeichen nach links in Richtung Textanfang
→	Verschiebt die Einfügemarke im Text ein Zeichen nach rechts in Richtung Textende
Strg+←	Verschiebt die Einfügemarke im Text um ein Wort nach links
Strg+→	Verschiebt die Einfügemarke im Text um ein Wort nach rechts
Pos 1	Drücken Sie diese Taste, springt die Einfügemarke an den Zeilenanfang
Ende	Mit dieser Taste verschieben Sie die Einfügemarke an das Zeilenende

Diese Tastenkombinationen lassen sich bei fast allen Windows-Textverarbeitungsprogrammen einsetzen.

Markieren von Texten – so geht's

Eine wichtige Arbeitstechnik stellt das Markieren von Textabschnitten (z.B. zur Formatierung oder zur Korrektur von Texten) dar. Das Markieren lässt sich mit dem farbigen Auszeichnen eines Texts auf einem Blatt Papier vergleichen.

> **Was ist das?**
>
> **Das Markieren** wird Ihnen in Windows und in den zugehörigen Programmen häufiger begegnen. Sie können Dateien, Symbole, Ordner, Textbereiche oder Bildausschnitte mit der Maus (durch Anklicken oder Ziehen) markieren. Je nach Programm zeigt Windows den markierten Bereich mit einem farbigen Hintergrund oder durch eine gestrichelte Linie an. Haben Sie etwas markiert, wirken alle Befehle auf den Inhalt der Markierung.

Nehmen wir an, Sie möchten im Beispielbrief einen Textteil markieren. Dann gehen Sie folgendermaßen vor:

1 Klicken Sie mit der Maus an den Anfang des zu markierenden Textbereichs.

```
Einladung·zur·Sommerparty¶
Wir·möchten·Euch·zu·unserer·diesjährigen·Sommerparty·einladen.·Für·
das·leibliche·Wohl·ist·gesorgt.·Mitzubringen·sind·lediglich·gute·
Stimmung·und·etwas·Zeit.¶
Ort:·Garten·bei·uns¶
Datum:··18.7.·um·19:30¶
```

2 Halten Sie die linke Maustaste gedrückt und ziehen Sie die Maus zum Ende des Bereichs, der markiert werden soll.

Der markierte Textbereich wird farbig hervorgehoben. Sie können anschließend verschiedene Funktionen anwenden, die sich auf den markierten Bereich auswirken. Drücken Sie z.B. die `Entf`-Taste, wird der markierte Textbereich gelöscht. Beim Eintippen von Text ersetzt das erste Zeichen den markierten Text. Die restlichen eingetippten Zeichen werden dann hinter dem ersten Zeichen eingefügt. Das Markieren benötigen Sie auch zum Ausschneiden, Kopieren oder Formatieren von Text.

> **Hinweis**
>
> Sie können **Texte** auch **per Tastatur markieren**. Positionieren Sie die Einfügemarke an den Anfang des zu markierenden Bereichs. Anschließend halten Sie die `⇧`-Taste gedrückt und verschieben die Einfügemarke mittels der oben beschriebenen Cursortasten im Text.
>
> Zum **Aufheben der Markierung** klicken Sie auf eine Stelle außerhalb des markierten Bereichs oder drücken eine der Cursortasten `→` bzw. `←`.

Ausschneiden, kopieren und verschieben

Um umfangreichere Textstellen in einem Dokument (oder zwischen Dokumenten) zu verschieben oder zu kopieren, können Sie auf die Funktionen zum Ausschneiden oder Kopieren per **Zwischenablage** zurückgreifen.

> **Was ist das?**
>
> Die **Zwischenablage** ist ein Speicherbereich, der durch Windows bereitgestellt wird. Ein Programm kann dort ausgeschnittene oder kopierte Dokumentteile ablegen und wieder herausnehmen. Der Inhalt der Zwischenablage geht beim Beenden von Windows verloren.

Der Aufruf dieser Funktionen erfolgt über Schaltflächen, Menübefehle oder Tastenkombinationen.

Die nebenstehende Schaltfläche mit dem Scherensymbol, der Befehl *Ausschneiden* im Menü *Bearbeiten* oder die Tastenkombination [Strg]+[X] schneiden den markierten Bereich aus. Der markierte Bereich verschwindet im Dokumentfenster, die Daten wandern in die Zwischenablage.

Die nebenstehende Schaltfläche, der Befehl *Kopieren* im Menü *Bearbeiten* oder die Tastenkombination [Strg]+[C] kopieren den markierten Bereich aus dem Dokument in die Zwischenablage. Der vorher markierte Bereich bleibt dabei erhalten.

Die nebenstehende Schaltfläche, der Befehl *Einfügen* im Menü *Bearbeiten* oder die Tastenkombination [Strg]+[V] fügen den Inhalt der Zwischenablage an der aktuellen Stelle im Dokument ein.

Diese Funktionen zum Kopieren, Ausschneiden und Einfügen stehen in fast allen Windows-Anwendungen (also auch in Word, WordPad oder Writer) zur Verfügung. Fehlen die betreffenden Schaltflächen, müssen Sie die Befehle des Menüs *Bearbeiten* oder die oben angegebenen Tastenkombinationen verwenden. Zur Demonstration soll jetzt der obige Beispieltext mit diesen Funktionen etwas verändert werden.

```
Einladung zur Sommerparty¶
Wir möchten Euch zu unserer diesjährigen Sommerparty einladen. Für
das leibliche Wohl ist gesorgt. Mitzubringen sind lediglich gute
Stimmung und etwas Zeit.¶
Ort: Garten bei uns¶
Datum: 18.7. um 19:30¶
```

1 Markieren Sie den auszuschneidenden Text.

2 Wählen Sie den Befehl zum Ausschneiden des markierten Bereichs (z.B. indem Sie die Schaltfläche *Ausschneiden* anklicken).

Der markierte Text wird in die Windows-**Zwischenablage** übertragen und verschwindet aus dem Dokumentbereich.

3 Setzen Sie die Textmarke hinter das letzte Zeichen am Textende.

4 Wählen Sie den Befehl zum Einfügen aus der Zwischenablage (z.B. indem Sie die Schaltfläche *Einfügen* anklicken).

Der vorher ausgeschnittene Text taucht nach den obigen Schritten am Ende des Dokuments auf. Ähnlich wie mit Schere und Kleber können Sie also einen Textbereich markieren, dann ausschneiden und mittels der Zwischenablage an einer beliebigen Stelle im Dokument einfügen. Das Kopieren eines markierten Textbereichs funktioniert auf ähnliche Weise.

1 Markieren Sie den auszuschneidenden Text und wählen Sie den Befehl zum Kopieren des markierten Bereichs (z.B. indem Sie die Schaltfläche *Kopieren* anklicken).

Der markierte Text wird in die Windows-**Zwischenablage** übertragen. Im Dokumentbereich wird nichts verändert (das ist wie bei einem Fotokopierer, wo ja auch das Original unverändert erhalten bleibt und lediglich eine Kopie ausgeworfen wird).

2 Positionieren Sie die Textmarke an der Einfügestelle im Text.

3 Wählen Sie den Befehl zum Einfügen aus der Zwischenablage (z.B. indem Sie die Schaltfläche *Einfügen* anklicken).

Das Programm fügt nun den Inhalt der Zwischenablage an der Einfügemarke ein. Mit diesen Schritten haben Sie den vorher markierten Text an die neue Stelle kopiert (oder verschoben, wenn der Befehl *Ausschneiden* gewählt wurde). Im konkreten Beispiel enthält das Dokument den betreffenden Text ein zweites Mal.

> **Hinweis**
>
> Sie können nicht nur einzelne Wörter, sondern ganze Sätze, Abschnitte oder auch einen kompletten Text markieren und in die Zwischenablage übernehmen. Anschließend lässt sich der Inhalt der Zwischenablage beliebig oft im Dokument einfügen. Der **Datenaustausch** über die **Zwischenablage** funktioniert auch **zwischen verschiedenen Fenstern (also z.B. zwischen zwei WordPad-Dokumenten)**.

Speichern, laden und drucken

Der Vorteil der Textverarbeitung per Computer besteht darin, dass Sie die Dokumente speichern und somit aufbewahren können. Bei Bedarf lassen sich diese dann jederzeit erneut laden oder ausdrucken.

So funktioniert das Speichern

Damit die Änderungen am eingegebenen Text beim Beenden des Textverarbeitungsprogramms nicht verloren gehen, müssen Sie den Text vorher speichern. Die Schritte zum Speichern sind in fast allen Windows-Anwendungen gleich oder zumindest ähnlich.

1 Klicken Sie in der *Standard*-Symbolleiste auf die Schaltfläche *Speichern* oder betätigen Sie die Tastenkombination [Strg]+[S] oder wählen Sie den Befehl *Speichern* im Menü *Datei*.

Ein über eine Datei geladenes Dokument wird dann ohne jede weitere Nachfrage gesichert. Handelt es sich dagegen um ein neues Dokument, erscheint das Dialogfeld *Speichern unter*.

2 Wählen Sie ggf. im Dialogfeld *Speichern unter* den Zielordner aus und weisen Sie Ihrem Dokument einen gültigen Dateinamen zu. Die Dateinamenerweiterung braucht nicht angegeben zu werden, da diese über den Dateityp automatisch ergänzt wird.

3 Stellen Sie bei Bedarf noch den Dateityp ein und schließen Sie das Dialogfeld über die mit *Speichern* bezeichnete Schaltfläche.

Jetzt legt das Textverarbeitungsprogramm eine neue Datei mit dem betreffenden Namen an und sichert das Dokument.

> **Tipp**
>
> *In Windows müssen alle Programme dieses Vorgehen beim Speichern von Daten einhalten, d.h., nur bei neuen Dokumenten erscheint das Dialogfeld Speichern unter. Möchten Sie das Dokument gezielt unter einem neuen Namen speichern, wählen Sie im Menü* Datei *den Befehl* Speichern unter.

> **Hinweis**
>
> *Beenden Sie ein Programm (z.B. über die Schaltfläche* Schließen *in der rechten oberen Fensterecke), welches noch ungesicherte Änderungen im Dokumentbereich aufweist, werden Sie zur Sicherheit über ein Dialogfeld darauf hingewiesen und zum Speichern der Änderungen aufgefordert.*
>
> *Über die Schaltfläche* Ja *des Dialogfelds sichern Sie das Dokument. Die Schaltfläche* Nein *verwirft alle Änderungen und schließt das Programm. Mit der Schaltfläche* Abbrechen *wird das Programm nicht beendet und Sie können das Dokument weiter bearbeiten.*

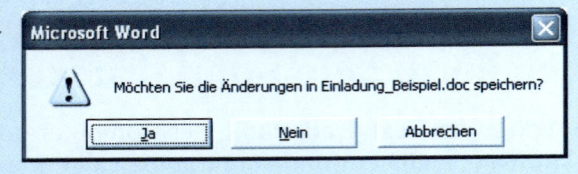

Der Aufbau des mit *Speichern unter* oder einem ähnlichem Titel versehenen Dialogfelds hängt von der Windows- und Programm-Version ab.

Bei Windows 2000 und Windows XP weist das Dialogfeld die hier am linken Rand gezeigte Leiste mit Symbolen zur Auswahl der **Speicherorte** auf. Ein Mausklick auf eine Schaltfläche wie *Eigene Dateien* bringt Sie direkt zum betreffenden Ordner.

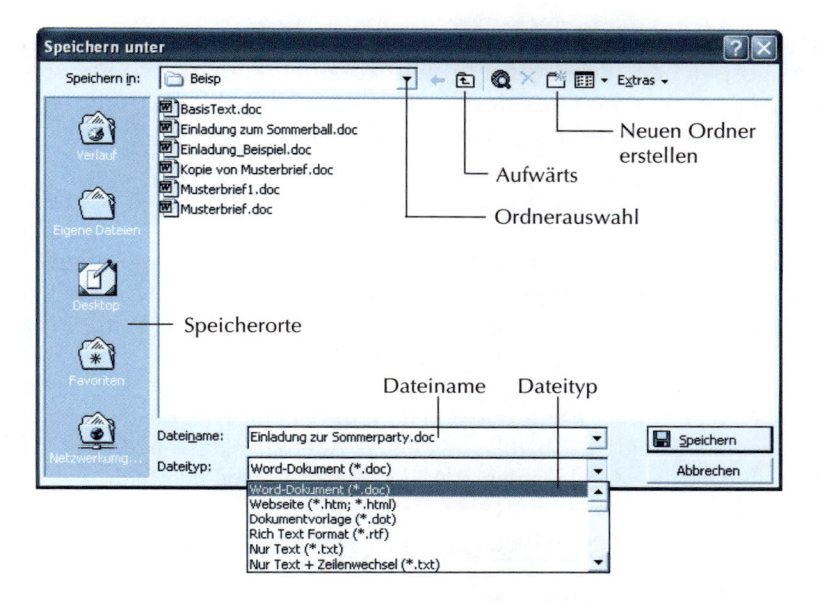

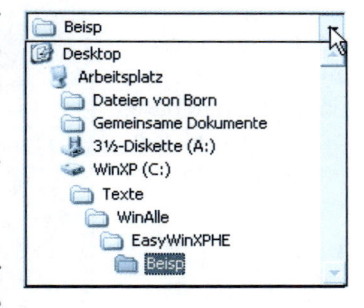

Speichern, laden und drucken

In allen Windows-Versionen können Sie aber über das mit *Speichern in* bezeichnete **Listenfeld** ggf. das Laufwerk und den Ordner, in dem die Datei zu speichern ist, festlegen.

Das Listenfeld lässt sich durch einen Mausklick auf das kleine Dreieck öffnen.

Wird im Dialogfeld ein Ordnersymbol gezeigt, lässt sich der zugehörige Ordner per Doppelklick öffnen. Über die Schaltfläche *Aufwärts* des Dialogfelds gelangen Sie dagegen eine Ordnerebene höher. Zudem besitzt das Dialogfeld Schaltflächen, um neue Ordner anzulegen oder markierte Elemente zu löschen. Klicken Sie mit der rechten Maustaste auf den Innenbereich des Dialogfelds oder auf angezeigte Ordner und Dateien, öffnet sich ein Kontextmenü mit Dateibefehlen. Sie können dann, ähnlich wie in Kapitel 3 gezeigt, Dateien und Ordner anlegen, umbenennen oder löschen.

> **Hinweis**
>
> Welche **Dateitypen** im gleichnamigen Listenfeld angezeigt werden, hängt von der Anwendung ab. Dokumente mit den Dateinamenerweiterungen .doc und .rtf lassen sich in Word, WordPad und Writer einlesen.

Dokumente werden in den meisten Windows-Versionen im Ordner *Eigene Dateien* gespeichert. Briefe oder andere kurze Dokumente können Sie auf einer Diskette ablegen. Bei Bedarf lässt sich die Ablage durch weitere Unterordner (z.B. *Briefe*, *Privat* etc.) strukturieren.

Wie lässt sich ein Dokument laden?

Doppelklicken Sie in einem Ordnerfenster auf eine Dokumentdatei, wird diese in der zugehörigen Anwendung geladen. Alternativ haben Sie die Möglichkeit, ein Programm wie Word, WordPad oder den Writer aufzurufen und dann das gewünschte Dokument zu laden.

1 Klicken Sie im Fenster des Textverarbeitungsprogramms auf die nebenstehend abgebildete Schaltfläche *Öffnen*. Alternativ können Sie die Tastenkombination [Strg]+[O] wählen oder den Befehl *Öffnen* im Menü *Datei* verwenden.

Word öffnet dieses Dialogfeld, das ähnliche Elemente wie der Dialog *Speichern unter* aufweist. Der genaue Aufbau hängt von der jeweils verwendeten Windows-Version ab.

2 Wählen Sie bei Bedarf im Listenfeld *Dateityp* den Eintrag für die gewünschte Dokumentdatei und suchen Sie, wie auf den vorherigen Seiten beim Speichern gezeigt, den Ordner mit der zu ladenden Datei aus.

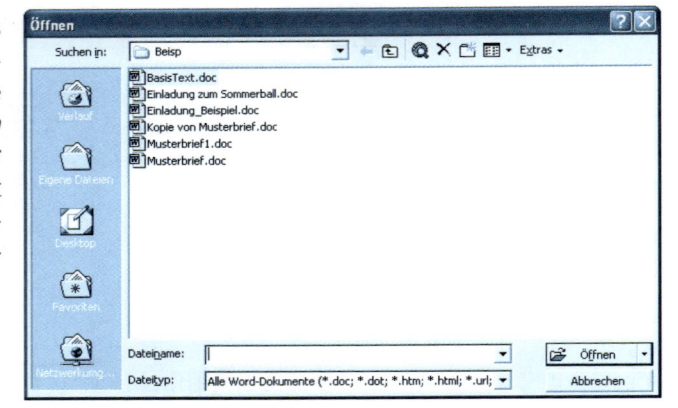

3 Klicken Sie auf die Datei, die Sie öffnen möchten, und bestätigen Sie dies über die Schaltfläche *Öffnen*.

Das Textprogramm lädt anschließend die Datei und zeigt das Ergebnis im Dokumentfenster an. Die einzige Schwierigkeit besteht vielleicht darin, den Ordner zu finden, in dem die Datei gespeichert ist.

> **Hinweis**
>
> *Der Dateityp muss entweder dem beim Speichern gewählten Dateityp entsprechen oder auf »Alle Dokumente (*.*)« gesetzt werden. Meist ist der Standarddateityp des betreffenden Programms voreingestellt. Je nach Programm lassen sich aber auch Daten aus Fremdanwendungen einlesen (importieren).*

So wird gedruckt

Das **Drucken** eines **Dokuments** ist in den meisten Windows-Anwendungen wie Word, WordPad oder Writer sehr einfach. Viele Programme weisen in der Symbolleiste eine eigene Schaltfläche mit dem Druckersymbol auf.

1 Klicken Sie einfach in der Symbolleiste auf die nebenstehend gezeigte Schaltfläche mit dem Druckersymbol.

Bei den meisten Programmen wird die Druckausgabe sofort ausgeführt. Sie müssen übrigens nicht warten, bis der Drucker mit der Ausgabe der Seiten fertig ist, da Windows die Druckausgaben der Programme puffert (siehe Kapitel 12). Das bedeutet, dass Sie bei noch laufendem Ausdruck bereits mit dem Programm weiterarbeiten können.

> **Hinweis**
>
> *Programme wie WordPad zeigen während der Aufbereitung der Druckdaten ein Dialogfeld an, über dessen Schaltfläche Abbrechen Sie die Druckausgabe abbrechen können. Bei Word erscheint ein stilisiertes Druckersymbol in der Statusleiste. Doppelklicken Sie auf dieses Druckersymbol, wird die Ausgabe ebenfalls abgebrochen. In Kapitel 12 finden Sie Hinweise zur Verwaltung anstehender Druckaufträge.*

Um gezielt Druckoptionen zu wählen, müssen Sie etwas anders vorgehen – das funktioniert übrigens bei den meisten Windows-Programmen gleich.

1 Wählen Sie im Menü *Datei* den Befehl *Drucken* oder drücken Sie die Tastenkombination [Strg]+[P].

2 Legen Sie im Dialogfeld *Drucken* die gewünschten Optionen fest und schließen Sie das Dialogfeld über die mit *Drucken* oder *OK* bezeichnete Schaltfläche.

Das Dialogfeld *Drucken* besitzt je nach Programm- und Windows-Version ein etwas unterschiedliches Aussehen. Die wichtigsten Bedienelemente finden sich aber in allen Varianten:

- Die Schaltfläche *Eigenschaften* öffnet ein Eigenschaftenfenster mit mehreren Registerkarten. Auf diesen Registerkarten können Sie die Druckereinstellungen wie das Papierformat oder den Druck im Hoch- bzw. Querformat wählen. Die Registerkarten sind über die *OK*-Schaltfläche zu schließen.

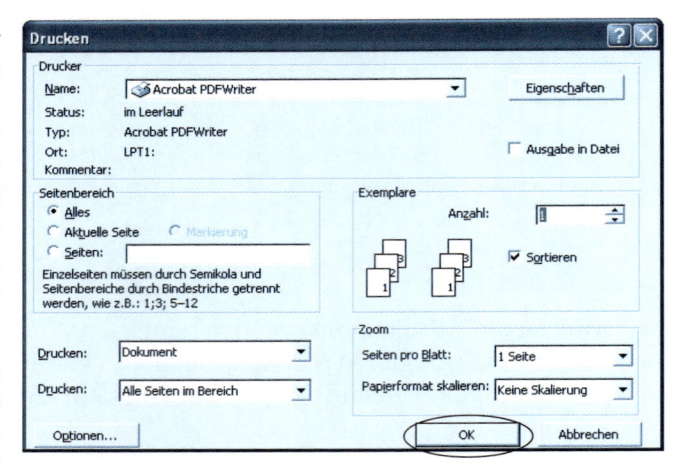

- Standardmäßig ist für den auszugebenden Seitenbereich die Option *Alles* markiert und das gesamte Dokument wird gedruckt. Um einzelne Seiten eines Dokuments zu drucken, klicken Sie auf das Optionsfeld *Seiten*. Dann tippen Sie die gewünschten Seitenzahlen in das zugehörige Textfeld. In WordPad müssen Sie die Startseite und die Endseite in den Textfeldern *von:* und *bis:* eintragen. Bei Microsoft Word wird der Seitenbereich in einem Textfeld angegeben (»1-5« druckt z.B. die Seiten 1 bis 5, mit »1;4« werden die Seiten 1 und 4 gedruckt). Haben Sie vor Aufruf des *Drucken*-Dialogs einen Textbereich markiert, um nur diesen Bereich ausdrucken zu lassen, wählen Sie das Optionsfeld *Markierung*.

- Benötigen Sie mehrere Kopien des Ausdrucks, klicken Sie auf das mit *Anzahl (der Exemplare)* beschriftete Drehfeld. Dann können Sie entweder die Kopienzahl auf der Tastatur eintippen oder den Zähler durch Anklicken der beiden Schaltflächen höher oder niedriger stellen. Existiert ein Kontrollkästchen *Sortieren*, lassen sich die Kopien bei der Ausgabe sortieren.

Tipp

Da Windows beim Sortieren jede Seite in der Regel neu an den Drucker übertragen muss, kann der Ausdruck von Dokumenten mit vielen Bildern recht lange dauern. Dann ist es u.U. effektiver, die Seiten unsortiert zu drucken (der Drucker gibt dann n Kopien einer Seite aus) und die Blätter später manuell zu sortieren.

Je nach Programm kann das Dialogfeld *Drucken* weitere Optionen enthalten. In Microsoft Word können Sie beispielsweise wählen, ob gerade oder ungerade Seiten auszugeben sind. Das erlaubt u.U. einen doppelseitigen Druck auf Vorder- und Rückseite eines Blatts (drucken Sie erst die ungeraden Seiten aus, legen Sie dann das Papier erneut ein und drucken danach die geraden Seiten aus).

> **Hinweis**
>
> *Das Dialogfeld* Drucken *verfügt über ein Kontrollkästchen (mit* Ausgabe in Datei umleiten *oder ähnlich beschriftet), über welches Sie die Druckausgaben direkt in eine Datei umleiten können. Das ist beispielsweise hilfreich, falls Sie Ausgaben im so genannten* **PostScript***-Druckformat benötigen, Ihnen aber momentan kein entsprechender Drucker zur Verfügung steht.*

Kontrolle des Drucklayouts

Zur schnellen Kontrolle des Dokumentlayouts können Sie in WordPad, Word und auch dem Writer den Befehl *Seitenansicht* im Menü *Datei* wählen. Word und WordPad stellen zudem eine gleichnamige Schaltfläche in der *Standard*-Symbolleiste zur Verfügung.

Das Programm zeigt dann das Dokumentlayout für den Ausdruck auf dem Bildschirm an. Über die Schaltflächen des Fensters (z.B. über das Symbol einer stilisierten Lupe) können Sie die Darstellung vergrößern oder verkleinern. Über die mit *Schließen* bezeichnete Schaltfläche gelangen Sie in Word und WordPad zur vorherigen Ansicht.

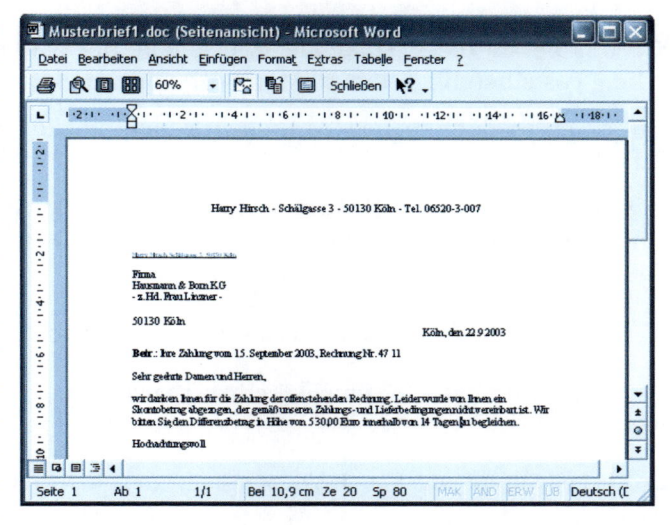

Außerdem können Sie erneut den Befehl *Seitenansicht* im Menü *Datei* wählen, um zur vorherigen Darstellung zu wechseln. Das Arbeiten mit der Seitenansicht spart teure Ausdrucke zur Beurteilung des Seitenlayouts.

Texte formatieren

Word, WordPad oder Writer sind mehr als ein simpler Schreibmaschinenersatz mit komfortabler Korrekturfunktion. Die Stärke solcher Programme besteht in der Möglichkeit, Dokumente wie Einladungen oder Briefe besonders ansprechend zu gestalten. Sie können bestimmte Textstellen fett hervorheben oder Überschriften in der Zeilenmitte anordnen. Das wird als **Formatieren** bezeichnet. Nachfolgend finden Sie eine Übersicht, wie sich die wichtigsten Formatfunktionen anwenden lassen.

> **Was ist das?**
>
> Beim Formatieren unterscheidet man **Zeichenformate**, die sich auf die Zeichen eines Texts beziehen, und **Absatzformate**, die immer einen kompletten Absatz betreffen.

Fette, kursive und unterstrichene Texte

Die für diese Formate benötigten Schaltflächen der *Format*-Symbolleiste besitzen in WordPad, Word und Writer die gleichen Symbole.

Diese Schaltfläche formatiert den markierten Text mit **fetten** Buchstaben. **F**

Klicken Sie auf diese Schaltfläche, erscheint der markierte Text mit schräg gestellten Buchstaben. Man bezeichnet dies auch als *kursiv*. *K*

Um einen markierten Text zu unterstreichen, klicken Sie auf diese Schaltfläche. U

Das Auszeichnen einer Textstelle mit fetter oder kursiver Schrift oder das Unterstreichen von Wörtern lässt sich mit wenigen Mausklicks bewerkstelligen.

1 Markieren Sie die Textstelle, die Sie formatieren möchten.

2 Klicken Sie auf die gewünschte Formatschaltfläche, um das Format zuzuweisen.

3 Klicken Sie auf eine freie Dokumentstelle, um die Markierung aufzuheben.

Hier sehen Sie einen Textausschnitt aus obigem Beispiel, bei dem Teile fett, kursiv und unterstrichen ausgeführt wurden.

> Ort: Garten bei uns¶
> Datum: *18.7.* um **19:30**¶

Texte formatieren

Auf diese Weise können Sie bei Bedarf weitere Textstellen im Dokument mit fetten oder kursiven Auszeichnungen formatieren. Auf Wunsch können Sie sogar alle Zeichenformate in einem Wort kombinieren, indem Sie einfach alle Formatschaltflächen anklicken.

Sie erkennen (wie hier am Beispiel von Word anhand der Zeichen- und Absatzformate gezeigt) an einer eingedrückt dargestellten Schaltfläche, welcher Formatmodus für den markierten Text gerade eingeschaltet ist.

Um die **Zeichenformate** eines Texts zurückzusetzen (d.h. zu **entfernen**), markieren Sie die betreffenden Zeichen und klicken auf die »eingedrückt« dargestellten Schaltflächen.

> **Tipp**
>
> Bei Microsoft **Word** können Sie die **Formatierung** eines markierten Textbereichs **aufheben**, indem Sie die Tastenkombination [Strg]+[ ] drücken. Beim **Writer** klicken Sie den markierten Textbereich mit der rechten Maustaste an und wählen im Kontextmenü den Befehl Standard.

Schriftart und Schriftgrad verändern

Zur Gestaltung von Dokumenten können Sie im Text verschiedene **Schriftarten** einsetzen und auch die jeweiligen **Schriftgrade** variieren. Sowohl die Schriftart als auch der Schriftgrad lassen sich direkt in der *Format*-Symbolleiste wählen.

> **Was ist das?**
>
> Die Größe der Zeichen wird als **Schriftgrad** bezeichnet, die Maßeinheit für den Schriftgrad wird in **Punkt** angegeben. Zur Darstellung von Texten werden so genannte **Schriftarten** (wie Times Roman, Courier, Arial etc.) benutzt. Die Schriftart bestimmt die Form der einzelnen Buchstaben.

Sofern Sie noch das auf den vorhergehenden Seiten verwendete Beispiel vorliegen haben, soll jetzt die Titelzeile »Einladung zur Sommerparty« in der Schriftart »Arial« und mit einem Schriftgrad von 24 Punkt formatiert werden.

1 Markieren Sie den Text der gewünschten Zeile.

2 Klicken Sie auf das Listenfeld *Schriftart* und wählen Sie den Eintrag »Arial« in der Liste aus.

Hinweis

Die beiden Schriftarten »Times New Roman« und »Arial« sind in der Regel auf allen Windows-Systemen installiert und werden beim Schreiben von Texten benutzt. Die Schriftart »Arial« ist serifenlos, d.h., die Enden der Buchstaben weisen keine Querstriche auf. Solche serifenlosen Schriften (Arial ist eine Abwandlung der Helvetica-Schriftfamilie) eignen sich besonders zur Gestaltung von Überschriften. Längere Textabsätze werden dagegen gerne mit »Times New Roman« geschrieben. Das ist eine Serifenschrift, die sich an die Times-Schriftfamilie anlehnt. Aus typographischen Gründen (Typographie = Buchdruckerkunst, d.h. die Lehre, Schriften möglichst leserfreundlich und ästhetisch zu gestalten) sollten Sie bei der Gestaltung von Textdokumenten nicht zu viele Schriftarten gleichzeitig verwenden – auch wenn Ihre Windows-Version vielleicht sehr viele Schriften umfasst.

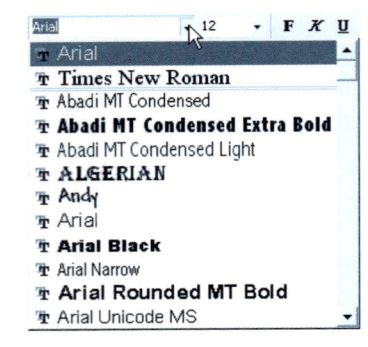

3 Um den noch markierten Text mit einem anderen Schriftgrad zu versehen, klicken Sie in der Symbolleiste auf das betreffende Kombinationsfeld *Schriftgrad*.

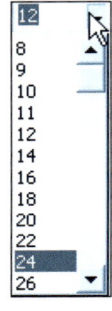

4 Wählen Sie dann den in der Liste angezeigten Wert 24 oder tippen Sie diese Zahl in das Feld ein.

5 Klicken Sie auf eine Stelle neben dem Text, um die Markierung aufzuheben.

Das Ergebnis sollte dann in etwa wie hier gezeigt aussehen. Die mit der Schriftart »Arial« versehene Titelzeile wird mit dem Schriftgrad von 24 Punkt angezeigt. Der restliche Text ist in »Times New Roman« mit einem Schriftgrad von 12 Punkt gehalten.

So bringen Sie Farbe in den Text

Einer der Vorteile der Textverarbeitung besteht darin, dass sich Texte farbig gestalten lassen. In Kombination mit einem Farbdrucker geben Sie Ihren Grußkarten oder Einladungen damit einfach mehr Pfiff. **Zur farbigen Gestaltung von** markiertem **Texten und Texthintergründen** stehen verschiedene Schaltflächen zur Verfügung:

- In **WordPad** lässt sich nur die **Schriftfarbe beeinflussen**. Klicken Sie auf die hier gezeigte Schaltfläche der *Format*-Symbolleiste und wählen Sie im dann geöffneten Menü mit der Farbpalette die gewünschte Schriftfarbe aus.

- Microsoft **Word** erlaubt, die Schriftfarbe anzupassen (Schaltfläche mit dem Buchstaben »A«) und den Text mit einer Hintergrundfarbe (Schaltfläche mit dem Farbmarker) hervorzuheben. Ein Klick auf die Schaltfläche weist die zuletzt benutzte Farbe zu. Klicken Sie auf das kleine Dreieck neben der Schaltfläche, öffnet sich eine Palette zur Farbauswahl.

- Wählen Sie beim **Writer** eine der Schaltflächen *Zeichenfarbe* oder *Zeichenhintergrund*, wird die zuletzt benutzte Farbe zugewiesen. Klicken Sie auf die Schaltfläche, halten aber die Maustaste gedrückt, öffnet sich eine Farbpalette, in der Sie eine neue Farbe durch einen Mausklick auf ein Farbfeld wählen können.

In allen Programmen wird der markierte Textbereich mit der betreffenden Farbe ausgezeichnet.

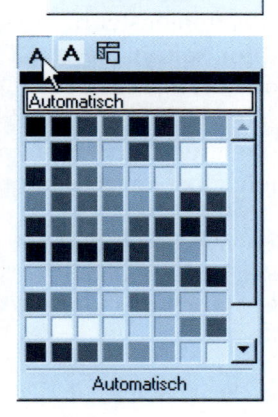

> **Hinweis**
>
> So verlockend Farben sind, Sie sollten diese sparsam verwenden. Farbausdrucke sind ziemlich teuer und bei Schwarzweißdruck gehen die Farbabstufungen verloren, d.h. die Textdokumente lassen sich häufig nur mehr schlecht lesen.

Weitere Zeichenformate nutzen

Neben den oben verwendeten fetten, kursiven oder farbigen Auszeichnungen samt Schriftarten und Schriftgraden unterstützen die meisten Textverarbeitungsprogramme weitere Zeichenformate.

So lassen sich **Texte hoch- oder tiefstellen**, **doppelt unterstreichen**, **durchstreichen** oder **mit** anderen **Effekten versehen**.

Das Vorgehen zum Zuweisen dieser Formate ist in den meisten Programmen ähnlich:

1 Markieren Sie die betreffende Textstelle im Dokument.

2 Klicken Sie mit der rechten Maustaste auf den markierten Textbereich, um das Kontextmenü zu öffnen.

3 Wählen Sie im Kontextmenü den Befehl zur Zeichenformatierung. Bei WordPad ist dies der Befehl *Schriftart*, in Word ist der Befehl *Zeichenformat* zu wählen und im Writer benutzen Sie den Befehl *Zeichen*.

Das Programm öffnet ein Eigenschaftenfenster mit Registerkarten (hier sehen Sie die Darstellung aus Word 2000). Das Eigenschaftenfenster enthält alle Optionen für Zeichenformate, die das jeweilige Programm unterstützt.

4 Wählen Sie die betreffende Registerkarte und legen Sie die gewünschten Formateigenschaften fest.

5 Schließen Sie das Eigenschaftenfenster über die *OK*-Schaltfläche.

Das Programm formatiert den markierten Text gemäß den vorgenommenen Einstellungen. Welche Formatoptionen verfügbar sind, hängt vom benutzten Programm ab. WordPad unterstützt nur wenige zusätzliche Formatoptionen (u.a. durchstreichen und unterstreichen). Word und Writer bieten Ihnen dagegen eine umfangreiche Palette an Gestaltungsmöglichkeiten auf verschiedenen Registerkarten:

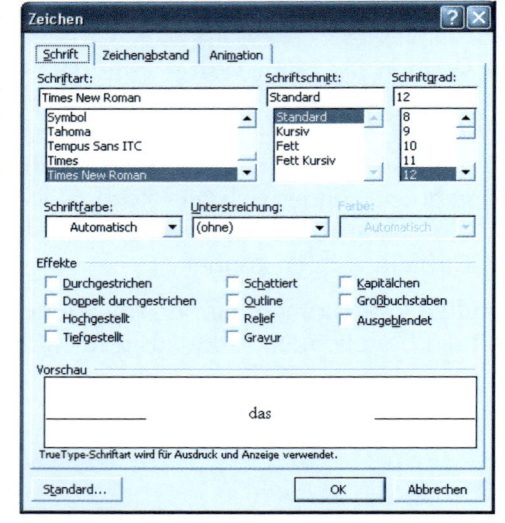

Texte formatieren

- **Word** erlaubt auf der Registerkarte *Schrift* z.B. das Durchstreichen von Textstellen, verschiedene Varianten zum Unterstreichen oder spezielle Schrifteffekte wie Relief oder Kontur. Beim **Writer** finden Sie diese Optionen auf der Registerkarte *Schrifteffekte*.

- Zum **Hoch**- oder **Tiefstellen** von Zeichen markieren Sie in Word die Kontrollkästchen *Hochgestellt* bzw. *Tiefgestellt* auf der Registerkarte Schrift. Beim Writer sind diese Funktionen über Optionsfelder der Registerkarte *Position* erreichbar.

Zur Gestaltung einzelner Dokumente wie Plakate oder Einladungen können weitere **Schrifteffekte** wie **Schatten** oder **Relief** ganz nett sein. Im täglichen Gebrauch werden Sie solche Optionen vermutlich seltener anwenden.

> **Hinweis**
>
> Das Eigenschaftenfenster für Zeichen bietet Ihnen auch Optionen zur Einstellung der Schriftart, der Schriftfarbe oder des Schriftgrads – die Sie aber in der Regel direkt über die Format-Symbolleiste zuweisen können.

Hilfreiche Tastenkombinationen

Wer häufiger Texte bearbeitet, wird Tastenkombinationen zum Ein-/Ausschalten verschiedener Formate begrüßen. Die folgende Tabelle enthält die Tastenkombinationen häufig benutzter Formate.

Format	Word	Writer
Fett	Strg+⇧+F	Strg+F
Kursiv	Strg+⇧+K	Strg+K
Unterstreichen	Strg+⇧+U	Strg+U
Doppelt unterstreichen	Strg+⇧+Druck	Strg+D
Hochstellen	Strg++	Strg+H
Tiefstellen	Strg+#	Strg+F

Schalten Sie eine Formatierungsoption (z.B. Fett) ein, werden alle danach eingetippten Zeichen entsprechend dargestellt. Wenden Sie die Tastenkombination ein zweites Mal an, wird die Formatoption abgeschaltet. Bei markierten Textbereichen können Sie mittels dieser Tastenkombinationen ebenfalls Formate zuweisen oder aufheben.

So lässt sich die Absatzausrichtung ändern

Die obigen Formatangaben bezogen sich auf einzelne Zeichen eines Textabschnitts. Man spricht daher auch von Zeichenformaten. Zusätzlich gibt es jedoch auch Formate, die sich auf komplette Absätze beziehen. Diese Absatzformate legen beispielsweise die Textausrichtung zwischen linkem und rechtem Rand oder den Abstand zwischen den Absätzen fest.

Die mit *Linksbündig* bezeichnete Schaltfläche richtet die Zeilen am linken Rand aus. Erreicht der Text den rechten Rand, wird das nächste Wort automatisch in die Folgezeile übernommen (umgebrochen).
Weil die Zeilen am rechten Rand unterschiedlich lang sind, bezeichnet man dies auch als Flattersatz. Eine linksbündige Ausrichtung ist die übliche Art der Texterfassung.

Über die Schaltfläche *Zentrieren* lassen sich Texte an der Mitte zwischen dem linken und rechten Rand ausrichten. Diese Anordnung eignet sich zum Beispiel zur Gestaltung von Überschriften.

Über die Schaltfläche *Rechtsbündig* erreichen Sie, dass die Textzeilen am rechten Seitenrand ausgerichtet werden, während der Flattersatz sich auf den linken Rand bezieht.

Die Schaltfläche *Blocksatz* vergrößert die Wortzwischenräume so, dass alle Textzeilen (z.B. wie beim Zeitungsdruck) am linken und rechten Rand ausgerichtet werden. Diese Option steht bei WordPad nicht zur Verfügung.

1 Markieren Sie den gewünschten Bereich mit den Absätzen oder klicken Sie auf einen Absatz (hier wurde die Titelzeile markiert).

2 Klicken Sie in der *Format*-Symbolleiste auf die gewünschte Schaltfläche (hier wurde *Zentriert* gewählt).

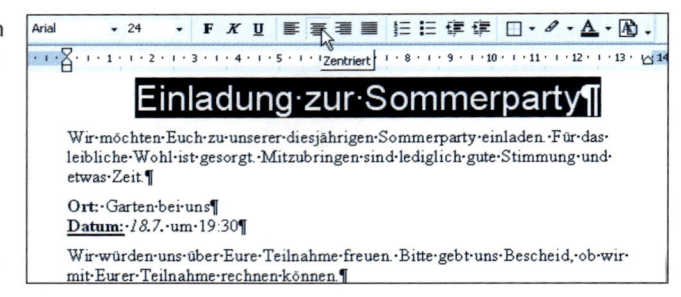

Das **Ausrichten** bezieht sich auf Absätze im **markierten Textbereich**. Ist nichts markiert, wird das Format auf den aktuellen **Absatz**, der die Textmarke enthält, angewandt. In obigem Beispiel sorgt die Schaltfläche *Zentriert* für eine mittige Ausrichtung der Titelzeile zwischen linkem und rechtem Rand. Welcher Modus gerade aktiv ist, sehen Sie (neben der Textausrichtung) auch an der als »eingedrückt« angezeigten Schaltfläche. Vielleicht wiederholen Sie einmal die obigen Schritte mit einem anderen Absatz und weiteren Schaltflächen?

Zeilen- und Absatzabstand anpassen

Zur handschriftlichen Textkorrektur ist ein Ausdruck mit einem vergrößerten **Zeilenabstand** ganz hilfreich (Korrekturanweisungen lassen sich im Zeilenzwischenraum unterbringen). Viele Benutzer fügen außerdem häufig zusätzliche Leerzeilen durch Drücken der ⏎-Taste ein, um den Abstand zwischen zwei Absätzen zu vergrößern (was bei längeren Dokumenten zu Problemen bei der Formatierung führen kann). Word und der Writer stellen Ihnen spezielle Optionen zum Anpassen des Zeilen- und Absatzabstands zur Verfügung.

1 Geben Sie, wie hier gezeigt, einen Text ein, der aus mindestens zwei Absätzen mit mehreren Zeilen besteht.

> Zur·Textkorrektur·ist·ein·Ausdruck·mit·einem·vergrößerten·Zeilenabstand·ganz·hilfreich.·Dann·lassen·sich·Korrekturanweisungen·im·Zeilenzwischenraum·unterbringen.·¶
> Bei·Dokumenten·mit·mehreren·Absätzen·sind·bestimmte·Absatzabstände·erwünscht.·Verzichten·Sie·auf·Leerzeilen·zum·Absetzen·von·Absätzen.·¶
> Verwenden·Sie·stattdessen·Absatzformate,·um·Zeilenabstand·und·Absatzabstand·einzustellen.¶

2 Markieren Sie den gesamten Text, um die Absatzformate auf das gesamte Dokument anzuwenden.

3 Klicken Sie mit der rechten Maustaste auf den markierten Textbereich und wählen Sie im Kontextmenü den Befehl *Absatz*. Oder wählen Sie im Menü *Format* den Befehl *Absatz*.

4 Das Programm öffnet jetzt ein Eigenschaftenfenster mit verschiedenen Registerkarten, über die sich die Absatzformate einstellen lassen. Wählen Sie die Registerkarte *Einzüge und Abstände*.

5 Anschließend können Sie den Zeilenabstand über das gleichnamige Listenfeld auf einfach, 1,5 Zeilen oder doppelt stellen, um den Abstand zwischen den Zeilen eines Absatzes zu vergrößern.

6 Den Abstand zwischen den Absätzen stellen Sie über die Drehfelder *Vor:* und *Nach:* (Word) bzw. *Oben:* und *Unten:* (Writer) der Gruppe *Absatz* ein.

7 Schließen Sie die Registerkarte über die *OK*-Schaltfläche.

Das Textverarbeitungsprogramm weist den Absätzen dann die eingestellten Formate zu. Im hier gezeigten Beispiel wurde der erste Absatz einzeln markiert und mit einem 1,5-zeiligen Abstand formatiert. Anschließend wurden alle Absätze markiert und dann ein Abstand von 6 Punkt nach jedem Absatz zugewiesen. Die Absätze werden dadurch optisch voneinander abgesetzt.

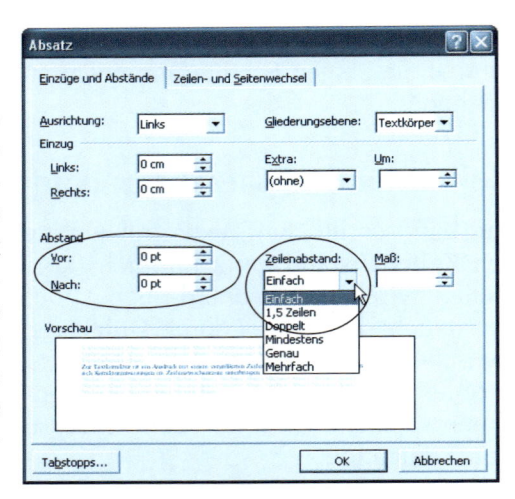

> Zur Textkorrektur ist ein Ausdruck mit einem vergrößerten Zeilenabstand ganz hilfreich. Dann lassen sich Korrekturanweisungen im Zeilenzwischenraum unterbringen. ¶
>
> Bei Dokumenten mit mehreren Absätzen sind bestimmte Absatzabstände erwünscht. Verzichten Sie auf Leerzeilen zum Absetzen von Absätzen. ¶
>
> Verwenden Sie stattdessen Absatzformate, um Zeilenabstand und Absatzabstand einzustellen. ¶
>
> ¶

Hinweis

In Word wird der Absatzabstand standardmäßig in (typographischen) Punkt angegeben. Sie können aber statt »6pt« auch einen Wert der Art »0,5 cm« in den Feldern Vor: *und* Nach: *eintippen. Der Writer schlägt dagegen automatisch Abstände in der Maßeinheit »cm« vor, erlaubt aber auch, andere Maßeinheiten in der Art »12pt« vorzugeben.*

Tipp

Haben Sie Textbereiche markiert, denen unterschiedliche Formate zugewiesen wurden (z.B. ein Absatz mit 1,5-zeiligem Abstand, alle anderen Absätze normal), enthalten die betreffenden Optionen beim Aufruf der Registerkarte keine Werte – das Programm weiß ja nicht, welche Formatangabe anzuzeigen ist. Geben Sie dann auf der Registerkarte der betreffenden Option gezielt einen Wert ein. Dann wird dieses Format auf den gesamten markierten Textbereich angewandt. Das ist hilfreich, um z.B. unterschiedliche Formatierungen anzupassen oder zurückzusetzen.

Einrücken im Text – so geht's

Gelegentlich möchte man Textstellen etwas einrücken. Oder der rechte Rand für einen Absatz soll etwas nach links verschoben werden. Fachleute bezeichnen dies als Einzüge im Text. Gelegentlich sieht man bei Schriftstücken, dass Einzüge am linken Rand durch Einfügen von Leerzeichen (oder Tabulatorzeichen) vorgenommen werden. Eine verkürzte Zeilenlänge ließe sich durch Zeilenumbrüche im Text erreichen – was aber jeweils neue Absätze generiert und daher verpönt ist. Word, WordPad und der Writer bieten eine wesentlich elegantere Methode, Einzüge und Abstände vom linken/rechten Rand einzustellen. Möchten Sie einige Absätze am linken Rand etwas einziehen oder einen bestehenden Einzug wieder reduzieren?

1 Markieren Sie die Absätze, auf die sich die Einzüge oder die Abstände vom Rand beziehen sollen.

2 Klicken Sie in Word oder im Writer die beiden Schaltflächen *Einzug verkleinern* bzw. *Einzug vergrößern* an.

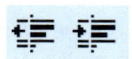

Hier sehen Sie zwei auf diese Weise eingerückte Absätze. Der Einzug der markierten Absätze lässt sich über die Schaltfläche *Einzug verkleinern* wieder zurücksetzen.

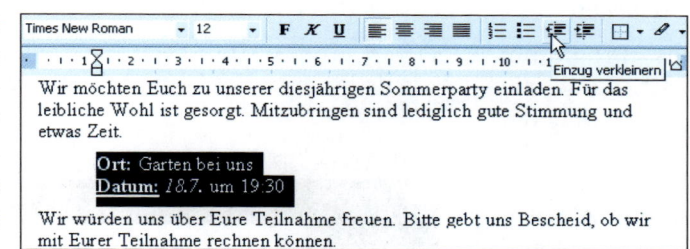

> **Hinweis**
>
> *Die volle Kontrolle über die Absatzeinzüge erhalten Sie, indem Sie den markierten Text mit der rechten Maustaste anklicken und im Kontextmenü den Befehl* Absatz *wählen. Im Eigenschaftenfenster stellen Word, WordPad und Writer eine Registerkarte mit der Gruppe* Einzug *bereit, auf der sich der linke und rechte Abstand zum Rand sowie der Erstzeileneinzug einstellen lassen.*

Eine schnelle Anpassung der **Einzüge und Randeinstellungen** erreichen Sie **über** das in allen Textverarbeitungsprogrammen angezeigte horizontale **Lineal**.

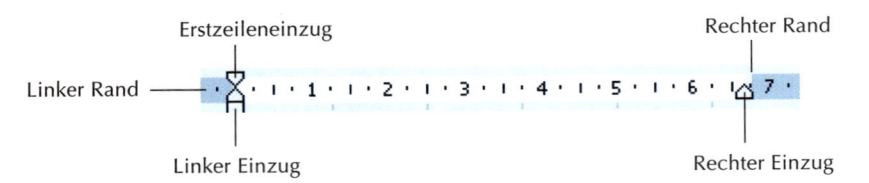

Erstzeileneinzug   Rechter Rand

Linker Rand   Rechter Einzug

Linker Einzug

Im Lineal sehen Sie links und rechts einen grau eingefärbten Bereich. Die Übergänge zwischen grauem und weißem Bereich zeigen den linken und rechten Rand für den Textbereich an. Zudem sehen Sie am linken und rechten Rand des Lineals kleine Dreiecke. Diese als **Randsteller** bezeichneten Elemente erlauben Ihnen, den Einzug der ersten Zeile sowie den Beginn und das Ende der Zeilen der markierten Absätze einzustellen.

1 Markieren Sie die Absätze, deren Einzüge oder Randeinstellungen anzupassen sind.

2 Anschließend können Sie den entsprechenden Randsteller (Erstzeileneinzug, linker Einzug, rechter Einzug) per Maus auf dem Lineal nach links oder rechts verschieben.

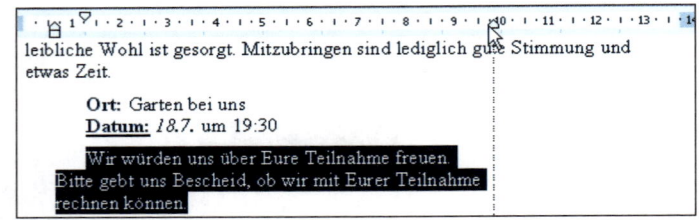

Das Programm passt dann die Formatierung der Absätze entsprechend an. Hier wurden Absätze am linken Rand eingezogen. Der markierte Absatz weist zudem einen vergrößerten Einzug der ersten Zeile (Erstzeileneinzug) auf und der Text wird über den Randsteller am rechten Rand eingezogen.

> **Hinweis**
>
> *Beim Ziehen eines Randstellers wird übrigens eine vertikale gestrichelte Linie im Dokumentbereich eingeblendet. Word und Writer erlauben zudem, den linken/rechten Rand durch Ziehen anzupassen. Zeigen Sie mit der Maus auf den Übergang zwischen grauem und weißem Linealhintergrund und verschieben Sie die Trennlinie auf dem Lineal · 12 ←→ 13 · . Bei Word und WordPad können Sie außerdem den Befehl* Seite einrichten *im Menü* Datei *wählen. Beim Writer heißt der Befehl* Seite *und findet sich im Menü* Format. *In einem Eigenschaftenfenster lassen sich die Seitenränder und mehr einstellen.*

Von Aufzählungen und Nummerierungen

Gelegentlich ist es hilfreich, Absätze in einem Dokument mit einem vorangestellten **Schmuckpunkt** besonders hervorzuheben. Oder die einzelnen Absätze werden mit vorangestellten Nummern ausgezeichnet. Man bezeichnet diese Hervorhebungen auch als **Aufzählungen** (Schmuckpunkte) und **Nummerierungen** (Ziffern oder Buchstaben). Das Auszeichnen einzelner Absätze eines Dokuments als Aufzählung oder Nummerierung ist mit wenigen Schritten durchzuführen.

1 Markieren Sie jene Absätze, die als Aufzählung oder mit Nummerierung dargestellt werden sollen.

2 Klicken Sie in der *Format*-Symbolleiste auf die Schaltfläche für Nummerierungen oder Aufzählungen.

Hier sehen Sie einen Ausschnitt aus einem Textdokument, in dem zwei Absatzzeilen mit einer Nummerierung (1., 2.) und die beiden markierten Absätze mit einer Aufzählung versehen sind. In WordPad lassen sich nur Aufzählungen realisieren.

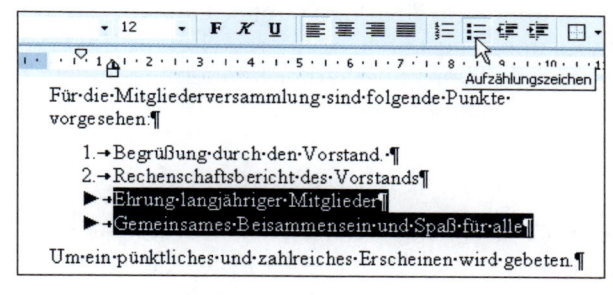

Um die **Aufzählung** oder **Nummerierung aufzuheben**, markieren Sie die betreffenden Absätze und klicken dann erneut auf die »eingedrückt« dargestellte Schaltfläche. Die Aufzählung oder Nummerierung wird anschließend aufgehoben.

> **Hinweis**
>
> *Die für die Nummerierung oder Aufzählung benutzten Zeichen sowie deren Format (z.B. Abstand zwischen dem Symbol und dem Folgetext) lassen sich in Word und dem Writer über die Eigenschaften einstellen. Klicken Sie mit der rechten Maustaste auf die markierten Absätze der Nummerierung/Aufzählung und wählen Sie im Kontextmenü den Befehl* Nummerierung und Aufzählungszeichen *(Word) bzw.* Nummerierung/Aufzählung *(Writer). Im dann angezeigten Eigenschaftenfenster finden Sie Registerkarten, auf denen Sie die Nummerierungs-/Aufzählungssymbole wählen und weitere Optionen festlegen können.*

> **Tipp**
>
> Wenn Sie am Ende einer Zeile die Tastenkombination ⇧+↵ drücken, findet ein so genannter »weicher« Zeilenumbruch statt eines Absatzwechsels statt.
>
> Weiche Zeilenwechsel erlauben Ihnen, in einer Aufzählung/ Nummerierung Absätze einzuziehen, ohne dass ein Nummerierungssymbol/Schmuckpunkt vorangestellt wird.
>
> ```
> 3.→Ehrung·langjähriger·Mitglieder↵
>    (10,·15·und·20·Jahre·Mitgliedschaft)¶
> 4.→Gemeinsames·Beisammensein·und·Spaß·für·alle¶
> ```

Funktionen für Könner

In diesem Abschnitt lernen Sie einige fortgeschrittenere Funktionen zur Gestaltung von Textdokumenten kennen. Sie erfahren, wie Sie Listen mit Tabulatoren gestalten, Sonderzeichen im Text einfügen oder Grafiken einbinden. In Word und Writer können Sie zudem mit Tabellen arbeiten und Zeichenfunktionen nutzen.

Listen mit Tabulatoren gestalten

Beim Gestalten von Listen (z.B. Namensliste, Telefonliste, Adressliste etc.) stehen viele Benutzer vor dem Problem, die Daten in einzelnen Spalten korrekt einzurücken. Das korrekte Einrücken mittels Leerzeichen will nicht so recht klappen.

Mit etwas Hintergrundwissen ist es aber kein Problem, so etwas wie die hier abgebildete Telefonliste zu erstellen.

1 Tippen Sie als Erstes die Kopfzeile mit den Namen ein, wobei Sie die einzelnen Begriffe durch Drücken der ⇆-Taste trennen.

2 Anschließend ergänzen Sie die restlichen Zeilen um die Daten der Telefonliste. Jeder Eintrag in der Zeile wird ebenfalls mit einem Tabulatorzeichen vom nächsten Eintrag getrennt.

3 Zum Schluss können Sie noch die Kopfzeile fett formatieren.

Das Dokument sollte dann ungefähr wie hier gezeigt aussehen. Lassen Sie sich an dieser Stelle durch den »wilden« Aufbau der Liste nicht stören.

```
Name→Vorname  →  ☏·Telefon →  Kosten/€¶
Born→Klaus→346  →  5,40¶
Braun→Dieter→458  →  10,00¶
Daum→Willi→192  →  3,00¶
Eigner→Agnes→374  →  4,00¶
Immer→Inge  →  111  →  0,40¶
```

Funktionen für Könner

Tipp

Interessiert es Sie, wie sich das **Symbol** eines Telefons (oder ein anderes Sonderzeichen) im Text **einfügen** lässt? Wählen Sie den Befehl Symbol bzw. Sonderzeichen (Writer) im Menü Einfügen.

Im dann angezeigten (Word-) Dialogfeld wählen Sie eine Schriftart (z.B. Wingdings) und klicken dann auf ein Zeichen. Dieses übernehmen Sie mit der Schaltfläche Einfügen (bzw. OK im Writer) ins Dokument.

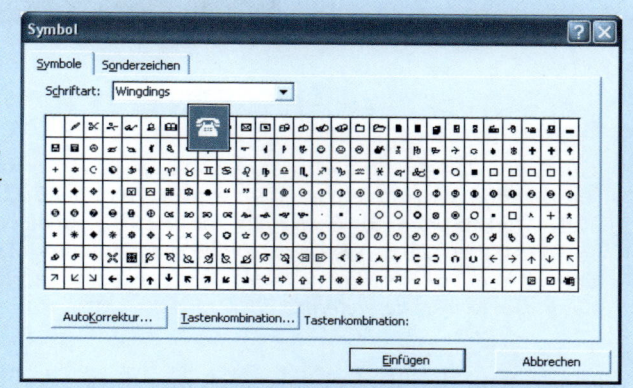

Bei WordPad müssen Sie im Startmenü über (Alle) Programme/Zubehör/ Systemprogramme die Anwendung Zeichentabelle aufrufen. Das Programm meldet sich mit einem ähnlichen Dialogfeld, in dem Sie zuerst eine Schriftart und dann ein Zeichen wählen. Über die Schaltfläche Auswählen wird es in die Zeichenauswahl übertragen und mit der Schaltfläche Kopieren in die Zwischenablage übernommen. Anschließend wechseln Sie zum WordPad-Fenster und fügen das Zeichen aus der Zwischenablage (z.B. mit der Tastenkombination Strg+V) in das Dokument ein.

Nach der Texteingabe gilt es jetzt noch, die Liste sauber in Spalten aufzuteilen. Die Vorarbeit ist bereits durch die eingefügten Tabulatorzeichen erledigt. Standardmäßig sind die so genannten Tabstopps (also die Positionen, zu denen ein Tabulator springt) im Abstand von 1,5 cm auf dem horizontalen Lineal definiert. Enthält die Liste unterschiedlich lange Texte, sind die Einträge in den Spalten (wie oben gezeigt) verschoben. Manche Benutzer versuchen dies durch Eingabe mehrerer Tabulatorzeichen zu korrigieren. Ändern sich die Einträge der Liste, führt das nicht selten zu größerem Korrekturaufwand, da immer wieder Tabulatorzeichen eingefügt oder entfernt werden müssen. Daher empfiehlt es sich, die Tabstopps gezielt zu setzen.

1 Markieren Sie den Bereich mit den Daten der Liste.

2 Klicken Sie mit der Maus in der unteren Hälfte des horizontalen Lineals auf jene Positionen, an denen ein Tabstopp eingefügt werden soll.

Bei jedem Mausklick wird die Position des Tabstopps durch einen kleinen »Winkel« im Lineal markiert und das Programm ordnet die Spalten entsprechend an.

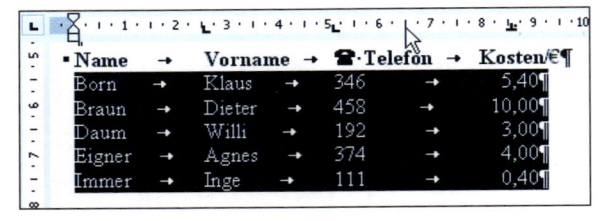

> **Hinweis**
>
> Gesetzte »Marken« für die Tabstopps werden im Lineal angezeigt, sobald Sie die zugehörigen Zeilen bzw. Absätze markieren. Bei Bedarf können Sie dann diese Marken per Maus nach links oder rechts verschieben und so den Tabstopp justieren. Ziehen Sie eine solche Marke mit der Maus nach oben oder unten aus dem Lineal heraus, wird der zugehörige Tabstopp beim Loslassen der linken Maustaste entfernt.

Im hier gezeigten Beispiel gibt es noch eine Besonderheit. Die letzte Spalte weist **Währungsbeträge** auf, die **am Dezimalkomma ausgerichtet** sind. Dazu müssen Sie statt eines linksbündigen Tabstopps einen dezimalen Tabstopp verwenden.

1 Hierzu klicken Sie in der linken oberen Dokumentecke mehrfach auf das Feld zur Tabulatorauswahl, um statt des hier gezeigten »Tabstopp links« einen »Tabstopp dezimal« auszuwählen.

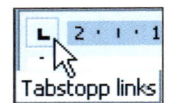

2 Anschließend legen Sie den dezimalen Tabstopp fest, indem Sie im horizontalen Lineal auf die betreffende Position klicken.

Die unterschiedlichen Tabstopps werden sowohl in Word als auch im Writer, nicht aber in WordPad, unterstützt. Es empfiehlt sich jedoch, bei diesem Ansatz nur die Datenzeilen der Tabelle zum Setzen der Tabstopps zu markieren, da die Kopfzeile keine Dezimalzahlen enthält. Bei der Kopfzeile können Sie stattdessen die letzte Spalte über einen Tabstopp zentriert ausrichten.

Arbeiten mit Tabellen

Die Programme Word und Writer erlauben Ihnen die Verwendung von Tabellen innerhalb eines Textdokuments. Diese Tabellen lassen sich sowohl zur Listengestaltung als auch für andere Aufgaben einsetzen.

1 Fügen Sie nach Möglichkeit einige Leerzeilen im Dokument ein. Diese erlauben Ihnen später, Text vor und hinter der Tabelle einzufügen oder die komplette Tabelle wieder zu löschen.

2 Klicken Sie im Dokument auf die Stelle (meist ein leerer Absatz), an der die Tabelle einzufügen ist.

3 Klicken Sie auf die Schaltfläche zum Einfügen von Tabellen und legen Sie die Zahl der Spalten und Zeilen der Tabelle fest.

Das Einfügen einer Tabellenstruktur in ein Dokument lässt sich mit wenigen Mausklicks erledigen.

- In Microsoft Word klicken Sie auf die Schaltfläche *Tabelle einfügen*. Sobald die Palette erscheint, markieren Sie durch Zeigen mit der Maus die Felder der Palette und wählen so die Zahl der Tabellenzellen. Bestätigen Sie diese Auswahl durch einen Mausklick auf das unterste rechte markierte Feld.

- Im Writer klicken Sie auf die Schaltfläche *Einfügen* der Werkzeugleiste, halten aber die linke Maustaste gedrückt. In der dann eingeblendeten Symbolleiste *Einfügen* zeigen Sie auf die Schaltfläche *Tabelle*, markieren in der eingeblendeten Palette durch Zeigen die Zellenzahl und bestätigen dies per Mausklick auf das Feld.

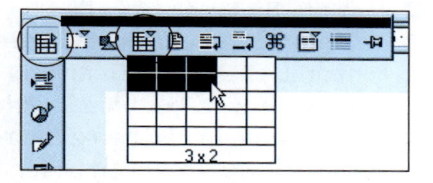

Die Tabelle wird mit der in der Palette markierten Zeilen- und Spaltenzahl im Dokument einfügt.

> **Hinweis**
>
> *Im Writer können Sie auch den Befehl* Tabelle *im Menü* Einfügen *wählen, müssen dann aber die Zeilen- und Spaltenzahl in einem Dialogfeld vorgeben. Word bietet im Menü* Tabelle *den Befehl* Zellen einfügen/Tabelle *zum Aufruf eines Dialogfelds. Zudem lässt sich in Word über die Schaltfläche* Tabellen und Rahmen *eine Symbolleiste öffnen, die Schaltflächen zum Zeichnen von Tabellen enthält.*

Hier sehen Sie eine Tabelle mit zwei Zeilen und drei Spalten. Das Tabellengitter ist mit einem schwarzen Rahmen versehen. Die kleinen Kreise in jeder Word-Tabellenzelle stellen Endemarken der Zelle (bzw. der Zeile) ähnlich der Absatzmarken im Text dar. Ober- und unterhalb der Tabelle sind zwei Absatzmarken zu sehen.

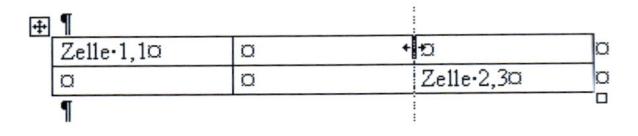

- Möchten Sie Daten in die Zellen der Tabelle eintragen, klicken Sie auf die betreffende Zelle und tippen dann den Text ein. Es stehen die üblichen Funktionen zur Texteingabe und -formatierung bereit. Drücken Sie z.B. die ⏎-Taste, wird ein Absatz in der Tabellenzelle eingefügt. Markierte Texte lassen sich wie gewohnt formatieren. Zudem können Sie den Inhalt der Zelle über die bereits oben erwähnten Schaltflächen linksbündig, zentriert oder rechtsbündig ausrichten.

- Die ⇆-Taste positioniert die Textmarke jeweils eine Zelle weiter nach rechts. Wird die Zelle am rechten Tabellenrand erreicht, springt die Textmarke zur ersten Zelle in der nächsten Zeile. Steht die Textmarke in der rechten unteren Zelle, erzeugt die ⇆-Taste eine neue Tabellenzeile.

- Um die Breite einer Zelle zu verändern, zeigen Sie per Maus auf die Trennlinie. Sobald der Mauszeiger die Form eines Doppelpfeils annimmt, lässt sich die Trennlinie der Zelle nach links oder rechts ziehen. Die Breite wird bei unmarkierten Zellen auf die komplette Spalte und sonst auf die markierten Zellen angewandt. Auf die gleiche Weise können Sie die horizontalen Linien nach oben/unten ziehen, um die Zeilenhöhe anzupassen.

> **Hinweis**
>
> *Den Inhalt der Zellen können Sie – wie bei normalen Texten gewohnt – durch Ziehen per Maus markieren. Komplette Strukturen der Tabelle wie Zellen, Zeilen oder Spalten lassen sich ebenfalls durch Ziehen markieren. Ziehen Sie die Maus bei gedrückter linker Maustaste nach unten, wird die Spalte markiert. Ziehen Sie die gedrückte Maustaste zu den nach rechts liegenden Zellen bis zum rechten Rand, wird die Tabellenzeile markiert. Word unterscheidet dabei noch, ob der Zelleninhalt oder die Zellenstruktur markiert ist. Klicken Sie beispielsweise wie nachfolgend gezeigt links neben die Tabelle, wird die komplette Zeile markiert. Zeigen Sie auf den Anfang einer Zelle oder auf die oberste Linie einer Tabelle, erscheint ein schwarzer Pfeil. Ein Mausklick auf den Spaltenkopf markiert dann die Spalte, ein Mausklick auf die Zelle markiert diese.*

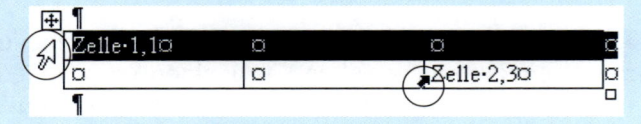

Funktionen für Könner

> Um die Zellenstruktur anzupassen, klicken Sie mit der rechten Maustaste auf den markierten Zellenbereich. Im Kontextmenü bieten Word und der Writer Befehle, um Zellen einzufügen oder zu löschen.

Hier sehen Sie das Word-Beispiel der Telefonliste, wobei diese Liste als Tabelle gestaltet wurde.

•Name	Vorname	☎·Telefon	Kosten/€
Born	Klaus	346	5,40
Braun	Dieter	458	10,00
Daum	Willi	192	3,00
Eigner	Agnes	374	4,00
Immer	Inge	111	0,40

Bei der Spalte mit den Telefonnummern wurden die Zellen markiert und dann rechtsbündig ausgerichtet. Zudem habe ich die Währungsangaben in der Spalte *Kosten* markiert und mit einem Dezimaltabulator versehen. Dieser bewirkt, dass die Beträge am Dezimalkomma ausgerichtet werden.

Abschließend noch ein kleiner Hinweis. Standardmäßig versehen Word und Writer die Tabellen mit einem schwarzen Rahmen, der die Struktur anzeigt. Gelegentlich ist es aber erwünscht, die Liste ohne diese Linien darzustellen. Dann müssen Sie die als »Rahmen« bezeichneten **Linien aufheben**. In Word führen Sie dazu folgende Schritte aus:

1 Markieren Sie die komplette Tabelle. Achten Sie aber darauf, dass wirklich nur die Tabelle und nicht zusätzliche Absatzmarken vor und hinter der Tabelle markiert sind.

2 Öffnen Sie wie hier gezeigt die Palette für Rahmenlinien und wählen Sie dann die Schaltfläche *Kein Rahmen*.

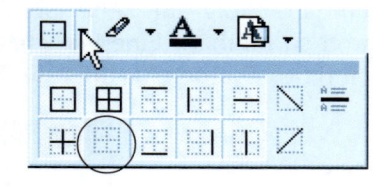

•Name	Vorname	☎·Telefon	Kosten/€	
Born	Klaus	346	5,40	
Braun	Dieter	458	10,00	
Daum	Willi	192	3,00	
Eigner	Agnes	374	4,00	
Immer	Inge	111	0,40	

Sobald Sie die Tabellenmarkierung aufheben, ist nur noch eine graue Gitternetzlinie zu sehen.

Diese Gitternetzlinie zeigt die Zellenstruktur der Tabelle an, wird aber nicht mit ausgedruckt. Die Anzeige der Gitternetzlinien lässt sich übrigens über den Befehl *Gitternetzlinien ausblenden* im Menü *Tabelle* unterdrücken.

Beim Writer gehen Sie wie bei Word vor und markieren die Tabelle. Dann wählen Sie in der neu angezeigten *Tabellenobjekt*-Symbolleiste die Schaltfläche *Umrandung*. In der Palette klicken Sie auf die Schaltfläche ohne Rahmenlinie.

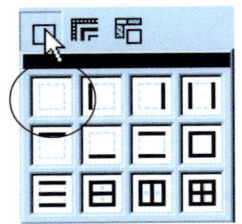

Grafiken im Text einfügen

Häufig besteht der Wunsch, Grafiken oder Fotos in ein Dokument einzubinden. Das ist bei WordPad, Word und dem Writer mit wenigen Mausklicks erledigt.

Tipp

Tabellen, Grafiken und andere Objekte sollten Sie möglichst in leere Absätze einfügen, sonst können Probleme mit dem umgebenden Text entstehen. Achten Sie beim Einfügen darauf, dass ober- und unterhalb der Einfügestelle Leerzeilen vorhanden sind. Das erleichtert es, ggf. Text hinter dem eingefügten Element einzugeben. Ist alles fertig, können Sie überflüssige Leerzeilen leicht löschen.

1 Klicken Sie im Dokument an die Stelle, an der die Grafik einzufügen ist.

2 Wählen Sie im Menü *Einfügen* den Befehl *Grafik/Aus Datei*.

Jetzt wird das Dialogfeld *Bild einfügen* geöffnet. Dessen Aufbau hängt von der verwendeten Windows- und Word-Version ab (hier wird die Version Word 2000 unter Windows XP gezeigt). Der Dateityp für die Bilddatei steht standardmäßig auf »Alle Grafiken« (bzw. »Alle Formate« im Writer) und kann so bleiben. Eine Vorschau auf die Bilddateien lässt sich am oberen Rand des Dialogfelds über die Schaltfläche *Ansichten* einstellen.

3 Wählen Sie im Dialogfeld den Bildordner und anschließend die Bilddatei.

4 Bestätigen Sie die Auswahl über die Schaltfläche *Einfügen* (bzw. *Öffnen* im Writer).

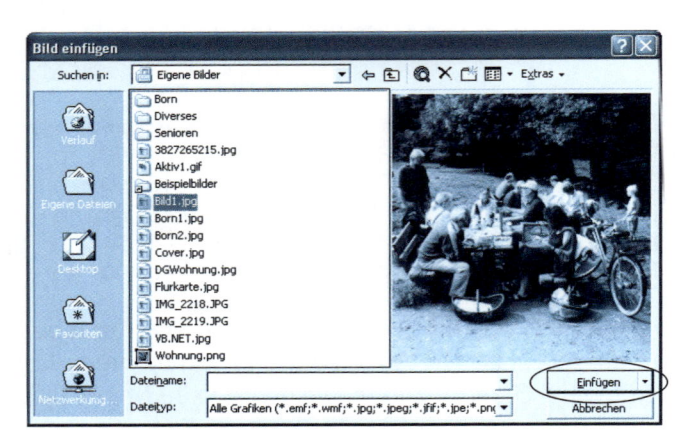

Funktionen für Könner

Die Grafik wird anschließend in das Dokument eingebunden. Klicken Sie auf die Grafik, wird diese markiert und mit einem Rahmen, der an den Rändern so genannte Ziehmarken enthält, dargestellt. Über diese Ziehmarken lässt sich eine Grafik ähnlich wie ein Windows-Fenster per Maus in der Größe anpassen. Drücken Sie die (Entf)-Taste, wird die markierte Grafik gelöscht.

> **Hinweis**
>
> *Arbeiten Sie mit* **WordPad**, *wählen Sie zum Einfügen der Grafik den Befehl* Objekt *im Menü* Einfügen. *Im dann eingeblendeten Dialogfeld* Objekt einfügen *markieren Sie das Optionsfeld* Aus Datei erstellen. *Anschließend geben Sie den Pfad zur Grafikdatei im Feld* Datei *ein oder Sie klicken auf die Schaltfläche* Durchsuchen *und wählen die Grafikdatei per Dialogfeld aus. Sobald Sie das Dialogfeld* Objekt einfügen *über die OK-Schaltfläche schließen, wird die Grafik ebenfalls im Dokument eingefügt. Word und der Writer erlauben zudem, mit Zeichenfunktionen Symbole wie Pfeile oder andere Figuren im Dokument zu hinterlegen. Word kennt außerdem die Funktion WordArt, mit der sich außergewöhnliche Texteffekte realisieren lassen (siehe weiterführende Titel am Kapitelende).*

> **Techtalk**
>
> *Normalerweise werden die Daten eines Bildes direkt in die Dokumentdatei eingefügt. Wegen der großen Bilddateien wachsen die Dokumentdateien dann stark an. Daher bieten Word, Writer und WordPad die Möglichkeit, statt des Einfügens mit einer so genannten Verknüpfung auf Bilder zu arbeiten. Bei einer* **Verknüpfung** *wird nur der Pfad zur Bilddatei im Dokument gespeichert, was weniger Platz benötigt. In Word 2000 müssen Sie auf das kleine Dreieck der Schaltfläche* Einfügen *klicken. Im dann geöffneten Menü ist der Befehl* Verknüpfung zu Datei *zu wählen. Bei älteren Word-Versionen, bei WordPad und auch beim Writer ist im Dialogfeld zur Auswahl der Grafikdatei die Option* Verknüpfen *zu markieren. Geben Sie die Dokumentdatei auf einen Datenträger weiter, müssen Sie die Grafikdateien auch auf dieses Medium kopieren.*

Tolle Sachen zum Selbermachen

Das in den vorherigen Abschnitten erworbene Wissen soll jetzt auf einige Dokumentbeispiele angewandt werden.

Einladungskarte mit Bild und Text

Individuell gestaltete Einladungs- oder Grußkarten besitzen eine besondere Note. Mit Microsoft Word oder dem Writer ist die Gestaltung solcher Karten kein Problem. Sehen Sie sich einmal die nachfolgende Einladung an, die Sie als Basis für eigene Dokumente verwenden können:

- Die Titelzeile wurde mit einem größeren Schriftgrad in einer Schreibschrift zentriert angeordnet.
- Zur Montage des Fotos samt dem daneben stehenden Text dient eine Tabelle, deren Rahmen ausgeblendet wurden. Dadurch lässt sich das Foto in der linken Zelle und der Text in der rechten Zelle unterbringen.
- Der Einladungstext wurde ebenfalls mit einer speziellen Schriftart (Schreibschrift) formatiert.

Beim Ausdruck verschwindet die Gitternetzlinie der Tabellenstruktur. Drucken Sie das Dokument z.B. auf Fotopapier, ergibt sich eine individuell gestaltete, sehr hübsche Einladungskarte.

Einladung zum Picknick

Liebe Freunde,

am 7.6. möchte ich zum (Geburtstags-)Picknick im Park einladen. Es geht um 12.00 Uhr bei uns los. Wir wandern ca. 30 Minuten zum Park. Dann gibt's Essen & Trinken. Bringt gute Stimmung mit.

G. Born

Hinweis

Fotos lassen sich aus dem Internet, per Scanner oder Digitalkamera auf den Computer übertragen. Zudem gibt es so genannte **ClipArt**. *Das sind Zeichnungen oder stilisierte Bilder, die als Grafikdateien auf CDs oder auf der Festplatte gespeichert sind. Microsoft Office besitzt eine eigene Clipart-Sammlung, die sich über* Einfügen/Grafik/Clipsammlung *(o.Ä.) aufrufen lässt.*

> Im Internet (z.B. www.1001fonts.com) finden sich ganze Sammlungen von frei verwendbaren Schriftarten (auch als TrueType Fonts bezeichnet). Sie können z.B. auch in einer Suchmaschine »Freeware Fonts TrueType« eingeben und suchen lassen.

Visitenkarten selbst gemacht

Möchten Sie Ihre Visitenkarten am Computer selbst erstellen? Im (Schreibwaren-)Handel gibt es Visitenkartenvordrucke (z.B. *www.pearl.de*) – es handelt sich dabei um Bögen im DIN-A4-Format, aus denen sich die Visitenkarten herauslösen lassen. Was Sie dann noch brauchen, ist Microsoft Word oder der Writer.

1 Legen Sie ein neues Dokument an und stellen Sie den linken und rechten Rand über die Randsteller des horizontalen Lineals auf 1 cm ein. Der obere und untere Rand ist über das vertikale Lineal ebenfalls auf 1 cm zu setzen.

2 Erstellen Sie eine Tabelle mit drei Spalten und einer Zeile. Die linke und rechte Tabellenzelle erhalten jeweils eine Breite von 8,5 cm und eine Höhe von 5,5 cm. Die mittlere Zelle ist dann 1 cm breit.

3 Klicken Sie auf die linke obere Tabellenzelle und geben Sie den Visitenkartentext ein. Anschließend können Sie den Text nach Ihren Vorstellungen formatieren.

4 Fertigen Sie einen Probeausdruck des Entwurfs auf normalem Papier an. Prüfen Sie, ob der Text Ihren Wünschen entspricht und richtig auf den Visitenkartenbögen positioniert wird (Blatt über einen Bogen legen und die Position des Texts kontrollieren).

5 Passen Sie ggf. den Entwurf an und wiederholen Sie Schritt 4. Stimmt alles, markieren Sie die Tabelle und löschen den Rahmen um die Tabellenzellen.

6 Danach erweitern Sie die Tabelle um weitere Tabellenzeilen und kopieren den Entwurf der Visitenkarte per Zwischenablage in die betreffenden Zellen (markierte Texte kopieren Sie mit [Strg]+[C] in die Zwischenablage und fügen sie mit [Strg]+[V] wieder ein).

Sie können den Entwurf anschließend zur Kontrolle auf Normalpapier ausdrucken und speichern. Stimmt alles, legen Sie zum Drucken Visitenkartenbögen ein. Pro Bogen erhalten Sie in der Regel zehn Visitenkarten.

Briefbögen selbst gemacht

Korrespondenz lässt sich sehr elegant per Computer erledigen. Sie können dabei jedes Mal mit einem leeren Blatt beginnen und den Brief samt Absenderangabe, Empfängeradresse etc. erstellen. Pfiffiger ist es aber, wenn Sie einmalig einen eigenen Briefkopf anlegen, der Absenderangaben und weitere Briefelemente enthält, und diesen als Vorlage speichern. Dann lassen sich Briefe in Word und Writer mit dieser Vorlage erstellen.

Techtalk

*An dieser Stelle noch einige **Hinweise zur Briefgestaltung**, die im Geschäftsverkehr **DIN 5008** (Regeln für allgemeine Schreibweisen) und **DIN 676** (Gestaltung/Abstände Geschäftsbrief) entsprechen sollten. Auch private Briefbögen können sich an diese DIN anlehnen. Ein nach diesen DIN-Regeln gestalteter Brief entspricht im Aufbau dem nachstehend gezeigten Briefbogen (der aus Platzgründen etwas in der Höhe gekürzt wurde).*

Tolle Sachen zum Selbermachen

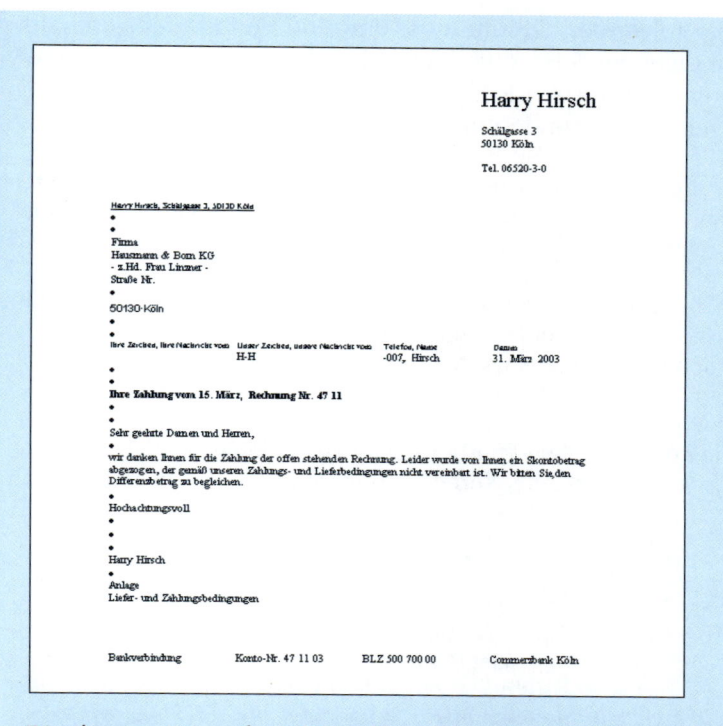

Die obersten 4,5 cm des DIN-A4-Blatts (21 cm breit und 29,7 cm lang) sind im DIN-Brief zur freien Gestaltung des Briefkopfes reserviert. Die DIN legt den Rand für den Brief mit mindestens 2,14 cm links und 0,81 cm rechts fest. Als Schriftgrad ist ein Wert von mindestens 10 Punkt vorgegeben. Häufig beginnt man bereits bei 1,67 cm vom oberen Rand mit dem Firmenkopf. Eine Ortsangabe mit Datumszeile wird dann in der gleichen Zeile mit einem Tabulatorabstand von 10,16 cm, bezogen auf den linken Blattrand, angeordnet. Das Anschriftenfeld mit der Empfängeradresse beginnt 5,08 cm vom oberen sowie 2,41 cm vom linken Rand und weist neun Zeilen auf. Die erste Zeile enthält die Versandart (z.B. Einschreiben). Die letzte Zeile ist der (nicht hervorgehobenen) Ortsangabe vorbehalten. Weitere Bestandteile eines Geschäftsbriefs sind Bezugs- und Betreffzeilen, die Anrede, die Grußformel, das Unterschriftenfeld und die Anlagen. Diese Bestandteile werden durch eine vorgegebene Anzahl an Leerzeilen getrennt. Da beim Ausdruck die Absatzmarken nicht angezeigt werden, habe ich im hier abgebildeten Schema die Leerzeilen durch kleine Punkte markiert. Die Fußzeile am unteren Rand ist nach DIN frei gestaltbar. In der Fußzeile können Sie Geschäfts- und Bankverbindungen eintragen. Benötigen Sie keine Bankverbindung, lassen Sie die Fußzeile weg. Bei einem Privatbrief können Sie auch die Bezugszeile mit dem Text »Ihr Zeichen« entfallen lassen. Setzen Sie stattdessen am rechten Rand den Text »Ort, den Datum« in die betreffende Zeile ein.

Führen Sie die folgenden Schritte aus, um eine Vorlage für geschäftliche Schreiben mit eigenem Briefkopf zu erstellen. Leser, die lediglich eine Vorlage für die private Korrespondenz benötigen, übergehen einfach die Schritte zum Einfügen der nicht benötigten Elemente (wie die Bezugszeile).

1 Öffnen Sie über die Schaltfläche *Neu* ein neues leeres Dokument. Schalten Sie die Seitenlayoutansicht (z.B. über den gleichnamigen Befehl im Menü *Ansicht*) und die Anzeige der Absatzmarken ein.

2 Markieren Sie die erste Absatzmarke im Dokument und setzen Sie die Schriftart auf »Times New Roman« oder »Arial« sowie den Schriftgrad (z.B. auf 11 Punkt). Zusätzlich können Sie einen Abstand von 6 Punkt vor bzw. nach dem Absatz festlegen.

3 Erstellen Sie nun den Entwurf für den Briefbogen, indem Sie Absender- und Empfängerangaben, Betreffszeile, Anrede, Grußformel etc. im Dokument einfügen.

> **Hinweis**
>
> *Eine beispielhafte Anleitung, wie Sie einen DIN-gerechten Briefkopf gestalten können, sowie fertig entworfene Briefköpfe, können Sie von meiner Webseite www.borncity.de in der Rubrik »Tipps & Tricks« unter der Überschrift »Briefköpfe selbst erstellt« herunterladen. Sie können die Anleitung im Adobe Acrobat Reader auf Ihrem Computer ansehen, speichern und drucken. Die Vorlage lässt sich dagegen in einen Ordner der Festplatte herunterladen und dann in Word oder Writer öffnen.*

Mit diesen Schritten ist die Briefvorlage fertig. Sie könnten das Dokument unter einem Namen speichern und später beim Schreiben eines Briefs als Vorlage laden. In WordPad ist das in der Tat der einzig gangbare Weg. Allerdings besteht die Gefahr, dass Sie diese Briefvorlage beim Speichern eines neuen Briefs einmal unbeabsichtigt überschreiben. Word und der Writer bieten daher eine intelligentere Alternative, indem Sie den Entwurf **als Dokumentvorlage speichern können**. Das funktioniert fast genauso wie das Speichern einer normalen Dokumentdatei.

1 Wählen Sie in Word im Menü *Datei* den Befehl *Speichern unter*.

Tolle Sachen zum Selbermachen

2 Stellen Sie im Dialogfeld *Speichern unter* als **Dateityp** »Dokumentvorlage (*.dot)« ein.

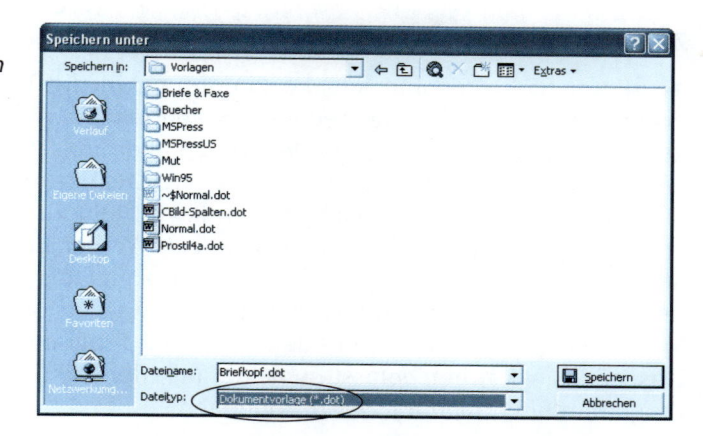

> **Hinweis**
>
> Sobald Sie den Dateityp auswählen, verwendet Word automatisch den Ordner, in dem Vorlagen gespeichert sind. Im Feld *Speichern in* sehen Sie den Ordner *Vorlagen*. Die Lage dieses Ordners lässt sich auf der Registerkarte *Speicherort für Dateien* in der Zeile *Benutzervorlagen* einstellen (Aufruf über den Befehl *Optionen* im Menü *Extras*). Unterordner erlauben, die Vorlagen in Kategorien (z.B. Briefe & Faxe etc.) zu unterteilen. Jeder Unterordner wird später im Word-Dialogfeld *Vorlagen* bzw. *Neu* (die Bezeichnung wechselt mit den Word-Versionen) als eigene Registerkarte angezeigt.

3 Tragen Sie jetzt im Feld *Dateiname* einen Namen (z.B. *Briefkopf.dot*) ein. Die Dateinamenerweiterung *.dot* verweist in Word auf eine Vorlagedatei.

4 Klicken Sie auf die Schaltfläche *Speichern*.

Word legt beim Speichern das Dokument als Vorlage ab. Sie können danach das Dokumentfenster schließen. Wenn Sie wie am Kapitelanfang im Abschnitt »Neue Dokumente aus Vorlagen erstellen« beschrieben vorgehen, lässt sich die von Ihnen erstellte Vorlage für den Brief wählen. Das neue Dokument enthält alle Elemente, die Sie in der Vorlage hinterlegt haben. Sie brauchen dann nur noch die Empfängerangabe und den Brieftext zu ergänzen, um anschließend den Brief als Word-Dokument zu speichern und/oder zu drucken.

> **Hinweis**
>
> Im Writer verwenden Sie zum Speichern der Vorlage den Befehl *Dokumentvorlage/Speichern* im Menü *Datei*. Im Dialogfeld *Dokumentvorlagen* tragen Sie den Namen der Vorlage ein. Anschließend können Sie beim Anlegen neuer Dokumente auf diese Vorlage zugreifen.

Zusammenfassung

An dieser Stelle möchte ich die Einführung in die Textverarbeitung mit Word, WordPad und Writer beenden. Sie haben die wichtigsten Funktionen kennen gelernt. Aus Platzgründen wurden allerdings viele Funktionen ausgespart oder nur kurz beschrieben. Weitere Details zu Word finden Sie in den bei Markt + Technik erschienenen Easy-Titeln zu Office und zu Word (z.B. »Easy – Office 2000«). Hinweise zum Writer finden Sie im »Easy – StarOffice«-Titel des Verlags. Informationen zum Umgang mit WordPad liefern die Easy-Titel zu den jeweiligen Windows-Versionen. Zudem können Sie bei Fragen zu einzelnen Funktionen die Programmhilfe konsultieren. Das nächste Kapitel befasst sich mit Tabellenkalkulation und weiteren Programmfunktionen für den Bürobereich.

Testen Sie Ihr Wissen

Zur Überprüfung Ihrer Kenntnisse können Sie die folgenden Fragen beantworten.

- **Wie können Sie einen Text fett oder unterstrichen auszeichnen?**

    Den Text markieren und dann die Schaltfläche *Fett* oder *Unterstreichen* in der Symbolleiste anklicken.

- **Wie können Sie die Absatzformate anpassen?**

    Die Absätze markieren, mit der rechten Maustaste anklicken und den Kontextmenübefehl *Absatz* wählen. Dann die gewünschten Optionen im Eigenschaftenfenster setzen.

- **Wie lässt sich der Dokumententwurf ohne Ausdruck kontrollieren?**

    Indem Sie die Seitenansicht abrufen – siehe auch vorhergehende Seiten im Abschnitt zum Ausdrucken.

- **Wie lässt sich eine Vorlage erstellen?**

    Zuerst ist das Dokument zu entwerfen. Speichern Sie dieses anschließend als Dokumentvorlage – siehe auch vorhergehende Seiten.

Kapitel 8

Weitere Büroanwendungen

	A	B	C	D	E	F
1		**Haushaltsbuch**				
2						
3	Einnahmen			Ausgaben		
4	Gehalt	2.500,00		Miete	700,00	
5	Einmalzahlung	50,50		Nebenkosten	200,00	
6				Strom etc.	50,00	
7				Versicherungen	100,00	
8				Telefon	70,00	
9				Lebensmittel	500,00	
10				Kleidung	300,00	
11				Sonstiges	20,00	
12						
13						
14	Summe	2.550,50		Summe	1940,00	
15						
16	**Differenz**	610,50				
17						
18						

Januar \ **Februar** / Tabelle2 / Tabelle3 /

> *In diesem Kapitel lernen Sie weitere Programme zur Tabellenkalkulation, zur Verwaltung von Daten und zum Erstellen von Präsentationen kennen. Diese Funktionen werden von Programmpaketen wie Microsoft Office, Microsoft Works, StarOffice bzw. OpenOffice bereitgestellt. Mit dem Wissen aus diesem Kapitel können Sie mit Tabellenkalkulationsprogrammen umgehen oder Präsentationen erstellen.*

Das können Sie schon:

Den Computer in Betrieb nehmen	37
Mit Windows-Fenstern und -Programmen arbeiten	59/67
Webseiten abrufen und verschiedene Internetdienste nutzen	156
E-Mails empfangen und versenden	228
Textdokumente erstellen und gestalten	274

Das lernen Sie neu:

Basiswissen Tabellenkalkulation	328
Datenbankfunktionen	341
Präsentationsprogramme	346
Was gibt's noch?	352

Basiswissen Tabellenkalkulation

Tabellenkalkulationsprogramme sind Anwendungen, die Tabellen zur Aufnahme von Daten oder zur Durchführung von Berechnungen zur Verfügung stellen. Mit einem Tabellenkalkulationsprogramm können Sie z.B. ein Haushaltsbuch, ein Kassenbuch, Listen zur Kosten- oder Budgetkontrolle, Verbrauchsberechnungen für das Auto, Vermögensaufstellungen, Vereinsabrechnungen oder -listen, Mietobjektabrechnungen, Aktiendepotverwaltung und vieles mehr führen.

Tabellenkalkulation – ein Überblick

Die Urväter der Tabellenkalkulationsprogramme hießen »Visicalc«, »Multiplan« und später »Lotus 1-2-3«. Für Windows bietet die Firma Microsoft das Programm **Microsoft Excel** (Bestandteil von Office) und das **Microsoft-Works-Tabellenkalkulationsmodul** an. Falls Sie **StarOffice** oder **OpenOffice** auf Ihrem Rechner installiert haben, steht Ihnen das Tabellenkalkulationsprogramm **Calc** zur Verfügung.

> **Hinweis**
>
> Da Microsoft Works auf vielen Rechnern vorinstalliert und auch Excel in Firmen weit verbreitet ist, sollten die meisten PC-Benutzer Zugriff auf ein Tabellenkalkulationsprogramm haben. Ist auf Ihrem Rechner kein solches Programm vorhanden, können Sie das Büroprogramm OpenOffice kostenlos aus dem Internet laden (www.openoffice.org) und installieren.

Ist ein Tabellenkalkulationsprogramm auf Ihrem Computer verfügbar, können Sie es über das Startmenü aufrufen.

1 Öffnen Sie das Startmenü und klicken Sie auf den Befehl *(Alle) Programme*.

2 Wählen Sie im Zweig *(Alle) Programme* den Eintrag für das Tabellenkalkulationsprogramm.

> **Tipp**
>
> Nutzen Sie das Tabellenkalkulationsprogramm regelmäßig, richten Sie am besten ein Verknüpfungssymbol auf dem Desktop ein (den Startmenüeintrag mit der rechten Maustaste zum Desktop ziehen und anschließend im Kontextmenü den Eintrag Hierher verknüpfen (bzw. Verknüpfungen hier erstellen) wählen).

Das Symbol für Microsoft Excel ist meist unter *(Alle) Programme* hinterlegt, das Programm Calc aus StarOffice/OpenOffice finden Sie in der Untergruppe *Open-*

Basiswissen Tabellenkalkulation

Office.org bzw. *StarOffice*. Bei Works müssen Sie den Eintrag *Microsoft Works-Tabellenkalkulation* in der Untergruppe *Microsoft Works* verwenden.

Nach dem Programmstart erscheint das Anwendungsfenster des Tabellenkalkulationsprogramms. Dieses sieht je nach Programmversion etwas unterschiedlich aus. Hier sehen Sie das Anwendungsfenster von Excel 2000 (oben) und das Fenster von Calc (unten).

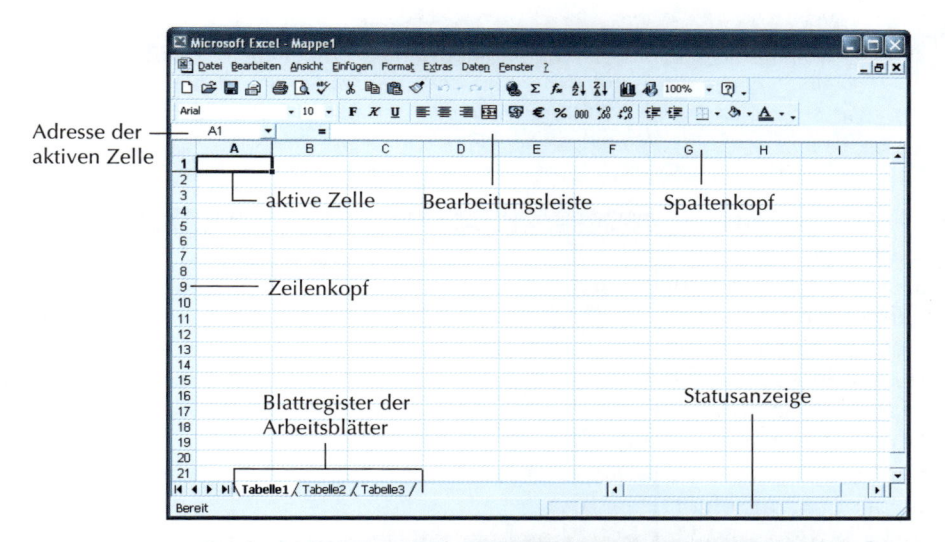

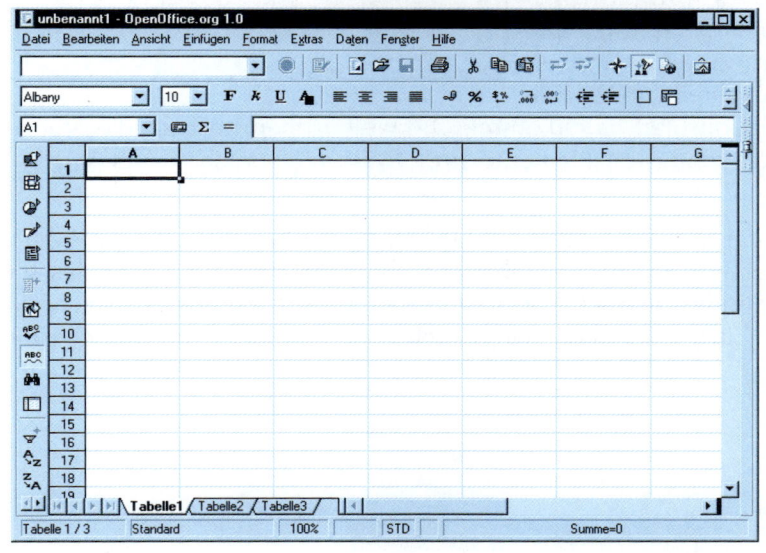

Adresse der aktiven Zelle

aktive Zelle   Bearbeitungsleiste   Spaltenkopf

Zeilenkopf

Statusanzeige

Blattregister der Arbeitsblätter

329

Es fällt auf, dass diese beiden Anwendungsfenster (bis auf geringe Abweichungen in der Symbolik der Symbolleistenelemente) fast identisch aufgebaut sind. Über die Befehle der **Menüleiste** können Sie die einzelnen Tabellenkalkulationsfunktionen abrufen. Die Schaltflächen und Elemente der **Symbolleisten** erlauben Ihnen, ähnlich wie bei Word bzw. beim Writer, das Dokument zu speichern, zu drucken und zu bearbeiten.

> **Hinweis**
>
> *Die wichtigsten Schaltflächen und Menübefehle sind bei allen Excel-Versionen gleich belegt. Bei Excel ab der Version XP dürfen Sie sich nicht durch die (wie bei anderen Office-XP-Anwendungen) zusätzlich eingeblendete Aufgabenleiste zum Abrufen einiger Funktionen irritieren lassen.*

Die **Works-Tabellenkalkulation** stellt dagegen so etwas wie den »kleinen Bruder« von Excel mit einem etwas reduzierten Funktionsumfang dar (so ähnlich wie Word-Pad gegenüber Word). Hier sehen Sie das Fenster einer Works-Kalkulationstabelle, das mit einer Symbolleiste und einem vereinfachten Kalkulationsblatt daherkommt. Die weiter oben im Excel-Fenster bezeichneten wichtigsten Elemente finden Sie aber auch in der Works-Tabellenkalkulation.

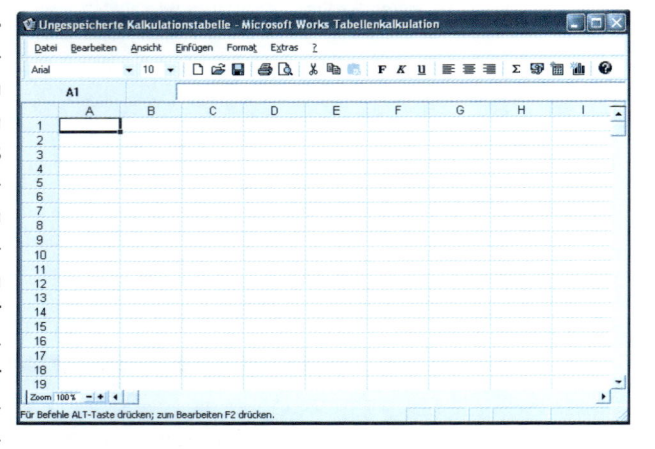

Wenn Sie also mit verschiedenen Excel-Versionen, dem Programm Calc oder mit der Works-Tabellenkalkulation arbeiten, ist vieles gleich oder zumindest ähnlich. Sie sollten daher die nachfolgenden Schritte und Anweisungen bei allen Programmen ohne Probleme ausführen können.

Von Arbeitsmappen und Arbeitsblättern

Zum Arbeiten mit einem Tabellenkalkulationsprogramm müssen Sie zumindest die wichtigsten Grundbegriffe und Bezeichnungen kennen.

- Bei der Tabellenkalkulation dreht sich alles um Tabellen, die als **Arbeitsblätter** (gelegentlich auch als Kalkulationsblätter) oder **Kalkulationstabellen** (in Works) bezeichnet werden.

- In Microsoft Excel und in Calc kann ein Dokument bis zu 255 Arbeitsblätter enthalten. Die Dokumente von Microsoft Excel und Calc werden daher als **Arbeitsmappen** bezeichnet.

In den meisten Fällen werden Sie nur mit einer Kalkulationstabelle arbeiten. Daher gelten die nachfolgenden Ausführungen für Excel, für die Works-Tabellenkalkulation und für Calc.

Das Arbeitsblatt bzw. die Kalkulationstabelle wird in Zeilen und Spalten aufgeteilt (erkennbar an den grauen Gitternetzlinien). Die Spaltenköpfe sind mit Großbuchstaben wie A, B, C bezeichnet, während die Zeilenköpfe fortlaufend nummeriert sind.

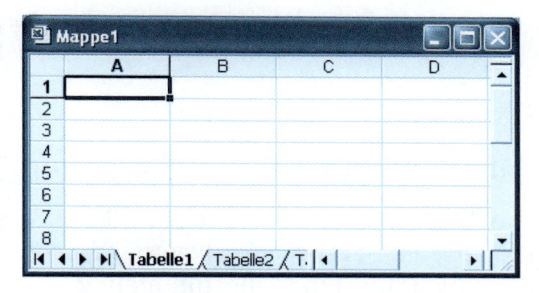

Ein viereckiges Feld in der Tabelle wird als **Zelle** bezeichnet. Die **Position einer** solchen **Zelle** lässt sich **durch** Angabe der **Spalten- und Zeilennummer angeben** (z.B. steht die Adresse A1 für die Zelle oben links in Spalte A und Zeile 1). Klicken Sie mit der Maus auf eine Zelle, wird diese mit einem dicken Rahmen hervorgehoben. Diese Zelle stellt dann die **aktive Zelle** dar. Deren Adresse wird übrigens im Feld links neben der Bearbeitungsleiste eingeblendet.

> **Hinweis**
>
> *Sie können auch die Cursortasten (→, ←, ↑, ↓) verwenden, um Zellen anzuwählen. Die ⇥-Taste wählt die rechts neben der aktuellen Zelle liegende Zelle als neue aktive Zelle aus. Mit ⇧+⇥ gehen Sie eine Zelle nach links.*

Um ein neues Dokument in Excel, Calc oder in der Works-Tabellenkalkulation anzulegen, klicken Sie einfach auf die Schaltfläche *Neu*. Ähnlich wie bei Word erlaubt Ihnen der Befehl *Neu* im Menü *Datei*, eine Arbeitsmappe bzw. ein Kalkulationsblatt über eine Vorlage anzulegen. Eine neu in Excel oder Calc angelegte **Arbeitsmappe** enthält meist drei leere mit »Tabelle1« bis »Tabelle3« beschriftete Arbeitsblätter.

Im unteren Teil des Dokuments sehen Sie die Registerreiter mit den Namen dieser Arbeitsblätter.

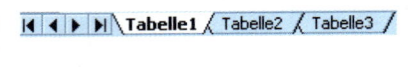

Diese Registerreiter werden in Excel als **Blattregister** und in Calc als **Tabellenregister** bezeichnet. Durch Anklicken der Register können Sie auf die einzelnen Arbeitsblätter des Dokuments zugreifen. Sie arbeiten dabei immer mit dem Arbeitsblatt, dessen Registerreiter hell angezeigt wird.

> **Hinweis**
> *Klicken Sie mit der rechten Maustaste auf ein Blattregister, finden Sie im Kontextmenü Befehle, um ein Arbeitsblatt umzubenennen, das markierte Blatt zu löschen oder ein neues Blatt einzufügen.*

Tabellenkalkulation – die ersten Schritte

Das Arbeiten mit einem Tabellenkalkulationsprogramm ist sehr einfach. Dies soll jetzt am Beispiel eines Haushaltsbuchs, welches die Einnahmen und die Ausgaben für einen bestimmten Zeitraum einander gegenüberstellt, schrittweise demonstriert werden. In den folgenden Abbildungen wurde Excel 2000 benutzt. Sie können das Beispiel aber in beliebigen Excel-Versionen, in Calc oder mit der Works-Tabellenkalkulation durchführen. Bei Abweichungen in der Bedienung zu Excel 2000 findet sich ein Hinweis im Text.

1 Falls nicht schon geschehen, starten Sie das Tabellenkalkulationsprogramm oder holen sich ein neues Dokument durch Anklicken der Schaltfläche *Neu*.

2 Bei Excel oder Calc klicken Sie mit der rechten Maustaste auf den Registerreiter des Arbeitsblatts »Tabelle1« und wählen im Kontextmenü den Befehl *Umbenennen*.

3 Tippen Sie den gewünschten Namen ein. Bei Excel lässt sich das Blattregister direkt umbenennen, bei Calc wird der neue Name in einem Dialogfeld angezeigt.

4 Bestätigen Sie den neuen Namen durch Drücken der ⏎-Taste.

Excel und Calc übernehmen jetzt den neuen Namen für das Arbeitsblatt. Auf diese Weise können Sie die **Arbeitsblätter** beispielsweise nach den einzelnen Monaten **benennen**. Brauchen Sie ein neues Arbeitsblatt, wählen Sie im Kontextmenü den Befehl *Einfügen* und legen dann im angezeigten Dialogfeld die gewünschten Optionen fest. Sie können einen Registerreiter übrigens per Maus (waagerecht) ziehen und so die Reihenfolge der Arbeitsblätter umstellen.

> ### Achtung
> Der Name für ein Arbeitsblatt darf bis zu 31 Zeichen lang sein. Sie können Leerzeichen im Namen verwenden (z.B. »Haushaltsbuch Januar«). Nicht erlaubt sind jedoch die Zeichen [ ] : / \ ? und *. Weiter muss der Name in der Arbeitsmappe eindeutig sein, d.h., Sie können den gleichen Namen nicht zweimal vergeben.

Nun können Sie mit der Eingabe der Rubrik »Einnahmen« in der Tabelle beginnen.

1 Klicken Sie auf die Zelle A3.

2 Tippen Sie »Einnahmen« ein und drücken Sie die ⏎-Taste.

	A	B
1		
2		
3	Einnahmen	
4		

Der eingegebene Text wird in der Zelle angezeigt. Gleichzeitig wird eine andere Zelle als aktive Zelle hervorgehoben.

3 Ergänzen Sie die übrigen Einträge der Spalte A um die hier gezeigten Texte.

Standardmäßig verschiebt Excel beim Drücken der ⏎-Taste die aktive Zelle eine Zeile tiefer. Sie brauchen daher nur die Texte einzutippen und dann die ⏎-Taste zu drücken.

	A
1	
2	
3	Einnahmen
4	Gehalt
5	Einmalzahlung
6	
7	
8	
9	
10	
11	
12	
13	
14	Summe

> ### Hinweis
> **Ist** Ihnen bei der Eingabe in einer Zelle **ein Fehler passiert**? Drücken Sie die Esc-Taste, wird die aktuelle Eingabe verworfen. Wurde die Eingabe abgeschlossen, können Sie den letzten Befehl über die Tastenkombination Strg+Z, den Befehl *Rückgängig* im Menü *Bearbeiten* (oder die Schaltfläche Rückgängig) zurücknehmen. Fällt Ihnen der Fehler erst später auf, klicken Sie auf die Zelle und geben Sie den neuen Wert ein.

*Klicken Sie in die Zelle, lassen sich auch Teilwerte des Zellinhalts in der **Bearbeitungsleiste** markieren und bearbeiten.*

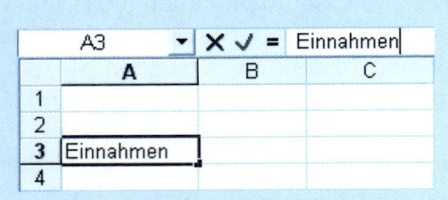

Ähnlich wie bei Word lässt sich ein Zeichen links von der Textmarke mit der Taste ⌫ und rechts von der Textmarke mit der Taste Entf löschen. Tippen Sie einen neuen Text ein, wird dieser eingefügt. Die Schaltfläche Abbrechen (mit dem roten Kreuz) der Bearbeitungsleiste oder die Esc-Taste verwerfen die Eingaben. Klicken Sie auf das grüne Häkchen oder drücken Sie die ↵-Taste, dann überträgt Excel (bzw. das Tabellenkalkulationsprogramm) die Eingabe aus der Bearbeitungsleiste in die aktive Zelle.

Haben Sie die Texte in der Rubrik für die Eingaben eingegeben, sollten Sie jetzt die Ausgabespalte ergänzen.

1 Klicken Sie auf die Zelle D3, tippen Sie den Text »Ausgaben« ein, und drücken Sie dann die ↵-Taste.

2 Ergänzen Sie die Ausgabespalte um die hier gezeigten Texte.

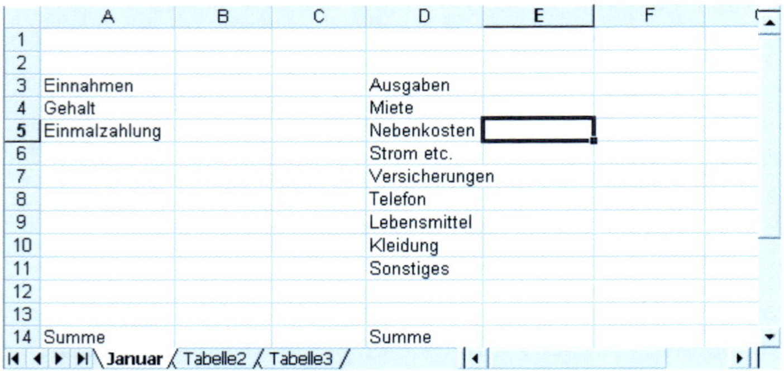

	A	B	C	D	E	F
1						
2						
3	Einnahmen			Ausgaben		
4	Gehalt			Miete		
5	Einmalzahlung			Nebenkosten		
6				Strom etc.		
7				Versicherungen		
8				Telefon		
9				Lebensmittel		
10				Kleidung		
11				Sonstiges		
12						
13						
14	Summe			Summe		

Tipp

*Gelegentlich ist eine Tabellenspalte zu eng, dann wird der Inhalt der Zellen abgeschnitten oder Zahlen werden mit den Zeichen #### dargestellt. Sie können die **Spaltenbreite** aber jederzeit **anpassen**.*

Zeigen Sie auf den Spaltentrenner zwischen den Spaltenköpfen und warten Sie, bis der Mauszeiger die hier gezeigte Form annimmt.

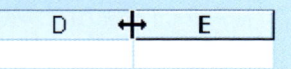

Basiswissen Tabellenkalkulation

> *Dann ziehen Sie den Spaltentrenner einfach bei gedrückter linker Maustaste nach rechts, bis die Spalte breit genug ist. Ein Doppelklick auf den Spaltentrenner passt die Spaltenbreite übrigens automatisch an den längsten Zelleintrag an. Die Zeilenhöhe lässt sich analog durch Ziehen des Zeilentrenners anpassen.*

Nach diesen Vorbereitungen können Sie nun mit dem **Eintippen der Zahlen** für Einnahmen und Ausgaben beginnen.

1 Klicken Sie in die Zelle B4, geben Sie den Betrag 2500,00 ein und drücken Sie die ⏎-Taste.

	A	B	C
1			
2			
3	Einnahmen		
4	Gehalt	2500,00	
5	Einmalzahlung		

2 Fügen Sie in der betreffenden Zelle der »Einmalzahlung« den Betrag von 50,50 hinzu.

Das Arbeitsblatt sieht dann so aus. Etwas merkwürdig ist dabei die Zahlendarstellung, da diese nicht den eingetippten Beträgen entspricht.

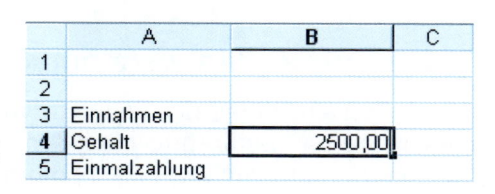

	A	B	C
1			
2			
3	Einnahmen		
4	Gehalt	2500	
5	Einmalzahlung	50,5	
6			

Bei dem von Excel und andere Kalkulationsprogrammen benutzen *Standard*-Zellformat werden bei Zahlen nur signifikante Ziffern angezeigt. Da die Angaben »2500,00« und »2500« den gleichen Wert ergeben, schneidet das Programm bei der Anzeige die den Wert nicht verändernden Nullen ab. Die Anpassung des Zellformats wird nachfolgend gezeigt.

> **Was ist das?**
>
> Das **Zellformat** legt fest, wie Zahlen, Texte oder sonstige Zellinhalte darzustellen sind. Zahlen erscheinen standardmäßig rechtsbündig, Texte linksbündig. Fett geschriebene oder ausgerichtete Zellinhalte werden genauso über das Zellformat gesteuert wie die Angabe über die Zahl der Stellen nach dem Komma.

3 Tippen Sie jetzt die restlichen Bezeichnungen für die Ausgabenspalte ein.

Das Ergebnis sollte dann so ähnlich wie hier gezeigt aussehen.

	A	B	C	D
2				
3	Einnahmen			Ausgaben
4	Gehalt	2500		Miete
5	Einmalzahlung	50,5		Nebenkosten
6				Strom etc.
7				Versicherungen
8				Telefon
9				Lebensmittel
10				Kleidung
11				Sonstiges
12				
13				
14	Summe			Summe

Format zur Zellanzeige anpassen

Sofern die Darstellung der Zellwerte nicht den Anforderungen entspricht, müssen Sie das Zellformat anpassen. Das Zellformat soll jetzt für eine Zahlendarstellung mit zwei Nachkommastellen angepasst werden.

1 Markieren Sie den **Zellbereich**, indem Sie auf die Zelle B4 klicken und dann die Maus bei gedrückter linker Maustaste bis zur Zelle B14 ziehen.

Der markierte Zellbereich wird farbig hinterlegt und durch einen Rahmen abgegrenzt.

2 Klicken Sie mit der rechten Maustaste auf den markierten Zellbereich und wählen Sie im Kontextmenü den Befehl *Zellen formatieren* bzw. *Format* (bei Works).

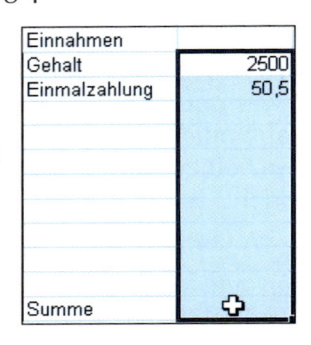

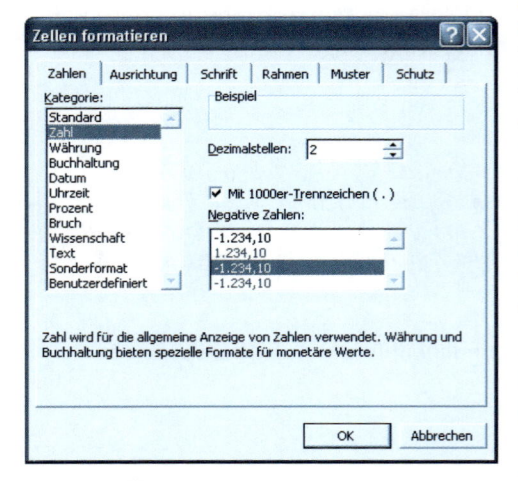

3 Im dann angezeigten Dialogfeld wählen Sie die Registerkarte zur Zahlendarstellung, klicken auf die gewünschte Kategorie (z.B. »Zahl«) und stellen dann die Dezimalstellen auf den Wert 2.

Die Dialogfelder zum Abruf der Formatoptionen ähneln sich in Excel, Calc und der Works-Tabellenkalkulation. Hier sehen Sie die Registerkarte *Zahlen* aus Excel. Sobald Sie eine Formatkategorie wählen, werden die Optionen zur Formatierung angezeigt. In der Liste finden Sie übrigens auch das *Standard*-Zellformat (in Calc als »Alle« bezeichnet).

4 Wiederholen Sie die obigen Schritte jetzt für die Rubrik »Ausgaben«.

Die Tabelle sollte anschließend nach der Anpassung des Zellformats folgende Zahlendarstellung aufweisen.

	A	B	C	D	E	F
2						
3	Einnahmen			Ausgaben		
4	Gehalt	2.500,00		Miete	700,00	
5	Einmalzahlung	50,50		Nebenkosten	200,00	
6				Strom etc.	50,00	
7				Versicherungen	100,00	
8				Telefon	70,00	
9				Lebensmittel	500,00	
10				Kleidung	300,00	
11				Sonstiges	20,00	
12						
13						
14	Summe			Summe		
15						

Da Sie den gesamten Zellbereich einer Spalte bis zum Feld »Summe« markiert haben, wird das Zellformat auch für die noch leeren Zellen gesetzt. Tragen Sie später Werte in diese Zellen ein, werden diese automatisch in der betreffenden Darstellung angezeigt.

> **Tipp**
>
> *Microsoft Excel enthält in der Symbolleiste die beiden nebenstehenden Schaltflächen* Dezimalstelle hinzufügen *und* Dezimalstelle löschen, *über die Sie Dezimalstellen ergänzen oder entfernen können.*
>
> *Bei Calc gibt es zwei äquivalente Schaltflächen, die mit* Zahlenformat: Dezimalstelle hinzufügen *bzw.* Zahlenformat: Dezimalstelle löschen *benannt sind. Haben Sie Zellen mit Zahlen markiert, können Sie durch Anklicken der Schaltfläche (Zahlenformat:)* Dezimalstelle hinzufügen *die Anzeige der Nachkommastellen erzwingen. Bei jedem Mausklick wird eine Nachkommastelle zur Anzeige hinzugefügt. Bei der Works-Tabellenkalkulation fehlen diese Schaltflächen. Es besteht jedoch die Möglichkeit, die in allen Tabellenkalkulationsprogrammen vorhandene Schaltfläche* Währung *zu benutzen. Diese bewirkt die Darstellung mit zwei Nachkommastellen, blendet gleichzeitig aber das Währungssymbol mit ein.*

Berechnungen in die Tabelle einbauen

Mit den obigen Schritten haben Sie letztendlich eine einfache Tabelle bzw. Liste angelegt. Sie erkennen sicherlich schon, dass sich Tabellenkalkulationsprogramme hervorragend zum Erstellen von Listen (Telefonlisten, Adresslisten, Mitgliederlisten, Bestandslisten etc.) eignen. Das Eintippen der Werte in das Arbeitsblatt ist aber nur die halbe Miete. So etwas hätten Sie auch irgendwie mit Word oder handschriftlich ausführen können. Der Vorteil bei der Tabellenkalkulation liegt darin, dass das Programm automatisch die **Einnahmen** sowie die Ausgaben **summieren** und dann auch die **Differenz** beider Werte **ermitteln** kann.

1 Markieren Sie die Zelle B14 per Mausklick. Diese Zelle soll die Summe der Spalte »Einnahmen« aufnehmen.

2 Klicken Sie in der Symbolleiste des Programmfensters auf die mit *Summe* bzw. *AutoSumme* bezeichnete Schaltfläche.

Im Arbeitsblatt wird der in der Nähe liegende Zahlenblock (z.B. durch eine umlaufende Linie) markiert. Diese Markierung zeigt Ihnen an, welche Zellen in die Berechnung eingehen. In der Zelle B14 wird jetzt die Formel »=SUMME(…)« eingeblendet. Die Angabe B4:B13 in der Klammer steht für den markierten Zellbereich.

3 Drücken Sie die ⏎-Taste, um die Formel zu bestätigen. Das Ergebnis erscheint in der Zelle B14. Da Sie das Zellformat bereits in den vorherigen Schritten festgelegt haben, wird das Ergebnis automatisch mit Nachkommastellen versehen.

Basiswissen Tabellenkalkulation

Hinweis

Das Tabellenkalkulationsprogramm analysiert bei Anwahl der Schaltfläche zum Summieren die Umgebung der aktiven Zelle. Werden in der Nachbarschaft Zahlen in einer Zeile oder Spalte gefunden, markiert das Programm die betreffenden Zellen. Sie können aber jederzeit andere Zellen anklicken und einen Bereich durch das Ziehen mit der Maus markieren. Der betreffende Zellbereich wird mit der umlaufenden (gestrichelten oder durchgezogenen) Linie markiert. Bei Bedarf können Sie aber einen neuen Zellbereich per Maus markieren. Sobald Sie diese Auswahl durch Drücken der ⏎-Taste bestätigen, wird die Bereichsangabe in die Zielzelle übernommen.

Bei der Anwendung der obigen Formel wurde der gesamte Bereich von der Zelle B4 bis zur Zelle B13 summiert, obwohl einige Zellen leer sind. Das bietet Ihnen die Möglichkeit, weitere Werte in die Zeilen 6, 7 usw. einzutragen, ohne die Formel ändern zu müssen. Sobald Sie etwas an den Zahlen der Tabelle ändern, wird automatisch das Ergebnis neu berechnet und in der Zelle B14 angezeigt.

4 Wiederholen Sie jetzt die obigen Schritte, indem Sie die Zelle E14 anklicken und dann die Summenfunktion erneut anwenden.

Wenn Sie alles richtig gemacht haben, sollte jetzt auch die Summe der Ausgaben in der betreffenden Zelle erscheinen. Nun bleibt noch die Aufgabe, die Differenz zwischen Einnahmen und Ausgaben zu ermitteln.

1 Klicken Sie auf die Zelle A16 und geben Sie den Text »Differenz« ein.

2 Weisen Sie der Zelle B16 ein Zellformat mit zwei Nachkommastellen zu.

3 Um die Differenz der Inhalte der Zellen B14 und E14 bestimmen und in der Zelle B16 abzulegen, können Sie die Formel »=B14 – E14« eintippen und über die ⏎-Taste bestätigen.

Tipp

Sobald Sie das Gleichheitszeichen = per Tastatur eingeben, erkennt das Tabellenkalkulationsprogramm eine Formeleingabe. Sie können dann die Zellbezüge durch Anklicken der jeweiligen Zellen ergänzen. Für die Formel »=B14 – E14« geben Sie z.B. das Gleichheitszeichen ein, klicken dann auf die Zelle B14, tippen das Minuszeichen ein und klicken dann auf die Zelle E14. Das Tabellenkalkulationsprogramm übernimmt beim Klicken auf die Zellen automatisch die Zellbezüge (z.B. B14) in die Formel. Sie brauchen dann nur die Operanden direkt per Tastatur einzutippen.

> **Hinweis**
>
> Möchten Sie die **Formel erneut sehen**, klicken Sie einfach auf die betreffende Zelle. Excel blendet die Formel dann sowohl in der Zelle als auch in der Bearbeitungsleiste ein. Sie können den Ausdruck dort anklicken und in der Bearbeitungsleiste korrigieren.

Das Tabellenkalkulationsprogramm zeigt nach der Eingabe der Formel das Ergebnis der Berechnung in der Zielzelle. Das sieht dann wie in diesem Arbeitsblatt aus.

Sobald Sie anschließend etwas an den Zahlen ändern (z.B. Werte korrigieren oder hinzufügen) wird bei jedem Drücken der ⏎-Taste das komplette Arbeitsblatt mit allen Formeln durchgerechnet.

	A	B	C	D	E
2					
3	Einnahmen			Ausgaben	
4	Gehalt	2.500,00		Miete	700,00
5	Einmalzahlung	50,50		Nebenkosten	200,00
6				Strom etc.	50,00
7				Versicherungen	100,00
8				Telefon	70,00
9				Lebensmittel	500,00
10				Kleidung	300,00
11				Sonstiges	20,00
12					
13					
14	Summe	2.550,50		Summe	1940,00
15					
16	Differenz	610,50			

Anschließend sehen Sie das aktualisierte Ergebnis. Wenn Sie sich jetzt einmal ein Arbeitsblatt mit vielen Berechnungsformeln vorstellen, wird klar, welche Arbeitserleichterung ein Tabellenkalkulationsprogramm bietet.

> **Hinweis**
>
> An dieser Stelle muss die Kurzeinführung in das Arbeiten mit Tabellenkalkulationsprogrammen aus Platzgründen enden. Mit Excel, Calc oder Works lässt sich viel mehr bewerkstelligen. Sie können die Zellen markieren und dann formatieren. Zudem lassen sich Arbeitsblätter speichern, laden und drucken. Das geht alles ähnlich wie bei Word. Die Programme erlauben auch komplexere Funktionen (z.B. Zinsberechnungen) oder die Darstellung von Zahlen in Diagrammform. Konsultieren Sie ggf. die bei Markt + Technik erschienenen Easy-Titel zu Excel, Office oder StarOffice 6.

Datenbankfunktionen

Eine **Datenbank** ermöglicht Ihnen die strukturierte Speicherung von Daten, meist in Form von Tabellen. Die **Spalten** der Tabelle bezeichnet man als **Felder**. Bei einer Datenbank zur Speicherung von Personendaten könnten die Felder »Name«, »Vorname«, »PLZ«, »Ort«, »Straße«, »Hausnr.«, »Geburtsdatum«, »Geschlecht« etc. vorhanden sein. Im Gegensatz zu Tabellenkalkulationsprogrammen kann in der Datenbank jedem Feld ein besonderer Datentyp (Text, Zahl, Datum) zugeordnet werden. In diese leere Tabellenstruktur lassen sich dann Daten für mehrere Personen eintragen. Die Daten einer Person finden sich in einer Zeile der Tabelle. Eine solche **Zeile wird** im Datenbankbereich **als Datensatz bezeichnet**. Neben der Möglichkeit, jedem Feld einen speziellen Datentyp zuzuweisen, bieten Datenbanken gegenüber Tabellenkalkulationsprogrammen meist Funktionen (z.B. Formulare mit Schaltflächen), um zwischen den Datensätzen zu blättern oder um Daten gezielt nach Kriterien aus dem Datenbestand herauszusuchen (z.B. alle Personen, die im Postleitzahlenbereich 60000 bis 80000 wohnen).

Mit dem in manchen Office-Paketen enthaltenen Programm **Microsoft Access** stehen Ihnen Datenbankfunktionen zur Verfügung. Das auf vielen neuen Computern installierte **Microsoft Works besitzt** ebenfalls eine sehr einfache **Datenbankfunktion**, die sich über den Works-Startdialog aufrufen lässt.

Datenbanken in Works anlegen

Um in Works eine der vorgefertigten Datenbankanwendungen zu nutzen, gehen Sie folgendermaßen vor:

1 Starten Sie Microsoft Works (z.B. über das Windows-Startmenü).

2 Wählen Sie in der linken Spalte des Works-Fensters den Eintrag *Works-Datenbank*.

3 Markieren Sie in der rechten Spalte des Works-Fensters einen der Einträge (z.B. *Kochbuch* bzw. *Tabellen für Hausinventar* etc.) und klicken Sie dann auf den eingeblendeten Hyperlink *Start*.

4 Sobald Works das Dialogfeld des Assistenten öffnet, wählen Sie die gewünschte Variante aus und bestätigen dies über die *OK*-Schaltfläche des Dialogfelds.

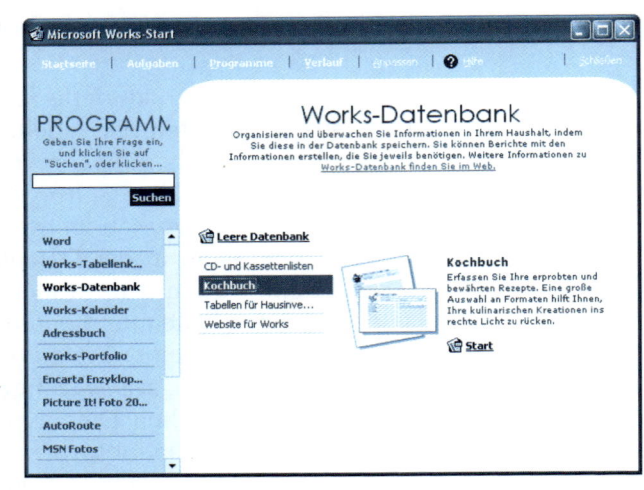

Works erstellt dann die betreffende Datenbankanwendung auf Basis dieser Vorlage. Sie können die betreffende Anwendung anschließend für Ihre Zwecke nutzen.

Hier sehen Sie eine als Works-Datenbank realisierte Rezeptverwaltung. Sobald Sie die Datenbank angelegt haben, blendet Works ein Formular zur Dateneingabe ein.

Klicken Sie auf einen der Platzhalter im Formular, lassen sich die zugehörigen Daten eintippen (oder in einer Art Bearbeitungsleiste pflegen).

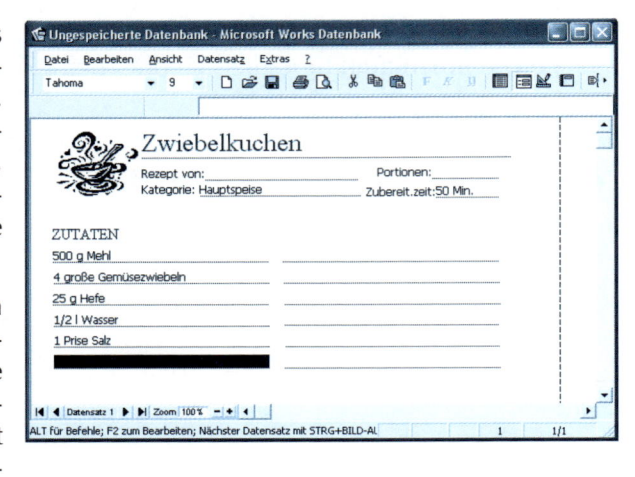

Zum Blättern zwischen den einzelnen Rezepten (sprich den Datensätzen), verwenden Sie die Schaltflächen am linken unteren Fensterrand.

Datenbankfunktionen

> **Hinweis**
>
> *Die im rechten Teil des Fensters eingeblendete Hilfe zur Works-Datenbank können Sie bei Bedarf schließen.*

Soll die Struktur der Works-Datenbank individuell aufgebaut werden, müssen Sie folgendermaßen vorgehen:

1 Wählen Sie in der linken Spalte des Works-Fensters den Eintrag *Works-Datenbank*. Danach müssen Sie die Option *Leere Datenbank* (entweder rechts im Fenster oder im angezeigten Dialogfeld) wählen. Alternativ können Sie im Works-Datenbankfenster auf die Schaltfläche *Neu* klicken.

Works öffnet jetzt ein Dialogfeld, in dem Sie den Feldnamen und das Format für die Datenbanktabelle festlegen müssen.

2 Geben Sie den Namen für das erste Feld in *Feldname* ein und legen Sie in der Gruppe *Format* das Darstellungsformat (Standard, Zahl etc.) fest.

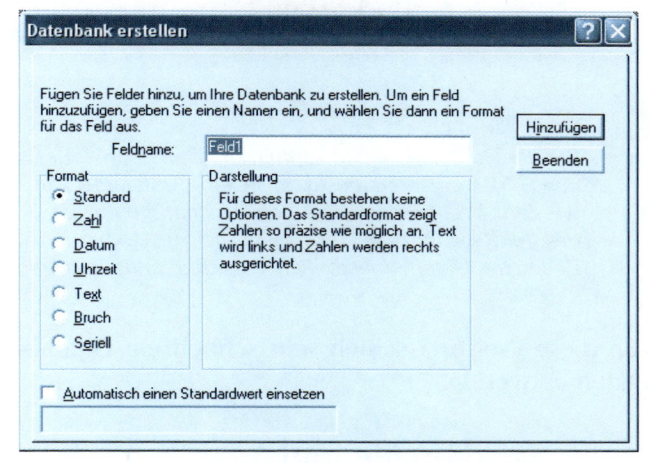

3 Markieren Sie ggf. noch das Kontrollkästchen *Automatisch einen Standardwert einsetzen* und tragen Sie den Standardwert im zugehörigen Textfeld ein.

4 Klicken Sie auf die Schaltfläche *Hinzufügen*, um das Feld zum Tabellenentwurf hinzuzufügen.

5 Wiederholen Sie die Schritte 2 bis 4 für alle Felder der Datenbanktabelle.

6 Schließen Sie das Dialogfeld über die Schaltfläche *Beenden*.

Die Works-Datenbank wird anschließend die neue, aber noch leere Tabelle (mit der von Ihnen angelegten Feldstruktur) in der Datenblattansicht darstellen.

343

Sie können dann auf die Felder der Tabelle klicken und Daten eingeben. Hier sehen Sie eine Tabelle zur Aufnahme von Personendaten in der Datenblattansicht.

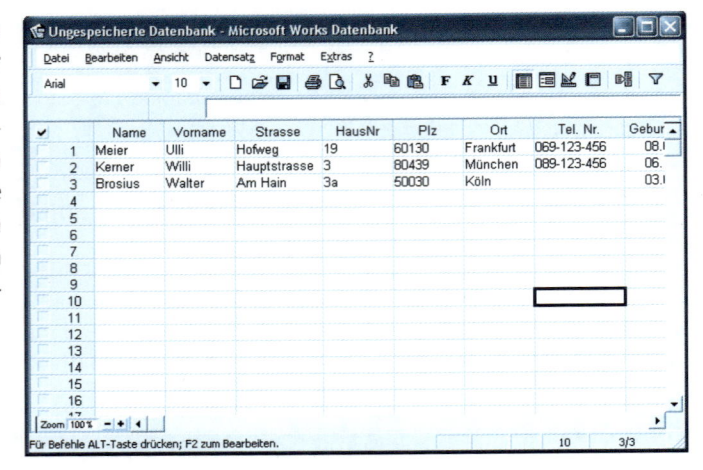

> **Hinweis**
>
> *Bei der Dateneingabe akzeptiert die Datenbank nur Daten, die dem Datentyp des Feldes entsprechen (d.h., in ein Zahlenfeld kann kein Text eingetragen werden). Weiter werden Zahlen automatisch im gewählten Darstellungsformat des Feldes angezeigt. Im Gegensatz zu Kalkulationstabellen können in den Zellen der Datenbanktabellen keine Berechnungsformeln eingetragen werden.*

Auf diese Weise lässt sich sehr schnell ein Datenblatt zur Aufnahme von Daten entwerfen.

Datenbankbefehle und Anzeigemodi

Bei einer Works-Datenbank lassen sich die darin enthaltenen Daten als Datenblatt/Tabelle, über ein Formular oder als Bericht abrufen. Aktuelle Daten können Sie im Formular oder in der Tabellenblattansicht korrigieren. Neue Datensätze werden dagegen immer am Ende der jeweiligen Tabelle angehängt.

- Über das Menü *Datensatz* rufen Sie Befehle zum **Anfügen** eines neuen Datensatzes, zum **Löschen** bestehender **Datensätze**, zum Sortieren usw. ab.

- Über das Menü *Ansicht* können Sie zwischen den verschiedenen **Anzeigemodi** (Liste, Formular, Bericht, Formularentwurf) umschalten.

- Alternativ verwenden Sie die nebenstehend gezeigten Schaltflächen des Works-Datenbankfensters zur Auswahl des Anzeigemodus.

Datenbankfunktionen

Das Menü *Datei* sowie die Symbolleiste bieten Befehle zum **Speichern**, **Drucken** und **Laden einer Datenbank**. Diese Befehle funktionieren wie bei anderen Works- und Windows-Anwendungen.

Schalten Sie beispielsweise die **Datenbank** mit den Rezepten von der oben gezeigten **Formularansicht** zur **Tabellenblattansicht** um, erscheint ähnlich wie bei der Works-Tabellenkalkulation eine Tabelle.

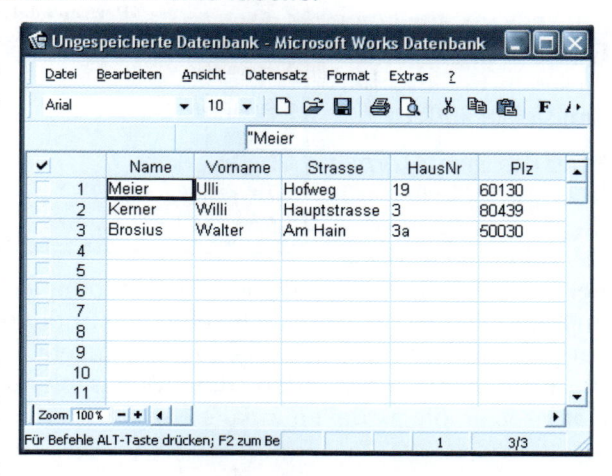

Die Spaltenköpfe der Tabelle sind aber mit den Feldnamen belegt. Die Zeilen zeigen die Daten der Datensätze.

In der linken unteren Ecke des Fensters finden Sie die Schaltflächen zum Navigieren zwischen den einzelnen Datensätzen. Klicken Sie auf das Feld eines Datensatzes (hier auf das Feld »Name« im ersten Satz), blendet Works den Feldinhalt in der Bearbeitungsleiste ein.

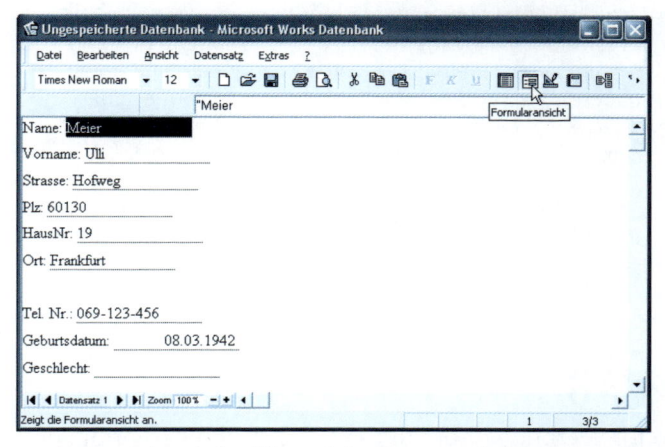

Schalten Sie zur Formularansicht um, ordnet die Works-Datenbank die Felder in einer einfachen Liste an. Über die Schaltflächen in der linken unteren Ecke lässt sich zwischen den Datensätzen navigieren.

Gefällt Ihnen die Darstellung der Formularansicht nicht, lässt sich diese auch über den Anzeigemodus **Formularentwurf anpassen**.

1 Klicken Sie in der Symbolleiste auf die Schaltfläche *Formularentwurf*.

345

2 Passen Sie anschließend die im Formularentwurf angezeigten Felder der Datenbank an.

Sie können beispielsweise die **Felder per Maus ziehen** und damit anders anordnen. Klicken Sie auf einen **Feldnamen**, lässt sich dieser in der Bearbeitungsleiste **ändern**.

Über das Menü *Format* lassen sich die Texte für die Feldnamen sowie die **Feldinhalte formatieren** (Schriftarten, Schriftgrad, Zeichenformate, Hintergrundfarben etc.). Im Menü *Einfügen* finden Sie Befehle, um Bilder oder **Zeichenelemente im Formular** aufzunehmen. Die gepunktet eingerahmten Felder sind direkt an die Datenbank angebunden, d.h., Works blendet beim Blättern in den Datensätzen die aktuellen Inhalte ein.

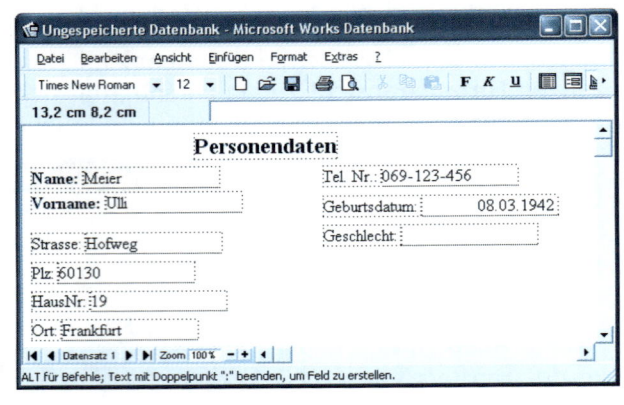

> **Hinweis**
>
> *Die Behandlung der Datenbankfunktionen wurde hier nur sehr kurz angerissen. Das hat mehrere Gründe. Das Programm Access ist nicht in allen Microsoft-Office-Paketen enthalten. Viele Leser werden daher keinen Zugang zu Microsoft Access haben. Die Works-Datenbank besitzt nur eine eingeschränkte Funktionalität. Um sinnvoll mit einer Datenbank arbeiten zu können, benötigen Sie Kenntnisse der Datenbanktheorie und müssen detailliert wissen, wie Tabellen mit Feldern entworfen, mit Daten gefüllt, durch Formulare und Berichte ergänzt und dann genutzt werden. Dies sprengt aber bei weitem den Rahmen dieses Buchs. Greifen Sie bei Bedarf auf die zu Microsoft Access angebotenen Easy-Titel des Verlags zurück.*

Präsentationsprogramme

Präsentationsunterlagen für Werbung oder Vorträge lassen sich hervorragend per Computer erstellen. Über die betreffenden Programme können Sie Folien oder Dias erstellen oder die Präsentation direkt am PC durchführen. Besitzer von **Microsoft Office** verfügen mit **PowerPoint** bereits über das geeignete Präsentationsprogramm. Wer **StarOffice** oder **OpenOffice** installiert hat, kann seine Präsentationen mit dem Programm **Impress** erstellen.

Hinweis

PowerPoint lässt sich meist im Startmenü über den Zweig (Alle) Programme/ Microsoft PowerPoint *aufrufen. Das Programm Impress finden Sie in der Programmgruppe, die für StarOffice bzw. OpenOffice im Startmenü angelegt wird (z.B.* (Alle) Programme/StarOffice/Impress*).*

Eine Präsentation erstellen

Eine Präsentation in PowerPoint oder Impress besteht aus einer oder mehreren Seiten, die in PowerPoint aber als Folien bezeichnet werden. Im ersten Schritt müssen Sie daher ein neues Dokument anlegen und die benötigten Seiten bzw. Folien erzeugen. Diese Seiten können leer oder bereits mit einem bestimmten Design versehen sein. Sowohl PowerPoint als auch Impress bieten die Möglichkeit, eine Präsentation über einen Assistenten erstellen zu lassen. Dann werden Sie durch die Schritte zur Auswahl der Optionen geführt. Eine Präsentation lässt sich aber auch individuell mit wenig Aufwand erstellen. Die nachfolgenden Schritte beschreiben den Ablauf für PowerPoint und für Impress.

1 Starten Sie PowerPoint bzw. Impress und warten Sie, bis das Dialogfeld zum Anlegen eines neuen Dokuments erscheint.

2 Wählen Sie die Option *Leere Präsentation* im Dialogfeld und bestätigen Sie dies über die Schaltfläche *OK* (PowerPoint) bzw. *Fertig stellen* (Impress).

3 Im dann angezeigten Dialogfeld (hier für PowerPoint) wählen Sie ein AutoLayout für die neue Seite aus (in Impress geben Sie außerdem den Seitentitel ein). Bestätigen Sie die Auswahl über die *OK*-Schaltfläche.

4 Um die neu eingefügte Seite mit Inhalten zu füllen, klicken Sie im Dokumentbereich auf die Platzhalter und tippen den gewünschten Text ein. Platzhalter für Grafiken sind per Doppelklick anzuwählen. Dann erscheint ein Dialogfeld zur Auswahl der Grafikdatei.

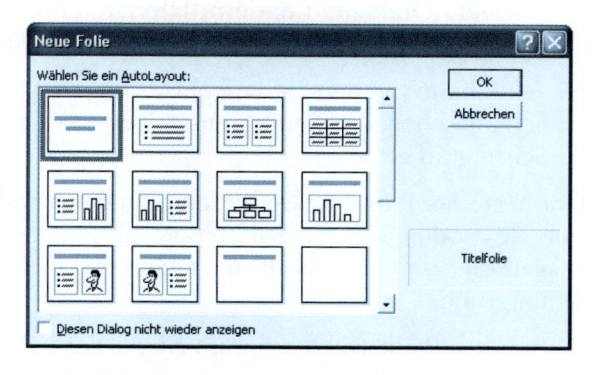

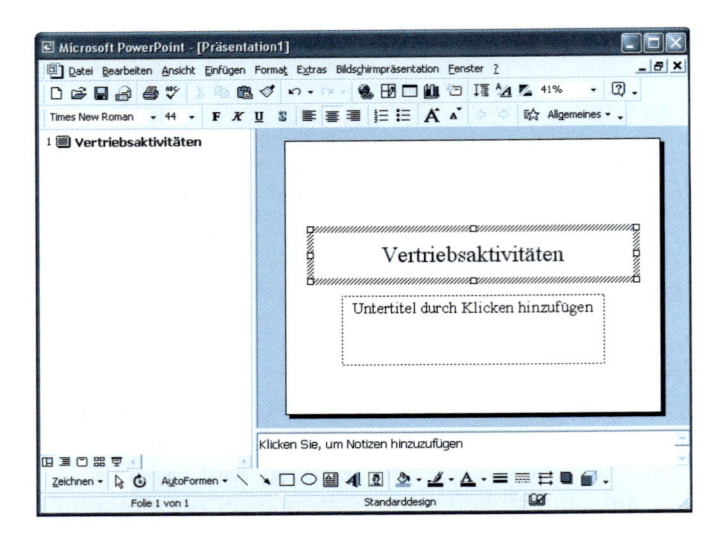

Auf diese Weise lässt sich eine Seite gestalten. Das AutoLayout bestimmt, welche Elemente (Überschriftstexte, Text mit Aufzählungen, Seiten mit Grafiken etc.) eingefügt werden können.

■ Möchten Sie eine neue Seite zum Dokumentbereich hinzufügen, wählen Sie im Menü *Einfügen* den Befehl *Seite* (Impress) bzw. *Neue Folie* (PowerPoint) und führen dann erneut die Schritte 3 und 4 aus. Im Menü *Bearbeiten* finden Sie zudem den Befehl, um eine Seite wieder zu löschen.

■ Das Layout einer Seite lässt sich nachträglich über das in Schritt 3 eingeblendete Dialogfeld ändern. Hierzu wählen Sie im Menü *Format* den Befehl *Folienlayout* (PowerPoint) bzw. *Seitenlayout ändern* (Impress).

■ Textinhalte können Sie wie bei Word per Maus markieren und über die Schaltflächen der Symbolleiste formatieren (z.B. Fettschrift, Schriftart, Schriftgrad etc.).

Jede Seite der Präsentation besteht dabei aus dem eigentlichen Seiteninhalt (d.h. Text oder Bilder) sowie einem optionalen Hintergrund. Impress und PowerPoint benutzen aber unterschiedliche Konzepte zur Gestaltung des Hintergrunds.

■ In PowerPoint wählen Sie im Menü *Format* den Befehl *Entwurfsvorlage übernehmen*. Dann können Sie in dem hier gezeigten Dialogfeld auf ein Präsentationsdesign klicken und dieses über die Schaltfläche *Übernehmen* aktivieren. Dieses Design legt sowohl die Schriftfarben als auch den Hintergrund fest. PowerPoint erlaubt Ihnen aber, über den Befehl *Folien-Farbskala* im Menü *Format* diese Farbzusammenstellung anzupassen.

Präsentationsprogramme

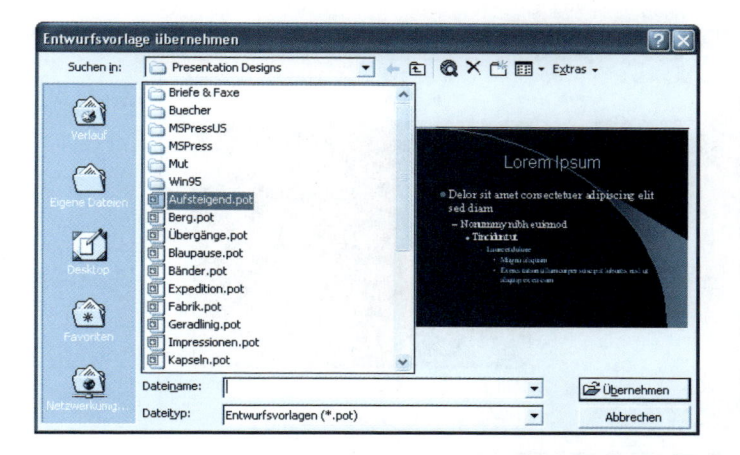

- In Impress wählen Sie im Menü *Format* den Befehl *Seite*. Auf der Registerkarte *Hintergrund* des Dialogfelds *Seite einrichten* können Sie dann eine Farbe, eine Schraffur, einen Farbverlauf oder ein Bitmap-Bild als Hintergrund wählen.

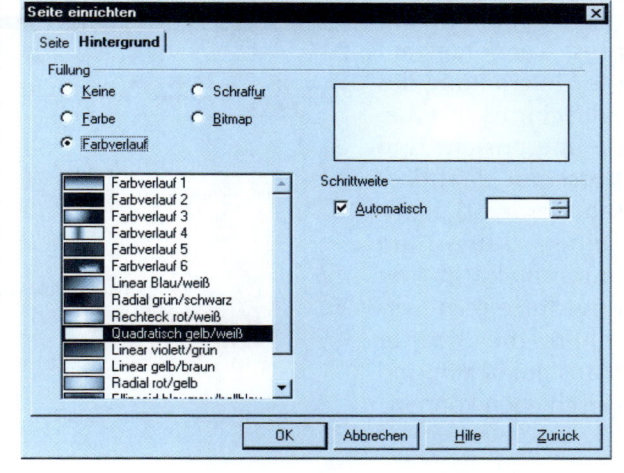

Über diesen Ansatz ist es möglich, die einzelnen Seiten der Präsentation mit einem Layout, einem Design und mit Inhalten zu füllen. Nachfolgend sehen Sie das Beispiel einer Präsentation mit drei Folien in PowerPoint. Die aktuell gewählte Folie erscheint im rechten Teilfenster als Vorschau. In der linken Spalte wird die Gliederungsansicht eingeblendet. Für jede Folie des Dokuments erscheint eine stilisierte Seite samt Folientitel in der Gliederungsansicht. Sie können die Reihenfolge der Folien innerhalb der Präsentation leicht ändern, indem Sie das Symbol der Seite in der Gliederungsansicht per Maus vertikal zur gewünschten Stelle ziehen.

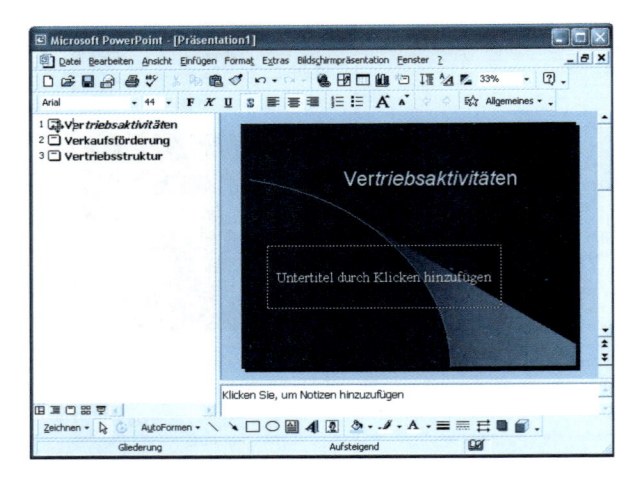

Das Programm Impress verzichtet auf die Unterteilung des Bildschirms in Gliederungsansicht und Vorschau. Stattdessen werden die einzelnen Seiten am unteren Rand mit Registerreitern versehen, die Sie per Maus anklicken und verschieben können.

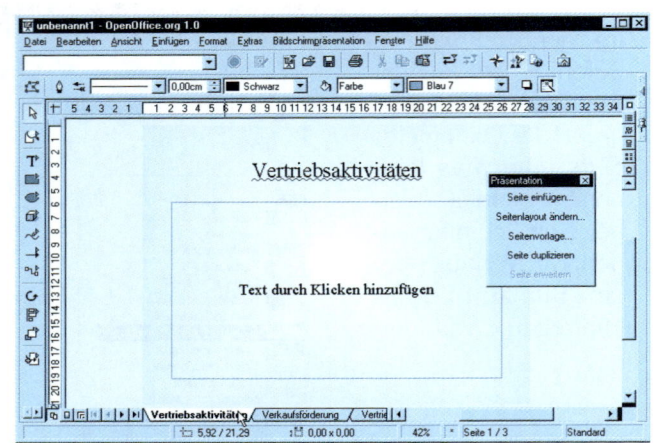

Hinweis

An dieser Stelle noch einige Tipps zur Erstellung Ihrer Präsentationen. **Planen Sie Ihre Präsentation vorab**. *Machen Sie sich Gedanken über die* **Zielgruppe** *und stimmen Sie Ihre Botschaft auf den Kreis der Adressaten ab. Überlegen Sie, was Sie sagen möchten und wie dies präsentiert werden soll. Richten Sie Ihr Augenmerk auch auf den Visualisierungsstil. Es hat sich vielfach bewährt, die Präsentation vorab mit ein paar groben Handskizzen (Scribbles) auf Papier zu entwerfen. Pro* **Seite** *sollten Sie* **nicht mehr als drei** *oder* **vier Punkte** *einplanen und* **Text** *mit einem* **großen Schriftgrad versehen** *(mindestens 36 Punkt). Diese Punkte kann der Zuhörer schnell aufnehmen und ggf. auch noch in der letzten Reihe ohne Opernglas erkennen. Verwenden Sie ein einheitliches Design (Hintergrund, Farben etc.) für alle Seiten.*

Über das Kontextmenü der Registerreiter können Sie in Impress die Seitentitel anpassen. Sie sehen also, dass das Erstellen einer Präsentation in PowerPoint oder Impress recht einfach ist.

Nach dem Erstellen der Präsentation können Sie diese speichern, erneut laden und ggf. die Seiten (auch für die als Handouts bezeichneten Unterlagen) drucken. Das funktioniert genauso wie bei Textverarbeitungsprogrammen über die Befehle des Menüs *Datei* bzw. über die Schaltflächen der *Standard*-Symbolleiste.

Wiedergabe einer Bildschirmpräsentation

Eine Präsentation lässt sich direkt am Bildschirm wiedergeben (und kann ggf. mit einem Projektor auf eine Leinwand geworfen werden). Die entsprechenden Schritte werden hier kurz dargestellt.

1 Laden Sie die Präsentation über den Befehl *Öffnen* des Menüs *Datei* bzw. über die *Öffnen*-Schaltfläche.

2 In PowerPoint sollten Sie die erste anzuzeigende Folie der Präsentation per Mausklick markieren.

3 Wechseln Sie nun zum Anzeigemodus *Bildschirmpräsentation*.

Bei PowerPoint finden Sie die Schaltfläche *Bildschirmpräsentation* in der linken unteren Ecke des Dokumentfensters. Zudem gibt es den gleichnamigen Befehl im Menü *Ansicht* oder Sie drücken die Funktionstaste [F5]. Bei Impress befindet sich die Schaltfläche *Bildschirmpräsentation starten* am rechten Fensterrand. Alternativ können Sie den gleichnamigen Befehl im Menü *Bildschirmpräsentation* wählen bzw. die Tastenkombination [Strg]+[F2] drücken. Das Fenster des Programms verschwindet und die erste Folie wird in Vollbilddarstellung angezeigt.

4 Anschließend können Sie zwischen den einzelnen Seiten der Präsentation blättern. Das Weiterschalten zur nächsten Seite erfolgt in beiden Programmen durch einen Mausklick mit der linken Maustaste oder durch Drücken der [↵]-Taste.

Ist das Ende der Präsentation erreicht, kehrt das Programm zur Normalansicht zurück. Eine laufende Präsentation können Sie jederzeit durch Drücken der [Esc]-Taste beenden.

> **Hinweis**
>
> *PowerPoint bietet zudem die Möglichkeit, durch Drücken der ⬅-Taste zur vorherigen Folie zurückzugehen. Außerdem können Sie mit der rechten Maustaste ein Kontextmenü abrufen und über dessen Befehle in der laufenden Präsentation blättern.*

Es führt an dieser Stelle zu weit, auf die vielfältigen Optionen der Präsentationsprogramme PowerPoint und Impress einzugehen. So können Sie Seitenwechsel mit Animationen und Effekten versehen oder Folien kommentieren. Hier sei auf weiterführende Titel zu Microsoft Office und zu StarOffice verwiesen.

Was gibt's noch?

Wenn Sie Microsoft Office besitzen oder mit Microsoft Works experimentieren, werden Sie auf zusätzliche Funktionen stoßen:

- Das Microsoft-Office-Programm **Outlook** ermöglicht Ihnen, Termine, Kontakte oder Notizen zu erfassen sowie Ihre elektronische Post zu bearbeiten.
- Mit dem **Works-Kalender** können Sie ebenfalls Ihre Termine verwalten.
- Die Funktion des Works-Adressbuchs greift letztendlich nur auf das Windows-**Adressbuch** zurück (siehe Kapitel 6).

Abgesehen von den reinen Büroprogrammen leistet die auf vielen Computern installierte Microsoft Works Suite noch einen Beitrag zu Ihrer Bildung. Das Programm **Encarta** ist **Lexikon** und **Weltatlas** zugleich und liefert Ihnen multimedial Informationen rund um den Globus. Im Programm **AutoRoute Express Europa** finden Sie Straßenkarten und können sich Fahrtstrecken durch Europa planen lassen – Sie brauchen nur noch Abfahrt- und Zielort einzugeben und die Strecke berechnen zu lassen. Die Strecke wird mit Autobahnabfahrten, Kilometer- und Zeitangaben sowie einer Karte ausgegeben. Den Streckenplan lassen Sie sich ausdrucken (mit der rechten Maustaste auf die Streckenliste klicken und im Kontextmenü *Drucken* wählen). Fertig! Das Programm **Picture It!** ermöglicht es, Bilder und Fotos anzusehen und zu bearbeiten (siehe Kapitel 9).

Zusammenfassung

In diesem Kapitel haben Sie einen Einblick in die Funktionen von Tabellenkalkulationsprogrammen, von Datenbanken und Präsentationsprogrammen erhalten. Je nach Bedarf wird eine Vielzahl weiterer Programme zur Unterstützung der Arbeit im Büro, im Verein oder beim Hobby angeboten. Hier sei auf die Angebote des Handels verwiesen.

Testen Sie Ihr Wissen

Zur Überprüfung Ihrer Kenntnisse können Sie die folgenden Fragen beantworten.

- **Was kann ich mit einem Tabellenkalkulationsprogramm tun?**

    Ein Tabellenkalkulationsprogramm ermöglicht es, Listen zu erstellen und wiederkehrende Berechnungen in Tabellen automatisiert vorzunehmen.

- **Wie geben Sie eine Berechnungsformel in einer Kalkulationstabelle ein?**

    Klicken Sie in die Zelle und geben Sie die Formel in der Form =A1 + 10 ein. Das Gleichheitszeichen leitet eine Formel ein, die Zellreferenzen, Konstante und Funktionsaufrufe enthalten darf.

- **Wie legen Sie in einer Kalkulationstabelle die Anzahl der Dezimalstellen fest?**

    Klicken Sie in die Zelle und geben Sie die Formel in der Form =A1 + 10 ein. Das Gleichheitszeichen leitet eine Formel ein, die Zellreferenzen, Konstante und Funktionsaufrufe enthalten darf.

- **Was ist eine Datenbank und welche Datenbankprogramme wurden in diesem Kapitel erwähnt?**

    Eine Datenbank ist ein Programm zur Verwaltung von Datenbeständen. Die Datenstrukturen lassen sich auf Tabellen abbilden, die Datensätze können über Tabellen oder Formulare gepflegt werden. Datenbanken bieten Funktionen, um die Daten nach bestimmten Kriterien abzufragen. Microsoft Access und die Works-Datenbank wurden in diesem Kapitel erwähnt.

- **Was ist ein Präsentationsprogramm?**

    Ein solches Programm erlaubt die einfache Gestaltung von Vortragsunterlagen in Form von Dias, Folien oder Computerpräsentationen. Microsoft PowerPoint und StarOffice Impress sind zwei Präsentationsprogramme, die hier vorgestellt wurden.

Kapitel 9

Alles rund ums Bild

> *Windows bietet Ihnen verschiedene Funktionen, mit denen Sie Fotos und Bilder anzeigen können. Zusätzlich unterstützt das Betriebssystem die Übernahme von Bildern von Scannern oder aus Digitalkameras. Sie können die Bilder ansehen, ausdrucken oder mit Programmen wie Picture It! oder Photoshop Elements bearbeiten. Mit dem Windows-Programm Paint können Sie Zeichnungen oder Grafiken erstellen. In diesem Kapitel erhalten Sie einen Überblick über diese Themen.*

Das können Sie schon:

Den Computer in Betrieb nehmen	37
Mit Windows-Fenstern und -Programmen arbeiten	59/67
Webseiten abrufen und verschiedene Internetdienste nutzen	156
E-Mails empfangen und versenden	228
Textdokumente erstellen und gestalten	274
Tabellenkalkulations- und andere Büroprogramme nutzen	326

Das lernen Sie neu:

Bildverwaltung – ein Überblick	356
Scanner und Digitalkameras	363
Arbeiten mit Paint	369
Foto- und Bildbearbeitung	381

Bildverwaltung – ein Überblick

Bilder und Fotos lassen sich sehr gut auf dem Computer in Dateien ablegen. Sie können die Fotos und Bilder ansehen, drucken und auch bearbeiten. Nachfolgend erhalten Sie einen Überblick über die Windows-Funktionen zur Bildverwaltung.

So lassen sich Fotos und Grafiken anzeigen

Benötigen Sie einen schnellen Überblick, was in einzelnen Bilddateien gespeichert ist?

1 Öffnen Sie das Ordnerfenster mit dem Ordner, in dem die Bilddateien hinterlegt sind (hier z.B. *Eigene Bilder*). Ab Windows 98 steht Ihnen der spezielle Unterordner *Eigene Bilder* im Ordner *Eigene Dateien* zur Speicherung von Grafiken und Fotos zur Verfügung. Umfangreichere Bildersammlungen (z.B. von einer Digitalkamera oder aus dem Internet) können Sie über weitere Unterordner strukturieren.

2 Stellen Sie den Anzeigemodus des Ordnerfensters auf *Miniaturansicht*. Rufen Sie dazu im Ordnerfenster den Menübefehl *Ansicht/Miniaturansicht* auf.

Windows zeigt nun den Inhalt der einzelnen Bilddateien in einer verkleinerten Ansicht an. Dadurch lässt sich ein gesuchtes Bild schnell finden und per Doppelklick in das zugehörige Programm (z.B. zur Bearbeitung) laden.

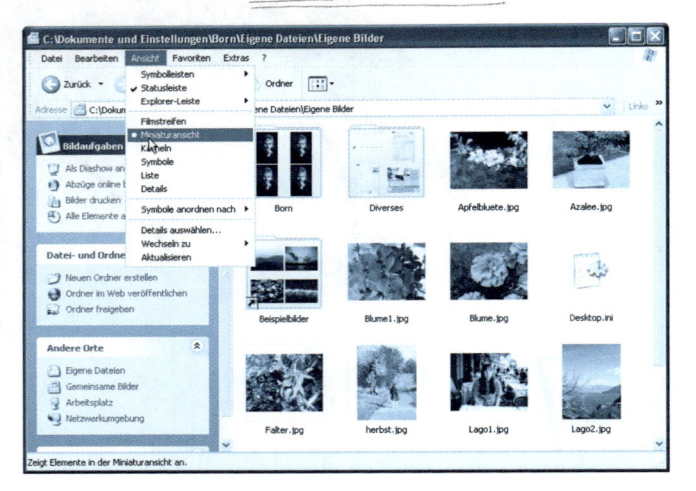

Tipp

Sollte unter Windows 98 der Befehl Miniaturansicht *im Menü* Ansicht *fehlen, müssen Sie die betreffende Darstellungsoption für diesen Ordner einschalten. Wechseln Sie zum übergeordneten Ordner, klicken Sie mit der rechten Maustaste auf das Ordnersymbol und wählen im Kontextmenü den Befehl* Eigenschaften. *Auf der Registerkarte* Allgemein *des Eigenschaftenfensters ist das Kontrollkästchen* Miniaturansicht aktivieren *zu markieren. Wenn Sie die Registerkarte danach schließen und wieder zum Ordner wechseln, sollte sich die Miniaturansicht abrufen lassen.*

In Windows XP können Sie Ordnern, die Bilder enthalten, ein spezielles Ordnersymbol zuweisen. Klicken Sie mit der rechten Maustaste auf das Ordnersymbol und wählen Sie den Kontextmenübefehl Eigenschaften. *Im Eigenschaftenfenster finden Sie die Registerkarte* Anpassen. *Über die Schaltfläche* Bild auswählen *können Sie eine Grafikdatei zur Erinnerung an den Ordnerinhalt wählen. Diese Grafik wird dann in der Miniaturansicht im Ordnersymbol eingeblendet.*

Bildvorschau gefällig?

Neben der Miniaturansicht bieten eigentlich alle Windows-Versionen eine Art Vorschau auf den Inhalt einer Grafikdatei.

Markieren Sie in **Windows 98** und **Millennium** eine Grafikdatei durch einen Mausklick, erscheint in der linken Spalte des Ordnerfensters eine vergrößerte Vorschau. Falls diese Spalte in Windows 98 fehlt, wählen Sie den Befehl *Als Webseite* im Menü *Ansicht*.

Windows Millennium und XP stellen für den Ordner *Eigene Bilder* und dessen Unterordner Zusatzfunktionen zur Anzeige und Bearbeitung der Bilder bereit.

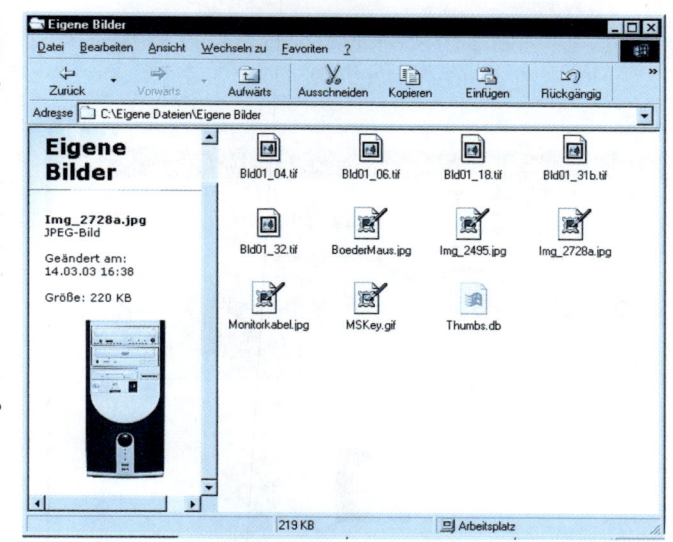

In Windows Millennium erscheint, ähnlich wie bei Windows 98, bei Anwahl einer Bilddatei eine vergrößerte Vorschau in der linken Spalte des Ordnerfensters. Über zusätzliche **Schaltflächen** lässt sich das Bild aber vergrößern, drucken, drehen oder in der **Vollbilddarstellung** aufrufen.

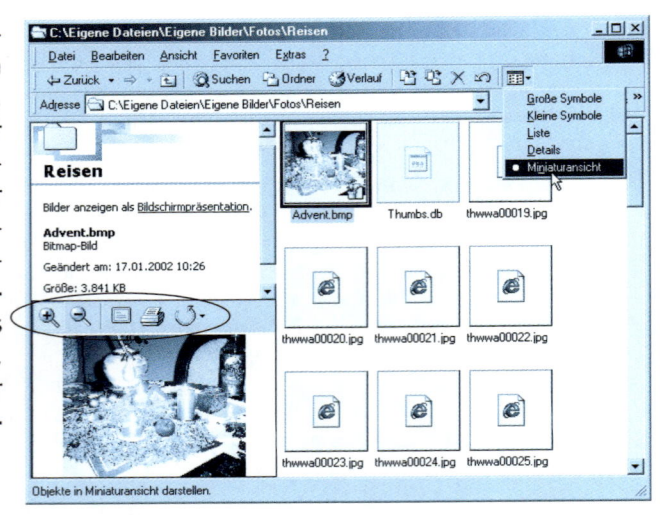

Hinweis

Der Hyperlink Bildschirmpräsentation *in der linken Spalte öffnet in Windows Millennium eine Art* **Diashow** *zur Anzeige der Fotos (siehe unten).*

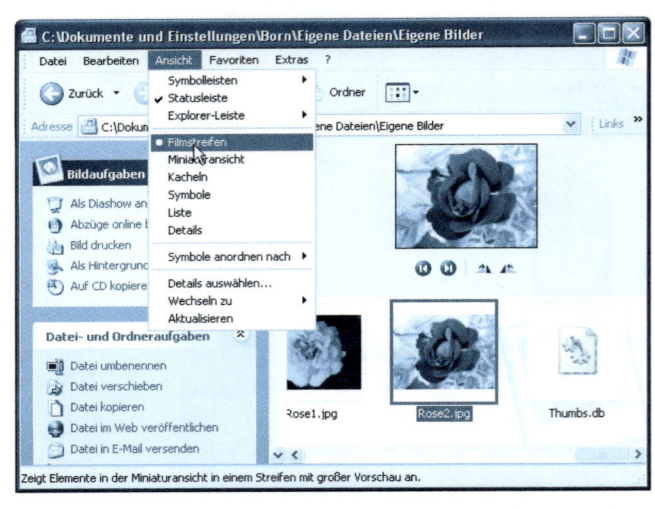

Benutzen Sie Windows XP, können Sie beim Ordner *Eigene Bilder* und bei dessen Unterordnern die Darstellung *Filmstreifen* im Menü *Ansicht* wählen. Dann blendet Windows eine vergrößerte Vorschau samt Schaltflächen zum Drehen der Bildmotive und zum Blättern in den Bilddateien ein.

Windows XP blendet bei ausreichend großem Ordnerfenster die so genannte Aufgabenleiste in der linken Spalte ein. In dieser Aufgabenleiste finden Sie Befehle vor, die im momentanen Kontext nutzbar sind. Haben Sie den Ordner *Eigene Bilder* oder dessen Unterordner geöffnet, enthält die Katego-

Bildverwaltung – ein Überblick

rie »Bildaufgaben« der Aufgabenleiste eine Reihe zusätzlicher Befehle zur Handhabung der Bilddateien.

Achtung

*Die **Vorschau** auf die Inhalte von Grafikdateien **klappt** aber **nur bei** den durch Windows **unterstützten Grafikformaten** (.bmp, .gif, .jpg etc.). Welche Formate dies sind, hängt von der Windows-Version und ggf. auch von den installierten Grafikprogrammen ab.*

Windows XP stellt im Anzeigemodus Filmstreifen sowie in der Fax- und Bildanzeige Funktionen zum Drehen der Bilder bereit. Wegen der verlustbehafteten Komprimierung von JPEG-Bildern sollten Sie aber auf das Drehen der Originaldateien verzichten, das sonst die Bildqualität leiden kann.

Techtalk

*Bei Foto- und Bilddateien sind verschiedene **Grafikformate** zur Speicherung in Gebrauch. Oft lässt sich das benutzte Grafikformat an der Dateinamenerweiterung (.bmp, .tif, .pcx, .gif, .jpg etc.) erkennen. Häufig wird das in Windows eingeführte Bitmapformat mit der Dateinamenerweiterung .bmp zur Speicherung von Bildern benutzt. Im grafischen Bereich (z.B. bei Werbeagenturen) ist dagegen das so genannte TIFF-Format wegen seiner Betriebssystemunabhängigkeit recht populär. Daneben haben sich weitere Formate für spezielle Zwecke etabliert. Das von dem Zeichenprogramm Paintbrush benutzte PCX-Format reduziert die Dateigröße durch interne Komprimierung häufig um den Faktor 5 bis 10. Das GIF-Format erzeugt bei Bildern mit bis zu 256 Farben extrem kleine Dateien und wird daher gerne zur Ablage von Grafiken im Internet benutzt. Zur kompakten Speicherung von Fotos (in Echtfarbendarstellung) wurde dagegen das JPEG-Format entwickelt. Dieses Format benutzt aber eine verlustbehaftete Komprimierung, d.h., beim Speichern gehen Informationen verloren. Daher sollten Sie Fotos niemals im Original, sondern nur als Kopie (möglichst im TIFF-Format) bearbeiten.*

Wählen Sie dagegen eine Grafikdatei per Doppelklick an, wird diese in der zugehörigen Anwendung geöffnet. Je nach Systemkonfiguration kann das auch zur Anzeige in einem von Windows bereitgestellten Vorschaufenster führen. Windows XP stellt die angewählte Datei standardmäßig im Fenster der Bild- und Faxanzeige dar.

Über die Schaltflächen am unteren Fensterrand der Bild- und Faxanzeige lässt sich im Bildordner blättern oder Sie können das Bild vergrößern, drehen, löschen, drucken, speichern und in einem Programm zum Bearbeiten öffnen. Bei Grafikdateien im TIFF-Format werden zusätzliche Schaltflächen eingeblendet, über die Sie Textanmerkungen im Bild hinterlegen können.

Eine Diashow gefällig?

Verfügen Sie über Fotos und Bilder, die auf dem Computer in Bilddateien gespeichert sind? Dann lässt sich der Inhalt eines Bildordners als Diashow am Monitor abrufen. Verfügen Sie über eine Grafikkarte mit Videoausgang, können Sie die Bilder per Projektor auf eine Leinwand werfen oder auf dem Fernseher ausgeben. Windows Millennium und Windows XP enthalten bereits die benötigte Programmfunktion.

1 Kopieren Sie die gewünschten Fotos oder Bilder in den Ordner *Eigene Bilder* oder in einen eigenen Unterordner.

2 Öffnen Sie den Ordner, der die Bilddateien enthält, in einem Ordnerfenster und markieren Sie die erste Bilddatei im Ordnerfenster (z.B. durch einen Mausklick).

3 Klicken Sie in der Aufgabenleiste des Ordnerfensters auf den Befehl *Als Diashow anzeigen* (Windows XP) bzw. *Bildschirmpräsentation* (Windows Millennium).

Die Diashow stellt das gewählte Bild in der Originalgröße auf dem Monitor dar. Nach einer kurzen Wartezeit wird automatisch das Motiv der nächsten im Ordner gespeicherten Grafikdatei angezeigt. Dieser Ablauf der Diashow erfolgt automatisch so lange, bis Sie manuell eingreifen.

Bildverwaltung – ein Überblick

4 Zeigen Sie mit der Maus in die obere rechte Ecke, erscheint dort eine Symbolleiste mit mehreren Schaltflächen. Über die Schaltflächen der Symbolleiste können Sie die Diashow anhalten, weiterlaufen lassen, jeweils ein Bild vor- oder zurückgehen sowie die Show abbrechen.

Durch Drücken der [Esc]-Taste lässt sich die Diashow jederzeit beenden. Die [←]-Taste blättert manuell weiter und mit [→] geht es zurück. Auch ein Mausklick auf den Diabereich blättert zum nächsten Bild.

> **Hinweis**
>
> *Für ältere Windows-Versionen gibt es kostenlose Anzeigeprogramme im Internet. Mit dem Programm IrfanView (www.irfan.de) lassen sich Bilder anzeigen, drucken und sogar in verschiedene Grafikformate konvertieren. Microsoft bietet den »HTML Slide Show Wizard« (bitte unter www.microsoft.com nach dem Begriff suchen), um Fotos in allen Windows-Versionen in HTML-Seiten umzusetzen und als Diashow per Browser abzurufen.*

Bilder und Fotos drucken

Sie können Zeichnungen oder Grafiken unter Windows in einem Anwendungsprogramm (z.B. Paint) laden und dann über die Funktionen dieses Programms drucken. Häufig möchte man sich aber das Laden der Grafikdatei zum Ausdrucken sparen. Bei Fotos von Digitalkameras sind vielleicht Papierabzüge erwünscht, die direkt unter Windows gedruckt werden sollen. Das Drucken eines Fotos oder eines Bildes ist in Windows XP mit wenigen Mausklicks erledigt.

1 Öffnen Sie das Ordnerfenster, das die Bilddatei(en) enthält.

2 In der Aufgabenleiste des Windows-XP-Ordnerfensters wählen Sie den Befehl *Bild(er) drucken*.

Ein Assistent zur Abfrage der Druckeinstellungen führt Sie durch die einzelnen Schritte. Verwenden Sie die Schaltflächen *Weiter* und *Zurück*. Über die Schaltfläche *Abbrechen* lässt sich der Assistent in jedem Schritt beenden.

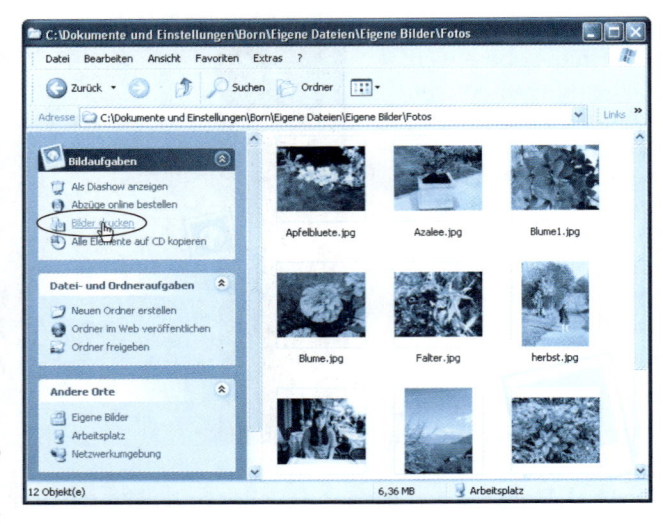

3 Markieren Sie im Dialogfeld *Bildauswahl* die Kontrollkästchen der auszudruckenden Bildmotive per Mausklick (die Häkchen müssen zu sehen sein) und klicken Sie auf die Schaltfläche *Weiter*.

4 Im Folgedialog *Druckoptionen* können Sie bei Bedarf die gewünschten Optionen (z.B. *Drucker*) einstellen. Klicken Sie anschließend auf die Schaltfläche *Weiter*.

Scanner und Digitalkameras

5 Im Dialogfeld *Layoutauswahl* geben die verfügbaren Layouts vor, wie die Bilder auf der Seite auszugeben sind. Wählen Sie eines der Layouts aus, legen Sie ggf. die Zahl der Kopien fest und bestätigen Sie alles über die *Weiter*-Schaltfläche.

6 Warten Sie, bis die Ausgabe auf dem eingeschalteten Drucker erfolgt ist und schließen Sie den Assistenten über die Schaltfläche *Fertig stellen*.

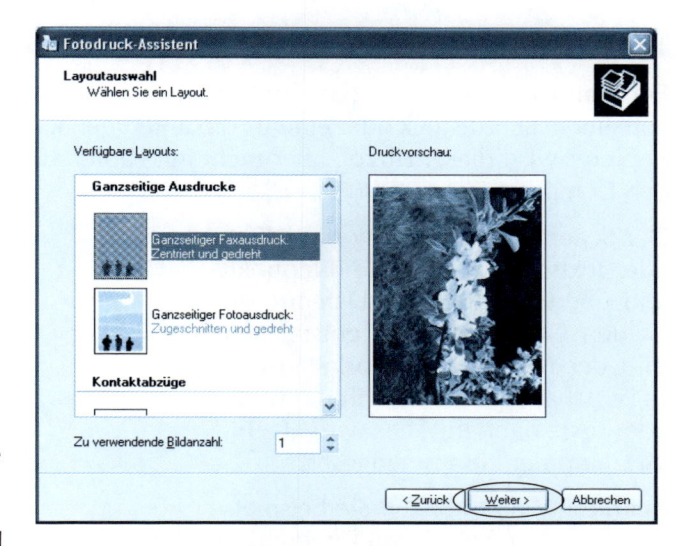

Sobald der Bogen getrocknet ist, können Sie ihn aus dem Drucker entnehmen und bei Fotos die Einzelbilder mittels Schere oder Papierabschneider herstellen.

> **Hinweis**
>
> *Die Druckerhersteller bieten eine umfangreiche Auswahl an Farbtintenstrahldruckern, die Papierabzüge in Fotoqualität liefern. Voraussetzung ist aber die Verwendung von speziellem, auf den Drucker abgestimmtem Fotopapier. Die Ausdrucke sind zwar schnell erledigt, werden aber recht teuer. Als Alternative können Sie Papierabzüge von Digitalfotos auch über Fotolabors bestellen. Die Fotodateien werden mit speziellen Programmen des jeweiligen Labors vom Computer ins Internet übertragen. Anschließend erhalten Sie die Papierabzüge per Post. Auf meiner Webseite www.borncity.de finden Sie in der Rubrik »Foto-Links« eine Liste aktueller Fotolabors mit den entsprechenden Internetadressen.*

Scanner und Digitalkameras

Bilder und Fotos lassen sich nicht nur einscannen, sondern auch aus dem Internet oder von Digitalkameras herunterladen. In diesem Abschnitt finden Sie einen Überblick, was es zum Thema Scanner und Digitalkameras zu wissen gibt.

Scanner und Kameras am Computer

Ein **Scanner** ist ein Gerät, das, ähnlich wie ein Fotokopierer, eine Art Abzug von einem Schriftstück oder einem Foto anfertigen kann. Im Gegensatz zum Kopierer wird dieser Abzug aber nicht auf Papier ausgegeben, sondern an den Computer übertragen.

Der Scanner zerlegt die Vorlage (Foto oder Textseite) in einzelne Bildpunkte und überträgt diese als Datenmuster an den Computer. Dort entsteht ein Bild der betreffenden Vorlagenseite. Es ist dabei egal, ob es sich um Bilder oder Texte handelt. Alles wird als Bild im Computer zusammengesetzt.

Auf diese Weise können Sie beispielsweise ein Foto von einem Papierabzug in den Computer einlesen, speichern

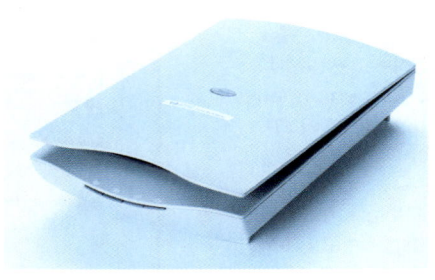

(Quelle: Hewlett Packard)

und als Anlage zu einer elektronischen Nachricht verschicken oder in ein Dokument einbauen.

Achtung

Wenn Sie sich einen Scanner anschaffen, sollten Sie ein Gerät mit USB-Anschlusstechnik wählen (siehe Kapitel 1). Die früher gebräuchliche Anschlusstechnik über den Druckerausgang (serielle Schnittstelle) ist langsam und störanfällig.

Tipp

Mit den meisten Scannern erhalten Sie auch Software zur Bearbeitung von Bildern sowie zum Ausdrucken der gescannten Dokumente. Mit dieser Programmfunktion und einem Drucker können Sie Ihren Scanner auch als **Fotokopierer** *benutzen.*

Um selbst geschossene Fotos auf den Computer zu übertragen, gibt es neben dem Scannen von Papierabzügen weitere Möglichkeiten. Dias lassen sich mit speziellen Filmscannern digitalisieren und an den Computer übertragen. Verwenden Sie eine konventionelle Kamera, lassen Sie die Bilder beim Entwickeln des Films gleich auf eine Foto-CD-ROM übertragen. Dann ist das Einlesen am Computer ebenfalls kein Problem.

Scanner und Digitalkameras

Mit den immer beliebter werdenden **Digitalkameras** wird alles noch einfacher. Diese besitzen statt eines Films einen Bildsensor (CCD-Chip), der das Motiv in Bildpunkte zerlegt und als Fotodatei auf einer internen Speicherkarte ablegt.

Ist die Speicherkarte voll, übertragen Sie die Fotos auf den Computer und speichern sie dort ab. Hierzu lässt sich die Kamera über ein USB-Kabel mit dem Computer verbinden.

(Quelle: Sanyo)

Techtalk

*Zum Übertragen der Fotos zwischen Kamera (oder Scanner) und Computer muss auf dem Computer meist ein spezieller Treiber (Steuerprogramm) installiert sein. Diese Steuerprogramme stellen meist eine Twain-Schnittstelle (ein herstellerunabhängiger Softwarestandard zur Datenübernahme von Scannern) bereit. Sie können dann entweder ein vom Kamerahersteller mitgeliefertes Programm oder jede andere Twain-kompatible Grafikanwendung zum Datentransfer verwenden. Unterstützt der Kameratreiber den so genannten **WIA-Standard** (**WIA** steht für **W**indows **I**mage **A**cquisition), erkennen Windows Millennium und Windows XP die Kamera (bzw. den Scanner) automatisch und bieten Funktionen zum Datentransfer auf den Computer an. Da es immer wieder Probleme mit älteren Treibern auf neueren Windows-Versionen gibt, unterstützen einige Kameras den Mass-Storage-Class-Standard. Sobald eine solche Kamera per USB-Kabel angeschlossen wird, erkennen Windows Millennium und XP die Kamera automatisch als externes Wechsellaufwerk. Sie können dann die Fotodateien direkt per Ordnerfenster (z.B. über Arbeitsplatz) in den gewünschten Zielordner kopieren.*

Neuere Computer sind häufig mit einem Lesegerät für die bei Digitalkameras gebräuchlichen Speicherkarten ausgestattet.

Alternativ können Sie ein hier gezeigtes externes **Lesegerät** erwerben und über ein USB-Kabel mit dem Computer verbinden. Ich nutze diese Variante seit Jahren, um Fotos schnell vom Speicherchip der Kamera auf den Computer zu übertragen.

(Quelle: Pearl Agency)

365

Techtalk

Bei Digitalkameras kommen verschiedene Speicherkartentypen (SmartMedia, CompactFlash, Memory Stick, MultiMediaCard) zum Einsatz. Beim Kauf eines separaten Lesegeräts sollten Sie darauf achten, dass dieses für Ihre Windows-Version geeignet ist und möglichst alle Kartenformate unterstützt. Dann müssen Sie beim Wechsel des Kartenformats das Lesegerät nicht wegwerfen.

Bildübernahme in Windows XP

Besitzen Sie einen Scanner oder eine Digitalkamera, die von Windows XP unterstützt wird? Dann können Sie Bilder, Fotos und Zeichnungen ganz leicht in Windows übernehmen und in Dateien speichern.

Hinweis

Nachfolgend wird davon ausgegangen, dass die betreffenden Geräte von Windows erkannt und die WIA-Treiber zur Steuerung der Geräte installiert wurden. Einen Treiber für Scanner oder Digitalkamera installieren Sie im Ordner Scanner und Kameras (Aufruf über die Systemsteuerung, die Sie über den gleichnamigen Befehl im Startmenü öffnen). Lesen Sie notfalls in den Geräteunterlagen oder in weiterführenden Titeln nach, wie sich solche Geräte einrichten lassen.

1 Schalten Sie das betreffende, an den Computer angeschlossene Gerät ein und öffnen Sie das Ordnerfenster *Arbeitsplatz*.

Scanner und Digitalkameras

2 Wählen Sie im Ordnerfenster *Arbeitsplatz* unter den Symbolen der erkannten Einheiten das gewünschte Gerät per Doppelklick an.

Windows startet dann einen Assistenten, der Sie durch die Schritte der Bildübernahme beim Gerät führt. Der Ablauf hängt vom gewählten Gerät ab. Bei einem Scanner werden die Scaneinstellungen und dann der Zielordner in Dialogfeldern abgefragt. Anschließend liest der Scanner die Vorlage ein und speichert diese in einer Bilddatei.

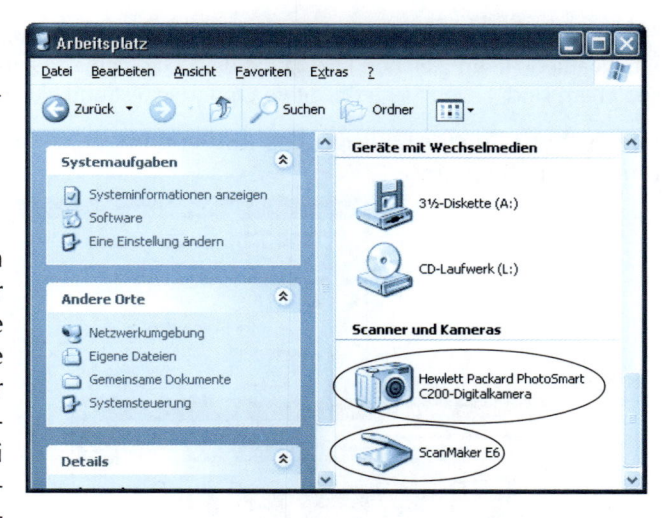

Bei einer Digitalkamera fragt der Assistent die Kamera nach Daten ab. Das wird durch ein kurzzeitig erscheinendes Dialogfeld angezeigt. Sobald das Dialogfeld verschwindet, öffnet der Assistent die Seite zur Auswahl der zu kopierenden Fotos (s.u.).

3 Markieren Sie die Kontrollkästchen (in der rechten oberen Ecke) der Fotos, die von der Kamera zum Computer übertragen werden sollen, und klicken Sie auf die Schaltfläche *Weiter*.

4 Geben Sie im nächsten Dialogfeld einen Namen für die Bildergruppe (z.B. *Fotos*) ein. Wählen Sie im gleichen Dialogfeld das Verzeichnis aus, in dem die Bilder zu speichern sind. Legen Sie ggf. weitere Optionen fest und klicken Sie auf *Weiter*.

Hier sehen Sie die Dialoge des Assistenten beim Lesen von Bildern aus einer Digitalkamera.

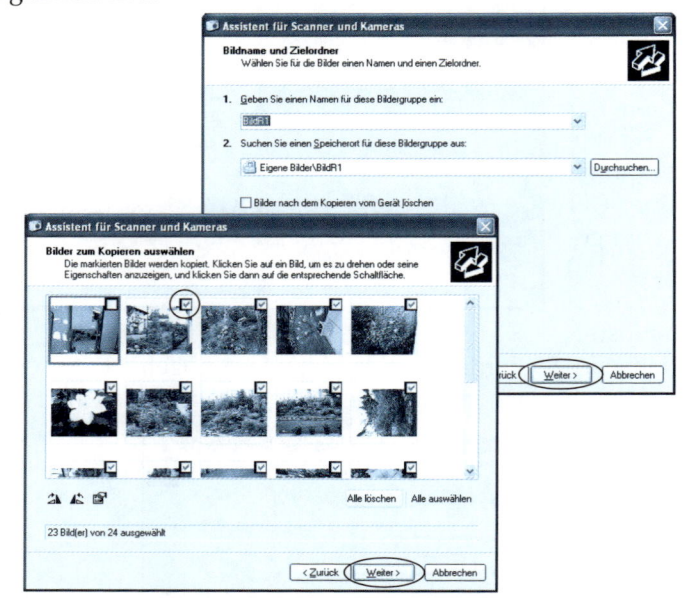

Sobald die Bilder von der Kamera zum Computer übertragen wurden, schließen Sie das Dialogfeld des Assistenten über die Schaltfläche *Fertig stellen*. Anschließend können Sie die Bilder wie oben gezeigt drucken, in der Bildvorschau anzeigen oder mit dem nachfolgend vorgestellten Programm Paint bearbeiten.

Bildübernahme in Grafikprogrammen

Möchten Sie einen Scan oder das Foto einer Digitalkamera direkt in ein Grafikprogramm übernehmen? Auch das ist kein Problem.

1 Sorgen Sie dafür, dass der Scanner oder die Digitalkamera am Computer angeschlossen und eingeschaltet ist.

2 Starten Sie das betreffende Grafikprogramm (z.B. über das Startmenü).

3 Wählen Sie im Fenster des Grafikprogramms den Befehl zum Scannen bzw. zum Datentransfer aus der Kamera.

Das Windows-Programm *Paint* verfügt im Menü *Datei* über den Befehl *Von Scanner oder Kamera*. Je nach Grafikprogramm ist der entsprechende Befehl im Menü *Datei* anders benannt. Beim Programm Paint Shop Pro ist der Befehl *Import/TWAIN/Einlesen* im Menü *Datei* zu wählen. Bei mehreren erkannten Geräten bietet das Programm außerdem einen Menübefehl zur Geräteauswahl. Anschließend erscheint das Dialogfeld des betreffenden Gerätetreibers. Dort müssen Sie die Optionen zum Scannen oder die Auswahl der Fotos vornehmen.

Arbeiten mit Paint

Windows wird mit dem Programm Paint ausgeliefert. Paint bietet einfache Funktionen, um Bilder zu bearbeiten oder kleine Zeichnungen zu erstellen. Nachfolgend finden Sie eine Kurzeinführung in die Programmfunktionen.

Paint im Überblick

Das Programm Paint ist ab Windows 95 beim Betriebssystem dabei und erlaubt, auch Farbbilder im Bitmapformat (*.bmp*) zu speichern. Starten lässt sich Paint im Startmenü über die Befehle *Alle Programme/Zubehör/Paint*. Paint öffnet ein Fenster, das nur eine Menüleiste mit den Befehlen zur Bedienung sowie einige Zusatzelemente enthält.

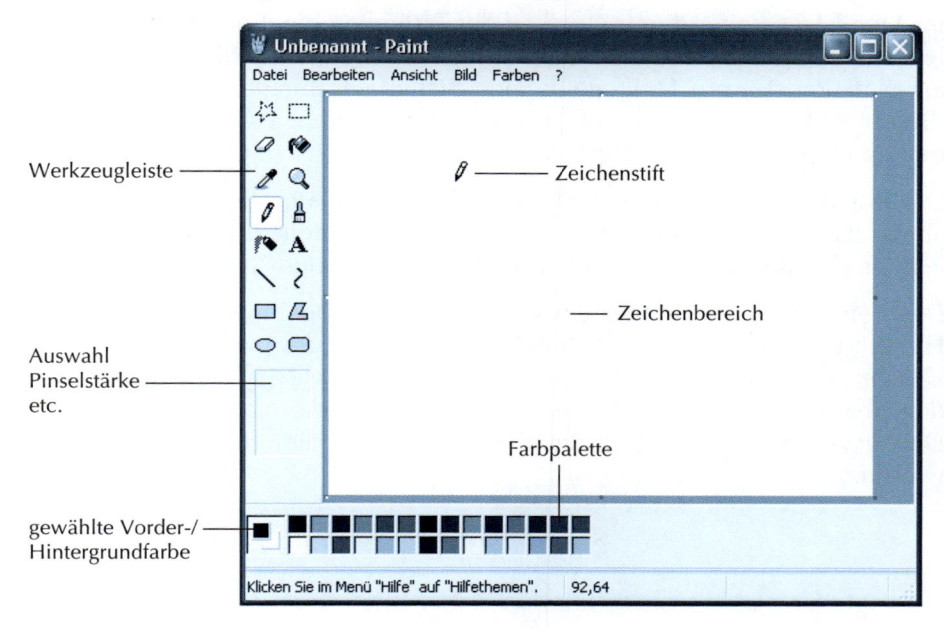

- Die am linken Fensterrand eingeblendete **Werkzeugleiste** (auch Toolbox genannt) enthält die Schaltflächen zur Werkzeugauswahl. Mit diesen Werkzeugen können Sie zeichnen oder Bildteile ausschneiden und bearbeiten.

- Die **Farbpalette** am unteren Fensterrand dient zur Auswahl der Zeichenfarben. Hierbei wird jeweils eine Vorder- und eine Hintergrundfarbe unterstützt. Die gewählten Farben werden in der Farbpalette am linken Rand angezeigt.

> **Tipp**
>
> *Haben Sie ein Bild geladen oder bereits eine Zeichnung erstellt, können Sie die Vorder- und Hintergrundfarbe auf die Farben eines Bildpunkts setzen. Wählen Sie in der Werkzeugleiste die Schaltfläche mit der Pipette (QuickInfo Farbe auswählen). Klicken Sie mit der linken Maustaste auf den Dokumentbereich, übernimmt Paint die Vordergrundfarbe des angeklickten Punkts. Mit der rechten Maustaste übernehmen Sie dagegen die Farbe des Punkts als Hintergrundfarbe.*

Ein neues Zeichenblatt holen

Benötigen Sie ein neues Dokument, lässt sich dieses über den Befehl *Neu* im Menü *Datei* oder durch Drücken der Tastenkombination [Strg]+[N] abrufen. Bei ungesicherten Änderungen im Zeichenbereich erfolgt beim Laden eines neuen (leeren) Dokuments eine Sicherheitsabfrage zum Speichern dieser Inhalte. In Paint liegen Grafiken als Bitmap (d.h. als Muster von Bildpunkten, auch als Pixel bezeichnet) vor.

Die **Bildabmessungen** passen Sie über den Befehl *Attribute* im Menü *Bild* an. Im dann angezeigten Dialogfeld geben Sie die Breite und Höhe ein und wählen die Maßeinheit sowie optional den Farbmodus.

Der Befehl *Neu* holt immer ein weißes Blatt als Dokument, egal welche Hintergrundfarbe Sie eingestellt haben. Den Inhalt des Dokumentbereichs können Sie zudem über die Tastenkombination [Strg]+[⇧]+[N] bzw. über den Befehl *Bild löschen* im Menü *Bild* ohne weitere Nachfrage löschen. Dabei wird dem Bildbereich die aktuell gewählte Hintergrundfarbe zugewiesen.

Farben und Zeichenwerkzeuge wählen

In Paint können Sie verschiedene Werkzeuge zum Zeichnen von Linien oder Figuren auswählen. Zudem lassen sich die Farben für die Zeichenelemente per Mausklick einstellen. Bevor Sie im Dokumentbereich etwas zeichnen, führen Sie erst die folgenden Schritte aus:

1 Legen Sie als Erstes die Farben für den Vordergrund und den Hintergrund fest. Hierzu klicken Sie mit der linken Maustaste (Vordergrund) und dann mit der rechten Maustaste (Hintergrund) auf das gewünschte Farbfeld in der Farbplatte.

> **Hinweis**
>
> *Wurde bereits ein Bild geladen, können Sie in der Werkzeugleiste auf die Schaltfläche Farbe auswählen klicken. Dann lassen sich Vorder- und Hintergrundfarbe aus den Farbpunkten innerhalb des Zeichenbereichs übernehmen, indem Sie diese mit der linken oder rechten Maustaste anwählen.*

2 Anschließend wählen Sie das gewünschte Zeichenwerkzeug (z.B. den Stift oder den Pinsel), indem Sie in der Werkzeugleiste auf die betreffende Schaltfläche klicken.

> **Tipp**
>
> *Sobald Sie auf eine der Schaltflächen der Werkzeugleiste zeigen, blendet Paint eine QuickInfo mit dem Namen der zugehörigen Funktion (Stift, Pinsel, Linie etc.) ein.*

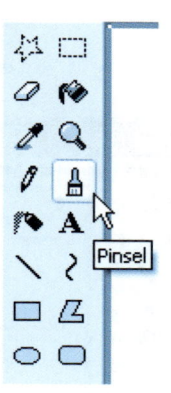

3 Bei Pinseln, Linien und einigen anderen Elementen können Sie danach – falls gewünscht – die Zeichenstärke festlegen. Hierzu klicken Sie im unteren Teil der Werkzeugleiste auf eines der angezeigten Symbole für die Zeichenstärke.

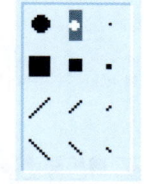

Bewegen Sie dann den Mauszeiger in den **Zeichenbereich**, nimmt er die Form des gewählten Werkzeugs (z.B. Stift oder Pinsel) an.

So zeichnen Sie im Bildbereich

Nach Auswahl der Farben und des Zeichenwerkzeugs können Sie im Zeichenbereich arbeiten. Möchten Sie nach Auswahl des betreffenden Werkzeugs einen Strich, eine (Freihand-)Linie oder eine Figur zeichnen, funktioniert das im Wesentlichen durch Ziehen mit der Maus.

> **Tipp**
> *Ziehen Sie mit der linken Maustaste, wird die Vordergrundfarbe verwendet, die rechte Maustaste benutzt die Hintergrundfarbe zum Zeichnen.*

- Bei **Stift** und **Pinsel** halten Sie die Maustaste gedrückt und bewegen die Maus. Die Mausbewegungen werden bei gedrückter Maustaste in Striche (auch als **Freihandlinien** bezeichnet) in der gewählten Farbe umgesetzt. Beim Pinsel können Sie zusätzlich die Strichstärke wählen.

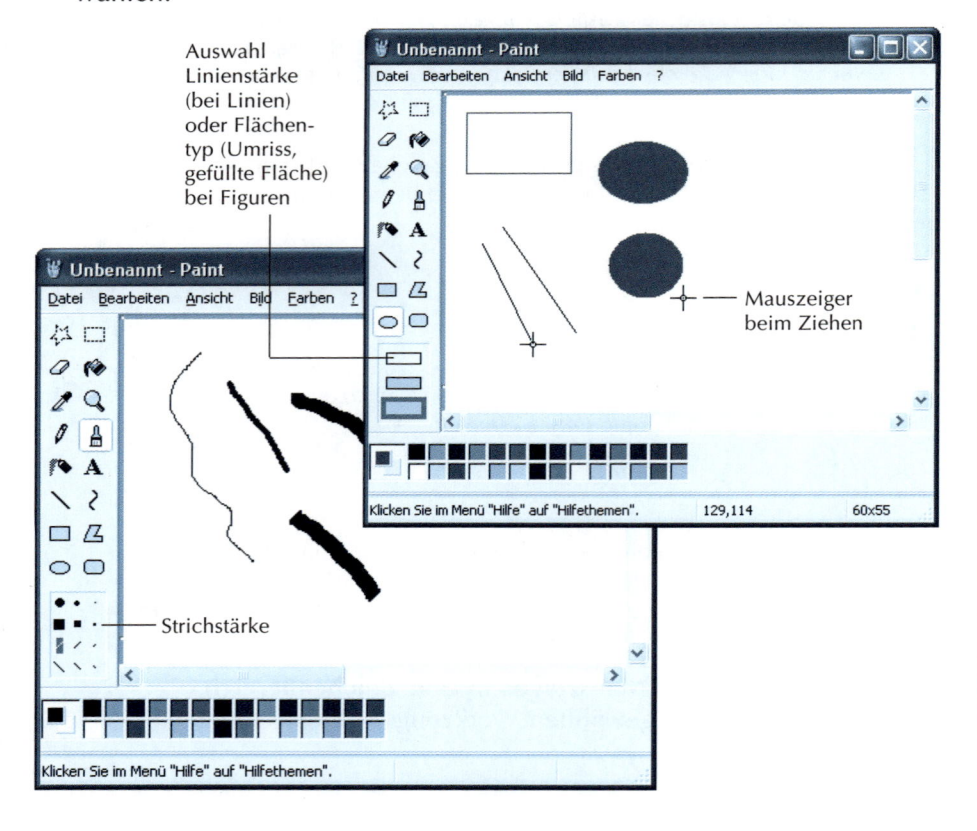

Auswahl Linienstärke (bei Linien) oder Flächentyp (Umriss, gefüllte Fläche) bei Figuren

Mauszeiger beim Ziehen

Strichstärke

Arbeiten mit Paint

- Zum Zeichnen von **Linien** klicken Sie auf den Anfangspunkt und ziehen dann die Maus bei gedrückter Maustaste zum Endpunkt. Bereits beim Ziehen wird die Linie eingeblendet. Sobald Sie die Maustaste loslassen, zeichnet Paint die Linie. Bei Linien lässt sich vor dem Zeichnen zudem die **Linienstärke** in der Werkzeugleiste **festlegen**.

- Wurde ein Werkzeug zum Zeichnen einer geschlossenen **Figur** (Viereck, Ellipse und Viereck mit abgerundeten Ecken) gewählt, wird der Umriss der Figur beim Ziehen der Maus angezeigt. Bei Figuren lässt sich der **Flächentyp** (Umriss, farbige Fläche oder farbige Fläche mit Umrisslinie) vor dem Zeichnen über die Optionen der Werkzeugleiste **einstellen**.

> **Tipp**
>
> Halten Sie beim Zeichnen einer Linie die ⇧-Taste gedrückt, dann richtet Paint Linien senkrecht, waagerecht oder im Winkel von 45 Grad aus. Bei Vierecken erzwingt die ⇧-Taste das Zeichnen eines Quadrats und bei Ellipsen wird ein Kreis gezeichnet.

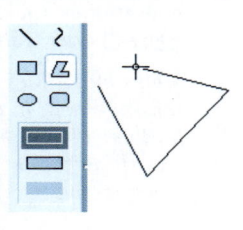

- Um ein **Vieleck** zu **zeichnen**, wählen Sie die gleichnamige Schaltfläche der Werkzeugleiste. Klicken Sie auf den Startpunkt, ziehen Sie die Maus bei gedrückter Maustaste zum Endpunkt und lassen Sie die Maustaste los. Das erste Liniensegment wird gezeichnet. Ziehen Sie die Maus bei gedrückter Maustaste zu einem weiteren Punkt oder klicken Sie diesen an, wird ein weiteres Liniensegment angefügt. Ein Doppelklick schließt das Polygon (Vieleck) und beendet die Zeichenfunktion.

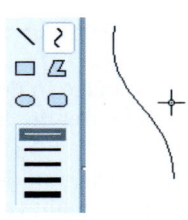

- Mit dem Werkzeug **Bögen** lassen sich gekrümmte Linien **zeichnen**. Klicken Sie auf den Startpunkt und ziehen Sie die Maus bei gedrückter Maustaste zum Endpunkt. Anschließend können Sie die so erstellte Linie wie bei einem Gummiband per Maus an zwei Punkten wegziehen, um Bögen zu formen.

- Beim Werkzeug **Sprühdose** fahren Sie bei gedrückter Maustaste über den Dokumentbereich. Die Geschwindigkeit der Mausbewegung bestimmt die Menge des Farbauftrags. Die Düsenstärke lässt sich unterhalb der Werkzeugleiste wählen.

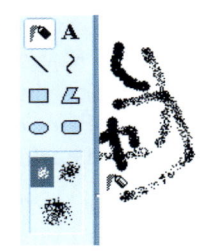

- Geschlossene Flächen lassen sich mit dem **Farbfüller** einfärben. Wählen Sie die Füllfarbe und klicken Sie in die geschlossene Fläche.

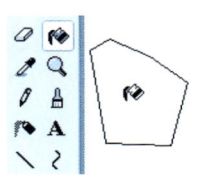

Tipp

*Falls Sie den Farbfüller auf eine nicht geschlossene Fläche anwenden, läuft die Farbe über den gesamten Zeichenbereich. Sie können die drei letzten **Zeichenoperationen rückgängig machen**. Drücken Sie hierzu die Tastenkombination* Strg+Z *oder wählen Sie den Befehl* Rückgängig *im Menü Bearbeiten.*

*Teile eines Bildes lassen sich über das Werkzeug **Radierer** entfernen. In dem vom Mauszeiger überstrichenen Bildbereich werden die Bildinhalte je nach gedrückter Maustaste durch Vorder- oder Hintergrundfarbe überstrichen und damit wegradiert.*

Eine Zeichnung beschriften

Mit dem Werkzeug **Text** lassen sich Teile der Zeichnung beschriften.

1 Wählen Sie in der Werkzeugleiste die Schaltfläche *Text* und legen Sie über die Farbpalette mit der linken Maustaste die Textfarbe fest.

2 Zeigen Sie mit der Maus auf den Textanfang und ziehen Sie die Maus schräg nach unten. Paint zeigt ein blau gestricheltes Rechteck für den Textbereich an.

3 Lassen Sie die Maustaste los und tippen Sie den gewünschten Text ein.

4 Über die während der Texteingabe eingeblendete Symbolleiste *Schriftarten* lassen sich die *Schriftart*, der *Schriftgrad* sowie die Formatierung für *Fett*, *Kursiv* und *Unterstrichen* wählen. Allerdings kann nur der gesamte Text einheitlich formatiert werden.

Arbeiten mit Paint

5 Sind Sie mit der Texteingabe fertig, klicken Sie auf eine Stelle neben dem Textkästchen.

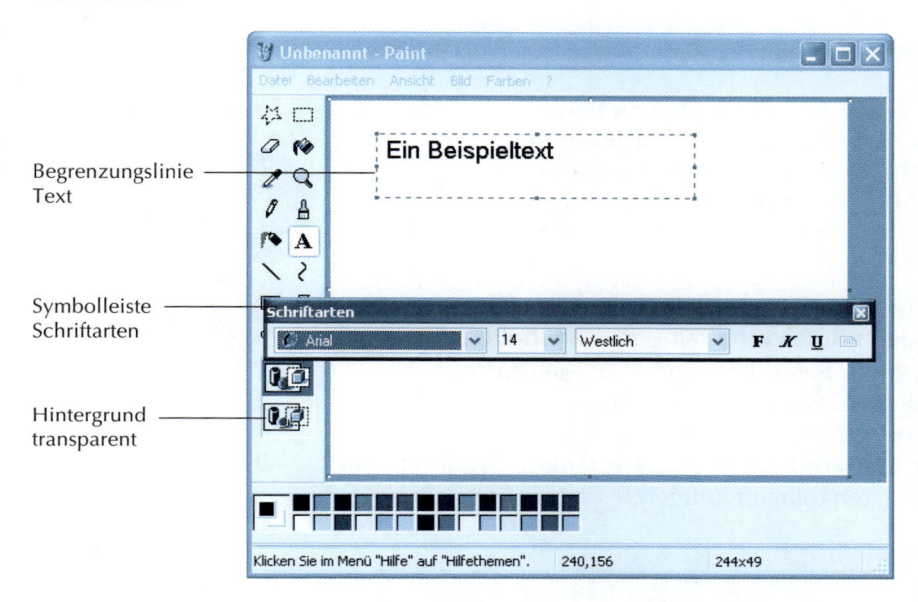

Begrenzungslinie Text

Symbolleiste Schriftarten

Hintergrund transparent

Mit dem letzten Schritt fixieren Sie den Text an der aktuellen Position in der Zeichnung. Dieser wird dann quasi als »Bild« in die Zeichnung eingebaut und lässt sich nicht mehr ändern (Sie können ihn nur noch mit dem Radierer entfernen).

> **Tipp**
>
> Im Auswahlfeld der Werkzeugpalette zeigt Paint übrigens noch zwei Symbole an, über die Sie die Transparenz des gezeichneten Elements (hier der Text) festlegen. Das untere Symbol bewirkt, dass der Hintergrund des aktuell gezeichneten Elements transparent bleibt.

Bildteile ausschneiden, kopieren und einfügen

In den vorherigen Kapiteln wurde beschrieben, wie sich Dokumentteile markieren, ausschneiden, kopieren und über die Zwischenablage wieder einfügen lassen. Genau dasselbe funktioniert auch bei Zeichenprogrammen wie Paint. Im ersten Schritt ist der betreffende **Ausschnitt** der **Zeichnung** zu **markieren**.

1 Legen Sie über den Befehl *Neu* im Menü *Datei* ein neues leeres Dokument an und erstellen Sie eine einfache Grafik.

2 Klicken Sie in der Werkzeugleiste auf das Werkzeug *Auswahl*.

3 Zeigen Sie mit der Maus in die obere linke Ecke des auszuschneidenden Bereichs, halten Sie die linke Maustaste gedrückt und ziehen die Maus in die diagonal gegenüberliegende Ecke des Bereichs.

Paint markiert anschließend einen rechteckigen Bereich mit einem gestrichelten Rahmen. Sobald Sie die linke Maustaste loslassen, wird dieses Rechteck als Markierung fixiert. Einen markierten Bildbereich können Sie ausschneiden, kopieren und anschließend aus der Zwischenablage einfügen.

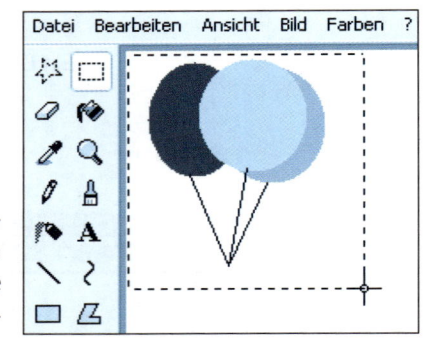

> **Tipp**
>
> Paint kennt wie viele andere Grafikprogramme eine **Freihandauswahl**, die Sie über eine Schaltfläche der Werkzeugleiste wählen können. Dann können Sie den Bildausschnitt bei gedrückter linker Maustaste mit der Maus umfahren.
>
> Klicken Sie in der Werkzeugleiste auf die Schaltfläche Lupe und dann auf einen Bildbereich, wird ein Ausschnitt vergrößert dargestellt. Zum Aufheben der Vergrößerung klicken Sie erneut auf die Lupe und danach auf den Bildbereich.

Die drei Funktionen zum Ausschneiden, Kopieren oder Einfügen lassen sich anschließend über das Menü *Bearbeiten* oder über die folgenden Tastenkombinationen abrufen:

Strg+X   Schneidet den markierten Bereich aus und kopiert diesen in die Zwischenablage. Der markierte Bereich verschwindet und wird durch die vorher festgelegte Hintergrundfarbe ersetzt.

Strg+C   Kopiert den markierten Bereich in die Zwischenablage. Die Zeichnung wird dabei nicht verändert.

Arbeiten mit Paint

Strg+V   Der Inhalt der Zwischenablage wird in der linken oberen Ecke des Zeichenbereichs als Markierung eingefügt. Sie können diesen markierten Bereich per Maus an jede beliebige Stelle der Zeichnung ziehen.

Um markierte Bereiche auszuschneiden, zu kopieren und wieder einzufügen, gehen Sie folgendermaßen vor:

1 Drücken Sie die Tastenkombination Strg+C, um den markierten Bildbereich in die Zwischenablage zu kopieren.

2 Betätigen Sie anschließend die Tastenkombination Strg+V, um den Inhalt der Zwischenablage wieder in das Fenster einzufügen.

3 Ziehen Sie den in der linken oberen Ecke noch markierten Bereich mit dem eingefügten Bild bei gedrückter linker Maustaste an die gewünschte Stelle in der Zeichnung.

4 Heben Sie die Markierung des Bildbereichs auf, indem Sie auf einen Punkt außerhalb der Markierung klicken.

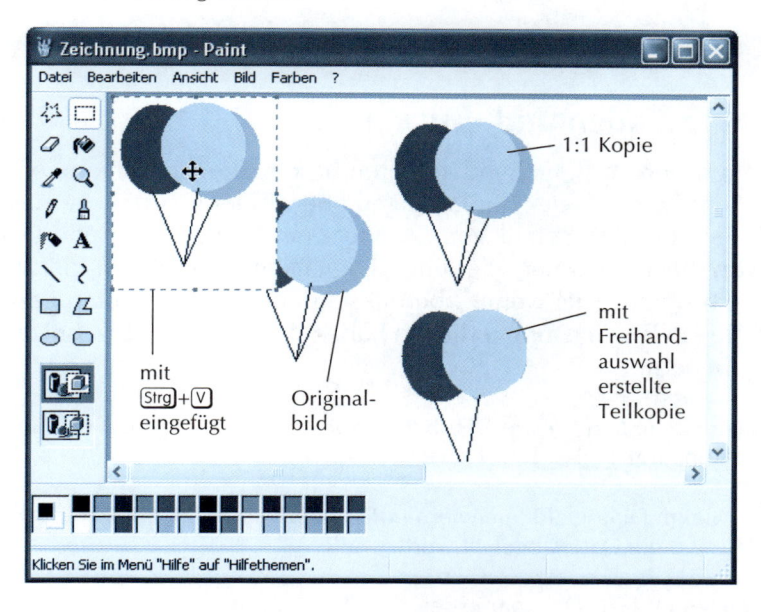

Hier sehen Sie eine Montage des Originalbilds, des gerade eingefügten Teilbilds sowie mehrerer in der Zeichnung eingefügter Kopien. Bei der unteren Kopie wurde die Freihandauswahl zur Markierung zweier Luftballons benutzt.

377

Hinweis

Sie haben es beim letzten Schritt vielleicht schon gemerkt: Um einen Teil einer Zeichnung zu verschieben, müssen Sie diesen lediglich markieren. Anschließend lässt sich der markierte Bereich per Maus in der Zeichnung verschieben.

Tipp

Bilder lassen sich nicht nur in Paint wieder einfügen. Sie können ein Bild in Paint erstellen, dieses markieren und in die Zwischenablage kopieren. Anschließend wechseln Sie zum Beispiel zu WordPad, Word oder Writer und fügen das Bild mit ⟨Strg⟩+⟨V⟩ aus der Zwischenablage in den Text ein. Auf diese Weise können Sie Ihre Texte mit Grafiken illustrieren.

Benötigen Sie ein Bildschirmfoto (Screenshot) eines Programmfensters oder des Desktops? Mit der ⟨Druck⟩-Taste wird der gesamte Bildschirm und mit ⟨Alt⟩+⟨Druck⟩ das aktuelle Fenster als Grafik in die Zwischenablage kopiert. Sie können dann das Foto mit ⟨Strg⟩+⟨V⟩ in einem Grafikprogramm einfügen, um es zu drucken und zu speichern.

Speichern, laden und drucken

Mit den auf den vorhergehenden Seiten beschriebenen Funktionen lassen sich in Paint Zeichnungen, Einladungen oder Bilder bearbeiten. Außerdem können Sie über den Befehl *Von Scanner oder Kamera* im Menü *Datei* ein Motiv von einem Scanner oder einer Digitalkamera einlesen (der Vorgang wird durch den bereits weiter oben beschriebenen Assistenten gesteuert). Sobald Sie ein Bild in Paint vorliegen haben, lässt sich das Ergebnis in einer Datei speichern.

1 Wählen Sie im Menü *Datei* den Befehl *Speichern* oder drücken Sie die Tastenkombination ⟨Strg⟩+⟨S⟩.

2 Legen Sie im Dialogfeld *Speichern unter* den Zielort (z.B. Ordner *Eigene Bilder*) fest, wo die Datei abgelegt werden soll.

3 Tippen Sie im Feld *Dateiname* den Dateinamen ein.

Arbeiten mit Paint

4 Bei Bedarf können Sie im Listenfeld *Dateityp* noch wählen, mit wie vielen Farben und in welchem Format das Bild zu speichern ist.

5 Klicken Sie auf die Schaltfläche *Speichern*, um das Bild in der Datei zu sichern.

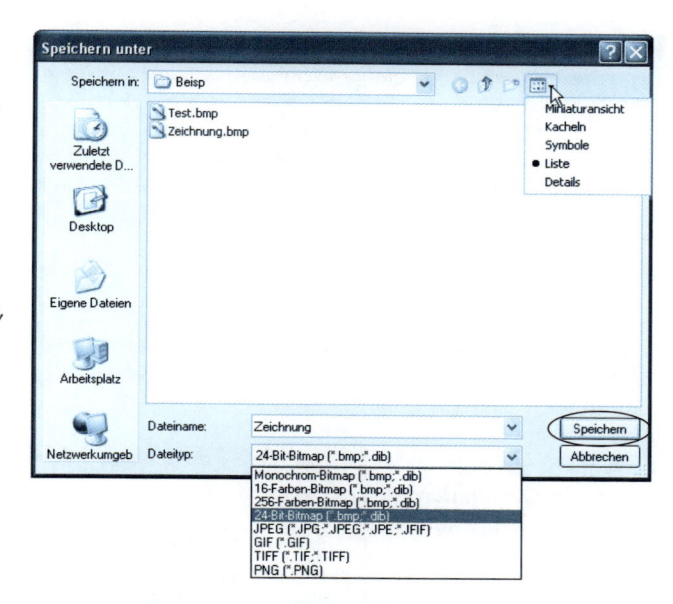

> **Hinweis**
>
> *Paint benutzt die Windows-Dialoge, d.h., bei Windows 2000 und XP werden die Speicherorte (z.B. Eigene Dateien) in der linken Spalte des Dialogfelds angezeigt. Die Darstellung der Dateiliste lässt sich übrigens über die Schaltfläche Menü Ansicht beeinflussen (z.B. Miniaturansicht, siehe oben).*

Paint legt eine neue Datei im gewählten Ordner an und speichert das Bild darin. Das Dialogfeld *Speichern unter* erscheint allerdings nur beim ersten Speichern eines neuen Bildes. Existiert die Datei bereits, sichert der Befehl *Speichern* in Paint die Änderungen ohne weitere Nachfrage. Um einen anderen Dateinamen anzugeben, müssen Sie den Befehl *Speichern unter* im Menü *Datei* wählen.

> **Techtalk**
>
> *Paint legt die Bilder standardmäßig in Dateien mit der Erweiterung .bmp ab. Diese Dateien können von vielen Programmen in Windows gelesen werden. Sie können dabei die Bilder schwarzweiß (monochrom), mit 16, 256 oder 16,8 Millionen Farben speichern. Die 16,8 Millionen Farben werden durch den Dateityp 24-Bit-Bitmap gespeichert. Je mehr Farben Sie beim Speichern wählen, umso größer wird die Datei. Zudem stellt die Paint-Farbpalette nur 28 Farben zur Bearbeitung bereit. Welche Dateiformate (.gif, .tif, .jpg, .bmp, .png)*

beim Lesen und Speichern von Grafiken durch Paint unterstützt werden, hängt von der Windows-Version und teilweise von den installierten Programmen ab. Das Bitmap-Format (.bmp) wird aber immer unterstützt. Zudem kann Paint in allen Windows-Versionen auch Grafiken im PCX-Format (.pcx) laden, wenn Sie den Dateityp im Dialogfeld Öffnen auf Alle Dateien stellen. In Windows XP werden auch die Dateinamenerweiterungen .tif, .png, .gif und .jpg unterstützt.

1 Zum **Laden bestehender Grafikdateien** in den von Paint unterstützten Formaten wählen Sie im Menü *Datei* den Befehl *Öffnen* oder verwenden die Tastenkombination Strg+O.

2 Wählen Sie im Dialogfeld *Öffnen* den Ordner mit den Dateien aus.

3 Stellen Sie im Listenfeld *Dateityp* ggf. das Dateiformat ein (oder belassen Sie diesen auf »Alle Bilddateien«).

4 Klicken Sie auf die gewünschte Bilddatei und bestätigen Sie über die Schaltfläche *Öffnen*.

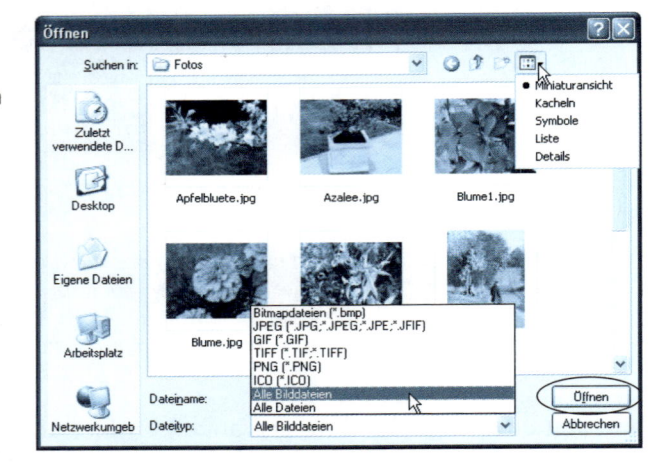

Paint öffnet die gewählte Bilddatei und zeigt das Ergebnis an. Sie können dieses Bild anschließend bearbeiten, speichern und/oder drucken.

> **Hinweis**
>
> Paint *merkt sich, wie viele andere Windows-Programme, die Namen der vier zuletzt bearbeiteten Dateien. Sie finden die Namen dieser Dateien im Menü* Datei.

> **Tipp**
>
> *Im Menü* Datei *finden Sie die beiden Befehle* Als Hintergrund (Fläche) *und* Als Hintergrund (Zentriert). *Haben Sie ein Bild geladen und wählen einen dieser Befehle, wird das Bild automatisch als Desktop-Hintergrund eingerichtet (siehe auch Kapitel 12). Zudem können Sie über den Befehl* Kopieren nach *im Menü* Bearbeiten *markierte Bildausschnitte in separate Grafikdateien kopieren. Mit dem Befehl* Einfügen aus *(ebenfalls im Menü* Bearbeiten*) lassen sich solche Bildausschnitte oder andere Bilddateien in das aktuelle Bild einfügen.*

Zum Drucken geladener oder eingescannter **Bilder** in Paint wählen Sie den Befehl *Drucken* im Menü *Datei* oder betätigen die Tastenkombination [Strg]+[P]. Paint öffnet das Dialogfeld *Drucken*, in dem Sie weitere Druckoptionen festlegen können. Sobald Sie die *Drucken*-Schaltfläche betätigen, beginnt die Ausgabe (siehe auch vorherige Kapitel).

> **Hinweis**
>
> *Paint druckt das komplette Bild aus, auch wenn das Bild vielleicht unvollständig im Fenster zu sehen ist. Wegen der fehlenden Zoomfunktion eignet sich das Programm nur bedingt zur Bearbeitung von Fotos. Paint hat seine Stärken beim Erstellen kleiner Grafiken und Zeichnungen. Das Programm besitzt eine Reihe weiterer Funktionen, die in diesem Buch nicht vorgestellt werden. Rufen Sie notfalls die Paint-Hilfe auf, um mehr zu erfahren.*

Foto- und Bildbearbeitung

Der große Vorteil des Computers besteht darin, dass sich Fotos und Bilder mit entsprechenden Programmen bearbeiten lassen. Rote Augen korrigieren, Aufhellung zu dunkel geratener Aufnahmen, Bildretuschen oder das Erstellen von Bildausschnitten sind kein Problem mehr. Der folgende Abschnitt geht am Beispiel der beiden Programme Picture It! und Photoshop Elements auf diese Themen ein.

Programme zur Bildbearbeitung

Das Angebot an Programmen zur Bearbeitung von Fotos und Bildern ist schier unendlich. Beim Erwerb eines Scanners oder einer Digitalkamera werden den Geräten häufig so genannte OEM-Versionen (OEM steht für Original Equipment Manufacturer) von Grafikprogrammen beigelegt. Dabei handelt es sich um verbilligte Angebote, die nur vom Gerätehersteller (OEM) mit den Geräten gemeinsam verkauft werden dürfen. Hier eine kurze Übersicht über populäre Programme, mit denen sich Fotos bearbeiten lassen:

- **Photoshop Elements**: Dieses von der Firma Adobe für um die 100 Euro vertriebene Programm liefert umfangreiche Funktionen zur Bildretusche. Da es sich in Funktionalität und Bedienung an das im Profibereich recht beliebte Grafikprogramm Adobe Photoshop anlehnt, ist es zur Fotobearbeitung recht verbreitet.
- **Picture It!**: Dieses von der Firma Microsoft stammende Programm ist Bestandteil der auf vielen Computern vorinstallierten Microsoft Works Suite. Über Assistenten führt das Programm Sie sehr einfach durch die Schritte zum Bearbeiten von Fotos und Bildern.
- **Ulead PhotoImpact**: Ältere Versionen dieses Programms sind häufig als OEM-Version diversen Scannern oder Digitalkameras beigefügt. Neben einer für viele Windows-Anwender intuitiv zu bedienenden Oberfläche helfen Assistenten bei der Bearbeitung von Fotos.
- **Picture Publisher**: Dieses kostengünstige Programm (teilweise für um die 10 Euro angeboten) von Micrografx stellt professionelle Bildbearbeitungsfunktionen zur Verfügung.

Darüber hinaus existieren zahlreiche Programme, die im Fachhandel, in Kaufhäusern oder auf den Wühltischen von Aldi, Lidl & Co. angeboten werden. Ältere Versionen von Programmen wie PicturePublisher und PhotoImpact werden z.B. von Pearl (*www.pearl.de*) recht preiswert angeboten.

Kurzanleitung: Bildretusche mit Picture It!

Verfügen Sie über das Programm Picture It! aus der Microsoft Works Suite (bzw. Foto Designer Pro Plus, wie die neue Version heißt), ist das Bearbeiten oder Retuschieren von Fotos mit wenigen Mausklicks erledigt. Nach dem Start von Picture It! über den betreffenden Startmenüeintrag brechen Sie eine eventuell angezeigte Einführung ab. Danach können Sie die Bilder laden und bearbeiten.

Picture It! verwendet keine Dialoge, sondern blendet am linken Rand des Programmfensters eine Aufgabenleiste mit den benötigten Bedienelementen ein. Das Programm unterstützt beim Laden und Speichern wesentlich mehr Grafikformate als Paint.

Foto- und Bildbearbeitung

1 Klicken Sie auf den mit *Bild laden, Öffnen & Bearbeiten* oder ähnlich beschrifteten Eintrag im Programmfenster. Legen Sie die Datenquelle (Scanner, Digitalkamera oder Datei) fest und befolgen Sie die Schritte zur Datenübernahme bzw. wählen Sie die gewünschte Datei aus.

2 Sobald das geladene Bild im Programmfenster angezeigt wird, klicken Sie in der am linken Fensterrand angezeigten Aufgabenleiste auf die gewünschte Funktionskategorie.

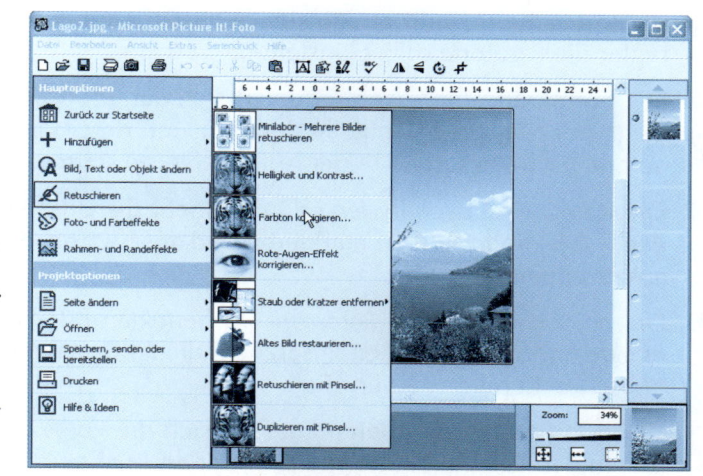

3 Wählen Sie anschließend über eine der eingeblendeten Unterkategorien die gewünschte Funktion (z.B. Farbton korrigieren, Rote Augen retuschieren, Kratzer und Staubflecke entfernen etc.).

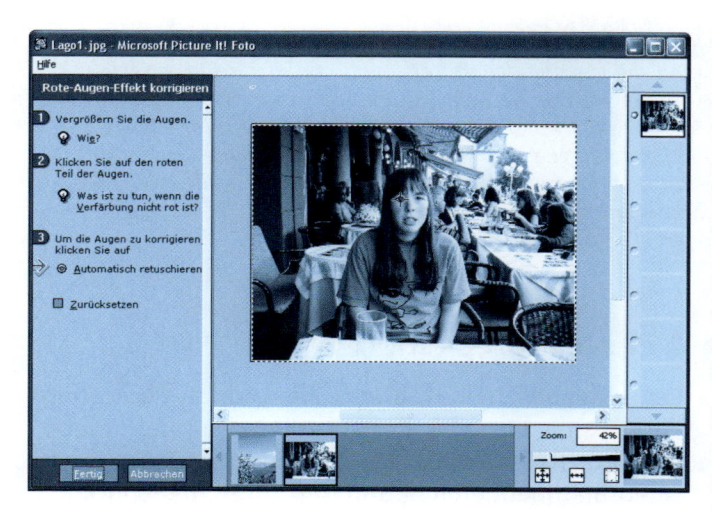

4 Sobald die Funktion gewählt wurde, blendet Picture It! in der Aufgabenleiste Bedienelemente und Arbeitsanweisungen ein. Führen Sie die in der Aufgabenleiste aufgeführten Schritte durch.

Korrekturen können Sie über den in der Aufgabenleiste eingeblendeten Hyperlink *Zurück* oder über die Tastenkombination (Strg)+(Z) rückgängig machen. Über die *Abbrechen*-Schaltfläche am unteren Rand der Aufgabenleiste werden die Änderungen komplett verworfen und Sie gelan-

383

gen zur vorhergehenden Bilddarstellung zurück. Sobald Sie die Schaltfläche *Fertig* in der Aufgabenleiste anklicken, werden die Bearbeitungen am Bild übernommen.

- Bei der Anpassung des Farbtons reicht es in der Regel aus, auf eine weiße Fläche im Bild zu klicken. Alternativ können Sie über Schieberegler die Farbtöne selbst einstellen.
- Die Korrektur roter Augen reduziert sich darauf, dass Sie, wie oben gezeigt, per Maus auf die Stelle des Fotos mit den Augen klicken und die automatische Retusche in der Aufgabenleiste starten.
- Die Kategorie *Zuschneiden* erlaubt Ihnen, die Bildränder zu beschneiden, Objekte im Bild zu markieren und auszustanzen oder Bildteile frei auszuschneiden.
- Die beiden Kategorien *Foto- und Farbeffekte* und *Rahmen- und Randeffekte* ermöglichen Ihnen zusätzlich, die Fotos zu verfremden oder mit hübschen Rahmen zu versehen.

Nach Abschluss der Bearbeitung lassen sich die Fotos direkt über weitere Optionen der Aufgabenleiste speichern oder drucken.

> **Hinweis**
>
> *Die genaue Abfolge der Bearbeitungsschritte hängt von der gewählten Funktion ab. Zudem haben die verschiedenen Versionen von Picture It! ein leicht unterschiedliches Aussehen. Das braucht Sie aber nicht sonderlich zu kümmern. Dank der in der Aufgabenleiste erscheinenden Benutzerführung müssen Sie lediglich den Anleitungen des Programms folgen. Weitere Details entnehmen Sie bitte der Programmhilfe. Der Titel »Digitale Fotografie – leichter Einstieg für Senioren« enthält ebenfalls eine Einführung in die wichtigsten Programmfunktionen zur Bildbearbeitung.*

Erste Schritte mit Photoshop Elements

Photoshop Elements liegt einigen Digitalkameras als »Adobe Photoshop LE« bei und verfügt über eine von der Profi-Bildbearbeitung Adobe Photoshop abgeleitete Benutzeroberfläche. Das Programm lässt sich nach der Installation über einen Startmenüeintrag aufrufen. Anschließend können Sie Grafikdateien über die Schaltfläche *Öffnen* der Symbolleiste oder über den gleichnamigen Befehl im Menü *Datei* laden.

Foto- und Bildbearbeitung

Hier sehen Sie das Programmfenster mit einem geladenen Foto. Die Programmfunktionen zur Bearbeitung der Bilder stehen über die Menüleiste, verschiedene Symbolleisten und eine verschiebbare Werkzeugleiste zur Verfügung.

- Zum **Drehen** oder Spiegeln **eines Fotos** öffnen Sie das Menü *Bild* und wählen den Befehl *Drehen*. Anschließend können Sie im Untermenü den auszuführenden Befehl wählen (z.B. *Arbeitsfläche 90° Links*).

- Ein **Foto** lässt sich über die hier gezeigte Schaltfläche *Auswahlrechteck* der Werkzeugleiste oder über die darunter liegende Lasso-Schaltfläche **zuschneiden**. Das Lasso bietet die Möglichkeit, eine Freihandlinie oder eine freie Kurve aus Linienstücken zusammenzustellen.

Haben Sie die gewünschte Funktion zum Beschneiden gewählt? Bei der Funktion *Auswahlrechteck* klicken Sie auf einen Punkt des Bildes und ziehen die Maus bei gedrückter linker Maustaste. Eine gestrichelte Linie markiert (wie oben gezeigt) den Auswahlbereich. Beim Lasso klicken Sie die gewünschten Punkte an, die durch Liniensegmente zu einem Umriss kombiniert werden. Sobald Sie im Menü *Bild* den Befehl *Freistellen* wählen, wird das Fotos auf den markierten Bereich beschnitten.

> **Hinweis**
>
> Sie können diesen Schritt über die Schaltfläche Schritt zurück *in der oberen Symbolleiste aufheben. Um die Markierung aufzuheben, klicken Sie mit der rechten Maustaste auf das Foto und wählen im Kontextmenü den Befehl* Auswahl aufheben.

Konturenauswahl in Photoshop Elements

Photoshop Elements bietet den Zauberstab als Werkzeug, mit dem Sie dem Programm die Auswahl des betreffenden Motivs überlassen. Das funktioniert besonders gut, wenn ein Gegenstand in einem Foto hervorsticht.

1 Wählen Sie in der Werkzeugpalette den Zauberstab. Der Mauszeiger nimmt die Form eines Zauberstabs an.

2 Klicken Sie auf die Teile des Fotos, die auszuwählen sind. Bei gedrückter ⇧-Taste werden neu angewählte Bereiche zur Auswahl hinzugefügt. Im Feld *Toleranz* lässt sich die zur Auswahl zulässige Farbabweichung vorgeben.

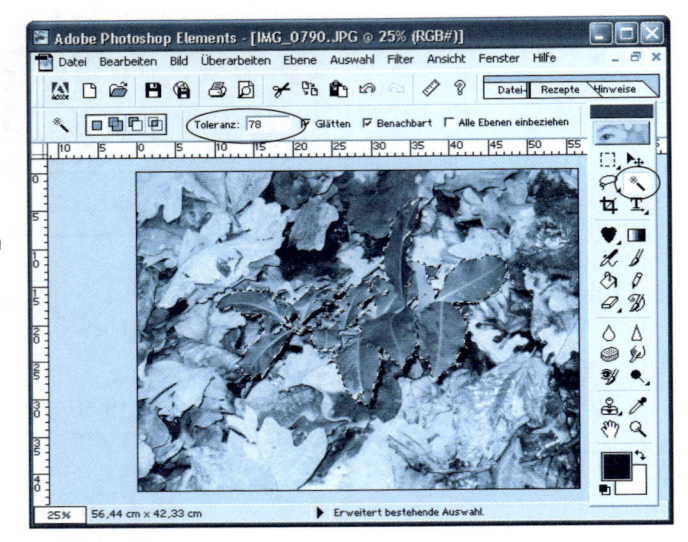

Der Zauberstab ist in vielen Grafikprogrammen vorhanden und lässt sich dort auf ähnliche Weise verwenden.

Fotos in Photoshop Elements nachbearbeiten

Das Programm erlaubt Ihnen, die Helligkeit und den Kontrast beispielsweise direkt in einem Tonwerthistogramm zu verändern.

1 Wählen Sie im Menü *Überarbeiten* den Befehl *Helligkeit/Kontrast* und im Untermenü den Befehl *Tonwertkorrektur*.

Foto- und Bildbearbeitung

Das Programm blendet die Tonwertverteilung als Dialogfeld ein (hier für ein etwas blasses Dia). Die Werte liegen sehr eng beieinander und nutzen nicht die Skala von 0 bis 255 aus.

2 Zur Verbesserung des Bildes ziehen Sie die linke Dreieckmarke unterhalb des Histogramms an die Stelle, an der das Histogramm als Kurve beginnt.

3 Schieben Sie die rechte Marke so weit nach links, dass sie den Abschluss des Histogramms am rechten Rand markiert. Damit haben Sie den Beginn der hellsten und dunkelsten Stellen im Bild markiert und das Programm kann diese Bildwerte auf das Intervall von 0 bis 255 umrechnen.

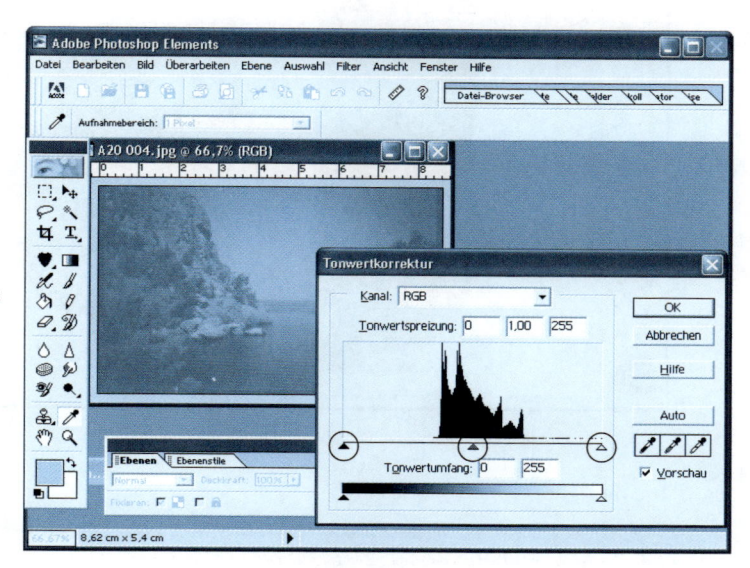

4 Passen Sie anschließend noch die Helligkeit der Mitteltöne durch Verschieben der mittleren Marke an.

Sobald Sie das Dialogfeld *Tonwertkorrektur* über die *OK*-Schaltfläche schließen, werden die Änderungen übernommen.

Um rote Augen zu korrigieren, wählen Sie in der Symbolleiste die Schaltfläche *Rote-Augen-Pinsel-Werkzeug*. In der Symbolleiste oberhalb des Fotos lassen sich die Pinselstärke und weitere Korrekturoptionen einstellen.

Klicken Sie anschließend auf die Augen im Foto, wird die rote Farbe korrigiert. Damit Sie die Augen besser erkennen können, vergrößern Sie das Foto mittels der Lupenfunktion.

387

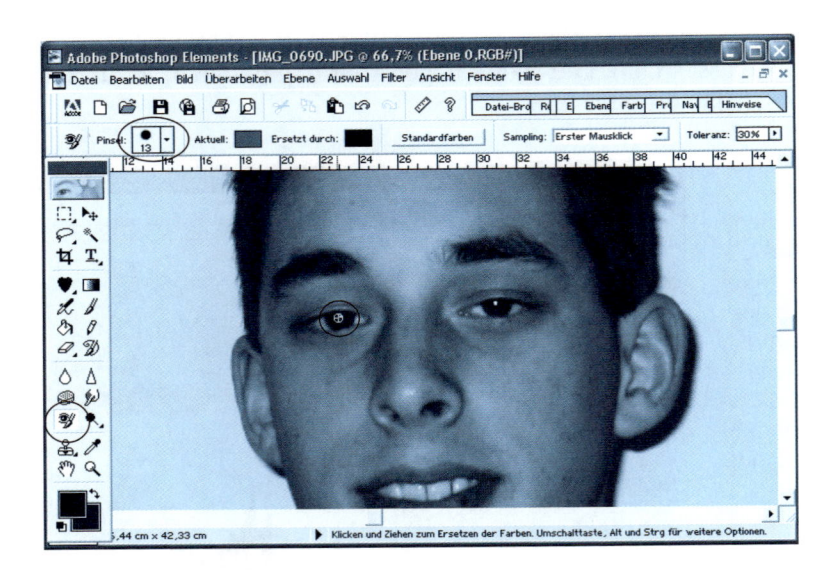

> **Hinweis**
>
> Photoshop Elements bietet eine große Fülle weiterer Funktionen wie Filtereffekte zum Aufhellen oder Verfremden von Bildern. Die Beschreibung der Funktionen muss aus Platzgründen an dieser Stelle leider entfallen. In dem weiterführenden Buch »Easy Photoshop Elements« finden Sie eine sehr detaillierte Anleitung zu den Programmfunktionen.

Zusammenfassung

In diesem Kapitel haben Sie eine Übersicht über die von Windows bereitgestellten Funktionen zur Anzeige und zur Bearbeitung von Grafiken und Zeichnungen erhalten. Zudem kennen Sie die wichtigsten Funktionen des Windows-Programms Paint und wissen in groben Zügen, wie sich Bilder von Scanner und Digitalkamera übernehmen lassen. Außerdem wurde Ihnen eine Kurzeinführung in Programme zur Bildbearbeitung gegeben.

Foto- und Bildbearbeitung

Testen Sie Ihr Wissen

Zur Überprüfung Ihrer Kenntnisse können Sie die folgenden Fragen beantworten.

■ **Wie lässt sich eine Vorschau auf Grafikdateien abrufen?**

Im Ordnerfenster den Anzeigemodus *Miniaturansicht*, z.B. über das Menü *Ansicht*, einschalten.

■ **Wie lassen sich Fotos als Diashow wiedergeben?**

Öffnen Sie den Ordner mit den Bildern. Anschließend wählen Sie in der Windows-XP-Aufgabenleiste den Befehl *Als Diashow anzeigen*. Bei älteren Windows-Versionen müssen Sie sich ein entsprechendes Programm besorgen und installieren.

■ **Welche Schnittstellen benutzen Grafikprogramme zur Datenübernahme aus Scanner und Digitalkamera?**

Ältere Treiber unterstützen meist die Twain-Schnittstelle. Bei neueren Geräten können die Treiber auch über die WIA-Schnittstelle angesprochen werden. Dann werden die Geräte direkt durch Windows Millennium oder XP erkannt.

■ **Wie lassen sich Bildteile in Paint kopieren?**

Erst den Ausschnitt mittels des Werkzeugs *Auswahl* durch Ziehen per Maus markieren. Dann über [Strg]+[C] in die Zwischenablage kopieren. Dann über [Strg]+[V] im Dokumentfenster einfügen und mit der Maus an die gewünschte Stelle ziehen.

389

Kapitel 10

Spiele, Bildung, Musik und Video

Ein Computer mit Windows lässt sich hervorragend zur Unterhaltung (Entertainment), zur Entspannung und zum Lernen (Education) nutzen. Computerspiele fesseln ganze Generationen. Moderne Computer sind zudem Multimedia-Maschinen, d.h., Sie können beim Arbeiten am Computer Musik hören. Und mit neueren Windows-Versionen lassen sich auch Videos abspielen. Sofern Sie über die entsprechenden Programme verfügen, können Sie sogar Videos auf den Computer überspielen und bearbeiten. In diesem Kapitel möchte ich Ihnen einen Einblick in die Welt des Edutainments (ein Kunstwort aus den Begriffen Education und Entertainment) geben.

Das können Sie schon:

Den Computer in Betrieb nehmen	37
Mit Windows-Fenstern und -Programmen arbeiten	59/67
Webseiten abrufen und verschiedene Internetdienste nutzen	156
E-Mails empfangen und versenden	228
Textdokumente erstellen und gestalten	274
Tabellenkalkulations- und andere Büroprogramme nutzen	326
Bilder und Fotos am Computer ansehen und bearbeiten	354

Das lernen Sie neu:

Spielen, bis der Arzt kommt	392
Bildung und Hobby	399
Windows als Musikbox	401
Musikaufzeichnung am Computer	419
Mein Computer als Heimkino	424
Der Computer als Videostudio	428

Spielen, bis der Arzt kommt

Möchten Sie sich am Computer entspannen? Dann könnten Spiele das Richtige sein. Im folgenden Abschnitt finden Sie Wissenswertes rund um das Thema Spiele.

Hardware und Spielezubehör

Trotz Spielekonsole und Gameboy gibt es für Windows eine Unmenge an Computerspielen. Moderne Grafikkarten unterstützen die Darstellung realitätsnaher Spielszenen. Welche Grafikleistungen ein Spiel benötigt, wird in der Regel in den Herstellerunterlagen angegeben.

Techtalk

Spiele, die eine realitätsnahe 3D-Grafikdarstellung benutzen, benötigen entsprechend leistungsfähige Grafikkarten. Je nach Auflösung müssen sehr große Datenmengen zwischen Arbeitsspeicher und Grafikkarte übertragen werden. Der Datentransfer über den in den meisten Computern vorhandenen PCI-Bus ist zu langsam.

*Grafikkarten benutzen daher die so genannte **AGP-Schnittstelle** (Accelerated Graphics Port), die auf allen modernen Hauptplatinen zu finden ist (siehe Kapitel 1).*

Über diesen Port kann die Grafikkarte direkt auf die im Arbeitsspeicher enthaltenen Daten zugreifen. In den letzten Jahren haben sich verschiedene Varianten (AGP 1x, AGP 2x, AGP 4x, AGP 8x) der AGP-Schnittstelle herausgebildet, die sich durch die erreichbare Übertragungsgeschwindigkeit unterscheiden. Tipp: Achten Sie beim eventuellen Aufrüsten unbedingt darauf, dass die neue Grafikkarte von der AGP-Variante der Hauptplatine unterstützt wird.

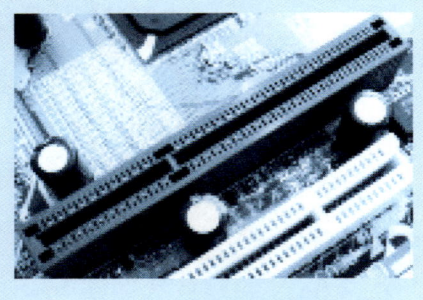

Zur Darstellung dreidimensionaler Grafiken wird häufig nur noch ein 3D-Gerüst eines Objekts sowie eine Beschreibung der Oberflächeneigenschaften (Textur) an den Grafikchip übertragen. Dieser berechnet dann aus dem 3D-Gitter und der Textur die Bitmap des Objekts (Textur-Mapping). Dabei werden auch Lichteinfall, Schatten, Transparenz, Spiegelung etc. berücksichtigt. Grafikkarten mit aktuellen Grafikprozessoren bieten die entsprechenden Funktionen direkt an und entlasten den Hauptprozessor des Computers von solchen Aufgaben. Moderne Grafikkarten werden vom Hersteller mit Zusatzfunktionen wie Video-Eingang und -Ausgang ausgestattet. Das erlaubt die Wiedergabe von Filmen auf dem Fernseher oder das Mitschneiden von Fernsehsendungen am Computer.

Spielen, bis der Arzt kommt

*Programmierer greifen beim Entwurf der Spiele häufig auf Funktionen des Betriebssystems zur Grafikausgabe zurück. Hier haben sich in der Vergangenheit die unter den Kürzeln **OpenGL** und **DirectX** operierenden Schnittstellen (APIs) herausgebildet. Microsoft Windows enthält die von vielen Spielen geforderte DirectX-Schnittstelle (bietet 3D-Grafikfunktionen und erlaubt schnelle Zeichenoperationen sowie die direkte Ansteuerung der Soundkarte). Je nach Spiel benötigen Sie eine spezielle DirectX-Version. Neuere DirectX-Versionen lassen sich kostenlos von der Microsoft-Webseite (unter www.microsoft.com suchen) herunterladen und installieren. In Windows 95 wird nur DirectX bis zur Version 8.0a unterstützt, während ab Windows 98 auch DirectX 9.x läuft. Welche Version auf Ihrem Computer installiert ist, lässt sich mit dem DirectX-Diagnoseprogramm feststellen. Wählen Sie im Startmenü den Befehl Ausführen und tippen Sie den Befehl* dxdiag *ein. Das nach der Bestätigung des Dialogfelds gestartete Diagnoseprogramm stellt auf verschiedenen Registerkarten Informationen bereit.*

Action-Spiele (z.B. Autorennen, Flugsimulatoren etc.) setzen entsprechende Zusatzgeräte (eine Spieleperipherie) voraus.

Das einfachste Bedienelement stellt der so genannte **Joystick** dar. Ein solcher Steuerknüppel nimmt die Bewegungen um eine Achse auf und kann mit einer unterschiedlichen Anzahl an Tasten (Feuerknöpfen) zur Bedienung des Spiels sowie eventuell mit der so genannten **Force-Feedback**-Technik ausgestattet sein.

(Quelle: Jöllenbeck GmbH, www.speed-link.com)

Hier sehen Sie ein als **Gamepad** bezeichnetes Peripheriegerät, welches mit beiden Händen gehalten wird. Über verschiedene Bedienknöpfe und ein Element zur Eingabe von Drehbewegungen lässt sich das Spiel bedienen.

(Quelle: Jöllenbeck GmbH, www.speed-link.com)

> **Was ist das?**
>
> Über die **Force-Feedback-Technik** ist es bei entsprechend programmierten Spielen möglich, dem Benutzer realistischere Eindrücke (z.B. Vibrationen oder Gegendruck auf die Steuerbewegungen) zur Spielszene zu vermitteln.

Speziell für Simulationsspiele (z.B. Autorennen) gibt es als **Racing Wheels** bezeichnete Steuergeräte, die mit Lenkrad, Gaspedalen und ggf. sogar Schaltung und Handbremse versehen sind. Sie erlauben es dem Spieler, den realen Bedingungen bei der Bedienung des Spiels sehr nahe zu kommen.

Diese Peripheriegeräte werden an der Geräterückseite über die Buchse für den Spieleadapter oder mittlerweile häufiger über die USB-Schnittstelle angeschlossen. Welche dieser Peripheriegeräte Sie benötigen, hängt vom verwendeten Spiel ab. Die betreffenden Angaben finden Sie in der Regel auf der Verpackung des Spiels aufgedruckt.

(Quelle: Jöllenbeck GmbH, www.speed-link.com)

Grundwissen, Tipps und mehr

Alle Windows-Versionen werden mit einigen einfachen Spielen ausgeliefert. Gerade die Karten- und Strategiespiele stellen eine ideale Möglichkeit zum Einstieg dar und können der Unterhaltung und Entspannung dienen.

- Sie finden die Windows-Spiele im Startmenü im Zweig *Programme/Zubehör/Spiele* bzw. in neueren Windows-Versionen unter *Alle Programme/Spiele*.

- Sind bei Ihrem Windows-System keine Spiele im Startmenü zu sehen? Spiele sind optionale Windows-Komponenten, die Sie in einem solchen Fall nachträglich installieren müssen (siehe Kapitel 12).

Die mit Windows ausgelieferten Spiele setzen in der Regel keine besondere Hardware zur Bedienung voraus, Tastatur und Maus genügen. Die Kartenspiele lassen sich auf einem lokalen Computer ausführen.

Allerdings gibt es auch Programme, die menschliche Gegenspieler benötigen. Im einfachsten Fall werden die Rechner über Netzwerkkabel zu einem so genannten lokalen Netzwerk miteinander verbunden. Die Spieler sitzen vor getrennten PCs (im gleichen Raum oder Gebäude) und die Rechner tauschen untereinander die Daten aus.

Die modernere und universellere Variante stellen **Internetspiele** dar, die eine Online-Verbindung voraussetzen. Sobald Sie das Programm starten, nimmt es Verbindung zum Spieleserver (Game-Server) auf. Dieser Server führt die Online-Spieler zusammen. Solche Internetspiele (Dame, Backgammon etc.) sind in den neueren Windows-Versionen standardmäßig enthalten.

Der Nachteil dieser Internetspiele besteht darin, dass Sie sie ohne Internetzugang nicht nutzen können. Zudem sind Sie darauf angewiesen, dass gerade jemand auf der Suche nach einem Mitspieler für ein solches Spiel ist und die gleiche Spielstärke besitzt.

Hinweis

Solange die Internetverbindungen zeitabhängig abgerechnet werden, sollten Sie Ihre Online-Spiele nur mit Vorsicht nutzen. Schnell sind einige Stunden vergangen, in denen Gebühren anfallen.

Spiele-Genres

Die verfügbaren Spiele werden zudem in verschiedene **Genres** (Kartenspiele, Brettspiele, Geduldsspiele, Actionspiele, Strategiespiele, Simulation etc.) unterteilt. Beispiele für schnelle Simulationsspiele sind der **Microsoft Flugsimulator** (siehe *www.microsoft.com/games*) oder **DTM Race Driver** (*www.dtmracedriver.de*). Neben diesen durch Action geprägten Vertretern gibt es auch Simulationen als Strategiespiele, in denen z.B. eine Zivilisation erschaffen werden soll. **Zivilisation**, **Anno 1503**, **Anno 1604, Die Siedler** und andere gehören in diese Kategorie. Beim Spiel **Die Sims** handelt es sich um eine »Lebenssimulation«, bei der Sie einen Bewohner von SimCity erschaffen können und dann für dessen Bedürfnisses (Hunger, Komfort, Hygiene, soziales Ansehen etc.) zuständig sind. Daneben gibt es noch die obligatorischen Weltraum-, Schlacht- und Kriegsspiele, die auf Computern laufen. Simulationen und Actionspiele benötigen wegen der aufwändigen Grafik und zur Bedienung die weiter oben in diesem Kapitel erwähnte Hardware zur Anzeige und zur Bedienung. Brett- und Kartenspiele lassen sich in der Regel auf allen Windows-Computern spielen und werden per Maus oder mit der Tastatur bedient.

Windows an Spiele anpassen

Einige der verfügbaren Spiele wurden für ältere Windows-Versionen oder sogar noch für das Betriebsprogramm MS-DOS entwickelt. Wenn Sie mit Windows XP arbeiten, machen diese Spiele unter Umständen Probleme.

MS-DOS-Spiele werden unter Windows **im Fenster** der **MS-DOS-Eingabeaufforderung** (auch als Konsolefenster bezeichnet) **ausgeführt**. Beim ersten Ausführen legt Windows eine so genannte Programminformationsdatei (*.pif*) mit der benötigten Konfiguration an. Sie können die in dieser *.pif*-Datei gespeicherten Eigenschaften leicht einsehen und anpassen, indem Sie die Programmdatei (*.exe* oder *.com*) bzw. die zugehörige Verknüpfungsdatei mit der rechten Maustaste anklicken und im Kontextmenü den Eintrag *Eigenschaften* wählen. Im Eigenschaftenfenster wählen Sie die Registerkarte *Programm*.

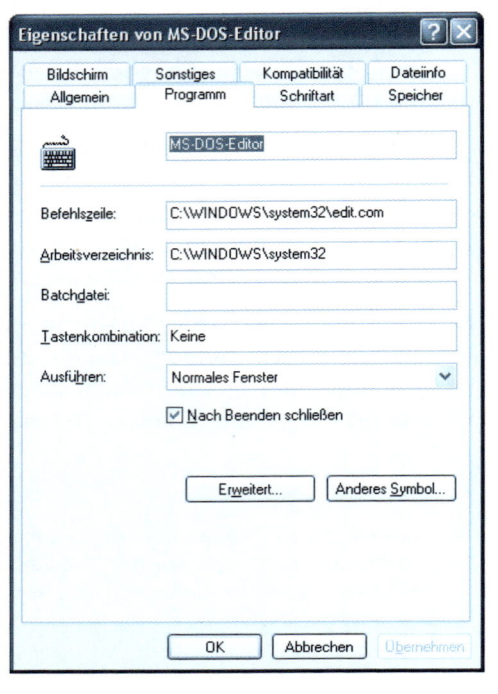

Auf dieser Registerkarte lässt sich über das Listenfeld *Ausführen* angeben, ob das Programm in einem Fenster oder in der Vollbilddarstellung laufen soll. Gibt es Probleme mit einem MS-DOS-Programm, setzen Sie die Option versuchsweise auf »Maximiert«. Über die restlichen Felder können Sie den Pfad zu einem Arbeitsverzeichnis oder zu einer Batchdatei setzen. Möchten Sie dem Programm ein anderes Symbol zuweisen, lässt es sich über die Schaltfläche *Anderes Symbol* auswählen.

Über die Registerkarten *Bildschirm*, *Schriftart* und *Speicher* lassen sich weitere DOS-spezifische Optionen einstellen. Die Registerkarte *Kompatibilität* steht bei älteren Windows-Programmen und bei Verknüpfungen auf MS-DOS-Anwendungen zur Verfügung.

Läuft ein älteres Windows-Spiel nicht mehr unter Windows XP?

1 Öffnen Sie (wie oben beschrieben) über den Kontextmenübefehl *Eigenschaften* das Eigenschaftenfenster und wählen Sie die Registerkarte *Kompatibilität*.

2 Markieren Sie das Kontrollkästchen *Programm im Kompatibilitätsmodus ausführen für*.

3 Stellen Sie den Kompatibilitätsmodus auf eine der vorgegebenen Betriebssystemversionen (Windows 95 etc.) ein.

4 Setzen Sie bei Bedarf noch die Anzeigeeinstellungen, indem Sie die betreffenden Kontrollkästchen auf der Registerkarte markieren.

Sobald Sie die Registerkarte über die *OK*-Schaltfläche schließen, werden die Kompatibilitätsoptionen übernommen und beim Ausführen des Programms durch Windows verwendet. Gegebenenfalls müssen Sie mehrere Optionen ausprobieren, um die optimalen Einstellungen herauszufinden.

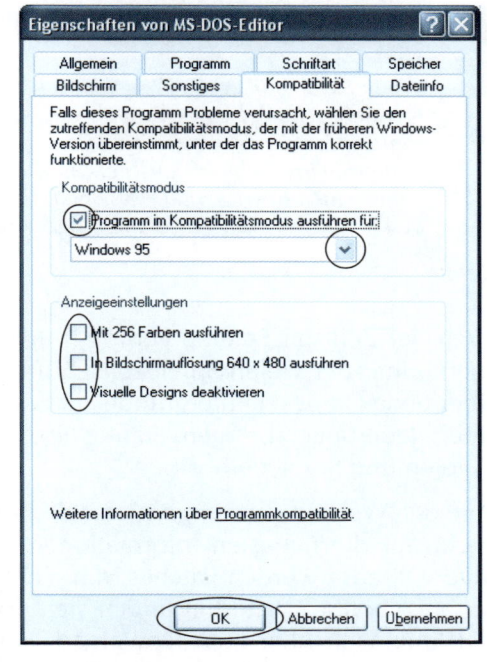

> **Achtung**
>
> Die Hard- und Software-Voraussetzungen, die ein Spieleprogramm benötigt, sind in der Regel auf der Verpackung aufgedruckt. Achten Sie darauf, dass das Spiel für die von Ihnen verwendete Windows-Version passt und dass der Rechner über genügend Hauptspeicher bzw. Grafikleistung verfügt.

Wo kann ich Spiele und Infos dazu bekommen?

Neben den in Windows enthaltenen und weiter unten beschriebenen Spielen gibt es im Handel und im Internet eine Unmenge an Windows-Spielen. Eine Übersicht, welche Spiele momentan populär sind, finden Sie auf der Webseite *top100.de-shopping.com*, wenn Sie die Rubrik »PC-Spiele« aufrufen.

> **Tipp**
>
> *Wenn Sie sich über die Preise eines bestimmten Spiels informieren möchten, empfiehlt sich ggf. der Besuch der Amazon-Webseite (www.amazon.de). Wählen Sie den Registerreiter »Computer & Videospiele« im Seitenkopf und tippen Sie im Suchfeld den Titel des Spiels ein. Neben Preisangaben und einer allgemeinen Beschreibung des Spiels finden Sie dort oft Bewertungen von anderen Nutzern und gelegentlich sogar Angebote für gebrauchte Versionen des Spiels.*

Wer viel Zeit mit Spielen verbringt, für den lohnt sich auch das Abonnement einer der vielen Spielezeitschriften (z.B. GameStar), die Testberichte über neue Games, Hintergründe zur Spieleentwicklung und eine Übersicht über Neuerungen bringen. Häufig liegen diesen Zeitschriften auch CDs mit Spielen und Spieledemos bei.

Auf der Webseite *www.gamestar.de* der Zeitschrift GameStar finden Sie nicht nur die neuesten Informationen zur Spieleszene. Unter der Rubrik »Downloads« werden Patches, d.h. Fehlerkorrekturen, zu populären Spielen angeboten. Weiterhin finden sich dort auch Test- und Demoversionen der Spielehersteller zum Download. Einen besonderen Service bietet die Rubrik »Tipps & Tricks«. Dort finden Sie eine alphabetisch geordnet Sammlung von Cheats, Tipps und Lösungen zu Spielen.

> **Was ist das?**
>
> **Cheats** *sind Tipps und Anleitungen, mit denen sich Spielsituationen am Computer einfacher oder schneller bewältigen lassen; es handelt sich z.B. um bestimmte Tastenkombinationen zum Abrufen von Optionen. Der Begriff kommt aus dem Englischen: »to cheat« heißt so viel wie mogeln.*

Wenn Sie solche Tipps zu Spielen suchen, geben Sie den Begriff »Cheats«, ggf. kombiniert mit dem Namen des Spiels, in einer Suchmaschine ein. Mit Sicherheit werden Ihnen eine Unmenge an Webseiten angezeigt, die sich mit dem Thema befassen.

> **Achtung**
>
> *Im Spielebereich gibt es leider eine Reihe von Webseiten, deren Angebote an Spielen und Cheats zum Download mit einem Haken verbunden sind. Das beginnt mit ständig aufklappenden und nervenden Werbefenstern und endet mit Dialogen, die beim Schließen einen 0190er-Dialer installieren.*

> *Passen Sie auf, dass solche Programme, die einen teuren Internetzugang anwählen, erst gar nicht installiert werden. Merken Sie sich die betreffenden Webseiten und meiden Sie diese zukünftig.* **Eltern sollten** *ihre* **Kinder auf** *diese* **Gefahren hinweisen***, damit es keine unangenehmen Überraschungen gibt. Eltern sollten auch auf die Altersklassifizierung der Spiele achten. Indizierte Computerspiele haben im Kinderzimmer nichts verloren.*

Einfache Karten- und Geschicklichkeitsspiele werden häufig auch als Freeware oder Shareware zum kostenlosen Herunterladen im Internet bereitgestellt.

- Auf der Webseite *www.freeload.de* findet sich eine Menge Free- und Shareware aus den unterschiedlichsten Bereichen zum Download. Unter der Kategorie »Spiele« finden Sie (in Unterkategorien wie Brett- und Würfelspiele, Action- und Kartenspiele) Listen der verfügbaren Programme. Sie können dann Details zum Spiel samt einer Bewertung durch andere Nutzer abrufen und das Programm auch downloaden.

- Die Webseite *www.freeware.de* bietet ebenfalls eine Reihe von Spielen zum kostenlosen Download an. Unter *www.freeciv.org* lässt sich ein kostenloser Clone des recht populären Simulationsspiels **Zivilisation** herunterladen. Das Spiel erlaubt die Simulation des Entstehens einer Zivilisation.

Ältere Versionen diverser kostenpflichtiger Spiele werden zudem von Anbietern wie Pearl Agency (*www.pearl.de*) angeboten. Weiterhin gibt es im Handel Zusammenstellungen von Spiele-CDs, sodass die Download-Kosten entfallen.

Mit Windows werden ebenfalls eine Reihe Spiele (Minesweeper, Solitär, Spider Solitär, Freecell, Pinball etc.) mitgeliefert. Aus Platzgründen muss die Beschreibung der Spiele an dieser Stelle entfallen. Sie können den betreffenden Text jedoch unter der Überschrift »Kurzanleitungen für Windows-Spiele« in der Rubrik »Tipps & Tricks« von meiner Webseite *www.borncity.de* abrufen. Die Adobe-Acrobat-PDF-Datei lässt sich im Adobe Acrobat Reader auf Ihrem Computer ansehen, speichern und drucken.

Bildung und Hobby

Häufig lässt sich für ein Hobby auf den Computer zurückgreifen. Wer sich für Fotografie oder Video interessiert, dem eröffnet der Computer ganz neue Möglichkeiten zur Bearbeitung des Filmmaterials. Einige dieser Aspekte werden in diesem Buch in diesem und im vorherigen Kapitel angeschnitten. Spezielle Programme unterstützen Sie bei der Ahnenforschung und die Verwaltung von Sammlerstücken (Briefmarken, Münzen, Bierdeckel oder was auch immer) lässt sich per Software elegant organisieren. Falls es kein spezielles Programm dazu gibt, können Sie ggf. auf die Datenbankfunktion von Works (siehe Kapitel 8) zurückgreifen und Ihre eigene Verwaltung in die Tat umsetzen.

Auch im Hinblick auf die **Unterstützung beim Lernen** kann der Computer ein guter Helfer sein. Vom Tipptrainer über Mathe- und Physikprogramme bis hin zu Vokabeltrainern gibt es eine Unmenge an Lernprogrammen. Besuchen Sie die Webseiten *www.freeload.de* oder *www.freeware.de*, werden Sie in den betreffenden Kategorien fündig. Alternativ können Sie »Lernprogramm« gepaart mit dem gewünschten Begriff wie »Mathematik« in einer Suchmaschine eingeben. Bei richtig gewählten Begriffen wird die Suchmaschine eine Reihe von Seiten auflisten, die sich mit dem Thema befassen.

Schulbuchverlage wie Klett oder Schrödel bieten ebenfalls spezielle Lernsoftware an. Wer die Amazon-Webseite besucht und dann die Rubrik »Software« aufruft, findet unter den Kategorie »Bildung & Wissenschaft« sowie »Familie & Kinder« eine Vielzahl an kommerziellen Programmangeboten. Anbieter wie Pearl (*www.pearl.de*) haben häufig ältere Versionen von Lernprogrammen und Nachschlagewerken im Angebot.

Nachschlagewerke wie Lexika und Fremdwörterbücher oder solche zu Geographie und Geschichte bekommen auf dem Computer ganz neue Fähigkeiten. Einmal lassen sich die gesuchten Begriffe direkt und ohne Blättern nachschlagen. Die betreffenden Seiten können auf dem Computer mit Querverweisen (Hyperlinks) oder zusätzlichen Angeboten (z.B. Videos und Musik) versehen sein. Die auf vielen neuen Rechnern mit der Microsoft Works Suite installierte Enzyklopädie **Microsoft Encarta Standard** ist ein typischer Vertreter. Benötigen Sie geographische Informationen, lassen sich diese über das in der Software integrierte Kartenmaterial abrufen. Das Spektrum reicht vom Weltatlas, über den sich Detailkarten abrufen lassen, bis hin zu Enzyklopädiekarten, die geschichtliche Zusammenhänge, politische Strukturen oder Darstellungen aus der Sicht verschiedener Wissensgebiete bieten. Über eine Internetanbindung lassen sich Zusatzinformationen und -funktionen abrufen. So gibt es Quizfragen, spezielle Seiten für Schüler und mehr.

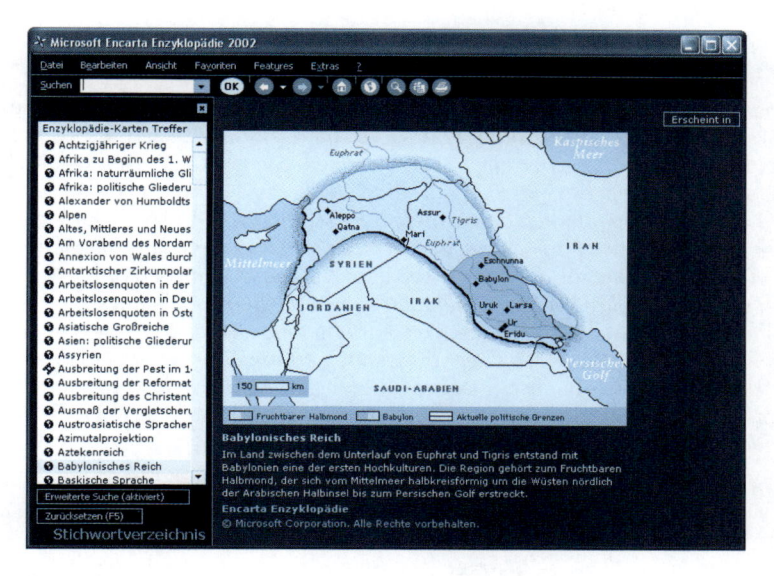

Aus Aufwandsgründen muss es an dieser Stelle bei einer groben Vorstellung bleiben. Erkundigen Sie sich im Fachhandel oder recherchieren Sie im Internet, welche Software es rund um die Themen Hobby, Wissen und Lernen gibt.

Windows als Musikbox

Computer erlauben die Wiedergabe von Klängen und Musik, wenn sie mit der notwendigen Hard- und Software ausgestattet sind. Im einfachsten Fall wird nur ein CD- oder DVD-Laufwerk mit einem an der entsprechenden Buchse angeschlossenen Kopfhörer benötigt. Moderne Rechner sind aber mit einer **Soundkarte** ausgestattet. Über eine Soundkarte können Sprache, Musik und beliebige Klänge auf den angeschlossenen Lautsprechern ausgegeben werden. Der Computer kann Musik und Klänge dabei aus verschiedenen Quellen beziehen. CD- oder DVD-Laufwerke eignen sich prinzipiell zum Abspielen von **Musik-CDs**. **Musikstücke** lassen sich von Audio-CDs **auf Festplatte kopieren**. Oder Sie schneiden **Radiosendungen** und **eigene Musikstücke** über den Audioeingang der Soundkarte mit und speichern diese als Audiodateien auf der Festplatte. Auf die gleiche Weise können Sie alte **Schallplatten** oder **Kassetten** mit dem Computer **digitalisieren**. Zudem gibt es das **Internetradio**, über das Sie weltweit im Internet präsente Radiosender hören können. Alles, was Sie benötigen, ist ein geeignetes Wiedergabeprogramm für diese Musikquellen.

Techtalk

*Soundkarten besitzen meist Mini-Klinkenbuchsen zum **Anschließen** der **Lautsprecher und** anderer **Audiogeräte**. Bei älteren Soundkarten werden die beiden Lautsprecher über ein Kabel mit einem Stereo-Klinkenstecker in die »Out«-Buchse eingesteckt. Das Anschlussblech weist in der Regel noch eine mit »Line in« oder ähnlich beschriftete Buchse auf (s.u.). An diese Buchse lassen sich Geräte wie Radio, Kassettenrecorder, Mischpult etc. anschließen, um Tonaufnahmen herzustellen. Eine separate Mikrofonbuchse erlaubt es zwar, ein einfaches **Mikrofon** für Aufnahmen anzuschließen. Für hochwertige Aufnahmen empfiehlt sich aber die Verwendung eines Mischpults, dessen Ausgang mit dem Audioeingang der Soundkarte verbunden wird. Da HiFi-Geräte in der Regel Cinch-Buchsen besitzen, benötigen Sie entweder Adapter oder Verbindungskabel, die an einem Ende Mini-Klinkenstecker und am anderen Ende Cinch-Stecker aufweisen.*

Moderne Soundkarten können zudem Mehrkanal-Ton in Dolby-Digital-Technik auf dem PC wiedergeben. Angaben der Art »5.1« oder »Dolby Digital 5.1« auf Lautsprechern oder Soundkarten signalisieren, wie viele Lautsprecher sich anschließen lassen. Ein 5.1-Lautsprecherssystem besteht aus sechs Einheiten: vorne links/rechts, hinten links/rechts, Subwoofer für Niedrigfrequenzeffekte und einem zentralem Lautsprecher – siehe z.B. den Artikel »Dolby digital aus dem PC« unter www.dolby.com).

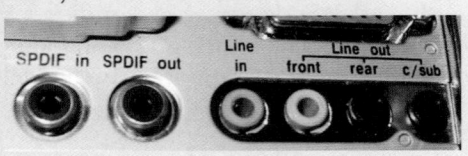

Zum Anschluss analoger Lautsprechersysteme weisen diese Soundkarten dann (wie hier gezeigt) zusätzliche Klinkenbuchsen auf. An der mit »front« bezeichneten analogen Anschlussbuchse werden die beiden (vorderen) Stereo-Lautsprecher mit einem normalen Klinkensteckers angeschlossen. Weitere mit »rear« und »c/sub« beschriftete Buchsen erlauben den Anschluss der beiden rückwärtigen Lautsprecher und des Subwoofer bzw. des zentralen Lautsprechers. Jeder Klinkenstecker kann zwei Lautsprecher versorgen.

*Häufig kommen aber digitale Lautsprechersets zum Einsatz, die die Klangkanäle selbsttätig trennen. Solche Lautsprecher werden über ein entsprechendes Kabel mit dem digitalen Audioausgang der Soundkarte verbunden. Die dabei verwendete SPDIF-Technik (**SPDIF** steht für **S**ony/**P**hillips **D**igital **I**nterface **F**ormat) unterstützt sowohl elektrische als auch optische Ein- und Ausgänge. Weist die Soundkarte die hier gezeigten elektrischen SPDIF-(RCA)-Buchsen auf, lassen sich diese über ein geeignetes Kabel mit den SPDIF-Buchsen anderer Geräte verbinden.*

*Durch die Erdung der Geräte und Antennenleitungen kommt es gelegentlich beim Anschluss externer Geräte (z.B. Stereoanlagen) zu **Brummschleifen**, die sich durch einen Brummton bemerkbar machen. Sie müssen dann herausfinden, welche Geräte und Anschlusskabel den Brummton einschleppen. Wenn*

Windows als Musikbox

alle Geräte dieselbe Steckdosenleiste verwenden, kann es helfen, den Netzstecker des betreffenden Geräts um 180 Grad gedreht erneut in die Steckdose zu stecken – oder Sie klemmen versuchsweise die Antenne ab. Bei Bedarf müssen Sie auf spezielle Kabel und (Trenn-)Übertrager (zum Trennen der Audiosignale) bzw. Mantelstromfilter (bei Antennen) zurückgreifen. Die betreffenden Bauteile sind im Elektronikhandel zu bekommen.

Wiedergabeprogramme im Überblick

Zum Abspielen von Musik und Videos benötigt der Computer ein spezielles Wiedergabeprogramm. Für Windows gibt es verschiedene **Wiedergabeprogramme**.

- Neuere Windows-Versionen sind mit dem **Microsoft Media Player** ausgestattet (siehe auch die folgenden Seiten). Aktuelle Versionen lassen sich kostenlos von der Microsoft-Webseite *www.microsoft.de* herunterladen (über die Option *Suche* das Suchformular aufrufen und dann den Suchbegriff »Media Player« eingeben).

Menü zum Abrufen der Funktionen

Bedientasten zum Abspielen

Wiedergabeliste CD-Titel

RealOne Player

Funktionsgruppen abrufen

- Auf vielen Windows-Systemen wird von den Herstellern zusätzlich der **RealOne Player** der Firma Real installiert. Sie können die aktuelle Version unter *germany.real.com* herunterladen. Dieser Player wird gelegent-

403

lich benötigt, um auf Webseiten (z.B. bei Amazon) angebotene Hörproben von Musiktiteln abzuspielen.

- Recht populär ist auch die freie 2.x-Version des Programms **Winamp** (siehe unten) der Firma Nullsoft, die Sie kostenlos von der Internetseite *www.winamp.com* herunterladen können. Die deutsche Fassung ist samt Bedienanleitung unter *www.mpex.net/winamp* zu finden.

All diese Programme können Audio-CDs, verschiedene Musikdateien (.*wav*, .*mp3*, .*wma* etc.) und Videos in unterschiedlichen Formaten wiedergeben. Zudem unterstützen die Player in neueren Fassungen Internetradio und die Wiedergabe von DVDs.

Achtung

Auf der RealOne-Webseite wird sowohl eine kostenpflichtige als auch eine kostenlose Version des RealOne Player zum Download angeboten. Achten Sie beim Herunterladen und Installieren des Real Player darauf, keine Bankdaten, Kreditkartennummern oder persönliche Angaben zu hinterlassen. Bei der Erstinbetriebnahme versucht der Player eine Registrierung durchzuführen, bei der persönliche Informationen übertragen werden. Brechen Sie diese Registrierung nach Möglichkeit ab.

Hinweis

Microsoft Windows 95 verwendet standardmäßig das Programm Medienwiedergabe *beim Abspielen von Audiodateien. Auch der ab Windows 98 eingeführte Windows Media Player existiert in verschiedenen Versionen mit unterschiedlichen Bedienoberflächen. Aus Aufwandsgründen wurde in diesem Buch die Version 9.0 verwendet. Ältere Windows-Versionen können Sie über die Microsoft-Webseite kostenlos auf die aktuellste Version (z.B. Version 9 oder höher) aktualisieren. Bei Windows 95 und Windows NT kann nur der Media Player bis zu Version 6.4 installiert werden. Details liefert die Microsoft-Download-Seite für den Media Player (unter* www.microsoft.com *suchen).*

Bemerkungen zu Audiodateien und -formaten

Zum Speichern von Klängen und Musikstücken werden verschiedene Audioformate benutzt. Die folgende Tabelle verschafft Ihnen eine Übersicht über die wichtigsten Audioformate.

Windows als Musikbox

Erweiterung	Format/Bemerkungen
.wav	Das **WAV-Format** (.*wav*) speichert Audiodaten in unkomprimierter Form mit diversen Abtastraten (z.B. CD-Qualität im 16-Bit-Stereo-Ton mit 44,1 KHz Abtastrate). Das Aufzeichnungsverfahren führt zu recht großen Dateien (pro Minute ca. 10 Mbyte). Die auf einer üblichen Musik-CD im WAV-Format gespeicherten Musikstücke belegen daher zwischen 640 und 700 Megabyte. Die bei einer eingelegten Musik-CD im Ordnerfenster des Computers angezeigten .*cda*-Dateien sind lediglich Verweise auf die (im WAV-Format gespeicherten) Klangdateien mit den Musikstücken.
.mid, .midi	Zur Speicherung elektronischer Musikstücke wurde von der Vereinigung der MIDI-Hersteller das so genannte Standard-MIDI-File-Format (SMF) definiert. MIDI-Dateien enthalten Angaben hinsichtlich der zu spielenden Noten und der zu verwendenden Instrumente (Stimmen). Dadurch sind MIDI-Dateien sehr kompakt (wenige Kbyte für mehrere Minuten Musik). Im Internet finden sich viele im MIDI-Format aufgezeichnete Instrumentalstücke. Die Wiedergabe erfolgt über den Synthesizer der Soundkarte.
.mp3	Das vom Fraunhofer Institut als verlustbehaftetes Komprimierverfahren für Musikdateien entwickelte **MP3**-Verfahren zeichnet sich durch eine sehr hohe Klangqualität (128-Kbit-Datenrate) bei sehr kompakten Audiodateien (ca. 1 Mbyte pro Minute) aus. MP3 steht dabei für MPEG1 Audio Layer 3, d.h., es wird das von der Moving Picture Experts Group (MPEG) verabschiedete MPEG1-Format mit einer speziellen Kodierung benutzt. Eine neuere Variante **MP3Pro** kommt mit 64-Kbit-Datenrate bei gleicher Klangqualität aus und reduziert die Dateigröße gegenüber MP3 nochmals um rund 50%
.wma	Von Microsoft wurde das **WMA-Format** (.*wma*, steht für Windows Media Audio) zur Speicherung von Audiodaten entwickelt. Der Vorteil dieses Formats besteht darin, dass es bei einer brauchbaren Klangqualität nur die Hälfte des Speicherplatzes von MP3-Dateien belegt. WMA-Dateien lassen sich auf Wunsch vor einer unbefugten Wiedergabe schützen (zur Wiedergabe der Musikstücke ist eine entsprechende Wiedergabe-Lizenzdatei auf dem Gerät erforderlich).

Erweiterung	Format/Bemerkungen
.ogg	**OGG Vorbis** ist ein im Open-Source-Bereich entwickeltes Audioformat, welches mit 128-Kbit-Datenrate aufzeichnet und in etwa MP3-Qualität erreicht. Die von diesem Verfahren benutzten Codecs sind lizenzfrei.

Handelsübliche CD-Spieler können in der Regel nur Musik-CDs (mit den darauf gespeicherten .*wav*-Dateien) abspielen. MP3-Dateien lassen sich nur auf speziellen MP3-Playern und auf moderneren DVD-Playern wiedergeben.

Auf Computern lassen sich dagegen beliebige Abspielprogramme (Player) installieren. Dann genügt ein Doppelklick auf die Audiodatei zum Abspielen im Player. Windows sucht anhand der Dateinamenerweiterung (.*wav*, .*midi*, .*wma*, .*mp3* etc.) automatisch das Wiedergabeprogramm.

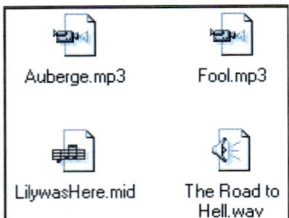

In den meisten Windows-Versionen wird der Windows Media Player zur Wiedergabe benutzt. Probleme kann es lediglich geben, wenn der Player nicht über die erforderlichen Codecs zur Wiedergabe der Audiodatei verfügt.

Was ist das?

*Das Wort **Codec** setzt sich zusammen aus Coder und Decoder und bezeichnet einen Softwarebaustein, der zum Kodieren oder Dekodieren von Audio- oder Videodaten benutzt wird. Wiedergabeprogramme benötigen solche Codecs, um Daten im betreffenden Audio- oder Videoformat (siehe die folgenden Seiten) abspielen zu können. Die meisten Wiedergabeprogramme sind in der Lage, automatisch im Internet nach fehlenden Codecs zu suchen. Codecs sind häufig patentgeschützt und müssen lizenziert werden. Während die Codecs zur Wiedergabe (z.B. die MP3-Codecs) in der Regel kostenlos verwendet werden dürfen, verlangen die Patentinhaber zum Erzeugen von Audiodateien Lizenzgebühren für Codecs.*

Musik-CDs abspielen

Das Abspielen von Musik-CDs am PC ist eigentlich ein Kinderspiel. Der Windows Media Player oder eines der anderen Wiedergabeprogramme ist dafür geeignet.

Windows als Musikbox

1 Drücken Sie am CD-Laufwerk die Auswurftaste, um die CD-Schublade auszufahren.

2 Legen Sie die Musik-CD (mit der spiegelnden Seite nach unten) in die Schublade (siehe auch Kapitel 3).

3 Drücken Sie die Auswurftaste am Laufwerk ein zweites Mal, um die CD einzufahren.

Direkt nach dem Einfahren der Schublade beginnt die Laufwerksanzeige zu blinken – Windows versucht von der CD zu lesen. Nach einigen Sekunden startet das Wiedergabeprogramm für (Musik-)CDs automatisch und beginnt mit dem Abspielen der Musikstücke. Mehr brauchen Sie eigentlich nicht zu wissen, da alles automatisch geht.

> **Hinweis**
>
> *Um ein **bestimmtes Wiedergabeprogramm** zu **verwenden** oder bei abgeschaltetem Autostart der CD-Wiedergabe, rufen Sie das Wiedergabeprogramm manuell auf. Sie finden den Media Player als Symbol in der Schnellstart-Symbolleiste. Zudem werden die Wiedergabeprogramme im Startmenü eingetragen. Beim Media Player wählen Sie zur CD-Wiedergabe im Menü Wiedergabe den Befehl DVD-, VCD- oder CD-Audio und klicken im Untermenü auf das betreffende CD-Laufwerk. Beim RealOne Player finden Sie den Befehl DVD- oder CD-Audio wiedergeben ebenfalls im Menü Wiedergabe. Bei Winamp 3.x klicken Sie mit der rechten Maustaste auf das Programmfenster und wählen im Kontextmenü Abspielen und im Untermenü das gewünschte CD-Laufwerk.*

Wenn Sie das **Abspielen beenden wollen**, drücken Sie einfach einmal auf die Auswurftaste des CD-ROM-Laufwerks und warten, bis die Schublade ausgefahren wird. Dann entnehmen Sie die CD, schließen die Schublade und beenden das Wiedergabeprogramm.

> **Achtung**
>
> *Wegen der Möglichkeit zum Kopieren von Musik-CDs mit Hilfe von CD-Brennern versieht die Musikindustrie neue Audio-CDs häufig mit einem Kopierschutz. Solche CDs lassen sich nicht mehr auf Computern oder älteren CD-Playern wiedergeben. Da der Hinweis auf den Kopierschutz nicht immer auf der CD-Hülle vermerkt ist, führt der Heise-Verlag unter der Adresse www.heise.de/ct/cd-register eine Liste kopiergeschützter Audio-CDs (Un-CDs). Details über die einzelnen Kopierschutzverfahren finden Sie im Internet (in Google z.B. »CD-Kopierschutztechniken« eingeben).*

Media Player – Kurzübersicht

Das Fenster des Windows Media Player besitzt eine Menüleiste und verschiedene Schaltflächen, über die sich die Funktionen abrufen und die Wiedergabesteuerung bedienen lässt. Ältere Versionen weichen im Fensterstil leicht von der hier gezeigten Version 9 ab. Die Funktionen lassen sich in allen Versionen des Player ähnlich wie bei einem Walkman oder CD-Player abrufen.

- Über die Schaltfläche *Wiedergabe/Pause* lässt sich ein Audio- oder Multimediatitel abspielen bzw. anhalten. Mit *Stopp* wird die Wiedergabe beendet.

- Der Schieberegler ermöglicht Ihnen, die Lautstärke einzustellen; ein Klick auf den stilisierten Lautsprecher schaltet den Ton ein oder aus.

- Die Schaltflächen der Wiedergabesteuerung (*Zurück/Vorwärts*) ermöglichen es Ihnen, schrittweise zwischen den Musiktiteln vor- oder zurückzugehen.

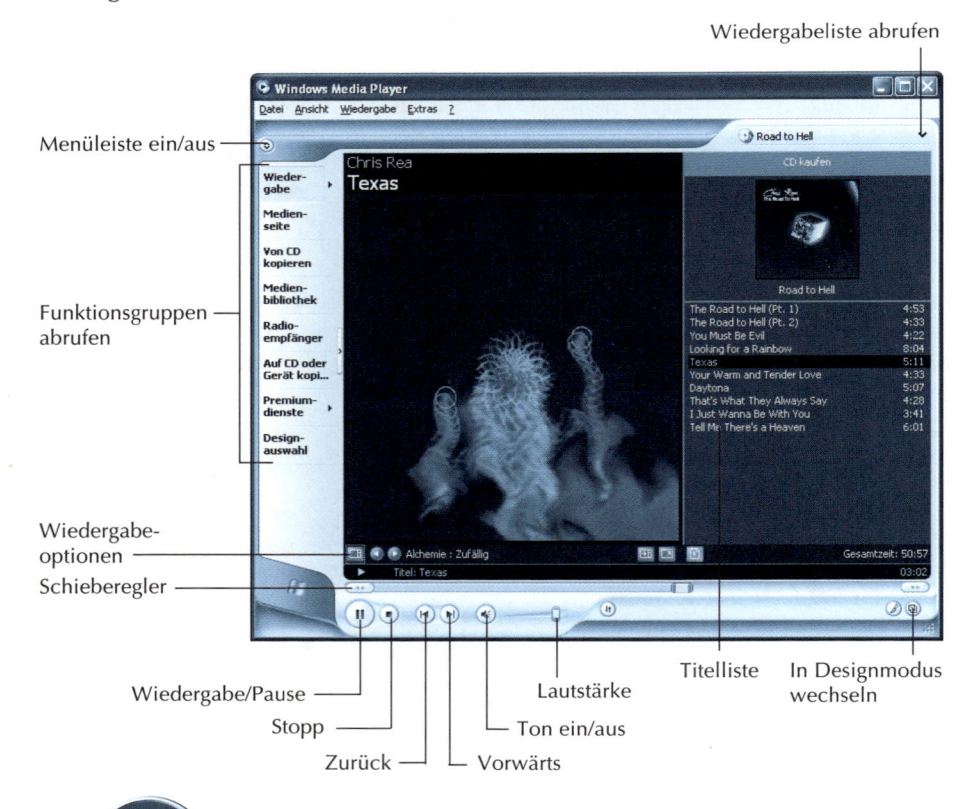

Der Regler der **Suchleiste** bewegt sich beim Abspielen der Medientitel nach rechts. Sie sehen also, welcher Teil des aktuellen Titels bereits abgespielt bzw. noch wiederzugeben ist. Durch Ziehen des Schiebers per Maus lässt sich eine Stelle im aktuellen Titel suchen.

Die **Schaltflächen in der linken Leiste erlauben** es Ihnen, unterschiedliche **Funktionen** wie CD-Wiedergabe, Medienbibliothek, Webradio etc. **abzurufen**. Am rechten Rand finden Sie bei Musik-CDs eine Wiedergabeliste, die sich über den Befehl *Ansicht/Wiedergabeoptionen/Wiedergabeliste anzeigen* ein- und ausblenden lässt. Die Wiedergabe kann zudem über die Befehle des Menüs *Wiedergabe* auf zufällige Titelauswahl oder Wiederholen eingestellt werden. Unterhalb des Visualisierungsbereichs findet sich auch noch eine Schaltfläche *Wiedergabeoptionen*, über deren Menü Sie die angezeigten Visualisierungen, eine Equalizerdarstellung etc. im Dokumentbereich des Fensters einblenden können.

So nutzen Sie coole Designs

Der Windows Media Player lässt sich mit verschiedenen Designs (auch als Skins bezeichnet) aufrufen.

1 Klicken Sie in der linken Spalte des Player auf die Schaltfläche *Designauswahl* (oder wählen Sie im Menü *Ansicht* die Befehle *Gehe zu/ Designauswahl*).

2 Wählen Sie dann in der im Dokumentbereich des Fensters eingeblendeten Liste ein Design aus.

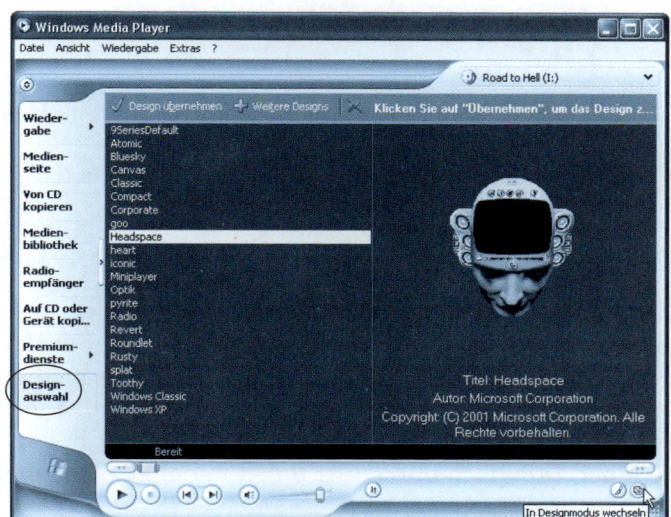

3 Klicken Sie am unteren rechten Rand auf die Schaltfläche *In Designmodus wechseln*.

Der Media Player zeigt dann die Form des gewählten Designs (hier »Headspace«) an. Das neue Design enthält eine Schaltfläche, um zum Vollbildmodus zurückzukehren – oder Sie klicken mit der rechten Maustaste auf das Fenster des Player und wählen im Kontextmenü den Befehl *Zum Vollmodus wechseln*.

> **Tipp**
>
> Mit den Tasten [Strg]+[1] und [Strg]+[2] lässt sich schneller zwischen Designmodus und Vollmodus wechseln. Der Media Player 9 unterstützt zudem eine Minileiste. Klicken Sie mit der rechten Maustaste auf eine freie Stelle der Taskleiste und wählen Sie im Kontextmenü die Befehle Symbolleisten/ Windows Media Player, um die Option zu aktivieren. Wird der Media Player minimiert, blendet Windows die hier gezeigte Leiste mit diversen Schaltflächen zur Ablaufsteuerung in der Taskleiste ein.
>
> Fehlt bei Ihnen die Vollbilddarstellung des Media Player in der Symbolleiste? Sie wird eingeblendet, sobald Sie auf den Bereich oberhalb des Player zeigen. Fixieren Sie die Menüleiste, indem Sie auf die in der linken oberen Ecke des Player angeordnete Schaltfläche *Menüleiste automatisch ausblenden* klicken. Durch Zeigen per Maus können Sie übrigens zu jedem Bedienelement eine QuickInfo mit Funktionshinweisen abrufen.

Einzeltitel abspielen

Möchten Sie einzelne **Titel** einer Musik-CD gezielt **abspielen**?

1 Blenden Sie die Wiedergabeliste mit den einzelnen CD-Titeln in der Anzeige ein (z.B. über das Menü *Ansicht/Wiedergabeoptionen*).

2 Doppelklicken Sie zur Wiedergabe auf den gewünschten Titel.

Klicken Sie die Titel der Wiedergabeliste mit der rechten Maustaste an, lassen sich diese über den Befehl *Ausgewählte Titel deaktivieren* zur Wiedergabe sperren. Die betreffende Zeile wird dann grau abgeblendet. Über den Kontextmenübefehl *Ausgewählte Titel aktivieren* kann die Wiedergabe erneut zugelassen werden. Durch Ziehen mit der linken Maustaste können Sie einen Titel nach oben oder unten in der Wiedergabeliste verschieben.

Titelinformationen verwalten

Wenn Sie eine Musik-CD in das Laufwerk einlegen, kennt das Wiedergabeprogramm natürlich keine Einzelheiten zu dem Interpreten, den Titeln oder dem Genre (der Stilrichtung). In der Wiedergabeliste werden die Titel als

Windows als Musikbox

»Titel 1«, »Titel 2« etc. aufgelistet. Der Windows Media Player und auch der RealOne Player besitzen aber die Möglichkeit, Angaben zu Interpret, CD- und Songtitel aus dem Internet abzurufen und im Klartext anzuzeigen.

> **Hinweis**
>
> *Diese Informationen werden für kommerzielle Musik-CDs im Internet in Datenbanken (CDDB, Windows-Media-Datenbank) gepflegt. Die freie Datenbank FreeDB (www.freedb.org) macht es sogar möglich, den Datenbestand auf den lokalen PC herunterzuladen. Unterstützt ein Programm das, können die Musiktitel auch ohne Internetanschluss im Player angezeigt werden. Zudem gibt es Verfahren, mit denen sich Textinformationen zusätzlich auf Musik-CDs speichern lassen.*

1 Um die CD-Informationen per Internet abzurufen, stellen Sie die Internetverbindung her.

2 Legen Sie die Musik-CD ein und spielen Sie sie anschließend ab.

Beim RealOne Player klicken Sie in der Statusleiste des Fensters auf die Schaltfläche *CD*. Sobald oberhalb der Statusleiste die Symbolleiste erscheint, wählen Sie die Schaltfläche *CD-Info* und klicken anschließend im Menü auf den Befehl *CD-Info abrufen*. Existieren Informationen im Internet, werden diese nach kurzer Zeit im Fenster des Player erscheinen.

411

> **Tipp**
>
> *Statt einer Visualisierung lässt sich beim Windows Media Player auch der Albumtitel aus dem Internet laden und anzeigen. Wählen Sie die Visualisierung »Albumcover«.*

Klappt das Herunterladen der Titelinformationen nicht, können Sie diese Daten auch manuell eingeben.

1 Klicken Sie mit der rechten Maustaste auf den Titel und wählen Sie im Kontextmenü den Befehl *Bearbeiten* (Media Player) bzw. *Umbenennen* (RealOne Player).

2 Tippen Sie den Titel des Musikstücks ein und bestätigen Sie über die ⏎-Taste.

Auf diese Weise können Sie bei unbekannten oder selbst zusammengestellten Musik-CDs die Titelinformationen anpassen.

Musikdateien von der Festplatte wiedergeben

Sie können mit dem Media Player oder mit dem RealOne Player einzelne Titel oder eine komplette Musik-CD auf die Festplatte kopieren. Die Titel werden im Ordner *Eigene Musik* bzw. in dessen Unterordnern hinterlegt. Zudem lassen sich Musikdateien aus dem Internet (z.B. MP3-Dateien) herunterladen oder Sie können Musikstücke mitschneiden und in Audiodateien speichern. Die Wiedergabe der auf der Festplatte (in verschiedenen Audioformaten) gespeicherten Musikdateien ist mit wenigen Schritten möglich.

- Entweder öffnen Sie das Ordnerfenster *Eigene Musik* (z.B. über das Startmenü) und wählen die gewünschte Musikdatei per Doppelklick an. Das installierte Wiedergabeprogramm (z.B. Windows Media Player oder RealOne Player) startet automatisch und beginnt mit der Wiedergabe.

- Oder Sie starten den Media Player bzw. den RealOne Player, wählen im Menü *Datei* den Befehl *Öffnen*, suchen die gewünschten Mediendateien, markieren diese und klicken auf die Schaltfläche *Öffnen*. Beim Real Player verwenden Sie im angezeigten Dialogfeld die Schaltfläche *Durchsuchen*, um das Dialogfeld zur Dateiauswahl abzurufen.

Windows als Musikbox

Sobald die Datei geladen wurde, beginnt das Wiedergabeprogramm mit dem Abspielen der Audiodatei. Welche Audioformate der Player unterstützt, hängt von den installierten Codes ab.

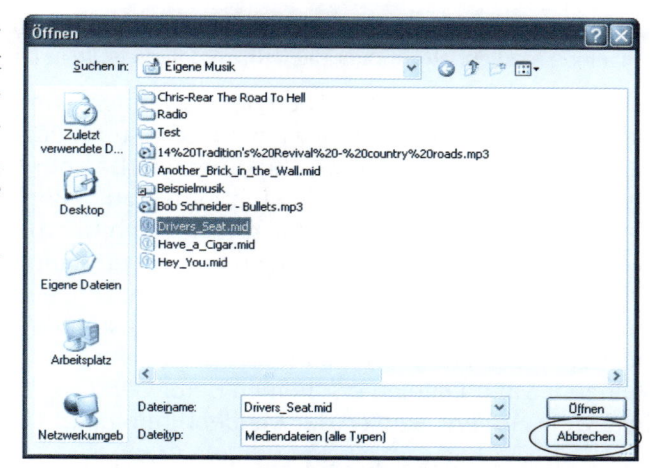

Arbeiten mit Wiedergabelisten

Der Pfiff am Windows Media Player besteht darin, dass Sie ihn als Jukebox nutzen können. Hierzu lassen sich alle auf der Festplatte des Computers gespeicherten Audiodateien einer so genannten Medienbibliothek hinzufügen. Die Medienbibliothek ist nichts anderes als ein Verzeichnis aller dem Media Player bekannten Audio- und Videodateien. Vor der nächsten Party stellen Sie sich eigene Wiedergabelisten aus dem Fundus der Medienbibliothek zusammen. Dann brauchen Sie nur noch den Media Player anzuweisen, die Titel der Wiedergabeliste sequentiell oder per Zufallsfolge abzuspielen. Zur **Aufnahme** der auf dem Computer **gespeicherten Musikstücke in** die **Medienbibliothek** gehen Sie folgendermaßen vor:

1 Klicken Sie im Fenster des Media Player auf die am linken Fensterrand angezeigte Schaltfläche *Medienbibliothek*.

2 Klicken Sie auf die Schaltfläche *Hinzufügen* und wählen Sie im Menü einen der Befehle zum Hinzufügen von Titeln.

413

3 Je nach gewähltem Befehl müssen Sie nun den zu durchsuchenden Ordner, die einzelnen Mediendateien oder die URL der Internetseite in Dialogfeldern angeben.

Der Befehl *Durch Durchsuchen des Computers* ermöglicht Ihnen, vorgegebene Laufwerke oder Ordner nach Audio- und Videodateien durchsuchen zu lassen. Einzeltitel nehmen Sie über den Befehl *Datei oder Wiedergabeliste hinzufügen* in die Medienbibliothek auf. Möchten Sie alle in einem Ordner befindlichen Musiktitel zur Medienbibliothek hinzufügen, wählen Sie den Befehl *Ordner hinzufügen* und geben dann den Ordnernamen an. Diese Schritte wiederholen Sie so lange, bis alle gewünschten Medientitel in der Medienbibliothek aufgeführt sind. Sie können dabei Dateien in allen unterstützten Audioformaten (*.mid*, *.wav*, *.mp3*, *.wma*) zur Bibliothek hinzufügen. MIDI-Dateien erscheinen beim Windows Media Player allerdings im Zweig *Andere Medien* der Medienbibliothek.

Unerwünschte **Titel entfernen** Sie **aus** der **Medienbibliothek**, indem Sie sie in der Titelliste mit der rechten Maustaste anklicken und im Kontextmenü *Aus Bibliothek löschen* wählen. In einem Dialogfeld mit einer Sicherheitsabfrage lässt sich dann sogar noch wählen, ob nur der Eintrag in der Medienbibliothek oder auch die Datei von der Festplatte entfernt werden soll.

Nachdem die Titel in der Medienbibliothek erfasst wurden, können Sie mit dem **Zusammenstellen** der eigentlichen **Wiedergabeliste** beginnen.

1 Klicken Sie im Fenster des Media Player auf die Schaltfläche *Wiedergabelisten* und wählen Sie im eingeblendeten Menü den Befehl *Neue Wiedergabeliste*.

2 Tippen Sie im sich öffnenden Dialogfeld einen Namen für die Wiedergabeliste ein und schließen Sie das Dialogfeld.

3 Klicken Sie in der Medienliste auf *Alle Musikdateien*, um die Liste aller erfassten Medientitel abzurufen.

4 Markieren Sie den oder die erwünschten Medientitel durch Anklicken per Maus (bei mehreren Titeln wie beim Markieren von Dateien die ⇧-Taste gedrückt halten).

Windows als Musikbox

5 Ziehen Sie die markierten Medientitel bei gedrückter linker Maustaste zum Symbol der neuen Wiedergabeliste.

Sobald Sie die Maustaste loslassen, sortiert der Player die Titel unter der benannten Wiedergabeliste ein. Klicken Sie in der linken Spalte der Medienbibliothek auf das Symbol der Wiedergabeliste, erscheint in der rechten Spalte die Titelliste. Sie können jetzt einen Titel aus der Liste per Doppelklick wiedergeben. Oder Sie klicken die Wiedergabeliste per Doppelklick an. Der Media Player spielt dann die Titel der Wiedergabeliste in der vorgegebenen Reihenfolge ab.

> **Tipp**
>
> Über den Befehl Zufällige Wiedergabe im Menü Extras bzw. über die Tastenkombination [Strg]+[H] können Sie die zufällige Wiedergabe ein- und ausschalten. Ist der Befehl Wiederholen im Menü Extras markiert, wird der aktuelle Titel ständig abgespielt.

Internetradio – kurz und bündig

Der Windows Media Player, der RealOne Player und auch das Programm Winamp unterstützen Internetradio. Sobald der Rechner online ist, kann der betreffende Player eine Verbindung zu einem Radiosender im Internet aufnehmen und die als so genannten Audiostream übertragene Radiosendung wiedergeben. Beim Media Player sind folgende Schritte auszuführen:

1 Gehen Sie online, starten Sie den Windows Media Player und klicken Sie auf die am linken Rand des Programmfensters sichtbare Schaltfläche *Radioempfänger*.

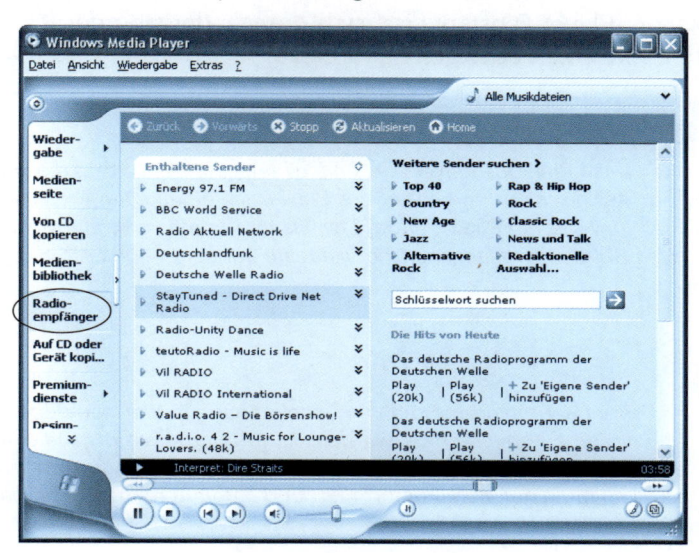

2 Sobald die Webseite im Fenster des Media Player angezeigt wird, wählen bzw. suchen Sie den gewünschten Radiosender durch Anklicken der entsprechenden Hyperlinks.

3 Ist der Sender gefunden, klicken Sie auf einen der verfügbaren Hyperlinks *Wiedergabe* oder *Zum Wiedergeben Website besuchen*.

Bei einigen Sendern nimmt der Media Player direkt Verbindung zum betreffenden Streaming-Server auf und gibt die übertragenen Daten wieder. Andere Sender öffnen eine eigene Webseite und spielen den Audiostream über spezielle Zusätze (Plug-Ins) ab. Hierzu kann es auch erforderlich sein, dass vorher die Abspielkomponente aus dem Internet geladen und installiert werden muss. Sie werden über diesen Vorgang über verschiedene Dialogfelder informiert.

> ### Was ist das?
> **Stream** ist der englische Begriff für Strom und bezeichnet den Datenstrom, der vom Server übertragen wird. Dieser Stream kann die Musik des Radiosenders in stark komprimierter Form enthalten. Je nach Server werden unterschiedliche Kodierungsverfahren zum Übertragen der Daten benutzt. Das Wiedergabeprogramm muss über die entsprechenden **Codecs** zur Wiedergabe verfügen. Der Windows Media Player kann solche Codecs automatisch aus dem Internet nachladen.

Über die Schaltflächen *Wiedergabe/Pause* und *Stopp* am unteren Rand des Media-Player-Fensters lässt sich die Wiedergabe der Radiosendung anhalten, fortsetzen oder ganz abbrechen.

> ### Hinweis
> *Beim RealOne Player klicken Sie in der Statusleiste auf die Schaltfläche* Radio. *Auf der dann im Fenster des Player eingeblendeten Webseite wählen Sie die gewünschte Radiostation. Der Player nimmt Verbindung zum Server auf und gibt den empfangenen Audiostream auf der Soundkarte aus.*

> ### Achtung
> *Bei Internetverbindungen, die zeitabhängig oder nach übertragenem Datenvolumen abgerechnet werden, kann Internetradio ganz schön ins Geld gehen. Zudem lässt sich Musik bei Modemverbindungen mit 33,3 Kbit pro Sekunde nur stark komprimiert und damit in reduzierter Qualität übertragen.*

Aussetzer sind dann ebenfalls keine Seltenheit. Zudem kommt es je nach Kapazität des Servers zur Ablehnung der Verbindungsanforderung, wenn zu viele Leute gerade angemeldet sind.

Internetradio mitschneiden

Möchten Sie Sendungen im Internetradio für private Zwecke mitschneiden? Standardmäßig ist das nicht möglich, da die Wiedergabeprogramme das Speichern der so genannten Audiostreams mit den übertragenen Daten nicht unterstützen. Die einfachste Lösung besteht darin, sich ein Kabel besorgen, um den **Audioausgang** der Soundkarte **mit** dem **Soundeingang** zu **verbinden** (sollte sowohl mit analogen als auch digitalen Anschlüssen funktionieren). Dann können Sie die Sendung mit einem Audiorecorder am Computer aufzeichnen (siehe folgender Abschnitt).

Tipp

*Einige Soundkartentreiber stellen einen virtuellen Audioeingang »Wave« zur Verfügung. Für ältere Soundkarten ohne diesen »Wave«-Eingang lässt sich auf das Programm **Total Recorder** (www.highcriteria.com) oder auf **Virtual Audio Cable** (www.ntonyx.com) zurückgreifen. Diese Sharewareprogramme installieren einen Treiber mit einem virtuellen Audioeingang. Bei allen Lösungen lässt sich der aktuell abgespielte Audiostream mit beliebigen Audiorecordern am virtuellen Audioeingang mitschneiden und speichern.*

Was ist das?

*Ein **Add-In** bzw. ein **Plug-In** ist eine Software, die Zusatzfunktionen für ein Programm bereitstellt. Add-Ins und Plug-Ins gibt es für verschiedene Programme wie Winamp, Browser wie Internet Explorer oder Netscape Navigator, Microsoft Word, Microsoft Excel etc.*

Das bereits erwähnte Programm **Winamp** kann Audio-CDs, Audiodateien, Videos und Internetradio wiedergeben. Über das als Freeware verfügbare Plug-In **Streamripper** (*streamripper.sourceforge.net*) lassen sich die Audioausgaben direkt in MP3-Dateien mitschneiden. Vorteil dieses Verfahrens: Die in den so genannten MP3-Tags übertragenen Informationen wie Interpret und Titel werden automatisch in der Ausgabedatei übernommen.

1 Ist der Streamreader installiert, klicken Sie in der Winamp-Werkzeugleiste *Zeugs* auf die Schaltfläche *SR*.

2 Im eingeblendeten Steamripper-Zusatzfenster (hier rechts zu sehen) lässt sich der Mitschnitt über die Schaltflächen *Start* und *Stopp* steuern.

Die Schaltfläche *Options* im gleichen Fenster öffnet ein Eigenschaftenfenster, in dem Sie den Zielordner für die mitgeschnittenen Dateien einstellen. Für jeden Radiosender legt der Streamreader dann Unterordner an und speichert Musiktitel über die in MP3-Dateien im so genannten ID3-Tag enthaltenen Titelinformationen unter eigenen Dateinamen in den Zielverzeichnissen. Um einen **MP3-Radiosender** anzuhören, müssen Sie einmalig dessen Daten **importieren**.

1 Gehen Sie zur Winamp-Webseite *www.winamp.com* und wählen das gewünschte Genre über die angebotenen Hyperlinks.

2 Klicken Sie in der Senderliste auf einen mit der Bezeichnung »Click here to listen« gekennzeichneten Eintrag.

Dadurch wird eine so genannte Playlist mit den Senderinformationen aus dem Internet auf den lokalen PC übertragen. In der über die betreffende Schaltfläche der Winamp-*Zeugs*-Symbolleiste einblendbaren Wiedergabeliste werden die einzelnen Sender aufgeführt. Wählen Sie einen Sender per Doppelklick in der Wiedergabeliste an, stellt Winamp den Sender ein und versucht den vom Server übertragenen Audiostream wiederzugeben.

Hinweis

Falls Winamp die Sendereinstellungen aus der Playlist nicht automatisch übernimmt, klicken Sie die Wiedergabeliste mit der rechten Maustaste an und wählen im Kontextmenü die Befehle Playlist/Playlist öffnen. Wählen Sie die Datei Shoutcast.pls im sich öffnenden Dialogfeld, um die Informationen zur Senderauswahl zu importieren.

Ist der RealOne Player installiert, übernimmt er automatisch die Einstellungen der Winamp-Playlist, sobald Sie den Eintrag »Click here to listen« auf der Winamp-Webseite anwählen. Klicken Sie in diesem Fall den Eintrag der Webseite mit der rechten Maustaste an und speichern die Datei über den Kontextmenübefehl Ziel speichern unter. Danach lässt sich die .pls-Datei manuell in Winamp importieren. Sehen Sie in Kapitel 12 nach, wie sich die Zuordnung von Dateitypen ändern lässt.

Musikaufzeichnung am Computer

Möchten Sie alte Schallplatten oder Kassetten auf den Computer überspielen und als Audiodateien speichern? Oder soll eine Rundfunksendung am Computer mitgeschnitten werden? Selbst das Aufnehmen von Klängen, Tönen oder eigener Musik ist denkbar. Nachfolgend finden Sie eine Übersicht, was beim Aufzeichnen von Audiodaten zu beachten ist.

Achtung

Beim Aufzeichnen von Musik ist das **Urheberrecht** zu **beachten**, das nur die Anfertigung von Privatkopien erlaubt. Beim Kopieren von Medien müssen Sie zudem im Besitz des Originaldatenträgers sein und das Ausheben eines vom Hersteller aufgebrachten Kopierschutzverfahrens mit entsprechenden Programmen ist unzulässig. Mitschnitte am Audioeingang der Soundkarte oder mit Mikrofon dürften nach bisherigem Stand aus juristischer Sicht aber nicht als Umgehen des Kopierschutzes zu werten sein.

Techtalk

Zur Aufzeichnung verwenden Sie den (an der Front- bzw. Geräterückseite des PCs angeordneten) Audio- oder Mikrofoneingang der Soundkarte.

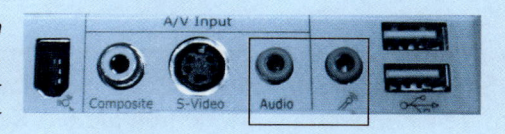

Die meist vorhandene Miniatur-Klinkenbuchse des Mikrofons erlaubt nur den Anschluss einfacher, nicht abgeschirmter Mikrofone. Für höherwertigere Tonaufnahmen sollten Sie das Mikrofon an ein Mischpult anschließen. Die Audioausgänge eines Radios, Mischpults oder Vorverstärkers (meist beim Anschluss eines Plattenspielers an die Soundkarte erforderlich) verbinden Sie dann mit dem Audioeingang der Soundkarte. Je nach Gerätekonfiguration können dabei die analogen oder die digitalen SPDIF-Eingänge der Soundkarte benutzt werden.

Lautstärkeregelung und Auswahl der Tonquelle

Die Soundkarte kann nur eine Tonquelle zur Aufnahme verwenden. Bietet das Aufnahmeprogramm keine Funktion zur Verwaltung der Tonquelle müssen Sie die Auswahl der Tonquelle und die Pegeleinstellung mit Hilfe der **Windows-Lautstärkeregelung** vornehmen. Das Programm lässt sich entweder über das kleine Lautsprechersymbol im Statusbereich der Taskleiste oder (z.B. in Windows XP) über das Startmenü (Eintrag *(Alle) Programme/Zubehör/Unterhaltungsmedien/Lautstärke*) aufrufen. Im Fenster der Lautstärkeregelung wählen Sie den Befehl *Eigenschaften* im Menü *Optionen* und setzen dann im angezeigten Dialogfeld die Option *Lautstärke regeln für* auf *Aufnahme* und stellen sicher, dass die Kontrollkästchen der Audioeingänge markiert sind.

Nach dem Schließen des Eigenschaftenfensters sehen Sie die Lautstärkeregler für die unterstützten Aufnahmegeräte. Die Bedeutung von *Mikrofon* und *Line-In* dürfte wohl klar sein. Über *CD-Audio* lässt sich eine abgespielte CD mitschneiden.

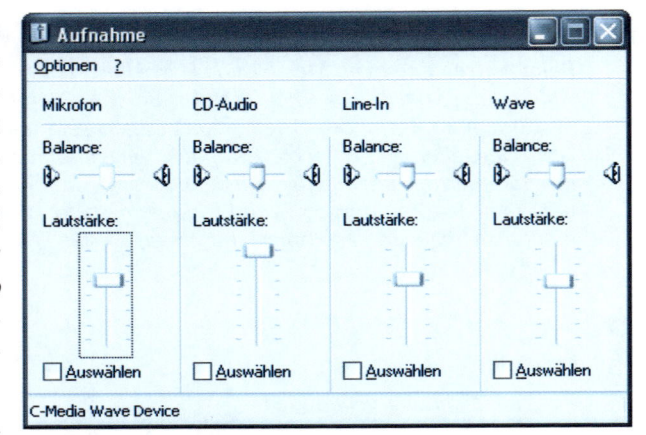

Über das (nicht bei allen Soundkarten unterstützte) Gerät *Wave* kann auch der Audioausgang mit aufgezeichnet werden. Markieren Sie das Kontrollkästchen *Auswählen* des Aufnahmegeräts und stellen Sie den Schieberegler auf die gewünschte Lautstärke ein. Anschließend lässt sich das Aufnahmeprogramm benutzen.

Klangaufzeichnung mit Audacity

Zur Aufzeichnung der Tonsignale benötigen Sie noch ein entsprechendes Programm. Theoretisch können Sie den in Microsoft Windows enthaltenen **Audiorecorder** benutzen (im Startmenü unter *(Alle) Programme/Zubehör/ Unterhaltungsmedien*). Praktisch scheitert das aber daran, dass der Windows-Audiorecorder nur *.wav*-Dateien mit einer maximalen Dauer von 60 Sekunden aufzeichnen kann. Auch wenn sich diese Aufzeichnungsdauer mit Tricks verlängern lässt, empfiehlt es sich, auf kommerzielle Programme oder auf Freeware zuzugreifen. Auf der Sourceforge-Webseite veröffentlicht die Open-Source-Entwicklergemeinde frei nutzbare Programme. Unter der Adresse *audacity.sourceforge.net* können Sie den Wave-Editor **Audacity** kostenlos herunterladen. Dieses Programm erlaubt nicht nur die Bearbeitung von Audiodateien, sondern unterstützt auch die Aufzeichnung von Audiosignalen samt deren Speicherung in diversen Audioformaten.

1 Starten Sie das Programm nach der Installation über das Startmenü oder das Desktop-Symbol.

2 Klicken Sie in der Symbolleiste auf die Schaltfläche zum Aufnehmen. Über weitere Steuerelemente können Sie den Aufnahmepegel einstellen, die Aufnahme anhalten und die Wiedergabe aktivieren.

3 Nach Beendigung der Aufnahme lässt sie sich über die Menübefehle *Project* und *Effect* bearbeiten und anschließend über die Befehle des Menüs *File* (bzw. *Datei*) speichern.

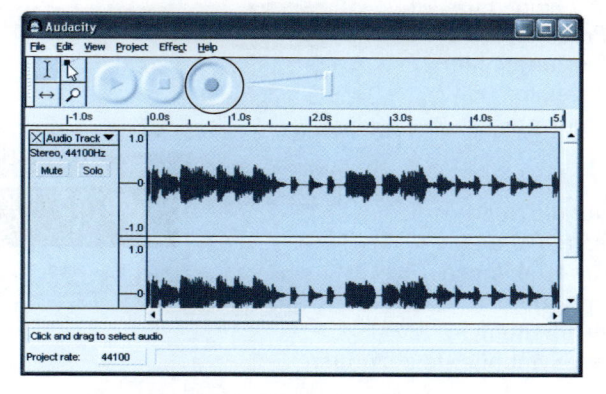

Audacity unterstützt beim Speichern von Audio-dateien neben dem WAV-Format optional auch MP3 und weitere Formate.

> **Hinweis**
>
> *Zum Speichern im MP3-Format benutzen die meisten Programme den **Lame MP3-Encoder** (lame.sourceforge.net). Aus rechtlichen Gründen müssen sich die Benutzer den Encoder (Datei lame_enc.dll) selbst aus dem Internet laden und installieren (z.B. von der Seite www.mp3-tech.org). Beim ersten Speichern einer MP3-Datei öffnet Audacity ein Dialogfeld zur Auswahl des Ordners mit dem Lame-Encoder.*

Klangaufzeichnung mit WinOnCD

Das CD-Brennprogramm **WinOnCD 6.x** besitzt einen integrierten Wave-Editor, mit dem Sie auch Audioaufnahmen durchführen können.

1 Wählen Sie beim Start von WinOnCD ein Audioprojekt, erscheinen im Programmfenster die hier gezeigten Elemente.

2 Klicken Sie auf die Registerkarte *Editor*, um die Funktionen zur Audiobearbeitung in der Symbolleiste abzurufen.

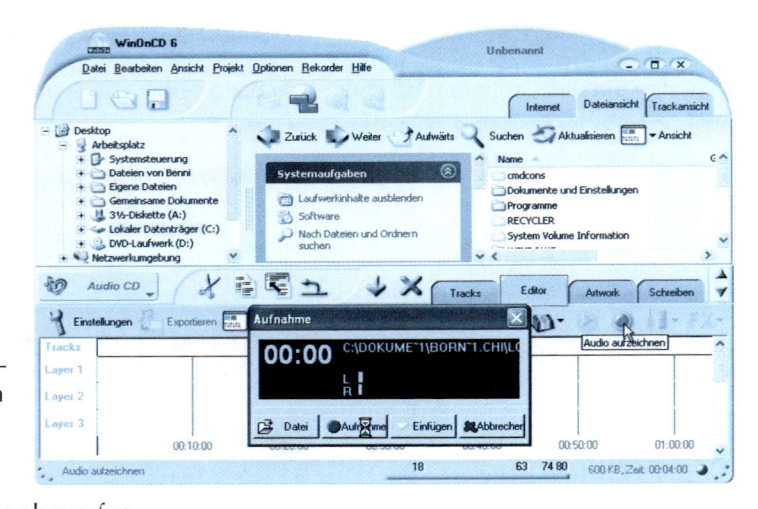

3 Klicken Sie auf die Schaltfläche *Audio aufzeichnen*, damit WinOnCD das Dialogfeld *Aufnahme* einblendet.

4 Haben Sie vorher über die Windows-Lautstärkeregelung (siehe oben) die richtige Tonquelle samt Pegel eingestellt, können Sie im Dialogfeld *Aufnahme* auf die gleichnamige Schaltfläche klicken.

5 Ist der Musiktitel oder der Klang aufgezeichnet, stoppen Sie die Aufzeichnung durch einen Mausklick auf die betreffende Schaltfläche und speichern die Aufnahme über die Schaltfläche *Datei* in einer WAV- oder MP3-Datei.

Die so erzeugten Audiodateien können Sie im Wave-Editor laden und mit den WinOnCD-Werkzeugen nachbearbeiten (Pausen ausschneiden, Knackgeräusche entfernen etc.).

> **Hinweis**
>
> *Weitere Details entnehmen Sie der Programmhilfe oder den bei Markt+Technik erschienenen Titeln zum Thema (z.B. »WinOnCD 6. So brennen Sie Ihre eigenen CDs und DVDs« oder »Audio, Video, Foto mit Windows XP – M+T Werkstatt«).*

Audioaufzeichnung mit dem Nero-Wave-Editor

Zum CD-Brennprogramm Nero Burning Rom 5.x gehört auch der Nero-Wave-Editor. Das Programm dient primär zur Nachbearbeitung von Audiodateien, kann aber auch Audioaufzeichnungen anfertigen.

1 Starten Sie den Nero-Wave-Editor und klicken Sie in der linken unteren Ecke auf die Schaltfläche *Öffnen* zum Aufrufen der Aufnahmekonsole.

2 Stellen Sie bei Bedarf im Folgedialog die Aufnahmequalität (Abtastrate und Bittiefe) ein und schließen Sie das Dialogfeld über die *OK*-Schaltfläche.

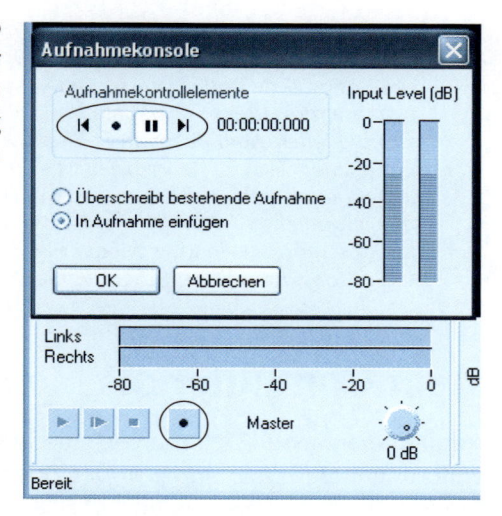

3 Pegeln Sie ggf. die Aufnahmelautstärke über die Windows-Lautstärkeregelung ein. Über die Aufnahmekontrollelemente der Aufnahmekonsole können Sie anschließend die Aufzeichnung starten, anhalten und schließlich über die *OK*-Schaltfläche beenden.

4 Bei Bedarf lässt sich die Aufzeichnung anschließend im Fenster des Wave-Editors abhören und nachbearbeiten. Das Programm kann mit einer Reihe von Bearbeitungsfunktionen (Rauschanalyse, Effekte etc.) aufwarten.

5 Sichern Sie die Aufzeichnung über die Schaltfläche *Speichern* der Symbolleiste bzw. über den gleichnamigen Befehl im Menü *Datei*. Das angezeigte *Speichern*-Dialogfeld erlaubt es dann, die Aufnahme in unterschiedlichen Audioformaten (MP3, WAV etc.) abzulegen.

Weitere Details zum Umgang mit dem Nero-Wave-Editor entnehmen Sie der Programmhilfe oder den weiterführenden Titeln von Markt+Technik, die ich im vorherigen Abschnitt erwähnte.

> **Hinweis**
>
> Besitzer von Windows Millennium und Windows XP können zudem den **Windows Movie Maker** (Version 1) **als Audiorecorder nutzen**. Statt einer Videoquelle setzen Sie im Dialogfeld Aufnehmen den Wert des Listenfelds Aufnahmen auf »Nur Audio«. Bei Bedarf müssen Sie im Dialogfeld noch das Audiogerät über die Schaltfläche Gerät wechseln auf die gewünschte Audioquelle einstellen und die Aufzeichnungsqualität im Listenfeld Einstellung festlegen. Nach der Aufnahme lassen sich die Daten über Datei/Speichern unter als .wma-Audiodatei speichern und im Media Player abspielen.
>
> Im Internet gibt es verschiedene Artikel mit Anleitungen und **Tipps**, um **Schallplatten** zu **digitalisieren** und auf CD zu brennen (z.B. www.joergei.de, www.netigel.de oder in Google nach den Begriffen »Schallplatten digitalisieren« und »Schallplatten auf CD« suchen). Zur **Konvertierung** der verschiedenen **Audioformate** (z.B. .wav in .mp3) benutzen Sie die oben beschriebenen Wave-Editoren der CD-Brennprogramme oder kostenpflichtige Konvertierprogramme (z.B. von www.audioutilities.com). MP3-Dateien lassen sich unter Windows XP in das .wma-Format konvertieren, wenn Sie auf das kostenlose »Windows Media Player Bonus Pack« oder den »Plus! MP3 Audio Converter LE« zurückgreifen (unter www.microsoft.com suchen).

Mein Computer als Heimkino

Videodateien lassen sich mit verschiedenen Videoformaten (Dateinamenerweiterungen wie .avi, .mpg, .mpeg oder .qt) in lokalen Dateien speichern. Zudem gibt es Video-CDs und DVDs, die solche Videodateien enthalten. Was Sie dann noch benötigen, ist ein geeignetes Wiedergabeprogramm. Der folgende Abschnitt gibt Ihnen einen Überblick über die wichtigsten Fragen zu diesem Themenbereich.

Videodateien anzeigen

Digitalen Videokameras liegen meist Programme zum Überspielen der Filme auf den Computer bei. Neben dem Windows Media Player erlauben auch Winamp oder der RealOne Player die Wiedergabe der meisten Videoformate. Bezugsquellen der kostenlosen Programmversionen finden Sie auf den vorhergehenden Seiten im Abschnitt zur Musikwiedergabe. Zum Abspielen von QuickTime-Dateien (.qt) benötigen Sie den QuickTime-Player, den Sie kosten-

Mein Computer als Heimkino

los von der Apple-Webseite *www.apple.com/de/quicktime* herunterladen können. Haben Sie eine Videodatei auf der Festplatte oder auf einer CD-ROM (z.B. auf der Windows-CD) vorliegen, lässt sie sich auf dem Rechner wiedergeben:

1 Öffnen Sie ein Ordnerfenster und suchen Sie den Ordner, in dem die Videodatei gespeichert ist.

2 Wählen Sie die gewünschte Datei im Ordnerfenster per Doppelklick an.

Windows erkennt am Dateityp, welches Programm zur Wiedergabe benötigt wird und startet es. Standardmäßig wird der hier gezeigte Windows Media Player zur Wiedergabe benutzt. Über die Schaltflächen der Wiedergabesteuerung können Sie (genau wie bei der Wiedergabe von Musik) das Video anhalten oder vor- und zurückspulen. Der Windows Media Player weist in der rechten Ecke direkt unterhalb des Videobereichs einige Schaltflächen auf, über die sich die Medieninformationen und die Wiedergabeliste ein- und ausblenden lässt. Zudem kann bei Videos z.B. über das Kontextmenü des Videobereichs die Bildgröße variiert werden.

> **Hinweis**
>
> *Ältere Windows-Versionen sollten Sie auf die neueste Version des Windows Media Player aktualisieren, da z.B. in Windows 98 das Programm* **Medienwiedergabe** *benutzt wird.*

> **Tipp**
>
> Mit der Tastenkombination [Alt]+[Druck] lassen sich Bildschirmfotos (Screenshots) von Programmfenstern anfertigen und mit [Strg]+[V] aus der Zwischenablage in beliebigen Programmen (z.B. Word oder Paint) übernehmen. Beim Windows Media Player (und auch bei anderen Playern) bleibt vom Screenshot nur ein schwarzes Fenster zurück, sobald Sie den Player schließen. Schauen Sie im Ordner Programme/Windows Media Player nach, ob neben dem Programm WMPlayer.exe noch die Datei MPlayer2.exe mit der älteren Fassung vorliegt. Starten Sie dann beide Player und lassen in beiden Programmen das Video wiedergeben. Im Fenster des zuletzt gestarteten Player können Sie nun problemlos Einzelbilder von Videosequenzen per [Alt]+[Druck] anfertigen.

VCDs, S-VCDs und DVDs abspielen

Video-CDs (VCDs), Super Video-CDs (S-VCD) und DVDs sind spezielle Medien (siehe die Kapitel 1, 4 und 11), auf denen mehrstündige Spielfilme und oft auch mehrere Tonspuren, unterschiedliche Kameraeinstellungen etc. gespeichert sind. Zum Abspielen dieser Medien benötigen Sie einen DVD-Player. Moderne Computer besitzen meist ein DVD-Laufwerk und verfügen in der Regel auch über ein entsprechendes Wiedergabeprogramm.

> **Techtalk**
>
> Um DVDs, VCDs oder S-VCDs im Media Player abzuspielen, müssen Sie einen DVD-Decoder (Soft- oder Hardware) installieren. Auf modernen Rechnern reicht ein Software-DVD-Decoder aus. Solche DVD-Decoder sind in Programmen wie PowerDVD oder WinDVD automatisch enthalten. Vielen Rechnern bzw. DVD-Laufwerken liegen OEM-Versionen dieser Programme bei. Sie können die Programme auch für wenige Euro im Handel erwerben. Auf den Webseiten www.intervideo.com (WinDVD) und www.cyberlink.de (PowerDVD) der Hersteller finden Sie weitere Einzelheiten und ggf. zeitlich limitierte Demoversionen der Programme.

1 Um eine DVD, VCD oder S-VCD auf Ihrem PC wiederzugeben, legen Sie diese in das DVD-Laufwerk ein und starten Sie dann das DVD-Wiedergabeprogramm (meist wird das Programm im Startmenü eingetragen).

2 Wählen Sie ggf. die Quelle (Laufwerk oder Datei) und starten Sie die Wiedergabe über die betreffende Schaltfläche (beim Zeigen auf die Schaltflächen werden in der Regel QuickInfos mit den Funktionsnamen eingeblendet).

Mein Computer als Heimkino

Anschließend erscheint das Fenster zur Wiedergabe der Videobilder (wie hier bei PowerDVD gezeigt). Sie können dann die Filmszenen in der Startseite des Films über eingebaute Menüs abrufen. Kontextmenü (mit der rechten Maustaste auf das Videobild klicken) oder die Schaltflächen des DVD-Players bieten die gleichen Funktionen. Details zu den entsprechenden Programmfunktionen liefert die Hilfe des Programms.

> **Hinweis**
>
> *Ist ein DVD-Player wie PowerDVD installiert, können Sie die DVDs auch mit dem Windows Media Player ansehen. Legen Sie die DVD in das Laufwerk, wählen im Media Player* Wiedergabe/DVD-, VCD oder CD-Audio *und klicken Sie im Untermenü auf das Laufwerkssymbol der DVD. Über das Menü* Ansicht/DVD-Features *können Sie Titel, Sprache und Kamerawinkel (sofern unterstützt) abrufen.*

Techtalk

*Beim Abspielen von DVDs gibt es noch eine Hürde. Die Filmindustrie unterteilt den Markt in sechs Weltregionen und versieht die **DVDs** häufig mit so genannten **Regionalcodes** (**1**: USA, Kanada; **2**: Japan, Europa, Naher Osten, Südafrika, Ägypten; **3**: Südostasien; **4**: Australien, Mittel- und Südamerika, Neuseeland; **5**: Nordwestasien einschl. GUS-Staaten und Indien, aber ohne China, Afrika; **6**: China). DVD-Player dürfen auf Betreiben der Filmindustrie nur einen Regionalcode unterstützen. Daher lässt sich eine von Ihnen in den USA gekaufte DVD (Regionalcode 1) nicht auf einem europäischen DVD-Player (Code 2) wiedergeben. Speziell modifizierte (regionalcodefreie) DVD-Player können diese Einschränkungen aber umgehen. Das Shareware-Programm **DVD Region Free** (siehe z.B. unter www.dvdidle.com) verspricht, den Regionalcode des DVD-Laufwerks auf dem Computer freizuschalten. Unter www.heimkino-technik.de und www.heimkino-hobby.de finden Sie darüber hinaus Informationen zu einer gehobeneren Ausstattung für DVD-Player, Lautsprecher etc.*

Der Computer als Videostudio

Die Festplattenkapazität heutiger Computer sowie die Möglichkeiten moderner Grafikkarten machen es möglich, das Gerät als digitalen Videorecorder, zur Aufzeichnung von Bildern über Webkameras oder als digitales Schnittstudio für Videofilme zu nutzen. Der folgende Abschnitt verschafft Ihnen eine kurze Übersicht über dieses Thema.

Videoquellen für den Computer

Neben im Internet zum Download oder als Videostreams (die Daten werden von einem Server als Datenstrom an das Wiedergabeprogramm übertragen) angebotenen Videoclips stellen Webcams sowie analoge oder digitale Videokameras eine Quelle für eigene Videoaufnahmen dar. Und Sie können natürlich Fernsehsendungen am Computer aufzeichnen.

Webcam (Abkürzung für Web Camera) sind kleine Videokameras, die in der Regel keine eigene Intelligenz besitzen und daher zum Betrieb direkt an einen Computer angeschlossen werden. Der Computer übernimmt vom Bildsensor der Kamera die Einzelbilder und setzt sie zu einem Video zusammen.

Der Computer als Videostudio

Das Ganze lässt sich als Videodatei auf Festplatte oder ggf. als Stream ins Internet übertragen. Solche Webcams eigenen sich für Videokonferenzen (die Kamera ist auf dem Monitor montiert), zur Überwachung von Räumen oder zum Übertragen ständig aktualisierter Bilder ins Internet.

> **Hinweis**
>
> Sie benötigen für Videokonferenzen z.B. das in Windows enthaltene Programm Microsoft Netmeeting oder den Microsoft Messenger. Um Bilder einer Webcam für das Internet aufzubereiten, können Sie beispielsweise unter www.microsoft.com nach den **PowerToys** für Windows XP suchen und das Modul **Webcam Timershot** herunterladen. Aus Platzgründen müssen nähere Ausführungen an dieser Stelle jedoch unterbleiben.

Die Bildqualität der recht preiswerten Geräte (es gibt bereits Exemplare um die 60 Euro) kann aber mit Videokameras nicht mithalten. Eine interessante Lösung für erste Experimente sind Digitalkameras oder kombinierte Web/Digicams, die auch kurze Videos aufzeichnen und später zum Computer übertragen können.

Passionierte Videofilmer werden auf (analoge oder digitale) **Videokameras** (**Camcorder**, kommt von Camera Recorder) zurückgreifen, um Videos aufzuzeichnen.

(Quelle: Sony)

> **Techtalk**
>
> Zur **Übertragung der Bilder** von Videokameras muss der Rechner mit entsprechenden **Schnittstellen zum Anschluss** der **Bildquellen** ausgestattet sein. Während **Webcams** meist einen **USB-Anschluss** besitzen, sind **digitale Camcorder** heutzutage mit einer **FireWire-Schnittstelle** (auch als IEEE 1394 oder iLink bezeichnet) ausgestattet, über die Ton- und Videodaten digital zwischen den Gerä-

ten übertragen werden können. Dann müssen Sie die Kamera nur noch über ein FireWire-Kabel mit der (ggf. als Steckkarte nachrüstbaren) Gegenstelle am Rechner verbinden. Noch ein Tipp: Falls Sie bearbeitete Videodaten zur verlustfreien Speicherung wieder zum Camcorder zurückübertragen möchten, achten Sie beim Kamerakauf darauf, dass »DV-in« unterstützt wird. Bei in Europa vertriebenen älteren Geräten wurde diese Funktionalität aus zollrechtlichen Gründen häufig deaktiviert. Der Fachhandel bietet aber Lösungen, um die DV-in-Funktionalität nutzen zu können (siehe auch www.dv-in.de).

Hier sehen Sie das Anschlussfeld eines modernen Rechners, der an der Frontseite Buchsen für **FireWire**, **Composite Video**, **S-Video** und **Audio** aufweist.

Analoge Videokameras besitzen meist eine **S-Video-Schnittstelle**, die über ein S-Video-Kabel mit dem hier gezeigten S-Video-Eingang des Rechners zu verbinden ist. Ein zwischen dem Audioausgang der Kamera und dem Audioeingang der Schnitt- oder Soundkarte geschaltetes Audiokabel dient zur Übertragung der Audiosignale. Einige Grafikkarten (**Grabberkarten**) stellen einen solchen analogen Videoeingang zur Aufnahme analoger Videoquellen (auch zum Überspielen von VHS-Kassetten nutzbar) bereit.

Für professionelle Ansprüche lassen sich Videoschnittkarten verwenden, die zusätzlich einen Audioeingang aufweisen. Das verhindert, dass durch die Aufzeichnung per Soundkarte Synchronisationsprobleme auftreten. Alternativ gibt es komplette **TV-Karten** mit eigenem Tuner samt Antennenanschluss und analogen Videoeingängen.

Videokarten sind im Handel ab ca. 60 Euro erhältlich. Zur Videobearbeitung benötigen Sie allerdings einen Computer mit ausreichend schnellem Prozessor (ab 500 MHz aufwärts und genügend freie Festplattenkapazität). Neuere, auch bei Discountern wie Aldi, Lidl etc. angebotene Rechner sind bereits mit den (oben gezeigten) Eingängen für FireWire, S-Video oder Composite-Video ausgestattet.

(Quelle: Pinnacle)

Aufzeichnung und Übertragung der Videodaten

Steht die »Anschlusstechnik« und sind die ggf. notwendigen Gerätetreiber installiert, können Sie die Videodaten mit entsprechenden Programmen (z.B. über die FireWire-Karte, über USB oder über die analogen Videoein-

Der Computer als Videostudio

gänge) zum Computer übertragen. Die zum Aufzeichnen oder zur Übernahme von Videodaten benötigten Funktionen sind in der Regel in Videoschnittprogrammen enthalten.

> **Hinweis**
>
> *Im Handel gibt es eine ganze Reihe solcher Schnittprogramme (z.B. Pinnacle Studio, Ulead Media Studio, Power Director etc.), die sich ab Windows 98 nutzen lassen. In Windows Millennium und XP ist der Windows Movie Maker enthalten, mit dem Sie auch Daten von Webcams oder analogen Videoeingängen (Camcorder, Fernseher) aufzeichnen können. Zudem lassen sich Videos aus Dateien oder von digitalen Camcordern einlesen. Das gesamte Material kann dann geschnitten und mit Hilfsprogrammen sogar auf DVDs umgesetzt werden – was für erste Schritte durchaus ausreichend ist. Nachfolgend benutze ich die Version 2, die sich kostenfrei von der Microsoft Webseite www.microsoft.com herunterladen lässt (Größe ca. 12 Mbyte). Gegenüber der Version 1 kann der Movie Maker 2 mit erweiterten Schnittfunktionen und einer durch Assistenten vereinfachten Benutzeroberfläche aufwarten.*

Um Videodaten mit dem Windows Movie Maker aufzuzeichnen, gehen Sie in folgenden Schritten vor:

1 Starten Sie den Windows Movie Maker über den Zweig *Alle Programme* des Windows-Startmenüs (die Version 1 findet sich dagegen unter *Zubehör*).

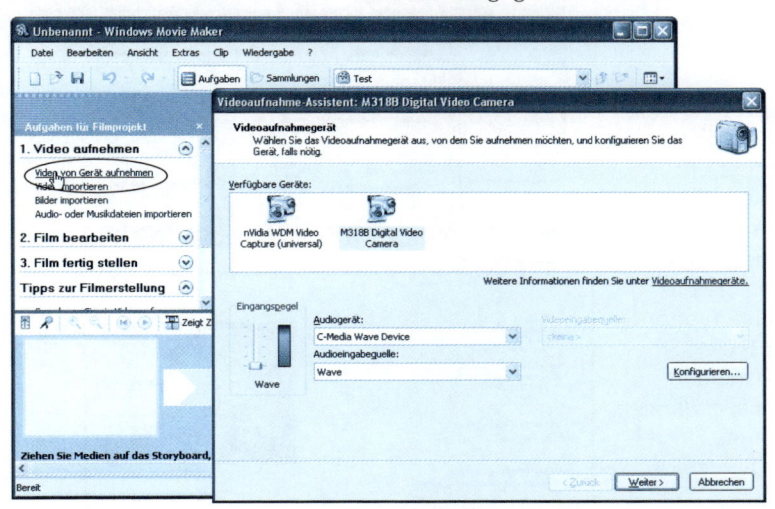

2 Wählen Sie in der Aufgabenleiste des Windows Movie Maker 2 den Hyperlink *Video von Gerät aufnehmen* (in der Version 1 gibt es die Schaltfläche *Aufnehmen* in der Symbolleiste).

431

3 Wählen Sie im Dialogfeld des Aufnahmeassistenten das gewünschte Videogerät sowie ggf. die Audioquelle aus der Liste der verfügbaren Geräte und stellen Sie die Aufnahmeoptionen (Lautstärke, Helligkeit etc.) ein.

> **Hinweis**
>
> *Im Movie Maker 1 müssen Sie alle Grundeinstellungen im Dialogfeld* Aufnahme *festlegen. Über das Listenfeld* Aufnahme *lässt sich zudem vorgeben, ob Video und/oder Audio aufzuzeichnen ist. Mit der Schaltfläche* Gerät wechseln *können Sie die Videoquelle sowie deren Videooptionen (Bildgröße, Kontrast etc.) einstellen.*
>
> *Der Movie Maker 2 führt alle verfügbaren Geräte in einer Liste auf. Je nach gewähltem Gerät lässt sich über das Listenfeld* Videoeingabequelle *der Videoeingang (S-Video, Composite Video, TV-Tuner) wählen. Die Schaltfläche* Konfigurieren *öffnet ein Dialogfeld, um Kamera- und Videooptionen (Bildgröße, Kontrast, Helligkeit) anzupassen.*

4 Klicken Sie auf die Schaltfläche *Weiter* und legen Sie im nächsten Dialogschritt des Assistenten den Dateinamen sowie den Ordner für die *.wmv*-Aufnahmedatei fest.

5 Im letzten Dialogschritt bietet Ihnen der Assistent die Möglichkeit, die Aufzeichnungsqualität anzugeben. Markieren Sie das gewünschte Optionsfeld und setzen Sie ggf. im Listenfeld *Weitere Einstellungen* die benötigte Einstellung für die Videoqualität.

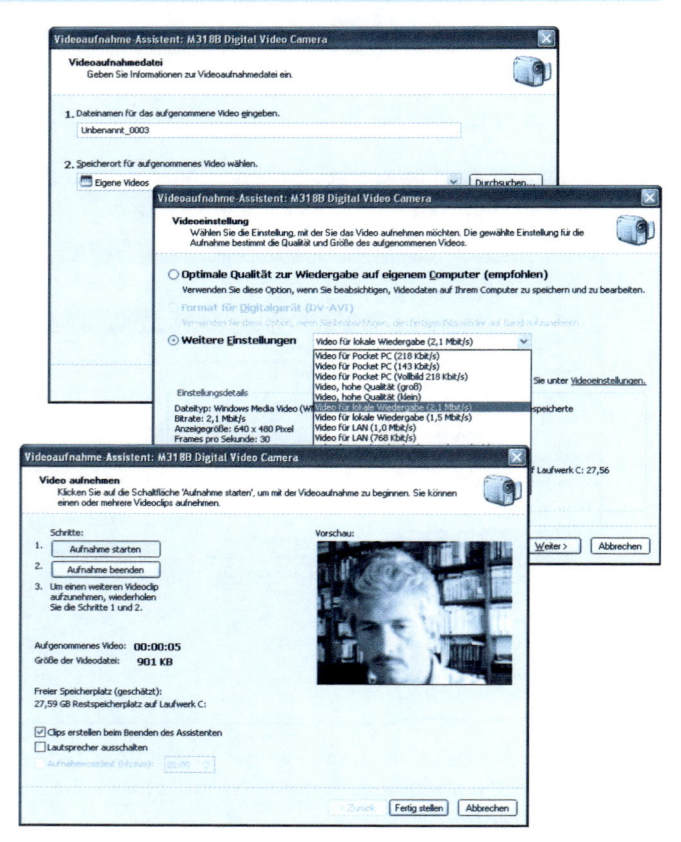

6 Klicken Sie im Dialogfeld *Video aufnehmen* auf die Schaltfläche *Aufnahme starten* und zeichnen Sie das Video auf. Über die Schaltfläche *Aufnahme beenden* lässt sich die Aufzeichnung stoppen.

7 Sobald die Aufnahme aufgezeichnet ist, schließen Sie den Assistenten über die Schaltfläche *Fertig stellen*.

Der Windows Movie Maker speichert die Videodaten während der Aufzeichnung in dem vorher angegebenen Ordner als *.wmv*-Datei. In der Version 1 erscheint der Dateidialog allerdings erst beim Beenden der Aufzeichnung. Sobald Sie das Dialogfeld *Video aufnehmen* schließen, werden die aufgezeichneten Szenen zur Nachbearbeitung importiert.

> **Tipp**
>
> *Sie sollten beim Speichern der Aufnahme die höchstmögliche Videoqualität (z.B. »Video für lokale Wiedergabe (2,1 Mbit/s.)«) wählen. Beim späteren Beschneiden des Films kann die Qualität ggf. reduziert werden. Leider unterstützt der Windows Movie Maker aber keine Aufzeichnung im für DVDs benötigten MPEG2-Format (siehe Kapitel 11). Falls Sie also Ihr Video auf DVD aufzeichnen möchten, empfiehlt es sich, auf eines der oben erwähnten alternativen Schnittprogramme oder NeroVision Express 2 (s. Kap. 11) auszuweichen.*
>
> *Sorgen Sie für genügend freien Speicher auf der Festplatte, auf der die Videos zwischengespeichert werden. Am besten ist es, ein eigenes Laufwerk bzw. eine getrennte Partition zur Speicherung zu verwenden. Das Verzeichnis zur Zwischenspeicherung lässt sich im Movie Maker über den Befehl* Optionen *im Menü* Ansicht *einstellen. Da die Aufzeichnung und Bearbeitung von Videos sehr leistungszehrend ist, sollten Sie das Laufwerk gelegentlich defragmentieren, um optimale Zugriffszeiten zu gewährleisten.*

Videoschnitt am Computer

Sie brauchen die Zuschauer nicht mit x Stunden verwackeltem Rohmaterial zu traktieren. Der Pfiff beim digitalen Videofilmen liegt in der Möglichkeit, die aufgenommenen Filmszenen zu schneiden, mit anderem Material zu kombinieren, zu vertonen oder in anderer Weise aufzubereiten. Alles, was Sie benötigen, ist ein Schnittprogramm wie Pinnacle Studio, Ulead Media Studio, Power Director oder den nachfolgend benutzten Windows Movie Maker. Auch das in Kapitel 11 vorgestellte NeroVision Express 2 verfügt über Schnittfunktionen. Das Schneiden von Videos erfolgt in mehreren Schritten.

> **Achtung**
>
> *Beachten Sie das Urheberrecht beim Einmischen von anderem Material (Videoclips, Fotos, Musik) in die Videos. Wer ein eigenes Video oder ein Foto aufnimmt, besitzt automatisch das Urheberrecht an diesem Material. Dieses verfällt auch nicht, wenn das Material in ein Video integriert oder leicht bearbeitet wird. Die Copyright-Inhaber professioneller Videoclips, Musikstücke oder Fotos haben meist etwas dagegen, wenn ihr Material ohne Genehmigung verwendet wird und können Schadenersatz verlangen. Zudem verlangt die GEMA (Gesellschaft für musikalische Aufführungs- und mechanische Vervielfältigungsrechte) Gebühren für das Abspielen von Musikstücken in »öffentlichen Räumen«. Auch private Videos können schnell (z.B. durch Vorführung in Firmen, im Verein oder auf Webseiten) an die »Öffentlichkeit« gelangen.*

1 Starten Sie das Schnittprogramm (z.B. den Windows Movie Maker) und importieren Sie die Filmdaten sowie weiteres Rohmaterial aus Dateien bzw. übertragen den Film von der Videoquelle.

2 In weiteren Schritten kombinieren Sie das Rohmaterial, schneiden es zu einem Video zurecht und vertonen alles.

3 Das fertige Ergebnis lässt sich in eine Videodatei exportieren, auf CD/DVD brennen, per E-Mail versenden oder auf einen Webserver laden.

Diese Videodatei kann dann im Schnittprogramm oder in einem Videoplayer angesehen werden. Bevor Sie sich mit den Detailfunktionen eines Schnittprogramms befassen, sollten Sie einige **Grundbegriffe** kennen.

- Beim Filmen werden Sie verschiedene Szenen und Kameraeinstellungen aufnehmen, d.h., die Kamera wird immer wieder ein- und ausgeschaltet. Beim Beschneiden ist es hilfreich, wenn die einzelnen Szenen des Rohmaterials bereits als kleine Clips vorliegen. Die meisten Schnittprogramme verfügen über eine automatische Clip- bzw. **Szeneerkennung**, die ein aufgenommenes oder importiertes Video automatisch in solche Filmclips unterteilt.

- Sie können dann die Clips mit den gewünschten Szenen/Kameraeinstellungen schneiden und in der vorgesehenen Reihenfolge dem Film zuordnen. Dabei lassen sich Clips aus verschiedenen Quellen (mehrere Videos, verschiedene Kameras, verschiedene Aufnahmetage) zu einem Film kombinieren.

- Weiterhin können Sie zusätzlich Standbilder (Grafikdateien z.B. für Filmtitel) sowie einen Vor- und Abspann etc. einbauen. Zudem lässt sich der Film bei Bedarf mit einem gesprochenen Text und Musik unterlegen.

Der Computer als Videostudio

Videoschnitt umfasst also häufig mehr als das Kürzen des Materials auf die gewünschte Länge oder das Herausschneiden von verwackelten Szenen. Die obigen Funktionen werden in allen Schnittprogrammen unterstützt. Nachfolgend sehen Sie das Fenster des Windows Movie Maker (Version 2), das in verschiedene Bereiche unterteilt ist.

- Über die Schaltflächen *Aufgaben* und *Sammlungen* der Symbolleiste lässt sich wahlweise zwischen dem Bereich »Aufgaben für das Filmprojekt« und dem Bereich »Sammlungen« umschalten.

- Der **Aufgabenbereich** für das Filmprojekt erlaubt es, über verschiedene Hyperlinks die Funktionen zum Aufnehmen, Schneiden oder Erstellen eines Films abzurufen (siehe oben »Aufzeichnung/Übertragung der Videodaten«).

- Das (hier gezeigte) Fenster *Sammlungen* organisiert die Bestandteile des Rohmaterials für den Videofilm. Eine **Sammlung** kann **Videoclips**, **Einzelbilder** und **Audiodateien** enthalten. Um eine neue Sammlung anzulegen, klicken Sie im Fenster *Sammlungen* mit der rechten Maustaste auf ein Ordnersymbol und wählen im Kontextmenü den Befehl *Neue Sammlung*. Anschließend vergeben Sie einen Projektnamen für die Sammlung. Über das Kontextmenü lassen sich zudem Ordner mit Sammlungen löschen, kopieren oder umbenennen.

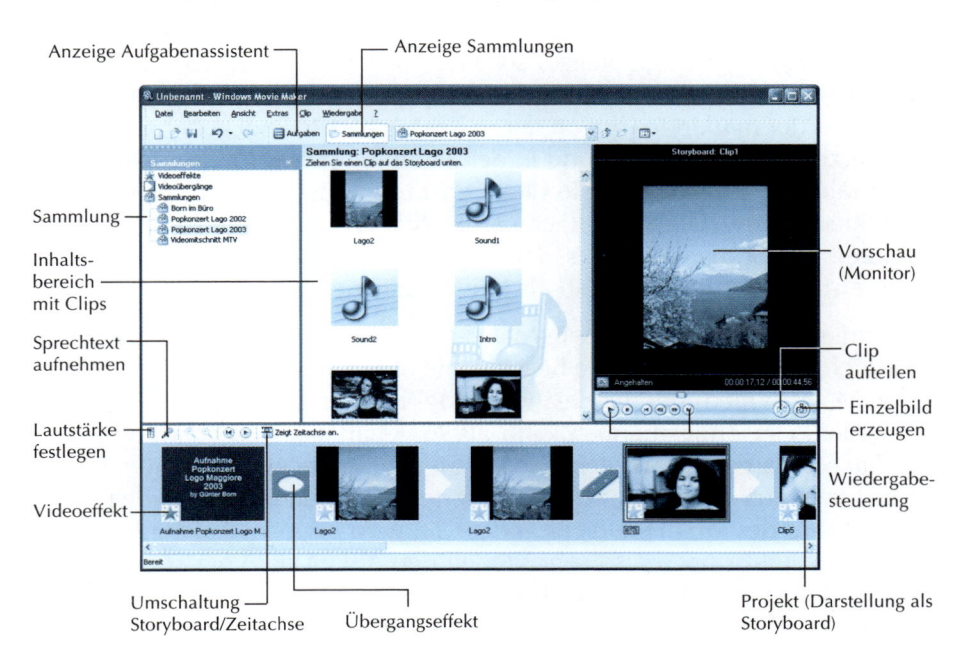

- Klicken Sie auf das Symbol einer Sammlung, wird deren Inhalt in einem weiteren Clipfenster (als **Inhaltsbereich** bezeichnet) angezeigt. In der Sammlung *Popkonzert Lago 2003* sind verschiedene Clips, Audiodateien und Grafikdateien (als Standbilder) enthalten. Über Kontextmenübefehle lassen sich die im Inhaltsbereich angezeigten Dateien sortieren oder löschen.

- Möchten Sie neue Video-, Audio- und Grafikdateien importieren, wählen Sie im Menü *Datei* den Befehl *In Sammlungen importieren*. Oder Sie blenden den Aufgabenbereich über die betreffende Schaltfläche ein und verwenden die Hyperlinks zum Aufruf des Importdialogs. Markieren Sie im Dialogfeld zur Dateiauswahl das Kontrollkästchen *Clips für Videodateien erstellen*, wird die Szeneerkennung aktiv. Die Szenen eines Videos werden als Einzelclips in einer neuen Sammlung hinterlegt, während Bilder und Audiodateien immer in die aktuelle Sammlung wandern. Sie können aber die Symbole aus dem Inhaltsbereich zu einem Ordner im Fenster *Sammlungen* ziehen.

- Ganz rechts findet sich der **Monitorbereich** (Vorschaufenster) zur Wiedergabe der Clips. Sie können im Inhaltsbereich Clips (Video, Audio, Standbilder) markieren und wiedergeben. Markieren Sie einen Clip im Storyboard, lässt sich der gesamte Film wiedergeben. Die Schaltflächen am unteren Rand des Monitorfensters steuern die Wiedergabe sowie den Vor- und Rücklauf der aktuellen Clips. Bei Videos lässt sich die Marke des Schiebereglers (Suchleiste) sogar zwischen Einzelbildern (auch als Frames bezeichnet), bewegen. Mit der rechten Schaltfläche *Clip aufteilen* wird der markierte Clip an der in der Suchleiste angegebenen Position in zwei Teile aufgeteilt und in der Sammlung bzw. im Projekt hinterlegt (abhängig davon, ob Sie den Clip im Inhalts- oder Projektbereich markiert haben). Die Schaltfläche *Einzelbild erzeugen* erlaubt Ihnen, ein Einzelbild (Screenshot) aus dem im Monitor angezeigten aktuellen Bilderstrom anzufertigen und als JPEG-Datei zu speichern.

- Im unteren Bereich des Movie-Maker-Fensters befindet sich der Projektbereich. Ein **Projekt** fasst alle Bestandteile des Films (Videoclips, Standbilder, Musik, Video- und Übergangseffekte) in ihrer zeitlichen Abfolge zusammen. Der Projektbereich kann als so genanntes Storyboard oder als Zeitachse dargestellt werden. Ziehen Sie einfach die gewünschten Clips per Maus aus dem Inhaltsbereich zu den betreffenden Platzhaltern im Storyboard des Projektbereichs. Jeder Clip wird mit dem Anfangsbild angezeigt, Sie erkennen also sehr schnell den Ablauf der vom Film darzustellenden Geschichte (Story). Die Reihenfolge der Clips lässt sich durch vertikales Ziehen mit der Maus innerhalb des Storyboards umsortieren.

Der Computer als Videostudio

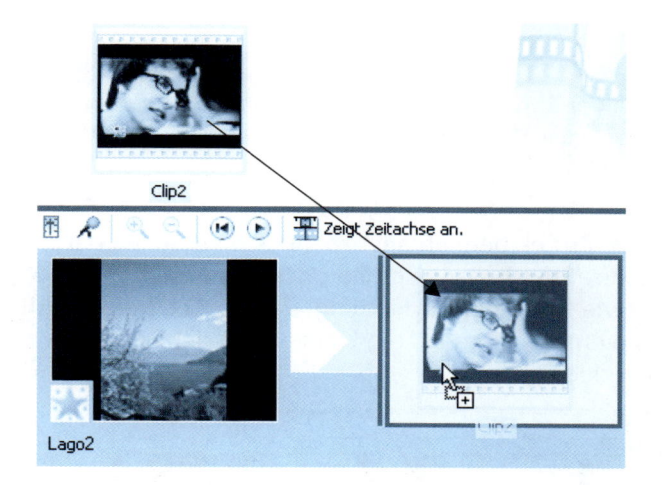

- In der Version 2 unterstützt der Windows Movie Maker verschiedene Videoübergänge. Klicken Sie in der Sammlung auf das Symbol *Videoübergänge* bzw. im Aufgabenbereich auf den Hyperlink *Videoübergänge anzeigen*. Anschließend ziehen Sie den gewünschten Videoübergang aus dem Inhaltsbereich zum Platzhalter zwischen den Clips des Storyboards. Über das Kontextmenü des Platzhalters lässt sich ein Übergangseffekt auch wieder löschen.

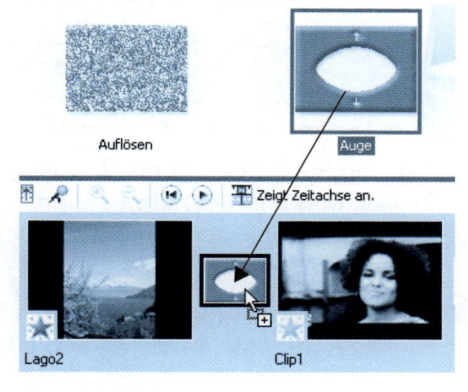

- Im Windows Movie Maker 2 können Sie verschiedene Videoeffekte auf die Clips anwenden. Klicken Sie in der Sammlung auf das Symbol *Videoeffekte* bzw. im Aufgabenbereich auf den Hyperlink *Videoeffekte anzeigen*. Anschließend ziehen Sie einen der im Inhaltsbereich angezeigten Videoeffekte (z.B. »Ausblenden zu weiß«) zum Clip im Storyboard. Die Effekte werden als Symbol in der linken unteren Ecke eines Clips dargestellt. Klicken Sie mit der rechten Maustaste auf den Clip und wählen im Kontextmenü *Videoeffekte*, öffnet sich ein Dialogfeld zur Anpassung der Videoeffekte. Über dieses Dialogfeld bzw. über das Kontextmenü lassen sich Effekte auch wieder löschen.

437

Hinweis

Beim Zeigen auf einen Clip wird dessen Dauer in einer QuickInfo angezeigt. Zeigen Sie dagegen auf den in der linken unteren Ecke eines Clips dargestellten Platzhalter für Effekte, erscheint der Name des Videoeffekts.

- Über die oben links im Projektbereich angezeigte Schaltfläche lässt sich **von** der Darstellung des **Storyboards zur Zeitachse umschalten**. In der Zeitachse sehen Sie, wie lange ein Clip im Film dauert. Die beiden stilisierten Lupensymbole ermöglichen es, die Darstellung der Zeitachse zu vergrößern oder zu verkleinern.

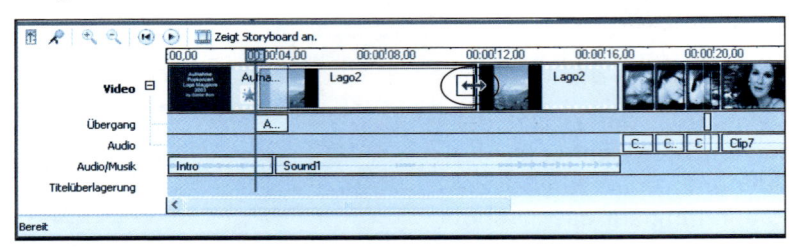

- Klicken Sie innerhalb der Zeitachse auf einen Clip, hebt das Programm diesen durch einen Rahmen hervor. Sie können nun den linken/rechten Rand des Clips per Maus horizontal verschieben, um die **Länge eines Clips** anzupassen.

- In der Zeitachsendarstellung lässt sich der **Film** auch **vertonen**. Ziehen Sie die Audiodateien aus dem Inhaltsbereich (Clipfenster) zur im Projektfenster dargestellten Audio/Musik-Spur. Klicken Sie auf den Audioclip, lässt sich dieser kürzen oder auf der Zeitachse verschieben. Zum Verschieben zeigen Sie auf die Mitte des Audioclips und ziehen diesen per Maus horizontal an die gewünschte Position. Gekürzt wird der Audioclip, indem Sie den linken/rechten Rand per Maus verschieben.

- Möchten Sie den **Film mit** einem **gesprochenen Text versehen**, klicken Sie auf das am linken Rand des Bereichs eingeblendete Mikrofon. Dann wird ein Aufnahmefenster eingeblendet, über dessen Schaltfläche *Audiokommentar starten* Sie eine Tonaufzeichnung per Mikrofon anfertigen und als Audiodatei speichern können. Ein eigenes Symbol am linken Fensterrand öffnet den Dialog der Lautstärkeregelung, in dem sich das Lautstärkenverhältnis von gesprochenem Text und Musik einstellen lässt.

Der Computer als Videostudio

> **Tipp**
>
> Möchten Sie in Ermangelung eines Audiorecorders den Windows Movie Maker 2 zum Mitschneiden von Musikstücken verwenden? Starten Sie das Programm und klicken Sie im Projektbereich sofort auf die Schaltfläche des Mikrofons. Anschließend lässt sich die Tonquelle (Mikrofoneingang, Audioeingang etc.) wählen und die Tonaufzeichnung über die Schaltfläche Audiokommentar starten beginnen. Sobald Sie die Aufnahme über Audiokommentar beenden stoppen, können Sie die Aufzeichnung in einem Dialogfeld als .wma-Audiodatei speichern.

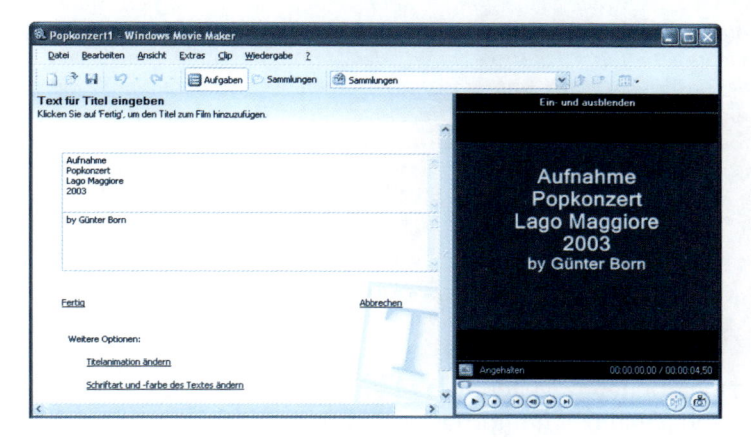

■ In der Regel werden Videos mit einem Titel versehen. Während Sie hierzu im Movie Maker 1 auf den Import von Grafiken mit den Titelinformationen angewiesen waren, können Sie in der Version 2 einen **Titel**, mehrere **Zwischentitel** und einen **Abspann zum Film hinzufügen**. Klicken Sie hierzu im Aufgabenbereich einfach den Hyperlink *Titel oder Nachspann erstellen* an. Anschließend können Sie über weitere Hyperlinks den Titel am Anfang des Films, den Abspann am Ende oder Zwischentitel vor markierten Clips einfügen. Je nach gewählter Funktion erscheint ein Formular zur Eingabe des Texts. Über die Hyperlinks *Titelanimation ändern* und *Schriftart und -farbe des Textes ändern* des Eingabeformulars gelangen Sie zu weiteren Formularen, in denen sich diese Optionen anpassen lassen. Sobald Sie den mit *Fertig* bezeichneten Hyperlink im Formular anwählen, werden die Titel- und Abspannseiten als eigene Clips im Storyboard eingefügt. Sie können diesen Schritt mehrfach wiederholen, um mehrere Titelseiten zu erzeugen. Doppelklicken Sie auf einen solchen Clip, um die betreffenden Texte zu korrigieren.

Zum Schneiden eines Films können Sie die im Aufgabenfenster aufgeführten Hyperlinks der Reihe nach abarbeiten. Dort finden Sie auch Tipps zum Videoschnitt. Möchten Sie den Schnitt unterbrechen, lässt sich der Inhalt des Projektfensters über den Befehl *Datei/Projekt speichern (unter)* in eine Projektdatei sichern. Die Projektdatei enthält Informationen über die verwendeten Clips sowie deren Anordnung und Länge. Eine Projektdatei lässt sich nur im Movie Maker laden.

> **Tipp**
>
> *Da Sie im Windows Movie Maker (und in anderen Schnittprogrammen) Standbilder in einem Film einbauen können, lässt sich dieses Programm auch sehr gut zur Wiedergabe einer Diashow verwenden. Importieren Sie einfach alle Fotos einer Diashow in eine Sammlung und sortieren Sie die Einzelbilder über das Storyboard in das Projekt ein. Die Einzelbilder lassen sich mit einer Wiedergabelänge versehen und mit Musik sowie Titeln unterlegen. Speichern Sie das Ganze als Film. Bei Bedarf lässt sich so etwas sogar mit DVD-Authoring-Programmen als VCD oder S-VCD brennen (siehe Kapitel 11) und auf einem DVD-Player am Fernseher ausgeben.*

Speichern des Videofilms

Aus dem fertig bearbeiteten Material lässt sich abschließend ein **Film erzeugen**. Dabei sind je nach Schnittprogramm verschiedene Ausgabemedien zulässig. Der bereits im vorigen Abschnitt vorgestellte Windows Movie Maker 2 erlaubt es Ihnen, den fertigen Film beispielsweise als lokale *.wma*-Datei im Ordner *Eigene Videos* abzulegen. Alternativ besteht die Möglichkeit, die Videodatei direkt auf eine CD zu brennen, per E-Mail zu verschicken oder an einen Webserver zu übertragen. In allen Fällen lässt sich das Video später im Windows Media Player wiedergeben. Ist ein digitaler Camcorder mit DV-in-Unterstützung per FireWire-Schnittstelle angeschlossen, können Sie das geschnittene Video auch zum Gerät zurückübertragen und dort wiedergeben.

Der Befehl zum Speichern sollte bei allen Schnittprogrammen im Menü *Datei* vorhanden sein (z.B. *Filmdatei speichern* beim Movie Maker). Im Windows Movie Maker empfiehlt es sich aber, die Aufgabenleiste einzublenden und dann unter »3. Film fertig stellen« den gewünschten Hyperlink zu wählen. Der Movie Maker startet einen Assistenten, der Sie durch die Schritte zum Erstellen des Films begleitet und die Optionen zum Speichern in verschiedenen Dialogen abfragt.

Der Computer als Videostudio

■ In einem Dialogschritt wird ein Ordner sowie ein Dateiname zur Ablage des neuen Films abgefragt. Über die Schaltfläche *Durchsuchen* lässt sich ein beliebiger Ordner wählen. Sofern der Platz reicht, sollten Sie aber den Ordner *Eigene Videos* oder einen Unterordner als Ziel verwenden.

■ Vor dem Erzeugen des Films fordert das Programm über ein Dialogfeld die Einstellung der **Wiedergabequalität** an. Während das Rohmaterial in möglichst hoher Qualität aufzuzeichnen ist (siehe oben), sollte sich die Wiedergabequalität des fertigen Films an der Verbreitungsart orientieren. Ein Film, der an einen Webserver geschickt wird, muss auf die Download-Möglichkeiten der Nutzer Rücksicht nehmen. Wer Filme mit Modem oder ISDN-Karte verschickt, ist an kompakten, schnell zu ladenden Filmen interessiert, muss aber Einbußen in der Auflösung akzeptieren. Beim Speichern auf CD, auf Webservern oder in Dateien setzt der Assistent automatisch die für das gewählte Ausgabemedium optimale Einstellung fest. Sie können aber das Optionsfeld *Weitere Einstellungen* markieren (ggf. auf den Hyperlink *Weitere Optionen anzeigen* klicken, falls das Optionsfeld fehlt) und dann die gewünschte Einstellung über das Listenfeld wählen. Zur Wiedergabe am Computer sollten Sie eine hohe Qualität mit einer Auflösung von 640 x 480 Bildpunkten einstellen. Soll der Film später auf einem Fernsehgerät gezeigt werden, wählen Sie eine der PAL-Varianten.

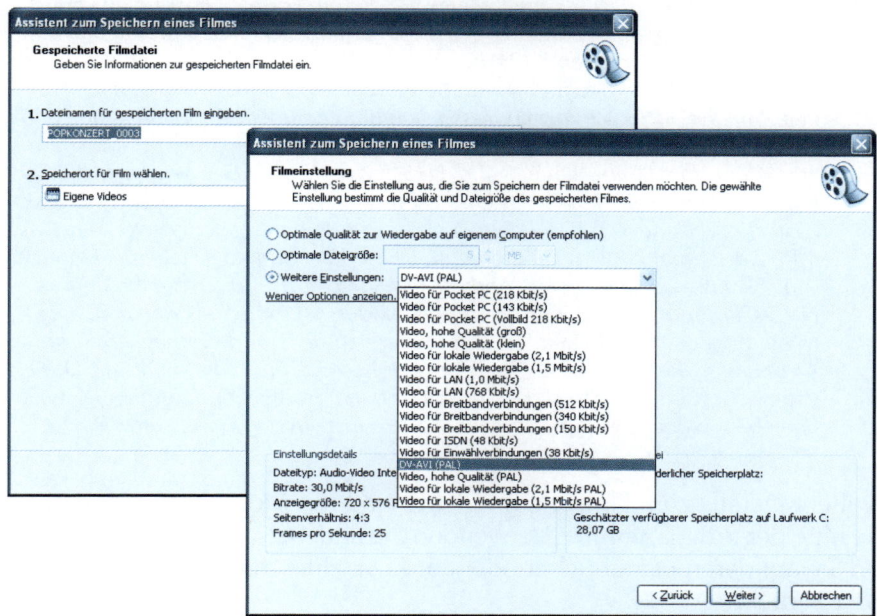

Sobald Sie den Dialogschritt mit der Abfrage der Wiedergabequalität über die Schaltfläche *Weiter* schließen, beginnt der Movie Maker mit dem Erstellen des Films. Das Erstellen des Films (auch als **Rendern** bezeichnet) kann je nach gewählter Wiedergabequalität und Schnelligkeit des Computers durchaus einige Stunden betragen.

> **Tipp**
>
> *Standardmäßig sichert der Movie Maker die Filmdatei im Microsoft-WMV-Format, das sich nur im Windows Media Player abspielen lässt. Um den Film später mit einem so genannten Authoring-Programm auf eine Video-CD oder DVD zu brennen, werden MPEG1/MPEG2-Dateien benötigt (siehe Kapitel 11). Sie benötigen daher ein Schnittprogramm, welches das Movie-Maker-Ausgabeformat (.wma) importieren und als MPEG1/MPEG2-Datei speichern kann. Über die Ausgabeoption »DV-AVI (PAL)« sichert der Windows Movie Maker die Filmdatei im AVI-Format. Dieses lässt sich auch mit Freeware-Konvertierprogrammen in das MPEG2-Format konvertieren.*

> **Techtalk**
>
> *Das **MPEG-1-Format** erlaubt Bitraten bis 1.500 Kbit/Sekunde und eine Auflösung von 352 x 288 Bildpunkten. Das bei diesem Format verwendete verlustbehaftete Komprimierverfahren führt zu einer ausreichenden Bildqualität und wird auch für Audiodaten (MP3) benutzt. Das Format ist DVD-kompatibel und kann im Windows Media Player mit den üblichen Codecs wiedergeben werden. Mit dem **MPEG-2-Format** lassen sich Bitraten über 80 Mbit/Sekunde und eine beliebige Auflösung erreichen. Für Audiodateien sind 5.1-Kanalaufzeichnung mit Dolby Digital und DTS möglich. MPEG-2 wird von DVD-Playern unterstützt. Beim Windows Media Player müssen in der Regel aber zusätzliche Codecs zur Wiedergabe aus dem Internet geladen werden. Das **MPEG-4**-Format benutzt Bitraten von 10 Mbit/Sekunde bei beliebiger Auflösung, kann allerdings keine Audiodaten speichern und ist nur bedingt mit DVDs kompatibel. Der betreffende Codec ist beispielsweise in DivX (www.divx.com) enthalten. Es gibt weitere Codecs und Formate (Microsoft AVI-Format, Real Video 9, QuickTime, Indeo 5.1 etc.), die nicht mit DVDs kompatibel sind. Solche Videos lassen sich in der Regel nur auf dem PC wiedergeben, wobei die erforderlichen Codecs installiert sein müssen.*

Weitere Details zum Umgang mit dem Windows Movie Maker entnehmen Sie bitte der Programmhilfe. Verwenden Sie andere Schnittprogramme, greifen Sie auf deren Handbücher oder auf Zusatzliteratur zum jeweiligen Produkt zurück.

Der Computer als Videorecorder

In vielen Wohnzimmern stehen analoge Videorecorder zum Aufzeichnen von Fernsehsendungen und zum Abspielen von VHS-Kassetten. Ist der Computer mit geeigneter Hard- und Software ausgestattet, lässt er sich als digitaler Videorecorder verwenden. Aufgezeichnete Sendungen oder überspielte VHS-Bänder werden als Videodateien (z.B. im MPEG-Format) gespeichert und lassen sich am Computer über Wiedergabeprogramme wie den Windows Media Player abspielen. Sie können das Ganze aber auch auf VCD, S-VCD oder DVD brennen und per DVD-Player am Fernseher wiedergeben. Mit geeigneten Aufzeichnungs- und Schnittprogrammen lassen sich sogar Werbeeinblendungen in aufgezeichneten Fernsehfilmen entfernen.

Techtalk

Die **Technik zum Mitschneiden** von **Fernsehsendungen** haben Sie im Grunde bereits im vorherigen Abschnitt kennen gelernt. Ist im PC eine komplette **TV-Karte** mit Tuner eingebaut, brauchen Sie nur noch eine Antenne anzuschließen. Die Senderauswahl erfolgt in einem auf dem Computer vorhandenen Programm. Verfügt der Computer nur über eine Grafikkarte (bzw. Schnittkarte) mit analogen Eingängen? Dann verwenden Sie Ihren Fernseher einfach als analoge Videoquelle und benutzen dessen Funktionen zur Senderauswahl.

Bleibt noch zu klären, wie sich das analoge Fernsehsignal zum Computer übertragen lässt. Die meisten Fernseher besitzen die hier gezeigte SCART-Buchse zur Verkabelung mit Videorecordern, DVD-Playern etc.

Die analogen Videoeingänge am Computer sind meist jedoch als Composite-Video- oder S-Video-Eingang ausgeführt (siehe oben im Abschnitt zur Aufnahme von Videodaten).

Sie benötigen dann einen Adapter oder das hier gezeigte Kabel, das SCART auf S-Video oder Composite-Video umsetzt.

Verbinden Sie den SCART-Stecker mit der entsprechenden Buchse am Fernseher. Der Audio-Klinkenstecker am anderen Kabelende kommt dann in den Audioeingang der Soundkarte. Nun fehlt noch das Videosignal. Ist nur ein Cinch-Stecker am Kabel oder eine Cinch-Buchse am Computer vorhanden, kommt der Stecker in die Composite-Video-Eingangsbuchse des Computers. Dann wird das so genannte FBAS-Signal des SCART-Ausgangs zum Computer übertragen. Qualitativ bessere Bilder liefert aber das S-Video-Signal des SCART-Ausgangs. Wird dieser

Eingang am Computer unterstützt, benötigen Sie am Adapter oder am Kabel einen S-Video-Stecker (Hosiden-Stecker). Diesen stöpseln Sie in die S-Videobuchse des Computers (auf den Composite-Video-Anschluss können Sie dann verzichten). Details zur Beschaltung der einzelnen Stecker und Buchsen finden sich übrigens im Internet (z.B. unter www.dvd-tipps-tricks.de/main/info-verbindungen.php).

Wenn die betreffende Verbindung steht, benötigen Sie nur noch ein Programm zur Aufzeichnung der Videosignale.

Im einfachsten Fall lässt sich der oben beschriebene **Windows Movie Maker** (Version 1 oder 2) für diesen Zweck einsetzen. Durch entsprechende WDM-Treiber wird die TV- oder Grabberkarte als Videoquelle bereitgestellt. Gehen Sie wie oben beim Aufzeichnen von Videos vor und wählen die betreffende Videoquelle aus. Im Windows Movie Maker 1 müssen Sie darauf achten, die richtige Video- und Audioquelle zu wählen und den Aufnahmemodus auf »Video und Audio« einzustellen. Anschließend lässt sich die Sendung über die Aufnahmeschaltfläche des betreffenden Dialogs aufzeichnen und bei Bedarf später schneiden. Der Nachteil besteht darin, dass die Mitschnitte nur im Microsoft-Windows-Media-Videoformat (.*wmv*) gesichert werden können. Zudem wäre eine vereinfachte Aufzeichnungs- und Wiedergabefunktion für den digitalen Videorecorder nicht schlecht.

Es gibt eine Reihe von Programmen, mit denen sich der Computer als digitaler Videorecorder nutzen lässt.

Das Programm **Power VCR II** der Firma CyberLink bietet **Timeshift** (erlaubt das zeitversetzte Ansehen während der Aufnahme), das Überspringen von Werbung oder das Aufzeichnen im MPEG-2-Format.

Der Computer als Videostudio

Das Programm (Preis ca. 60 Euro) wurde gelegentlich neuen Computern (z.B. den von Aldi angebotenen Medion-PCs) als OEM-Version beigelegt. Eine 30-Tage-Testversion lässt sich von *www.cyberlink.de* herunterladen.

Auf der Webseite *www.tvmovie.de* gibt es nicht nur das aktuelle Fernsehprogramm, sondern auch die Software **Clickrecorder** zum kostenlosen Download (ca. 3 Mbyte). Die Programmbedienung ist so einfach wie bei einem Videorecorder.

Ein Mausklick auf die Schaltfläche *Aufnahme starten* beginnt die Aufzeichnung. Die Schaltfläche *Aufnahme beenden* stoppt das Recording. Die Wiedergabe mit dem Windows Media Player erfolgt über die Schaltfläche *Aufnahme ansehen*.

Über die Befehle des Menüs *Ansicht* lassen sich die Videoquelle, das für die Aufzeichnung benutzte digitale Bildformat (Auflösung in Pixel, Farbtiefe) sowie der Codec wählen. Alternativ markieren Sie den Befehl *Erweiterte Videosymbolleiste* im Menü *Ansicht*, um diese Einstellungen über Schaltflächen vorzunehmen.

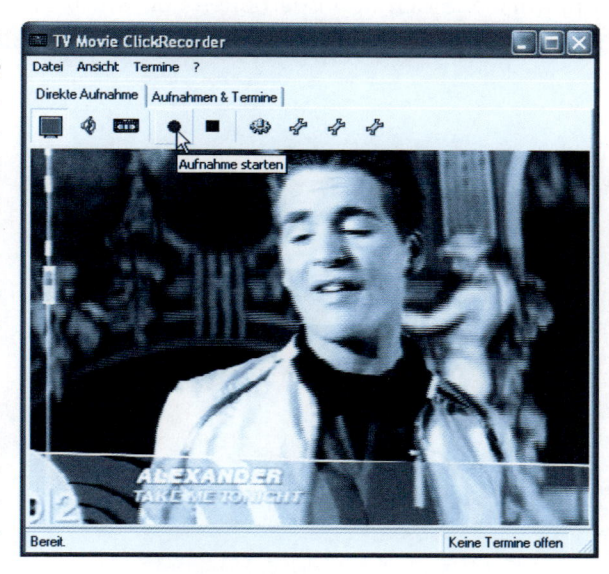

> **Tipp**
>
> *Der TV Movie Clickrecorder kann den DivX-Codec für qualitativ hochwertige Videoaufzeichnungen benutzen. Hierzu müssen Sie die freie DivX-Version unter* www.divx.com/divx *herunterladen (ca. 3 Mbyte) und installieren.*

Ein weiteres Freeware-Programm zum Aufzeichnen und Schneiden von Videos ist Virtual Dub (*www.virtualdub.org*, ca. 700 Kbyte). Wer einen Internetanschluss mit mindestens ISDN-Geschwindigkeit besitzt, kann zudem mit der kostenlosen Software onlineTV der Firma concept/design auch Internetradio und -fernsehen empfangen und aufzeichnen (Download unter *board.flatserv.de,* ca. 1,2 Mbyte). Aus Platzgründen muss die Beschreibung dieses und weiterer Programme aber unterbleiben.

Zusammenfassung

In diesem Kapitel haben Sie eine Einführung in das Thema Spiele und Bildung erhalten. Zudem wissen Sie, wie sich Musik-CDs, DVDs und Audio- und Videodateien abspielen lassen. Sie kennen auch die Möglichkeiten zum Mitschneiden und Bearbeiten von Musik, Videos, VHS-Kassetten oder Fernsehsendungen.

Der Computer als Videostudio

Testen Sie Ihr Wissen

Zur Überprüfung Ihrer Kenntnisse können Sie die folgenden Fragen beantworten.

■ **Wie lassen sich Windows-Spiele aufrufen?**

Im Startmenü auf (Alle) Programme/Zubehör/Spiele klicken, dann den Eintrag für das gewünschte Spiel wählen.

■ **Wie lässt sich eine Videodatei wiedergeben?**

Die Videodatei im Ordnerfenster per Doppelklick anwählen. Dann wird das Wiedergabeprogramm gestartet.

■ **Wie lässt sich eine Musik-CD abspielen?**

Legen Sie die CD in das Laufwerk ein. Falls das Wiedergabeprogramm nicht startet, wählen Sie es im Startmenü und aktivieren Sie die CD-Wiedergabe.

■ **Wie kann man Videos aufzeichnen?**

Sie benötigen eine Kamera, die an den Computer angeschlossen werden kann. Dann lässt sich das Gerät in Schnittprogrammen wie dem Windows Movie Maker oder einem ähnlichen Programm wählen. Sie können anschließend das Video aufzeichnen oder an den Computer übertragen und in einer Datei speichern.

■ **Wie lassen sich Fernsehsendungen am Computer mitschneiden?**

Sie benötigen einen digitalen Videorecorder, der durch einen analogen Videoeingang des Computers und ein entsprechendes Programm realisiert wird. Schließen Sie das Fernsehgerät über ein Adapterkabel am Computer an oder verwenden Sie eine TV-Tunerkarte. Dann können Sie mit einem Videoschnittprogramm oder einer Videorecorder-Software die Sendungen aufzeichnen und wiedergeben. Auf die gleiche Weise lassen sich VHS-Kassetten auf den Computer übertragen.

447

Kapitel 11

CD-/DVD-Brennwerkstatt

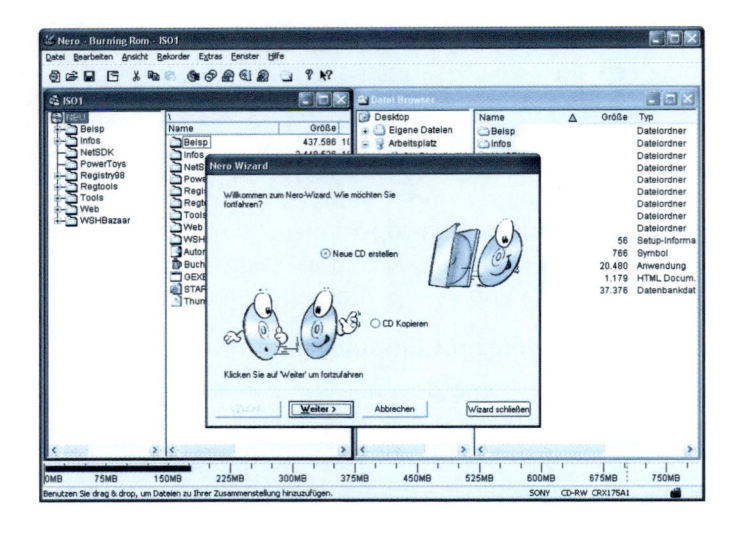

> Daten, Musik oder Videos lassen sich auf CDs, VCDs, S-VCDs oder DVDs speichern. Alles, was Sie dazu benötigen, ist ein CD- oder DVD-Brenner, eine geeignete Software sowie etwas Wissen, was dabei zu beachten ist. Dann ist es ein Kinderspiel, eine Video-CD zu erstellen oder Musik-CDs mit eigenen Inhalten zu brennen. Auch das Sichern von Daten, das Zusammenstellen von Diashows oder das Brennen einer DVD ist kein Problem. Wie das geht und was dabei zu beachten ist, erfahren Sie in diesem Kapitel in verschiedenen Workshops.

Das können Sie schon:

Den Computer in Betrieb nehmen	37
Mit Windows-Fenstern und -Programmen arbeiten	59/67
Webseiten abrufen und verschiedene Internetdienste nutzen	156
E-Mails empfangen und versenden	228
Textdokumente erstellen und gestalten	274
Tabellenkalkulations- und andere Büroprogramme nutzen	326
Bilder und Fotos am Computer ansehen und bearbeiten	354
Spiele aufrufen, Musik hören, Videos ansehen	390
Musik und Videos aufzeichnen und bearbeiten	418/428

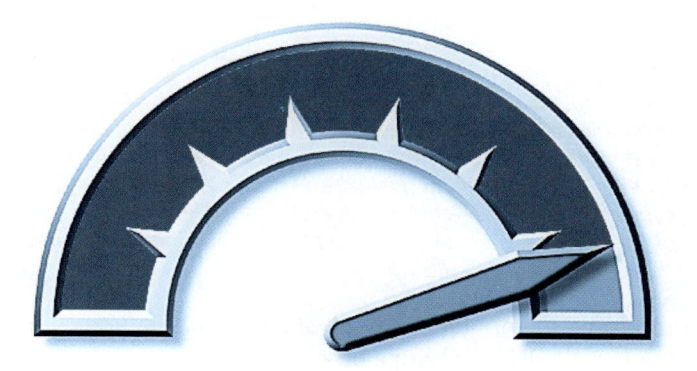

Das lernen Sie neu:

Grundwissen CD/DVD-Recording	450
Brennen von Daten-CDs	455
Musik-CDs erstellen – so geht's	464
Video-CDs und DVDs erstellen	472

Grundwissen CD/DVD-Recording

Industriell produzierte Musik-CDs (auch Audio-CDs genannt) oder die in Zeitschriften, Büchern oder Geräten beiliegenden CDs (oder DVDs) sind nur lesbar (das Kürzel **CD-ROM** steht für CD Read Only Memory, also nur lesbarer Speicher). Einzelkopien von CDs (bzw. DVDs) oder Kleinserien lassen sich mit einem so genannten CD- oder DVD-Brenner erstellen. Bei diesem Vorgang werden die Daten über einen etwas stärkeren Laser als Lochmuster in die Datenträgerschicht spezieller CD- oder DVD-Rohlinge eingebrannt. Nachfolgend geht es um grundlegende Fragen zum Brennen von CDs und DVDs.

Was muss ich über CD/DVD-Rohlinge wissen?

Bei **CD-Rohlingen** wird zwischen **CD-R** (R steht für Recordable) und **CD-R/W** (W steht für »Writable«) unterschieden. Eine **CD-R kann einmal** in einem CD-Brenner **beschrieben werden**. CD-R/W-Rohlinge **lassen sich mehrfach** in speziellen CD/RW-Brennern **beschreiben** und auch wieder **löschen** (ca. 1.000 Mal).

> **Achtung**
>
> *Ältere CD-Laufwerke und handelsübliche CD-Player haben aber häufig Probleme mit dem Lesen wiederbeschreibbarer Medien (CD-RW). Gelegentlich gibt es noch Kompatibilitätsprobleme mit älteren DVD-Playern. Die meisten DVD-Player können mittlerweile DVD-R und +R, nicht aber DVD-RAM lesen. Diverse Computerzeitschriften testen regelmäßig die Kompatibilität handelsüblicher DVD-Player und DVD-Brenner und veröffentlichen die Ergebnisse.*

Einige moderne Computer verfügen standardmäßig über einen DVD-Brenner, mit dem sich **DVD-Rohlinge** beschreiben lassen. Bei den Rohlingen werden **DVD-R** (nur beschreibbar), **DVD-RW** (schreib-/lesbar), **DVD+R** (nur beschreibbar), **DVD+RW** (schreib-/lesbar) und **DVD-RAM** unterschieden. Ein Brenner für das DVD+R-Format kann keine DVD-R-Medien beschreiben – achten Sie also darauf, die richtigen Rohlinge zu kaufen. Es gibt aber auch DVD-Brenner, die sowohl das +R- als auch das -R-Format unterstützen.

Die Kapazität der CD-R- und CD-R/W-Rohlinge wurde ursprünglich auf 650 Mbyte festgesetzt (entspricht 74 Minuten Musik). Mittlerweile findet man im Handel aber praktisch nur noch 700 Mbyte-Rohlinge (80 Minuten Aufzeichnungszeit). Zudem gibt es spezielle CD-R-Rohlinge mit Überlänge (z.B. mit 800 Mbyte bzw. 90 Minuten Aufzeichnungszeit). Allerdings unterstützen nicht alle CD-Brenner bzw. die zugehörigen Brennprogramme die Verwendung solcher Überlängen. Bei DVDs weisen die Rohlinge eine Kapazität von 4,7 Gigabyte auf. Unter *www.feurio.de/shop* finden Sie eine gute Übersicht über aktuell verfügbare Rohlingkapazitäten.

Hinweis

Es gibt Rohlinge von Markenherstellern und preiswertere »No-Name«-Produkte. Testen Sie, ob die No-Name-Ware mit Ihrem Brenner harmoniert. Für Musik-CDs reichen normale Rohlinge statt der im Handel angebotenen Audio-CD-Rohlinge (auf die wurde lediglich die GEMA-Gebühr aufgeschlagen). Bei älteren Brennern kann auch die Farbe der verspiegelten Datenseite (golden, blau etc.) eine Rolle spielen. Goldene Rohlinge sind am problemlosesten und am langlebigsten (100 Jahre). Die preiswerteren Rohlinge mit grünlicher Datenschicht besitzen eine Haltbarkeit von etwa zehn Jahren. Achten Sie auch darauf, dass die Rohlinge für die Geschwindigkeit der benutzten Laufwerke zugelassen sind (sonst kann es Unwuchten beim Abspielen in schnellen Laufwerken geben). Unter www.hardwarejournal.de finden Sie Hinweise zu Brennern, Rohlingen und mehr.

Techtalk

Die Kapazität der DVD wird durch die Zahl der Schichten (Layer) im Datenträger und durch die Möglichkeit, beide Seiten einer Datenschicht beschreiben zu können, bestimmt. DVDs gibt es deshalb mit verschiedenen Kapazitäten (4,7 GB = single-sided/single-layered; 8,5 GB = single-sided/dual-layered, 9,4 GB = double-sided/single-layered, 17 GB = double-sided/dual-layered). DVD-Rohlinge weisen 4,7 Gigabyte auf. Beachten Sie aber, dass die obigen Kapazitätsangaben der Hersteller auf einem Marketingtrick beruhen. Es wird 1 Kbyte mit 1.000 Byte statt mit den in der Computertechnik üblichen 1.024 Byte angesetzt. Die rechnerisch korrekte Kapazität ist daher immer um den Multiplikator 0,93132 geringer (z.B. 4,37 GB statt der angegebenen 4,7 GB). In diesem Buch werden die von den Herstellern auf den Rohlingen angegebenen Kapazitäten genannt. Weitere Informationen zu DVD-Typen finden Sie im Internet unter www.afterdawn.com/glossary.

Allgemeines zum Brennen

Moderne CD-Brenner unterstützen in der Regel die Formate CD-R und CD-RW. Sie können also wahlweise beschreibbare und wiederbeschreibbare Rohlinge verwenden. Bei DVD-Brennern müssen Sie sich entscheiden, ob diese den Standard DVD+ oder DVD- unterstützen (siehe oben).

Ähnlich wie bei CD- und DVD-Laufwerken arbeiten die Brenner mit verschiedenen **Geschwindigkeiten** (von 1fach bis n-fach). Je höher die Brenngeschwindigkeit, umso schneller ist eine CD gebrannt. Bei älteren Rechnern und/oder sehr hoher Brenngeschwindigkeit sind Sie aber auf optimale Randbedingungen angewiesen:

- Daten sollten möglichst von der Festplatte und nicht von der CD zum Brenner kopiert werden.
- Eine defragmentierte Festplatte erlaubt meist schnellere Schreib-/Lesezugriffe. Zudem muss auf der Festplatte genügend freier Speicherplatz zum Zwischenspeichern der zu brennenden Daten vorhanden sein.
- Unterstützt Ihr Brenner kein »Burn proof«, sollten Sie vor dem Brennen einen Simulationslauf (wird von den Brennprogrammen unterstützt) durchführen. Das Programm erkennt ggf. Probleme wie »Buffer underrun« und meldet diese.
- Setzen Sie ggf. die Schreibgeschwindigkeit im Brennprogramm herunter (z.B. auf 1fach) – auch wenn dann das Brennen einer CD länger dauert.

Vor dem Brennen sollten Sie alle Anwendungen (auch den Bildschirmschoner) beenden. Während des Brennens sollten Sie den Rechner keinesfalls für andere Zwecke (Drucken, Tastatureingaben oder Mausbewegungen) benutzen.

> **Was ist das?**
>
> Beim »Buffer underrun« gehen dem Brenner während des Schreibvorgangs die vom Computer im Zwischenspeicher (engl. Buffer) zu liefernden Daten aus – der dann unbrauchbar gewordene Rohling muss weggeworfen werden. Moderne Brenner unterstützen das so genannte »Burn proof«, d.h., der Schreibvorgang wird bei Datenmangel definiert unterbrochen, und bei genügend gefülltem Puffer wieder aufgenommen.

Brennprogramme im Überblick

Zum Brennen benötigen Sie neben dem entsprechenden Laufwerk noch ein **Brennprogramm**. Windows XP ist bereits mit sehr einfachen Funktionen zum Brennen von CD-Rs und CD-RWs ausgestattet. Einige Programme wie der Windows Media Player, der RealOne Plus Player oder Videoschnittprogramme wie Video Delux, Pinnacle Studio, Power Director Pro etc. besitzen in den aktuellen Versionen Funktionen zum Brennen von Musik-CDs oder Video-CDs/DVDs. Wer häufiger CDs oder DVDs brennt, wird aber auf

Grundwissen CD/DVD-Recording

die Funktionalität kommerziell angebotener Brennprogramme wie das vielen Brennern als OEM-Version beiliegende **Nero Burning Rom** der Firma Ahead zurückgreifen. Gleichwertig ist auch **WinOnCD** der Firma Roxio (*www.roxio.de*), das praktisch alle Funktionen zum Brennen von Daten-, Musik- und Video-CDs/DVDs enthält. Mit dem Produkt **CloneCD** (*www.clonecd.net*) lassen sich 1:1-Kopien existierender CDs anfertigen. Das Programm **Feurio** lässt sich als Shareware (*www.feurio.de*) im Internet herunterladen und wird auch von der Firma Ahead (*www.ahead.de*) angeboten. Feurio bietet recht komfortable Funktionen zum Erstellen von Audio-CDs.

> **Hinweis**
>
> *Zum Brennen von Audio- und Daten-CDs ist auch der für den privaten Gebrauch kostenlose Nero-Clone **CD-Burner XP** ganz interessant. Das Programm besitzt Ripp-Funktionen für Musik-CDs (rippen = Musikstücke von einer Audio-CD lesen und auf dem Computer speichern), kann MP3-Daten kodieren und auch WAV-Dateien normalisieren (normalisieren = auf gleiche Abspiellautstärke bringen). Die Downloadadressen von CD-Burner XP oder anderen Brennprogrammen ermitteln Sie, indem Sie in einer Suchmaschine wie Google die betreffenden Produktnamen eingeben. Unter www.freenet.de/freenet/computer/software/freeware finden Sie ebenfalls Hinweise und Freeware zum Brennen (z.B. den Link zur Seite der Top-Freeware-Tools wählen und die Rubrik »CD/DVD« suchen).*

Bemerkungen zu Nero Burning Rom

Auf den nachfolgenden Seiten wird überwiegend **Nero Burning Rom** benutzt, da es vielen Brennern und Computersystemen als OEM-Version beiliegt. Bei Bedarf lässt sich die aktuelle Version von Nero Burning Rom samt Zusatzprogrammen (über 10 Mbyte) aus dem Internet unter *www.ahead.de* herunterladen. Bei der Installation überprüft Nero bereits vorhandene lizenzierte Programmversionen und nimmt innerhalb der gleichen Versionsklasse (z.B. 4.x oder 5.x) eine kostenlose Aktualisierung (Update) vor. Ein Versionswechsel (z.B. Upgrade von 5.x nach 6.x) erfordert einen neuen Lizenzschlüssel, der aber zu einem günstigen Preis erhältlich ist. Ohne gültigen Lizenzschlüssel wird nur die 30-Tage-Testversion freigeschaltet.

Nero besteht aus verschiedenen Einzelprogrammen, die über das Startmenü bzw. ab Version 6 zusätzlich über das Programm **SmartStart** aufrufbar sind. Bei Bedarf können Sie die zugehörigen Programme von der Ahead-Webseite herunterladen und nachträglich installieren. Die Ausführungen in diesem Kapitel beziehen sich auf die Nero Versionen 5.x und 6.x.

Zum Brennen von CDs und DVDs können Sie das eigentliche Brennprogramm **Nero Burning Rom** benutzen. Zum Einstieg ist es aber einfacher, auf das nachfolgend benutzte Zusatzprogramm mit dem Namen **Nero Express** oder auf NeroStart zurückzugreifen.

Das ab der Version 6 in Nero enthaltene **SmartStart** ist eine Oberfläche, über die sich alle im Nero-Paket enthaltenen Programme bequem aufrufen lassen (einfach einen Befehl per Doppelklick anwählen).

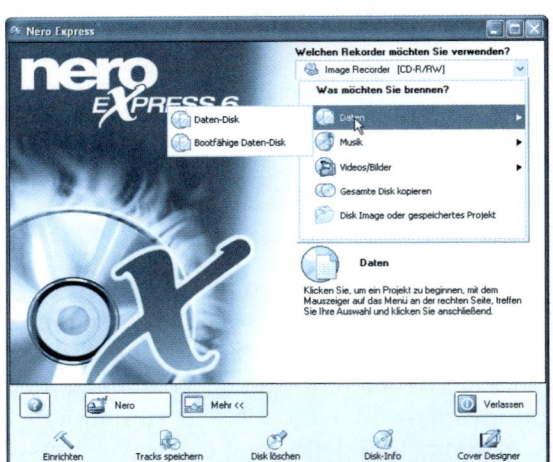

Mit dem Assistenten von Nero Express wird das Erstellen unterschiedlicher CD/DVD-Typen zum Kinderspiel. Wählen Sie im Startdialog den zu brennenden CD-Typ (und ggf. in einem eingeblendeten Listenfeld den Brenner). Dann erscheinen weitere Dialoge, um die zu brennenden Dateien anzugeben sowie Brennoptionen einzustellen.

Über die Schaltfläche *Mehr* können Sie die untere Reihe mit Schaltflächen ein-/ausblenden. Dort finden Sie Funktionen, mit denen Sie ein CD-RW-Medium löschen (*Disk löschen*) oder den Cover Designer aufrufen können. Nero Express benutzt im Hintergrund das Programm Nero Burning Rom zum Brennen. Daher lässt sich über die Schaltfläche *Nero* unter Übernahme der bisher erfolgten Vorgaben zu Nero Burning Rom wechseln. Dort können Sie leistungsfähigere Optionen zum Brennen wählen und bei Bedarf über eine Schaltfläche der Symbolleiste zu Nero Express zurückwechseln.

Das Zusatzprogramm **NeroVision Express** ist ein Assistent, der Sie beim Erstellen bzw. Brennen von Video-CDs und DVDs unterstützt. Mit dem **Nero Cover Designer** können Sie CD-Cover erstellen und ausdrucken (wird hier nicht behandelt). Der **Nero Wave Editor** ermöglicht die Aufnahme und Bearbeitung von Audiodateien (siehe Kapitel 10). Mit dem Programm **InCD** kann ein CD-RW-Medium wie eine sehr große Diskette genutzt werden.

Brennen von Daten-CDs

CDs eignen sich wegen ihrer Kapazität gut zur Sicherung von Daten oder Programmen. Sie können beispielsweise den Inhalt eines Ordners mit Programm- oder Datendateien auf CD brennen und bei Bedarf auf die Festplatte zurückkopieren. Nachfolgend wird gezeigt, wie sich solche Daten-CDs erstellen lassen.

So funktioniert's unter Windows XP

Unter Windows XP ist das Übertragen von Dateien auf eine CD ein Kinderspiel:

1 Öffnen Sie ein Ordnerfenster, suchen Sie den Ordner mit den zu sichernden Dateien und markieren Sie die gewünschten Elemente (z.B. durch Anklicken per Maus).

2 Kopieren Sie die markierten Elemente zum Laufwerk des CD-Brenners (z.B. mit rechter Maustaste anklicken und im Kontextmenü die Befehle *Senden an/CD-RW-Laufwerk* wählen).

> **Hinweis**
>
> *Im Prinzip können Sie die aus Kapitel 3 bekannten Verfahren nutzen, um die Daten zum Laufwerk des CD-Brenners zu kopieren. Bei manchen Ordnern (z.B. für Fotos, Musik oder Video) erscheint ein entsprechender Befehl in der Aufgabenleiste des Ordnerfensters. Windows kopiert die Dateien aber nicht direkt auf das Laufwerk des Brenners, sondern in einen Zwischenpuffer auf der Festplatte. Klicken Sie mit der rechten Maustaste auf das Laufwerkssymbol des CD-Brenners, können Sie mit dem Kontextmenübefehl* Temporäre Dateien löschen *diesen Puffer leeren. Über den Kontextmenübefehl* Eigenschaften *des Laufwerks können Sie das Eigenschaftenfenster mit der Registerkarte* Aufnahme *öffnen und Optionen wie die Brenngeschwindigkeit und das Pufferlaufwerk anpassen.*

Sobald Dateien zum Schreiben auf CD vorhanden sind, wird dies mit einer Meldung angezeigt.

3 Klicken Sie in der Taskleiste auf das Symbol zum Schreiben der CD. Alternativ können Sie auch im Ordnerfenster das Laufwerk des CD-Brenners anklicken und dann im Kontextmenü, im Menü *Datei* oder in der Aufgabenleiste den Befehl *Dateien auf CD schreiben* wählen.

4 Windows startet einen Assistenten, in dessen erstem Dialogfeld Sie eine Bezeichnung für die CD eintragen. Legen Sie spätestens jetzt einen neuen Rohling (CD-R oder CD-RW) in das Laufwerk ein und klicken Sie auf die Schaltfläche *Weiter*.

Der Assistent startet den Brennvorgang und informiert Sie über den Fortschritt. Am Ende des Brennvorgangs wird die CD ausgeworfen. Sie können nun die CD zur weiteren Verwendung entnehmen. Beschriften Sie das Medium an der Oberseite mit einem speziell dafür vorgesehenen Stift oder verwenden Sie die im Handel (z.B. *www.pearl.de*) angebotenen Rundlabels und Labeling-Kits. Normale Etiketten können in schnellen Laufwerken dagegen zu Unwuchten führen. Falls das Dialogfeld des Assistenten noch geöffnet ist, sollten Sie dieses ebenfalls schließen.

> **Hinweis**
>
> *Für einfache Datensicherungsaufgaben reicht die Brennfunktion in Windows XP. Allerdings gibt es einige Unzulänglichkeiten und Mängel. So fehlt gelegentlich der Befehl zum Löschen der Daten von CD-RW-Rohlingen oder die unter Windows XP gebrannten CDs lassen sich unter anderen Windows-Versionen nicht lesen.*

Daten-CDs mit Nero Express erstellen

Sehr einfach wird das Brennen von Daten-CDs, wenn Sie Nero Burning Rom in Kombinationen mit Nero Express verwenden.

Brennen von Daten-CDs

> **Tipp**
>
> Generell empfiehlt es sich, die zu brennenden Dateien und Ordner auf der Festplatte in einem eigenen Ordner zu sammeln. Dann können Sie ggf. CD-Zusammenstellungen vor dem Brennen testen. Zudem lässt sich der Inhalt des Ordners sehr einfach in das Brennprogramm übernehmen – Sie können praktisch keine Dateien vergessen.

1 Starten Sie Nero Express über den betreffenden Startmenüeintrag.

2 Wählen Sie im Startdialog die Option *Daten/ Daten-Disk*.

3 Warten Sie, bis der Folgedialog *Inhalt der Disk* zur Dateiauswahl erscheint und klicken Sie in diesem Dialogfeld auf die Schaltfläche *Hinzufügen*.

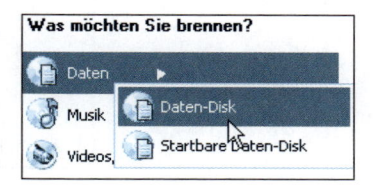

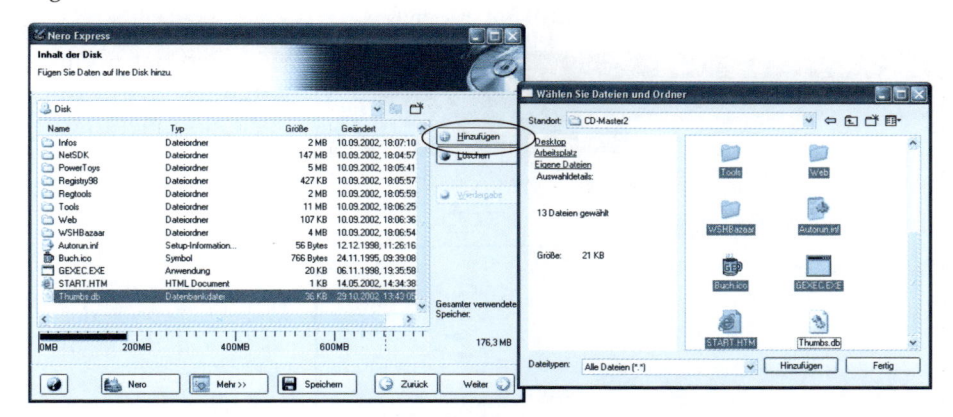

4 Anschließend wählen Sie im Folgedialog (hier rechts) den Quellordner mit den zu brennenden Dateien aus, markieren die Ordner und Dateien und klicken auf die Schaltfläche *Hinzufügen*. Ist alles übernommen, schließen Sie das Dialogfeld über die Schaltfläche *Fertig*.

5 Das Dialogfeld *Inhalt der Disk* zeigt jetzt alle zu brennenden Dateien sowie die auf dem Medium belegte Kapazität an. Markieren Sie ggf. unerwünschte Dateien und entfernen Sie diese über die Schaltfläche *Löschen*. Klicken Sie anschließend auf die Schaltfläche *Weiter*.

457

6 Legen Sie im letzten Dialog die endgültigen Brenneinstellungen fest (z.B. Multisession-Disk), korrigieren Sie den Namen (mit bis zu 11 Buchstaben) für die CD und klicken Sie dann auf die Schaltfläche *Brennen*.

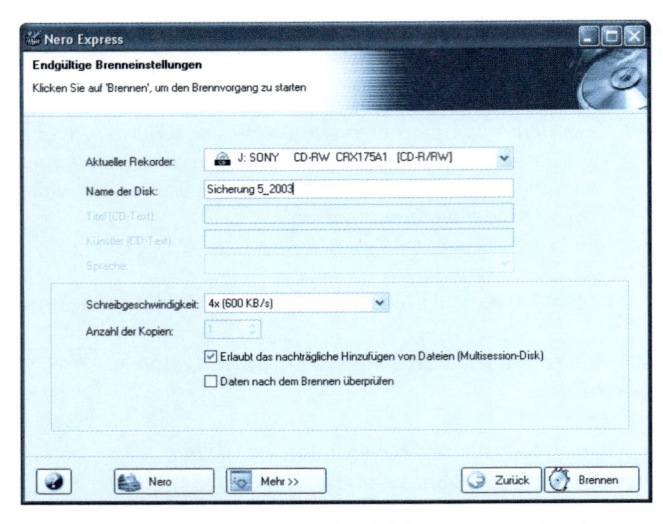

7 Befolgen Sie die Aufforderung des Assistenten, der Sie ggf. zum Einlegen eines CD-Rohlings auffordert. Bei diesem Schritt brauchen Sie keine Dialogfelder per Mausklick zu schließen, da der Assistent dies selbsttätig erledigt.

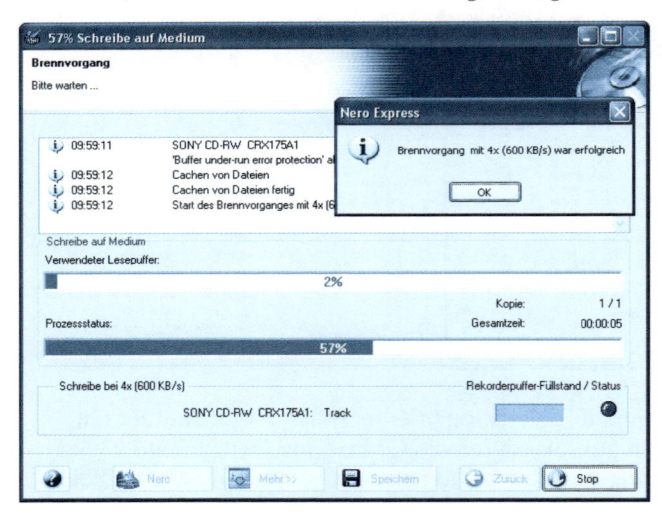

Während des Brennvorgangs wird der Status in einem Dialogfeld dargestellt. Sie sollten während dieser Zeit den Computer nicht nutzen.

8 Schließen Sie das Dialogfeld, das beim (erfolgreichen) Abschluss des Brennvorgangs erscheint, über die *OK*-Schaltfläche.

9 Klicken Sie im Dialogfeld des Assistenten auf die Schaltfläche *Weiter* und im Abschlussdialog auf die Schaltfläche *Verlassen*. Den Dialog mit der Frage, ob die Zusammenstellung zu speichern ist, schließen Sie über die *Nein*-Schaltfläche.

Anschließend können Sie die CD dem Brenner entnehmen und archivieren oder weiter nutzen.

> **Hinweis**
>
> **Multisession** ist ein spezielles Format, bei dem mehrfach auf eine CD geschrieben werden kann (das ist hilfreich, wenn die CD beim Brennen nicht ganz voll wird und später noch Daten aufnehmen soll). Vor jedem Schreibvorgang liest Nero die CD-Daten und hängt die neuen Dateien an. Dieser Modus wird benutzt, falls im Dialogfeld Endgültige Brenneinstellungen das Kontrollkästchen Erlaubt das nachträgliche Hinzufügen von Dateien (Multisession-Disk) markiert ist. Ältere CD-Laufwerke unterstützen oft nur den Singlesession-Modus und können solche CDs dann nicht lesen.

Direktes Brennen mit Nero Burning Rom

Mit etwas Erfahrung können Sie Daten-CDs (oder DVDs) auch direkt in Nero Burning Rom erstellen. Oder Sie wechseln von Nero Express zu Nero Burning Rom, um vom Assistenten nicht unterstützte spezielle Brennoptionen zu bestimmen.

1 Starten Sie Nero Burning Rom über den betreffenden Eintrag im Startmenü.

2 Je nach Einstellung erscheint jetzt ein Dialogfeld zur Abfrage des Disktyps oder der Dialog eines Assistenten. Falls das Dialogfeld erscheint, wählen Sie als Disktyp »CD-ROM (ISO)« . Im Assistenten wählen Sie die Option für die Daten-CD.

> **Hinweis**
>
> Nero Burning Rom benutzt bis zur Version 5 einen eigenen Assistenten zur Auswahl der zu brennenden CD-/DVD-Variante. Bei vorhandenem DVD-Brenner müssen Sie wählen, ob eine CD/DVD gebrannt werden soll. In weiteren Dialogen wählen Sie folgende Optionsfelder: Neue CD erstellen, dann die Daten-CD. Abschließend legen Sie fest, ob eine neue Daten-CD zusammenzustellen oder eine existierende Multisession-Daten-CD fortzusetzen ist. Sie können diesen Assistenten aber jederzeit über die Schaltfläche Wizard schließen der betreffenden Dialogfelder beenden. Ab der Version 6 wird dagegen Nero Express als Assistent benutzt, die Optionsauswahl erfolgt wie oben gezeigt. Der Assistent lässt sich im Menü Hilfe über Befehle wie Nero Express/Nero Wizard verwenden abschalten.

3 Beenden Sie den Assistenten über die Schaltfläche Weiter und im letzten Dialogschritt über die Schaltfläche Fertig. Bei Nero Express wechseln Sie über die Schaltfläche Nero zu Nero Burning Rom zurück.

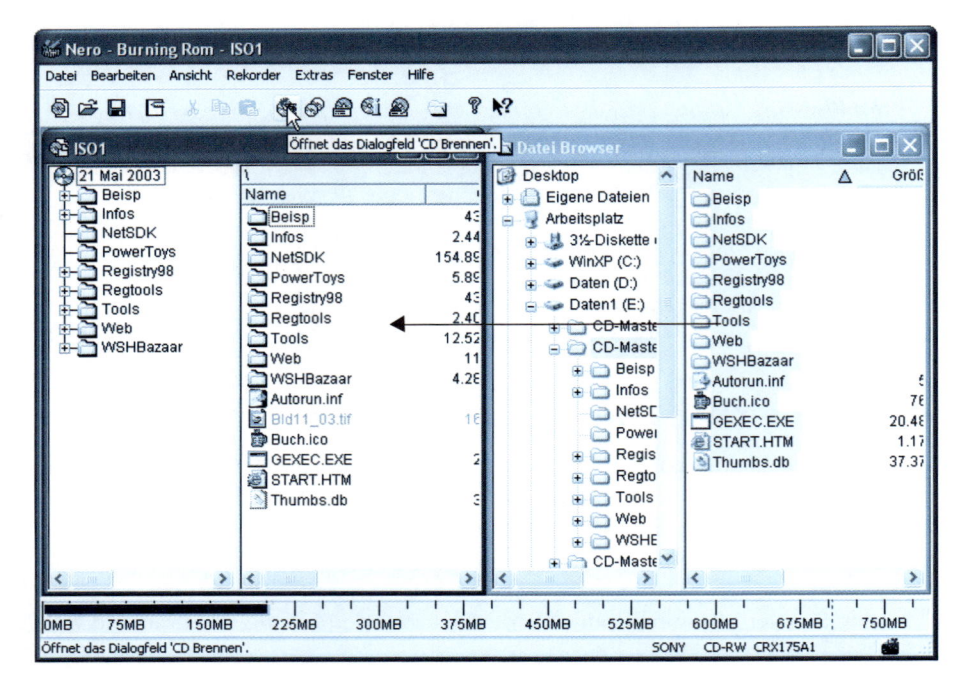

4 Ziehen Sie nun die gewünschten Dateien und Ordner per Maus vom Fenster des Datei-Browsers zum Fenster der CD-Zusammenstellung.

In der Statusleiste wird die bereits belegte Kapazität angezeigt. Ähnlich wie in Ordnerfenstern lassen sich Dateien und Ordner in der Zusammenstellung und im Datei-Browser per Kontextmenü umbenennen oder löschen.

5 Klicken Sie nun in der Symbolleiste auf die Schaltfläche *Öffnet das Dialogfeld »CD-Brennen«* (bzw. *Brennt die aktuelle Zusammenstellung* in Nero 6) und bestätigen den Folgedialog des Assistenten über die Schaltfläche *Brennen*.

6 Bei Bedarf öffnet das Brennprogramm die CD-Schublade und fordert einen Rohling an. Legen Sie ein Medium ein und drücken Sie am Laufwerk die Taste zum Einfahren der CD-Schublade. Die Aufforderung zum Einlegen des Mediums verschwindet dann nach kurzer Zeit automatisch.

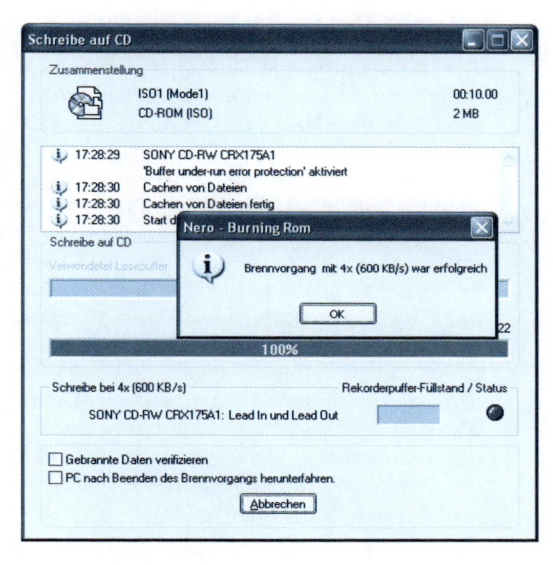

Brennen von Daten-CDs

Während des Brennvorgangs werden Sie (wie bei Nero Express) über den Status informiert. Nach erfolgreichem Abschluss des Brennvorgangs schließen Sie das im Vordergrund eingeblendete Dialogfeld über die *OK*-Schaltfläche.

7 In einem Abschlussdialog erlaubt das Programm Ihnen, die Zusammenstellung in einer Projektdatei zu sichern. Sie können den Dialog über die Schaltfläche *Verwerfen* schließen. Danach fährt Nero noch die CD-Schublade aus und Sie können die CD zur weiteren Verwendung entnehmen und das Programm beenden.

Mit den obigen Schritten lassen sich nicht nur Programme auf CDs bringen. Stellen Sie doch Ihre Fotosammlung samt einem Diashow-Programm wie IrfanView in einem Ordner zusammen und brennen das Ganze auf CD.

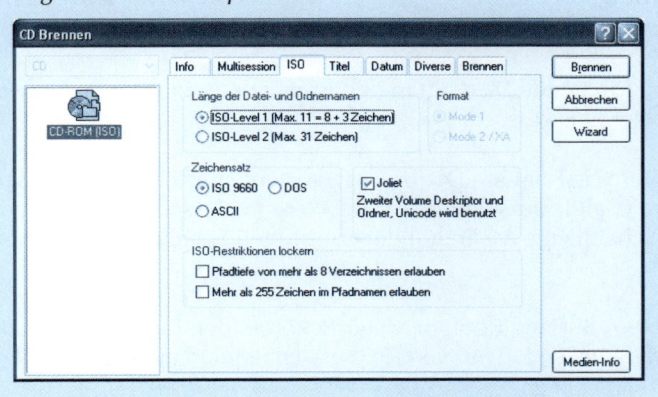

> **Techtalk**
>
> *Experten können in den Dialogen des Assistenten jederzeit die Schaltfläche* Wizard schließen *anklicken. In dem dann angezeigten Eigenschaftenfenster* CD Brennen *(bzw.* Zusammenstellung brennen*) können Sie in der linken Spalte die unterstützten CD-Typen wählen und erhalten über die einzelnen Registerkarten Zugriff auf alle Brennparameter.*

> *Auf der Registerkarte* Titel *lässt sich beispielsweise eine elfstellige Bezeichnung für die CD eintippen. Die Registerkarte* ISO *bestimmt die Vorgaben für die Länge der Datei- und Ordnernamen. Die ursprüngliche ISO-Level-1-Definition erlaubt nur die Angabe von acht Zeichen für Dateinamen und drei Zeichen für die Erweiterung. Für Windows können Sie ISO-Level-2 mit bis zu 31 Zeichen langen Namen nutzen. Zusätzlich können Sie die Option* Joliet *markieren. Dieses von Microsoft für Windows 95 entwickelte Format speichert zusätzlich zu den 8.3-Dateinamen (ISO-Level 1) noch die Dateinamen mit bis zu 63 Zeichen. Weiterhin lässt sich angeben, ob auch Ordnerstrukturen mit mehr als acht Verzeichnissen oder Pfadangaben mit mehr als 255 Zeichen zulässig sind. Unter* Datum *lässt sich festlegen, ob den Dateien das aktuelle Datum beim Brennen zugeordnet werden soll. Dieses Datum wird im Modus »Details« im Ordnerfenster angezeigt. Auf der Registerkarte* Brennen *lässt sich wählen, ob das Brennen simuliert werden soll und ob die CD nach dem Brennen abzuschließen (fixieren) ist. Zu einer fixierten CD lassen sich keine weiteren Daten mehr hinzufügen. Die Fixierung ist beispielsweise erforderlich, um die CD auch mit normalen CD-Laufwerken lesen zu können.*
>
> *In Nero Burning Rom können Sie über den Befehl* Rekorderauswahl *des Menüs* Rekorder *den Brenner auswählen. Der »virtual Recorder« erlaubt das »Brennen« so genannter Image-Dateien auf Festplatte. Diese können später als ISO-Image auf das Medium gebrannt werden. Der Befehl* Medium-Information *im gleichen Menü liest die Daten (gespeicherte Tracks) des eingelegten Mediums und zeigt diese im Dialogfeld* Disk-Info *an. Halten Sie die* ⇧ *-Taste gedrückt, während Sie auf die Schaltfläche* Aktualisieren *des Dialogfelds klicken, gibt die Funktion auch den Hersteller des Rohlings aus.*

Löschen von CD-RW-Medien mit Nero

Wiederbeschreibbare CD-RW-Medien können in den betreffenden Brennern vor einer Wiederverwendung gelöscht werden. Hierzu lässt sich sowohl Nero Burning Rom als auch Nero Express nutzen.

1 Legen Sie das zu löschende Medium in den Brenner ein und starten Sie Nero Burning Rom oder Nero Express.

2 Wenn in Nero Burning Rom ein Dialog des Assistenten erscheint, schließen Sie diesen über die Schaltfläche *Abbrechen*. Bei Nero Express klicken Sie im Dialogfeld auf die Schaltfläche *Mehr*, um die erweiterten Schaltflächen einzublenden.

3 Wählen Sie in Nero Burning Rom im Menü *Rekorder* den Befehl *ReWritable (-Disk) löschen*. Oder klicken Sie im Nero-Express-Dialogfeld auf die Schaltfläche *Disk löschen*.

4 Jetzt fragt das Programm die Löschmethode ab, die Sie im Listenfeld auswählen und über die *OK*-Schaltfläche bestätigen.

Sie haben die Möglichkeit, das Medium schnell löschen zu lassen. Der Brenner überschreibt dann lediglich das Inhaltsverzeichnis – was in knapp einer Minute passiert ist – und ändert den Rest erst beim Schreiben der Dateien. Möchten Sie verhindern, dass vertrauliche Daten auf dem Medium zurückbleiben, oder gibt es Probleme beim Beschreiben einer CD-RW, wählen Sie das Verfahren »Wiederbeschreibbares Medium komplett löschen« (das Löschen kann aber bis zu 40 Minuten dauern).

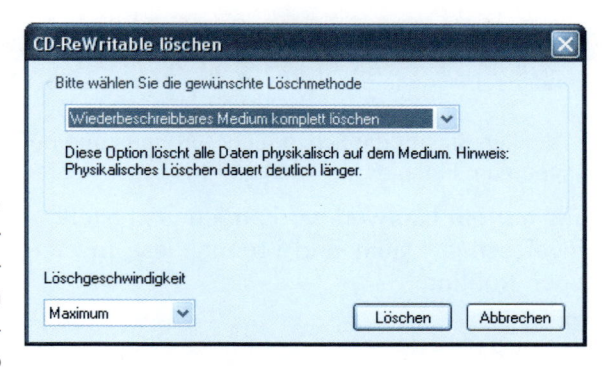

> **Techtalk**
>
> *Standardmäßig lassen sich CD-RWs nur komplett löschen und dann erneut beschreiben. Neue Brenner unterstützen aber das so genannte **Packet Writing**. Dann lässt sich ein CD-RW-Medium mit einer speziellen Programmerweiterung im **UDF-Dateisystem** (UDF steht für Universal Disc Filesystem) formatieren und wie eine Festplatte nutzen. Besitzer von Nero Burning Rom können das Programm **InCD** (www.ahead.de) verwenden. Nach der Installation des Programms finden Sie ein Symbol im Statusbereich der Taskleiste. Ein Doppelklick auf dieses Symbol öffnet ein Dialogfeld zum Formatieren des eingelegten CD-RW-Datenträgers im UDF-Dateisystem. Ein CD-RW-Brenner mit einem entsprechend formatierten Medium verhält sich unter Windows wie eine ca. 511 Mbyte große Diskette, d.h., Sie können Dateien und Ordner zum Ordnerfenster des CD-Laufwerks ziehen und wieder löschen. Die Medien lassen sich auf anderen Computern nur dann lesen, wenn dort ebenfalls InCD installiert ist. Besitzer von WinOnCD können auf das Produkt **DirectCD** zurückgreifen – sollten dann aber auf InCD verzichten.*

Eine 1:1-CD/DVD-Kopie erstellen

Möchten Sie eine exakte Kopie einer vorhandenen CD oder DVD erstellen, gehen Sie folgendermaßen vor:

1 Starten Sie Nero Express und wählen Sie im Startdialog *Kopiert die gesamte Disk* bzw. *gesamte Disk kopieren* in Nero 6.

2 Im Folgedialog sind das Quelllaufwerk mit der Original-CD (kann auch der Brenner sein) sowie das Laufwerk des Brenners über Listenfelder zu wählen.

3 Klicken Sie auf die Schaltfläche *Brennen* und befolgen Sie dann die Anweisungen zum Einlegen der Medien.

Falls nur ein Laufwerk vorhanden ist, erstellt Nero Express eine Kopie der eingelesenen Daten und brennt diese in einem zweiten Schritt auf den neuen Rohling.

> **Hinweis**
>
> *Wenn Sie unter Nero Burning Rom den Disk-Typ* CD-Kopieren *bzw.* DVD-Kopieren *wählen, lassen sich auch dort Kopien anfertigen. Die benötigten Optionen werden über Dialogfelder eingestellt. Beachten Sie aber beim Kopieren das Urheberrecht. Viele CDs und DVDs sind mit einem Kopierschutz versehen, die Kopien werden ohne (illegale) technische Tricks nicht funktionieren. Zudem lassen sich nur Medien mit gleicher Kapazität kopieren. Eine handelsübliche 9-Gigabyte-DVD kann also nicht auf DVD-Rohlinge mit 4,7 Gigabyte kopiert werden. Sie benötigen ggf. ein Spezialprogramm, das die Videodaten komprimiert oder den Film auf mehrere Medien aufteilt. Ähnliches gilt für Musik-CDs mit Überlänge, die nicht auf einen Rohling geringerer Kapazität kopiert werden können.*

Musik-CDs erstellen – so geht's

Im vorherigen Kapitel haben Sie erfahren, wie sich Musiksendungen mitschneiden und Schallplatten, Kassetten oder eigene Songs aufnehmen lassen. Aus diesen Audiodateien können Sie eigene Audio-CDs erstellen. Zudem ist es auch denkbar, private Kopien vorhandener Audio-CDs anzufertigen (z.B. die Zweitversion fürs Auto). Wie das funktioniert, erfahren Sie in diesem Abschnitt.

Musiktitel für eine Audio-CD zusammenstellen

Zum Brennen einer auf handelsüblichen CD-Playern abspielbaren Audio-CD müssen Sie vorher alle Titel als *.wav*-Dateien auf der Festplatte zusammenstellen. Schallplattenaufnahmen, eigene Songs oder Mitschnitte von Radiosendungen können Sie mit dem Aufnahmeprogramm direkt als *.wav*-Dateien speichern und anschließend in einem Wave-Editor nachbearbeiten. Um einzelne Titel oder gar den Inhalt einer kompletten Musik-CD in die

Musik-CDs erstellen – so geht's

Zusammenstellung zu übernehmen, benötigen Sie ein so genanntes Audio-Ripp-Programm. Dieses liest den Inhalt der Audio-CD ein und kopiert die (versteckten) *.wav*-Dateien der einzelnen Tracks auf die Festplatte.

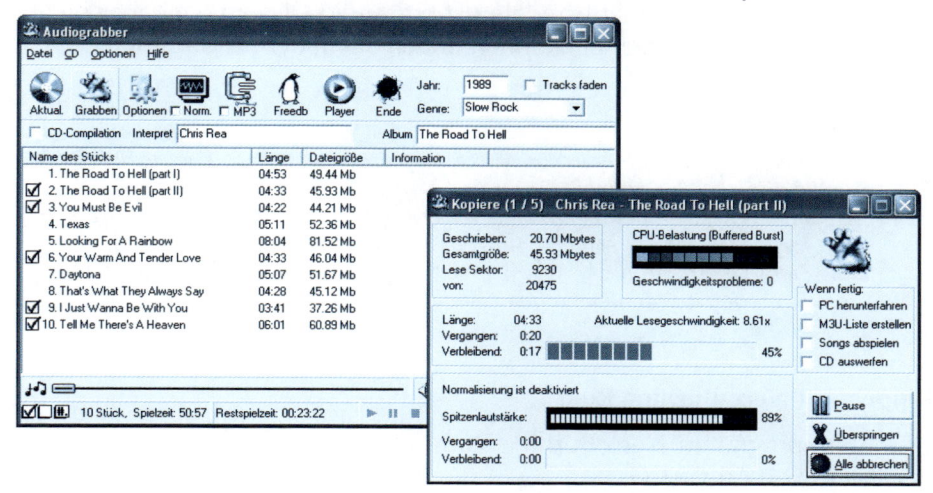

Am bekanntesten ist das Shareware-Programm **Audiograbber**, dessen Testversion Sie unter *www.audiograbber.de* herunterladen können. Eine recht einfach zu bedienende Benutzeroberfläche erlaubt das Rippen von Audio-CDs mit wenigen Handgriffen.

- Nach dem Start lässt sich über die Schaltfläche *Optionen* ein Dialogfeld öffnen, in dem Sie das Quelllaufwerk mit der Audio-CD sowie den Zielordner für die zu speichernden Dateien einstellen.

- Legen Sie danach die Audio-CD in das Laufwerk ein und klicken Sie in der Symbolleiste des Programms auf die erste Schaltfläche mit dem CD-Symbol zum Aktualisieren der Anzeige. Dann werden alle Musiktitel in einer Liste aufgeführt. Über die Schaltfläche *Freedb* lassen sich Albumtitel, Interpret und Songtitel über eine Internetverbindung automatisch ergänzen.

- Bei der Vollversion markieren Sie anschließend die Kontrollkästchen der zu rippenden Musiktitel. In der Shareware-Version rippt das Programm bei jedem Start in einer Zufallsfolge festgelegte Tracks (Sie können die Anwendung aber mehrfach aufrufen).

- Klicken Sie auf die Schaltfläche *Grabben*, um den Inhalt der Musik-CD auf die Festplatte zu übertragen. Die *.wav*-Dateien finden sich anschließend im angegebenen Zielordner und können zum Brennen der neuen CD benutzt werden.

Das Programm kann aufgezeichnete Musikstücke normalisieren (d.h. auf eine einheitliche Lautstärke bringen), die Übergänge zwischen den Titeln durch Hoch- und Runterfahren der Lautstärke »faden« (ein-/ausblenden), und sogar Dateien in das MP3-Format wandeln (ist bei Audio-CDs als Ziel aber nicht zulässig). Details zu diesen Funktionen finden Sie in der Programmhilfe.

> **Achtung**
>
> Beachten Sie beim Kopieren von Musik-CDs das neue EU-Urheberrecht (das auch national gilt). Es erlaubt zwar das Anfertigen von Privatkopien, Sie müssen aber im Besitz einer rechtmäßigen CD-Kopie sein. Zudem dürfen Sie die vom Hersteller auf das Medium aufgebrachten Kopierschutzverfahren nicht umgehen. Sofern Sie diese Restriktionen beachten, können Sie legale CD-Kopien für den eigenen Gebrauch erstellen.

Rippen mit Nero Burning Rom

Das Brennprogramm Nero Burning Rom unterstützt ebenfalls das Rippen der Tracks von Audio-CDs.

1 Legen Sie die Audio-CD in das Laufwerk ein und starten Sie Nero Burning Rom.

2 Beenden Sie den eventuell angezeigten Dialog des Assistenten oder des Eigenschaftenfensters über die Schaltfläche *Abbrechen*.

3 Wählen Sie im Menü *Rekorder* (bzw. *Extras* bei Nero 6) den Befehl *Track(s) speichern*. Im Folgedialog bestimmen Sie das Laufwerk, das die Audio-CD enthält, und schließen diesen über *OK*. Einen weiteren Dialog zur Titeldatenbank können Sie abbrechen.

4 Markieren Sie im Dialogfeld *Tracks speichern* die gewünschten Musikstücke. Legen Sie das Ausgabedateiformat, den Pfad zum Ordner mit den gerippten Dateien und ggf. weitere Optionen fest.

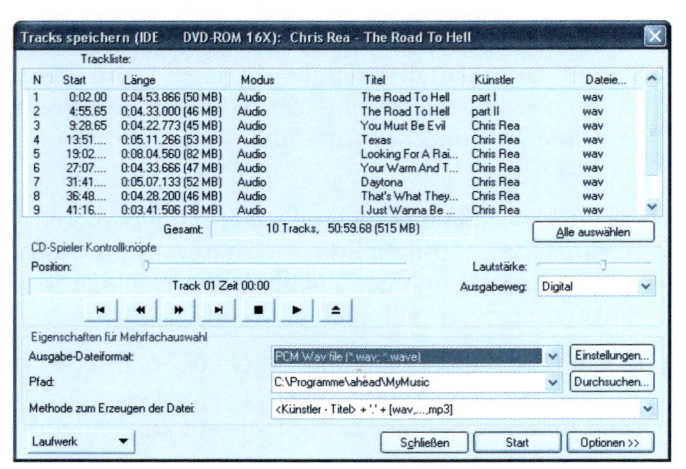

Musik-CDs erstellen – so geht's

Sobald Sie auf die Schaltfläche *Start* klicken, übernimmt Nero Burning Rom das Rippen der Musikstücke.

> **Hinweis**
>
> *Über das Listenfeld* Ausgabe-Dateiformat *können Sie die Musikstücke nicht nur im WAV-Format, sondern auch in anderen Formaten wie MP3, MP3Pro etc. speichern lassen. Mit dem in Nero enthaltene MP3Pro-Encoder können Sie aus Lizenzgründen nur 30 Speicherversuche in das MP3-Format vornehmen (dann müssen Sie die kostenpflichtige Vollversion über www.ahead.de erwerben). Auf der gleichen Webseite findet sich übrigens ein kostenfreies Plug-In des WMA-Encoders. Auf der Webseite neroplugins.cd-rw.org gibt es kostenfreie Plug-Ins für verschiedene Formate (auch einen modifizierten Lame-Encoder für das MP3-Format). Zudem lassen sich die Tracks im WAV-Format speichern und anschließend mit Hilfswerkzeugen (z.B. mit dem in Kapitel 10 beschriebenen Wave-Editor Audacity) in das MP3-Format konvertieren.*

Die Audio-CD brennen

Sobald die Musikstücke auf der Festplatte vorliegen, können Sie zum Brennen der Audio-CD Nero Express (oder auch Nero Burning Rom) benutzen. Der Ablauf ist dabei ähnlich wie oben beim Erstellen von Daten-CDs beschrieben.

1 Starten Sie Nero Express und wählen Sie im Startdialog den CD-Typ *Musik/Audio-CD*.

2 Klicken Sie im Folgedialog *Meine Audio-CD* auf die Schaltfläche *Hinzufügen*.

3 Sobald der Auswahldialog im Vordergrund erscheint, wählen Sie die gewünschten Musiktitel aus und fügen diese über die Schaltfläche *Hinzufügen* der Zusammenstellung hinzu. Schließen Sie danach das Dialogfeld über die Schaltfläche *Fertig*.

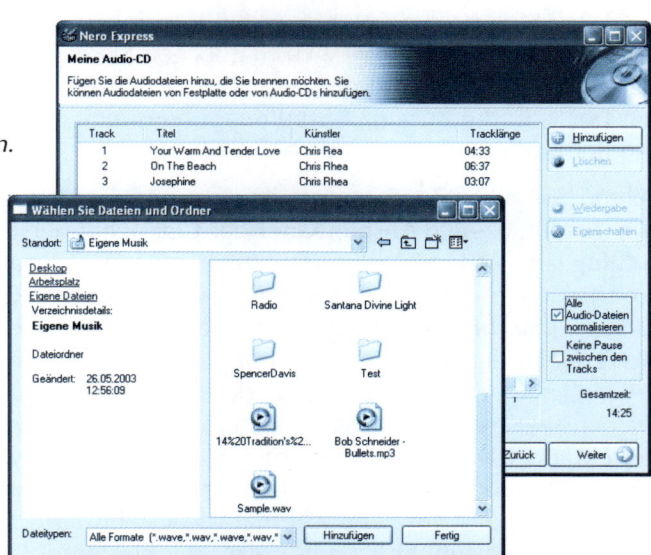

4 Ist die Zusammenstellung vorbereitet, klicken Sie auf die Schaltfläche *Weiter* und im Folgedialog auf *Brennen*.

Danach befolgen Sie die Aufforderungen des Assistenten zum Einlegen des CD-Rohlings und warten, bis dieser als Audio-CD gebrannt wurde.

> **Achtung**
>
> *Audio-CDs können übrigens nur komplett gebrannt werden – ein Multisession-Modus wie bei Daten-CDs wird nicht unterstützt. Haben Sie nur einige Titel zur Zusammenstellung gezogen, bleibt der Rest der CD ungenutzt. Für Audio-CDs sind übrigens nur CD-R-Rohlinge zulässig, da handelsübliche CD-Player üblicherweise keine CD-RWs unterstützen.*

Wissenswertes zum Brennen von Musik-CDs mit Nero Burning Rom

Sie können Audio-CDs auch direkt in Nero Burning Rom brennen. Wählen Sie nach dem Programmstart im Assistenten das Optionsfeld *Neue CD erstellen* und im Folgedialog die Option *Audio CD*. Sobald Sie im letzten Dialogschritt die Schaltfläche *Fertig* angeklickt haben, erscheint das Nero-Programmfenster. Dann lassen sich (wie bei Daten-CDs) die Audiodateien aus dem Datei-Browser zum Fenster der Zusammenstellung ziehen. Neben .wav-Dateien dürfen Sie übrigens auch Audiodateien in anderen Formaten (MP3, WMA etc.) zur Zusammenstellung ziehen. Nero konvertiert die Daten automatisch in das WAV-Format. Legen Sie eine Audio-CD in ein Laufwerk ein und ziehen Sie die angezeigten .cda-Dateien bzw. die zugehörigen Tracks in die Zusammenstellung, übernimmt Nero auch noch das Rippen der Audiotracks.

Achten Sie beim Zusammenstellen darauf, dass die am unteren Rand in Minuten angezeigte **Abspieldauer** der **CD** nicht überschritten wird. Je nach Rohling sind 74 bis 80 Minuten Musik im WAV-Format möglich. Bei geringer Überlänge lassen sich Fertigungstoleranzen des Rohlings durch so genanntes **Überbrennen** ausnutzen. Wählen Sie in Nero Burning Rom im Menü *Datei* den Befehl *Einstellungen*. Auf der Registerkarte *Experteneinstellungen* lässt sich die Kapazität des Rohlings eintragen. Sie können dann versuchsweise ein oder zwei Minuten mehr als die für den Rohling spezifizierte Kapazität angeben. Beachten Sie aber den Hinweis auf der Registerkarte, dass Überbrennen zur Beschädigung des Rohlings oder sogar des Brenners führen kann. Die Alternative besteht darin, die Musikstücke aus der Zusammenstellung zu entfernen oder per Nero Wave Editor zu kürzen (dieser lässt sich direkt aus Nero über das Kontextmenü eines Tracks aufrufen). Oder Sie markieren die Tracks in der Zusammenstellung und klicken dann in Nero Express auf die Schaltfläche *Eigenschaften* (in Nero Burning Rom wählen Sie den Track per Doppelklick an). Die Registerkarte *Indizes, Grenzen, Trennen* des Eigenschaftenfensters ermöglicht Ihnen, den Titel durch Verschieben der Start- und Endemarken zu kürzen. Im Eigenschaftenfenster finden Sie auf der Registerkarte *Filter* Optionen, mit denen Sie den markierten Titel über Filter entknacksen oder in der Lautstärke auf einen Standardwert normalisieren können.

Auf der Registerkarte *Audiotrack Eigenschaften* können Sie den Musiktitel und den Künstlernamen eintragen. Sofern der Brenner die unter dem Namen »CD-Text« spezifizierte Erweiterung unterstützt, werden diese Informationen mit auf der Audio-CD gespeichert. Manche CD-Player zeigen diese Texte beim Abspielen an.

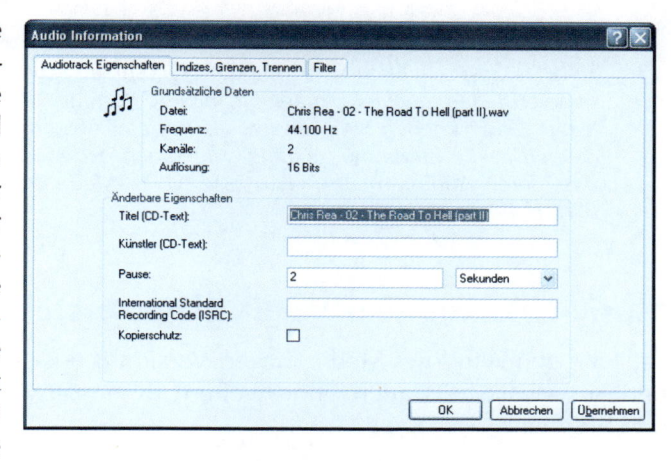

Nero Express erlaubt Ihnen, in der Gruppe *Musik* zusätzlich den CD-Typ *Audio und Daten* (entspricht dem Medientyp »Mixed-Mode« in Nero Burning Rom) zu wählen. Beim Typ *Audio und Daten* (Mixed-Mode) werden die Audiodaten und die Zusatzdateien in getrennten Sessions abgelegt. Das sehen Sie im Assistenten von Nero Express, der in einem ersten Dialogfeld die Audio-Zusammenstellung für die erste Session abfragt. In einem zweiten Dialogfeld gibt Ihnen der Assistent bereits eine Struktur aus zwei Ordnern vor. Zusätzlich können Sie beliebige Dateien (Texte, Fotos der Interpreten oder auch Musikstücke im MP3-Format) in der Zusammenstellung für die Datensession hinterlegen. Handelsübliche Audio-Player und der Windows Media Player greifen auf die erste Session mit den Audiodaten zurück und spielen die Musiktitel. Bei neueren CD-Laufwerken lässt sich unter Windows zusätzlich auf die Datensession zugreifen. Sie können die Dateien dieser Session im Ordnerfenster ansehen und mit den zugeordneten Anwendungen öffnen.

Die beiden Disk-Typen *MP3* und *WMA* der Nero-Express-Gruppe *Musik* werden Sie in Nero Burning Rom vergeblich suchen. Nero Express bietet Ihnen über *MP3* und *WMA* lediglich eine komfortable Möglichkeit, Daten-CDs mit MP3- oder WMA-Audiodateien zusammenzustellen. Diese lassen sich auf dem Computer mit dem Windows Media Player oder anderen Playern abspielen. CD-Rs, die ausschließlich MP3-Dateien enthalten, können auch auf handelsüblichen MP3-Playern und einigen DVD-Geräten wiedergegeben werden.

> **Hinweis**
>
> *Falls Sie ausschließlich am Computer abgespielte Musikarchive auf CD zusammenstellen möchten, sollten Sie in Nero Burning Rom eine Daten-CD anlegen. Dann können Sie – anders als mit Nero Express – beliebige Sounddateien in die Zusammenstellung aufnehmen. Sie müssen nur sicherstellen, dass deren Audioformate (z.B. WAV, MIDI, MP3, WMA etc.) vom Media Player unterstützt werden.*

Musik-CDs mit dem Media Player erstellen

Falls Sie den Windows Media Player (Version 8 oder höher) besitzen, können Sie Musik-CDs auch ohne weitere Brennsoftware zusammenstellen und brennen.

1 Legen Sie die Musik-CD in das betreffende Laufwerk ein, starten Sie ggf. den Media Player und wählen Sie die CD als Wiedergabemedium (z.B. über das Listenfeld *Wiedergabeliste*).

2 Klicken Sie dann am linken Rand des Player-Fensters auf die Schaltfläche *Von CD kopieren* und markieren Sie in der Liste die Kontrollkästchen der zu kopierenden Musikstücke.

Musik-CDs erstellen – so geht's

Warten Sie nun, bis der Player die Titel in die Medienbibliothek übertragen hat. Unterhalb der Titelliste wird der Pfad zur Bibliothek (meist *Eigene Dateien/Eigene Musik*) eingeblendet.

3 Ist der Kopiervorgang abgeschlossen, entfernen Sie die Original-CD aus dem Laufwerk. Dann legen Sie eine neue Wiedergabeliste mit dem CD-Titel an und fügen die gerade kopierten Einzeltitel aus der Medienbibliothek hinzu (siehe Kapitel 9).

4 Sobald die Wiedergabeliste fertig gestellt ist, klicken Sie am linken Fensterrand auf die Schaltfläche *Auf CD oder Gerät kopieren* und wählen die neue Wiedergabeliste (im Listenfeld unterhalb des Texts »Zu kopierende Musikdateien«).

5 Markieren Sie die Kontrollkästchen aller Titel, die auf die neue CD kopiert werden sollen, und legen Sie einen neuen CD-R-Rohling in den Brenner ein.

6 Wählen Sie im Listenfeld mit dem CD-Laufwerk das gewünschte Format der CD und klicken Sie dann oberhalb der Titelliste auf die Schaltfläche *Kopieren*.

Sie können eine Audio-CD (mit *.wav*-Dateien), eine Daten-CD (mit *.wma*- oder *.mp3*-Dateien) oder eine HighMAT-CD (mit *.wma*-Dateien) erstellen lassen. Wurde eine Audio-CD als Ziel gewählt, konvertiert der Windows Media Player die *.wma*-Dateien in das *.wav*-Format. Bei einer Daten-CD bleiben die Formate der Audiodateien erhalten. Anschließend werden die konvertierten Titel auf CD gebrannt und in der rechten Spalte »Objekt auf dem Gerät« neu aufgeführt. Sie werden bei jedem Musikstück über den Fortschritt informiert. Sobald die CD fertig ist, fährt der Brenner die Laufwerksschublade aus und zeigt auch die Titel in der rechten Spalte »Auf dem Gerät verfügbare Mediendateien« an. Sie können die Scheibe jetzt in einem CD-Player verwenden.

> **Hinweis**
>
> *Andere Programme wie der RealOne Player besitzen in der Vollversion ähnliche Funktionen. Probleme beim Abspielen der gebrannten Audio-CD gibt es, wenn die Original-CD einen Kopierschutz aufweist oder wenn Sie CD-RW-Rohlinge verwenden.*

Video-CDs und DVDs erstellen

Mitgeschnittene Fernsehsendungen, aufgenommene Filme und mehr lassen sich auf Video-CDs oder auf DVDs brennen. Das erlaubt eine Wiedergabe auf dem Computer oder über handelsübliche DVD-Player. Selbst eine Fotosession aus dem letzten Urlaub lässt sich mit wenigen Handgriffen zu einer interaktiven Diashow zusammenstellen und am Computer oder per DVD-Player abspielen. Wie das funktioniert, erfahren Sie in diesem Lernschritt.

Grundlagen zu Video-CDs und DVDs

Sie können aufgezeichnete Videos auf eine Daten-CD oder eine DVD brennen und mit den in Kapitel 10 erwähnten Playern (z.B. Windows Media Player) abspielen. Der Vorteil besteht darin, dass Sie verschiedene Videoformate verwenden können – auf dem Computer muss zur Wiedergabe lediglich der benötigte Codec installiert sein. Soll die CD/DVD dagegen auch in einem DVD-Player wiedergegeben werden, müssen die Videodateien in ganz speziellen Formaten (MPEG) und in einer speziellen Struktur auf dem Medium vorliegen. Hierbei haben sich folgende Standards herausgebildet:

- **VCD:** Das Kürzel steht für **V**ideo **C**ompact **D**isc. Bei diesem Standard wird die Bildqualität des Films so weit reduziert, bis die Datenmenge für ca. 80 Minuten Video auf eine normale CD passt. Hierzu wird eine Bildauflösung von 352 x 288 Bildpunkten (beim PAL-Standard) und eine Bildwiederholrate von 25 Bildern pro Sekunde benutzt. Als Aufzeichnungsformat kommen MPEG-1 mit 1,1 Mbit/Sekunde (Videokanal) und 224 Kbit/Sekunde (Audiokanal) zum Einsatz. VCDs erreichen eine Bildqualität, die der von Videokassetten entspricht. Daher wird VCD gerne zum Archivieren von VHS-Bändern auf CDs benutzt.

- **S-VCD:** Bei der **S**uper **V**ideo **C**ompact **D**isc wird eine Bildauflösung (beim PAL-Verfahren) von 480 x 576 Bildpunkten benutzt. Als Aufzeichnungsformat kommt MPEG-2 mit einer variablen Datenrate (bis zu

Video-CDs und DVDs erstellen

2,6 Mbit/Sekunde im Videokanal und bis zu 384 Kbit/Sekunde im Audiostream) zum Einsatz. Wegen der größeren Datenmenge (verursacht durch die gegenüber der VCD verbesserte Bildqualität samt Dolby-Raumklang) passen nur 35 bis 40 Minuten Film auf den CD-Rohling. Zudem wird das S-VCD-Format von älteren DVD-Playern nicht unterstützt.

- **DVD:** Wegen der erforderlichen Kapazität ist die DVD das Standardmedium zur Aufzeichnung von Filmen mit einer (PAL-)Auflösung von 720 x 576 Bildpunkten. Das MPEG-2-Aufzeichnungsformat arbeitet mit einer variablen Datenrate bis zu 9,8 Mbit/Sekunde im Videokanal und benutzt das MPEG-2 AC-3-Verfahren im Audiokanal. Dadurch lässt sich über eine Stunde Film auf eine DVD brennen.

- **Mini-DVD**: Bei dieser Variante werden die Strukturen und die Kodierungsverfahren für DVDs benutzt, um die Daten auf CD-Rohlinge zu brennen. Auch wenn nicht benötigte Optionen entfernt werden, können Mini-DVDs wegen der begrenzten Kapazität nur knapp über zehn Minuten Film aufzeichnen. Zudem streiken einige DVD-Player, wenn zwar ein DVD-Format, aber kein DVD-Medium erkannt wird. Deshalb wird diese Variante nur von einigen Programmen (z.B. PowerDirector Disc Wizard, Nero 6) unterstützt.

> **Was ist das?**
>
> **PAL** (Phase Alteration Line) ist die technische Bezeichnung für einen in Deutschland, Großbritannien, Südamerika, Australien und den meisten anderen westeuropäischen und asiatischen Ländern benutzten Fernsehübertragungsstandard. In Deutschland werden bei Pal 625 Zeilen pro Bild bei 25 Bildern/Sekunde und 50 Hz Feldfrequenz benutzt. Das **NTSC**-Verfahren (National Television Systems Committee) kommt bei Fernsehübertragungen in den USA, in Japan, Kanada und Mexiko zum Einsatz. Es benutzt eine Auflösung von 525 Zeilen pro Bild bei 30 Bildern/Sekunde und 60 Hz Feldfrequenz. Daher müssen Sie bei Video-CDs und DVDs angeben, ob die Daten im PAL- oder NTSC-Verfahren zu kodieren sind.

VCDs, S-VCDs und Mini-DVDs lassen sich mit einem CD-Brenner erzeugen. Für DVDs benötigen Sie dagegen einen DVD-Brenner und DVD-Rohlinge samt einer Brennsoftware mit DVD-Unterstützung. Sie können ein Brennprogramm wie WinOnCD oder Nero Burning Rom zum Brennen dieser Video-CDs bzw. DVDs verwenden. Schnittprogramme wie Pinnacle Studio, PowerDirector, Video Deluxe etc. enthalten ebenfalls Funktionen zum Brennen der Medien. All diese Programme generieren automatisch die vom

DVD-Player benötigten Grundstrukturen auf dem Medium und konvertieren die Videodatei ggf. in das benötigte MPEG-Format.

> **Techtalk**
>
> *Die Übernahme von Film-DVDs auf DVD-Rohlinge ist mit Problemen verbunden. Diese im DVD-9-Standard hergestellten Medien fassen auf zwei Layern ca. 7,95 Gigabyte Daten. Sie müssen den Film beim Brennen also auf zwei 4,7-Gigabyte-DVD-Rohlinge aufteilen. Oder Sie entfernen Zusatzmaterial (z.B. fremdsprachige Audiospuren, Bonusmaterial etc.). Die dritte Möglichkeit besteht darin, das DVD-Material auf die Größe eines 4,7-Gigabyte-Rohlings herunterzurechnen. Neben kommerziellen Programmen wie Instant CD/DVD (Pinnacle) gibt es im Internet das Freeware-Programm DVD-Shrink für diesen Zweck (lassen Sie in einer Suchmaschine nach dem Begriff suchen). Auch hier ist das Urheberrecht beim Erstellen von Kopien zu beachten.*

Was sind Menüs bei Video-CDs und DVDs?

Enthält Ihre Video-CD oder DVD nur einen Film, kann der Player diesen komplett wiedergeben. Manchmal besteht aber der Wunsch, mehrere Filme oder einen in verschiedene Kapitel unterteilten Film auf dem Medium unterzubringen. Der DVD-Player kann diese Einzeltitel dann aber nicht kontinuierlich wiedergeben. Daher wird dem Medium ein Menü unterlegt, welches bei der Wiedergabe angezeigt wird. Der Benutzer kann dann über dieses Menü die Einzeltitel (z.B. Kapitel des Films) abrufen.

Abläufe beim Erstellen der CD/DVD

Egal ob Sie nun eine Videoschnittsoftware oder ein Brennprogramm samt Hilfstools zum Erstellen einer CD oder DVD mit Videomaterial einsetzen, die grundlegenden Schritte und Überlegungen sind immer gleich.

1 Entscheiden Sie sich für das zu benutzende CD-Format (VCD, S-VCD oder DVD). Möchten Sie eine S-VCD erstellen, sollten Sie vorher klären, ob der vorhandene DVD-Player dieses Format auch unterstützt. Andernfalls bleibt nur VCD oder DVD – oder Sie müssen die Filme am PC ansehen.

2 Lassen Sie die Videodateien ggf. in das für das gewählte Medium erforderliche Format (VCD: MPEG-1, S-VCD/DVD: MPEG-2) umrechnen. Dieser auch als Rendern bezeichnete Schritt kann durchaus (je nach PC-Leistung) mehrere Stunden dauern.

3 Starten Sie das Brennprogramm, wählen Sie die Projektoptionen, fügen Sie die Videodateien zur Videozusammenstellung hinzu und ergänzen ggf. noch die Menüs und lassen Sie dann alles auf das Medium brennen.

Anschließend können Sie die Video-CD bzw. DVD am Computer oder auf dem DVD-Player testen.

> **Hinweis**
>
> *Die Konvertierung der im AVI- oder WMA-Format vorliegenden Videodateien in die Formate MPEG-1 (VCD) oder MPEG-2 (S-VCD, DVD) lässt sich direkt in Brennprogrammen wie Nero oder WinOnCD vornehmen. Allerdings hat die Verwendung der Brennsoftware zur Konvertierung einige Nachteile. So besitzt die Version 5 von Nero nur einen MPEG-1-Codec, während der MPEG-2-Codec ein kostenpflichtiges Add-In ist. Zudem gibt es häufig Probleme und Qualitätsverluste beim Rendern durch das Brennprogramm. Daher empfiehlt es sich, die Filme bereits im Schnittprogramm (bzw. in der DVD-Authoring-Software) im geeigneten Format speichern zu lassen. Unter der Adresse www.tmpgenc.net finden Sie das Programm* **TMPGEnc**, *das AVI- und MPEG-1-Dateien in das MPEG-2-Format umwandeln kann. Allerdings lässt sich der in der kostenlosen Testversion enthaltene MPEG-2-Codec nur 30 Tage nutzen. Die Freeware* **AVI2MPG2** *in Kombination mit der Bibliothek* bbMPEG.dll *erlaubt ebenfalls die Konvertierung von AVI-Dateien in das MPEG-2-Format. Da die Downloadseite häufiger wechselt, suchen Sie nach den Begriffen »AVI2MPG2« und »bbMPEG«, laden die Dateien herunter und entpacken die ZIP-Archive in einen eigenen Ordner. AVI2MPG2 bietet eine Oberfläche zur Auswahl der Quell- und Zieldateien sowie der Konvertieroptionen. Das Rendern in das MPEG-2-Format ist nur dann erforderlich, wenn das Medium auf DVD-Playern (gilt auch für Software-DVD-Player wie PowerDVD) abspielbar sein soll. Möchten Sie die CD/DVD nur auf dem Computer benutzen, können Sie die Videodateien wie bei einer Daten-CD im aktuell verfügbaren Videoformat auf das Medium brennen. Zur Wiedergabe der Videodatei benötigen Sie dann lediglich einen Player, der den für die Kodierung erforderlichen Codec unterstützt.*

Video-CDs mit Nero Express erstellen

Zum Erstellen einer für DVD-Player geeigneten VCD oder S-VCD lässt sich Nero Burning Rom verwenden. Noch einfacher geht es, wenn Sie die VCD oder S-VCD mit Nero Express (Version 5.5 oder 6.x) erstellen.

1 Starten Sie Nero Express, klicken Sie im Startdialog auf *Videos/Bilder* und wählen Sie den gewünschten Disk-Typ aus (z.B. *Video-CD* oder *Super Video-CD* *(S-VCD)*, bei der Version 6 auch *Mini-DVD*).

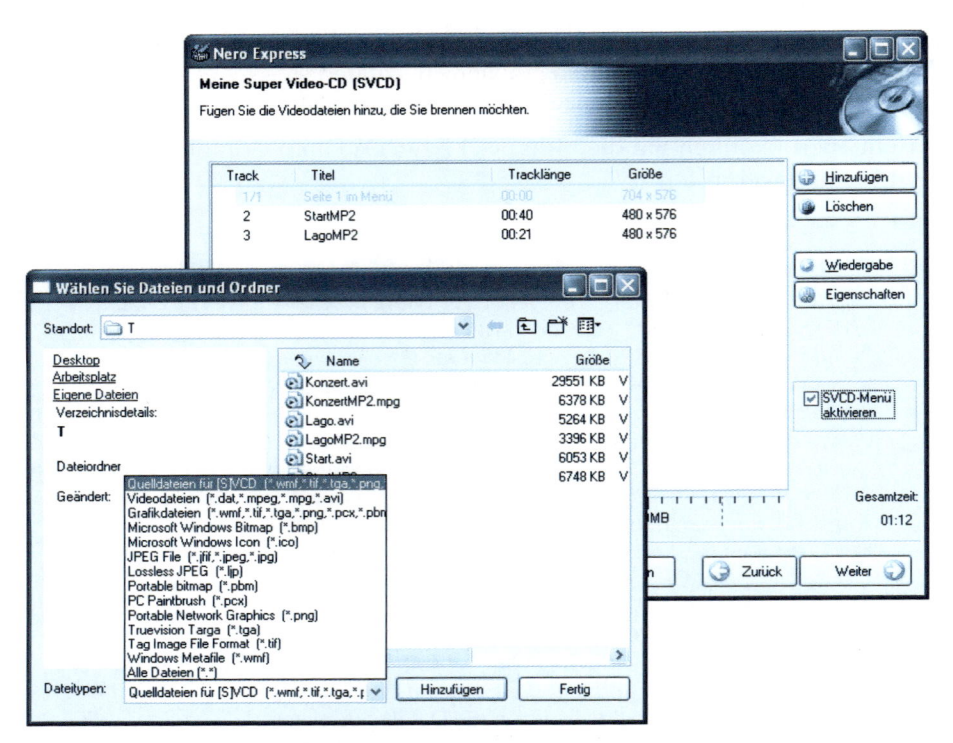

2 Klicken Sie in dem mit *Meine Super Video-CD (SVCD)* oder ähnlich beschrifteten Dialogfeld auf die Schaltfläche *Hinzufügen* und wählen Sie im Unterdialog die für die CD/DVD bestimmten Dateien mit der Schaltfläche *Hinzufügen* aus. Sie können sowohl Videofilme als auch Standbilder zur Zusammenstellung hinzufügen. Schließen Sie das Dialogfeld über die Schaltfläche *Fertig*.

Die zu übernehmenden Videodateien sollten dabei bereits im Format des gewählten Medientyps vorliegen (VCD: MPEG-1, sonst MPEG-2). Verzichten Sie möglichst auf eine Konvertierung durch Nero. Zur Unterstützung des MPEG-2-Formats benötigt Nero 5.5 z.B. ein kostenpflichtiges Plug-In. Zudem besitzen Sie keine Kontrolle über die konvertierten Ergebnisse. Führen Sie stattdessen die Konvertierung vor dem Brennen mit einem Schnitt- oder Konvertierprogramm durch. Enthält die Trackliste mehr als einen Film, müssen Sie noch ein Wiedergabemenü erstellen.

3 Markieren Sie das mit *VCD-Menü aktivieren* oder ähnlich beschriftete Kontrollkästchen im Dialogfeld. In der Trackliste erscheint dann der Eintrag »Seite 1 im Menü«.

Video-CDs und DVDs erstellen

4 Passen Sie die Reihenfolge der eingefügten Bild- und Videodateien innerhalb der Liste durch Ziehen mit der Maus an (einfach die Zeile nach oben oder unten ziehen). Markieren Sie danach einen Track im Dialogfeld und klicken Sie auf die Schaltfläche *Eigenschaften*.

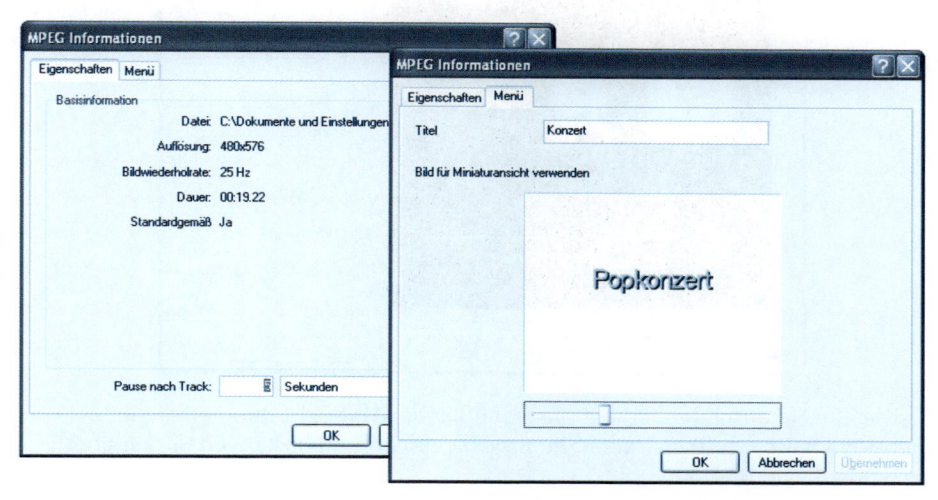

5 Im dann geöffneten Eigenschaftenfenster lässt sich der Menütitel samt dem anzuzeigenden Bild für die Miniaturansicht auf der Registerkarte *Menü* wählen. Setzen Sie auf der Registerkarte *Eigenschaften* die Pausezeit nach dem Abspielen des Tracks auf die gewünschte Anzahl von Sekunden, um die Titel nacheinander wiederzugeben. Mit der Einstellung »Unendlich« wird ein automatisches Abspielen verhindern. Schließen Sie das geöffnete Dialogfeld über die *OK*-Schaltfläche.

6 Über die Schaltfläche *Weiter* gelangen Sie zum Folgedialog, in dem Sie die Darstellungsoptionen für das Menü anpassen können. Die Schaltfläche *Layout* unterstützt ein- oder mehrspaltige Textmenüs (die hier gezeigte Anordnung mit Miniaturbildern usw.). Über die Schaltfläche *Hintergrund* können Sie ein Bild oder eine Hintergrundfarbe einblenden. Über die Schaltfläche *Text* können Sie die Kopf- und Fußzeile sowie die benutzten Schriftfarben anpassen.

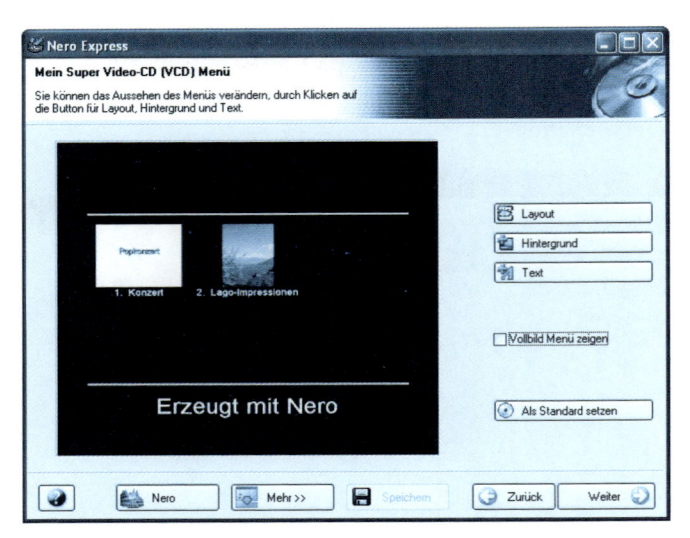

7 Klicken Sie anschließend auf die Schaltfläche *Weiter*, bestimmen Sie im nächsten Dialogschritt ggf. noch die Brennoptionen und bestätigen Sie sie über die Schaltfläche *Brennen*.

Nero Express aktiviert den Brennvorgang und fordert Sie – wie oben beim Brennen einer Daten-CD gezeigt – zum Einlegen des Rohlings auf. Sie werden über den Fortschritt des Brennvorgangs auf dem Laufenden gehalten. Sobald der Brennvorgang abgeschlossen ist, können Sie die geöffneten Dialoge schließen, das Medium dem Laufwerk entnehmen und den Assistenten beenden. Die CD/DVD lässt sich anschließend in einem DVD-Player (z.B. auch über PowerDVD am Computer) testen.

> **Hinweis**
>
> *Achten Sie darauf, die neueste Version des Brennprogramms zu verwenden. Gerade bei Filmen mit Menüs gibt es bei älteren Brennprogrammen noch Schwierigkeiten. Gelegentlich kommt es auch vor, dass der Player die Menüs auf S-VCDs nicht erkennt. Alternativ können Sie auf NeroVision Express zurückgreifen, um VCDs, SVCDs und Mini-DVDs (nur Nero 6) zu erstellen. NeroVision Express bietet zusätzliche Funktionen zum Aufnehmen, Schneiden und Konvertieren der Filme.*

Diashow mit Einzelbildern als Film erstellen

Neben Videofilmen können Sie auch digitalisierte Fotos (von Digitalkameras oder gescannte Bilder/Dias) auf eine Video-CD bringen. Dann lässt sich das

Ganze später auf einem DVD-Player als Diashow wiedergeben. Die Vorgehensweise entspricht dem Produzieren einer Video-CD mit Filmen.

1 Starten Sie Nero Express, wählen Sie als Typ die Video-CD und fügen Sie im Dialogfeld zur Dateiauswahl die Fotodateien anstelle der Videos in der Zusammenstellung ein. Auf Wunsch können Sie noch die Menüoption aktivieren.

2 Sobald die Liste mit der Zusammenstellung steht, markieren Sie die Tracks mit den Namen der Einzelbilder und setzen über die Eigenschaften die Pausezeit auf die gewünschte Anzahl von Sekunden. Die Pausezeit bestimmt, wie lange ein Bild zu sehen ist.

Anschließend brennen Sie das Projekt wie bei einer Video-CD. Danach können Sie die CD in einem DVD-Player abspielen. Dieser wird die Einzelbilder in der vorgegebenen Sequenz automatisch anzeigen.

> **Hinweis**
>
> *Falls Sie eine Diashow mit Musik unterlegen möchten, empfiehlt sich aber die Verwendung eines Schnittprogramms (z.B. Windows Movie Maker), bei dem Sie Standbilder mit Audiodateien unterlegen können. Der dem PowerDirector beigelegte Disk Wizard erlaubt ebenfalls, Einzelbilder zu einer Diashow zusammenzuführen und als Video-CD zu brennen.*

DVDs erstellen

Zum Brennen einer für DVD-Player geeigneten DVD können Sie Nero Burning Rom oder Nero Express verwenden.

1 Starten Sie Nero Express, wählen Sie ggf. den DVD-Brenner als Laufwerk aus und Sie klicken auf den Disk-Typ *DVD-Videodateien*.

2 Klicken Sie in dem mit *DVD-Videodateien* beschrifteten Dialogfeld auf die Schaltfläche *Hinzufügen* und wählen Sie im Unterdialog die für die DVD bestimmten Dateien mit der Schaltfläche *Hinzufügen* aus.

3 Schließen Sie das Dialogfeld zum Hinzufügen der Videodateien und gehen Sie über die Schaltfläche *Weiter* bzw. *Fertig* zu den nächsten Dialogen, in denen ein Kompatibilitätstest durchgeführt und die DVD gebrannt wird.

Die Schwierigkeit beim Zusammenstellen von DVDs besteht darin, dass die Bild- und Inhaltsdateien im richtigen Format vorliegen müssen. Die DVD enthält einen Ordner *VIDEO_TS* (TS steht für Title-Set), in dem Dateien mit den Dateinamenerweiterungen *.IFO* (Indexdatei), *.BUP* (Backup der

IFO-Datei) und *.VOB* (Video-Object-Datei mit den Video- und Audiodaten) hinterlegt werden. Nero Express erzeugt zwar automatisch die korrekte Verzeichnisstruktur für die DVD, aber die per Dialogfeld hinzuzufügenden Dateien müssen bereits im kompatiblen Format vorliegen. Es gibt verschiedene Freeware- und Shareware-Programme, mit denen sich die Dateien erstellen lassen (Anleitungen finden sich unter *www.brennendvd.de* und *www.edv-tipp.de/docs/einstiegsseite.htm*). Allerdings empfiehlt sich aus meiner Sicht die Verwendung eines Schnittprogramms mit DVD-Authoring-Funktionen (z.B. Pinnacle Studio), das aus den Videos automatisch die benötigten Dateien erzeugt und auch die MPEG2-Kodierung übernimmt.

Wer das Brennprogramm Nero 6 benutzt, verfügt mit NeroVision Express 2 ebenfalls über ein einfaches Authoring-Tool für VCDs, S-VCDs, Mini-DVDs und DVDs. Eine DVD (oder ein anderes Video-Medium) lässt sich mit folgenden Schritten erstellen.

1 Starten Sie NeroVision Express, klicken Sie im Startdialog auf *CD erstellen* bzw. *DVD erstellen* und wählen Sie den gewünschten Disktyp aus (z.B. *Mini-DVD* oder *DVD-Video*).

2 Klicken Sie im Inhaltsdialog in der Spalte »Was möchten Sie jetzt tun?« auf einen der Einträge, um das Video aufzunehmen oder eine Videodatei zu dem Projekt hinzuzufügen.

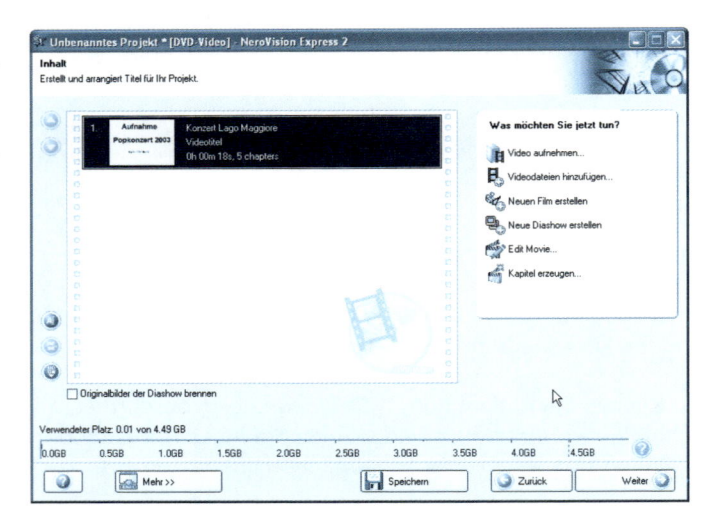

Video-CDs und DVDs erstellen

3 Rufen Sie im Inhaltsdialog den Eintrag *Kapitel erzeugen* auf. Im Dialogfeld *Kapitel erzeugen* können Sie über eine Schaltfläche die automatische Kapitelerkennung auf ein Video anwenden (Szenenwechsel werden dann ggf. in unterschiedliche Kapitel unterteilt). Sie können anschließend den Kapiteltitel in der rechten Spalte markieren und per Tastatur umbenennen. Über die Schaltfläche *Weiter* geht es zum Folgedialog.

4 Bei Bedarf lässt sich anschließend in der Spalte »Was möchten Sie jetzt tun?« der Eintrag zur Bearbeitung des Videos wählen. Sie gelangen in einen Dialog, in dem sich die Videoclips in einem Storyboard zu einem Video kombinieren, schneiden, vertonen und mit Effekten versehen lassen. Die Handhabung gleicht der Videobearbeitung mit dem Windows Movie Maker (siehe Kapitel 10). Über die Schaltfläche *Weiter* geht es zum Folgedialog.

5 Im Folgedialog können Sie die Eigenschaften für die Menüs anpassen (die Titeltexte der Kapitel werden dagegen in Schritt 3 festgelegt). Legen Sie ggf. das Layout, den Kopf-/Fußtitel, die Schriftarten und weitere Effekte fest.

6 Sobald Sie auf die Schaltfläche *Weiter* klicken, erscheint ein Vorschaudialog. Über eine stilisierte Fernsteuerung können Sie die Menüstruktur für die Kapitel testen sowie die Videos kapitelweise in der Vorschau abrufen.

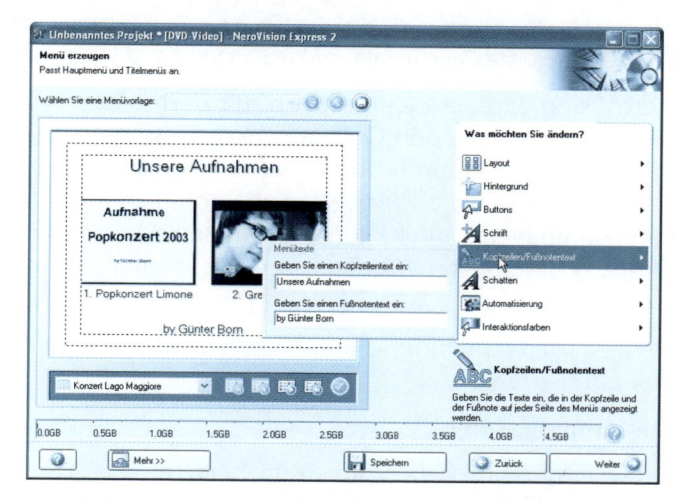

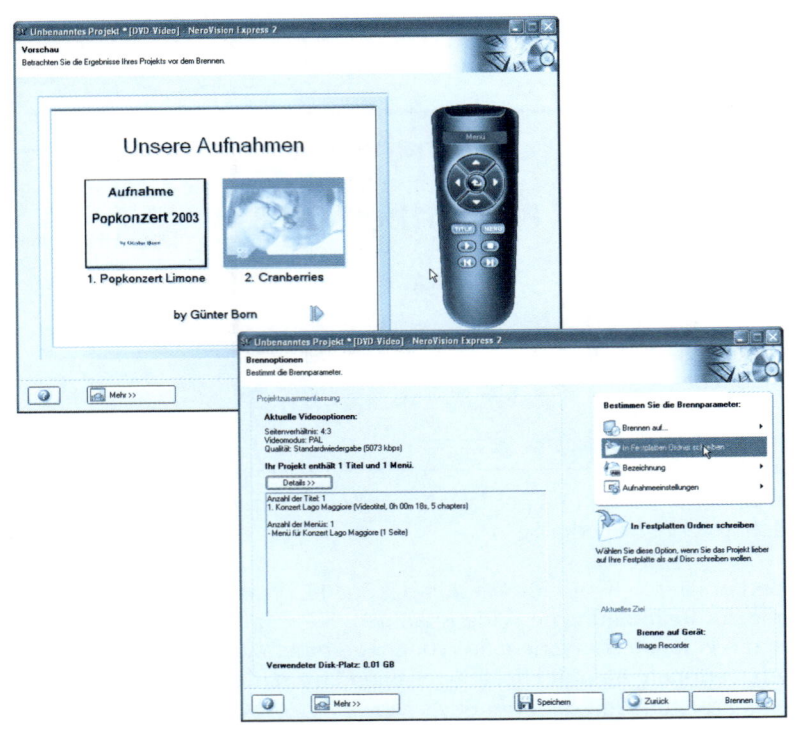

7 Über die Schaltfläche *Weiter* gelangen Sie zum Dialog, in dem sich das Video in einen Ordner oder auf ein Medium (CD oder DVD) speichern/brennen lässt. Wählen Sie das Ausgabeziel und klicken Sie auf die Schaltfläche *Brennen*.

NeroVision Express beginnt dann mit der Aufbereitung des Videos. Dabei legt das Programm den Ordner *Video_Ts* an und erzeugt die für DVDs erforderlichen *.vob-* und *.bup*-Dateien. Hierbei werden auch die notwendigen Konvertierungen durchgeführt. Nach dem erfolgreichen Brennvorgang können Sie NeroVision Express schließen. Die gebrannte DVD bzw. die in Ordnern hinterlegten Videodateien lassen sich dann in einem DVD-Player ansehen.

Details zur Handhabung entnehmen Sie bitte der jeweiligen Programmdokumentation.

Zusammenfassung

In diesem Kapitel haben Sie eine Übersicht über Möglichkeiten zum Brennen von CDs/DVDs erhalten. Sie kennen jetzt die wichtigsten CD-Typen und können diese mit dem Brennprogramm Nero Burning Rom sowie dessen Assistenten erstellen.

Video-CDs und DVDs erstellen

Testen Sie Ihr Wissen

Zur Überprüfung Ihrer Kenntnisse können Sie die folgenden Fragen beantworten.

■ **Was ist beim Brennen einer Audio-CD zu beachten?**

Sie müssen den Dateityp »Audio-CD« im Brennprogramm wählen, damit die Musiktitel im WAV-Format auf der CD gespeichert werden.

■ **Wie kann eine MP3-CD erstellt werden?**

Wählen Sie im Brennprogramm den Typ »MP3-CD« oder brennen Sie eine Daten-CD, auf die Sie die MP3-Dateien kopieren.

■ **Wie bekommt man Videos auf CDs?**

Sie müssen als Dateityp »VCD« oder »Video-CD« wählen. Dann legt das Brennprogramm die benötigten Datenstrukturen an. Die Videodateien müssen kompatibel zum gewählten Format sein.

■ **Was ist beim Brennen einer DVD für Videos zu beachten?**

Verwenden Sie ein DVD-Authoring-Programm, das automatisch die Struktur für die DVD erzeugt und auch die Videodateien in einem kompatiblen Format rendert.

483

Kapitel 12

Systempflege

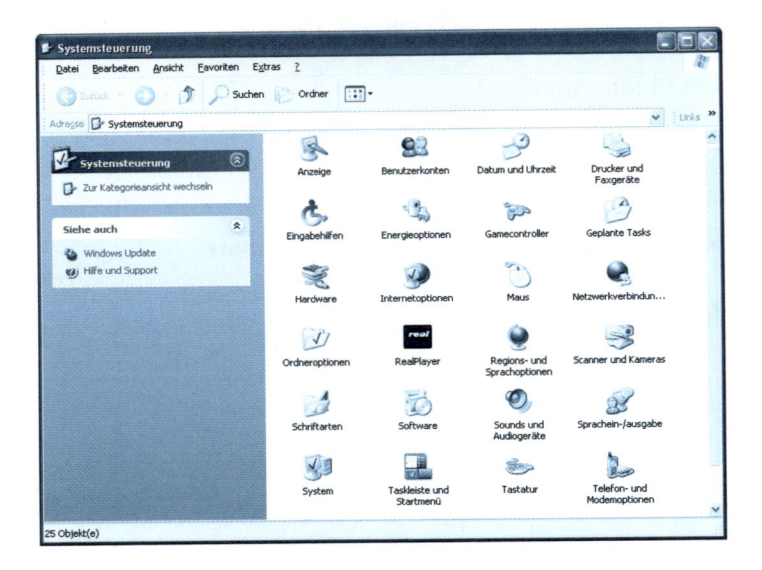

Haben Sie die vorherigen Kapitel durchgearbeitet? Dann verfügen Sie über das notwendige Wissen, um mit Microsoft Windows und seinen Programmen zu arbeiten. Andererseits lässt sich das Betriebssystem an vielen Stellen anpassen. Oder möchten Sie weitere Programme installieren bzw. deinstallieren, Windows-Komponenten hinzufügen, einen Treiber oder einen Drucker etc. einrichten? Benötigen Sie einen Überblick über Netzwerke oder sollen Computer und Handy verbunden werden? In diesem Kapitel möchte ich Ihnen kurz zeigen, wie das alles funktioniert und wie Sie bestimmte Windows-Einstellungen an Ihre eigenen Anforderungen anpassen.

Das können Sie schon:

Den Computer in Betrieb nehmen	37
Mit Windows-Fenstern und -Programmen arbeiten	59/67
Webseiten abrufen und verschiedene Internetdienste nutzen	156
E-Mails empfangen und versenden	228
Textdokumente erstellen und gestalten	274
Tabellenkalkulations- und andere Büroprogramme nutzen	326
Bilder und Fotos am Computer ansehen und bearbeiten	354
Spiele aufrufen, Musik hören, Videos ansehen	390
Musik und Videos aufzeichnen und bearbeiten	419/428
CDs und DVDs brennen	448

Das lernen Sie neu:

Drucker einrichten und nutzen	484
Anzeigeoptionen anpassen	492
Die Systemsteuerung nutzen	497
Softwarepflege – so geht's	502
Verknüpfungen verwalten	509
Netzwerke – gewusst wie	513
PDA, Handy & PC	523

Drucker einrichten und nutzen

Windows unterstützt Drucker der verschiedensten Hersteller, die Sie an Ihren Computer anschließen können. Wie Sie neue Drucker einrichten und was es sonst in diesem Zusammenhang noch Wissenswertes gibt, erfahren Sie in diesem Abschnitt.

Drucker einrichten

Wenn Sie einen neuen Drucker an den Computer anschließen, benötigt Windows einen so genannten **Druckertreiber**. Das ist ein spezielles Programm, das die Windows-Ausgaben für das angeschlossene Gerät umsetzt. Wurde der Treiber bei der Windows-Installation vergessen, passt er nicht zum aktuellen Drucker oder möchten Sie ein neues Gerät in Betrieb nehmen, gehen Sie folgendermaßen vor:

1 Verbinden Sie den Drucker wie in Kapitel 1 gezeigt mit dem Computer und schalten Sie das Gerät ein.

Je nach Windows- und Geräteversion wird der neue Drucker vom Betriebssystem erkannt und automatisch eingerichtet. Sie müssen dann lediglich einige Windows-Dialoge bestätigen und ggf. auf Anforderung die CD oder Diskette mit den Druckertreibern in ein Laufwerk einlegen. Klappt die automatische Installation nicht, führen Sie folgende Zusatzschritte aus.

2 Öffnen Sie das als *Drucker* oder ähnlich bezeichnete Ordnerfenster (z.B. über das betreffende Symbol der Systemsteuerung oder über den Startmenüeintrag *Einstellungen/ Drucker* – bzw. *Drucker und Faxgeräte* in Windows XP).

Im Ordnerfenster *Drucker* sind die Symbole der bisher installierten Drucker sowie ein weiteres Symbol *Neuer Drucker* zu sehen.

Drucker einrichten und nutzen

Der genaue Aufbau hängt von der Windows-Version ab (hier ist das Fenster *Drucker und Faxgeräte* aus Windows XP mit seiner Aufgabenleiste zu sehen).

3 Wählen Sie das (im Fenster oder in der Aufgabenleiste) angezeigte Symbol *Neuer Drucker* bzw. *Drucker hinzufügen*.

Ein Assistent führt Sie durch die Schritte zur Einrichtung des neuen Druckers und fragt in Dialogfeldern die benötigten Einstellungen ab. Über die Schaltflächen *Weiter* und *Zurück* lässt sich zwischen den Dialogschritten blättern. Die genaue Abfolge der Dialoge sowie deren Aufbau variiert zwar je nach verwendeter Windows-Version etwas. Der prinzipielle Ablauf ist aber gleich und entspricht den nachfolgenden Ausführungen.

4 Zuerst möchte der Assistent wissen, ob der Drucker lokal am Rechner hängt oder im Netzwerk an einem angeschlossenen Computer betrieben wird. Markieren Sie das Optionsfeld *Lokaler Drucker* für Ihren Drucker.

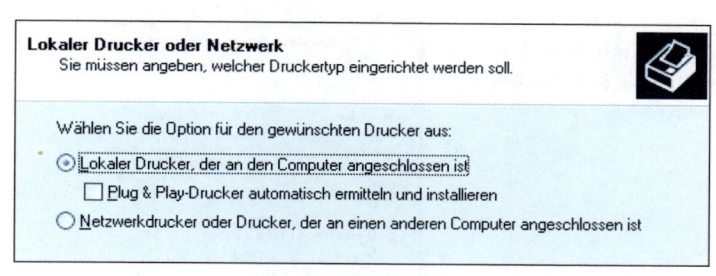

> **Hinweis**
>
> *Bei einigen Windows-Versionen (z.B. XP) lässt sich noch ein Kontrollkästchen zur automatischen Druckererkennung markieren. Klappt diese Erkennung, entfallen die Folgedialoge und Sie müssen nur noch die Installation des Treibers bestätigen. Abhängig von der Windows-Version ist die Reihenfolge der Dialoge in Schritt 4 und 5 zur Abfrage des Druckermodells und des Anschlusses vertauscht.*

5 Wird der Drucker nicht automatisch erkannt, fragt der Assistent noch den Geräteanschluss ab. Die verfügbaren Anschlüsse werden in einem ein- oder mehrzeiligen Listenfeld aufgeführt. Die meisten Drucker sind an der so genannten **parallelen Schnittstelle** angeschlossen, der die Bezeichnung **LPT1:** zugewiesen ist.

487

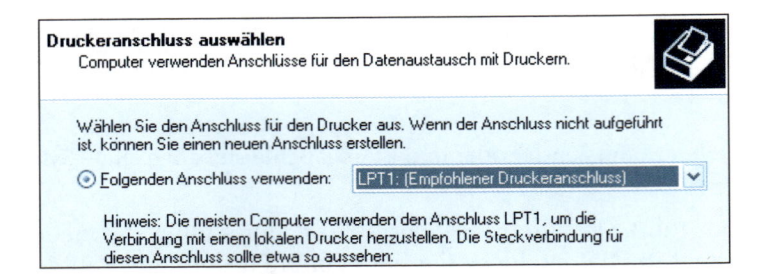

6 In einem eigenen Dialogschritt legen Sie den Hersteller des Druckers und das genaue Druckermodell durch Anklicken der Namen in den beiden Listen fest.

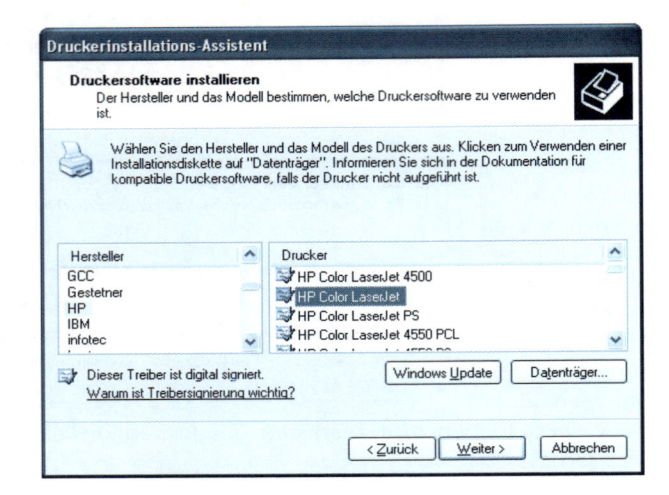

> **Hinweis**
>
> *Wird der Drucker in der Liste nicht aufgeführt und verfügen Sie über eine Diskette oder CD-ROM des Druckerherstellers mit dem Treiber, können Sie den Drucker über die mit* Diskette *bzw.* Datenträger *bezeichnete Schaltfläche installieren. Windows öffnet ein Dialogfeld zur Auswahl des Datenträgerlaufwerks. Dann müssen Sie in den geöffneten Dialogfeldern den Ordner auf der Diskette bzw. CD auswählen, der den Druckertreiber enthält. Die Druckerunterlagen sollten Hinweise auf diesen Ordner enthalten.*

7 Ändern Sie bei Bedarf den (vorgegebenen) Namen des Druckers und markieren Sie das Optionsfeld *Ja*, wenn dies der einzige Drucker ist oder er als Standardgerät für Ausgaben verwendet werden soll.

Drucker einrichten und nutzen

Drucker benennen
Sie müssen dem Drucker einen Namen zuweisen.

Geben Sie einen Namen für diesen Drucker ein. Einige Programme unterstützen keine Server- und Druckernamen, die mehr als 31 Zeichen lang sind. Es wird deshalb empfohlen, den Namen so kurz wie möglich zu halten.

Druckername:
HP Color LaserJet

Soll dieser Drucker als Standarddrucker verwendet werden?

○ Ja
◉ Nein

8 Bei einem im Netzwerk angeschlossenen Computer werden Sie noch gefragt, ob der Drucker freizugeben ist. Sollen andere Benutzer Ihren Drucker verwenden dürfen, markieren Sie die Option *Freigabename* und tippen den Druckernamen ein.

9 Das Dialogfeld mit der Frage zur Ausgabe der Testseite beantworten Sie mit *Ja*.

Soll eine Testseite gedruckt werden?
◉ Ja
○ Nein

Nach diesen Schritten besitzt der Assistent alle Informationen zur Installation des Druckertreibers und richtet diesen ein. Den Ablauf erkennen Sie an Fortschrittsanzeigen, die kurzzeitig eingeblendet werden.

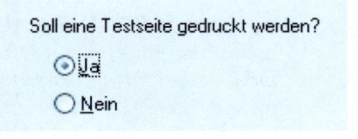

> **Tipp**
>
> *Benutzen Sie einen vom Druckerhersteller gelieferten Treiber, bemängelt Windows XP u.U., dass dieser den Kompatibilitätstest nicht bestanden hat, und fragt, ob der Treiber trotzdem installiert werden soll. Sie können dann die Installation in der Regel fortsetzen lassen und testen, ob Ihr Drucker funktioniert. Gibt es Probleme bei sehr alten Druckertreibern, schauen Sie auf den Webseiten des Herstellers nach, ob eine für Windows XP aktualisierte Fassung vorliegt.*

Nach Abschluss der Installation wird eine Testseite ausgegeben und der Assistent möchte von Ihnen wissen, ob sie in Ordnung ist. Es kann einige Zeit dauern, bis das Gerät die Testseite ausgedruckt hat. Bei einem einwandfreien Ausdruck bestätigen Sie den angezeigten Dialog über die *Ja*-Schaltfläche. Dann ist alles in Ordnung und Sie können den Drucker benutzen. Bei Problemen wählen Sie die *Nein*-Schaltfläche. Dann öffnet Windows automatisch ein Hilfefenster mit Ratschlägen zur Behebung des Problems. Prüfen Sie auch, ob der Drucker angeschlossen, eingeschaltet und online ist. Fehlendes Papier oder Tinte bzw. Toner (bei Laserdruckern) können ebenfalls Fehlerursachen sein. Näheres finden Sie in den Unterlagen zum Drucker.

Mit den obigen Schritten können Sie durchaus mehrere Druckertreiber (Farbdrucker, Faxversand etc.) im Ordnerfenster *Drucker* einrichten. Klicken Sie das Symbol eines eingerichteten Druckers im Ordnerfenster *Drucker* mit der rechten Maustaste an, erscheint ein Kontextmenü. Dort finden Sie Befehle, um den Drucker zu löschen, neu zu benennen oder dessen Eigenschaften abzurufen.

> **Tipp**
>
> *Ziehen Sie das **Druckersymbol** aus dem Ordnerfenster zum Desktop, um dort eine **Verknüpfung** anzulegen. Dann genügt später ein Doppelklick auf dieses Desktop-Symbol, um die Druckaufträge zu kontrollieren.*
>
> *Möchten Sie Ihre Dokumente im Adobe-Acrobat-PDF-Format weitergeben? Der **Acrobat PDF-Writer** (Bestandteil des kostenpflichtigen Produkts Adobe Acrobat) simuliert einen Drucker und ermöglicht es, beliebige Dokumente als PDF-Dateien ausdrucken. Für private Zwecke können Sie die Testversion des Produkts PDF995 (www.pdf995.com) installieren. Der dann eingerichtete Druckertreiber PDF995 lässt sich im Druckdialog ansprechen. Der Name der PDF-Datei wird in einem separaten Fenster abgefragt und anschließend erfolgt die Ausgabe in diese Datei. Die Testversion ruft bei jedem Drucken eine Sponsorseite im Internet Explorer ab. Sie können aber offline bleiben und das Browserfenster sofort nach dem Öffnen schließen. PDF-Dateien lassen sich mit dem kostenlosen Acrobat Reader anzeigen (siehe auch Kapitel 4).*

Druckeinstellungen wählen

Bei mehreren Druckern lässt sich eines der Geräte per Kontextmenü als **Standarddrucker** festlegen (einfach das Symbol im Ordnerfenster *Drucker* mit der rechten Maustaste anklicken und im Kontextmenü den Befehl *Als Standard definieren* wählen). Der Standarddrucker wird immer dann benutzt, wenn Sie in Anwendungen die Schaltfläche *Drucken* wählen.

Über den Befehl *Drucken* im Menü *Datei* des Anwendungsprogramms wird das Dialogfeld zur Druckausgabe geöffnet. Der genaue Aufbau dieses Dialogfelds hängt von der Windows-Version sowie vom verwendeten Programm ab. Die wichtigsten Elemente sind aber in allen Dialogen gleich. Sie können beispielsweise den verwendeten Drucker aus einer Liste wählen oder (bei vielen Anwendungen) den zu druckenden Seitenbereich des Dokuments festlegen. Über das Kontrollkästchen *Ausgabe in Datei umleiten* lässt sich die Ausga-

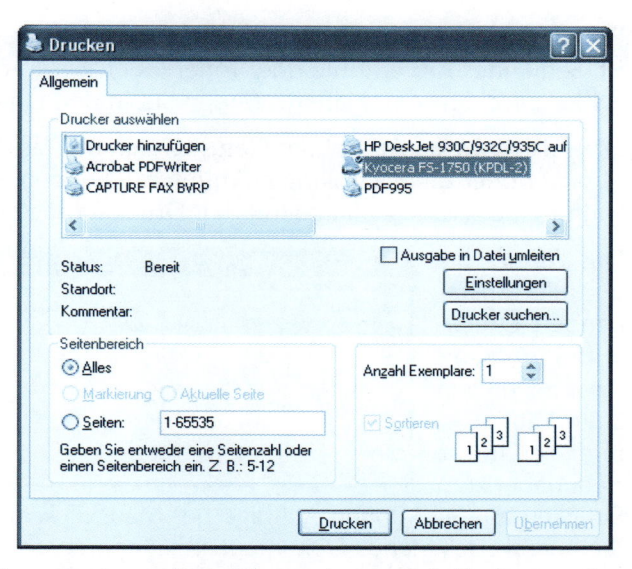

Drucker einrichten und nutzen

be eines jeden Druckertreibers in Dateien zwischenspeichern (sinnvoll z.B. bei PostScript-Druckertreibern, wenn die Datei später mit anderen Programmen wie dem Adobe Acrobat Destiller weiterverarbeitet werden soll). Die Schaltfläche *Eigenschaften* öffnet ein Fenster mit mehreren Registerkarten, in denen Sie die Seitenorientierung (Hoch- oder Querformat) und weitere Optionen setzen können. Details zu den einzelnen Optionen liefert Ihnen die Direkthilfe des Druckdialogs.

Druckaufträge verwalten

Beim Drucken aus einem Anwendungsprogramm übernimmt Windows die Steuerung. Die Druckdaten werden vor der Ausgabe in temporären Dateien auf der Festplatte zwischengespeichert. Dadurch ist die Druckausgabe in der Anwendung bereits abgeschlossen und Sie können sofort weiterarbeiten, während Windows im Hintergrund noch die einzelnen Seiten an den Drucker ausgibt. Man bezeichnet die Technik zum Puffern der Druckausgaben auch als Spooling. Jeder Druckvorgang wird intern in Windows als Druckauftrag in einer so genannten Warteschlange verwaltet. Wenn Druckaufträge anstehen, erkennen Sie das in allen Windows-Versionen an einem im Statusbereich der Taskleiste eingeblendeten Druckersymbol.

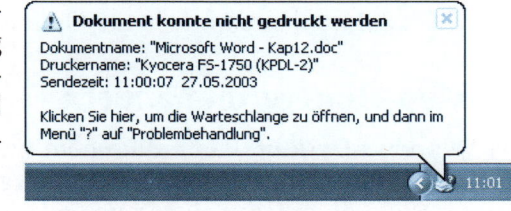

Bei einer Druckerstörung erscheint eine Fehlermeldung (oder die hier gezeigt Windows-XP-QuickInfo) und das Symbol in der Taskleiste weist ein Fragezeichen auf.

491

Prüfen Sie dann, ob der Drucker angeschlossen, eingeschaltet und online ist. Fehlendes Papier, Tinte oder Toner (bei Laserdruckern) können ebenfalls Fehlerursachen sein. Näheres finden Sie in den Unterlagen zum Drucker.

Über das Druckersymbol (im Statusbereich der Taskleiste, im Ordnerfenster *Drucker* oder einer Desktopverknüpfung) können Sie das Fenster zur Verwaltung der Warteschlange mit den Druckaufträgen öffnen.

Das Fenster listet alle anstehenden Druckaufträge samt ihres jeweiligen Status auf. Der oberste Eintrag steht dabei zum Drucken an. Sie können Aufträge per Mausklick markieren und dann über die Befehle des Menüs *Dokument* anhalten oder abbrechen. Im Menü *Datei* finden Sie zudem Befehle, um alle Druckaufträge abzubrechen (z.B. weil der Drucker defekt ist) oder die Druckereigenschaften aufzurufen.

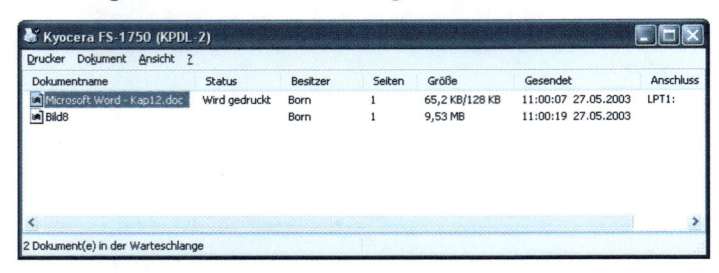

Anzeigeoptionen anpassen

Windows ermöglicht Ihnen verschiedene Anzeigeoptionen und damit auch, das Aussehen des Desktop anzupassen. Um das Eigenschaftenfenster *Anzeige* zu öffnen, haben Sie zwei Möglichkeiten:

- Klicken Sie mit der rechten Maustaste auf eine freie Stelle des Desktop und wählen Sie im Kontextmenü den Befehl *Eigenschaften*.
- Alternativ können Sie das als *Anzeige* oder ähnlich bezeichnete Symbol in der Windows-Systemsteuerung per Doppelklick anwählen.

Windows öffnet ein Eigenschaftenfenster mit verschiedenen Registerkarten (die genaue Zahl und Bezeichnung hängt von der Windows-Version ab). Auf diesen Registerkarten finden Sie Optionen zum Anpassen der Anzeige.

Desktop-Hintergrund ändern

Der Windows-**Desktop** kann mit einem weißen Hintergrund, mit Farben, Mustern und auf Wunsch sogar mit **Hintergrundbildern** versehen werden. Um die Hintergrundfarbe zu ändern, gehen Sie folgendermaßen vor:

Anzeigeoptionen anpassen

1 Öffnen Sie das Eigenschaftenfenster der Anzeige (siehe oben).

2 Wählen Sie die Registerkarte *Darstellung*. In Windows XP müssen Sie auf der Registerkarte die Schaltfläche *Erweitert* anklicken, um das Dialogfeld *Erweiterte Darstellung* abzurufen.

3 Klicken Sie in der Vorschau der Fensterelemente auf den Bereich mit der aktuellen Hintergrundfarbe.

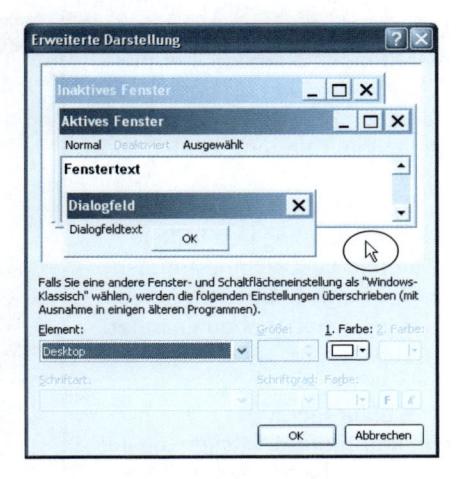

4 Klicken Sie auf das kleine schwarze Dreieck neben dem Feld *Farbe*.

5 Wählen Sie eine neue Hintergrundfarbe in der Farbpalette aus.

6 Klicken Sie auf die Schaltfläche *Übernehmen*, bzw. schließen Sie das Dialogfeld über die *OK*-Schaltfläche.

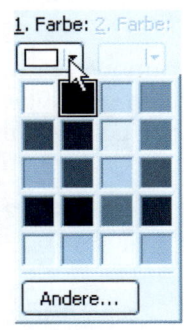

> **Hinweis**
>
> *In Windows XP lässt sich die Hintergrundfarbe auch über das Listenfeld* Farbe *auf der Registerkarte* Desktop *einstellen.*

Anschließend färbt Windows den Desktop mit der von Ihnen gewählten Hintergrundfarbe ein.

Um den **Desktop-Hintergrund mit** einem **Bild** zu versehen, gehen Sie folgendermaßen vor:

1 Wählen Sie im Dialogfeld *Eigenschaften von Anzeige* die Registerkarte *Hintergrund* (bzw. *Desktop* in Windows XP).

493

2 Suchen Sie auf der Registerkarte das gewünschte Bild in der Liste aus und klicken Sie auf den betreffenden Namen. Über die Schaltfläche *Durchsuchen* lassen sich auch Bilddateien aus beliebigen Ordnern wählen.

3 Über das mit *Bildanzeige* oder *Ausrichtung* beschriftete Listenfeld lässt sich bestimmen, ob das Motiv zentriert, gestreckt oder gekachelt (nebeneinander) auszugeben ist.

4 Gefällt Ihnen das Hintergrundbild, klicken Sie auf eine der Schaltflächen *OK* oder *Übernehmen*.

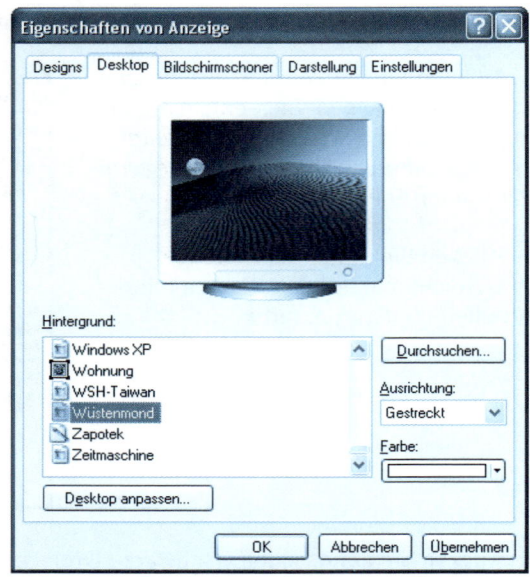

Windows wird jetzt das von Ihnen gewählte Bild oder HTML-Dokument als Hintergrund des Desktop anzeigen. Wählen Sie den Eintrag »(Kein)« der Liste, wird übrigens kein Hintergrundbild angezeigt.

> **Hinweis**
>
> In älteren Windows-Versionen sieht die Registerkarte geringfügig anders aus, die grundlegende Bedienung ist aber gleich. Dort können Sie lediglich keine HTML-Dateien (das Format gespeicherter Webseiten) als Hintergrundbild verwenden. Um Windows XP an das klassische Design älterer Windows-Versionen anzupassen, wählen Sie im Eigenschaftenfenster der Anzeige die Registerkarte Designs. Anschließend können Sie über ein Listenfeld das Design »Windows – klassisch« wählen und mit der OK-Schaltfläche bestätigen.

Die Bildschirmauflösung ändern

Die Bildschirmauflösung bestimmt, wie groß die Inhalte des Desktop dargestellt werden und wie viel Platz auf dem Bildschirm ist. Erscheinen Ihnen die Desktop-Symbole zu klein und sind sie schlecht erkennbar?

1 Aktivieren Sie im Dialogfeld *Eigenschaften von Anzeige* die Registerkarte *Einstellungen* (siehe oben).

Anzeigeoptionen anpassen

2 Ziehen Sie den Schieberegler *Bildschirmbereich* (bzw. *Bildschirmauflösung* in Windows XP) in Richtung »Niedrig«.

3 Klicken Sie auf die Schaltfläche *Übernehmen*. Über das Listenfeld *Farben* (bzw. *Farbqualität*) können Sie zusätzlich die Zahl der angezeigten Farben umstellen.

Abhängig von der Windows-Version erscheinen dann zwei Dialogfelder mit Nachfragen, ob die Auflösung bzw. die Farbtiefe wirklich geändert werden soll (bei manchen Versionen wird sogar ein Neustart des Computers ausgeführt). Anschließend sollten die neuen Anzeigeeigenschaften wirksam sein.

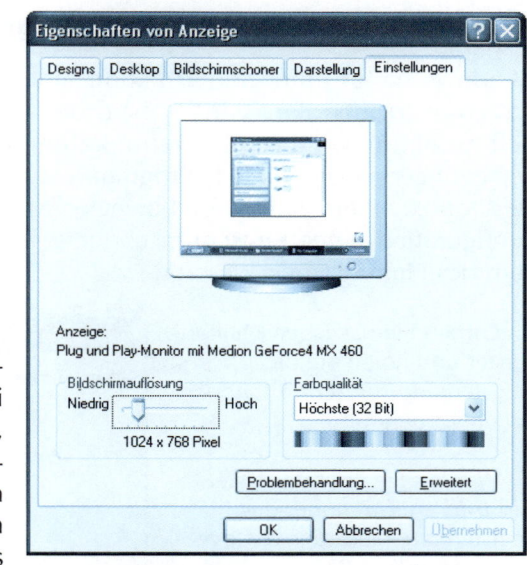

Hinweis

Auf der Registerkarte können nur solche Auflösungen gewählt werden, die die Grafikkarte auch tatsächlich unterstützt. In den meisten Fällen wird bei einem 17-Zoll-Bildschirm eine Auflösung von 800 x 600 Bildpunkten die besten Ergebnisse bringen. Bleibt der Bildschirm nach dem Ändern einer Option dunkel, warten Sie einfach ab. Nach 15 Sekunden schaltet Windows automatisch zur vorherigen Einstellung zurück.

Tipp

Für Personen mit starker Beeinträchtigung der Sehkraft gibt es in manchen Windows-Versionen die so genannte **Bildschirmlupe** *(aufrufbar im Startmenü unter (Alle) Programme/Zubehör/Eingabehilfen). Starten Sie das Programm, wird im oberen Lupenbereich des geteilten Desktop ein vergrößerter Ausschnitt des Bildschirms angezeigt. Bewegen Sie den Mauszeiger in der unteren Hälfte des Desktop, passt Windows automatisch den betreffenden Ausschnitt in der Bildschirmlupe an. Über ein Dialogfeld können Sie die Anzeigeoptionen einstellen.*

Einen Bildschirmschoner einrichten

Windows bietet Ihnen die Funktion eines **Bildschirmschoners** (englisch Screensaver), der aktiv wird, sobald der Computer eine vorab bestimmte Zeit unbenutzt ist (d.h., wenn keine Tastatureingaben oder Mausbewegungen erfolgen). Das Programm schaltet dann von der Anzeige des Desktop zu einem wählbaren bewegten Motiv auf dem Bildschirm um. Zur Konfiguration eines Bildschirmschoners gehen Sie ähnlich wie beim Ändern des Hintergrundbildes vor:

1 Öffnen Sie das Eigenschaftenfenster und holen Sie die Registerkarte *Bildschirmschoner* in den Vordergrund.

2 Wählen Sie über das Listenfeld *Bildschirmschoner* der Registerkarte eines der vorgegebenen Motive.

3 Über die Schaltfläche *Einstellungen* lassen sich die Optionen des Bildschirmschoners anpassen.

4 Klicken Sie auf die *OK*-Schaltfläche, um die Einstellung zu bestätigen.

Windows übernimmt jetzt Ihre Einstellungen für den Bildschirmschoner. Der Rechner lässt sich bei aktiviertem Bildschirmschoner durch Drücken einer Taste oder durch Bewegen der Maus reaktivieren. Falls das Kontrollkästchen *Willkommenseite bei Reaktivierung* (bzw. *Kennwortschutz*) markiert war, erscheint nach der Reaktivierung die Windows-Anmeldung oder ein Dialogfeld zur Kennwortabfrage.

> **Hinweis**
>
> Klicken Sie auf der Registerkarte Bildschirmschoner *die Schaltfläche* Vorschau *bzw.* Testen *an, wird das Motiv auf dem gesamten Desktop angezeigt. Sie brauchen nur die Maus zu bewegen, um zur Registerkarte zurückzukehren. Die Schaltfläche* Energieverwaltung *öffnet ein zweites Dialogfeld mit Registerkarten, die Optionen zum zeitgesteuerten Abschalten des Monitors, der Festplatte etc. enthalten.*

Die Systemsteuerung nutzen

Die Windows-Systemsteuerung ist so etwas wie die Kontrollzentrale des Systems. Viele der nachfolgend besprochenen Anpassungen erfolgen über die Systemsteuerung. Zum Anpassen einer Einstellung gehen Sie folgendermaßen vor:

1 Wählen Sie im Startmenü den Befehl *Systemsteuerung*.

Das daraufhin angezeigte Ordnerfenster der Systemsteuerung besitzt abhängig von der Windows-Version einen leicht abweichenden Inhalt. Bei Windows XP lässt sich die Darstellung zudem über die Aufgabenleiste zwischen einer Kategorienansicht und einer klassischen Ansicht umschalten. In diesem Buch wird die abgebildete klassische Ansicht (entspricht der Darstellung in älteren Windows-Versionen) benutzt.

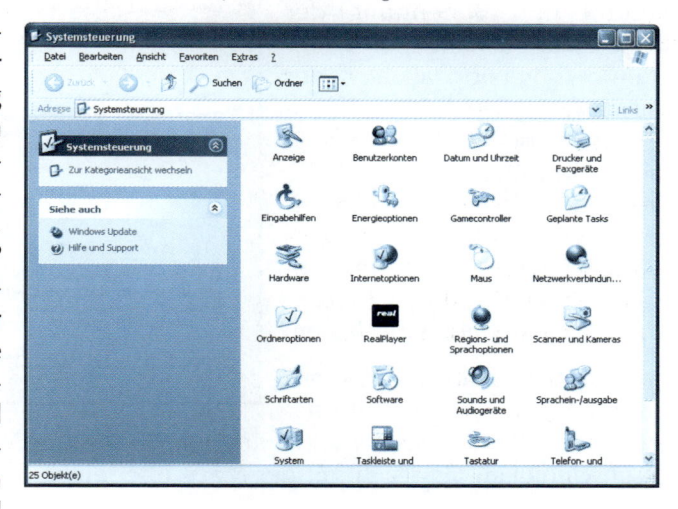

2 Wählen Sie im Ordnerfenster der Systemsteuerung das gewünschte Symbol per Doppelklick an.

Anschließend können Sie die Optionen auf den Registerkarten des jeweils gezeigten Eigenschaftenfensters ansehen und anpassen. Details hierzu entnehmen Sie den vorhergehenden und nachfolgenden Seiten sowie der Direkthilfe der jeweiligen Registerkarte.

Mauseinstellungen

Sind Sie Linkshänder oder klappt der Doppelklick bei der Maus nicht besonders gut? Dann sollten Sie die Mauseinstellungen an Ihre Bedürfnisse anpassen.

497

1 Wählen Sie im Fenster der Systemsteuerung das Symbol der Maus mit einem Doppelklick an (oder klicken Sie auf das Symbol und drücken Sie dann die ⏎-Taste).

2 Anschließend können Sie auf den Registerkarten des Eigenschaftenfensters die Mauseigenschaften anpassen.

Anzahl und Benennung der Registerkarten hängen von der Windows-Version ab. Auf der mit *Tasten* bezeichneten Registerkarte lassen sich die Maustasten umschalten sowie die Doppelklickgeschwindigkeit einstellen. Linkshänder markieren in Windows XP das hier gezeigte Kontrollkästchen *Primäre und sekundäre Taste umschalten*.

In älteren Windows-Versionen finden Sie dagegen Optionsfelder für links- bzw. rechtshändige Bedienung. Die Doppelklickgeschwindigkeit lässt sich mit der Maus über einen Schieberegler einstellen.

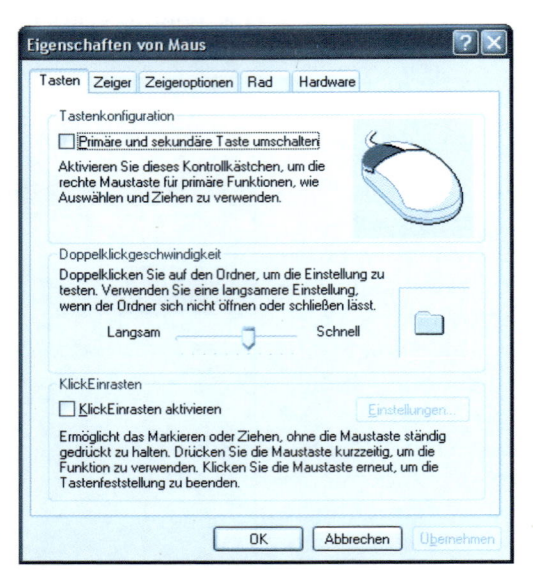

> **Tipp**
>
> *Die Doppelklickgeschwindigkeit können Sie testen, indem Sie auf der Registerkarte die neben dem Schieberegler angezeigte Schachtel bzw. das Ordnersymbol doppelt anklicken. Erkannte Doppelklicks öffnen oder schließen die Schachtel bzw. den Ordner.*

Über die anderen Registerkarten des Eigenschaftenfensters können Sie weitere Mausoptionen wie die Darstellung des Mauszeigers oder die Mausspur einstellen.

So lässt sich die Tastatur anpassen

Falls beim Drücken einer Taste mehrere Buchstaben erscheinen oder andere Tastaturprobleme auftauchen, sollten Sie ggf. die Tastatureinstellungen überprüfen.

Die Systemsteuerung nutzen

1 Wählen Sie im Fenster der Systemsteuerung das Symbol der Tastatur per Doppelklick an.

2 Anschließend können Sie auf den Registerkarten des Eigenschaftenfensters die Tastatureigenschaften anpassen und mit der Schaltfläche *OK* übernehmen.

Anzahl und Benennung der Registerkarten hängen von der Windows-Version ab. Auf der mit *Geschwindigkeit* bezeichneten Registerkarte können Sie über Schieberegler die Verzögerung und die Wiederholrate verändern. Über ein eigenes Textfeld können Sie die Anpassung testen.

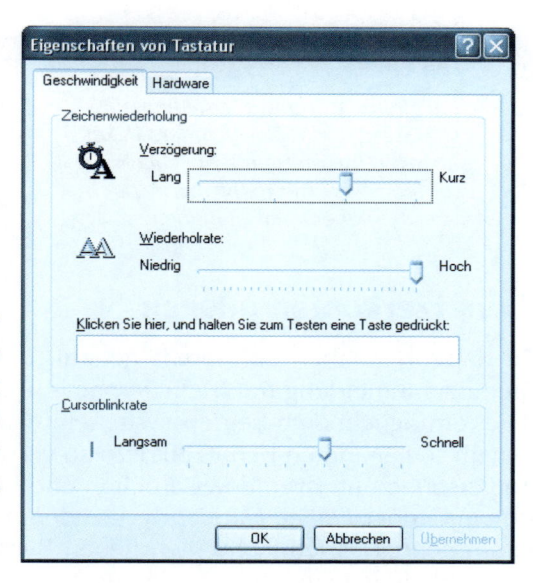

Regionale Einstellungen anpassen

Windows kann Datums- und Währungsangaben länderspezifisch anzeigen. Falls Ihr System nach wie vor mit DM als Währung rechnet, muss vielleicht nur die Währungskennzeichnung auf Euro angepasst werden.

1 Wählen Sie im Fenster der Systemsteuerung das Symbol für die Regional- und Sprachoptionen bzw. für die Ländereinstellungen an – die genaue Bezeichnung ist von der Windows-Version abhängig.

2 Anschließend kontrollieren Sie auf den Registerkarten des Eigenschaftenfensters die Einstellungen für Währungszeichen, Dezimalpunkt, Datumsformat etc.

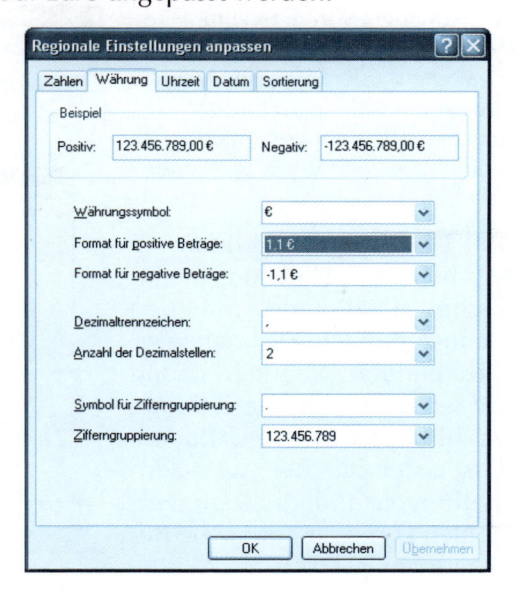

499

> **Hinweis**
>
> Bei älteren Windows-Systemen müssen Sie ggf. das Euro-Update-Paket über die Internetseite von Microsoft (unter www.microsoft.com nach »Euro« suchen) herunterladen.

Sobald Sie das Eigenschaftenfenster über die *OK*-Schaltfläche schließen, werden die neuen Einstellungen durch Windows übernommen und auch von Anwendungsprogrammen wie Word oder Excel benutzt.

Benutzerkonten pflegen

In Kapitel 2 haben Sie bereits gelernt, dass Windows in der Regel eine Benutzeranmeldung mit Benutzername und Kennwort von Ihnen erwartet. Dies ermöglicht dem Betriebssystem, Ihre persönlichen Einstellungen unter einem so genannten Benutzerkonto zu verwalten. Dadurch können mehrere Personen unter Windows arbeiten und individuell eingestellte Desktops sowie Ordner *Eigene Dateien* verwenden. Bei Windows 95/98 und Millennium genügt es, einfach einen neuen Benutzernamen samt Kennwort im Anmeldedialog einzutippen, um ein neues Benutzerkonto zu erzeugen. Ab Windows 98 enthält die Systemsteuerung aber eine Option, mit der Benutzerkonten gezielt verwaltet werden können.

1 Öffnen Sie die Windows-Systemsteuerung und wählen Sie das mit *Benutzer* bzw. *Benutzerkonten* (Windows XP) benannte Symbol.

2 Abhängig von der Windows-Version können Sie nun in einem Dialogfeld oder über den Assistenten oder in einem Ordnerfenster neue Benutzer anlegen und bestehende Benutzerkonten löschen.

Bei Windows 98/Millennium erscheint anschließend ein einfaches Dialogfeld mit den Benutzerkonten. Sie können einen Benutzer markieren und diesen über die betreffende Schaltfläche löschen. Zudem lassen sich die (Kennwort-)Einstellungen ändern, Benutzerkonten kopieren oder neue Benutzer anlegen.

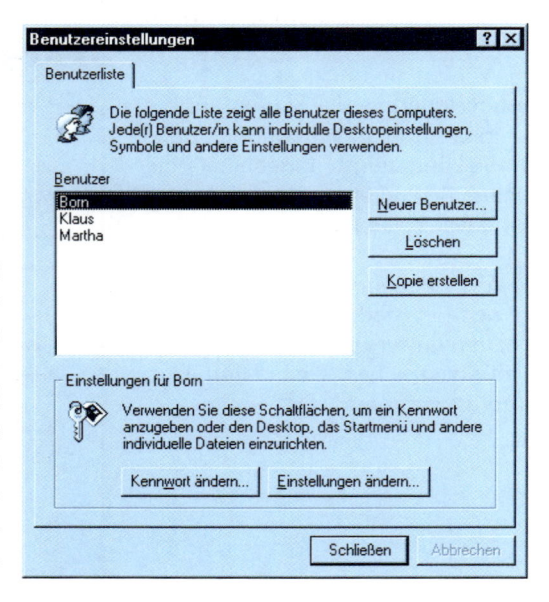

Die Systemsteuerung nutzen

Die Schritte zum Anlegen eines neuen Benutzers werden durch einen Assistenten begleitet. In den Dialogen können Sie den Benutzernamen samt Kennwort sowie die gewünschten Optionen (z.B. individuelles Startmenü etc.) angeben. Wird beim Einrichten des Benutzers kein Kennwort angegeben, kann sich dieser direkt über seinen Benutzernamen anmelden.

In Windows NT, 2000 oder XP muss jeder Benutzer vor der ersten Anmeldung im Benutzerkonto eingetragen sein. Bei diesen Windows-Versionen wird aus Sicherheitsgründen auch zwischen verschiedenen Benutzergruppen unterschieden. Ist ein so genannter Administrator (das sind Benutzer mit weitreichenden Befugnissen zur Verwaltung des Systems) angemeldet, kann er u.a. weitere Benutzerkonten einrichten, Konten löschen oder ein vergessenes Kennwort zurücksetzen.

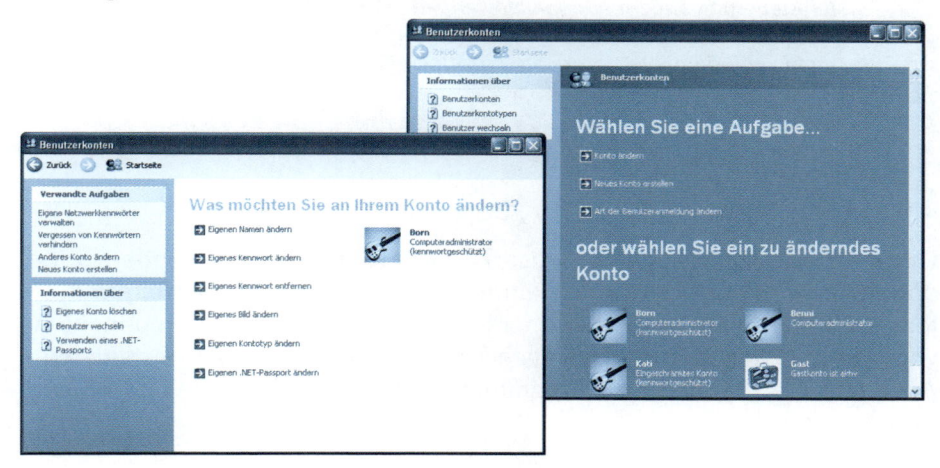

Sobald das Fenster *Benutzerkonten* in Windows XP geöffnet ist, können Sie auf ein bestehendes Kontensymbol klicken und dessen Einstellungen ändern. Oder Sie wählen einen der angebotenen Hyperlinks, um ein Konto neu anzulegen, die Art der Benutzeranmeldung zu ändern oder die Konteneinstellungen anzupassen. In allen Fällen erscheinen Formulare, die Ihnen die verfügbaren Optionen anzeigen. Sie müssen dann lediglich die geforderten Daten eintragen und wie im Formular gefordert bestätigen.

> **Achtung**
>
> *Beim normalen Arbeiten mit Windows XP bzw. beim Surfen im Internet sollten Sie sich aus Sicherheitsgründen niemals unter einem Administratorkonto anmelden. Ein normaler Benutzer kann nur seine eigenen Einstellungen verändern, d.h., Sie haben zusätzlich einen gewissen Schutz vor schädigenden Programmen oder vor ungewollten Veränderungen an den Einstellungen anderer Benutzer.*

> **Hinweis**
>
> *Weitere Windows-Einstellungen lassen sich über die restlichen Symbole der Systemsteuerung ändern. Doppelklicken Sie auf das betreffende Symbol. Anschließend können Sie über die einzelnen Registerkarten die Optionen ansehen und verändern. Details zu den einzelnen Komponenten erhalten Sie über die Direkthilfe des jeweiligen Fensters.*

Softwarepflege – so geht's

Unter Windows werden Sie zusätzliche Programme verwenden oder optionale Windows-Funktionen einrichten wollen. Fehlen bei Ihrem System spezielle Windows-Funktionen? Optionale Windows-Komponenten wie Spiele lassen sich mit wenigen Mausklicks nachträglich installieren. Aber auch das Entfernen von Programmen oder das Einrichten von Treibern ist recht einfach.

Windows-Komponenten (de-)installieren

In Windows werden standardmäßig nicht alle Funktionen installiert. Vielmehr gibt es optionale Komponenten (z.B. Spiele), die Sie je nach Bedarf installieren und ggf. wieder vom System entfernen können. Das Hinzufügen und Entfernen dieser optionalen Komponenten ist recht einfach, wenn es auch geringfügige Unterschiede zwischen den Windows-Versionen gibt.

1 Öffnen Sie das Ordnerfenster der Systemsteuerung (z.B. im Startmenü über den Befehl *Einstellungen/Systemsteuerung*).

2 Wählen Sie im Fenster *Systemsteuerung* das Symbol *Software* per Doppelklick an.

Der weitere Ablauf hängt von der Windows-Version ab.

Softwarepflege – so geht's

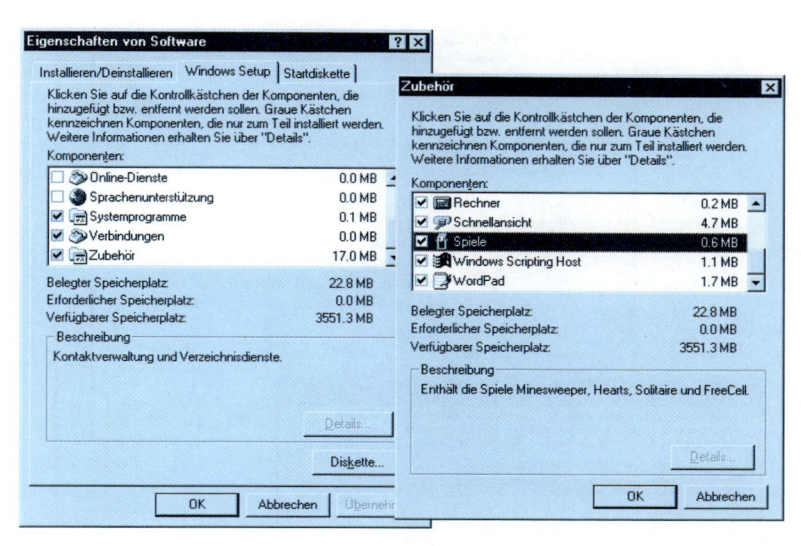

- In Windows 95, 98 und Millennium wählen Sie im Eigenschaftenfenster die Registerkarte *Windows Setup*. Auf der Registerkarte zeigt Windows Ihnen alle optionalen Komponenten an. Ein markiertes Kontrollkästchen vor einer Komponente signalisiert, dass deren Funktionen ganz (Häkchen im weißen Kästchen) oder zumindest teilweise (Häkchen im grauen Kästchen) installiert sind. Markieren Sie einen Eintrag in der Liste *Komponenten* auf der Registerkarte *Windows Setup*, lässt sich die Schaltfläche *Details* anklicken. In einem weiteren Dialogfeld können Sie einzelne Unterkomponenten (hier z.B. *Spiele*) zur Installation auswählen. Setzen oder löschen Sie die Markierung der Kontrollkästchen und schließen Sie die Dialogfelder bzw. Registerkarten über die *OK*-Schaltfläche.

- Bei Windows 2000 und XP wurde das Eigenschaftenfenster etwas umgestaltet. Klicken Sie im Dialogfeld *Software* auf die Schaltfläche *Windows-Komponenten hinzufügen/entfernen*. Windows analysiert das System und zeigt nach kurzer Zeit im Startdialog eines Assistenten die Liste der verfügbaren Komponenten an. Setzen oder löschen Sie die Markierung der Kontrollkästchen der gewünschten Komponenten. Über die Schaltfläche *Details* können Sie ggf. Unterkomponenten auswählen. Über die Schaltfläche *Weiter* schalten Sie dann zum eigentlichen Installations- bzw. Deinstallationsschritt. Windows greift beim Installieren auf die intern auf der Festplatte abgelegten Installationsdateien zurück.

503

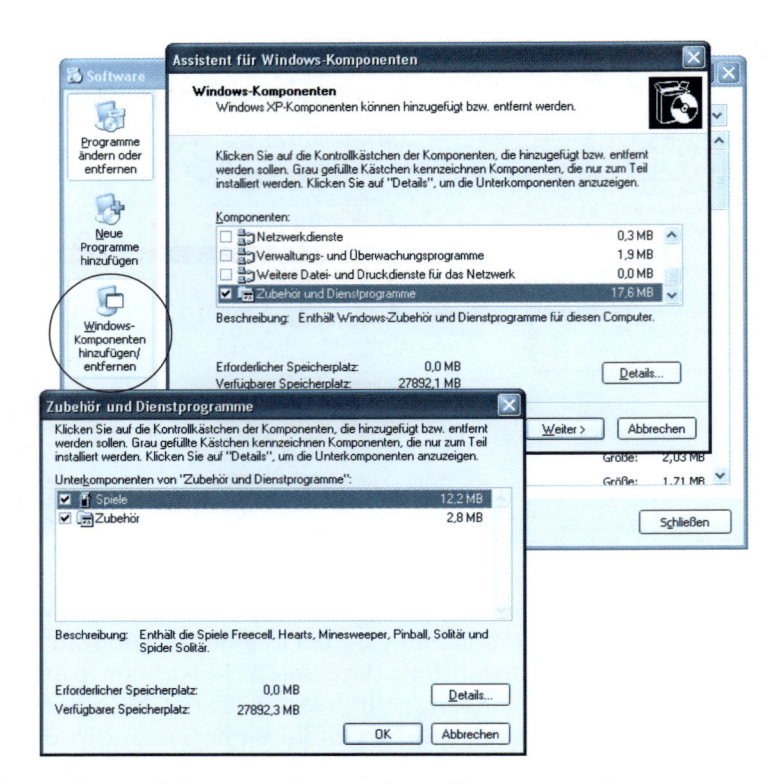

Windows überprüft Ihre Vorgaben und installiert neu markierte Komponenten bzw. entfernt alle Komponenten, deren Kontrollkästchen keine Markierung aufweist. Windows 95 und 98 fordern dabei die Installations-CD an, um die Komponenten auf die Festplatte zu kopieren. Ab Windows Millennium hält das Betriebssystem dagegen die meisten Installationsdateien intern auf der Festplatte. Insofern wird die Windows-CD-ROM nur bei Bedarf angefordert.

> **Hinweis**
>
> Je nach Windows-Version können Sie über den Befehl Windows-Update *im Startmenü oder über einen Hyperlink in der Windows-Hilfe eine Aktualisierung (Update) per Internet vornehmen. Von der Internetseite* windowsupdate.microsoft.com *kann Windows dann die neuesten Fehlerkorrekturen und Softwareergänzungen installieren.*

Programme installieren

Haben Sie ein neues Programm auf Diskette bzw. auf CD erhalten oder haben Sie Software aus dem Internet heruntergeladen? Um das neue Pro-

Softwarepflege – so geht's

gramm unter Windows benutzen zu können, müssen Sie es meist erst installieren. Legen Sie eine Programm-CD-ROM in das Laufwerk ein, erkennt der Computer dies und öffnet ggf. automatisch ein Dialogfeld mit Optionen zur Programminstallation. Das ist beispielsweise der Fall, wenn Sie die Windows-CD-ROM in das Laufwerk einlegen. Sie müssen dann nur noch die gewünschten Optionen wählen. Falls diese Erkennung aber nicht funktioniert oder das Programm als Download aus dem Internet auf Festplatte oder Diskette vorliegt, ist ein anderes Vorgehen erforderlich.

> **Hinweis**
>
> *Prüfen Sie vor einer Installation, ob die von der Software gestellten Anforderungen (Windows-Version, Speicherkapazität, Grafikfähigkeiten) etc. auf Ihrem System gegeben sind. Die Anforderungen finden Sie in der Regel auf der Verpackung der Software. Lesen Sie sich vor der Installation die Anleitung durch. Mancher Software ist auch eine Datei mit dem Namen* Liesmich.txt *oder* Readme.txt *beigelegt, die Sie per Doppelklick öffnen und studieren sollten. Denken Sie ggf. auch daran, die zu installierenden Programme vorher einem Virencheck zu unterziehen.*

Bei einigen kleineren Programmen genügt es, die Programmdatei (EXE-Datei) und ggf. Hilfsdateien in einen Ordner der Festplatte zu kopieren und das Programm per Doppelklick aufzurufen. In diesem Fall ist keine Installation erforderlich. Sie können dann ggf. wie weiter unten gezeigt noch Verknüpfungen im Startmenü oder auf dem Desktop einrichten. Wird die Anwendung mit einem Installationsprogramm ausgeliefert, gehen Sie folgendermaßen vor:

1 Öffnen Sie das Ordnerfenster und suchen Sie das Laufwerk bzw. den Ordner, der die Installationsdatei enthält. Oder legen Sie die CD in das Laufwerk ein und warten, bis die Installationsroutine automatisch startet.

2 Suchen Sie im Ordnerfenster das Installationsprogramm (meist ein Programm mit dem Namen *Setup.exe* oder *Install.exe*) und starten Sie es mit einem Doppelklick auf das Symbol.

3 Meist erscheint dann ein Fenster, in dem verschiedene Optionen angeboten werden. Befolgen Sie die Anweisungen des Installationsprogramms.

Detailliertere Hinweise zur Installation sollte die Dokumentation zum betreffenden Programm enthalten.

> **Hinweis**
>
> *Die in Windows XP im Dialogfeld* Software *vorhandene Funktion* Neue Programme hinzufügen *leitet Sie über einen Assistenten letztendlich auch nur zu dem Punkt, an dem Sie eine Setup-Datei von CD oder Diskette aufrufen müssen. Daher verzichte ich auf den Assistenten und rufe das Installationsprogramm direkt von CD auf.*

Programme deinstallieren

Wird ein Programm nicht mehr benötigt, sollten Sie es wieder entfernen, um Speicherplatz auf der Festplatte freizugeben. Einige Anwendungen bieten hierzu eine Funktion, die sich über die betreffende Programmgruppe im Startmenü aufrufen lässt. Oder Sie doppelklicken im Ordnerfenster der Systemsteuerung auf das Symbol *Software*. Auf der in Windows 95/98/Millennium gezeigten Registerkarte *Installieren/Deinstallieren* finden Sie eine Liste der Programme, die sich entfernen lassen. Markieren Sie den Eintrag und klicken Sie auf die Schaltfläche *Hinzufügen/Entfernen*.

Bei Windows 2000 und XP klicken Sie im Dialogfeld *Software* auf die Schaltfläche *Programme ändern oder entfernen*. Dann markieren Sie den gewünschten Eintrag in der Liste der zur Zeit installierten Programme und klicken auf die angezeigte Schaltfläche *Ändern/Entfernen*. Je nach Programm erscheint nun der Dialog eines Assistenten, der Sie durch die Schritte zum Entfernen der Anwendung führt. Einige Setup-Programme (z.B. von Microsoft Office) zeigen allerdings Dialoge, über die Sie eine bestehende Installation reparieren sowie Komponenten einzeln entfernen oder hinzufügen können. Details zu diesen Optionen entnehmen Sie bitte der jeweiligen Programmdokumentation.

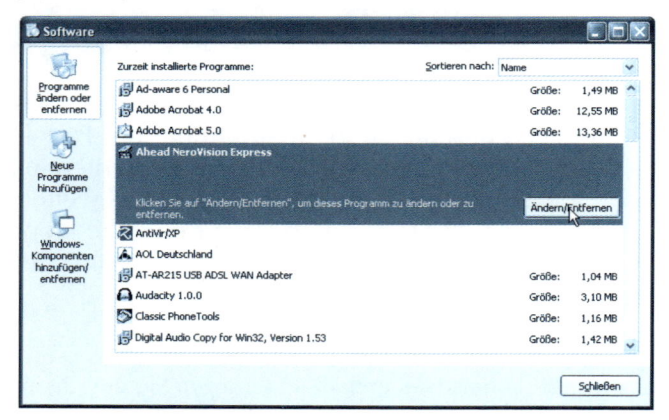

> **Hinweis**
>
> *Besitzt das Programm keine Installations- und Deinstallationsfunktion, können Sie ggf. die zugehörigen Dateien einfach löschen. Diese Option ist allerdings mit Vorsicht zu genießen, da dann bei manchen Programmen noch Konfigurationsinformationen zurückbleiben. Ist also eine Funktion zur Deinstallation vorhanden, müssen Sie diese verwenden.*

Treiberinstallation – kurz und bündig

Wenn Sie eine neue Hardware in Form von Steckkarten in den Computer einbauen, ist in der Regel noch die Installation eines Treibers erforderlich. Windows benötigt diese Steuersoftware, um mit der eigentlichen Hardware kommunizieren zu können. Zur Installation eines Treibers gibt es verschiedene Varianten und Ansätze. Bei der Installation eines Druckers wird z.B. ein Treiber eingerichtet (siehe oben). Nehmen Sie einen Scanner oder eine Kamera am Computer in Betrieb, kann es sein, dass ein Assistent startet und Sie durch die Schritte der Treiberinstallation führt. Bei manchen Geräten ist es erforderlich, dass Sie vor dem Einbau der Hardware eine Installations-CD einlegen und ein Setup-Programm ausführen. Danach wird die Hardware eingebaut und abschließend der Treiber installiert. Solche Details finden Sie in der Regel in der Gerätedokumentation.

Ist keine Dokumentation vorhanden (auch nicht auf CD oder Diskette), installieren Sie die Hardware (Steckkarte). Bei jedem Systemstart analysiert Windows die Hardware und sollte das neue Gerät finden. Bei USB-Geräten wird ab Windows 98 (zweite Ausgabe) sogar eine so genannte Plug&Play-Funktion unterstützt, d.h., Sie dürfen die USB-Geräte während des laufenden Betriebs anschließen und entfernen. Eventuell fehlende Treiber werden erkannt und angefordert. In allen Fällen werden Sie über Dialogfelder durch die Treiberinstallation geführt.

Falls das neue Gerät nicht automatisch erkannt und gemeldet wird, können Sie dem etwas nachhelfen:

1 Wählen Sie in der Systemsteuerung das Symbol *System* per Doppelklick an.

2 Wählen Sie im Eigenschaftenfenster die mit *Geräte-Manager* bezeichnete Registerkarte. In Windows 2000 bzw. XP klicken Sie auf die Schaltfläche *Hardware* und anschließend auf die Schaltfläche *Geräte-Manager*.

Abhängig von der Windows-Version erscheint die hier gezeigte Registerkarte oder das Fenster des Gerätemanagers mit den installierten Geräten. Taucht neben einem Symbol ein gelbes Ausrufezeichen, ein rotes Kreuz oder ein blaues Fragezeichen auf, signalisiert Windows Probleme mit dem Gerät. Ursache kann ein Defekt, ein falscher Treiber oder eine fehlerhafte Einstellung sein. Sie können die Einträge im Geräte-Manager per Doppelklick anwählen und so zusätzliche Informationen abrufen. Über das Kontextmenü eines Eintrags lassen sich installierte Treiber zudem aktualisieren oder entfernen.

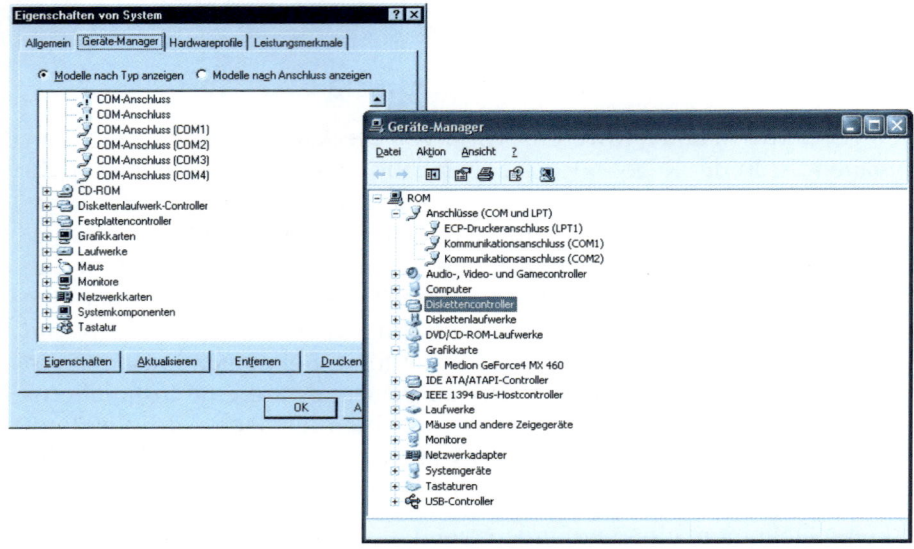

3 Klicken Sie auf die Schaltfläche *Aktualisieren* bzw. auf die in der Symbolleiste des Fensters mit *Nach geänderter Hardware suchen* beschriftete Schaltfläche.

4 Wird die Hardware erkannt, befolgen Sie die im angezeigten Dialogfeld geforderten Schritte. Im Wesentlichen müssen Sie den Pfad zum Installationsmedium mit den Treiberdateien wählen.

Wird das Gerät trotz obiger Schritte nicht erkannt oder meldet Windows einen falschen Gerätetyp, können Sie den **Treiber** auch **manuell** auswählen.

1 Wählen Sie in der Systemsteuerung das Symbol *Hardware* per Doppelklick an.

2 Jetzt startet Windows einen Assistenten, der die Hardware analysiert. Der genaue Aufbau der Dialoge ist dabei je nach verwendeter Windows-Version unterschiedlich.

3 Abschließend wird die neu gefundene oder fehlerhafte Hardware in einer Liste aufgeführt. Ist das gewünschte Gerät nicht dabei, wählen Sie im betreffenden Dialog die Option (z.B. *Neue Hardware hinzufügen*), um ein neues Gerät zu installieren.

4 In einem der Folgedialoge erlaubt Ihnen der Assistent, eine Gerätekategorie und anschließend das Gerätemodell auszuwählen. Verfügen Sie über eine Diskette/CD des Geräteherstellers, müssen Sie diese in das Laufwerk einlegen und ggf. die im Dialog angezeigte Schaltfläche *Diskette, Datenträger* oder ähnlich anwählen und in einem Unterdialog den Pfad zum Medium mit dem Treiber einstellen.

5 In weiteren Schritten werden Sie dann durch die Treiberinstallation geführt. Dort können Sie ggf. noch Treiberoptionen (z.B. benutzte Schnittstellen oder Adressen) vorgeben.

Anschließend kopiert Windows den Treiber auf die Festplatte und richtet ihn im Betriebssystem ein. Sie müssen während oder nach der Treiberinstallation das System neu starten. Zum Abschluss bleibt nur noch der Test, ob das Gerät mit dem Treiber funktioniert.

> **Hinweis**
>
> *Treiber sind häufig der Grund für Systemabstürze oder Fehler. Zudem gibt es oft verschiedene Treiberversionen für die jeweiligen Windows-Versionen. Achten Sie bei der Auswahl des Treiberordners, dass dieser zur jeweiligen Windows-Version passt – meist findet man im Ordnernamen einen Hinweis auf die Windows-Version. Bei Windows XP hat Microsoft eine so genannte Treibersignatur eingeführt. Nur Hersteller, deren Gerätetreiber von Microsoft getestet wurden, erhalten die Signatur. Viele Hersteller verzichten aber auf diesen (kostenpflichtigen) Test. Sie erhalten dann von Windows eine Warnung vor dem unsignierten Treiber. Im Installationsassistenten können Sie die Warnung aber ignorieren und den Treiber trotzdem installieren. In vielen Fällen wird das Gerät funktionieren. Liegt dem Gerät kein Treiber für Ihre Windows-Version bei, sollten Sie auf der Internetseite des Herstellers nach einem aktuellen Treiber suchen. Ist der Hersteller unbekannt, hilft es gelegentlich, über Suchmaschinen nach Schlüsselwörtern für das Gerät suchen zu lassen (auf diesem Weg habe ich einen Mikrotek-Treiber für einen Vobis-Scanner sowie einen Treiber für meine Noname-Webcam aufgetrieben). Es kann auch sein, dass gar kein Windows-XP-Treiber für das Gerät entwickelt wurde. Probieren Sie dann den Treiber für Windows 2000, der häufig ebenfalls läuft.*

Verknüpfungen verwalten

In diesem Abschnitt lernen Sie, wie sich Verknüpfungen im Startmenü oder auf dem Desktop einrichten lassen. Zudem erfahren Sie, wie Sie die Zuordnung zwischen bestimmten Dateitypen und deren Programmen anpassen können.

Was ist das?

Verknüpfungen sind eine speziell von Windows benutzte Technik. Hierbei wird ein Symbol und ein Name mit einem Programm oder einer Dokumentdatei verknüpft. Sie können eine Verknüpfung zum Beispiel auf dem Desktop anlegen. Dann genügt ein Doppelklick auf das betreffende Symbol, um das zugehörige Dokument oder Programm zu laden.

Verknüpfungen einrichten

Häufig benötigte **Programme** können Sie als **Verknüpfung** auf dem **Desktop** einrichten. Dann lässt sich das Programm durch einen Doppelklick auf das Symbol starten.

1 Öffnen Sie das Ordnerfenster, in dem die betreffende Programmdatei abgelegt ist. Alternativ können Sie auch eine Programmgruppe im Startmenü öffnen, falls Sie einen Eintrag auf den Desktop kopieren möchten.

2 Ziehen Sie das Symbol des Programms bei gedrückter **rechter** Maustaste aus dem Ordnerfenster (oder aus dem Startmenü) zum Desktop.

3 Sobald sich das Symbol außerhalb des Fensters im Bereich des Desktop befindet, geben Sie die rechte Maustaste wieder frei und wählen im Kontextmenü den Befehl *Verknüpfungen hier erstellen*.

Windows richtet jetzt das Symbol als **Verknüpfung** auf dem Desktop ein, welches sich auch (per Kontextmenü) umbenennen lässt. Zum Starten des Programms genügt anschließend ein Doppelklick auf das betreffende Symbol. Die Verknüpfung löschen Sie, indem Sie das Symbol zum Papierkorb ziehen.

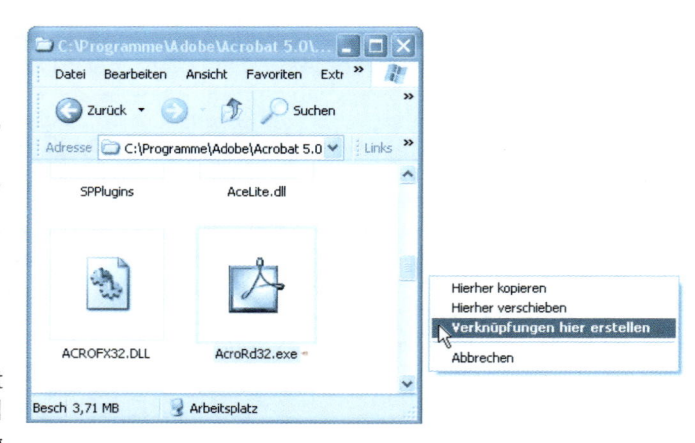

> **Hinweis**
>
> *Klicken Sie die Verknüpfung mit der rechten Maustaste an und wählen Sie* Eigenschaften *im Kontextmenü, lassen sich das Symbol, das Arbeitsverzeichnis und weitere Parameter über Registerkarten des Eigenschaftenfensters anpassen.*
>
> *Windows XP besitzt einen Assistenten, der nach jeweils 60 Tagen unbenutzte Verknüpfungen vom Desktop entfernt. Diesen Assistenten können Sie auf der Registerkarte* Allgemein *des Dialogfelds* Desktopelemente *abschalten (erreichbar ist die Registerkarte, indem Sie in* Eigenschaften von Anzeige *auf der Registerkarte* Desktop *die Schaltfläche* Desktop anpassen *wählen).*

Startmenü und Taskleiste anpassen

Beim Installieren von Programmen wird meist auch ein Symbol im Startmenü unter *Alle Programme* eingetragen. Oft ergibt sich jedoch die Situation, dass die Einträge im Startmenü zu ändern sind. Entweder sind nicht mehr benötigte Einträge zu entfernen oder ein Programm soll nachträglich im Zweig *Alle Programme* oder in der linken Spalte des Startmenüs (unter den Symbolen *Internet Explorer* und *Outlook Express*) aufgenommen werden.

- Um ein Symbol aus der linken Spalte des **Startmenüs** oder aus dem Zweig *Alle Programme* zu **entfernen,** öffnen Sie den betreffenden Zweig. Dann klicken Sie den gewünschten Eintrag mit der rechten Maustaste an und wählen im Kontextmenü den Befehl *Löschen* bzw. *Aus Liste entfernen*. Das Symbol wird (ggf. nach einer Nachfrage) entfernt.

- Beachten Sie aber, dass sich verschiedene Symbole (z.B. *Arbeitsplatz, Eigene Dateien* etc.) im Startmenü nicht auf die oben beschriebene Weise entfernen lassen. In Windows XP können Sie im Kontextmenü der Schaltfläche *Start* den Befehl *Eigenschaften* wählen und auf der Registerkarte *Startmenü* die Schaltfläche *Anpassen* anklicken. Auf der Registerkarte *Erweitert* lassen sich die Optionen zum Ein- und Ausblenden der Einträge setzen.

> **Tipp**
>
> *Wenn Sie das Eigenschaftenfenster des Startmenüs über das Kontextmenü öffnen (funktioniert in allen Windows-Versionen), können Sie anschließend die diversen Optionen der Taskleiste und des Startmenüs (z.B. Uhrzeitanzeige im Startmenü) über diverse Registerkarten anpassen. Über die QuickInfos der einzelnen Optionen lässt sich deren Bedeutung abrufen.*

- Um einen **Programmeintrag** als Symbol **in** das **Startmenü** (in den Zweig *Alle Programme*) **aufzunehmen,** ziehen Sie das Programmsymbol vom Desktop oder aus einem Ordnerfenster zur Schaltfläche *Start* und dann zum Symbol *(Alle) Programme*. Halten Sie die Maustaste gedrückt und warten Sie, bis sich das Menü *(Alle) Programme* öffnet. Zeigen Sie anschließend bei weiterhin gedrückter Maustaste auf die Programmgruppe und den Zweig, an dem der neue Eintrag im Startmenü erscheinen soll. Sobald Sie die Maustaste loslassen, fügt Windows eine Verknüpfung als Symbol im betreffenden Zweig des Menüs ein. Sie können anschließend den neuen Eintrag mit einem Klick der rechten Maustaste anwählen. Im Kontextmenü steht Ihnen dann der Befehl *Eigenschaften* zur Verfügung, um die Einstellungen für den Eintrag anzupassen. Den im Startmenü gezeigten Befehlsnamen passen Sie beispielsweise auf der Registerkarte *Allgemein* an.

> **Hinweis**
>
> *Sie können eine Verknüpfung in der Programmgruppe* Autostart *hinterlegen. Windows startet bei jeder Benutzeranmeldung alle in dieser Gruppe hinterlegten Programme automatisch.*

Weiterhin können Sie die Eigenschaften der Taskleiste über das Kontextmenü anpassen. Klicken Sie mit der rechten Maustaste auf eine freie Stelle in der Taskleiste und wählen den gewünschten Befehl. Über *Eigenschaften* gelangen Sie zu Registerkarten, in denen Sie je nach Windows-Version die Uhrzeitanzeige und weitere Optionen setzen können. Über den Menüeintrag *Symbolleisten* können Sie die *Schnellstart*-Symbolleiste oder weitere Symbolleisten in der Taskleiste ein- oder ausblenden. Ist die *Schnellstart*-Symbolleiste sichtbar, reicht es, das Symbol eines Programms auf die Leiste zu ziehen. Sobald Sie die Maustaste loslassen, richtet Windows eine Verknüpfung auf die Datei in der Leiste ein.

Dateitypenzuordnung anpassen

Häufig unterstützen mehrere Programme (z.B. zur Audio-, Grafik- oder Videobearbeitung) den gleichen Dateityp. Sobald Sie ein zweites Programm installieren, übernimmt dieses die Zuordnung der Dateitypen – bei einigen Anwendungen geschieht das sogar bei jedem Start. Auf das Problem wurde in Kapitel 10 bei den beiden Playern Winamp und RealOne Player hingewiesen. Der RealOne Player ordnet sich bei jedem Programmstart die Playlist-Konfigurationsdateien (*.pls*) als Dateityp zu – Sie können dann in Winamp nur noch über Kontextmenüs, nicht aber per Doppelklick die Playlists importieren. Das lässt sich aber korrigieren:

- In Windows XP klicken Sie eine Datei des betreffenden Typs mit der rechten Maustaste an und wählen im Kontextmenü den Befehl *Eigenschaften*. Auf der Registerkarte *Allgemein* ist die Schaltfläche *Ändern* der Gruppe *Öffnen mit* zu betätigen. Anschließend wählen Sie im angezeigten Dialogfeld die gewünschte Anwendung zum Öffnen.

- Bei älteren Windows-Versionen müssen Sie beim Rechtsklick auf die Datei die ⇧-Taste gedrückt halten. Dann findet sich im Kontextmenü der Befehl *Öffnen mit*, der ein Dialogfeld zur Auswahl der Anwendung zeigt. Achten Sie bei der Auswahl der Anwendung darauf, dass das Kontrollkästchen *Dateityp immer mit dem ausgewählten Programm öffnen* (oder ähnlich) vor dem Schließen des Dialogfelds markiert ist.

Dieser Trick funktioniert bei allen registrierten Dateitypen.

Netzwerke – gewusst wie

Vielleicht ist Ihnen der Begriff (Heim-)**Netzwerk** schon mal untergekommen. In diesem Abschnitt erhalten Sie einen kurzen Überblick über das Thema Netzwerke.

Was ist ein Netzwerk eigentlich?

In Firmen sind Computer meist untereinander vernetzt. Aber auch im Privatbereich ist es unter Umständen sinnvoll, zwei oder mehr Rechner zu einem so genannten **Workgroup**-Netzwerk (auch als Arbeitsgruppennetzwerk oder **Heimnetzwerk** bezeichnet) zu verbinden

Die Computer sind dann mit so genannten Netzwerkadaptern ausgerüstet und durch ein Netzwerkkabel oder Funk miteinander verbunden. Geräte der einzelnen PCs wie Drucker und Festplatten können vom jeweiligen Benutzer anderen Netzteilnehmern als **Ressourcen** zur gemeinsamen Nutzung bereitgestellt werden.

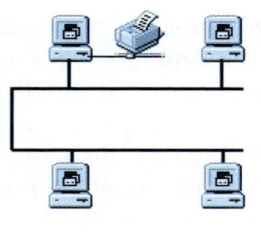

> **Was ist das?**
>
> *Ressource* ist in diesem Zusammenhang ein Sammelbegriff für Geräte (z.B. Drucker, Diskettenlaufwerke) oder Einheiten (z.B. Ordner), die auf einem Rechner vorhanden sind.

Techtalk

*Neben Workgroup-Netzwerken gibt es noch die Technik der serverorientierten Netzwerke. Hier wird ein eigener Rechner, der **Server**, als Zentralstation zur Bereitstellung der gemeinsam benutzten Komponenten wie Laufwerke und Drucker im Netzwerk eingesetzt. Die anderen Netzwerkstationen werden als **Clients, Kunden,** bezeichnet, da sie die Dienste des Servers nutzen. Häufig fasst man die Rechner dann noch in so genannten **Domänen** (Domains) zusammen. Diese Technologie bringt **Vorteile bei** sehr **großen Netzwerken** mit mehr als 20 Arbeitsstationen, setzt aber besondere Netzwerksoftware wie Novell Network, Linux, Windows NT Server, Windows 2000 Server und Windows Server 2003 voraus. Details zum Einrichten und Nutzen serverorientierter Netzwerke bleiben in diesem Buch ausgespart.*

Was wird für ein (Heim-)Netzwerk gebraucht?

Um zwei oder mehr Computer zu Hause oder in einer kleinen Firma zu vernetzen, ist kein großer Aufwand erforderlich. Jeder mit dem Netzwerk verbundene Computer benötigt einen Netzwerkadapter. Moderne Computer sind meist bereits mit einer RJ-45-Buchse für den DSL-/Netzwerkanschluss ausgerüstet (siehe Kapitel 1).

Alternativ können Sie auch eine Netzwerkkarte einbauen. Im Handel gibt es bereits Starterkits mit zwei Netzwerkkarten und einem Verbindungskabel für wenige Euro.

Die hier gezeigte Karte besitzt noch Anschlüsse für drei verschiedene Netzwerkkabeltypen. Links sehen Sie einen T-Adapter für eine **BNC-Verkabelung** (auch als Thin-wire bezeichnet), bei der die Computer mit BNC-Netzwerkkabeln untereinander verbunden werden. Beim ersten und letzten Computer dieser Kette muss auf das freie Ende des T-Stücks noch ein so genannter Abschlusswiderstand aufgesteckt werden. Diese Technik ist einfach, robust und preiswert, verliert heute aber an Bedeutung. Der mittlere BUI-Anschluss für Thick-wire-Ethernet wird im Privatbereich nicht eingesetzt. Moderne Netzwerke benutzen die so genannte **Twisted-pair-Technik** mit RJ-45-Kabeln (Cat. 5), die zu der hier rechts auf der Karte befindlichen RJ-45-Buchse passen. Um zwei Rechner zu vernetzen, benötigen Sie lediglich ein spezielles Crosslink-Netzwerkkabel, das einfach in die RJ-45-Buchsen der beiden Rechner eingesteckt wird.

Tipp

Achten Sie vor dem Kauf darauf, dass im Rechner ein freier Steckplatz für die Netzwerkkarte vorhanden. Moderne Netzwerkkarten erlauben über Twistedpair Übertragungsgeschwindigkeiten von 10 Mbit und/oder 100 Mbit im Ethernet. Neue Netzwerke sollten Sie für 100 Mbit auslegen. Weiterhin müssen Sie sich für einen Verkabelungstyp entscheiden.

Bei mehreren Rechnern werden die RJ-45-Netzwerkbuchsen über Twistedpair-Netzwerkkabel (Cat. 5) mit einem **Hub** oder **Switch** verbunden.

(Quelle: D-Link)

Bei privaten Netzen reicht meist der preiswertere Hub. Ab zehn Rechnern kann ein Switch Geschwindigkeitsvorteile bringen. Sollen die Rechner des Netzwerks über DSL Zugang zum Internet haben, benötigen Sie einen Router. Dieser erlaubt die sternförmige Verkabelung der lokalen Rechner und bietet eine Buchse für den DSL-Anschluss. Je nach Gerätetyp lassen sich vier, acht oder mehr Rechner vernetzen.

Was ist das?

Ethernet *ist der Name einer Netzwerktechnologie.* **BNC** *steht »Bajonet-Neil-Connector«, ein aus der Fernsehtechnik benutzter Steckertyp für Koaxverkabelungen.* **Twistet-pair** *ist eine Verkabelungstechnik mit zwei verdrillten Leitungen, die mit geschirmten oder ungeschirmten Kabeln arbeitet und RJ-45-Stecker/-Buchsen als Verbindungselemente nutzt. Ein* **Hub** *ist die Verbindungsstelle für verschiedene Geräte, die sternförmig verkabelt werden (siehe auch Kapitel 1, USB-Hub). Ein* **Switch** *dient wie ein Hub zur sternförmigen Verkabelung von Netzwerken, übernimmt aber aktive Vermittlungsfunktionen, um Daten direkt vom Sender zur Empfängerstation zu leiten. Das erlaubt einen optimierten Datendurchsatz in größeren Netzen. Ein* **Router** *ist dagegen eine Koppelkomponente, mit der sich mehrere Netzwerksegmente verbinden lassen. Router werden häufig eingesetzt, um mehrere lokale Rechner sternförmig zu vernetzen und gleichzeitig im Netzwerk eine DSL-Verbindung zum Internet (ein weiteres Segment) bereitzustellen. Dann können die Rechner lokal Daten untereinander austauschen oder bei Bedarf über den Router per DSL auf das Internet zugreifen. Das Kürzel* **WLAN** *steht für Wireless Local Area Network, also ein lokales kabelloses (Funk-)Netzwerk.* **WiFi** *ist die Abkürzung für Wireless Fidelity, ein Synonym für WLANs.*

Falls die Rechner in verschiedenen Räumen stehen und Sie keine Netzwerkverkabelung installieren möchten, können Sie auf Funknetze (WLAN) ausweichen. In jeden Netzwerkrechner wird ein solcher WLAN-Netzwerkadapter eingebaut.

Zusätzlich benötigen Sie noch einen WLAN-Router, der die Verbindung zwischen den Einzelstationen hält und ggf. auch einen Zugriff auf das Internet per DSL-Verbindung erlaubt.

(Quelle: D-Link)

(Quelle: D-Link)

> **Hinweis**
>
> *Die hier erwähnten Komponenten werden mittlerweile in Kaufhäusern, im Elektronikhandel und sogar in Versandkatalogen angeboten. Lassen Sie sich ggf. bezüglich der Feinheiten der einzelnen Technologien beraten. Details zu den Geräten finden Sie meist auf den Webseiten der Hersteller. Um lediglich zwei ältere Rechner zu vernetzen, tut es auch ein Nullmodem-Kabel, das an die seriellen Schnittstellen der beiden Rechner angeschlossen wird. Über eine als PC-Direktverbindung bezeichnete Windows-Funktion können die Rechner Daten austauschen. Im Handel gibt es auch spezielle USB-Kabel samt Zusatzsoftware, um zwei oder mehr Computer miteinander zu vernetzen. Wegen der geringen Kosten der oben erwähnten Netzwerktechnologie handelt es sich bei Speziallösungen wie USB-Netzwerk und PC-Direktverbindung um »Exoten«, die hier nicht weiter erläutert werden.*

Die für ein Heimnetzwerk benötigten Softwarefunktionen sind ab Windows 95 im Betriebssystem enthalten. Nachdem Sie also die Netzwerkadapter eingebaut und die Kabelverbindungen hergestellt haben, können Sie das Netzwerk einrichten.

1 Nach dem Einschalten des jeweiligen Rechners wird Windows starten und in der Regel den Treiber für die neu erkannte Netzwerkkarte installieren (siehe oben).

2 Rufen Sie auf jedem Rechner die Funktionen zum Einrichten des Netzwerks auf und legen Sie die Parameter für die jeweilige Netzwerkstation fest.

Netzwerke – gewusst wie

Das Einrichten der Netzwerkfunktionen unterscheidet sich je nach verwendeter Windows-Version.

> **Hinweis**
>
> *Um mehrere Windows-95/98-Rechner zu vernetzen, klicken Sie mit der rechten Maustaste auf das Desktop-Symbol* Netzwerkumgebung *und fügen dann auf der Registerkarte* Konfiguration *die benötigten Funktionen (TCP/IP-Protokoll, Netzwerk-Client, Freigabe) hinzu und legen die Parameter fest. In Windows Millennium finden Sie im Ordnerfenster* Netzwerkumgebung *ein Symbol* Assistent für das Heimnetzwerk. *Der Assistent führt Sie durch die einzelnen Schritte zum Einrichten des Netzwerks. Spezielle Details zum Einrichten des Netzwerks finden Sie in der Hilfe der jeweiligen Windows-Version.*

Nachfolgend möchte ich das Einrichten eines Netzwerks mit gemeinsamer Internetnutzung unter Windows XP skizzieren:

1 Öffnen Sie in Windows XP das Ordnerfenster *Netzwerkumgebung* (z.B. über das Desktop-Symbol oder den Startmenüeintrag). Fehlt das Symbol, öffnen Sie die Systemsteuerung und wählen das Symbol *Netzwerkverbindungen*.

2 Klicken Sie in der Aufgabenleiste des Ordnerfensters *Netzwerkumgebung* auf den Befehl *Kleines Firmen- oder Heimnetzwerk einrichten*. Jetzt startet der Assistent, dessen Startdialog Sie mit der Schaltfläche *Weiter* übergehen.

3 Im Dialogfeld *Wählen Sie die Verbindungsmethode aus* markieren Sie die für den Rechner zutreffende Option (z.B. *Computer verfügt über eine direkte Verbindung zum Internet*).

4 Ist der Computer direkt mit dem Internet verbunden, müssen Sie in einem Zwischendialog die Verbindung (z.B. Modem, ISDN, DSL) wählen. Sind mehrere Netzwerkkarten im Rechner eingebaut, erscheint zusätzlich noch ein Dialog zur Ermittlung der Netzwerkverbindung. Belassen Sie die Option auf »automatisch«.

5 In einem weiteren Dialogschritt erfragt der Assistent von Ihnen den Namen des Computers. Der Name (z.B. Hans, Klaus, Heike oder Städtenamen wie Paris, Rom, Wien) muss eindeutig im Netzwerk sein, da der Computer darüber identifiziert wird. Zudem können Sie im Dialog noch eine kurze Beschreibung eintragen.

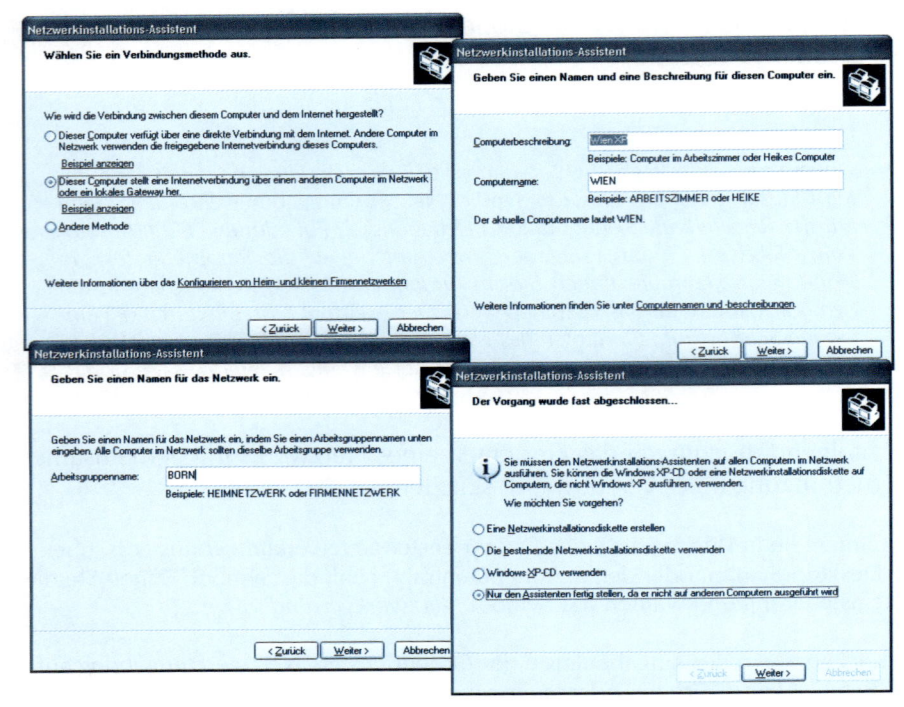

6 Beim Dialogschritt mit der Abfrage des Namens für das Netzwerk können Sie den Arbeitsgruppennamen »HEIMNETZWERK« belassen. Oder Sie setzen einen eigenen Namen wie »Verkauf«, »Marketing«, »Privat« etc. ein.

7 Sobald Sie diesen Dialogschritt über *Weiter* abschließen, beginnt der Assistent mit der Einrichtung des Netzwerks. Das kann einige Minuten dauern.

8 Im Abschlussdialog wählen Sie eine der Optionen. Wollen Sie Rechner mit älteren Windows-Versionen ins Netz aufnehmen, klicken Sie auf das Optionsfeld *Eine Netzwerkinstallationsdiskette erstellen* und befolgen dann die vom Assistenten vorgegebenen Schritte.

Sobald die Schaltfläche *Fertig stellen* erscheint, schließen Sie den Assistenten damit. Dann ist der betreffende Computer für das Netzwerk vorbereitet. Um weitere Rechner ins Netzwerk aufzunehmen, führen Sie die obigen Schritte auf allen diesen Geräten aus. Sie müssen dabei jeweils die für den Rechner passenden Optionen (z.B. kein Internetzugang, individueller Rechnername, gleicher Arbeitsgruppenname) im Assistenten vorgeben.

Bei Rechnern mit älteren Windows-Versionen legen Sie die vom Assistenten erstellte Installationsdiskette in das Laufwerk der betreffenden Rechner ein. Dann starten Sie das Programm *Netsetup.exe* von der Diskette (z.B. per Doppelklick auf das Dateisymbol). Der Assistent führt Sie dann durch die obigen Konfigurationsschritte.

> **Hinweis**
>
> *Falls Sie einen Rechner mit einer direkten Internetverbindung im Netzwerk betreiben, müssen Sie diesen immer als Erstes starten. Denn dieser Rechner verwaltet die Netzwerkkonfiguration und vergibt in der Standardeinstellung die so genannten IP-Adressen an die anderen Netzwerkcomputer. Details zu diesen Fragen oder weitere Hinweise zur Netzwerkinstallation entnehmen Sie bitte der Windows-Hilfe (Rubrik »Netzwerke und das Web«, Unterrubrik »Heim- und kleine Büronetzwerke«) sowie der Zusatzliteratur. Unter www.windows-netzwerke.de finden sich ebenfalls Anleitungen zum Einrichten von Netzwerken unter verschiedenen Windows-Versionen.*

So wird das Netzwerk genutzt

Ist Ihr Computer erfolgreich in ein Netzwerk eingebunden, können Sie über das Ordnerfenster *Netzwerkumgebung* auf die freigegebenen Ressourcen anderer Rechner zugreifen.

> **Tipp**
>
> *Fehlt das Symbol* Netzwerkumgebung *im Windows XP-Startmenü, klicken Sie mit der rechten Maustaste auf die Schaltfläche* Start *und wählen im Kontextmenü den Befehl* Eigenschaften. *Klicken Sie auf der Registerkarte* Startmenü *auf die Schaltfläche* Anpassen. *Im nächsten Dialogfeld wählen Sie die Registerkarte* Erweitert *und markieren in der Gruppe* Startmenüelemente *das Kontrollkästchen* Netzwerkumgebung. *Sobald Sie alle Dialogfelder über die OK-Schaltfläche geschlossen haben, sollte die Netzwerkumgebung als Symbol im Startmenü auftauchen.*

1 Öffnen Sie das Ordnerfenster *Netzwerkumgebung* (z.B. über das Desktop-Symbol oder das Startmenü).

Windows öffnet jetzt das Fenster *Netzwerkumgebung*, das dem Fenster *Arbeitsplatz* gleicht. In der rechten Spalte wird automatisch eine Liste mit Ordnersymbolen für Netzwerkverbindungen angezeigt.

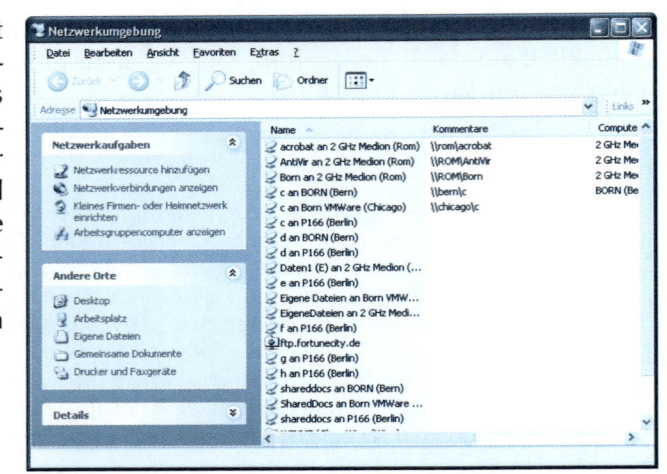

> **Hinweis**
>
> Windows ermittelt zyklisch die im Netzwerk freigegebenen Laufwerke anderer Rechner und zeigt diese automatisch als Netzwerkverbindungen im Ordner Netzwerkumgebungen an. Zudem lassen sich manuell, über den Befehl Netzwerkressourcen hinzufügen, Netzwerkverbindungen zu Laufwerken anderer Rechner oder zu FTP-Servern (siehe Kapitel 5) einrichten.

2 Doppelklicken Sie auf ein solches Ordnersymbol, nimmt Windows Verbindung mit dem anderen Computer im Netzwerk auf und zeigt den Inhalt des Ordners oder Laufwerks (auch als Ressource bezeichnet).

3 Um alle Rechner im Heimnetzwerk zu sehen, klicken Sie in der Aufgabenleiste auf den Befehl *Arbeitsgruppencomputer anzeigen*.

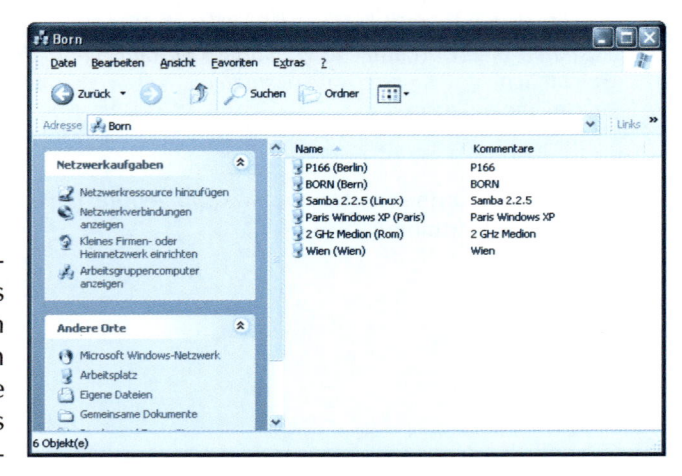

Es kann einen Augenblick dauern, bis alle Rechner im Netzwerk gefunden und als stilisierte Rechner oder als Ordner mit Netzwerkanschluss angezeigt werden. Wählen Sie einen Eintrag im Ordnerfenster per Doppelklick an, blendet Windows alle auf diesem Rechner zur gemeinsamen Nutzung im Netzwerk freigegebenen Laufwerke und Ordner ein. Sie können dann auf die Dateien und Ordner des fremden Rechners zugreifen und diese kopieren, verschieben oder ändern – das funktioniert wie das Arbeiten in lokalen Ordnerfenstern.

> **Was ist das?**
>
> *Beim Arbeiten im Netzwerk werden Ihnen Angaben der Art \\Rom\C begegnen. Es handelt sich dabei um den **UNC-Pfad**, der die Lage der gewünschten Ressource (Laufwerk, Ordner etc.) angibt. Der Pfad wird in der Form \\Rechnername\Ressource angegeben. Mit \\Rom\C wird dann die (freigegebene) Ressource C (z.B. Laufwerk C) auf dem Rechner mit dem Namen Rom bezeichnet. Groß- und Kleinbuchstaben werden dabei nicht unterschieden. Sie können sogar UNC-Pfade zu Ordnern im Internet oder zum FTP-Server angeben. Diese Funktion bleibt in diesem Buch jedoch ausgespart.*

> **Tipp**
>
> *Je nach Windows-Version kann der Benutzer aber den Zugriff auf die eigenen Dateien einschränken (z.B. das Ändern oder Löschen verbieten). Erscheint beim Zugriff auf eine Netzwerkressource eine Kennwortabfrage? Bei Ressourcen, die auf Windows-95/98-Rechnern liegen, kann Ihnen der Besitzer des Rechners das Kennwort verraten. Unter Windows 2000 muss ein Benutzerkonto für Sie eingerichtet sein. Das Konto muss den gleichen Namen und das Kennwort aufweisen, welches Sie am lokalen Rechner benutzen. Erscheint die Kennwortabfrage beim Zugriff auf einen Windows-XP-Rechner? Dann prüfen Sie, ob ein Gast-Konto mit Kennwortschutz aktiv ist. Löschen Sie notfalls das Kennwort und deaktivieren Sie dann das Gast-Konto. Ist Ihr Computer an einem umfangreicheren Netzwerk angeschlossen, dauert es u.U. einige Zeit, bis Windows die Verfügbarkeit einer Arbeitsstation erkennt. Sie können dann aber die Windows-Suchfunktion aufrufen (siehe Kapitel 3) und statt nach Dateien nach dem Rechner suchen lassen.*

Netzwerkressourcen freigeben

Damit andere Benutzer im Heimnetzwerk auf Laufwerke, Ordner oder Drucker zugreifen können, muss der Besitzer des Computers diese Ressourcen freigeben.

1 Öffnen Sie das Ordnerfenster (z.B. *Arbeitsplatz*) und suchen Sie die freizugebende Ressource.

2 Klicken Sie das Symbol mit der rechten Maustaste an und wählen Sie im Kontextmenü den Befehl *Freigabe und Sicherheit*.

Windows öffnet das Eigenschaftenfenster des Elements mit der Registerkarte *Freigabe*.

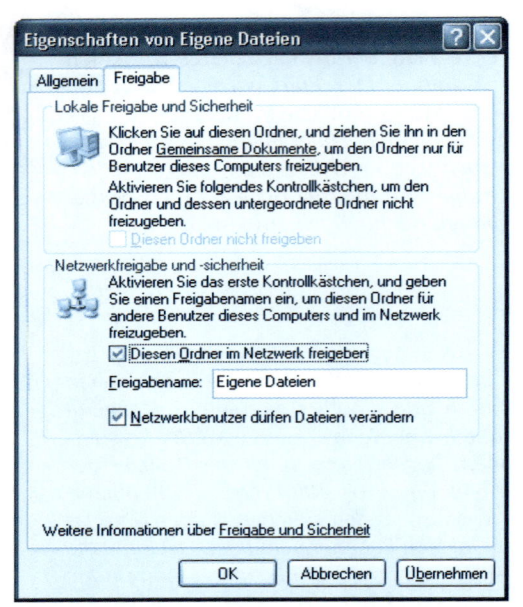

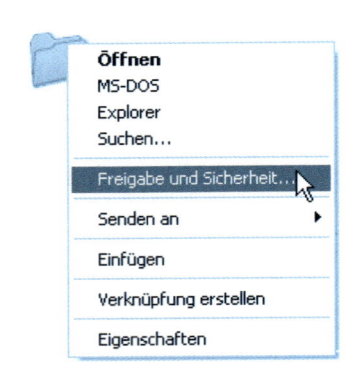

3 Markieren Sie das Kontrollkästchen *Diesen Ordner im Netzwerk freigeben*.

4 Korrigieren Sie ggf. das Feld *Freigabename*.

5 Markieren Sie ggf. das Kontrollkästchen *Netzwerkbenutzer dürfen Dateien verändern*. Dann können Dritte die Dateien manipulieren.

6 Schließen Sie die Registerkarte über die *OK*-Schaltfläche.

Windows gibt das Laufwerk oder den Ordner mit den betreffenden Optionen im Netzwerk frei. Sie erkennen freigegebene Elemente an der stilisierten Hand, die in der linken unteren Ecke des Laufwerks- oder Ordnersymbols eingeblendet wird.

> **Hinweis**
>
> Um einen Drucker zur gemeinsamen Benutzung im Netzwerk freizugeben, gehen Sie ähnlich vor. Sie öffnen das Ordnerfenster Drucker (z.B. über die Systemsteuerung) und wählen den Kontextmenübefehl Freigabe für das betreffende Druckersymbol. Windows öffnet jetzt das Fenster mit den Eigenschaften des betreffenden Druckers. Legen Sie auf der Registerkarte Freigabe die Freigabeoptionen (*Optionsfeld* Drucker freigeben *und Textfeld* Freigabename)

> fest. Andere Benutzer können dann den Drucker in der Netzwerkumgebung sehen. Gegebenenfalls muss auf deren Rechner noch ein Druckertreiber installiert werden, bevor sich das Gerät dort nutzen lässt.

Zum Aufheben der Freigabe verwenden Sie ebenfalls die obigen Schritte, löschen aber das betreffende Kontrollkästchen mit der Freigabe.

An dieser Stelle möchte ich die Netzwerk-Einführung beenden. Viele Funktionen mussten ausgespart bleiben – Sie kennen aber die wichtigsten Funktionen. Weitergehende Informationen finden Sie in der Windows-Hilfe sowie in den bei Markt+Technik erschienenen Easy-Titeln zu Windows.

PDA, Handy & PC

Verwenden Sie ein Handy oder einen als PDA (Personal Digital Assistant) bezeichneten Organizer? Oder besitzen Sie einen Notebook-Computer? Dann können Sie ggf. einen Verbindung zwischen Handy, PDA und Computer herstellen, um Daten abzugleichen oder das Handy als mobile Kommunikationsplattform zum Surfen im Internet, zum Versenden von Faxen und Mails etc. verwenden. Viele Handy- oder PDA-Modelle sind mit einer **IrDA**-Schnittstelle (IrDA steht für Infrared Data Association) ausgestattet, mit der sich Daten per Infrarot zu anderen Geräten übertragen lassen.

Besitzt Ihr Computer keine IrDA-Infrarot-Schnittstelle, benötigen Sie ein spezielles Datenkabel. Dieses wird modell- und herstellerspezifisch für serielle Schnittstellen und meist auch für den USB-Bus angeboten. Das Kabel ist dann mit dem (Notebook-)Computer oder dem PDA zu verbinden.

Was dann noch fehlt, ist eine herstellerspezifische Software für den Computer, mit dem die Kommunikation zum Handy/PDA abgewickelt wird. Mit der entsprechenden Software können Sie Fax- und SMS-Nachrichten vom Computer über das Handy verschicken, die Telefonbücher zwischen Handy und Computer abgleichen oder die Daten der SIM-Karte auslesen bzw. Klingeltöne bearbeiten. Entsprechende Lösungen werden von den Handy-/

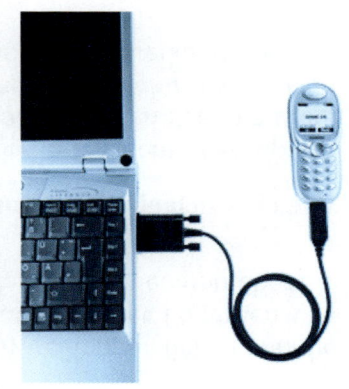

(Quelle: Siemens)

PDA-Herstellern über den Handel angeboten. Informieren Sie sich dort über Preise, den Funktionsumfang und die Anforderungen.

Zusammenfassung

Sie kennen nun die wichtigsten Funktionen zum Anpassen von Windows und zum Einrichten von Zusatzfunktionen. Weiterhin haben Sie eine gute Übersicht über Windows und hilfreiche Anwendungen gewonnen. Sie sollten den Computer also nutzbringend anwenden können. Damit möchte ich das Buch schließen. Im Anhang finden Sie noch eine kleine »Pannenhilfe« und ein Lexikon (zum Nachschlagen von Begriffen, die in den vorherigen Kapiteln nicht erläutert wurden).

Testen Sie Ihr Wissen

Zur Überprüfung Ihrer Kenntnisse können Sie die folgenden Fragen beantworten.

■ **Wie lassen sich Windows-Optionen anpassen?**

Indem Sie im Startmenü über *Einstellungen/Systemsteuerung* das Ordnerfenster der Systemsteuerung öffnen, das gewünschte Symbol per Doppelklick anwählen und dann die Optionen auf der angezeigten Registerkarte anpassen.

■ **Wie lässt sich die Bildschirmauflösung ändern?**

(Mit der rechten Maustaste auf eine freie Stelle auf dem Desktop klicken, im Kontextmenü den Befehl *Eigenschaften* wählen. Dann auf der Registerkarte *Einstellungen* den Schieberegler *Bildschirmbereich* in Richtung »Hoch« oder »Niedrig« ziehen und die Registerkarte über die OK-Schaltfläche schließen.

■ **Wie lässt sich ein Programm deinstallieren?**

In der Systemsteuerung auf das Symbol *Software* doppelklicken und die Registerkarte bzw. Schaltfläche zum Hinzufügen oder Entfernen von Softwarekomponenten aufrufen. Dann den Eintrag wählen und über die Optionen des Dialogfelds entfernen lassen.

524

Kleine Hilfen bei Problemen

Probleme beim Rechnerstart

Nach dem Einschalten tut sich nichts
Prüfen Sie bitte folgende Punkte:
- Sind alle Stecker an Steckdosen angeschlossen?
- Ist der Bildschirm eingeschaltet?
- Fließt überhaupt Strom?

Der Rechner meldet: Keyboard Error, Press <F1> Key
Prüfen Sie bitte folgende Punkte:
- Ist die Tastatur angeschlossen?
- Liegt ein Gegenstand auf der Tastatur?
- Klemmt vielleicht eine Taste der Tastatur?

Drücken Sie anschließend die Funktionstaste [F1].

Der Rechner meldet: Kein System oder Laufwerksfehler ...
Vermutlich enthält das Diskettenlaufwerk A: noch eine Diskette. Entfernen Sie die Diskette und starten Sie den Rechner neu.

Probleme mit Tastatur und Maus

Die Tasten auf der numerischen Tastatur funktionieren nicht richtig
Am rechten Rand enthält die Tastatur einen Tastenblock (den so genannten **Zehnerblock**), über den Sie **Zahlen eingeben** können. Lassen sich mit diesen Tasten keine Zahlen eingeben, drücken Sie die Taste [Num]. Diese wird auch **NumLock**-Taste genannt und befindet sich in der linken oberen Ecke des Zehnerblocks. Sobald die Anzeige *Num* auf der Tastatur leuchtet, kön-

nen Sie Zahlen eintippen. Ein weiterer Tastendruck auf die [Num]-Taste schaltet die Tastatur wieder um und Sie können die Cursortasten dieses Tastenblocks nutzen.

Beim Drücken einer Taste erscheinen plötzlich mehrere Zeichen

Die Tastatur besitzt eine Wiederholfunktion. Drücken Sie eine Taste etwas länger, wiederholt der Rechner das betreffende Zeichen. Vielleicht drücken Sie die Taste zu lange. Sie können die Zeit, bis die Wiederholfunktion von Windows aktiviert wird, ändern (siehe Kapitel 12 »So lässt sich die Tastatur anpassen«).

> **Hinweis**
>
> *Sind Sie in der Motorik eingeschränkt und können die Tastatur (z.B. Tastenkombinationen wie [Alt]+[Strg][T]+[Entf]) nur schwer bedienen? In Windows lässt sich über die Systemsteuerung (Symbol* Software, *Registerkarte* Windows Setup *bzw. Schaltfläche* Windows-Komponenten hinzufügen/entfernen*) die optionale Komponente* Eingabehilfen *installieren. Dann finden Sie in der Systemsteuerung das Symbol* Eingabehilfen. *Doppelklicken Sie auf das Symbol, öffnet sich ein Eigenschaftenfenster, auf dessen Registerkarten Sie Optionen zur alternativen Bedienung von Windows einstellen können. Über die Direkthilfe des Eigenschaftenfensters (rechts oben zuerst auf die Schaltfläche mit dem Fragezeichen und dann auf die Option klicken) können Sie zusätzliche Informationen zu den einzelnen Optionen abrufen.*

Der Mauszeiger bewegt sich gar nicht oder nicht richtig

Prüfen Sie bitte folgende Punkte:

- Ist die Maus korrekt am Rechner angeschlossen?
- Liegt die Maus auf einer Mausunterlage (Mauspad)?
- Ist die Kugel in der Maus vielleicht verschmutzt?

Bei längerem Gebrauch der Maus verschmutzt der Teil zum Erkennen der Mausbewegungen. Entfernen Sie die Kugel an der Unterseite der Maus. Sie sehen einige kleine Rädchen. Sind diese verschmutzt, säubern Sie sie (z.B. mit einem Wattestäbchen). Sie sollten die Maus auch nicht auf eine glatte Unterlage legen, da dann die Kugel nur schlecht rollt.

Maustasten vertauscht, Doppelklicks klappen nicht richtig

Es ergibt sich folgendes Fehlerbild: Klicken Sie mit der linken Maustaste, erscheint ein Kontextmenü, die rechte Taste markiert dagegen etwas. Die Funktion der linken/rechten Taste ist also vertauscht. Stellen Sie dann die Tastenkonfiguration der Maus auf »Linkshändig« ein und passen Sie ggf. die Doppelklickgeschwindigkeit der Maus an (siehe Kapitel 12 »Mauseinstellungen«).

> **Tipp**
>
> *Arbeiten Sie mit einem Notebook oder haben Sie Schwierigkeiten, den Mauszeiger zu erkennen? Dann aktivieren Sie die Registerkarte* Zeigeroptionen *und markieren Sie das Kontrollkästchen* Mausspur anzeigen. *Weiterhin können Sie auf dieser Registerkarte auch einstellen, wie schnell sich der Mauszeiger bewegt. Auf der Registerkarte* Zeiger *können Sie über das Listenfeld* Schema *einen anderen Satz an Mauszeigern wählen. Sind Ihnen die normalen Zeiger zu klein, setzen Sie das Schema beispielsweise auf »Windows-Standard (extragroß)«.*

Probleme mit dem Windows-Desktop

Die Symbole lassen sich auf dem Desktop nicht verschieben

Falls die Desktop-Symbole nach dem Verschieben per Maus automatisch an die vorherige Stelle zurückspringen, ist die automatische Anordnung der Desktop-Elemente aktiviert. Klicken Sie mit der rechten Maustaste auf eine freie Stelle des Desktops und wählen Sie im Kontextmenü den Befehl *Symbole anordnen*. Heben Sie die Markierung des Befehls *Automatisch anordnen* im Untermenü mit einem Mausklick auf. Jetzt können Sie die Symbole verschieben.

Die Windows-Elemente sind zu klein und schlecht zu erkennen

Haben Sie Schwierigkeiten, die Symbole auf dem Windows-Desktop gut zu erkennen? Können Sie die Texte in Menüs oder unter Symbolen nur schlecht lesen? Vielleicht ist die Grafikauflösung für den Bildschirm zu hoch gesetzt. Dann passt zwar viel auf den Bildschirm, aber das Arbeiten am Computer strengt die Augen ziemlich an. Probieren Sie, ob eine andere Grafikauflösung hilft (siehe Kapitel 12 »Die Bildschirmauflösung ändern«).

Die Taskleiste fehlt, ist verschoben oder zu groß

Die Taskleiste lässt sich auf dem Desktop verschieben. Sie können sie mit der Maus (z.B. per Infobereich – der Bereich mit der Uhrzeitanzeige) an eine der vier Seiten des Bildschirms ziehen. Gelegentlich passiert das ungewollt bei einem Doppelklick auf die Uhrzeitanzeige. Dann zeigen Sie auf den Infobereich und ziehen Sie die Taskleiste einfach bei gedrückter linker Maustaste zum unteren Bildschirmrand zurück.

Außerdem lässt sich die innen liegende Kante der Taskleiste zur Bildschirmmitte oder zum Bildschirmrand schieben. Dann sehen Sie entweder eine sehr breite Taskleiste oder nur noch einen grauen (blauen) Strich am Bildschirmrand. In diesem Fall ziehen Sie den innen liegenden Rand der Taskleiste per Maus, bis die Leiste die gewünschte Breite bzw. Höhe erreicht.

Manchmal verschwindet die Taskleiste, sobald Sie ein Fenster auf volle Bildschirmgröße setzen. Zeigen Sie auf den betreffenden Bildschirmrand, wird die Leiste wieder eingeblendet. Soll die Leiste immer sichtbar bleiben? Klicken Sie mit der rechten Maustaste auf eine freie Stelle der Taskleiste, wählen Sie den Kontextmenübefehl *Eigenschaften* und markieren Sie auf der mit *Allgemein* oder *Taskleiste* bezeichneten Registerkarte das Kontrollkästchen *(Taskleiste) Immer im Vordergrund (zeigen)*.

Der Desktop ist »verschwunden«

Sie sehen die Symbole des Windows-Desktops nicht mehr, sondern nur noch Dateisymbole, Texte, eine Grafik oder sonst etwas. Vermutlich haben Sie ein Fenster im Vollbildmodus geöffnet, das dann den Desktop verdeckt. Klicken Sie in der rechten oberen Ecke die Schaltfläche *Wiederherstellen* an, um das Fenster auf die vorherige Größe zu reduzieren. Bei Windows-Ordnerfenstern und beim Internet Explorer hilft es auch, die Funktionstaste [F11] zu drücken, um zwischen Vollbildmodus und Normalbild umzuschalten.

Die Desktop-Symbole sind »verschwunden«

In Windows XP kann es sein, dass der Desktop-Bereinigungsassistent die Symbole gelöscht hat. Normalerweise fragt der Assistent aber vorher nach. Bei älteren Windows-Versionen kann die Anzeige der Symbole abgeschaltet sein. Oder Sie haben die Symbole versehentlich gelöscht. Öffnen Sie das Eigenschaftenfenster der Anzeige. Auf der Windows-XP-Registerkarte *Desktop* klicken Sie auf die Schaltfläche *Desktop anpassen* und löschen im Folgedialog die Markierung im Kontrollkästchen *Desktopbereinigungs-*

Assistent alle 60 Tage ausführen. Bei älteren Windows-Versionen schauen Sie auf der Registerkarte *Effekte* nach, ob das Kontrollkästchen *Symbole ausblenden, wenn der Desktop als Webseite angezeigt wird* markiert ist. Irrtümlich gelöschte Symbole von Verknüpfungen können Sie nachträglich auf dem Desktop anlegen (siehe Kapitel 12 »Verknüpfungen einrichten«).

Probleme mit Programmen

Ein Programmeintrag ist aus dem Startmenü verschwunden

Fehlt plötzlich ein Programmeintrag im Startmenü? Vielleicht haben Sie das Programm deinstalliert. Oder der Eintrag wurde irrtümlich gelöscht bzw. bei einem Mausklick (z.B. auf den Desktop) verschoben. Stellen Sie den Startmenüeintrag manuell wieder her (siehe Kapitel 12 »Startmenü anpassen«).

Eine Programmverknüpfung funktioniert nicht mehr

Beim Doppelklick auf ein Verknüpfungssymbol startet kein Programm, sondern es erscheint ein Dialogfeld, in dem nach dem fehlenden Programm gesucht wird. Sie haben die ursprünglich in der Verknüpfung angegebene Datei zwischenzeitlich gelöscht oder verschoben. Wählen Sie im Dialogfeld die Schaltfläche *Durchsuchen* und geben Sie den Pfad zur Programmdatei an. Oder korrigieren Sie den Pfad im Eigenschaftenfenster der Verknüpfung (siehe auch Kapitel 12).

Ein Programm lässt sich nicht mehr bedienen

Manchmal kommt es vor, dass sich ein Programm nicht mehr bedienen lässt. Es reagiert weder auf Tastatureingaben noch auf Mausklicks.

1 Drücken Sie gleichzeitig die Tastenkombination [Strg]+[Alt]+[Entf]. Je nach Windows-Version erscheint jetzt das Dialogfeld *Anwendung schließen* oder der Windows-Taskmanager. Im Windows-Taskmanager wählen Sie die Registerkarte *Anwendungen*.

2 Markieren Sie die gewünschte Anwendung in der Liste mit einem Mausklick.

3 Klicken Sie anschließend auf die Schaltfläche *Task beenden*.

Windows versucht jetzt das Programm zwangsweise zu beenden. Geht das nicht, erscheint ein weiteres Fenster mit dem Hinweis, dass das Programm nicht reagiert. Sie müssen dann die Schaltfläche zum Beenden des Programms wählen. Anschließend ist das Dialogfeld bzw. der Taskmanager noch über die Schaltfläche *Schließen* zu beenden.

Ordner und Dateien

Die Symbolleiste fehlt im Ordner-/Explorer-Fenster

Bei vielen Programmen können Sie Symbol- und Statusleisten über das Menü *Ansicht* ein- und ausblenden.

Dateierweiterungen erscheinen nicht

Fehlen in den Ordnerfenstern oder im Explorer die Erweiterungen für einige Dateinamen? Schalten Sie die Anzeige der Dateinamenerweiterungen über das Menü *Extras* und den Befehl *Ordneroptionen* ein (siehe Kapitel 3 »Die Ordneranzeige anpassen«).

Diskette oder CD-ROM lässt sich nicht lesen

Beim Doppelklicken auf das Symbol des Laufwerks erscheint ein Meldungsfeld mit dem Hinweis, dass das Laufwerk nicht bereit ist. Überprüfen Sie in diesem Fall die folgenden Punkte:

- Befindet sich eine Diskette oder eine CD-ROM im Laufwerk?
- Bei einer CD-ROM öffnen und schließen Sie das Laufwerk und warten einige Sekunden. Meist erkennt Windows dann den Wechsel der CD.
- Ist die Diskette/CD-ROM auch mit der richtigen Seite in das Laufwerk eingelegt? Sehen Sie notfalls in Kapitel 4 nach, wie eine Diskette/CD in das Laufwerk eingelegt wird.

Auf einer Diskette lässt sich nichts speichern

Beim Versuch, eine Datei auf einer Diskette zu speichern, erscheint ein Fenster mit der Fehlermeldung, dass die Diskette schreibgeschützt ist. Entfernen Sie die Diskette aus dem Laufwerk und deaktivieren Sie den Schreibschutz auf (siehe Kapitel 3).

Eine Datei lässt sich nicht ändern

Sie haben eine Dokumentdatei in einem Programm geladen, den Inhalt geändert und die Funktion *Speichern* gewählt. Das Programm öffnet jedoch das Dialogfeld *Speichern unter* und schlägt einen neuen Dateinamen vor. Geben Sie den Namen der alten Datei ein, meldet das Programm, dass die Datei schreibgeschützt ist. Bei den Dateien einer CD-ROM ist das immer so, da Sie den Inhalt einer CD-ROM nicht ändern können. Werden Dateien von einer CD-ROM kopiert, erhalten sie (außer unter Windows XP) einen Schreibschutz. Sie können diesen Schreibschutz bei solchen Dateien aufheben. Setzen Sie dann das Attribut *Schreibgeschützt* zurück (siehe Kapitel 3 »Zugriff auf Attribute«).

Probleme beim Drucken

Der Drucker funktioniert nicht

Beim Ausdruck erscheint eine Meldung (Dialogfeld oder QuickInfo), dass beim Schreiben auf den Drucker ein Fehler aufgetreten ist. Beheben Sie die Druckerstörung und wählen Sie die Schaltfläche *Wiederholen*. Sie können den Ausdruck auch über die Schaltfläche *Abbrechen* beenden. Zum Beheben der Druckerstörung sollten Sie die folgenden Punkte überprüfen:

- Ist der Drucker eingeschaltet und erhält er Strom?
- Ist das Druckerkabel zwischen Rechner und Drucker richtig angeschlossen?
- Ist der Drucker auf **online** gestellt?
- Hat der Drucker genügend Papier, Toner, Tinte?
- Gibt es eine Störung am Drucker (z.B. Papierstau)?

Prüfen Sie bei einem neuen Drucker oder bei Änderungen an Windows, ob der Druckertreiber richtig eingerichtet ist.

Querdruck beheben

Die Druckausgaben erfolgen quer auf dem Blatt. In diesem Fall müssen Sie die Druckoptionen von Querformat auf Hochformat umstellen. Sie können das auf der entsprechenden Registerkarte umstellen, die Sie im Dialogfeld *Drucken* über die Schaltfläche *Eigenschaften* erreichen.

Online-Probleme

Die Verbindung zum Internet klappt nicht

Überprüfen Sie die folgenden Punkte:

- Sind alle Kabel richtig angeschlossen und ist das Modem eingeschaltet?
- Ist die DFÜ-Verbindung korrekt konfiguriert?
- Ist der Browser auf **online** gestellt?

Die angewählte Webseite wird nicht geladen

Prüfen Sie, ob der Internet Explorer online ist (Menü *Datei*, Befehl *Online*). Überprüfen Sie, ob die Adresse richtig geschrieben ist – geben Sie ggf. die Adresse einer anderen Webseite ein. Wird diese Seite angezeigt, liegt eine Störung im Internet vor; probieren Sie es zu einem späteren Zeitpunkt nochmals mit der Adresse.

Der Internet Explorer versucht beim Start online zu gehen

Sie haben vermutlich eine Webseite als Startseite eingestellt. In Kapitel 4 wird beschrieben, wie Sie das ändern.

> **Hinweis**
>
> *Ansonsten finden Sie in der Windows-Hilfe zusätzliche Informationen zur Fehlerdiagnose und -behebung.*

Lexikon

Account (Zugang) Berechtigung, sich an einem Computer per Datenleitung anzumelden und z.B. im WWW zu surfen.

Administrator Verwalter eines Computersystems mit besonderen Berechtigungen. Die Person muss am **Administratorkonto** angemeldet sein.

Adresse Speicherstelle im Adressbereich (Hauptspeicher) des Computers oder Angabe zur Lage einer **Webseite** bzw. zum Empfänger einer **E-Mail**.

Agent Softwareprogramm, das im Internet bestimmte Recherchen für den Benutzer übernimmt und die Ergebnisse zurückliefert.

Analog Ein analoges Signal ist im Gegensatz zu Digitalsignalen ein kontinuierlich verlaufendes Signal bzw. dessen Übertragung (Beispiel: elektrische Ströme oder Schallwellen).

APM Abkürzung für Advanced Power Management, eine Technik, die den Computer nach dem Herunterfahren von Windows abschaltet und zudem Optionen wie Stromsparmodus etc. unterstützt.

ARPANET Vorläufer des Internets.

ausloggen Abmelden vom Computer.

Ausnahmefehler (englisch Exception Error) Ein Fehler, der beim Zugriff auf eine Ressource (z.B. Diskettenlaufwerk ohne eingelegte Diskette) auftritt. Windows meldet den Fehler und gibt Ihnen Gelegenheit, diesen zu beheben und den Befehl erneut auszuführen.

Avatar Die grafische Darstellung (eines Benutzers, einer Person) in einem virtuellen Raum.

AVI Spezielles von der Firma Microsoft definiertes Videoformat zur Speicherung von Filmen.

Autoexec.bat Spezielle Startdatei, die in MS-DOS und Windows 95 bis Windows Millennium benutzt wird. Die Befehle dieser Datei werden bei jedem Computerstart ausgeführt.

Backbone (engl. für Rückgrat) Bezeichnung für die Hauptdatenleitung in einem Netzwerk (z.B. bei der Internetübertragung).

Backdoor (engl. für Hintertür) Bezeichnung für von einem Programmierer in Betriebssystemen/Programmen eingebaute Funktionen, mit denen der Zugang ohne Kenntnis der Zugangskennwörter möglich ist – häufig Einfallstür für Viren oder Hacker.

Backslash Der umgekehrte Schrägstrich \ (wird z.B. zum Trennen von Ordnernamen benutzt).

Backup Bezeichnung für die Datensicherung (Dateien werden auf Diskette/Band gesichert).

Bank Eine Reihe gleicher Geräte, die zusammen betrieben werden (z.B. Speicherbank bei RAM-Bausteinen).

Barcode Ein auf Waren (z.B. Lebensmittel) aufgebrachter Strichcode, der sich mit einem Barcode-Scanner lesen lässt.

BASIC Abkürzung fur Beginners All-purpose Symbolic Instruction Code. Das ist eine in den 1960er Jahren entworfene Programmiersprache für Einsteiger. Unter Windows leben die Ansätze von BASIC in Produkten wie Microsoft Visual Basic, VBA (Programmiersprache in Microsoft Office) und in VBScript (Skriptsprache) weiter.

Batchdatei Eine Datei (*.bat*), die ausführbare MS-DOS-Befehle enthält und interaktiv abgearbeitet werden kann. BAT-Dateien erlauben dem Benutzer, kleine Programme, z.B. zum Kopieren von Daten, zu realisieren. Bei Windows-9x-Systemen ist die Datei *Autoexec.bat* ein Beispiel für eine solche BAT-Datei dar.

Baud Geschwindigkeitsangabe bei der Datenübertragung über serielle Leitungen.

Benchmark Andere Bezeichnung für Messungen der Leistung eines Computers oder einer Komponente.

Beta-Software In der Erprobung/Entwicklung befindliche Programme, die noch nicht zum Verkauf freigegeben sind.

BIOS Abkürzung für Basic Input Output System. Das sind Programmfunktionen, die fest in einem ROM-Baustein auf der Hauptplatine des Rechners hinterlegt sind und Basisfunktionen zur Ansteuerung der Computerkomponenten sowie zum Starten des Computers bieten.

Binärsystem In Computern genutztes und auf den Ziffern 0 und 1 aufbauendes Zahlensystem (0 = Null, 1 = Eins, 10 = Zwei, 11 = Drei, 100 = Vier, 101 = Fünf, 110 = Sechs, 111 = Sieben etc.).

Bit Die kleinste Informationseinheit in einem Computer (kann den Wert 0 oder 1 annehmen). Acht Bit werden zu einem Byte zusammengefasst.

Bitmap Format, um Bilder oder Grafiken zu speichern. Das Bild wird wie auf dem Bildschirm in einzelne Punkte aufgeteilt, die zeilenweise gespeichert werden.

Bluetooth Nach dem dänischen König »Blauzahn« benannte neue Funktechnik, um Geräte wie Maus, Tastatur etc. drahtlos mit dem Computer zu verbinden. Soll schneller und zuverlässiger als die Infrarot-Übertragung arbeiten.

Lexikon

Boolesche Logik Nach dem Mathematiker George Boole (1815-1864) benannte binäre Logik (AND, OR, NOT), die prüft, ob Aussagen wahr oder falsch sind (a AND b sind nur wahr, wenn der Wert von a und der Wert von b beide wahr sind).

Booten Laden des Betriebssystems nach dem Einschalten des Computers.

Boot-Diskette Die Startdiskette für ein Computersystem.

Bug Englische Bezeichnung für einen Programmfehler.

Bus Leitungssystem zur Übertragung von Signalen. Die Hauptplatine eines Computers enthält einen Bus, um die Steckkarten anzuschalten.

Byte Gibt eine Menge von Computerdaten an. Ein Byte besteht aus acht Bit und kann Zahlen von 0 bis 255 darstellen. 1.024 Byte = 1 Kilobyte (Kbyte), 1.024 Kbyte = 1 Megabyte (Mbyte), 1.024 Mbyte = 1 Gigabyte.

C Name einer Programmiersprache, die für Unix entwickelt wurde.

C++ Name einer objektorientierten Programmiersprache.

Cache Schneller Zwischenspeicher für Daten.

CAD Abkürzung für Computer Aided Design, d.h. computergestütztes Konstruieren. CAD-Programme erlauben das Erstellen von Konstruktionszeichnungen.

CGI Abkürzung für Common Gateway Interface, eine Skriptsprache für Webserver.

CMYK Abkürzung für ein Farbmodell, bei dem Farben durch Subtraktion der Grundfarben Zyan, Magenta, Gelb und Schwarz erzeugt werden.

Code Alle in einem Programm ausführbaren Anweisungen (Programmcode).

Config.sys Spezielle Konfigurationsdatei unter MS-DOS bzw. Windows 95 bis Millennium, die beim Systemstart ausgewertet wird.

Crack Bezeichnung für das Knacken eines Kopierschutzes bei einem Programm.

Cybercafé Ein Lokal, das seinen Gästen Computer oder Internetzugänge zur Benutzung anbietet.

Datenschutz Gesetzliche Bestimmungen zum Schutz personenbezogener Daten gegen Missbrauch durch Dritte.

Desktop Publishing (DTP) Aufbereitung von Dokumenten (Prospekte, Bücher etc.) am Rechner.

Digital Im Gegensatz zu **Analog** eine diskrete Darstellung von Signalen oder Funktionen mit den Zuständen 0 und 1. Besitzt große Bedeutung bei Computern.

Directory Englischer Name für ein Verzeichnis (Ordner).

Divis Ein extra langer Bindestrich.

DivX Andere Bezeichnung für das MPEG4-Verfahren zur Speicherung von Videodaten.

DMA Abkürzung für Direct Memory Access, eine spezielle Technik zur schnellen Übertragung von Daten von einer Festplatte in den Arbeitsspeicher (ohne Verwendung der CPU).

Dualsystem siehe Binärsystem.

E-Bomb Abkürzung für von Hackern eingesetzte E-Mail-Bomben, mit denen Systeme zum Ausfall oder zu Fehlfunktionen gebracht werden sollen.

Editor Programm zum Erstellen und Bearbeiten einfacher Textdateien.

E-IDE-Schnittstelle Erweiterte Schnittstelle, um Festplatten an den Computer anzuschließen. Erlaubt den Anschluss von bis zu vier Geräten (Festplatten, CD-Laufwerke) und wird von den meisten heutigen Computern unterstützt.

Emulator Ein Programm, das die Funktionen einer Hardware oder eines ganzen Systems (z.B. einen anderen Rechner) emuliert (bereitstellt).

EPS Abkürzung für Encapsulated PostScript. EPS wird zur Speicherung von Bildern im PostScript-Dateiformat verwendet.

Error Englische Bezeichnung für einen Programmfehler.

Farbpalette Zusammenstellung der möglichen Farben in einem Bild aus der Menge der verfügbaren Farbtöne (oft 256 Paletteneinträge). Das erlaubt eine realitätsnahe Farbabbildung, spart aber erheblich Speicherplatz.

Farbkalibrierung Man legt fest, wie Farbtöne zwischen verschiedenen Geräten wie Scanner, Monitor, Drucker umzurechnen sind, um immer den gleichen Farbeindruck zu erreichen.

Farbtiefe Gibt an, wie viele Farben pro Bildpunkt darstellbar sind. Bei einer Farbtiefe von 8 Bit sind 256 Farben darstellbar. Eine 24-Bit-Farbtiefe erlaubt 16,8 Millionen Farben pro Bildpunkt (Echtfarbendarstellung). Bei einer 16-Bit-Farbtiefe sind nur 65.000 Farben möglich (High-Color-Darstellung).

Firmware In einem Gerät oder im Computer fest hinterlegte Programmfunktionen, die beim Einschalten des Geräts sofort zur Verfügung stehen.

Flame Verletzende oder beleidigende Antwort auf einen Beitrag in Nachrichtengruppen oder auf eine E-Mail.

Flash Name einer Technik, um in Internetseiten Trickfilme und Effekte speicherplatzsparend abzubilden.

Benötigt einen Flash-Player zur Wiedergabe im Browser.

Flash-Speicher Spezieller Baustein, dessen nichtflüchtiger Inhalt gelöscht und der neu beschrieben werden kann.

Floppy Disk Anderer Name für eine Diskette.

Font Englisch für Schriftart.

Frame Englischer Name für Rahmen. Bei der Anzeige einer Webseite im Browser bezeichnen Frames rechteckige Ausschnitte im Dokumentfenster, in denen weitere Dokumente angezeigt werden können. Bei Videobildern bezeichnet ein Frame das Einzelbild.

Frequenz Maß für die Geschwindigkeit (Taktrate), mit der ein Signal sich ändert. Bei Rechnern gibt die Taktfrequenz der CPU einen Hinweis auf deren Schnelligkeit. Heutige Rechner werden mit Taktraten im Gigahertz-bereich betrieben.

Gigabyte entspricht 1.024 Megabyte.

GIF Grafikformat, das zur Speicherung von Bildern insbesondere für Webseiten benutzt wird.

GPF Abkürzung für General Protection Fault (allgemeine Schutzverletzung). Fehler beim Zugriff auf ungültige Speicherbereiche – meist die Ursache eines Programmfehlers.

Hacker Allgemein Personen mit einem sehr umfangreichen Wissen zu Computertechnologie/Betriebssystemen. Speziell: Personen, die dieses Wissen nutzen, um illegal in fremde Computersysteme einzudringen.

Hardcopy Englischer Ausdruck für einen gedruckten Bildschirmabzug.

Hertz Maßeinheit (Hz) für die Frequenz. 1.000 Hertz = 1 Kilohertz (kHz), 1.000 kHz = 1 Megahertz (MHz), 1.000 MHz = 1 Gigahertz (GHz).

Host Hauptcomputer (in einem Netzwerk) oder Zentralcomputer in einer Firma.

Hotline Telefonische Kontaktstelle eines Herstellers für Hilfe bei Problemen mit einem Produkt.

HTML Steht für **Hypertext Markup Language**, das Dokumentformat im World Wide Web. Mit HTML werden Webseiten erstellt.

http Abkürzung für **H**ypertext **T**ransfer Protocol, ein Standard zum Abrufen bzw. Übertragen von Webseiten.

Icon Englischer Name für die kleinen Symbole, die unter Windows auf dem Desktop oder in Fenstern angezeigt werden.

Installieren Einbauen eines Geräts oder Einrichten eines Programms.

Java/JavaScript Jeweils eine Programmiersprache, die z.B. zum Erstellen von Zusatzfunktionen in Webseiten zum Einsatz kommt.

JPEG Grafikformat, das für Grafiken in Webseiten benutzt wird.

Junk-Mail Unerwünschte E-Mail, die meist Müll enthält.

Jumper Steckverbindung (Brücke oder Schalter), mit der sich auf Steckkarten und Hauptplatinen bestimmte Konfigurationen einstellen lassen.

Kaltstart Das Starten des Computers nach dem Einschalten (das Gerät ist noch kalt). Gegensatz: ein Warmstart, bei dem ein in Betrieb befindliches Gerät (z.B. per Reset) neu gestartet wird.

Kbyte Abkürzung für Kilobyte (entspricht 1.024 Byte).

Komprimieren Verdichten von Daten, sodass diese weniger Platz benötigen.

Konsole Ursprünglich der Zugang zum System. Unter Windows das Fenster, in dem sich MS-DOS-Befehle absetzen lassen.

Konvertieren Umwandeln von Daten oder Signalen in eine andere Darstellung (z.B. ein Dateiformat in das Format eines anderen Dateityps umsetzen).

Kryptographie Wissenschaft von der Verschlüsselung von Informationen.

LAN Abkürzung für **Local Area Network**; bezeichnet ein Netzwerk innerhalb einer Firma.

Laufzeitfehler Ein Programmfehler, der beim Ablauf auftritt.

Layout Das Layout legt das Aussehen eines Dokuments fest.

LCD Spezielle Anzeige (Liquid Crystal Display) auf Laptop-Computern.

Linux Alternatives Unix-basiertes Betriebssystem, das weltweit von vielen Leuten weiterentwickelt wird und frei verfügbar ist. Konkurrenz bzw. Alternative zu Microsoft Windows.

Mailbox Englisch für elektronischer Briefkasten.

Mainframe Englische Bezeichnung für einen Großrechner.

Makro Aufgezeichnete Folge von Tastenanschlägen oder Befehlen, die anschließend automatisch wiederholt werden kann.

Manual Englischer Name für ein Handbuch.

Maschinencode Die Anweisungen, die der Computer direkt verarbeiten kann. Programmdateien enthalten meist solchen Maschinencode.

Lexikon

Mbyte Abkürzung für Megabyte (1 Million Byte).

MPEG Steht als Abkürzung für Moving Pictures Experts Group, ein Gremium zur Standardisierung von Verfahren zur Komprimierung und Speicherung von Musik und Videos in Dateien. Es gibt verschiedene MPEG-Verfahren (MPEG-2, MPEG-3, MPEG-4) zur Speicherung und Wiedergabe dieser Dateien.

MS-DOS Von Microsoft vertriebenes älteres Betriebssystem.

Multimedia Techniken, bei denen auf dem Computer Texte, Bilder, Video und Sound integriert werden.

Multitasking Fähigkeit eines Betriebssystems, gleichzeitig mehrere laufende Programme (Tasks) auszuführen.

Netscape Firma, die den ehemals recht populären Browser Netscape Navigator entwickelte. Mittlerweile von AOL aufgekauft und zur Bedeutungslosigkeit abgesunken.

Netzteil Bauteil zur Stromversorgung von Computern oder Geräten.

Netzwerk Verbindung zwischen Rechnern, um untereinander Daten austauschen zu können.

OCR Abkürzung für Optical Character Recognition. Mit OCR ist es möglich, Textseiten per Scanner einzulesen und den ursprünglichen Text herauszulesen. Der Text kann dann mit Programmen wie Microsoft Word weiter verarbeitet werden.

OLE Steht für Object Linking and Embedding, eine Programmtechnik, mit der zwei Anwendungen Daten austauschen können (um z.B. ein Bild aus einem Zeichenprogramm in ein Textprogramm wie Word übernehmen und das Bild im Word-Fenster bearbeiten zu können).

Packer/Packprogramm Ein Programm wie WinZip, das Dateien in eine komprimierte Form (z.B. mit Dateinamenerweiterungen wie .zip, .arc oder .lzh) umwandeln kann. Das erlaubt die kompakte Speicherung von Dokumenten (z.B. Bilder).

Passwort Anderer Begriff für ein Kennwort, welches ggf. zur Nutzung eines Rechners benötigt wird.

PDA Abkürzung für Personal Digital Assistant, ein kleiner in der Hand zu haltender Computer (auch als Organizer bezeichnet), mit dem sich Adressen, Telefonnummern und Termine verwalten lassen.

Pentium-Prozessor Der Name einer von der Firma Intel entwickelten CPU-Serie. Solche Prozessoren sind (neben CPUs der Firma AMD) in vielen Windows-Rechnern eingebaut.

Peripheriegerät Sammelbegriff für Geräte wie Drucker, Scanner etc., die sich an den Computer anschließen lassen.

PGP Abkürzung für Pretty Good Privacy, ein Programm zur Verschlüsselung von Daten.

Pin Bezeichnung für einen Kontaktstift in Steckern, an Chips oder auf Platinen. PIN ist auch die Abkürzung für Personal Identification Number, die persönliche Identifikationsnummer für EC-Karten und Geldgeschäfte.

Pixel Englische Bezeichnung für Picture Element, d.h. einen Bildpunkt in einer Grafik.

Platine Aus Kunststoff bestehende dünne Platte, auf der Computerchips und Leitungen aufgebracht sind. Bestandteil vieler elektronischer Geräte.

Plotter Zeichengerät zur Ausgabe von Konstruktionszeichnungen oder Grafiken mittels Tuschestiften.

Pop-up Bezeichnung für aufspringende Elemente (z.B. Fenster oder Menüs).

PostScript Eine von der Firma Adobe entwickelte Sprache für Druckausgaben. PostScript erlaubt eine geräteunabhängige Beschreibung von Seiten, die Text und Grafik enthalten. PostScript kommt im professionellen Bereich fast ausschließlich zum Einsatz.

Programmieren Tätigkeit eines Programmierers, bei der Programme in der benutzten Programmiersprache (z.B. C) entstehen. Ein Programm ist eine Folge von Anweisungen an den Rechner.

Public Domain Software, die öffentlich zugänglich ist und mit Erlaubnis des Autors frei kopiert oder weitergegeben werden darf (siehe auch Freeware).

Registrierung Stelle (Datenbank), an der Windows seine Konfigurierung (d.h. Benutzereinstellungen, Programmeinstellungen, Geräteeinstellungen) hinterlegt. Oder Mitteilung an einen Hersteller, dass man ein Programm gekauft hat und benutzt.

RGB Steht für Rot, Grün und Blau, ein Farbsystem, mit dem sich eine Mischfarbe aus den genannten Grundfarben definieren lässt. Wird bei Farbgrafiken benutzt, um die Farbe eines Bildpunkts anzugeben.

ROM Steht für Read Only Memory. ROMs sind Speicherbausteine, die den Inhalt (Programme, Daten) auch beim Ausschalten des Rechners behalten. Die Informationen in ROMs lassen sich nicht verändern, sondern werden bei der Herstellung des Bausteins aufgebracht. Das BIOS eines Rechners ist üblicherweise in einem ROM (oder in Varianten wie EPROM) gespeichert.

Scheduler Software, die bestimmte Funktionen zu vorgegebenen Zeiten ausführt (in Windows z.B. das als Taskplaner oder Geplante Tasks bezeichnete Programm der Systemsteuerung).

Lexikon

Schnittstelle Sammelbegriff für die Verbindungsstellen verschiedener Computerteile (meist Hardware, der Name wird aber auch für Verbindungsstellen in Software benutzt).

Schriftschnitt Legt die Darstellung einer Schrift (fett, kursiv, normal) fest.

SCSI-Schnittstelle Abkürzung für Small Computer System Interface. Eine spezielle Schnittstelle im Computerbereich, über deren Bussystem sich bis zu 7 Geräte wie Festplatten, CD-Laufwerke, Scanner etc. an den Rechner anschließen lassen.

Server Hauptrechner in einem Netzwerk, der Client-Rechnern Dienste (Services) wie Speicherplatz bereitstellt.

Setup Programm zum Einrichten (installieren, konfigurieren) einer Hard- oder Softwarekomponente.

Signatur Unterschrift unter einem Dokument. In der Computertechnik werden Signaturen zur eindeutigen Identifizierung des Absenders sowie zur Verifizierung der Gültigkeit eines elektronischen Dokuments (E-Mail, Bestellung, Programm) benutzt.

Skript Ein Programm, das in einer Skriptsprache (z.B. JavaScript, VBScript) geschrieben wurde und durch spezielle Software (z.B. Internet Explorer) ausgeführt werden kann. Über Skripte lassen sich spezielle Funktionen für Windows oder für Webseiten realisieren.

SSL-Protokoll Steht für Secure-Socket-Layer, ein Protokoll zur sicheren Verschlüsselung von Daten (z.B. Kreditkarteninformationen) zur Übertragung im Internet.

Systemdiskette Diskette, die ein minimales Betriebssystem enthält und zum Starten des Computers verwendet werden kann.

Systemprogramm Zum Betriebssystem gehörendes Programm.

Task Ein gerade ausgeführtes selbstständiges Programm.

TCP/IP Ein Protokoll, d.h. eine Vereinbarung, zur Übertragung von Daten in Netzwerken. Ist das Standardprotokoll im Internet.

Thesaurus Wörterbuch für Synonyme.

Toolbox Englische Bezeichnung für Werkzeugkasten, meist eine Symbolleiste in Programmen mit Schaltflächen für die einzelnen Werkzeuge.

Tutorial Anleitung in Form eines Kurses.

Unix Ein Betriebssystem, das insbesondere für Großrechner (Mainframes) eingesetzt wird.

Utility Das englische Wort für Werkzeug, beim Computer meist der Sammelbegriff für verschiedene Hilfsprogramme.

VBScript Visual-Basic-Script, eine unter Windows (z.B. in HTML-

Dokumenten) benutzte Skript-Programmiersprache.

Vektorgrafik Eine Technik zum Erstellen von Grafiken, die aus Linien und Figuren bestehen. Kommt bei Zeichenprogrammen im Bereich der Konstruktion (Architektur, Maschinenbau etc.) zum Einsatz.

Verschlüsselung Bezeichnet ein Verfahren zur Umwandlung von Nachrichten (z.B. Daten) in Zeichenfolgen, in denen die Ursprungsdaten nicht mehr erkennbar sind. Der Empfänger solcher Daten kann diese mit dem richtigen Schlüssel wieder in die Ursprungsdaten zurückverwandeln (entschlüsseln). Verhindert die missbräuchliche Einsicht in vertrauliche Daten durch Dritte.

VGA Grafikstandard (16 Farben und 640 x 480 Bildpunkte). Heute wird Super-VGA mit mehr Farben und Bildpunkten benutzt. Ein VGA-Ausgang erlaubt den Anschluss eines VGA-Bildschirms an eine VGA-Grafikkarte.

Visual Basic (VB) Eine von Microsoft entwickelte Programmiersprache (neueste Version ist VB.NET). Unter Microsoft Office steht VBA (Visual Basic for Applications) als Makrosprache zur Verfügung.

Warmstart Neustart eines bereits in Betrieb befindlichen Geräts (Rechners). In Windows lässt sich dieser im Startmenü über den Befehl *Beenden* und die Option *Neustart* durchführen.

Webmaster Verwalter einer Website.

Windows CE Spezielle Windows-Version für Handheld-Computer.

Wurm Programm, das sich ähnlich wie Viren über Netzwerke (Internet) verbreitet und dabei Schwachstellen der Netzwerkrechner ausnutzt.

WYSIWYG Kürzel von: what you see is what you get. Bezeichnet eine Darstellung von Inhalten (Texten), die bereits bei der Eingabe so angezeigt werden, wie sie beim Ausdruck oder bei der Ausgabe angezeigt werden.

XML Abkürzung für Extensible Markup Language, eine Spezifikation zur Speicherung von Daten in Webseiten.

Zertifikat Dient im Web zur Bestätigung der Echtheit eines Dokuments.

Hinweis

Viele Fachwörter sind in den einzelnen Kapiteln des Buches erklärt und wurden nicht in das Lexikon aufgenommen. Falls Sie einen gesuchten Begriff im Lexikon vermissen, sehen Sie bitte im Stichwortverzeichnis nach, ob dieser an anderer Stelle erklärt wird.

Liebe Leserin, lieber Leser,

herzlichen Glückwunsch, Sie haben es geschafft. Der Computer und alles, was man damit machen kann, ist Ihnen nun vertraut. Ist es Ihnen nicht viel leichter gefallen, als Sie am Anfang dachten? Genau das ist das Ziel unserer Bücher aus der easy-Reihe. Sie sollen helfen, erfolgreich die ersten Schritte zu gehen, und den Leser auf keinen Fall mit unverständlichem Fachchinesisch überhäufen.

Als Lektorin hoffe ich, dass Sie durch das Buch die richtige Unterstützung bekommen haben. Denn für Ihre Zufriedenheit stehen alle Beteiligten mit ihrem Namen: der Verlag, die Autoren, die Druckerei.

Aber niemand ist perfekt. Wenn Sie Fragen haben: Fragen Sie. Wenn Sie Anregungen zum Konzept haben: Schreiben Sie uns. Und wenn Sie uns kritisieren wollen: Kritisieren Sie uns.

Ich verspreche Ihnen, dass Sie Antwort erhalten.

Denn nur durch Sie werden wir noch besser.

Ich freue mich auf Ihr Schreiben!

Birgit Ellissen
Lektorin Markt + Technik
Pearson Education Deutschland GmbH
Martin-Kollar-Str. 10-12
81829 München
E-Mail: bellissen@pearson.de
Internet: http://www.mut.de

Weiterführende Bücher

Aus der easy-Reihe:

Easy Windows 95
ISBN 3-8272-5320-9

Easy Windows XP Home
ISBN 3-8272-6529-6

Easy Windows XP Professional
ISBN 3-8272-6595-1

Easy Windows 2000
ISBN 3-8272-5654-6
(alle Windows-Titel sind
von Günter Born)

Easy Windows 98
ISBN 3-8272-5657-7

Easy HTML
ISBN 3-8272-6609-2

Easy Office 2003
ISBN 3-8272-6582-1

Easy Office XP
ISBN 3-8272-6115-1

Easy Office 2002
ISBN 3-8272-5769-7
(Alle Microsoft-Office-Titel
sind von Günter Born)

Easy Star Office 6.0
ISBN 3-8272-6523-4

Easy Word 2003
ISBN 3-8272-6585-2

Easy Word 2002
ISBN 3-8272-6102-1

Easy Word 2000
ISBN 3-8272-5771-0

Easy Word 97
ISBN 3-8272-5287-6

Easy Excel 2003
ISBN 3-8272-6584-5

Easy Excel 2002
ISBN 3-8272-6100-7

Easy Excel 2000
ISBN 3-8272-5772-7

Easy Access 2003
ISBN 3-8272-6580-0

Easy Access 2002
ISBN 3-8272-6101-4

Easy Access 2000
ISBN 3-8272-5770-3

Easy PowerPoint 2003
ISBN 3-8272-6583-5

Easy Power Point 2002
ISBN 3-8272-6193-9

Easy Photoshop Elements
ISBN 3-8272-6461-9

Easy Digitales Fotografieren
ISBN 3-8272-6469-5

Easy E-Mail mit Outlook Express
ISBN 3-8272-5988-2

Weitere Titel, die der Autor empfiehlt:

WinOnCD 6
ISBN 3-8272-6555-5

Audio, Video, Foto mit Windows XP –
Werkstatt
ISBN 3-8272-6338-4

HTML/XHTML Pocket
(Autor: Günter Born)
ISBN 3-8272-6435-0

Stichwortverzeichnis

Symbole

#-Zeichen (Excel) 334
.bmp 99
.cda 405
.doc 99
.exe 99
.pdf 168
.txt 99
0190-Dialer 156, 186
1&1 210

A

Absatzabstand
    anpassen (Text) 305
Absätze
    ausrichten 304
Absatzformat 298
Absatzwechsel 282
Accelerated Graphics Port (AGP) 392
Account 533
AceFTP 3 Pro 212
Acrobat-PDF-Writer 490
ActiveX 216
    Komponente 216
Ad-aware 227
Add-In 417
Administrator 533
Adobe Acrobat Reader 168, 490
Adobe Photoshop 384
Adobe Photoshop Elements 384
Adressbuch 244, 263
    Absender übertragen 244
    Adresse eintragen 264
    Gruppe anlegen 266
    öffnen 263
Adresse 533
Adware 226
Agent 533
AGP-Schnittstelle 392
AGP-Steckplatz 26
allesklar.de 178
AltGr-Taste 282
America Online 144
Analog 533
Änderung
    rückgängig machen 85, 286
Änderungsdatum
    für Dateien 108
Anno 1503 (Spiel) 395
Anonym surfen 223

Anonymisierer 223
AntiVir Personal Edition 215
Anwendungsprogramm 30, 31
Anzeigeoptionen
    anpassen 492
    Ordnerfenster 110
APM 533
Apple 17
Arbeitsbereich 53
Arbeitsblatt 331
    benennen (Excel) 333
    einfügen 332
    löschen 332
    umbenennen 332
Arbeitsblatt (Excel, Calc) 331
Arbeitsgruppennetzwerk 513
Arbeitsmappe 331
Arbeitsmappe (Excel, Calc) 332
Arbeitsplatz 69
Arbeitsspeicher 34
    aufrüsten 25
ARPANET 533
Assistent 279
Attribut
    Zugriff auf 130
Audio-CD 94
    brennen 467
    Kopierschutz 407
    Rohlinge 451
    zusammenstellen 464
Audiodateien 404
Audioformate 404
Audiograbber 465
Audiorecorder 421, 439
    Audacity 421
    Nero-Wave-Editor 423
    Windows Movie Maker 424
    WinOnCD 422
Aufgabenleiste 102
Aufzählung
    aufheben 309
Aufzählung (Text) 309
Ausloggen 533
Ausnahmefehler 533
Ausrichtung
    Zellinhalte 335
Ausschneiden 289
Auswahl
    mit Zauberstab 386
Autoexec.bat 533
AutoKorrektur 285
AutoRoute Express Europa 352

Autostart 512
Avatar 533
AVI 533
AVI2MPG2 475

B

Backbone 533
Backdoor 533
Backslash 534
Backup 534
Bank 534
Barcode 534
BASIC 534
Batchdatei 534
Baud 534
bbMPEG.dll 475
Bearbeitungsleiste (Tabellenkalkulation) 334
Befehl
    rückgängig machen 117
Benchmark 534
Benutzerkonto 50
    pflegen 500
Benutzeroberfläche 53
Berechnungen
    in Excel 338
Bestellungen 188
Beta-Software 534
Betriebsprogramm 30
Betriebssystem 30
Bezahlung
    per Internet 188
Bild
    anzeigen 356
    aus Webseite speichern 165
    drucken 361
    erstellen 369
    scannen 366
    Speicherorte 356
Bildbearbeitung
    Programme 381
Bildlauffeld 66, 67
Bildlaufleiste 66
Bildlaufpfeil 67
Bildqualität 19, 359
Bildschirm 18
    Standplatz 45
Bildschirmauflösung
    ändern 494
Bildschirmdiagonale 19
Bildschirmfoto 378, 426
Bildschirmhintergrund
    Farbe ändern 492
Bildschirmlupe 495
Bildschirmpräsentation 358
Bildschirmschoner
    einrichten 496

Bildvorschau 357
Binärsystem 534
BIOS 534
Bit 534
Bitmap 359, 534
Blattregister 332
Blind Copy 245
Blocksatz 304
Bluetooth 534
BMP-Datei 378
BMP-Format 359
BNC 514, 515
Board 206
Bookmarking 162
Boolesche Logik 535
Boot-Diskette 535
Booten 535
Breitband-Internetzugang 143
Brennen
    Tipps 452
Brennprogramme 452
Briefbogen 320
Briefgestaltung 320, 322
    nach DIN 320
Browser
    Sicherheitseinstellungen 216
    Symbolleiste einblenden 170
Brummschleifen 402
Buddies 144
Buffer underrun 452
Bug 535
Burn proof 452
Bus 535
Byte 535

C

C 535
C++ 535
Cache 535
CAD 535
Calc 328
    starten 328
Camcorder 429
CD
    Audio 451
    brennen mit Nero 456
    brennen unter Windows XP 455
    Dateien, Schreibschutz aufheben 131
    fixieren 462
    handhaben 95
    kopieren 463
    Musikarchive 470
    No-Name 451
    Temporäre Dateien löschen 455
    Unwucht 456
CD-Brenner 450, 451

Stichwortverzeichnis

CD-Burner XP 453
CD-R 450
CD-R/W 450
   löschen 454, 462
CD-Recording 450
CD-Rohling 450
CD-ROM 94, 450
   Laufwerk handhaben 95
CD-ROM-Laufwerk 28
CD-Text 469
CDDB 411
Centronics
   Schnittstelle 41
   Stecker 41
CGI 535
Channels 177
Chat 144, 199, 200
   Flüstern 204
   für Anfänger 201
   Nickname 201
   Startseiten 201
   was braucht man 200
Chat-Client 200
Chatiquette 203
Chatraum 200
Cheats 398
Chip 24
Clickrecorder 445
Client 200
ClipArt 318
Clipfenster 436
Cluster 28, 134, 136
CMYK 535
Code 535
Codec 406, 416
Community 205
Composite-Video-Anschluss 430
Computer
   anschließen 38
   aufstellen 37, 44
   automatisch ausschalten 87
   Inbetriebnahme 43
   Innenleben 23
   Kauf 35
   Monitor. *Siehe* Bildschirm
   Pflege 45
   Standort wechseln 38
   startet beim Ausschalten 87
   Übersicht 16
   Varianten 16
   Zuordnung der Kabel 38
Computer Bild
   Internet-Webweiser 170
Computerbetrug 196
Config.sys 535
Cookies 219
   löschen 220

CPU 24, 34
Crack 535
Crosslink-Netzwerkkabel 514
Cursortasten 287
Cybercafé 535

D

Datei
   Änderungsdatum anzeigen 108
   anzeigen 101
   Eigenschaften 129
   erzeugen 113
   gelöschte zurückholen 119
   Grundlagen 98
   komprimieren 126
   kopieren 115
   kopieren rückgängig machen 117
   löschen 118
   Namen 98
   suchen 123
   umbenennen 113
   verschieben 115
   verschieben rückgängig machen 117
Dateien
   Download 166
   mehrere handhaben 118
   mehrere kopieren 118
   versteckte anzeigen 111
Dateigröße
   anzeigen 108
Dateiinfo 131
Dateinamen
   Regeln 98
Dateinamenerweiterung 99
   anzeigen 110, 111
Dateisymbole
   sortieren 109
Dateisystem 123
Dateityp 98, 99
   anzeigen 108
   Verknüpfung umsetzen 512
   Webarchiv 164
   Webseite 164
   Zuordnung anpassen 512
Daten-CD 94
   brennen 455
Datenaustausch
   per Zwischenablage 291
Datenbank 341
   Datensatz 341
   Feld 341
Datenbankprogramm 32
Datensatz 341
Datenschutz 535
Datenträger
   formatieren 121

547

Datenträgerbereinigung 131
Datenträgerprüfung 133
Datum
  anzeigen 57
  setzen 85
Datumschreibweise
  anpassen 499
Defragmentierung 134, 433
Denic 158, 211
Desktop 53
  Bildschirmauflösung ändern 494
  Hintergrundbild 493
  Hintergrundbild entfernen 494
  Hintergrundfarbe ändern 492
  Internetverknüpfung anlegen 150
  Programmsymbol einrichten 510
  Symbole anordnen 109
  Verknüpfung einrichten 510
Desktop Publishing (DTP) 535
Desktop-Computer 17
Desktop-Hintergrund 381
Desktopsymbole
  einblenden 55
DFÜ-Netzwerk
  Einstellungen prüfen 151
  Ordner öffnen 147
DFÜ-Verbindung 145
Dialer 155
  Gefahren 156
  Schutz 154, 156, 216
  Schutz vor Missbrauch 156
Dialer-Warner 216
Dialogfeld 52
  Direkthilfe 83
  Speichern unter 292
Diashow 358, 360
  auf Video-CD 478
Digital 535
Digital Versatile Disc (DVD) 94
Digitalkamera 365, 366
DIMM 25
DIN 5008 320
DIN 676 320
DirectCD 463
Directory 536
DirectX-Diagnoseprogramm 393
Direkthilfe 84
Diskette 92
  Label 93
  Schreibschutz 93
Diskettenlaufwerk 28
Divis 536
DivX 442, 445, 536
DMA 536
Dokument
  drucken 295
  Seiten drucken 296

  speichern 291
Dokumentvorlage 280
  nutzen 320
  speichern 322
Dolby-Digital 402
Domäne 514
Domänenname 158
Doppelklicken 59
  funktioniert nicht 59
  Tipp 59
Download 166
Download-Manager 167
Drag&Drop 117
Drehfeld 85
DriveSpace 129
Druckauftrag 491
Druckaufträge
  verwalten 491
Druckausgabe
  anhalten/abbrechen 492
Drucken
  eines Dokuments 295
  Einstellungen wählen 490
  Einzelseiten 296
  im Querformat 296
  PDF-Ausgabe 490
Drucker 22
  anschließen 41
  freigeben 522
  Tipps zum Kauf 23
  Treiber installieren 486
Druckerkabel 41
Druckerstörung 491
Druckertreiber 486
Drucklayout
  kontrollieren 297
DSL-Modem 142
DSL-Splitter 142
DSL-Zugang 142
DTM Race Driver 395
Dualsystem 536
DV-in 430
DVD 94, 426, 473
  erstellen (NeroVision Express) 480
  erstellen (Video) 479
  Kopie erstellen 463
  Menüs 474
  Regionalcodes 428
DVD+R 450
DVD-Brenner 450, 451
DVD-Laufwerk 28, 95
DVD-Player 94
DVD-R 450
DVD-Rohling 450

Stichwortverzeichnis

E

E-Bomb 536
E-IDE-Schnittstelle 536
E-Mail 230
    Adresse ergänzen 244
    Adresse in Adressbuch speichern 244
    Adresse, Namenskonventionen 232
    beantworten 251
    Briefpapier 242
    Empfängeradressen verstecken 245
    Empfangsbestätigung 251
    erstellen 242
    Feld Bc 245
    Feld Cc 245
    Formate 242
    Hoax 256
    Kettenbriefe 256
    Knigge 244
    Konto einrichten 236
    lesen 248
    mit Anlage 246
    Priorität festlegen 251
    sammeln 238
    senden/empfangen 247
    signieren 260
    Spam 256
    verschlüsseln 260
    Zertifikat 260
eBay 190
    anmelden 191
    Treuhänderservice 193
Editor 73, 536
Edutainment 390
Eigene Bilder 356
Eigenschaftenfenster 83
Einfügemarke 114, 279
Einfügemodus 284
Eingabe
    verwerfen 333
Eingabefehler
    korrigieren (Tabellenkalkulation) 333
Eingabehilfen
    installieren 526
Einladung
    in Word gestalten 318
Einzüge (Text) 307
Empfangsbestätigung
    für E-Mails 251
Emulator 536
Encarta Weltatlas 352
Entpacken 127
EPS 536
Error 536
Ethernet 515
Euro-Anpassung 500
Euro-Währungszeichen 282

Excel
    Anwendungsfenster 328
    Arbeitsblatt umbenennen 332
    Ausrichtung, Zellinhalte 335
    Bearbeitungsleiste 334
    Beispiel 332
    Berechnungen 338
    Blattregister 332
    Eingabefehler korrigieren 333
    Grundbegriffe 331
    neues Arbeitsblatt einfügen 332
    starten 328
    Tasten zur Zellenauswahl 331
    Text einfügen 334
    Überblick 328
    Zahlen (Nachkommastellen) 336
    Zahlen eingeben 335
    Zellen markieren 336
    Zellformat 335
Explorerleiste 106

F

Farbkalibrierung 536
Farbpalette 536
Farbtiefe 536
Favoriten
    abrufen 79
    definieren 163
    Gruppe anlegen 163
    hinzufügen 79
Fehler
    Drucker tut nichts 531
    Keyboard Error 525
    Rechner piept beim Einschalten 25
    Rechner startet nicht 525
Fenster
    Arbeitsplatz öffnen 59
    Größe verändern 63
    Größe zurücksetzen 62
    maximieren 61, 62
    minimieren 62
    öffnen 59
    schließen 63
    verschieben 65
    volle Bildschirmgröße 62
    wechseln zwischen 74
    wiederherstellen 62
Fernsehsendung
    am Computer aufnehmen 443
Festplatte 27
    defragmentieren 134
    Kapazität 27
    Sektoren 27
    Spuren 27
Feststell-Taste 282
Fettschrift 298

Feurio 453
File Allocation Table 123
File Transfer Program. *Siehe* FTP
File Transfer Protocol. *Siehe* FTP
Filesharing 187
Filesharing-Dienste 187
Film
    vertonen 438
Filterregeln
    definieren 258
Financial Times Deutschland 199
Fireball 180
Firewall 225
FireWire-Schnittstelle 43, 429
Firmware 536
Flachbildschirm 19
Flame 536
Flash 536
Flash-Speicher 537
Flatrate 145
Flattersatz 304
Floppy Disk 537
Font 537
Force-Feedback-Technik 394
Foren 144, 206
Format
    aufheben 299
Formatieren 243
    Datenträger 121
Formatierung
    aufheben (Text) 299
Foto
    anzeigen 356
    aus Web speichern 165
    drucken 361
    nachbearbeiten (Photoshop Elements) 386
    Papierabzüge 363
    Speicherorte 356
    Vorschau 357
Foto-CD 94
Fotokopierer 364
Fragmentierung 136
Frame 169, 436, 537
FreeDB 411
Freemail-Anbieter 231
Freeware 32, 186, 453
Freihandauswahl 376
Frequenz 537
FrontPage Express 210
FTP 144, 211, 520
Funktionstasten 11

G

Game-Server 395
Gamepad 393
GameStar 398
GEMA 451
Genre 395
Geräte
    säubern 45
GetRight (Download-Manager) 167
GIF 537
Gigabyte 537
Google 180
GPF 537
Grabberkarte 430
Grafik
    anzeigen 356
    einfügen (Text) 316
    verknüpfen 317
Grafikformate 359
    konvertieren 361
Grafikprogramm
    scannen 368
Großbuchstaben
    eingeben 282

H

Hacker 537
Handy 523
Hardcopy 537
Hardware 16, 29
Hauptplatine 24
HDD 27
Heimnetzwerk 513
Hertz 537
Hilfe
    abrufen 77
    suchen nach Begriffen 80
Hilfe- und Supportcenter 78
Hintergrundbild 493
Hoax 215
Homebanking 194
Homepage 171, 209
    eigene 209
    was brauche ich 210
Host 537
Hotline 44, 537
HTML 209, 537
HTML Slide Show Wizard 361
HTML-Editor 209
HTML-Seite
    entwerfen 209, 243
HTML-Seiten
    drucken 168
HTML-Tag 209
HTTP 231

http 158, 537
https 189
HTTPS-Webserver 190
Hub 515
Hyperlink 79, 159

I

Icon 537
IEEE 1394 43
iLink 43
iMac 17
IMAP 231
Impress 346
InCD 463
Index.htm 209
Infobereich 54
Inhaltsratgeber 221
Installationsprogramme 505
Installieren 537
Instant Messenger 207
Internet 140
    Kindersicherung 221
    Musik abrufen 186
    Musikinfos abrufen 186
    sichere Verbindung 190
    Software 143
    Standardverbindung festlegen 150
    Suche, Dokumenttyp filtern 185
    Suche in Nachrichtengruppen 185
    Suche nach Bildern 185
    Suche per Verzeichnis 178
    Wegweiser 170
Internet Explorer
    aktualisieren 144
    aufrufen 157
    Download 166
    Optionen 170
    Startseite anpassen 171
    Startseite einstellen 171
    Verlauf leeren 172
Internet-Banking 194
Internet-by-Call 145
    Anbieter 146
Internet-Pauschaltarif 145
Internetdienste 140
Internetfernsehen 445
Internetradio 401, 415, 445
    mitschneiden 417
Internetspiele 395
Internetverbindung
    aufbauen 152
    automatisch beenden 151
    beenden 153
    Einstellungen prüfen 151
    Kennwort schützen 152
    Symbol auf Desktop 150

Internetverbindungsaufnahme
    automatische verhindern 154
Internetzugang
    Hardwareanforderungen 140
    Varianten 144
Intuit Quicken 194
IP-Adresse 223
IRC-Client 200
IrfanView 361, 461
ISDN-Karte 141
ISDN-Modem 141

J

Java 200
Java/JavaScript 538
Joliet-Format 462
Joystick 39, 393
JPEG 538
JPEG-Format 359
Jumper 538
Junk-Mail 538

K

Kalender 352
Kalkulationstabelle (Works) 331
Kaltstart 538
Kapazität
    Laufwerk 102
Kazaa 187
Kbyte 538
Kennwort
    eingeben 51
    schützen 152
    vergessen 52
Kindersicherung 221
Klicken 51
Kombinationsfeld 73
Kompatibilitätsmodus 397
Komprimieren 538
Komprimierprogramm 247
Komprimierung 126
Konsole 538
Kontakt. *Siehe auch* Adressbuch
    anlegen 264
    nachschlagen 266
Kontextmenü 56
Kontrollleuchten 11
Konvertieren 538
Kopieren 289
Kopierschutz 472
Kosten
    Drucken 23
Kryptographie 538
Kursivschrift 298

L

Label 93
Labeling-Kits 456
Lame MP3-Encoder 422
LAN 538
Laserdrucker 22
Laufwerk
    Benennung 97
    bereinigen 131
    Bezeichnung ändern 130
    defragmentieren 131
    Eigenschaften 129
    Größe abfragen 102
    Informationen abfragen 101
    Inhalt ansehen 103
    komprimieren 129
    prüfen 131, 133
Laufwerke
    anzeigen 96, 101
    Grundwissen 92
    wechseln 104
Laufzeitfehler 538
Lautsprecher
    anschließen 402
Layout 538
LCD 538
Lesebestätigung
    anfordern 251
Lesegerät
    für Speicherkarten 365
Linke Maustaste 13
Linux 17, 538
Listen
    gestalten 310
Listenfeld 73, 88
Löschen
    rückgängig machen 119
Lotus 1-2-3 328
Lycos 178, 180

M

Mail-Server 231
Mailbox 538
Mainframe 538
Makro 538
Makroviren 213
Manual 538
Markieren 57, 288
    mehrere Objekte 118
    per Tastatur 288
    Text 288
Markierung
    aufheben 288
Maschinencode 538
Mass Storage Class 365

Maus 13, 20, 21, 50
    anschließen 39
    Bewegung zu schnell 527
    doppelklicken 59
    Einstellungen 497
    klicken 51
    markieren 57
    Mauszeiger schlecht sichtbar 527
    Tasten vertauscht 527
    Zeiger bewegt sich nicht 526
Mauspad 21
Mausspur 498
    anpassen 527
Mauszeiger 51
    Größe anpassen 527
    wechseln 498
Mbyte 539
McAfee 215
Media Player 403
    Kurzübersicht 408
Medienbibliothek 413
Medienwiedergabe 425
Mehrkanal-Ton 402
Menü 56
    Befehle einblenden 70
    benutzerangepasst 70
    Häkchen vor Befehl 109
    Start 68
Menü-Häkchen 58
Menüleiste 60
Messenger 144, 207
Metacrawler
    Toolbar 224
Metasuchmaschinen 184
Microsoft Access 32, 341
Microsoft Encarta Encyclopädie 400
Microsoft Excel 32
Microsoft Flugsimulator 395
Microsoft Money 194
Microsoft Netmeeting 429
Microsoft Office 31, 277
Microsoft Outlook 32, 240, 352
Microsoft PowerPoint 32
Microsoft Windows 30
Microsoft Word 31, 276
Microsoft Works 35
Microsoft Works Suite 277
MIDI-Datei 405
MIDI-Format 405
Mikrofon
    anschließen 402
Mikrofonanschluss 419
Mini-DVD 473
Miniaturansicht 108, 356
Modem 140
Monitor 18. *Siehe auch* Bildschirm
    Energiesparfunktion 496

Motherboard 24
Movie Maker
   AVI-Datei erzeugen 442
   Film erzeugen 440
   Inhaltsbereich 436
   Projekt 436
   Sammlung 435
   Storyboard 436
   Überblendungen 437
   vertonen 438
   Zeitachse 436
MP3 404, 405
MP3-Tag 417
MP3Pro 405
MP3Pro-Encoder (Nero) 467
MPEG 539
MPEG-1-Format 442
MPEG-2-Format 442
MS-DOS 539
   Spiele 396
Multimedia 539
Multiplan 328
Multisession 459
Multitasking 539
Musik 401
   aufzeichnen 419
   Infos abrufen 186
   kaufen 186
   mitschneiden 419
   Suchmaschinen 187
   Wiedergabeliste zusammenstellen 413
Musik-CD
   abspielen 403
   Einzeltitel abspielen 410
   erstellen 470
   hören 406
   MP3 470
   rippen 464
   Titelinformationen abrufen 410
   Überbrennen 468
Musik-Wiedergabe
   Grundwissen 403
Musikarchiv
   auf CD 470
Musikdateien
   wiedergeben 412
Musiktauschbörsen 187
Musiktitel
   zufällige Wiedergabe 415

N

Nachricht
   ablegen 254
   Anlage auspacken 252
   beantworten 251
   drucken 254

   Empfangsbestätigung 251
   handhaben 254
   Kennzeichnung als ungelesen 250
   Kennzeichnung löschen 250
   Kennzeichnung verfolgen 250
   kopieren/verschieben 254
   löschen 255
   mit Anlage 246
   Priorität festlegen 251
   verfassen 242
   weiterleiten 251
Nachrichten
   lesen 248
Nachrichtendienst 225
Nachrichtengruppen 185, 267
Nachrichtenleiste
   Symbole 250
Navigationstasten 12
Nero
   CD brennen 456
   MP3Pro-Encoder 467
   Plug-In 467
Nero Burning Rom 453
   Audiotracks rippen 466
Nero Express 454
NeroVision Express 480
Netiquette 207, 244, 252
Netscape 539
Netzteil 539
Netzwerk 513, 539
   Anforderungen 514
   anmelden 519
   arbeiten 519
   Client 514
   Server 514
   suchen 521
Netzwerkressource
   freigeben 521
Netzwerkumgebung 69
Netzwerkverbindungen
   Ordner öffnen 147
Newsgroup 267
   abonnieren 270
   Teilnahme mit Google 185
   teilnehmen 270
Newsreader
   einrichten 267
Newsserver 269
No-Name-CDs 451
Norton Antivirus 215
Notebook 16
NT File System 123
NTFS
   komprimiert speichern 129
NTFS-Dateisystem 129
NTSC 473
Nullmodem-Kabel 516

NumLock-Taste 525
Nummerierung
    aufheben 309
    Text 309

O

Objekte
    mehrere markieren 118
OCR 539
OEM 35, 381
Office-Assistent
    ausblenden 280
Office-Programme 31
Offline 162
OGG Vorbis 406
OLE 539
Online 145
Online-Auktionen
    Sicherheit 193
Online-Banking 194
    Sicherheit 195
    Software 194
    testen 196
    Voraussetzungen 194
    Vorteile 194
Online-Brokerage 198
Online-Versteigerung 190
onlineTV 445
OpenOffice 32, 278
Opera
    Webseite 144
Optionsfeld 88
Ordner
    anlegen 112
    anzeigen 101
    blättern in 105
    Eigenschaften 129
    gelöschte Objekte leeren 255
    gelöschte zurückholen 119
    Grundlagen 100
    Inhalt ansehen 103
    komprimierte 126
    kopieren 115
    löschen 118
    mehrere handhaben 118
    mehrere kopieren 118
    mehrere markieren 118
    Namen 100
    Sortierkriterien 109
    suchen 123
    umbenennen 113
    verschieben 115
    wechseln 104
    wechseln zu 105

Ordneranzeige
    anpassen 109
    sortieren 109
Ordnerfenster 101
    Anzeigeoptionen 110
    Explorerleiste 106
    Ordnerliste 106
    Statusleiste einblenden 109
    Symbolgröße einstellen 107
    wechseln 104
Outlook Express
    Adressen 263
    Anlagen nicht speicherbar 239
    E-Mail senden/empfangen 247
    E-Mail-Konto einrichten 236
    Identität 266
    Kontakt anlegen 264
    Kontakte 263
    Nachricht löschen 255
    Nachrichten verschieben 255
    Ordner komprimieren 256
    Papierkorb leeren 255
    Postfach bearbeiten 248
    Sicherheitseinstellungen 239
    starten 240
    Überblick 240

P

Packer/Packprogramm 127, 539
Packet Writing 463
Paint 369
    45-Grad-Linie 373
    Bereiche ausschneiden 375
    Bereiche kopieren 375
    Bild laden 380
    Bild löschen 370
    Bildabmessungen festlegen 370
    Bögen zeichnen 373
    Dokumentgröße wählen 370
    drucken 381
    einfügen 375
    Farbfüller 374
    Figuren füllen 374
    Grafikformate 380
    Hintergrundbild 381
    Kreis erzwingen 373
    Linie zeichnen 371
    Lupe 376
    neues Dokument 370
    Quadrat erzwingen 373
    Radierer 374
    speichern 378
    Sprühdose 374
    Text formatieren 374
    Übersicht 369
    Vieleck zeichnen 373

Werkzeugleiste 370
Zeichenoperationen rückgängig machen 374
zeichnen 372
Zeichnung beschriften 374
PAL 473
Papierkorb
Elemente zurückholen 119
leeren 120
Parallelschnittstelle 41
Partition 28, 433
Partitionieren 28
Passwort 539
Patches 398
Paypal 189
PC-Direktverbindung 516
PCX-Format 359
PDA 523, 539
PDF 168
PDF-Ausgabe 490
erzeugen 490
mit PDF995 490
PDF-Format 490
Pentium-Prozessor 539
Peripherie 16
Peripheriegeräte 23, 539
Personal Computer 16
Pfad 101
Pflege
des Computers 45
PGP 540
PhotoImpact 382
Photoshop Elements 382
Picture It! 352, 382
Bildretusche 382
Picture Publisher 382
PIN 195
Pin 540
Pinnacle Studio 431, 433
Pixel 370, 540
Platine 540
Plotter 540
Plug&Play 507
Plug-In 417
Plus Pack 126
Pop-up 540
Pop-up-Fenster 186
POP3 231
Portale 176
Positionieren
im Text 287
Post
lesen 248
Postausgang 231
Posteingang 231
Postfach
beantragen 232

Posting 206
PostScript 297, 540
Power VCR II 444
PowerDVD 426
PowerPoint 346
Präsentation speichern 351
Tipps zur Präsentation 350
Überblick 346
PowerToys 429
Präsentation
erstellen 347
speichern 351
Tipps 350
wiedergeben 351
Präsentationsprogramm 346
Programm
Absturz 529
beenden 63, 71
deinstallieren 506
installieren 504
Verknüpfung funktioniert nicht mehr 529
vom Desktop starten 72
Zeichentabelle 311
Programme 29
umschalten zwischen 74, 75, 77
Programmfenster
mehrere nutzen 74
Programmgruppe
Autostart 512
Programmgruppen 72
Programmieren 540
Programmstart
Alternativen 72
Programmsymbol
einrichten 510
Provider 144
Proxy-Server 223
PS/2-Buchsen 39
Public Domain 540
Puretec 210

Q

QuickInfo 52
Datum anzeigen 56
QuickTime-Player 424
Quiz 400

R

Racing Wheels 394
RAM 24
Randsteller 308
Rechte Maustaste 13
Rechtschreibprüfung 285
während Texteingabe 286

Recovery CD 35
Regionaleinstellungen 499
Registerkarten 83
Registerreiter 83
Registrierung 540
Reisen 176
Reliefschrift 303
Rendern 442
Reset-Taste 18
Ressource 513
RGB 540
Rippen 453, 464
RJ-45-Stecker 142
Rohling
    Hersteller auslesen 462
ROM 540
Router 515

S

S-VCD 472
    vorbereiten 474
S-Video-Anschluss 430
Scanner 364, 366
Schallplatten
    digitalisieren 424
Schaltfläche 52
    Abbrechen 73
    durchsuchen 73
    gesperrt 85
    minimieren 62
    OK 73
    Start 54
    übernehmen 85
Schattenschrift 303
Scheduler 540
Schließen
    ohne Änderungen zu übernehmen 85
Schmuckpunkt 309
Schmutz
    entfernen 45
Schnellstart-Symbolleiste 54
    ein- oder ausblenden 512
Schnittprogramme 431
Schnittstelle 541
Schreibmaschinen-Tastenblock 11
Schreibschutz
    aufheben 131
Schrift
    fett 298
    kursiv 298
Schriftart 299
Schrifteffekte 303
Schriftfarbe
    beeinflussen 301
Schriftgrad 243, 299
Schriftschnitt 541

Screensaver 496
Screenshot 378, 426, 436
Scribbles 350
SCSI-Schnittstelle 541
Seite
    einrichten (Text) 308
Serielle Schnittstelle 41
Server 200, 541
Setup 541
Shareware 32, 186
Sicherheitseinstellungen (Browser) 216
Sicherung
    von Änderungen 292
Siedler, die (Spiel) 395
Signatur 541
SIMM 25
Sims, die (Spiel) 395
Skin 409
Skript 541
Skriptviren 213
SmartSurfer 154, 166
Smiley 244
SMTP 231
Software 29
Software-DVD-Decoder 426
Sondertasten 11
Sonderzeichen
    einfügen 311
Soundkarte 401
    Anschlussbuchsen 402
    Mikrofonanschluss 419
Soundrecorder. *Siehe* Audiorecorder
Sourceforge 421
Spaltenbreite
    anpassen (Tabellenkalkulation) 334
Spaltentrenner 334
Spam
    Filter setzen 257
SPDIF 402
Spiele
    Download-Adressen 397
    Genres 395
    Grundwissen 394
    Hardware 392
    Zubehör 392
Spooling 491
Sport 176
Spracheinstellungen 499
Spyware 167, 226
SSL 189
SSL-Protokoll 541
Standarddrucker 490
Standardverbindung 150
StarMoney 194
StarOffice 278
Start-Schaltfläche 54

Stichwortverzeichnis

Startmenü 55, 68
  (Alle) Programme 70
  ändern 511
  Programmeintrag verschwunden 529
Statusleiste 60
  ein-/ausblenden 61
Steuerknüppel 39
Storyboard 436
Strato 210
Stream 416
Streamripper 417
Subminiaturstecker 41
Subwoofer 402
Suche
  im Netzwerk 521
  in der Hilfe 80
  in Nachrichtengruppen 185
  in Newsgroups 185
  in Webseiten 183
  nach Bildern 185
  nach Stichwort 180
  per Verzeichnis 178
  Tipps 124
  Web, Dokumenttyp filtern 185
Suchleiste 409
Suchmaschine 180, 184
  Google 180
  im Browser abrufen 183
Suchroboter 180
Summieren (Excel) 338
Super-Video-CD 426
Surfen 160
  anonym 223
  in Webseiten 156, 157
Switch 515
Symbol
  einfügen (Text) 311
  Netzwerkumgebung einblenden 519
Symbolleiste 60
  Adresse 105
  ein-/ausblenden 279
  Schnellstart 54
  Teile fehlen 67
Systemdiskette 541
Systemmenü 60
Systemprogramm 541
Systemsteuerung 497
Szeneerkennung 434

T

T-Online 144, 176
Tabelle
  Zellformat setzen 336
Tabellen
  einfügen 312

Tabellenkalkulation 328
  Eingaben 333
  erste Schritte 332
Tabellenkalkulationsprogramm 31
Tabellenregister 332
Tabstopp
  löschen 312
  setzen 311
  verschieben 312
Tabulatoren 310
TAE 141
TAN 195
Tarifmanager 154
Task 541
Taskleiste 54
  anpassen 511
  Programmumschaltung 75
  verschieben 528
  verschwunden 528
Taskwechsel 77
Tastatur 10, 20, 21
  auf Großschreibung umstellen 282
  Einstellungen 498
  Tipps zur Bedienung 282
  Wiederholmodus 282
  Wiederholrate einstellen 526
Taste
  Rück 105
Tastenkombination 282
  Textbearbeitung 303
TCP/IP 541
Telefonliste 310
Text
  Absatz formatieren 304
  Änderung rückgängig machen 286
  Aufzählung 309
  aus Vorlage 280
  ausschneiden 289
  bearbeiten 283
  Blocksatz 304
  Einfügemarke positionieren 287
  einfügen 334
  eingeben 282
  Einzüge 307
  farbig auszeichnen 301
  formatieren, fett 298
  formatieren, kursiv 298
  formatieren, unterstreichen 298
  Grafik einfügen 316
  Grafik verknüpfen 317
  kopieren 289
  korrigieren 283
  linksbündig ausrichten 304
  löschen 283
  markieren 115, 243, 288
  Nummerierung 309
  per Tastatur markieren 288

557

positionieren, Tastenkombinationen 287
rechtsbündig ausrichten 304
rote geschlängelte Linie 283
Seitenansicht 297
Seitenlayout beurteilen 297
Symbol einfügen 311
unterstreichen 298
vergrößern/verkleinern 299
verschieben 289
zentrieren 304
Textbearbeitung
    Tastenkombinationen 287
Textcursor 279
Textdokument
    Tabellen einfügen 312
Textfeld 52
Textkorrektur
    Tasten 284
Textmarke 52
Textur 392
Textverarbeitung
    Programmübersicht 276
Textverarbeitungsprogramm 31, 276
TFT 20
Thesaurus 541
Thin-wire 514
TIFF-Format 359
Timeshift 444
Tintenstrahldrucker 22
Tipp-Trainer 283
Tipsy 283
Titelleiste 60
TMPGEnc 475
Tonaufzeichnung (per Movie Maker) 439
Toolbox 541
Total Recorder 417
Touchpad 22
Trackball 22
Treiber 26, 42, 44
    installieren 507
Trojanisches Pferd 214
TrueType Fonts 319
Tutorial 541
TV-Karte 430, 443
Twain-Schnittstelle 365
Twisted Pair-Verkabelung 514, 515
Typographie 300

U

Überschreibmodus 284
UDF-Dateisystem 463
Uhrzeit
    einstellen 85
Uhrzeitanzeige
    ein- oder ausblenden 512

Ulead Media Studio 431, 433
UltimateZip 128
UNC-Pfad 521
Unix 541
Unterstreichen 298
Update 144
Urheberrecht 434
URL 158
USB
    Anschluss 42
    Anschlusstechnik 364
    Gerät
    Hub 42
Usenet 267
Utility 541

V

V.90-Standard 141
VBScript 541
VCD 472
Vektorgrafik 542
Verknüpfung 510
    einrichten 510
    für Internetverbindung 150
    in Textdokument 317
Verschieben 289
    Fenster 65
Verschlüsselung 542
Versteigerung 190
Verzeichnis 100
VGA 542
Video
    Anschluss an PC 429
    ansehen 424
    aufzeichnen 428, 430
    Film speichern 440
    Titel hinzufügen 439
    übertragen 430
Video-CD 94, 426
    erstellen 475
    Grundlagen 472
    Menüs 474
    vorbereiten 474
Videodatei
    anzeigen 424
Videoformate 442
Videokamera 429
Videokonferenz 429
Videooptionen 432
Video-Player 425
Videorecorder 443
Videoschnitt 433
Videoschnittkarten 430
Viren 167
    Schutz 213
    Signaturdatei 215

Stichwortverzeichnis

Virenschutzprogramm 167
Virtual Audio Cable 417
Virtual Dub 445
Visicalc 328
Visitenkarten
   in Word gestalten 319
Visual Basic (VB) 542
Vollbilddarstellung 62
Volume 130

W

Währungsanzeige
   Tabellenkalkulation 337
Währungssymbol
   anpassen 499
Warmstart 542
WAV-Format 405
Wave-Dateien 404
Web 156
WEB.DE 178
   Freemail nutzen 233
Webadressen 170
   merken 162
Webarchiv 164
Webbugs 249
Webcam 23, 208, 428
Webcam Timershot 429
Webmail 231
Webmaster 542
Webring 179
Webseite
   abrufen 156, 157
   Bild speichern 165
   Buchmarken 162
   Entwurf 209
   interaktiv entwerfen 210
   offline ansehen 162
   speichern 164
   suchen in 183
   wird nicht geladen 532
Webserver 156, 210
Webshop 209
Website 209
Webspace-Anbieter 210
Webwasher 225
Welcome.exe 82
Weltatlas 352, 400
Werbefilter 224
Werbemüll
   filtern 257
Wetter 176
WIA-Treiber 365
Wiedergabeliste
   zusammenstellen 413
Wiedergabeprogramme
   Audio/Video 403

WiFi 515
Wildcard 125
Winamp 404, 417
Windows 30
   abmelden 85
   an Spiele anpassen 396
   Anmeldung 50
   beenden 86, 88
   Elemente zu klein 527
   in Schlafmodus versetzen 87
   Komponenten (de-)installieren 502
   Komponenten installieren 502
   Lautstärkeregelung 420
   Musik-Wiedergabe 401
   neu starten 87
   Programm starten 70
   Spiele 392, 394
   Spiele-Genres 395
   starten 50
   Startmenü 68
   Tour aufrufen 82
Windows CE 542
Windows Editor 134
Windows Media Player 408
   Designs 409
Windows Movie Maker 431
   Videoschnitt 433
Windows XP 30
   CD brennen 455
   Dateien komprimieren 129
Windows-Explorer 106
Windows-Media-Datenbank 411
WinDVD 426
WinOnCD 453
WinRar 128
WinZip 128
WLAN 515
WMA-Encoder (Nero) 467
WMA-Format 405
Wochentag
   anzeigen 57
Word
   Absatzformate 305
   Befehl aufheben 286
   Dokumentvorlage erstellen 322
   Dokumentvorlage nutzen 320
   drucken 295
   neues Dokument 280
   Rahmen 315
   umschalten zwischen Dokumenten 281
WordPad 276
   Dokument laden 294
   Dokument neu erstellen 282
   neues Dokument 280
   Text ausschneiden 289
   Text eingeben 282
   Text kopieren 289

559

  Text korrigieren 283
  Text markieren 288
  Text verschieben 289
Workgroup-Netzwerk 513
Works
  Datenbank 341
  Datenbank anlegen 341
  Datenbank neu erstellen 343
  starten 328
  Tabellenkalkulation 328
Works-Datenbank
  Anzeigemodus wechseln 344
  Formularentwurf anpassen 345
World Wide Web. *Siehe* WWW
Writer 276, 278
  Absatzformate 305
  neues Dokument 280
  Rahmen 315
  umschalten zwischen Dokumenten 281
Wurm 542
WWW 156
WYSIWYG 542

X

XML 542

Y

Yahoo 178

Z

Zahlen
  Anzeige anpassen (Tabellenkalkulation) 336
Zahlenblock 11
Zahlungen
  im Internet 189
Zeichen
  einfügen 284
  entfernen 284
  löschen 115
  überschreiben 284
Zeichenfarbe 301
Zeichenformate 298, 302
Zeichenoperationen
  rückgängig machen 374
Zeichnung
  beschriften 374
Zeilenabstand
  anpassen (Text) 305
Zeilenumbruch 282
  weicher 310
Zeilenwechsel 282
Zellen
  makieren (Tabellenkalkulation) 336
Zellformat 335, 336
Zellinhalte
  Ausrichtung 335
Zentraleinheit 16, 18
Zertifikat 542
ZIP-Archiv 126, 168
ZIP-Drive 29
Zivilisation (Spiel) 395, 399
ZoneAlarm 226
Zwangswerbung 170
Zwischenablage 289, 290